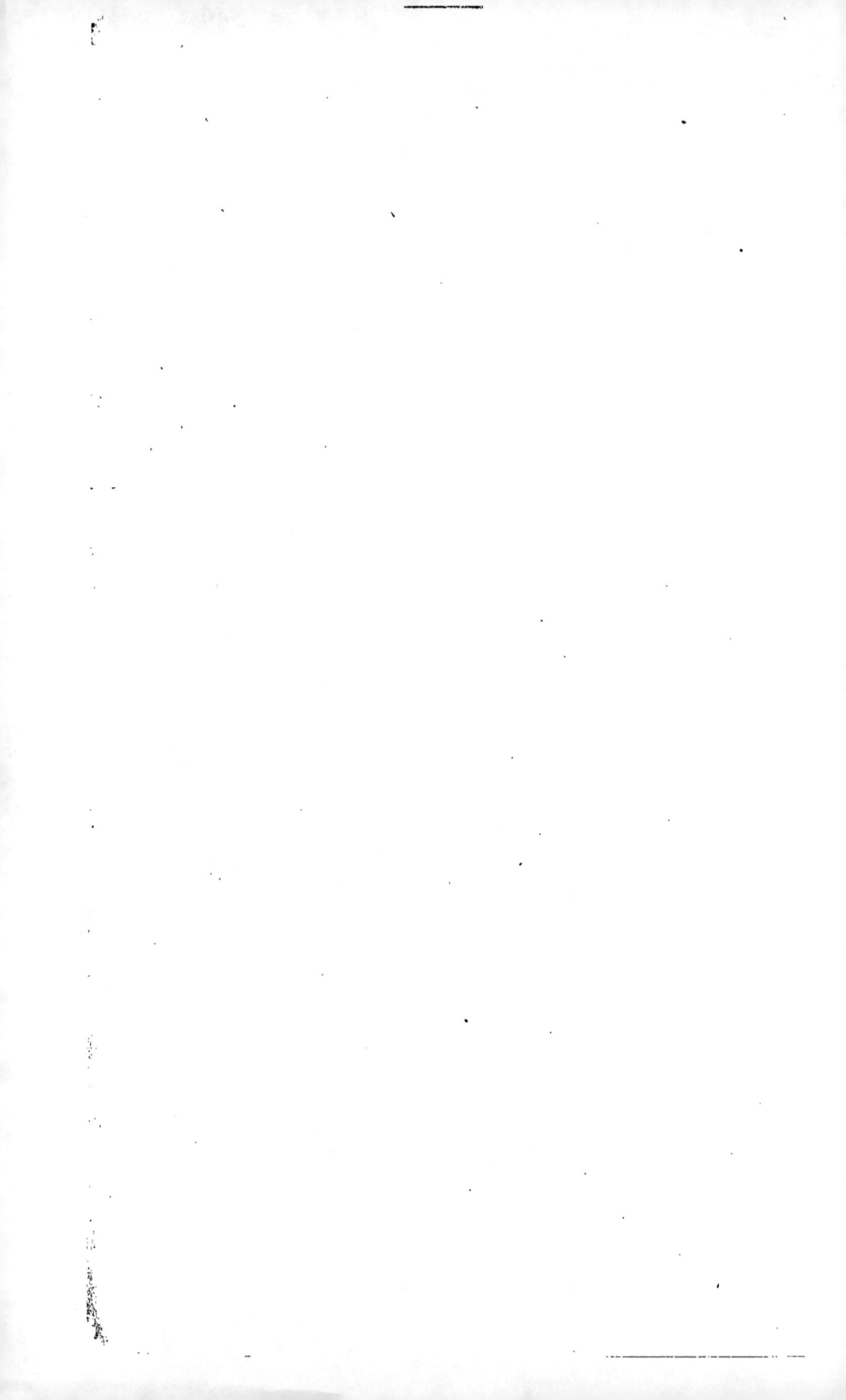

ŒUVRES COMPLÈTES

DU CHANCELIER

D'AGUESSEAU.

SE TROUVENT AUSSI

CHEZ L'ÉDITEUR, RUE CHRISTINE, N.° 3, A PARIS;

ET CHEZ LES PRINCIPAUX LIBRAIRES DE FRANCE ET DE L'ÉTRANGER.

DE L'IMPRIMERIE DE I. JACOB, A VERSAILLES.

ŒUVRES COMPLÈTES

DU CHANCELIER

D'AGUESSEAU.

NOUVELLE ÉDITION,

AUGMENTÉE DE PIÈCES ÉCHAPPÉES AUX PREMIERS ÉDITEURS, ET D'UN DISCOURS PRÉLIMINAIRE

PAR M. PARDESSUS,

PROFESSEUR A LA FACULTÉ DE DROIT DE PARIS.

TOME NEUVIÈME,

CONTENANT DES MÉMOIRES SUR DIVERS SUJETS.

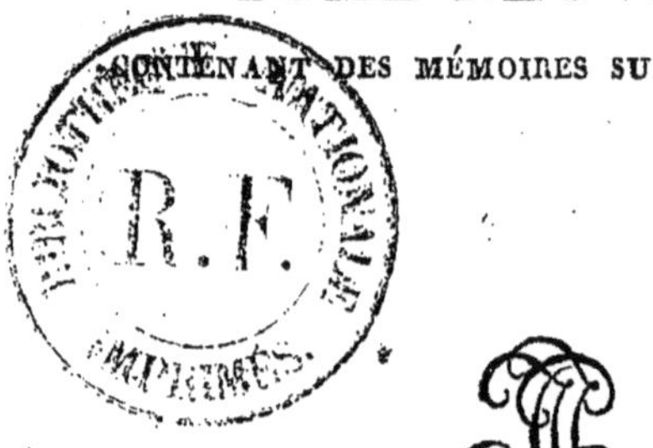

PARIS,

FANTIN ET COMPAGNIE, LIBRAIRES,
QUAI MALAQUAI, N.° 3.

H. NICOLLE, A LA LIBRAIRIE STÉRÉOTYPE,
RUE DE SEINE, N.° 12.

DE PELAFOL, RUE DES GRANDS-AUGUSTINS, N.° 21.

M. DCCC. XIX.

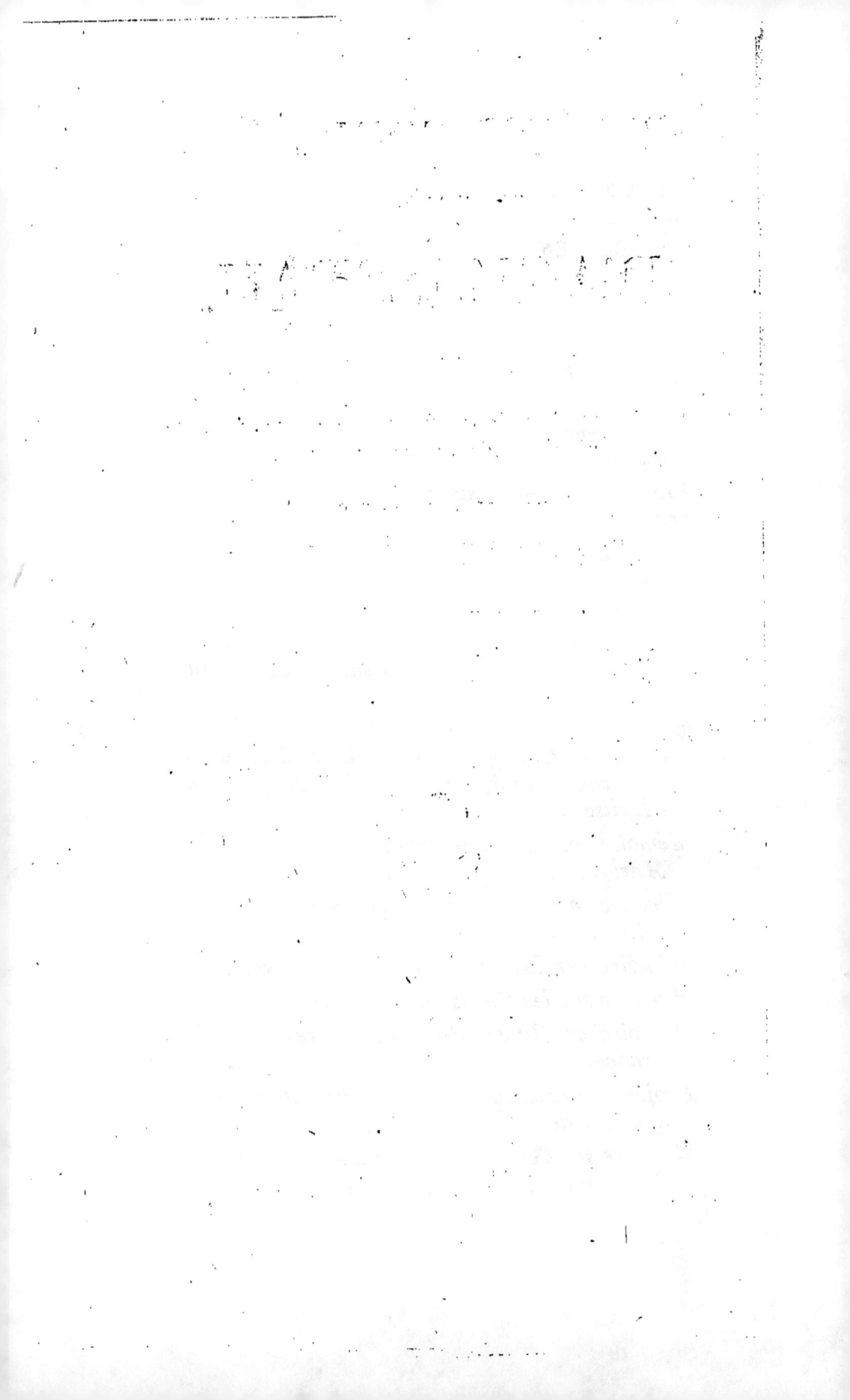

TITRES

DES DIFFÉRENS OUVRAGES

CONTENUS DANS LE TOME NEUVIÈME.

FIN DES TITRES DU TOME NEUVIÈME.

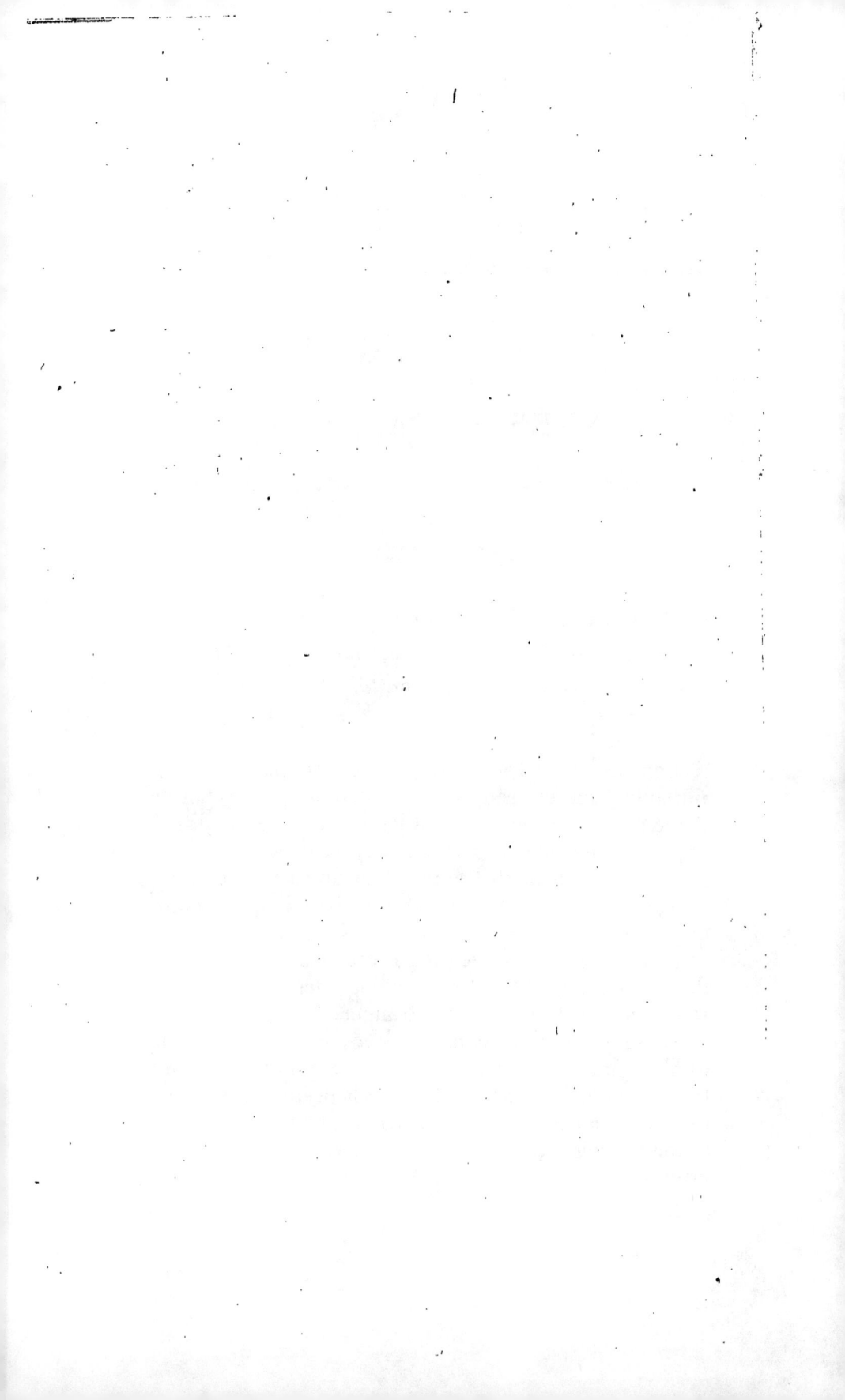

ŒUVRES DE D'AGUESSEAU.

MÉMOIRES DONNÉS AU PARLEMENT.

MÉMOIRE

Où l'on examine si un Cardinal français, qui commet un crime de lèse-majesté, est exempt de la juridiction royale, par sa dignité.

Pour embrasser toute l'étendue d'une matière si importante, on en réduira l'examen à quatre points principaux, qui ont pour objet les diverses qualités, et, s'il est permis de parler ainsi, les différentes personnes qu'on peut distinguer dans une seule, c'est-à-dire, dans le cardinal qui donne lieu d'agiter cette question.

Il est clerc, il est évêque, il est cardinal; enfin, le degré qu'il remplit dans le collége des cardinaux le rend évêque d'un diocèse étranger.

Si on le regarde comme clerc, le premier point qu'il s'agira d'examiner, parce que ce point est comme le fondement de tous les autres, est la prétendue exemption, dont la cour de Rome soutient que toutes les personnes ecclésiastiques doivent jouir, même dans les crimes de lèse-majesté.

Si on le considère comme évêque, a-t-il, en cette qualité, des priviléges que les ecclésiastiques d'un ordre inférieur n'aient pas? C'est le second point qu'on tâchera d'éclaircir.

Si on l'envisage comme cardinal, a-t-il plus de droit que les évêques à cette exception prétendue? Ce sera le troisième point.

Enfin, la qualité d'évêque étranger, qui est en lui une suite de la dignité de cardinal, le met-elle à couvert de la juridiction séculière du roi, dont il est sujet et dont il a offensé la majesté? C'est la dernière question qui se présente à traiter dans ce mémoire.

Si l'on entendoit y faire entrer tout ce qu'une matière si riche et si vaste peut fournir, on feroit un livre et non pas un mémoire. On se contentera donc de toucher les grands principes de cette matière; de les établir par un petit nombre de preuves solides; de les confirmer par quelques exemples éclatans, choisis entre plusieurs autres; en un mot, d'indiquer les sources, sans entreprendre de les épuiser par un travail, que sa longueur même pourroit rendre inutile.

PREMIER POINT,

Où l'on examine ce que l'on doit penser de la prétendue exemption des clercs en général dans les matières criminelles, et principalement dans les crimes de lèse-majesté.

Quoique cette question paroisse à présent inutile dans nos mœurs, et que l'usage et la loi soient également contraires dans le royaume aux prétentions des ecclésiastiques, il est néanmoins très-important de retracer ici les premières notions et les principes fondamentaux de cette matière, parce que les évêques et les cardinaux ne pouvant presque établir leur prétendu privilége que sur des preuves qui leur sont communes avec tout l'ordre clérical, on aura détruit le fondement de ce privilége, si l'on fait voir que tous les ecclésiastiques en général n'ont aucun titre solide pour se soustraire à la juridiction des puissances temporelles, qu'il a plu à Dieu d'établir pour gouverner les hommes.

On partagera en autant d'articles séparés les différentes preuves qui concourent à établir la vérité de cette proposition, et qui sont comme le précis et l'abrégé de tout ce qu'une longue méditation et une lecture assidue pourroient fournir avec plus d'étendue sur cette matière.

I.

On peut considérer les ecclésiastiques comme hommes, comme citoyens, comme ecclésiastiques.

Comme hommes, ils sont sujets aux lois de la nature; et le droit naturel qui, de l'aveu des papes, permet à tout séculier de repousser la violence d'un ecclésiastique par la violence même, donne, à plus forte raison, autant et plus de pouvoir à ces grandes sociétés qui forment les états et les empires contre ceux qui en troublent la paix et la sûreté par leurs crimes, sans distinguer si le coupable est laïc ou s'il est consacré au service des autels.

Comme citoyens, l'un des plus zélés, ou pour mieux dire des plus outrés défenseurs du privilége clérical, Bellarmin reconnoît que les clercs font partie du corps politique. *L'église est dans l'état*, disoit un ancien auteur ecclésiastique, *et non pas l'état dans l'église.* Quoique consacrés à Dieu d'une manière particulière, les ecclésiastiques ne cessent pas d'être citoyens; ils vivent sous la protection des lois, ils participent à tous les avantages, à tous les priviléges des citoyens; ils jouissent de la sûreté, de la tranquillité, de l'abondance que la puissance temporelle procure à ceux qui vivent sous son empire. La première et la plus inviolable de toutes les conditions sous lesquelles ils goûtent tous ces biens, est de vivre soumis à l'autorité du gouvernement qui les leur assure. Il faut ou qu'ils renoncent aux avantages de la société dans laquelle ils vivent, ou qu'ils en subissent les charges; et s'ils ne sont soumis au prince comme sujets, ils ne peuvent jouir des biens que le prince ne procure qu'à ses sujets.

Ainsi, le droit naturel les assujettit naturellement à la société, comme à la loi du plus fort. Le droit civil rend cette soumission utile par les avantages qu'elle leur procure; ils naissent hommes et citoyens, ils ne cessent pas de l'être en devenant ecclésiastiques.

Le droit canonique ajoute à leur état de nouveaux engagemens : ils deviennent les ministres de Dieu par lequel les rois règnent, et, par là, ils sont encore plus obligés que le reste des citoyens à donner aux peuples l'exemple de la fidélité et de la soumission qui sont dues à une puissance émanée de Dieu même. Ils trouvent d'ailleurs dans cette puissance, une autorité qui se joint partout à celle de l'église, pour en faire observer les lois et pour réprimer, par la terreur des peines corporelles, ceux que la crainte des peines spirituelles ne rend pas assez soumis à la puissance de l'église. Ils doivent donc respecter dans la personne du souverain, outre la qualité de roi, celle de protecteur des canons à laquelle ils sont particulièrement assujettis. Ainsi, leurs devoirs se multiplient par le caractère sacré qu'ils reçoivent, bien loin de souffrir la moindre diminution. Comme citoyens, avant le sacerdoce, ils dépendoient du roi comme roi; mais comme ecclésiastiques, après le sacerdoce, ils commencent à en dépendre d'une manière particulière comme de leur tuteur, de leur gardien, de leur protecteur.

II.

A cette première notion qui se tire des trois diffé

rentes personnes qu'on peut distinguer dans celle des ecclésiastiques, et de trois différentes espèces de droits qui y répondent, il faut joindre encore une seconde notion tirée de la nature même de la puissance temporelle.

L'idée la plus simple qu'on puisse s'en former renferme nécessairement deux caractères essentiels.

Le premier, est d'être universelle; le second, d'être indépendante, et de se suffire pleinement à elle-même.

Toute puissance suprême par laquelle un état est gouverné, doit s'étendre sur tous ceux qui sont renfermés dans cet état, par rapport à la fin pour laquelle elle est établie, c'est-à-dire, pour la sûreté, le repos, le bonheur de ceux qu'elle gouverne.

La comparaison de la puissance séculière avec la puissance ecclésiastique, suffiroit seule pour établir la vérité de cette proposition.

Ces deux puissances, différentes dans leur effet, sont égales dans leur principe, puisqu'elles sont toutes deux émanées de Dieu même.

La puissance ecclésiastique est universelle, par rapport à tous ceux qui sont dans le sein de l'église. Aucune personne n'en est exempte, non pas même ceux qui exercent la puissance temporelle. Le magistrat, le général d'armée, le roi même y est soumis comme le dernier de ses sujets, parce que l'église qui exerce la puissance spirituelle, est en cela l'image de Dieu même, à l'autorité duquel personne ne peut résister.

Il en est de même de la puissance temporelle, aussi étendue dans son genre que la puissance spirituelle, parce que les princes qui l'exercent ne représentent pas moins le pouvoir de Dieu par rapport au temporel, que l'église le représente par rapport au spirituel : elle s'étend sur les personnes ecclésiastiques pour le temporel, comme la puissance de l'église s'étend sur les laïcs pour le spirituel : aussi universelles l'une que l'autre, par rapport aux sujets, elles ne diffèrent que par la matière sur laquelle elles s'exercent, et par les moyens qu'elles emploient.

Autrement, il faudroit avancer cet étrange paradoxe, que pendant qu'il n'y a qu'une seule puissance souveraine, par rapport au spirituel, il y auroit dans chaque état deux souverains et deux puissances également suprêmes, par rapport au temporel; ensorte que, lorsqu'un séculier auroit troublé le repos ou la sûreté de l'état, on s'adresseroit au prince séculier, et que, lorsque ce seroit un ecclésiastique qui l'auroit troublé, il faudroit s'adresser au prince ecclésiastique; ainsi, l'empire seroit véritablement divisé entre deux puissances qui auroient souvent des vues et des intérêts différens; l'une pourroit punir comme un crime ce que l'autre récompenseroit peut-être comme une action vertueuse. Ce n'est point ici une de ces conséquences outrées que l'imagination seule se forme quelquefois pour détruire un principe qu'elle attaque.

Il n'y qu'à se représenter l'état où étoit le royaume au commencement du règne de Henri IV, pour faire voir que cette conséquence n'a rien que de très-réel et de très-possible.

Il est certain qu'alors le pape et tous les ecclésiastiques qui agissoient par son impulsion, regardoient Henri IV comme déchu, par son hérésie et par l'excommunication que le pape avoit prononcée contre lui, du droit de succéder à la couronne. En vain auroit-il voulu faire condamner les ecclésiastiques qui croyoient que la religion les obligeoit à s soustraire à son obéissance, si l'indépendance de tout juridiction séculière dont la cour de Rome les flat toit alors, et dont elle les flatte encore aujourd'hui pour se les assujettir entièrement, étoit bien fondée d'un côté, le roi auroit voulu faire punir ces ecclé siastiques rebelles, de l'autre, Rome les auroit jus tifiés et, pour ainsi dire, canonisés. Ainsi, tous le ecclésiastiques auroient combattu l'autorité du roi pendant qu'un petit nombre de ses sujets laïcs l'au voient reconnue. On dit un petit nombre, car combien de laïcs mêmes se laissoient alors entraîner par l'exemple des ecclésiastiques, et éblouir par cette apparence de religion, dont une révolte domestique et une ambition étrangère savoient se couvrir. Telles sont les étranges suites de ce partage d'autorité que le prétendu privilége des clercs tend à établir. Chaque état, chaque république divisée nourriroit dans son sein une guerre perpétuelle entre la faction des clercs et celle des laïcs; et, dans ce schisme continuel, le pape régneroit enfin sur les clercs par lui-même, et sur les laïcs par les clercs.

Le second caractère de la puissance suprême est d'être indépendante de toute autre puissance, et de se suffire pleinement à elle-même, par rapport à la fin pour laquelle elle est établie.

Ainsi, la puissance spirituelle par rapport à son objet, qui est le salut éternel de ceux qui lui sont soumis, est indépendante de la puissance temporelle, et elle trouve dans les moyens que Dieu a remis entre ses mains, tout ce qui lui est nécessaire pour arriver à cette fin.

Elle emploie contre les hérétiques la privation des sacremens, les censures, les anathêmes et tout ce qui compose les armes spirituelles, pour opérer les retranchemens spirituels qui ont rapport à sa fin, et elle n'a pas besoin de recourir pour cela à la puissance temporelle, soit qu'il s'agisse d'un ecclésiastique ou qu'il soit question d'un laïc.

Si elle implore outre cela l'assistance du bras séculier, ce n'est pas, à proprement parler, pour accomplir son œuvre, c'est-à-dire par rapport à la sanctification des fidèles; elle peut la faire cette œuvre par les armes que Dieu lui a confiées, indépendamment du secours de la puissance temporelle. Dans les trois premiers siècles de l'église, elle n'étoit pas moins forte ni moins puissante, par rapport au genre de force et de puissance qui appartient naturellement à la juridiction spirituelle, que depuis que la protection des empereurs et des princes chrétiens lui eut donné un secours étranger.

C'est d'ailleurs un secours qu'elle demande et qu'elle ne sauroit condamner (1); ainsi il ne tombe point véritablement dans la notion de puissance de laquelle seule il s'agit ici. Elle le recherche pour un plus grand bien, mais il ne lui est pas nécessaire par rapport à la nature de sa puissance, qui se suffit pleinement par rapport à tout ce qui est de son objet.

La puissance temporelle doit avoir aussi le même caractère; il faut qu'elle trouve dans elle-même tout ce qui lui est nécessaire pour la fin qui lui est proposée, c'est-à-dire pour le bonheur de ceux qui lui sont soumis. Un des plus grands moyens que Dieu lui ait donnés pour y parvenir, est le glaive qu'il lui a confié pour la punition des crimes qui s'opposent à la félicité de ceux qu'elle gouverne. Si elle ne peut l'employer que contre une partie des citoyens qui vivent dans un même empire, ceux-ci demeurent exposés à la violence des autres qui sont affranchis de son autorité; si son pouvoir est imparfait et insuffisant pour la fin à laquelle elle est destinée, s'il faut, pour parvenir à cette fin, qu'elle ait recours à une autre autorité et qu'elle s'adresse à la puissance ecclésiastique, elle sera donc dépendante de cette puissance, dont elle sera nécessitée

(1) C'est-à-dire que l'église ni ses ministres ne peuvent commander à la puissance publique de donner ce secours. Mais c'est Dieu même qui le lui commande, parce que, comme le disent les conciles, c'est aux princes de la terre qu'il a confié la protection de son église, et c'est à lui qu'ils rendront compte des maux dont ils n'auront pu la prémunir ou la délivrer, ainsi que des biens qu'ils auroient pu lui procurer. *Cognoscant ergo principes sæculi Deo debere se rationem reddere, pro ecclesiâ quam à Christo tuendam suscipiunt. Nam sive augeatur pax in disciplinâ ecclesiæ per fideles principes, sive solvatur, ille ab eis rationem exiget, qui eorum potestati suam ecclesiam credidit.* (Concile de Paris, de l'an 829). Mais c'est à Dieu, et à Dieu seul que les princes doivent en rendre compte.

d'implorer le secours (1); il faudra que le souverain supplie, au lieu d'ordonner, qu'il demande, au lieu de commander, et qu'il devienne, en quelque manière, la partie de ceux dont il devroit être le juge absolu.

Ainsi, vouloir soustraire les ecclésiastiques à la puissance temporelle, c'est anéantir cette puissance en la divisant, c'est détruire son essence même en l'assujettissant à une autre puissance; c'est, en un mot, la priver de son universalité et de son indépendance, c'est-à-dire des deux caractères qui sont essentiels à toute puissance suprême par rapport à la fin pour laquelle elle est établie.

III.

Il résulte donc de ces premières notions, soit des différentes qualités que les ecclésiastiques réunissent en leur personne, soit de la nature même de la puissance temporelle, que le droit est du côté des princes, puisque l'exemption prétendue par le clergé résiste également et à ce que sont les ecclésiastiques, et à ce que sont les princes.

IV.

La conséquence nécessaire de cette proposition est

(1) Ce n'est pas que l'état ne puisse recourir à l'église, pour assurer davantage l'exécution de ses lois par la réunion des peines qui sont du ressort de l'une et de l'autre puissance. L'église doit même ce secours à l'état, sans attendre toujours que l'état le lui demande. Elle le lui doit d'autant plus, que les lois de l'état obligeant en conscience ceux qui lui sont soumis, l'église doit, pour le salut de ses enfans, punir comme péché, ce que le prince punit comme infraction de la loi. Mais il ne demeure pas moins vrai que la puissance du souverain trouve dans elle-même tout ce qui lui est nécessaire, absolument parlant, pour se faire obéir, comme, de son côté, la puissance ecclésiastique a tout ce qu'il faut pour lier les ames et les assujettir à l'exécution de ses canons, relativement à l'ordre spirituel.

que, pour donner atteinte à ces grands principes, il faudroit trouver dans le droit divin une exception qui y dérogeât expressément en faveur des ecclésiastiques, et qu'ainsi l'on ne peut chercher cette exception que dans l'ancienne loi ou dans la nouvelle.

V.

L'ancienne n'a rien de contraire au droit des princes.

Si Moïse prévoit dans le livre du Deuteronome, que les Israëlites, indignes du bonheur d'être gouvernés immédiatement par Dieu même, désireront un jour d'avoir un roi comme les autres peuples de la terre, il ne met aucune borne au pouvoir de ce roi, par rapport au ministre des autels.

Si Dieu lui-même, avant que d'accorder un roi aux vœux du peuple juif, fait expliquer à ce peuple par Samüel en quoi consistera le droit, c'est-à-dire le pouvoir et l'autorité de ce roi, il ne fait aucune distinction entre les prêtres et les séculiers.

La tribu de Lévi fut soumise comme les autres tribus à la domination de ce roi nouveau, encore que le seigneur fût le seul partage de cette tribu; qu'elle renonçât à la possession des fonds de terres, et que par là elle parût plus indépendante du gouvernement politique que les ministres de la loi nouvelle.

Le plus sage et le plus savant des rois commença son règne par exercer son pouvoir suprême sur la personne même du grand prêtre Abiathar, qu'il regarda comme coupable d'un crime de lèse-majesté, parce que ce grand prêtre avoit voulu élever sur le trône Adonias, frère de Salomon. *Vous avez mérité la mort,* (lui dit ce prince) *mais je ne veux pas vous la faire souffrir, parce que vous avez porté l'arche du Seigneur devant David mon père, et que vous avez partagé avec lui ses longs travaux.* Ainsi, Salomon se contenta de l'exiler; mais, soit en le condamnant à cette peine, soit en lui donnant la vie, il montra également que le chef même de l'église judaïque n'étoit pas exempt de la puissance royale, lorsqu'il commettoit un crime de lèse-majesté.

VI.

La loi nouvelle n'est pas plus favorable que l'ancienne à l'exemption prétendue par les ecclésiastiques : ils ne sauroient alléguer aucun endroit du nouveau testament qui donne la moindre couleur à leur indépendance.

C'est un principe certain que Jésus-Christ, en venant établir dans le monde un règne purement spirituel, n'a rien diminué du pouvoir temporel dont les rois de la terre jouissoient avant son avénement ; il a déclaré que son royaume *n'étoit pas de ce monde*. L'église, animée de son esprit, chante depuis plusieurs siècles, dans une de ses plus anciennes hymnes : Que *celui qui nous donne un royaume céleste ne détruit point les royaumes terrestres*. Bellarmin établit lui-même ce principe : *que la loi chrétienne ne prive personne de son droit et de son domaine* ; et le clergé de France se servit principalement de cet argument dans l'assemblée de 1635, pour prouver que les princes avoient le pouvoir de mettre des empêchemens dirimans au mariage de leurs sujets. Ils jouissoient de ce pouvoir avant que de s'être convertis à la foi, (dit M. de Fenouillet, évêque de Montpellier, dans l'excellent discours qu'il fit en l'assemblée de 1635 sur cette matière) : leur conversion leur a fait acquérir la qualité d'enfans de Dieu, mais elle ne leur a fait perdre aucun des droits attachés au titre de roi : ils peuvent donc encore à présent tout ce qu'ils pouvoient avant leur conversion ; ils n'ont donc point perdu, en embrassant la religion catholique, l'autorité qu'ils avoient sur les personnes ecclésiastiques ; et l'on peut dire même que cette autorité s'est accrue par leur conversion, puisqu'ils ont joint à la dignité de roi le titre non moins respectable de protecteur de l'église et de défenseur des canons.

VII.

Non-seulement la venue de Jésus-Christ et la prédication de la loi nouvelle n'a point ébranlé le pouvoir des princes, mais elle l'a affermi : l'écriture et la tradition en fournissent des témoignages également éclatans.

VIII.

Jésus-Christ ne s'est pas contenté de confirmer indirectement ce pouvoir, en déclarant, comme on a déjà remarqué, que son royaume n'étoit pas de ce monde ; ce qui exclut nettement de la puissance du vicaire de Jésus-Christ, toute espèce de pouvoir temporel sur les ecclésiastiques comme sur les laïcs : mais il a mis l'obéissance que les souverains ont droit d'exiger de tous les sujets, au nombre des préceptes de la loi nouvelle, lorsqu'il a dit à tous, sans aucune distinction : *Rendez à César ce qui est dû à César, et à Dieu ce qui est dû à Dieu.* On n'est donc pas moins soumis à César pour être consacré particulièrement au service de Dieu ; ou plutôt, c'est toujours Dieu que l'on sert en obéissant à César, qui commande au nom de Dieu même.

Ce que Jésus-Christ a ordonné à tous les hommes, il l'a pratiqué lui-même ; et dans cette matière comme dans toutes les autres, il n'a rien enseigné par ses paroles, dont il ne nous ait donné l'exemple par ses actions.

Il a comparu devant un juge non-seulement séculier, mais idolâtre ; et loin de refuser de reconnoître le pouvoir d'un tel juge, il l'a confirmé au contraire expressément, en déclarant que la puissance de Pilate *venoit d'en haut;* c'est-à-dire que c'étoit du ciel même que ce mauvais juge avoit reçu l'autorité qu'il exerçoit sur la personne de Jésus-Christ, qui s'étoit soumis par son humanité aux lois communes des tribunaux de la terre.

Ce n'est point ici une preuve recherchée avec art par les défenseurs du droit des princes, c'est une remarque des pères de l'église (1). *Vous méprisez la puissance séculière*, (disoit saint Bernard à un archevêque de Sens). *Mais qui étoit plus séculier que Pilate, devant lequel Notre Seigneur a comparu comme devant son Juge, et dont il a reconnu le pouvoir sur sa personne sacrée, comme étant émané du ciel?*

IX.

Les apôtres ont parlé et ont agi comme leur maître et leur modèle.

Nulle doctrine n'est plus favorable à la puissance des princes, que celle des deux plus grandes lumières de l'église, c'est-à-dire de saint Pierre et de saint Paul; et si les successeurs de ces apôtres avoient hérité de leur soumission aux puissances temporelles, aussi bien que de leur autorité sur les choses spirituelles, la cause des princes n'auroit jamais eu besoin de défenseurs.

Saint Pierre ne parloit-il qu'aux laïcs, ou plutôt n'est-il pas évident qu'il adressoit la parole à toute l'église sans exception, lorsqu'il disoit aux chrétiens de son temps : *Soyez soumis au roi comme au souverain, et aux gouverneurs comme à ceux qui sont envoyés par lui pour la punition des méchans et la récompense des bons* (2)... *Que personne d'entre vous ne souffre comme homicide ou comme voleur, mais qu'il souffre comme chrétien; qu'il en glorifie*

(1) *Sæcularitatem contemnitis? Sed sæcularior nemo Pilato, cui Dominus adstitit judicandus. Dicite, si audetis, sui præsulis Deum ordinationem nescire cum* Romani *præsidis* potestatem *super se* Christus quoque fateatur esse cœlitus ordinatam.

(2) Première épître de saint Pierre, chapitre 2, ỳ. 8, 13 et 14.

Dieu (1). Il ne croyoit donc pas que les clercs fussent affranchis de la soumission qui est due aux princes, il ne croyoit pas qu'il fût injuste qu'un clerc homicide ou voleur fût puni par les lois temporelles ; et si c'est-là la doctrine de saint Pierre, dans quelle source ses successeurs ont-ils puisé celle qu'ils enseignent aujourd'hui ?

Saint Paul ne s'explique pas moins clairement, lorsqu'il a dit ces paroles tant de fois citées sur cette matière : *Que toute ame soit soumise aux puissances souveraines. Il n'y a point de puissance qui ne vienne de Dieu, et c'est lui qui a établi celles qui sont sur la terre. Qui leur résiste, résiste à l'ordre de Dieu.... Si vous faites le mal, craignez; car ce n'est pas en vain que le prince porte le glaive; il est le ministre de Dieu pour exercer sa vengeance contre ceux qui font mal. Ainsi, soyez-lui soumis, non-seulement par un motif de crainte, mais par un principe de conscience* (2).

Si les ecclésiastiques prétendent n'être pas compris dans des expressions si générales, saint Chrysostôme et tous les interprètes grecs qui ont marché sur ses traces, leur répondent que les apôtres mêmes, les évangélistes, les prophètes, et *toute ame* en général, quelque élevée qu'elle soit, est assujettie aux puissances temporelles, suivant la doctrine de saint Paul; et saint Bernard, concevant toute la force des expressions de cet apôtre, demande aux évêques de son temps : *Qui vous a exceptés de cette règle générale qui comprend toute sorte de personnes ? Si toute ame doit être soumise aux puissances, la vôtre peut-elle en être exceptée* (3) ?

La conduite des apôtres a été conforme à leur doctrine.

(1) Première épître de saint Pierre, chapitre 2.

(2) Epître aux Romains, chapitre 13, ℣. 1 et suiv.

(3) *Qui vos excepit ab istâ universitate ? Si omnis ergo et vestra.*

Ils n'ont point évité de comparoître devant les tribunaux séculiers. Lorsque les juges ont voulu exiger d'eux des choses contraires à la loi de Dieu, ils leur ont résisté avec courage, en leur disant qu'*il falloit obéir à Dieu* plutôt *qu'aux hommes;* mais ils n'ont jamais décliné leur juridiction. Saint Paul s'est défendu devant un proconsul romain contre les accusations des juifs. Craignant l'injustice de ce juge trop complaisant pour les accusateurs, il en appela à César. *Il déclara qu'il comparoîtroit devant le tribunal de ce prince, et que c'étoit là qu'il devoit être jugé* (1).

X.

La tradition la plus pure et la plus respectable, c'est-à-dire celle qui est la plus proche de sa source, n'est pas moins avantageuse aux puissances temporelles que l'écriture même, et l'exemple de Jésus-Christ et des apôtres.

Tous ceux qui, dans les trois premiers siècles de l'église, ont fait des apologies de la religion chrétienne, y ont toujours pris la précaution de déclarer hautement que cette nouvelle religion n'apportoit aucun changement à la puissance des empereurs; qu'au contraire, elle mettoit la soumission qui leur est due, au nombre des principaux fondemens de la morale qu'elle enseignoit aux hommes; que les Chrétiens rendoient volontairement aux souverains, par principe de religion, et par un motif de conscience, une obéissance que la crainte ou l'intérêt seul arrachent à la plupart des autres hommes; qu'ils honoroient l'empereur (2) *comme le second après Dieu, le premier entre les hommes, au-dessous de la* Divinité, au-dessus *de tout le reste;* et qu'enfin, César étoit le *César des chrétiens* beaucoup plus que des

(1) *Ad tribunal Cœsaris sto, ibi me oportet judicari.* Act. cap. 25, ℣. 10.

(2) Tertullien, dans son apologie.

autres hommes, parce qu'ils le regardoient comme étant *établi par le Dieu qu'ils adoroïent.*

Aussi ne voit-on point que dans ces jours précieux de la ferveur du Christianisme, aucun chrétien ait eu la pensée de révoquer en doute la puissance des empereurs sur les personnes consacrées à Dieu. Les clercs, les évêques, les papes mêmes comparoissoient devant les tribunaux séculiers : ils se plaignoient quelquefois de la violence des persécutions, ils accusoient les empereurs mêmes d'injustice, mais sans se plaindre de l'incompétence des tribunaux séculiers; et dans le temps qu'ils s'élevoient contre l'iniquité des jugemens, ils reconnoissoient la puissance des juges.

On dira peut-être qu'ils cédoient à la force plutôt qu'à l'autorité de ces tribunaux, et qu'il auroit été inutile d'alléguer devant des juges idolâtres, un privilége fondé sur une religion que ces juges persécutoient.

Mais ce qui a précédé et ce qui a suivi cette conduite des premiers chrétiens, détruit également cette objection.

Ce qui l'a précédé, c'est l'exemple de Jésus-Christ, qui n'a pas seulement reconnu, par le fait, la puissance de Pilate, mais qui en a établi le droit, en déclarant *qu'elle venoit d'en haut*, et par conséquent, qu'elle étoit légitime.

Ainsi, non-seulement l'église des premiers siécles n'a point réclamé, mais elle n'a point dû réclamer contre la juridiction des empereurs; et si elle l'eût fait, elle eût abandonné les traces encore récentes de son divin maître.

Ce qui a suivi la conduite des premiers chrétiens, est la reconnoissance expresse que l'église a faite de l'autorité des tribunaux séculiers, lors même qu'elle eut quitté, pour ainsi dire, ses *habits de deuil* et de tristesse, et qu'elle eut été revêtue de gloire et de majesté par la protection des empereurs convertis à la foi, et devenus *ses pères et ses nourriciers*, suivant l'expression des prophètes.

Alors, quoique suivant les mêmes prophètes, elle vit *se courber devant elle*, et se prosterner à ses pieds *les enfans de ceux qui l'avoient humiliée*, elle ne rougit point de se soumettre à la puissance temporelle des empereurs, qui subissoient avec respect sa juridiction spirituelle. Alors le prince, bien loin de perdre aucun des droits dont il jouissoit auparavant, comme souverain, ajouta à ses premiers titres, l'auguste qualité d'*évêque extérieur*. Il entra presque dans toutes les affaires de l'église, selon la remarque d'un ancien historien ecclésiastique (1); et l'église implorant d'un côté le secours des empereurs, comme de ses protecteurs dans les matières spirituelles, se soumettoit de l'autre à leur autorité, comme à celle de ses souverains dans les affaires temporelles.

Ainsi, la piété du grand Constantin ne l'empêcha pas de prendre connoissance des intrigues secrètes qu'Eusèbe, évêque de Nicomédie, et Théognis, évêque de Nicée, entretenoient avec les Ariens (2): il les condamna au bannissement, comme il le marque lui-même dans la lettre qu'il écrivit sur ce sujet au peuple de Nicomédie; et l'église, qui a toujours applaudi à la religion de ce prince, n'a jamais prétendu qu'il eût entrepris en cela sur les droits de la puissance ecclésiastique.

Cette condamnation est même d'autant plus digne de remarque, qu'elle étoit fondée sur la loi générale que Constantin fit en ordonnant l'exécution du concile de Nicée, et qui portoit que tous ceux qui refuseroient de s'y soumettre, seroient condamnés à l'exil, comme rebelles au jugement de Dieu même. Le pouvoir de juger les crimes, et celui d'établir des peines générales par des lois, contre ceux qui les commettent, sont émanés du même principe. Ainsi, tout le concile de Nicée, qui a été témoin de cette loi de Constantin, et qui s'en est plaint, a reconnu en même

(1) Socrate.

(2) Théodoret, histoire ecclésiastique, liv. 1.

temps que l'empereur étoit juge légitime des crimes commis par les évêques contre la tranquillité et la sûreté publique, dont la religion fait une grande partie.

Saint Athanase, évêque et patriarche d'Alexandrie, assis sur le second trône de l'église, esprit aussi ferme qu'éclairé, et capable, comme il l'a montré plus d'une fois, de résister en face aux empereurs, lorsqu'ils vouloient exiger de lui des choses contraires à son devoir, n'a pas hésité néanmoins à comparoître devant Constantin et devant les juges que cet empereur lui donna, pour répondre aux fausses accusations que la malice de ses ennemis suscita tant de fois contre lui.

S'ils l'accusent d'avoir fait des levées de deniers, en Egypte, pour fournir sous main l'argent qu'il auroit ramassé par ce moyen, à un factieux qui vouloit usurper l'empire, Constantin le fait venir à Constantinople (1). Athanase comparoît devant lui ; il se justifie, et l'empereur ne le renvoie au gouvernement de son église, qu'après avoir reconnu par lui-même la fausseté de l'accusation qu'on avoit formée contre ce saint évêque.

Si, par une calomnie encore plus aveugle, on veut rendre Athanase suspect d'avoir tué Arsène, qui étoit vivant, et qui parut ensuite au concile de Tyr, l'empereur Constantin ordonne au censeur Dalmase de prendre connoissance de l'affaire, et cet officier écrit à saint Athanase de venir répondre, par devant lui, à cette accusation.

Il est vrai que dans la suite, cette affaire se trouva confondue dans celles dont le concile de Tyr, convoqué par l'ordre de Constantin, prit connoissance; mais ce concile même, quoique composé de juges ecclésiastiques, est une nouvelle preuve du pouvoir que Constantin a exercé dans les jugemens des évêques, puisque ce tribunal ne pouvoit avoir d'autorité que celle qu'il tiroit de l'empereur ; sans cela,

(1) Théodoret, liv. 1, chap. 36.

il auroit été absolument incompétent, puisque, suivant les canons, l'évêque d'Alexandrie n'auroit pu être jugé que par le concile des évêques d'Egypte. Ainsi, on ne peut regarder le concile de Tyr que comme une espèce de commission extraordinaire, composée à la vérité de juges ecclésiastiques, mais formée par l'empereur pour juger saint Athanase.

Non-seulement l'évêque de la seconde église du monde chrétien, mais l'évêque du premier siége, c'est-à-dire le pape même, a reconnu dans Constantin ce pouvoir émané de Dieu, que les souverains exercent sur les ecclésiastiques comme sur les laïcs, dans les matières temporelles.

La sainteté du pape Sylvestre ne l'ayant pas mis à couvert de la calomnie, il fut accusé; il comparut, et se justifia devant l'empereur Constantin.

Ce ne sont ni des magistrats séculiers, ni des histoires profanes qui attestent la vérité de ce fait; ce sont des évêques mêmes : c'est un concile entier assemblé à Rome, sous l'empereur Gratien, qui écrit à cet empereur en termes formels, *que le pape Sylvestre, accusé par des sacriléges, défendit sa cause devant l'empereur Constantin* (1).

L'église n'a pas moins reconnu l'autorité des empereurs qui ont suivi Constantin.

Saint Ambroise, écrivant à l'empereur Valentinien, ne réclame pour l'église que les jugemens qui regardent la foi et la discipline : il cite à ce prince un rescrit de l'empereur Valentinien son père, qui avoit voulu que les prêtres seuls fussent juges des prêtres, soit lorsqu'il s'agissoit de la foi, soit lorsqu'il étoit question de la discipline ou du réglement des mœurs. Voilà les seules matières dans lesquelles l'église prétendoit alors que le jugement épiscopal devoit avoir lieu. On peut voir même, en lisant toute la lettre de saint Ambroise, que s'il établit l'autorité du tribunal

(1) *Sylvester, papa, à sacrilegis accusatus, apud parentem vestrum Constantinum causam propriam prosecutus est.* Epit. Synod. Concil. Rom. ad Gratianum.

ecclésiastique sur le droit divin, ce n'est que par rapport aux questions de foi, et qu'il ne le fonde, par rapport aux affaires de discipline et de réglement des mœurs, que sur la loi de Valentinien.

L'accusation du pape Damase sous l'empereur Gratien, fils de ce prince, fournit une preuve encore bien plus éclatante de l'ancienne doctrine de l'église sur ce point.

Le concile romain, dont on a déjà parlé, marque dans la même lettre, que Damase fut accusé devant l'empereur, et qu'il obtint un jugement favorable.

Mais comme les pères de ce concile craignoient apparemment qu'on ne voulût encore citer ce pape devant les tribunaux séculiers, pour lui faire son procès, suivant les formes établies par les lois romaines, ils représentèrent à l'empereur (1);

Qu'il avoit lui-même affranchi tous les ecclésiastiques de la juridiction de ces tribunaux, et qu'il n'étoit pas juste que le pape, qui étoit au-dessus de tous les évêques, par la prérogative du siége apostolique, ne jouît pas de ce privilége (2) :

Qu'en cela néanmoins, le pape Damase n'agissoit point dans la vue de décliner le jugement de l'empereur, puisqu'il l'avoit déjà subi; mais qu'il le supplioit de conserver en sa personne, l'honneur que ce prince avoit lui-même déféré à l'église;

Que d'ailleurs son innocence étoit mieux établie par le jugement favorable de l'empereur, que si elle avoit été éprouvée suivant les formes prescrites par les lois, outre que Damase, pour rendre public, en quelque manière, le témoignage de sa conscience, se soumettoit au jugement encore plus sévère des prêtres, qui pesoient non-seulement la réputation, mais les mœurs d'un évêque accusé;

(1) *In suâ causâ vestri tenet insigne judicii.*

(2) Le concile de Rome fait allusion en cet endroit à la loi 23 au code Théodosien *de episcopis et clericis*, etc.; mais cette loi excepte les grands crimes, dont elle réserve le jugement aux tribunaux séculiers.

Et qu'enfin, l'empereur pouvoit prendre encore un autre tempérament que le pape lui proposoit, moins *pour son intérêt* particulier, que pour *seconder la piété de* ce prince, sans déroger aux *droits de personne*, et souhaitant d'augmenter *le pouvoir* des princes plutôt que de *le diminuer;* que ce tempérament étoit d'ordonner que lorsque l'évêque de Rome seroit accusé, *et que l'empereur ne jugeroit* pas à propos *de renvoyer l'accusation au jugement* du concile *de Rome*, il seroit permis à l'accusé de se défendre *devant le conseil de l'empereur.*

Le concile ajoute, pour appuyer cette prière, qu'elle ne doit pas être regardée comme une nouveauté ; que Damase ne fait que suivre en cela les exemples de ses prédécesseurs, puisque le pape Sylvestre étant accusé répondit à ses accusateurs devant Constantin, et qu'on trouve même des exemples d'une semblable conduite dans les saintes écritures, où l'on voit que l'apôtre saint Paul, éprouvant la violence d'un gouverneur de *province, appela à César et fut envoyé à César.*

Ainsi, ce n'étoit point de la puissance temporelle en général que le pape Damase déclinoit le jugement, par la bouche des pères du concile romain; il vouloit seulement éviter de comparoître devant les tribunaux ordinaires ; et le seul privilége auquel il aspiroit, étoit de n'avoir pour juge que la personne même de l'empereur avec son conseil.

Enfin, pour ne pas s'étendre à l'infini sur les preuves de la reconnoissance que les plus grands papes ont faite de l'autorité suprême des princes en matière temporelle, tant sur les ecclésiastiques que sur les laïcs, il n'y auroit qu'à renvoyer ceux qui en doutent à la célèbre lettre du pape Gélase à l'empereur Anastase, où il établit ce grand principe, que Jésus-Christ, *connoissant la fragilité humaine*, a partagé de telle manière le pouvoir qu'il a donné aux deux puissances, que *les princes eussent besoin des pontifes pour la vie éternelle*, et que les *pontifes eussent besoin des princes pour les choses temporelles*, afin que *celui qui* se *consacreroit au service* de Dieu, ne se mêlât point des *affaires* profanes, et que celui qui étoit *chargé* des affaires profanes, ne présidât point aux choses divines. *Ainsi*, dit-il à cet empereur, *comme les pontifes mêmes vous obéissent dans tout ce qui regarde la discipline et la police publique, reconnoissant que c'est le Ciel même qui a remis l'empire entre vos mains, avec quels sentimens ne devez-vous pas aussi obéir à ceux que Dieu a établis pour vous dispenser les saints mystères?* Quiconque pesera bien les paroles de ce grand pape, ne trouvera plus qu'une difficulté dans cette matière, qui est de savoir comment on peut concilier les papes des derniers siècles avec ces anciens papes, qui semblent avoir entrepris de défendre par avance la cause des princes contre l'ambition des papes modernes.

XI.

Si le droit commun est pour les princes, si la loi divine n'a mis aucune exception à leur pouvoir en faveur des ecclésiastiques, si Jésus-Christ l'a confirmé, bien loin de le détruire, si les apôtres, si l'église primitive, si les papes et les conciles l'ont reconnu, et si ce qui n'étoit qu'un droit humain avant la venue de Jésus-Christ, est devenu depuis ce temps-là, par ses paroles et par ses actions, un droit humain et divin tout ensemble, il est évident que l'exemption, prétendue par les ecclésiastiques, par rapport aux crimes qui regardent le temporel, n'étant point de droit, ne peut être que l'ouvrage de la volonté libre et de la bienveillance toute gratuite des princes.

XII.

Il suit donc nécessairement de ce principe,

1.° Que comme les princes peuvent accorder cette

exemption au clergé, ils peuvent aussi ne la lui accorder pas : leur volonté seule est leur règle à cet égard; ils ne font point d'injustice aux ecclésiastiques, quand ils leur refusent cette exemption, et quand ils la leur accordent, ils leur font grâce;

2.° Que, puisque l'exemption est un privilége et non pas un droit, le prince peut l'étendre ou la limiter à son gré, et mettre telles conditions qu'il juge à propos d'ajouter à son bienfait, soit par rapport aux personnes, soit par rapport au genre des crimes, soit enfin par rapport à la forme de procéder;

3.° Qu'enfin, comme une libéralité ne peut jamais devenir une dette, et que la continuation d'une grâce ne dépend pas moins de la volonté du prince, que la concession même de la grâce, il est toujours en son pouvoir de révoquer, de suspendre ou de tempérer comme il lui plaît, le privilége qu'il a accordé aux ecclésiastiques, selon que les besoins de l'état et la diversité des conjonctures le demandent; autrement, le prince consommeroit tout son pouvoir par un seul acte; et pour avoir voulu favoriser l'église en lui accordant une juridiction extraordinaire, il se seroit privé lui-même et ses successeurs à perpétuité, du pouvoir naturel que le droit divin et humain attachent inséparablement à son caractère.

XIII.

Il en est de l'exemption des personnes comme de celle des biens. De même que les princes ont pu affranchir ou n'affranchir pas les biens des ecclésiastiques, de même qu'ils ont pu accorder cette immunité sous les conditions qu'ils ont jugé à propos d'y adopter, de même enfin qu'ils peuvent la faire cesser, quand il leur plaît, pour le bien de leur état; ainsi ils sont les maîtres d'accorder ou de refuser l'exemption personnelle, de ne la donner que sous certaines conditions, et de la révoquer enfin si elle devient nuisible à la tranquillité de leur royaume.

Ou si l'on veut un exemple qui approche encore plus de la question présente, rien n'est plus naturel que de comparer l'exemption des clercs, en matière criminelle, avec leurs priviléges en matière civile. Tous ceux qui ont examiné le fondement, le progrès et le dernier état de ce privilége, savent que dans son origine, il a été l'ouvrage de la volonté positive des empereurs romains; qu'ils ont souvent varié sur ce sujet, selon le degré de pouvoir qu'ils ont jugé à propos d'accorder à l'église, pour prévenir le scandale que les procès entre des personnes ecclésiastiques excitoient dans les tribunaux séculiers; et qu'enfin, cette exemption a reçu tant de différens changemens, avant que d'être réduite aux foibles restes dont les ecclésiastiques jouissent encore aujourd'hui, qu'il est évident que ce privilége n'a jamais été regardé dans tous les temps où l'on a fait quelque usage de sa raison, que comme l'effet d'une volonté arbitraire des princes, à laquelle ils ont donné la forme qu'ils ont jugée convenable au bien de l'église et de leurs états. Or, quelle différence peut-on trouver, pour peu que l'on raisonne exactement, entre le privilége des clercs dans les matières civiles, et leur exemption en matière criminelle? Pourquoi le pouvoir que les princes ont sur eux cesseroit-il plutôt, à l'égard des crimes que les clercs commettent, qu'à l'égard des actes ordinaires de la société civile? S'ils sont membres de cette société, sujets à ses lois, soumis aux Tribunaux qu'elle a établis, lorsqu'il s'agit d'un contrat particulier; pourquoi en seront-ils affranchis, lorsqu'ils blessent cette obligation générale par laquelle tous les citoyens qui vivent dans une même république, se sont engagés réciproquement à procurer le bien commun de la société, et encore plus à ne lui faire jamais aucun mal? On contracte par le crime, suivant les premiers principes de la jurisprudence, comme par toute autre espèce d'engagement; et pourquoi ce seul contrat, cette seule obligation qui naît de lui, et qui affecte la personne et les biens du coupable à la vengeance publique, sera-t-elle exceptée du pouvoir universel des princes?

Ainsi, soit que l'on envisage le privilége clérical en lui-même, soit qu'on le compare avec les autres espèces d'exemptions qui ont été accordées aux ecclésiastiques, rien ne peut ébranler la certitude de ce grand principe, que l'exemption des ecclésiastiques par rapport aux crimes publics, étant l'ouvrage de la volonté libre et indépendante des souverains, les souverains peuvent en limiter, comme il leur plaît, le temps, l'étendue, les conditions.

XIV.

C'est en effet ce que toute la suite, et, si l'on peut parler ainsi, tout le corps de la législation des empereurs romains sur cette matière montre évidemment; législation qui mérite également d'être respectée, soit par la dignité des législateurs, soit parce qu'ils ont vécu plus près des temps apostoliques, et par conséquent de la pureté des règles, que l'ambition des siècles suivans a altérée; soit enfin parce que les usages postérieurs de la France et des autres états de l'Europe, ont été presque tous établis sur les fondemens de cette jurisprudence.

On peut observer deux choses dans ces lois:

1.° La manière en laquelle ces princes se sont expliqués, lorsqu'ils ont accordé aux ecclésiastiques l'exemption des tribunaux séculiers en matière criminelle;

2.° Les divers changemens que cette exemption a éprouvés, les exemptions et les restrictions que les princes qui l'ont donnée aux ecclésiastiques y ont ajoutées.

Si l'on examine attentivement ces deux points, on y découvrira autant de caractères sensibles qui prouvent également que c'est de la seule volonté des princes, que les ecclésiastiques tiennent leur privilége.

Les termes par lesquels les empereurs Romains se sont expliqués sur cette matière, ne laissent aucun lieu d'en douter.

C'est l'empereur Constance qui, peut-être par de mauvais motifs, et pour forcer les évêques catholiques à avoir des évêques ariens pour juges, a ordonné le premier que les évêques ne pourroient être accusés devant les tribunaux séculiers.

Mais dans quels termes leur accorde-t-il ce privilége? *Nous défendons*, dit-il, *par cette loi, ouvrage de notre douceur et de notre clémence, qu'on accuse les évêques devant les juges ordinaires.*

Donc, ce qu'il défend par cette loi, avoit été permis jusque-là, et il le défend par une espèce de relâchement et de condescendance; en sorte qu'il paroît manifestement que c'est une exception et une dispense d'un droit commun, qu'il introduit par cette loi.

Et quel est le motif de cette exception? Il ne le tire, ni du droit divin, ni de l'éminence du caractère épiscopal: il dit seulement, *qu'encore qu'on* pût craindre que les évêques *ne fussent assurés de l'impunité dès le* moment qu'ils n'auroient que des évêques pour juges, cependant il étoit encore plus dangereux *de les livrer, dans un jugement public, à la fureur d'une foule d'accusateurs, que leur* état et leur ministère leur attireroit tous les jours.

Si l'empereur Gratien, dans la loi 23 du même titre, accorde aux évêques de chaque diocèse la connoissance des fautes légères commises par les ecclésiastiques, il ne fonde ce privilége que sur l'exemple de ce qui se passoit dans les affaires civiles, par la concession gratuite des empereurs.

Si Honorius dans la loi 41 du même titre, ordonne que les clercs ne pourront être accusés que par-devant les évêques, il paroît par les termes dont il se sert, que c'est la convenance et la bienséance seules qui l'y déterminent : *Clericos non nisi apud episcopos accusari convenit.*

Valentinien III va encore plus loin dans sa novelle 12; et en confirmant le privilége des ecclésiastiques, renfermé dans les bornes qu'il juge à propos d'y prescrire, il déclare expressément qu'il est certain que, suivant les lois, les évêques et les prêtres n'ont point de tribunal, et qu'ils ne connoissent que des causes qui regardent la religion.

Si Justinien, qui a fait plus de lois sur cette matière qu'aucun de ses prédécesseurs, a renvoyé aux évêques la connoissance d'une partie des crimes commis par des ecclésiastiques, on peut dire qu'il a conservé néanmoins son autorité sur eux, dans le temps même qu'il paroît s'en dépouiller, puisqu'en renvoyant les prêtres dans certains cas au jugement des évêques, il détermine en même temps la peine à laquelle les coupables seront condamnés.

C'est ainsi qu'en laissant à l'église dans la loi 34, au code *de episcopali audientiâ*, le pouvoir de juger les évêques et les clercs accusés d'avoir joué aux dez, ou d'avoir assisté aux spectacles, il ordonne néanmoins que les coupables seront séparés du ministère des autels, et qu'on leur prescrira un temps pendant lequel ils obtiendront le pardon de leur faute par les jeûnes et par les prières.

On trouve la même chose dans plusieurs chapitres de la novelle 123 du même empereur, et l'on y remarque que, dans les dispositions mêmes les plus favorables à la juridiction épiscopale, il connoît de la matière comme législateur encore qu'il renonce à en connoître comme juge.

Les changemens de jurisprudence et les différentes exceptions ou restrictions qu'on trouve dans les lois romaines sur ce sujet, sont le second caractère de l'autorité souveraine et arbitraire avec laquelle ils ont cru pouvoir disposer d'un privilége qui n'avoit point d'autre origine que leur volonté.

Un des plus grands critiques du dernier siècle, Jacques Godefroy, qu'on peut justement appeler le plus docte et le plus profond de tous les interprètes des lois civiles, a cru que la loi de l'empereur Constance, qui réserve aux évêques le jugement des autres évêques, ne regardoit que les accusations de religion, que les intrigues des évêques ariens, tout puissans auprès de cet empereur, rendoient alors si fréquentes; et en effet, si on donnoit un sens plus étendu à cette constitution, elle seroit directement contraire aux autres lois du même code et du même titre, qui restreignent la juridiction des évêques aux crimes qui regardent la religion, ou aux fautes légères que les ecclésiastiques commettent par rapport aux devoirs de leur ministère.

Mais, quand même on pourroit soutenir que la loi de Constance s'étendoit à toute sorte de crimes commis par un évêque, il seroit toujours certain, comme on l'a déjà observé, qu'elle ne regardoit que les évêques, et par conséquent qu'elle contiendroit une première distinction, par rapport aux personnes, qui supposeroit nécessairement le pouvoir absolu du législateur.

Si cette distinction a été abrogée par les empereurs suivans, ils en ont introduit de plus importantes.

La foi, la discipline, les mœurs des personnes ecclésiastiques sont le partage de la juridiction épiscopale, selon la loi de Valentinien I.er, que saint Ambroise cite avec éloge; et par conséquent, suivant cet empereur, tous les crimes publics, quoique commis par un prêtre ou par un évêque, étoient au contraire le partage des tribunaux séculiers.

Gratien, fils de cet empereur, a marché sur ses traces, mais en restreignant un peu plus le privilége clérical, puisqu'il le réduit aux dissensions et aux fautes légères qui regardent la religion, et qu'il en excepte nommément ce qui faisoit la matière des actions criminelles, qui se poursuivoient dans les tribunaux séculiers, suivant les lois que les Romains appeloient publiques, parce qu'elles régloient la forme des accusations publiques.

Les empereurs Arcade et Honorius ont suivi le même esprit et se sont exprimés d'une manière encore plus précise, lorsqu'ils ont décidé en termes généraux que toutes les fois qu'il s'agissoit de la religion, c'étoit aux évêques qu'il appartenoit de juger : mais que les autres causes qui regardoient les juges ordinaires ou l'exercice du droit public, devoient être jugées suivant les lois.

C'est de ce décret d'Arcade et d'Honorius, que Valentinien III se sert dans sa novelle 12, pour prouver que, suivant le code Théodosien, les évêques n'ont point de véritable tribunal, et ne peuvent connoître que de ce qui regarde la religion.

Théodose le jeune, à peu près dans le même temps, suivoit aussi cette distinction, lorsqu'en écrivant au concile d'Ephèse par le comte Candidien, il défendit expressément d'agiter dans ce concile aucune accusation criminelle, ordonnant que si l'on en formoit de cette qualité, elles ne pussent être poursuivies qu'à Constantinople.

Mais aucun empereur n'a proposé si clairement ni si exactement cette distinction que Justinien.

La milice profane lui a servi de modèle par rapport aux lois qu'il a faites sur la milice sacrée; et comme les lois romaines distinguoient deux sortes de crimes dans les soldats, les uns qui leur étoient propres, qu'ils ne commettoient qu'en tant que soldats et qui n'intéressoient que la discipline militaire, les autres qui leur étoient communs avec le reste des citoyens, qu'ils commettoient en tant qu'hommes, et qui blessoient la société civile en général; ainsi Justinien a divisé les crimes qu'un ministre des autels pouvoit commettre, en crimes propres à son état, et qui violoient seulement la discipline ecclésiastique, ou en crimes *civils ou communs*, qui étoient contraires à l'ordre général de la police publique.

Il attribue la connoissance des premiers aux évêques, et des derniers aux magistrats.

Il ajoute quelques tempéramens à cette distinction par sa novelle 123. Il veut, par exemple, qu'on obtienne la permission de l'empereur, avant que de pouvoir accuser un évêque devant un juge séculier.

Il donne à l'accusateur la liberté de s'adresser d'abord à l'évêque, ou de porter d'abord son accusation devant le magistrat ; mais au fond il conserve toujours la même distinction, et soit que l'évêque ou le magistrat ait été saisi le premier, il faut toujours, si le crime est du nombre de ceux qu'il appelle *civils ou communs*, que le juge séculier en fasse justice, ou seul, ou après l'évêque. La plus grande grâce que Justinien fasse par cette novelle aux ecclésiastiques, ou plutôt à l'église, est que, si l'évêque prétend que le jugement prononcé par le magistrat est injuste, l'exécution en soit différée jusqu'à ce que l'empereur ayant entendu les raisons de l'évêque et celles du magistrat, ait décidé pour ou contre l'exécution de la sentence.

Tel a été le dernier état de la jurisprudence romaine sur cette matière, et c'est ainsi que dans le privilége même que les princes ont accordé aux ecclésiastiques, ils ont toujours fait éclater leur pouvoir, soit par les termes dans lesquels ils l'ont accordé, soit par le changement d'une jurisprudence qui étoit l'ouvrage arbitraire de leur volonté, et par les restrictions qu'ils y ont apportées; mais sur-tout par la distinction, tantôt plus obscurément et tantôt plus clairement expliquée, mais toujours également fixe et invariable, des crimes propres aux ecclésiastiques, dont la connoissance a été réservée à l'église, et des crimes qui leur sont communs avec les autres citoyens, dont le jugement est toujours demeuré entre les mains des juges séculiers.

XV.

Que pouvoit-il manquer, après cela, à l'autorité des lois romaines en cette matière, si ce n'est de devenir en quelque manière, des lois ecclésiastiques par l'approbation expresse, par l'applaudissement même de l'église? et c'est ce qui est encore arrivé.

On a vu qu'aucun empereur n'a établi plus formellement que Justinien la distinction du crime ecclésiastique et du crime politique.

Cependant les collecteurs des constitutions ecclésiastiques ont consacré les lois de cet empereur, et les ont canonisées pour ainsi dire, en les insérant dans leurs collections.

Les souverains pontifes en ont eux-mêmes fait l'éloge. Le pape Agathon, à la tête du concile de Rome, rend ce témoignage à Justinien, que *par sa religion autant que par sa sagesse, il a renouvelé toutes choses, et les a rétablies dans un meilleur état.*

Les pères du sixième concile général crurent ne pouvoir donner un titre plus magnifique à l'empereur Constantin le Pogonate, et plus propre à lui inspirer ce que l'église attendoit de sa protection, qu'en l'appelant dans leurs acclamations *le nouveau Justinien.*

Et si l'on prétendoit éluder ces louanges, en disant qu'elles ne tombent pas sur les novelles où l'empereur Justinien a marqué les bornes de la juridiction épiscopale dans les procès criminels des ecclésiastiques, il seroit aisé de répondre à cette objection par l'autorité du pape S. Grégoire le grand, qui, dans l'instruction qu'il donna à *Jean le défenseur*, allant en Espagne, cite expressément la novelle 123 de Justinien, par rapport aux procès civils et criminels des évêques, et entr'autres le chapitre VIII de cette novelle, dans lequel il est défendu à toutes sortes de personnes d'accuser un évêque devant un juge séculier, sans la permission de l'empereur. Ainsi il résulte de l'instruction donnée par ce grand pape, qu'on peut au moins, avec la permission de l'empereur, accuser un évêque dans un tribunal séculier.

On ne doit donc pas être surpris après cela, si Hincmar et Yves de Chartres ont tous deux attesté que les novelles de Justinien étoient observées dans l'église romaine; et si Gratien, à l'exemple des anciens collecteurs grecs, les a mêlées avec les canons, dans son décret.

XVI.

Malgré la destruction de l'empire romain, et l'établissement des monarchies qui se sont formées des débris de ce vaste empire, les lois de Justinien ont encore été suivies dans ces nouveaux royaumes à l'égard des jugemens des évêques.

Ainsi, dans le royaume d'Italie, Théodoric jugea lui-même l'évêque d'Aouste, accusé d'avoir voulu trahir sa patrie; il écrivit à l'archevêque de Milan que cet évêque lui ayant paru faussement accusé, il l'avoit rétabli dans son premier rang, pour jouir pleinement de son épiscopat, comme avant l'accusation; qu'il avoit eu intention de punir les accusateurs de cet évêque, mais que comme ils étoient ecclésiastiques, il les renvoyoit au jugement de l'archevêque de Milan, *à qui il appartenoit de régler leurs mœurs.*

On sera peut-être surpris de ce que ce roi, qui n'avoit pas craint de se rendre juge de la personne d'un évêque, renvoie de simples clercs au jugement de leur métropolitain; mais il y a lieu de présumer qu'il ne regarda pas la témérité de leur accusation comme un de ces grands crimes que Justinien appelle *communs ou civils*, et dont cet empereur réserve la connoissance aux tribunaux séculiers; il ne les crut coupables apparemment que d'une faute, qui pouvoit être suffisamment punie par des juges ecclésiastiques; et c'est ce qu'il fait assez entendre en disant à l'archevêque de Milan, que c'étoit à ce prélat *de régler de telles mœurs*, comme s'il vouloit dire qu'il s'agissoit plutôt de réformer les mœurs de ces clercs, que de leur imposer une peine publique.

La France a suivi d'abord les mêmes maximes; et quoique la piété royale de la première race les ait souvent portés à renvoyer aux évêques le jugement de leurs confrères, même dans les crimes de lèse-majesté, on voit néanmoins que c'étoit un honneur qu'ils déféroient à l'église par un sentiment de religion, plutôt que par défiance de leur droit.

C'est ce qui paroît clairement par ces paroles que le roi Chilperic adressa au concile assemblé à Paris pour le jugement de Prétextat, archevêque de Rouen : *Quoique la puissance royale ait droit de condamner, suivant les lois, un coupable de lèse-majesté, cependant, pour ne rien faire de contraire aux SS. Canons, j'ai fait comparoître devant votre assemblée cet évêque, auteur d'une conspiration tramée contre moi.*

Ce n'étoit pas seulement les princes qui parloient ainsi de leur pouvoir, l'église en portoit le même jugement.

Le premier concile de Mâcon, convoqué par le roi Gontran en l'année 581, et apparemment autorisé par ce prince, dans la disposition qu'on en va expliquer, ordonne qu'aucun ecclésiastique ne pourra être *maltraité ni traîné en prison*, de l'autorité des juges séculiers, avant que sa cause *ait été discutée par son évêque*, et que si quelque juge entreprend de le faire, *si ce n'est en matière criminelle, c'est-à-dire en cas d'homicide, de vol, ou autre maléfice, il sera privé de l'entrée de l'église* pendant tel temps qu'il plaira à l'évêque du lieu.

Ainsi, l'autorité des rois et de leurs officiers sur la personne des clercs en matière criminelle, a été reconnue par l'église, presque aussitôt qu'il y a eu des rois en France.

Saint Grégoire de Tours en rendoit témoignage, lorsqu'en parlant au roi Chilpéric en faveur de Prétextat, archevêque de Rouen, qu'il croyoit que ce prince vouloit opprimer, il lui dit ces paroles, qu'il rapporte lui-même dans son histoire : *Si quelqu'un de nous, ô roi, viole les règles de la justice, vous pouvez le châtier, mais si vous les violez vous-même, qui pourra vous punir, si ce n'est celui qui a déclaré qu'il étoit la justice même?*

Le pouvoir des rois sur les évêques étoit donc reconnu par les évêques, dans le temps même que les rois vouloient bien les prendre pour juges des crimes de lèse-majesté, commis par des évêques.

L'exemple de ce que le même historien raconte du procès de Gilles, archevêque de Reims, ne prouve pas moins cette vérité.

Cet archevêque, accusé d'avoir conspiré contre la vie du roi Childebert, fut d'abord arrêté par l'ordre de ce prince, et mis en prison. Les évêques se plaignirent à la vérité de ce qu'on l'avoit arraché de sa ville épiscopale, sans l'entendre, et sans lui donner des juges devant lesquels il pût se défendre. Le roi déféra à ces plaintes; il rendit la liberté à l'archevêque, et il adressa à tous les évêques de son royaume un ordre général de s'assembler à Metz, pour examiner la conduite de ce prélat.

On pourroit dire que la forme de cette instruction fut mixte, et que les juges séculiers y eurent part aussi bien que les évêques, puisque Grégoire de Tours observe non-seulement que Childebert fut toujours présent avec les évêques, mais qu'il chargea Ennodius qui avoit exercé la fonction de duc, ou de gouverneur, de l'instruction du procès; et cet historien rapporte même quelques-unes des interrogations qu'Ennodius fit à l'accusé.

Mais indépendamment de la forme de l'instruction, on trouve d'ailleurs dans la suite de ce procès, des preuves suffisantes du pouvoir suprême que les rois exerçoient alors sur la personne des évêques.

A la vue de tous les crimes de lèse-majesté dont Gilles fut convaincu, les évêques confus et affligés de trouver un ministre du seigneur coupable de tant de trahisons différentes, demandèrent avec instance au roi Childebert, trois jours de délai pour examiner encore plus cette affaire, espérant que l'accusé pourroit trouver dans ces trois jours quelque moyen de se justifier. Ce retardement fut inutile, l'archevêque de Reims comparut le troisième jour dans le concile; mais ce ne fut que pour déclarer qu'il reconnoissoit avoir *mérité la mort, comme coupable de lèse-majesté.* Les évêques déplorant l'opprobre que le crime de leur confrère faisoit rejaillir jusque sur leur front, ne pensent plus qu'à lui sauver la vie; et après avoir obtenu cette grâce du roi, ils le déposent, et le roi l'envoie en exil à Strasbourg.

Ainsi, et le coupable qui avoue qu'il a mérité la peine de mort à laquelle l'église ne pouvoit pas le condamner, et les évêques qui demandent sa vie au roi, et le roi qui la leur accorde, sont, pour ainsi dire, trois témoins également irréprochables, qui attestent, d'une manière uniforme, la puissance de vie et de mort que le roi Childebert étoit en droit d'exercer sur l'archevêque de Reims, comme sur tout autre sujet rebelle.

Enfin, le quatrième concile de Tolède, tenu environ dans le même temps, et reçu dans la discipline de l'église de France (comme l'histoire de la déposition d'Arnoul, archevêque de Reims, dont on parlera dans la suite de ce mémoire, le prouve clairement), est une dernière preuve de cette vérité.

Le canon 31 de ce concile marque que les princes renvoyoient souvent à des prêtres le jugement des coupables de crime de lèse-majesté; mais que comme les prêtres étoient établis par Jésus-Christ pour exercer un ministère de grâce et de salut, le concile leur défend de recevoir de semblables commissions, sans prendre auparavant la précaution d'engager les rois qui les commettent, à promettre avec serment d'accorder la vie au coupable.

C'est par rapport au jugement d'Arnoul, archevêque de Reims, que l'archevêque de Sens fait lire ce canon. Ainsi l'église de France reconnoissoit alors, ainsi que celle d'Espagne, que cette disposition regardoit les évêques comme les autres accusés, et qu'ils pouvoient être condamnés à mort par les juges que le prince leur donnoit; sans cela, la précaution établie par ce canon, et que l'archevêque de Sens veut que l'on prenne à l'égard d'Arnoul, auroit été superflue.

Mais ce n'est pas là la seule conséquence que l'on doive tirer de ce canon, et de l'usage que l'église de France en a fait.

On y voit, que si les évêques jugeoient alors les

prêtres, ou les évêques, coupables de crimes de lèse-majesté, c'étoit souvent comme juges commis par les rois, et non comme juges ecclésiastiques. Les évêques qui jugèrent Arnoul, archevêque de Reims, le savoient si bien, qu'un de ces prélats ayant voulu représenter aux autres, qu'en condamnant Arnoul, ils s'exposoient peut-être à se faire condamner eux-mêmes, un autre évêque répondit que s'il y avoit quelque danger en cela, il y en auroit encore plus à vouloir se dispenser de le juger, parce que, si cela étoit, les princes pourroient s'accoutumer à ne plus attendre les jugemens ecclésiastiques; *car*, ajoute-t-il, *comment pourrons-nous nous plaindre de notre roi, si ce jugement dont nous n'aurons pas voulu nous charger, il le fait rendre par des tribunaux séculiers?* paroles qui font voir très-clairement que l'autorité des rois, et l'intérêt politique du clergé, avoient beaucoup plus de part au pouvoir qui étoit alors exercé par les évêques, que la prétendue exemption des ecclésiastiques.

XVII.

Il faut avouer néanmoins que le privilége clérical ne s'est pas toujours renfermé dans les anciennes bornes que la sagesse des empereurs romains avoit posées, et que l'église de France avoit respectées, comme on l'a vu dans le canon du concile de Mâcon que l'on vient de citer. On étendit peu à peu cette exemption à toute sorte de crimes. Les capitulaires de Charlemagne, et ceux des princes ses successeurs, sont remplis de dispositions qui autorisent cette extension.

XVIII.

Quelles furent les causes de ce changement de maximes, et de cette éclipse passagère que l'autorité des princes souffrit en cette matière? Il est important de les approfondir exactement. La foiblesse de cette nouvelle doctrine ne paroît jamais mieux, que lorsqu'on en pèse les principes, et que l'on en sonde, pour ainsi dire, les fondemens.

La piété des princes, qui renvoyoient presque toujours aux évêques la connoissance des crimes commis par les ecclésiastiques, en fut la première occasion : cet usage fit passer pour un droit de rigueur et de nécessité, ce qui n'étoit, dans son origine, qu'une grâce toute volontaire de la part des princes qui l'accordoient.

L'intérêt du clergé appuya fortement une doctrine qui le rendoit, en quelque manière, indépendant de la puissance temporelle; il suffisoit d'être prêtre pour être assuré de ne pouvoir perdre la vie pour quelque crime qu'on eût commis. L'église abhorre le sang, et on lioit les mains, par cette nouvelle doctrine, aux puissances qui avoient droit de le répandre.

L'autorité des évêques, et la part qu'ils avoient au gouvernement étoit d'ailleurs si grande, qu'elle se faisoit craindre des princes mêmes : les rois avoient intérêt de ménager les ecclésiastiques, à cause du crédit que la religion leur donnoit sur l'esprit des peuples ; et ce crédit étoit alors si grand, que les évêques osèrent bien déposer le second empereur de la seconde race de nos rois, sous prétexte qu'il avoit mérité d'être assujetti aux lois rigoureuses de la pénitence canonique.

On peut juger, par cet excès, combien les descendans de Charlemagne devoient avoir d'égards pour une autorité qui rendoit des sujets si formidables à leurs maîtres.

Il n'est pas même inutile de remarquer ici que, par un très-mauvais usage, mais qui a peut-être donné la première idée du ministère des officiers qu'on a établis dans la suite, pour requérir au nom du roi, la mort et la punition des coupables, il étoit autrefois assez ordinaire que les rois se rendissent eux-mêmes accusateurs des évêques qui avoient commis des crimes de lèse-majesté.

C'est ainsi que, selon Grégoire de Tours, auteur contemporain, et témoin oculaire de ce qu'il raconte, Prétextat, archevêque de Rouen, fut accusé par le roi Chilperic lui-même dans le concile des évêques qui avoient été assemblés pour prononcer sur cette accusation.

C'est ainsi que sous la seconde race de nos rois, l'empereur Louis-le-Débonnaire accusa Ebbon, archevêque de Reims, dans le concile de Thionville, de l'avoir déposé injustement de l'empire, et livré à la pénitence publique. Hincmar, qui raconte cette histoire, atteste expressément la vérité de ce fait, c'est-à-dire que ce fut par l'empereur même que cet archevêque fut accusé, *accusatus ab ipso Augusto*.

Enfin, c'est ainsi que Charles-le-Chauve assure dans sa lettre au pape Adrien II, que c'étoit lui-même qui avoit accusé Hincmar, évêque de Laon, dans l'assemblée des évêques, *præsentes præsentem in synodo episcoporum accusavimus*.

Or, dès le moment que le roi ou l'empereur même se déclaroient parties et accusateurs, il n'étoit pas surprenant que tous les magistrats qui dépendoient d'eux, fussent regardés comme suspects, et que l'on crût qu'il ne restoit après cela que le tribunal de l'église où les évêques pussent être jugés; et cette opinion s'étant une fois établie à l'égard des cas dans lesquels le prince étoit devenu l'accusateur de celui dont il auroit pu être le juge, il est naturel de présumer que dans des siècles d'ignorance on a poussé encore plus loin ce raisonnement, et qu'on a pensé que les rois étant toujours intéressés dans les crimes de lèse-majesté, encore qu'ils n'y fussent pas parties formelles, il étoit plus convenable que la puissanee ecclésiastique connût de ces crimes; et c'est apparemment par cette raison que, comme le quatrième concile de Tolède le marque, les rois avoient accoutumé de renvoyer aux évêques le jugement des crimes de lèse-majesté, même contre des laïcs, *adversus quoslibet majestatis reos*. Ainsi, comme dans tous les exemples des accusations qui ont été poursuivies contre des évêques pour des crimes non ecclésiastiques, sous la première et sous la seconde race de nos rois, on n'en trouvera peut-être pas une seule où il ne s'agisse d'un crime de lèse-majesté, il est évident qu'on ne peut tirer justement aucune conséquence de tous ces exemples contre l'autorité des rois.

Mais, comme l'usage se trouva établi par les raisons que l'on vient de toucher, la religion fournit bientôt des prétextes spécieux pour ériger en maxime ce qui n'étoit qu'une tolérance et une condescendance des rois.

On commença donc à dire hautement qu'il y avoit non-seulement de l'indécence, mais de l'impiété à soumettre les prêtres du Dieu vivant au jugement d'un homme mortel ; que les autres hommes pouvoient bien être assujettis aux jugemens humains, mais que Dieu s'étoit réservé le jugement de ses ministres, ou que s'ils avoient des juges sur la terre, ce ne pouvoient être que ceux qui tenoient la place de Dieu même dans l'ordre de la religion.

Il auroit été aisé de démêler cette équivoque en distinguant les différentes qualités des ecclésiastiques et les différens genres de puissances qui y répondent. On auroit fait voir par cette distinction, que le ministre des autels peut être soumis en cette qualité à la puissance ecclésiastique sans cesser d'être assujetti ; comme citoyen ou comme homme, à la puissance séculière ; qu'il n'est nullement incompatible que celui qui est exempt d'une puissance par rapport à certaines fonctions soit soumis à la même puissance dans tout le reste ; et que de même qu'un roi, non comme roi, mais comme chrétien, comme pécheur, comme pénitent, est souvent mis au jugement du moindre prêtre de son royaume, par rapport aux choses spirituelles, il n'y a aucune contradiction à soumettre un prêtre, un évêque, un pape même, non en ces qualités et par rapport à leurs fonctions spirituelles, mais comme hommes, comme citoyens, comme coupables de crimes publics, au jugement des princes dans les matières temporelles. Que si celui qui exerce un pouvoir émané de Dieu même, et qui représente la divinité sur la terre, étoit, par cette seule raison, exempt de tout autre jugement que de celui de Dieu même, il y auroit autant de raisons d'affranchir les princes de l'autorité de l'église, par rapport au spirituel, que d'affranchir l'église de l'autorité des princes par rapport au temporel; mais qu'il n'y avoit que les ennemis des deux puissances qui pussent vouloir les armer ainsi l'une contre l'autre par une doctrine capable d'allumer entre elles une guerre irréconciliable; au lieu qu'il étoit très-aisé de les accorder l'une avec l'autre en les renfermant chacune dans l'objet qui lui étoit propre, en sorte que l'église se servît, même contre les laïcs, du glaive spirituel que Dieu a remis entre ses mains, et que les princes employassent, même contre les ecclésiastiques, le glaive temporel qu'ils ont reçu aussi immédiatement de Dieu même et qu'ils porteroient en vain contre la doctrine de saint Paul, s'il y avoit une partie de leurs sujets qui ne pût jamais en être frappée.

C'est ainsi qu'il eût été facile de lever ce voile de religion dont l'intérêt et l'ambition des ecclésiastiques voulurent alors se couvrir; mais l'ignorance, mère de la superstition et d'une vaine et timide crédulité, fit consacrer leur entreprise.

Ils abusèrent des lois pour combattre les lois mêmes; ils firent insérer dans les capitulaires les lois du code Théodosien, qui paroissoient d'abord favorables à la juridiction épiscopale par les termes généraux dans lesquels elles sont conçues, sans y faire aucune mention des lois du même code qui restreignent le pouvoir des évêques aux seuls crimes qu'on peut appeler ecclésiastiques. On y releva surtout ces expressions qui se trouvent dans une loi de Théodose le jeune et de Valentinien : *Fas enim non est ut divini muneris ministri temporalium potestatum subdantur arbitrio*, sans prendre garde que ces paroles, expliquées par la loi même où elles se trouvent, et encore plus par les autres lois qui les précèdent et qui les suivent dans le même code, ne signifient autre chose, sinon que les clercs en tant que ministres des autels, et par rapport aux fonctions divines qu'ils exercent, sont exempts de la juridiction séculière.

Enfin, l'imposture des décrétales, faussement attribuées aux papes des quatre premiers siècles de l'église, et dont le recueil parut au commencement du neuvième siècle, acheva d'affermir les ecclésiastiques dans la possession d'un privilége qu'ils avoient étendu bien au-delà de ses véritables bornes.

Ceux qui fabriquèrent ces fausses décrétales ne manquèrent pas d'y insérer en plusieurs endroits cette maxime générale, qu'il n'étoit permis en aucun cas d'accuser des clercs devant un juge séculier (1). On mit cette décision dans la bouche des plus anciens et des plus saints papes. Hincmar et d'autres évêques français, auxquels on opposa ces décrétales, par rapport à une autre question, en soupçonnèrent la fausseté; mais les preuves que la critique des derniers siècles a découvertes leur manquoient; et malgré la répugnance que la France eut d'abord à reconnoître la vérité de ces pièces supposées, l'ignorance seconda si bien l'imposture des fabricateurs, qu'elles changèrent insensiblement la face de la discipline ecclésiastique; et, pour se réduire à ce qui regarde le privilége clérical, elles contribuèrent doublement à le maintenir contre l'autorité légitime des princes, soit par les décisions expresses qu'elles contenoient en faveur de l'exemption des clercs et qu'une apparence d'antiquité rendoit vénérables, soit parce qu'elles élevoient la puissance du pape à un si haut degré, qu'il lui fut aisé après cela d'appuyer fortement le prétendu privilége des ecclésiastiques, dont il commença à se regarder comme le monarque, pour le temporel aussi bien que pour le spirituel.

Le décret de Gratien, où toutes les maximes des fausses décrétales furent insérées, et qui devint dans

(1) *V. Can.* 1, 2, 5, 6, 7, etc., *apud Gratianum*, *Caus.* 11. *Qu.* 1.

la suite presque la seule étude des clercs qui paroissoient exceller dans la science des canons, répandit bientôt par tout le monde chrétien, une doctrine si contraire aux anciennes règles; et comme si ce n'eût pas été assez pour y réussir d'avoir employé la supposition des fausses décrétales, Gratien y ajouta une nouvelle falsification qui lui est propre.

Il inséra dans sa collection une loi attribuée aux empereurs Valentinien, Théodose le jeune et Arcadius. Cette loi, si l'on en croit un grand critique du dernier siècle, est entièrement fausse et supposée. Gratien n'étoit peut-être pas obligé de le savoir, et certainement il n'étoit pas assez bon critique pour mériter qu'on lui fasse un reproche de l'avoir ignorée; mais voici en quoi consiste son crime.

Quelque favorable aux ecclésiastiques que cette constitution paroisse, puisqu'elle défend à toutes sortes de personnes de les traduire devant les tribunaux séculiers ordinaires ou extraordinaires, elle entre néanmoins dans le même esprit que les autres lois des empereurs Romains sur cette matière, puisqu'elle porte expressément que sa disposition ne regarde que les causes ecclésiastiques qu'il est convenable de laisser décider par l'autorité des évêques : *Quantùm ad causas tantùm ecclesiasticas pertinet, quas decet episcopali auctoritate decidi.*

Ainsi, ou cette loi est véritable ou elle est supposée.

Si elle est véritable, elle prouve manifestement que le pouvoir des évêques en matière criminelle ne s'étend qu'aux crimes ecclésiastiques, *ad causas ecclesiasticas* : si elle est supposée, elle prouve encore la même vérité, puisque le faussaire qui l'a faite n'y auroit pas mis cette restriction, si elle n'avoit pas été conforme à l'usage de son temps; et par conséquent,

(1) *Can. Continuâ* 50. *Caus.* 11. *Qu.* 1.

(2) C'est la loi 3 au code Théodosien *de episcopali judicio.*

(3) Jacques Godefroy.

cette loi a été ou faite véritablement ou supposée dans un temps où le privilége clérical étoit encore renfermé dans ses anciennes bornes.

Gratien a trouvé le moyen de se dispenser de répondre à ce dilême en altérant cette loi, dont il a retranché absolument l'exception qu'elle contient ; et c'est ainsi que la doctrine de l'indépendance des ecclésiastiques s'est introduite, d'un côté en établissant le faux par les décrétales supposées, et de l'autre en retranchant le vrai par le décret de Gratien.

XIX.

Après avoir envisagé les principes de cette doctrine, qui suffiroient seuls pour en découvrir toute la fausseté, il est bon d'en examiner les suites qui en font connoître tout le danger.

On peut les réduire à deux principales :

L'impunité des clercs, et par conséquent une licence effrénée de commettre toutes sortes de crimes ;

L'érection d'une monarchie personnelle et universelle en faveur du pape contre les droits et les intérêts de tous les princes souverains.

Il est aisé de faire voir que de si grands abus sont néanmoins les suites nécessaires de l'exemption autrefois usurpée par les ecclésiastiques ;

S'il suffisoit d'être clerc pour être impeccable, les ecclésiastiques ne méritant jamais d'être punis, il n'y auroit aucun inconvénient à leur assurer l'impunité, parce qu'en effet leur impunité ne seroit autre chose que leur innocence.

Mais, comme l'expérience ne prouve que trop la vérité de ce qu'a dit saint Paul, que tout *Pontife choisi entre tous les hommes est environné et comme couvert d'infirmités*, il est aisé de concevoir à quel excès la corruption du cœur humain peut se porter, dans un ecclésiastique comme dans un autre homme, quand elle n'est plus arrêtée par le frein nécessaire de la crainte des peines temporelles.

C'est cependant l'état dans lequel les ecclésiastiques ont voulu se mettre, par l'exemption de toute puissance séculière en matière criminelle.

L'église, selon eux-mêmes, n'a pas le pouvoir d'imposer cette espèce de peines, et l'état qui en a le pouvoir en général le perd à l'égard des clercs en particulier.

Ainsi, l'assassinat, le poison, le parricide, le crime de lèse-majesté, le sacrilége même, demeurent impunis; car qu'est-ce que des peines ecclésiastiques, qui sont plutôt des pénitences que des peines, contre de tels attentats? Et peut-on croire qu'un cœur, qui n'est point effrayé de l'horreur que ces crimes inspirent naturellement, sera retenu par la crainte de quelques jeûnes et de quelques prières, tout au plus de quelque temps de retraite auxquels il sera condamné par un juge ecclésiastique? Les peines que l'église prononce ne font peur qu'aux gens de bien; et tout homme qui est capable de commettre un grand crime, l'est encore plus de mépriser les censures, peines trop invisibles et trop spirituelles pour toucher un cœur livré à la violence de ses passions, ou endurci dans l'iniquité.

L'église a bien senti elle-même les suites dangereuses d'une exemption si propre à inviter au crime, et elle a commencé à établir des exceptions qui détruisoient à la vérité le premier principe de cette exemption, mais qui en laissoient subsister les conséquences pour la plus grande partie.

Les décrets des papes Alexandre III, Luce III, Clément III et Innocent III, exceptèrent quatre cas dans lesquels ils reconnurent que le privilége clérical devoit cesser. La conspiration des clercs contre leur propre évêque, l'hérésie, la fausseté commise dans les lettres émanées du saint Siége, enfin la contumace d'un clerc que les foudres mêmes de l'église ne pouvoient ébranler, tels furent les premiers crimes que l'église voulut bien livrer au bras séculier.

Il auroit été à souhaiter que le clergé eût fait ce

sacrifice au bien public en général, plutôt qu'à l'intérêt de son autorité, et qu'il ne se fût pas contenté de n'admettre des exceptions que dans les cas qui intéressoient son pouvoir, et dans lesquels il avoit besoin que la puissance temporelle vînt à son secours.

Mais si cela est, que devient donc le grand principe de l'exemption des clercs, ce principe de religion, si l'on en croit les premiers défenseurs de la puissance ecclésiastique, qui ne souffre pas que ceux qui sont consacrés à Dieu aient d'autres juges que Dieu même ou ses ministres?

Ou ce principe ne doit jamais cesser, ou s'il peut cesser en effet, pourquoi ne cessera-t-il que dans les cas de conspiration contre un évêque, d'hérésie, de falsification de lettres apostoliques et de contumace? On comprend, à la vérité, que dans les cas d'hérésie et de contumace, l'église consente à perdre un pouvoir qui n'est plus reconnu, et qui, par là lui devient inutile; mais pourquoi le privilége clérical cessera-t-il plutôt dans le cas d'une révolte contre l'autorité d'un évêque particulier ou dans celui de l'altération d'une bulle du pape, que dans le cas du poison, de l'assassinat, du crime de lèse-majesté? Est-ce qu'il n'y a de grands crimes que ceux qui se commettent contre les ecclésiastiques? Et par quelle raison un clerc qui aura attenté à la vie de son roi, jouira-t-il de l'impunité, sous la protection d'un privilége contraire à tout droit divin et humain, pendant qu'un clerc qui aura conspiré contre son évêque réclamera en vain le secours de ce privilége prétendu?

Il est vrai que suivant la doctrine des papes que l'on vient de citer, la contumace d'un clerc qui refuse de se soumettre à la condamnation que l'église a prononcée contre lui, pour quelque crime que ce puisse être, suffit pour l'abandonner au bras séculier, et qu'ainsi, il peut arriver par là que le magistrat connoisse de toute sorte de crimes commis par un ecclésiastique.

Mais ce que ces papes ont paru accorder par là à

l'autorité des souverains, n'a qu'une vaine apparence sans aucune solidité.

Car, premièrement, le coupable n'a qu'à se soumettre à l'église pour se soustraire à la juridiction temporelle; et quel est le criminel qui aimera mieux s'exposer à perdre la vie par une contumace qui le livre à la rigoureuse justice du magistrat, que de satisfaire à quelques pénitences que la justice toujours indulgente de l'église lui aura imposées?

Mais d'ailleurs il est évident que dans le cas même de l'exception, c'est-à-dire, dans le cas d'un clerc opiniâtrément contumace, la longueur des formes et l'ordre seul de la procédure anéantit toute justice. Voici quel est cet ordre tracé par les papes mêmes.

Il faut d'abord instruire le procès au coupable selon les formes canoniques.

S'il est convaincu, le juge ecclésiastique doit le déposer.

Après sa déposition, s'il demeure incorrigible, et que sa contumace croisse à mesure que l'église appesantit son autorité sur lui, il doit être frappé du glaive de l'excommunication; et si, étant ainsi tombé dans l'abîme, il méprise l'anathême prononcé contre lui, l'église ne pouvant aller plus loin et n'ayant rien à faire de plus contre un tel coupable, le livre à la puissance séculière, et les papes font entendre que même en ce cas, le magistrat ne peut condamner c prêtre rebelle qu'au bannissement.

Qui ne voit, sans entrer dans un plus long détail qu'accorder tous ces délais et ces longs retardemen à un accusé, c'est anéantir la preuve, c'est mettre l juge séculier hors d'état de pouvoir s'assurer jamai de la personne du coupable, et priver le public d fruit d'un exemple qui n'est vraiment salutaire qu lorsqu'il est prompt; c'est rendre enfin le recours la puissance temporelle si lent et si tardif, que par l il devient absolument illusoire.

Si la nouvelle doctrine de l'exemption des eccl siastiques en matière criminelle, est pour eux un tit d'impunité, et par conséquent de licence, comme o l'a dit dabord, elle a encore le second inconvénient de les soumettre autant à la domination du pape, qu'elle les affranchit de celle des rois. C'est une conséquence que le pape Boniface VIII avoue expressément, dans une lettre qu'il écrit au roi Philippe-le-Bel, sur le procès de l'évêque de Pamiers. Il ne craint point d'y avancer que, suivant le droit divin, canonique et humain, les laïcs n'ont aucun pouvoir sur toutes les personnes ecclésiastiques, séculières ou régulières. Ainsi, comme il le fait assez entendre dans la même lettre, le pape seul est leur souverain. Aussi les canonistes ultramontains lui donnent à l'envi les titres magnifiques d'*évêque et de maître du monde;* en sorte que si cette doctrine étoit reçue, il se formeroit comme plusieurs états dans un seul, qui ne composeroient tous qu'une grande république où le pape seroit le chef, les évêques ses lieutenans, les prêtres et les autres clercs ses sujets; il n'y auroit point de ville qui ne renfermât dans son enceinte un nombre considérable de citoyens qui obéiroient à un prince étranger, et qui, n'étant point obligés d'être pour le souverain dans l'état duquel ils vivent, seroient souvent capables d'être contre lui, selon les impressions d'une puissance toujours étrangère, et quelquefois ennemie.

Si ces conséquences font horreur à tous les gens de bien, il faut donc condamner le principe dont elles sont une suite nécessaire : et c'est aussi ce que l'on a fait dès le moment que l'ignorance du moyen âge de l'église a commencé à se dissiper, et qu'on s'est aperçu de la foiblesse des raisons sur lesquelles les ecclésiastiques établissoient le systême dangereux de leur indépendance.

XX.

Ce retour à l'ancien droit et à la saine doctrine est marqué par plusieurs traits également sensibles. On se contentera d'en observer quelques-uns des plus éclatans.

Ainsi, quoique ce fût à la fin de la seconde race de nos rois que la prétendue exemption des clercs parut avoir jeté de plus profondes racines, cependant l'église reconnut dans la personne du premier roi de la troisième race, l'autorité légitime qui appartient aux souverains sur les clercs et sur les évêques mêmes.

Le célèbre procès d'Arnoul, archevêque de Reims, accusé du crime de lèse-majesté, en fournit une preuve évidente. Sans retracer ici tout le détail de ce fait important, il suffit de remarquer que ce procès fut, à la vérité, instruit par des évêques; mais si le roi Hugues-Capet eut cette déférence pour l'église, l'église, de son côté, reconnut le pouvoir de ce prince, et avant et après l'instruction du procès.

Avant l'instruction du procès, l'archevêque de Sens qui y présidoit, remontra aux évêques qu'ils ne devoient pas s'engager dans cet examen, si le roi ne promettoit au coupable de lui faire grâce du dernier supplice, *nisi fortè convicto supplicii indulgentia promittatur*. Sur quoi il cita le canon du quatrième concile de Tolède, dont on a déjà parlé.

Après l'instruction, lorsque Arnoul ayant fait une confession sincère de son crime en présence d'un certain nombre d'ecclésiastiques choisis, et Hugues-Capet étant entré dans le concile avec Robert, son fils, qui étoit déjà reconnu roi, les évêques dirent à Arnoul : *Prosternez-vous aux pieds de vos maîtres et de vos rois que vous avez offensés par un crime inexpiable, et leur confessant votre faute, suppliez-les de vous accorder la vie.* L'archevêque de Bourges se jeta aussi aux pieds des rois qui, touchés de la prière des évêques, leur dirent : *Qu'il vive donc, et qu'il vous doive la vie, mais qu'il vive sous les yeux de la garde que nous lui donnerons, sans aucune crainte d'être livré à la mort ou mis dans les fers, si ce n'est qu'il veuille se sauver.*

Cette exception fit de la peine aux évêques, qui craignirent que dans la suite on ne tendît un piége à Arnoul, en le faisant exciter secrètement à s'enfuir, pour avoir un prétexte de le faire mourir.

Ils redoublèrent donc leurs prières auprès des rois, et ils obtinrent enfin, selon les termes mêmes de l'historien, qui a fait une relation exacte de ce fait, qu'*Arnoul n'auroit point la tête tranchée, si ce n'est qu'il commît dans la suite des crimes qui méritassent d'être punis par le glaive ..... et obtinent juvenem mininimè gladio feriendum, nisi iterùm digna ultore gladio committat.*

On voit donc dans cette histoire un concile d'évêques qui reconnoît publiquement que c'est de la seule grâce du roi, qu'un évêque coupable de lèse-majesté peut tenir la vie, et que s'il abuse de cette grâce en retombant dans ce crime, il ne peut plus attendre que le coup fâtal du glaive vengeur que Dieu a mis entre les mains des princes.

Il est inutile d'approfondir d'avantage l'histoire de la déposition de cet archevêque, et celle de son rétablissement.

La vérité ou la fausseté de son crime, la justice ou l'injustice de la jalousie que le pape conçut de ce que les évêques avoient fait dans cette affaire, l'effet du privilége accordé par les papes aux archevêques de Reims, de n'être jugés que par le saint Siége, sont des difficultés absolument inutiles par rapport à la question présente, parce que, quelque jugement qu'on porte sur le fond, et même sur la forme de la déposition d'Arnoul, il sera toujours également constant que les évêques ont reconnu authentiquement, en cette occasion, le pouvoir suprême du roi, comme maître absolu de la vie et de la mort d'un évêque rebelle, et que tout ce qui s'est passé de la part du pape n'a pu donner atteinte à cette reconnoissance, contre laquelle on n'a jamais reclamé dans toute la suite de cette affaire.

Sous le règne de Saint-Louis, et en l'année 1267, l'évêque de Châlons-sur-Marne fut accusé d'avoir donné lieu par sa négligence à la mort de deux prisonniers qui avoient été tués dans ses prisons. Il prétendit que, s'agissant d'un fait personnel, il n'étoit pas obligé de comparoître au parlement, où il avoit été cité pour répondre sur ce sujet; mais la cour des pairs n'eut aucun égard à ces exceptions, et elle ordonna qu'il procéderoit devant elle, non-seulement parce qu'il étoit baron et pair de France, mais parce qu'il s'agissoit d'un *forfait commis dans sa justice temporelle qu'il tenoit du roi*. Ainsi, commença-t-on à rentrer, par cet arrêt, dans la distinction des crimes qui regardent le temporel, et de ceux qui ne regardent que le spirituel.

Peu de temps après, le roi Philippe le hardi, fils du roi Saint-Louis, fit une ordonnance, en l'année 1274, par laquelle il paroît que les officiers royaux l'avoient consulté pour savoir s'ils devoient connoître du meurtre commis par un clerc, ou s'il falloit renvoyer l'accusé à son évêque. Ce prince décide cette question, en disant qu'il faut pour la décider avoir recours au droit écrit. Renvoyer au droit écrit en cette matière, c'est rétablir la distinction du délit ecclésiastique et du crime commun, pour parler, non pas suivant le style moderne, mais comme Justinien a parlé autrefois dans ses novelles. Il est vrai que Philippe le hardi ajoute que cette disposition aura lieu, si ce n'est qu'il y ait une coutume reçue au contraire; mais cela marque toujours qu'il a regardé le droit écrit, comme le droit commun en cette matière.

L'évêque de Pamiers ayant été accusé de crimes énormes, et presque tous de lèse-majesté, le roi Philippe le bel le fit arrêter, et il voulut d'abord que le procès fût fait à cet évêque par l'archevêque de Narbonne.

Mais, s'il le livroit premièrement au tribunal ecclésiastique, ce n'étoit que pour juger ce que nous appelons aujourd'hui le délit commun, et pour le dégrader; après quoi le roi se réservoit le droit de punir, selon que cet évêque l'auroit mérité : *Ità quòd dicto episcopo secundum quod juris possit ratio, primitùs per ecclesiam degradato, ipse dominus rex possit eum punire, prout demerita sua requirunt.* C'est ainsi que le fait est expliqué dans les actes du procès de cet évêque, et l'on y voit encore que le roi fit requérir l'archevêque de Narbonne, de mettre un accusé de si grande conséquence dans une prison bien sûre, afin, suivant ces actes, qu'on pût en faire une entière justice, tant de la part des juges ecclésiastiques, que de la part des juges séculiers, *ità quòd per competentes judices tam ecclesiasticos quam secularés possit fieri justiciæ complementum.*

L'archevêque de Narbonne eut peur de se commettre avec le pape, il le consulta sur cette affaire, et ce fut sans doute ce qui détermina le roi à envoyer un *homme* exprès à Rome, pour expliquer au pape les motifs de la conduite qu'il tenoit à l'égard de cet évêque, et pour prier le Saint-Père d'en faire justice.

L'instruction qui fut donnée à celui que le roi envoya à Rome, porte que, quoique suivant l'avis des docteurs et le conseil des grands de son royaume, le roi pût et dût livrer au dernier supplice un traître tel que l'évêque de Pamiers, et le retrancher, comme un membre corrompu, de peur qu'il n'infectât le reste du corps politique de l'état, parce qu'il s'agissoit d'un crime qui faisoit cesser tout privilége et toute considération de dignité; cependant le roi voulant suivre les traces de ses prédécesseurs, prie le pape d'apporter un prompt remède à un si grand mal, en dépouillant l'évêque de Pamiers de tout rang et de tout privilége clérical, afin que, *lorsque le pape aura repris ce qui lui appartient*, le roi puisse ensuite faire de ce traître *un sacrifice agréable à Dieu*, par *les voies de la justice.*

Le privilége clérical ne devoit donc consister, suivant ces paroles, qu'en ce que le roi souffriroit que l'église fît d'abord le procès à l'évêque coupable, et qu'elle le dégradât de sa dignité suivant les canons, après quoi le roi étoit en droit de le condamner à de plus grandes peines suivant les lois; Et Philippe le bel marque même par cette instruction, qu'il auroit pu ne pas suivre cet ordre, et prévenir le jugement de l'église.

Ainsi s'abolissoit cette prévention établie dans

les siècles précédens, que les juges séculiers ne pouvoient faire le procès à des ecclésiastiques.

Durand, évêque de Mende, auteur de ce siècle, c'est-à-dire du quatorzième, le marque assez par les plaintes qu'il fait de ce que le pape et l'église romaine souffroient que, contre la liberté des ecclésiastiques qu'il prétend être de droit divin, les évêques fussent tous les jours emprisonnés par l'ordre des rois. Il importe peu que ces plaintes fussent justes, ou qu'elles ne le fussent pas, elles prouvent toujours que les rois rentroient alors dans la possession de leurs droits, et que l'église commençoit à le souffrir.

Enfin, les anciennes maximes l'emportèrent tellement sur les nouvelles, que l'on fit un crime à l'archevêque de Bourges, en l'année 1369, d'avoir inséré, dans ses statuts synodaux, un article par lequel il s'élevoit fortement contre les seigneurs temporels, qui faisoient saisir les biens des clercs accusés de crimes, pour les contraindre à leur payer l'amende, en sorte qu'il les punissoit par là indirectement, ce qui étoit contraire à la liberté ecclésiastique, *attendu*, disoit cet archevêque, *que les clercs ne peuvent être ni poursuivis, ni punis, ou civilement ou extraordinairement par un juge séculier;* il ordonnoit ensuite par cet article, que les seigneurs qui feroient cette entreprise encourroient l'excommunication *ipso facto*, et que les églises demeureroient interdites, jusqu'à ce que *la justice séculière eût levé sa main, et eût fait rendre les effets saisis.*

Le soulèvement général que cet article excita, obligea cet archevêque à obtenir des lettres d'abolition de Jean, duc de Berri, en qualité de gouverneur et de lieutenant-général du roi en Berri, qui furent confirmées par d'autres lettres-patentes du roi Charles V.

L'archevêque exposa dans ces lettres, qu'il avoit fait ces statuts avant que d'être consacré, ne sachant pas encore que leur disposition étoit *contraire aux droits de la juridiction séculière*, et aux usages de la province de Berri : il déclara en présence du duc Jean, qu'il les révoquoit et les annulloit entièrement ; il promit de faire publier sa révocation au premier synode de son diocèse, et d'envoyer des lettres-patentes à tous les curés de son archevêché, pour leur défendre d'observer ces constitutions ; il ajouta même qu'il feroit lire publiquement ces lettres dans toutes les églises paroissiales de son territoire. Et c'est sous ces conditions, et en considération des services rendus au roi par cet archevêque, que le duc lui remet l'offense qu'il a commise, avec la peine et l'amende qu'il a encourues par ses statuts.

XXI.

Il seroit inutile d'entrer après cela dans un plus grand détail de ce qui s'est passé dans les siècles suivans. Tout le monde sait que ce que les papes avoient eux-mêmes déclaré à l'égard de certains crimes qui font perdre le privilége clérical, a été étendu à toutes sortes de crimes graves ; et que par là, on a rétabli l'ancienne distinction des crimes en crimes ecclésiastiques, et crimes qui ne le sont pas, de laquelle les empereurs romains avoient été les auteurs.

Cette distinction étoit regardée comme un principe certain et comme une règle très-ancienne dans le quinzième siècle, puisque Joannes Faber et Benedicti, qui ont vécu dans ce siècle parlent expressément *des cas privilégiés*, et entr'autres du port d'armes, dont ils disent que le roi et ses officiers connoissent contre les clercs, *à tanto tempore*, dit Joannes Faber, *cujus initii memoria non exstat.*

On changea seulement les noms que les empereurs romains avoient donnés à ces deux différentes espèces de crimes ; et les auteurs qui ont traité de ces matières, ont remarqué avec raison que ce changement avoit été fait fort mal-à-propos ; car au lieu que les cas que nous appelons aujourd'hui privilégiés, étoient appelés par les empereurs romains, *crimes communs ou civils*, parce qu'ils étoient communs aux laïcs et aux ecclésiastiques, ou parce que ce n'étoit qu'en tant que citoyens, et non pas en tant que personnes consacrées à Dieu, que les clercs les commettoient; on a renversé une idée si naturelle, et on a appelé *délit commun*, celui qui est propre aux ecclésiastiques, *et cas privilégié*, celui qui leur est commun avec les laïcs. Ce renversement d'idée a été une suite naturelle du renversement de l'ancienne jurisprudence, qui a donné lieu de croire que le droit commun étoit pour le juge d'église, et que ce n'étoit que par privilége que les juges séculiers connoissoient de certains crimes, qui, par cette raison, ont été appelés privilégiés: mais le nom est peu important, pourvu que la chose soit certaine, comme elle l'est en effet; puisque personne ne doute plus dans le royaume, que l'ancienne distinction des crimes ecclésiastiques et non ecclésiastiques, ne soit depuis long-temps rétablie dans notre jurisprudence.

La forme de l'instruction et l'ordre des procédures et des jugemens a souvent varié.

Tantôt on a voulu que le juge d'église marchât le premier, non-seulement par rapport au jugement, mais même par rapport à l'instruction ; en sorte que le juge séculier ne prenoit aucune connoissance du crime, jusqu'à ce que l'église eût pleinement consommé son pouvoir.

Tantôt on a voulu, au contraire, que le jugement du crime public précédât l'instruction du crime ecclésiastique, et c'étoit la disposition de l'ordonnance de Moulins.

Enfin, on s'est fixé, depuis plus d'un siècle, à la forme de procéder conjointement de la part du juge d'église et du juge royal, à l'instruction : après quoi on défère encore à l'église l'honneur de lui laisser rendre la première son jugement; et c'est le dernier état de la jurisprudence depuis l'édit de

Melun, confirmé par ceux de 1678, de 1684 et de 1685.

Il y a néanmoins certains crimes dans lesquels le privilége clérical cesse entièrement, en sorte que le juge d'église n'en peut prendre aucune connoissance, et que le juge royal en connoît seul, sans attendre que le juge d'église y ait prononcé.

Tel est entr'autres, le crime de lèse-majesté. On a vu que dès l'année 1301, le roi Philippe le bel fit dire au pape Boniface VIII, que l'énormité de ce crime excluoit tout privilége et toute considération de dignité : *cùm tantus reatus omne privilegium, omnem dignitatem excludat.*

C'est encore ce que M. le président Faye, qui présidoit au parlement séant à Tours en 1589, répondit avec beaucoup de gravité à M. le cardinal de Vendôme, lorsque ce cardinal voulut insinuer au parlement, qu'on ne pouvoit exécuter l'arrêt par lequel le chambrier de l'église de Tours avoit été condamné à mort, avant que l'église eût dégradé le coupable. Ce magistrat lui dit que la cour n'ignoroit pas les priviléges des ecclésiastiques; qu'elle savoit *qu'on ne doit leur toucher, sans les dégrader;* mais que ce privilége leur a été accordé par les empereurs, et qu'il souffre exception *dans les crimes énormes, comme sont ceux de lèse-Majesté : il se servit de l'exemple des ambassadeurs, personnes sacrées et inviolables par le droit des gens; et néanmoins,* dit-il, *quand ils ont enfreint et transgressé leurs bornes, et converti la charge d'ambassadeurs en termes de traîtres et de conspirateurs contre ceux vers lesquels ils sont envoyés, ils sont punissables; aussi les condamne-t-on comme personnes privées.*

Suivant la comparaison de ce digne magistrat, tant que les prêtres n'agissent auprès des hommes que comme les envoyés de Dieu; tant qu'ils peuvent dire avec saint Paul, *nous exerçons auprès de vous les fonctions d'ambassadeurs de Jésus-Christ,* leur personne est sainte, sacrée, inviolable : mais lorsque ces ambassadeurs abusent de leur caractère, lorsqu'au lieu d'agir uniquement pour le salut éternel de ceux à qui ils sont envoyés, ils en troublent le repos temporel; lorsque, sous prétexte de travailler à l'établissement du royaume du ciel, ils ébranlent les fondemens des royaumes de la terre: alors ils ne sont plus regardés que comme des personnes privées, et l'état, oubliant leur privilége, parce qu'ils ont eux-mêmes oublié la sainteté de leur ministère, ne voit plus en eux que leur crime.

Ce sont ces grands principes qui ont toujours rassuré les consciences timides et scrupuleuses dans une matière si délicate; et c'est ce que le roi a encore répété dans les lettres patentes qui furent adressées au parlement en 1654, pour faire faire le procès au cardinal de Retz, comme on le dira dans la troisième partie de ce mémoire.

XXII.

Ainsi, pour reprendre en peu de mots les progrès et la suite des faits qui regardent la Juridiction des princes sur les personnes ecclésiastiques, on peut distinguer quatre temps différens, et comme quatre époques principales dans cette matière.

Dans le premier temps, on ne trouve aucun vestige de l'exemption prétendue par les clercs, aucune trace de distinction entre les ecclésiastiques et les laïcs, par rapport au jugement des crimes qui troublent l'ordre de la société; et ce premier temps a duré jusqu'au règne des enfans de Constantin.

Dans le second temps, qui a commencé sous le règne de Constance, et qui a duré jusqu'à la seconde race de nos rois, le privilége clérical a commencé à s'introduire; mais il a été restreint aux crimes ecclésiastiques, et aux fautes légères qui regardoient la discipline et les mœurs, ensorte que la distinction des délits en crimes ecclésiastiques et en crimes publics, est devenue le droit commun, et comme le nœud et le lien de la concorde des deux puissances.

Dans le troisième temps, qui a commencé sous la seconde race de nos rois, et qui n'a fini que sous la troisième, sans qu'on puisse en marquer la fin avec une entière précision, les anciennes maximes ont souffert quelque altération. Une apparence de religion en a fait introduire de nouvelles, que l'ambition et l'intérêt des clercs avoient poussées jusqu'à un tel point, qu'il n'étoit presque pas possible de punir un prêtre vicieux.

Enfin dans le dernier temps, l'on a commencé à ouvrir les yeux sur les abus et les inconvéniens de cette nouvelle doctrine. L'église en a rougi elle-même, et elle a donné la première l'exemple des exceptions que la dernière jurisprudence y a rapportées. Ces exceptions se sont tellement multipliées, qu'on est retombé à la fin dans la distinction des deux différentes espèces de crimes que les empereurs romains avoient établie, et qui est redevenue avec raison le droit commun dans cette matière.

De ces quatre temps, trois sont pour les princes ; un seul est plus favorable à l'église. Mais quand on examine bien, et les principes de l'usage qu'elle avoit introduit, et les dangereuses suites de ces principes, on connoît aisément que rien en effet n'est plus contraire aux ecclésiastiques que le temps même qui leur paroît le plus favorable.

XXIII.

Ainsi la conclusion générale que l'on peut tirer de tout ce qu'on a établi dans cette première partie, est que le droit et la possession concourent en faveur des princes, surtout de nos rois, qui ont pour eux, outre les grands principes que l'on a tirés de l'état des clercs et de la nature des deux puissances, le préjugé de l'ancienne, et la faveur de la dernière possession.

Il est temps maintenant de passer à ce qui regarde les évêques en particulier, d'examiner s'ils ont quelque titre qui les distingue du reste des ecclésiastiques en cette matière.

SECONDE PARTIE,

Où l'on examine si les évêques ont quelque privilége qui les distingue des autres ecclésiastiques en ce point.

I.

Cette seconde question paroît encore plus importante que la première : elle l'est en effet ; mais on croit l'avoir traitée par avance dans la première, par l'étendue et l'enchaînement des principes généraux que l'on a tâché d'y établir. Il semble donc que, pour épuiser en peu de paroles ce second point, il ne faudroit que faire l'application aux évêques en particulier, des maximes qu'on a expliquées par rapport aux ecclésiastiques en général.

Les évêques, à la vérité, si on les considère dans l'ordre de la hiérarchie, sont plus élevés que le reste des ecclésiastiques ; ils possèdent la plénitude du sacerdoce ; et le pouvoir des clefs, dont la véritable juridiction ecclésiastique est une suite, leur est confié. Ainsi, dans l'ordre de la puissance spirituelle, ils sont au-dessus des prêtres et des autres ministres d'un caractère inférieur à celui des prêtres ; mais quelque grandes, quelque éminentes que soient et leur dignité et leur autorité, elles ne peuvent changer ni la nature ni l'ordre d'une autre puissance, c'est-à-dire de la puissance temporelle. Pour être évêques, ils ne sont ni moins hommes ni moins citoyens que les autres ecclésiastiques. Ainsi ils ne sont pas moins assujettis, en ces qualités, au gouvernement temporel ; et les mêmes raisons qu'on a tirées de la nature de ce gouvernement, de son universalité, de son indépendance, comprennent les évêques comme les autres ministres des autels.

Nulle exception dans le droit divin à cette règle pour les évêques, non plus que pour le reste des ecclésiastiques. Les pontifes de l'ancienne loi ont été soumis comme les lévites au pouvoir temporel des princes. Jésus-Christ, auteur de la loi nouvelle, chef et modèle des évêques, premier pontife et premier pasteur, a consacré par son exemple l'obéissance qui est due aux puissances temporelles; et nul évêque ne doit rougir de subir un pouvoir que Jésus-Christ a reconnu. Les prélats d'aujourd'hui ont-ils des privilèges que saint Pierre et saint Paul n'eurent pas? et si saint Chrysostôme, en expliquant des paroles de saint Paul, a déclaré si formellement que les prophètes, les évangélistes, les apôtres mêmes devoient être soumis à l'autorité des princes de la terre, quelle raison de dispense peuvent alléguer les évêques d'aujourd'hui, qui n'ont que le caractère d'évêque, et qui certainement ne sont ni prophètes, ni évangélistes, ni apôtres? La tradition fondée sur la doctrine et sur les exemples de Jésus-Christ et des apôtres, n'a pas plus distingué les évêques des autres ecclésiastiques. Presque tous les faits dans lesquels on a remarqué les témoignages éclatans que l'église primitive, et les plus saints pasteurs ont rendus à l'autorité des princes, regardent ou des évêques, ou des papes mêmes. Ainsi, bien loin que dans les premiers siècles de l'église, on ait voulu introduire en ce point, une exception personnelle en faveur des évêques, ce sont au contraire les évêques qui ont servi d'exemple pour l'établissement, ou pour la confirmation de la règle. Les lois des empereurs romains ont été faites dans le même esprit, si l'on en excepte celle de Constance qui ne paroît avoir eu en vue que la personne des évêques, et qui ne regardoit que les affaires ecclésiastiques. Toutes les autres lois sont générales, et les règles qu'elles établissent ne regardent pas moins les évêques, que les clercs du dernier ordre de la hiérarchie. On peut faire les mêmes réflexions sur les anciens usages de la France qui ont été expliqués; et sans entrer dans un plus grand détail, si l'on parcourt les différens points que l'on a tâché d'établir dans la première partie de ce mémoire, on trouvera partout que la loi a toujours été égale, pour ce qui regarde la puissance temporelle entre les évêques et les ministres inférieurs.

II.

Ce n'est pas seulement dans les principes favorables à l'autorité des princes, que l'on trouve cette égalité entre les ministres du premier ordre et ceux du second. On ne la découvre pas moins dans la doctrine contraire, c'est-à-dire dans l'opinion de ceux qui osent soustraire les ecclésiastiques à la puissance des souverains.

Leurs principes ne sont point attachés à la prééminence du caractère épiscopal; leur systême embrasse également tous les ecclésiastiques : il suffit, selon eux, d'être engagé dans la milice sacrée, pour ne plus dépendre que de Dieu seul et de ceux qui le représentent dans l'église. La bienséance est plus blessée, quand un évêque est traduit dans un tribunal séculier, mais le droit est également violé, lorsqu'un simple clerc est forcé d'y comparoître.

C'est ainsi, en effet, que Gratien propose la maxime qui étoit soutenue par tous les ecclésiastiques de son siècle : *Qu'un clerc ne doit point être accusé devant des juges séculiers : Quòd clericus apud sæculares judices accusandus non sit.* C'est donc à la cléricature en général que l'exemption est attachée, en quelque degré inférieur ou supérieur que le coupable se trouve placé ; et c'est pour cela même que ce privilége est appelé, non pas le privilége épiscopal, mais le privilége clérical, comme pour faire voir, par ce nom même, que tous les clercs y participent de droit également.

Si l'on parcourt tous les canons et toutes les autorités que Gratien a employés pour établir ce privilége dans la question première de la cause onzième; si l'on y joint toutes celles qu'il a oubliées ou qu'il a ignorées, et toutes celles qui sont survenues depuis son temps, on verra partout que l'on n'a fait, en cette matière, aucune distinction entre les évêques et les autres ecclésiastiques.

C'est par cette raison que dans la lettre que Boniface VIII écrivit au roi Philippe le bel, touchant le procès de l'évêque de Pamiers, il s'expliqua en ces termes, qui expriment pleinement la nature de l'exemption prétendue par les ecclésiastiques : *Selon tous les droits divins, canoniques et humains, les prélats et les personnes ecclésiastiques, tant régulières que séculières, sur lesquelles les laïcs n'ont reçu aucun pouvoir, doivent jouir de l'immunité, etc.*

Il n'y a donc point ici de distinction à faire, selon la doctrine de ce pape, ennemi déclaré de la puissance temporelle; et de même que les sujets d'un souverain étranger sont tous également indépendans du roi, sans distinguer s'ils ont plus ou moins d'autorité ou de dignité dans leur patrie, ainsi tous les ecclésiastiques, véritables sujets du pape, leur unique souverain, suivant la doctrine des ultramontains, sont tous également exempts de la puissance des princes temporels, sans examiner si dans la monarchie du pape, ils tiennent un rang plus ou moins élevé.

III.

On peut donc tirer cette conclusion générale des deux observations précédentes, que soit que l'on suive la bonne doctrine en cette matière, soit que l'on soutienne la mauvaise, ni la vérité, ni l'erreur ne distinguent pas en ce point les évêques du reste des ecclésiastiques, et que par conséquent, ou les moindres clercs sont exempts de la puissance séculière, ou les évêques mêmes ne le sont pas.

IV.

Quoique l'on pût se dispenser, après cela, d'entrer

dans un plus grand détail sur ce qui regarde les évêques en particulier, cependant pour affermir encore davantage la vérité des principes généraux qu'on a établis, et pour ne rien négliger dans une matière si importante, on parcourra le plus rapidement qu'il sera possible, les principaux exemples par lesquels on peut achever de démontrer que les évêques n'ont pas été moins assujettis à l'autorité des rois dans les matières temporelles, que les ecclésiastiques de l'ordre le plus inférieur.

On suivra dans l'explication de ces exemples la distinction des quatre époques principales auxquelles on a réduit, dans la première partie de ce mémoire, les changemens de jurisprudence qui sont arrivés en cette matière.

V.

Dans le premier temps, c'est-à-dire, depuis l'établissement de l'église, jusqu'aux enfans de Constantin, on a déjà remarqué (dans la première partie de ce mémoire) les exemples d'Eusèbe, évêque de Nicomédie; de Théognis, évêque de Nicée; de saint Athanase, patriarche d'Alexandrie; enfin du pape même saint Sylvestre : il est inutile de les raconter en cet endroit.

VI.

Dans le second temps, qui a commencé sous le règne de Constance, et qui a duré jusqu'à la seconde race de nos rois, sans répéter ici l'exemple célèbre du pape Damase, ni des autres évêques dont on a eu occasion de parler dans la première partie de ce mémoire, on y ajoutera un petit nombre de faits remarquables, soit dans la conduite des empereurs romains, soit dans celle de nos rois, qui montreront clairement, que le droit des souverains sur les évêques, comme sur les autres ecclésiastiques, étoit alors parfaitement reconnu.

Pour commencer par ce qui regarde les empereurs

romains, un des exemples des plus éclatans que l'on puisse alléguer dans cette matière, est celui d'Instantius et de Priscillien.

Ils étoient tous deux évêques d'Espagne, et ils furent tous deux accusés d'avoir renouvelé les erreurs et les abominations des Gnostiques.

Instantius avoit été condamné par deux conciles; le premier tenu à Saragosse, et le second, à Bordeaux. Priscillien pour empêcher ce dernier concile de le juger comme Instantius, déclara qu'il appeloit à l'empereur. C'étoit alors Maxime qui avoit usurpé l'empire romain, par la mort de Gratien. Les évêques assemblés à Bordeaux ne s'y opposèrent pas. Ithace et Idace, tous deux évêques d'Espagne, se rendirent les accusateurs de ces évêques auprès de Maxime. Evode, préfet du Prétoire, dont Sévère-Sulpice fait l'éloge dans ses ouvrages, fut commis pour l'instruction; il entendit Priscillien; il le déclara coupable, et le fit garder en prison jusqu'à ce qu'il en eût référé à l'empereur. L'empereur, sur la relation du préfet du Prétoire, jugea Priscillien et ses complices dignes de mort. Mais parce que cette accusation s'étoit instruite extraordinairement, et apparemment sans observer les formes des jugemens que les lois romaines appellent publics, Maxime ordonna que le procès seroit instruit suivant ces formes. Ithace s'apperçut trop tard que le personnage d'accusateur ne convenoit pas à un évêque contre un autre évêque, et dans un tribunal séculier, il cessa donc de poursuivre l'accusation; mais l'empereur la fit soutenir par Patrice, avocat du fisc; et enfin Priscillien et Instantius, avec plusieurs autres clercs qu'ils avoient séduits, furent condamnés; Priscillien au dernier supplice, Iustantius à l'exil, et les clercs à différentes peines.

On fera peut-être trois objections contre un exemple si éclatant.

On dira premièrement que Maxime étoit un usurpateur, un tyran dont la conduite ne peut présenter que des exemples à fuir plutôt qu'à suivre.

On ajoutera que cet exemple prouve trop, puisque l'on en pourroit conclure que les princes peuvent prendre connoissance des crimes même ecclésiastiques, tels que l'hérésie. Et pour appuyer cette seconde objection, on pourra se servir de l'autorité de Sévère-Sulpice, qui blâma le concile de Bordeaux d'avoir déféré à l'appel de Priscillien, et qui dit que saint Martin *pressa extrêmement Ithace de se désister de son accusation; que ce saint évêque supplia Maxime de ne point répandre le sang de ces indignes évêques, lui représentant que c'étoit assez de les chasser de leurs églises, après les avoir fait déclarer hérétiques par le jugement de l'église; et que c'étoit un attentat nouveau et inoui, qu'un juge du siècle connût d'une cause ecclésiastique* (1).

Enfin, on pourra encore objecter que l'accusation de Priscillien et de ses sectateurs devant un tribunal séculier, parut si odieuse à l'église, qu'Ithace, leur accusateur, fut déposé et privé de la communion ecclésiastique; et que si Idace qui avoit aussi accusé Priscillien fut traité plus doucement, ce fut parce qu'il s'étoit condamné lui-même, en se démettant volontairement de son évêché (2).

Quelques spécieuses que soient ces objections, il est aisé néanmoins d'y répondre

Il est vrai, premièrement que Maxime avoit usurpé l'empire sur Gratien; mais si par cette raison on révoquoit en doute la validité des jugemens qu'il a rendus, il n'y auroit guère d'empereurs romains dont l'autorité ne pût être attaquée, puisque depuis Galba il y en a eu plus de la moitié qui n'ont eu d'autre titre pour parvenir à l'empire, que le choix d'une armée rebelle et la force de leurs armes. Il suffit qu'ils aient été en possession de la qualité d'empereur, et que leur autorité ait été une fois reconnue pour regarder ce qu'ils ont fait comme une suite du

(1) Séver. Sulp. *Sacr. Hist. Lib.*

(2) Séver. Sulp. *Ibid.*

pouvoir attaché à l'empire qu'ils exerçoient, comme auroit pu faire le possesseur légitime.

Tel étoit dans le temps du jugement de Priscillien, le véritable état de Maxime; il jouissoit tranquillement de l'empire dans les Gaules. Sévère-Sulpice remarque dans la vie de saint Martin que ce saint évêque refusa d'abord de manger avec Maxime, disant qu'il ne pouvoit s'asseoir à la table d'un homme qui avoit ôté la couronne à un empereur et la vie à un autre; mais que Maxime lui ayant représenté que ce n'étoit pas de lui-même qu'il étoit monté sur le trône, qu'il avoit été obligé de défendre par les armes le titre d'empereur que son armée lui avoit donné, et que la victoire qu'il avoit remportée d'une manière si incroyable, marquoit assez que la volonté de Dieu n'avoit pas été contraire au choix de ses soldats; saint Martin, vaincu par ses raisons ou par ses prières, ne fit plus de difficulté de manger à la table de cet empereur.

Ainsi, l'autorité de Maxime étoit alors reconnue par les plus saints évêques, et l'on peut dire que s'il étoit monté sur le trône comme un usurpateur, il exerçoit les fonctions d'empereur comme un souverain légitime.

On ne doit pas dire en second lieu qu'il eût entrepris sur les droits de la puissance ecclésiastique, en jugeant Priscillien et ses adhérans; car, outre que le crime d'hérésie peut être mixte et que les souverains sont en droit d'en connoître par rapport à la tranquillité publique et à la police de leurs états, il paroît par le témoignage de Sévère-Sulpice, que le jugement d'Evode, préfet du Prétoire, qui donna lieu à Maxime de faire condamner Priscillien, rouloit sur les actions infâmes et abominables dont les Gnostiques vouloient faire des actes de religion. Priscillien, dit Sévère-Sulpice, *fut convaincu de maléfice*, et il ne nia pas *qu'il ne se fût appliqué à des sciences obscènes, et qu'il n'eût fait des assemblées nocturnes avec des femmes infâmes, etc.* On ne peut donc pas dire que les juges séculiers aient entrepris en cette occasion de connoître d'une matière qui n'étoit pas de leur compétence.

Après cela, si Sévère-Sulpice blâme le concile de Bordeaux d'avoir trop déféré à l'appel de Priscillien, cet auteur peut avoir raison parce qu'alors il s'agissoit de la doctrine, et qu'il sembloit que le concile reconnût l'autorité de l'empereur sur la doctrine même, en lui renvoyant Priscillien. Mais si le concile de Bordeaux a eu tort en cela, Maxime n'en a eu aucun, puisqu'on ne voit point qu'il ait entrepris en aucune manière de se rendre juge de la doctrine.

Les avertissemens de saint Martin à l'évêque Ithace, et les prières qu'il fit à l'empereur Maxime, reçoivent encore la même réponse. Saint Martin a blâmé Ithace de se rendre l'accusateur d'un évêque devant un juge séculier, mais il n'a pas blâmé le juge séculier de ce qu'il recevoit l'accusation; il s'est contenté de le supplier d'épargner le sang d'un évêque, et de lui représenter que ce seroit un attentat inoui si un juge séculier entreprenoit de connoître d'une cause ecclésiastique. Il craignoit sans doute que l'empereur ne voulût prendre connoissance de la doctrine : c'est cela qu'il appelle *novum atque inauditum nefas*. Et enfin, il se retira après avoir exigé de l'empereur une promesse de ne *point condamner les coupables à une peine sanglante*. L'empereur fit mal, si l'on veut, de manquer à sa promesse, après le départ de saint Martin; mais en faisant mal, il usa néanmoins d'un pouvoir légitime, puisqu'il n'entreprit point de connoître de ce qui étoit réservé au jugement de l'église, et qu'il ne prononça que sur des abominations dans les mœurs, qui étoient certainement de sa compétence.

Aussi Sévère-Sulpice, qui étoit prêtre et qui parle dans toute cette histoire comme un zélé défenseur de la juridiction ecclésiastique, est obligé d'avouer que, quoique l'exemple de cette condamnation fût très-dangereux, cependant il se soutenoit *par le droit des jugemens publics et par le bien public.*

Enfin, si les accusateurs de Priscillien ont été odieux à l'église d'Espagne; si Idace s'est démis volontairement de son évêché; si Ithace en a été privé malgré lui, on peut bien en conclure que l'église a eu horreur de deux évêques qui avoient osé soutenir dans un tribunal séculier le caractère d'accusateur contre leur confrère, et qui avoient excité l'empereur à répandre le sang d'un évêque. Puisque l'église abhorre tellement le sang, qu'elle défend à ses ministres, à peine de privation de leurs bénéfices, d'être juges des crimes qui ne peuvent être lavés que dans le sang du coupable, il n'est pas surprenant qu'elle ait imposé cette peine aux accusateurs d'un évêque, et qu'elle ait jugé indignes du caractère épiscopal ceux qui l'avoient doublement déshonoré, et dans leur personne, et dans celles de leurs confrères en les faisant condamner à la mort (1).

Ainsi l'évêque qui a accusé Priscillien étoit coupable, mais les juges qui l'ont condamné étoient innocens. L'église même a rendu témoignage à la régularité de leur conduite; et le pape saint Léon, qu'on n'accusera pas d'avoir ignoré ou d'avoir trahi les droits de sa dignité, parle avec éloge de sa condamnation, lorsqu'il écrit en ces mots à Turibius, évêque des Asturies : *Les princes du siècle ont tellement détesté cette fureur sacrilége, qu'ils ont fait périr par le glaive des lois qui pourvoient à la sûreté publique, celui qui en avoit été l'auteur et la plupart de ses disciples. Ils voyoient en effet que toutes les lois de la pudeur alloient être violées, les liens du mariage rompus, le droit divin et humain profané, si l'on avoit toléré des hommes qui faisoient profession d'une doctrine si abominable* (2).

(1) *Jure judiciorum et egregio publico defensum.*

(2) *Principes mundi ita hanc sacrilegem amentiam detestati sunt, ut authorem ejus, ac discipulos plerosque legum publicarum ense prostraverint: videbant enim omnem curam honestatis auferri, omnem conjugiorum copulam solvi, simulque divinum et humanum jus subverti, si hujusmodi hominibus*

Il ne faut donc pas confondre le fait des évêques accusateurs, avec celui du juge qui a condamné les évêques accusés; car, bien loin que la condamnation que les accusateurs éprouvèrent à leur tour ait donné quelque atteinte aux droits des souverains, elle les a affermis au contraire, puisque cette condamnation ne se passa pas non plus sans la participation de la puissance temporelle.

Les historiens qui en parlent disent non-seulement qu'Ithace fut déposé, mais *encore qu'il fut exilé et mourut dans son exil*, sous l'empire de Théodose le grand et de Valentinien.

Or, comme cet exil n'a pu être ordonné que par la puissance séculière, il fournit encore un nouvel exemple de l'autorité que les empereurs romains ont exercée sur les évêques. Et ce n'est point ici un usurpateur qui l'exerce, c'est Théodose le grand, c'est-à-dire un des plus justes et des plus religieux empereurs qui soient jamais montés sur le trône.

On ne voit presque aucun des empereurs suivans, qui, par ses lois ou par ses jugemens, n'ait donné des preuves de son autorité sur la personne des évêques en matière criminelle.

Honorius fait une ordonnance en l'année 419, qui porte que les évêques qui refuseront de souscrire à la condamnation des Pélagiens seront privés de leurs évêchés.

Quoique l'on puisse dire qu'il ne faisoit par là que procurer l'exécution des canons, l'église croyoit néanmoins que la loi du prince ajoutoit un nouveau degré d'autorité aux constitutions ecclésiastiques. Aurelle, évêque de Carthage, envoyant cette loi aux évêques des provinces qui dépendoient de sa métropole, leur marque que *l'autorité des princes qui*

usquam vivere cum tali professione licuisset. Profuit diù ista districto ecclesiasticæ lenitati, quæ, etsi sacerdotali contenta judicio, cruentas refugit ultiones, severis tamen Christianorum principum constitutionibus adjuvatur, dum à spirituale nonnumquam occurrunt remedium, qui timent corporale supplicium.

veillent à la conservation de la foi catholique, s'étant jointe à celle de l'église pour la gloire de Dieu, l'empereur a voulu se servir de lui, c'est-à-dire, de l'évêque de Carthage pour la faire connoître à ses collègues dans l'épiscopat.

Valentinien III permet à tout accusateur, dans la novelle 12, de suivre contre les clercs et *contre les évêques mêmes, l'ordre établi par les lois romaines pour les accusations des crimes publics* (1).

Baronius veut insinuer à la vérité que depuis cette loi qu'il appelle *impie*, le règne de Valentinien III ne fut plus qu'une longue suite de disgrâces, jusqu'à la fin tragique de ce prince, que Baronius semble imputer en quelque manière à cette loi.

Mais les véritables causes des malheurs de Valentinien, à en juger par ce qui a paru aux yeux des hommes, furent le meurtre d'Aetius, sur lequel on lui dit qu'il avoit coupé sa main droite avec sa main gauche, et sa passion criminelle pour la femme de Maximus qui conspira contre lui pour s'en venger, et qui lui fit perdre la vie.

Et si une loi contraire à l'exemption prétendue des évêques avoit attiré sur ce prince la colère du ciel, il seroit bien difficile de concevoir comment Dieu auroit comblé de prospérités le règne de Constantin, qui n'a point craint de condamner des évêques au bannissement; de donner des juges séculiers à saint Athanase et de juger le pape même accusé devant lui. La félicité du règne de Justinien, qui augmenta l'empire d'Orient et rétablit pendant sa vie celui d'Occident, feroit encore naître la même difficulté. Mais c'est à Baronius et à ceux qui le suivent, de le résoudre s'ils le peuvent (2).

Léon et Arthémius, empereurs d'Orient, usèrent du même pouvoir que Valentinien III, lorsqu'ils ordonnèrent que ceux qui seroient convaincus d'avoir

(1) *Epist. Aurelii Carthag. ad Episcopos Byzacenæ et Azuntanæ provinciæ.*

(2) Loi 13, cod. *de Episcopis et Clericis.*

acheté les suffrages pour être élus patriarches de Constantinople, seroient accusés dans les formes prescrites pour les accusations des crimes publics, et *spécialement du crime de lèse-majesté;* et que, non-seulement ils seroient privés de la dignité qu'ils avoient cru vénale, mais qu'ils seroient déclarés infâmes pour toujours.

Zénon, successeur de ces empereurs, fit mourir Pierre, surnommé Mongus, que les habitans d'Alexandrie avoient élu patriarche par une espèce de conspiration contre l'autorité de l'empereur.

Justin, qui succéda à Anastase, successeur de Zénon, fit informer par un officier séculier (1) contre Sergius, évêque de Cyr, qui avoit célébré la fête de Nestorius, condamné par le concile d'Ephèse, et celle de Théodore de Mopsueste, condamné par le concile de Calcédoine, comme s'ils eussent été des saints martyrs.

Enfin, Justinien a compris les évêques non-seulement tacitement, mais expressément même dans les lois qu'il a faites sur les crimes des ecclésiastiques et sur l'instruction de ces crimes.

A l'égard des crimes, sans entrer dans un plus grand détail sur ce sujet, il suffit de renvoyer ceux qui en voudront être plus instruits aux novelles 6 et 123 de cet empereur, et en général à presque toutes les lois qu'il a faites sur les matières ecclésiastiques.

Pour ce qui est de l'ordre, de la procédure et de l'instruction, on a déjà marqué dans la première partie de ce mémoire, la distinction qu'il fait entre le crime politique et le crime ecclésiastique; il suffit d'ajouter ici que les termes de ses constitutions sont généraux, et qu'on n'y trouve aucune exception en faveur des évêques.

Si l'on passe des exemples de ce second temps, tirés de la conduite des empereurs romains, à ceux que l'on peut trouver dans celle de nos rois, on y en trouvera beaucoup moins à la vérité, parce que,

(1) Hypace, maître de la milice.

comme on l'a déjà dit, ils avoient accoutumé de renvoyer les évêques au jugement de l'église, même dans les crimes de lèse-majesté, soit par révérence pour l'église, soit parce qu'ils se rendoient souvent eux-mêmes accusateurs des évêques suspects de crime. Cependant, malgré cet usage qui s'introduisit sous la première race de nos rois, on y voit encore des vestiges éclatans de l'autorité des princes sur les évêques en matière criminelle, soit dans les paroles que Chilpéric adressa aux évêques sur l'accusation de Prétextat, lorsqu'il déclara qu'il auroit pu le condamner lui-même s'il avoit voulu, soit dans ce que Grégoire de Tours lui dit du pouvoir que ce prince avoit de punir les évêques, s'ils s'écartoient de leur devoir; soit dans ce qui se passa à l'occasion de l'affaire de Gilles, archevêque de Reims, dans laquelle tous les évêques assemblés reconnurent le pouvoir suprême qui appartenoit au roi sur cet archevêque, pour lequel ils lui demandèrent la vie.

VII.

Le troisième temps est celui de l'usurpation et des grands excès où l'on a porté l'abus de l'exemption cléricale, jusqu'à rendre tous les crimes des clercs impunis, et à regarder les ecclésiastiques comme les sujets du pape, qui voulut devenir suivant les fausses maximes qui s'introduisirent dans ce temps et les titres encore plus faux sur lesquels on les appuya, le seul monarque des ecclésiastiques tant pour le temporel que pour le spirituel.

Il n'est donc pas surprenant que dans ce temps d'erreur et d'usurpation, l'on ne trouve point d'exemple de procès criminel instruit contre un évêque, par l'autorité du roi, d'autant plus que, comme on l'a déjà remarqué, les rois de la seconde race suivirent le mauvais usage que quelques-uns de ceux de la première avoient introduit, et se rendirent accusateurs des évêques coupables de crimes de lèse-majesté, comme on a pu le voir par les exemples de Louis le débonnaire et de Charles le chauve, qui ont été cités dans la première partie.

Ce n'est pas que dans ce temps même où l'autorité royale parut souffrir une diminution considérable en cette matière, on ne trouve encore des vestiges de ce droit divin et humain, qui assujettit les évêques aux rois dans les matières temporelles.

Quoique Charles le chauve eût accusé Hincmar, évêque de Laon, devant les juges ecclésiastiques, il fait bien sentir néanmoins dans la lettre qu'il écrivit au pape Adrien II, sur ce sujet, qu'il avoit en lui-même l'autorité nécessaire pour réprimer cet évêque. *Tout roi,* dit-il, *est établi pour châtier les méchans, pour punir les coupables; c'est le vengeur des crimes, selon toutes les lois ecclésiastiques et séculières... Il ne faut pas croire,* ajoute-t-il, *que les rois de France ne soient que les vidames des évêques; ils sont les maîtres de la terre.* Il ajoute que, suivant *l'expression de Léon et du concile de Bourges, les rois et les empereurs que la puissance divine a établis pour gouverner le monde, ont confié aux saints évêques le droit d'exercer les jugemens, suivant les lois des empereurs romains; mais ils ne sont pas devenus pour cela les intendans et les agens des évêques.* C'est Jésus-Christ même qui a dit: *Rendez à César ce qui est dû à César... Honorez le roi,* dit l'apôtre saint Paul, *et que toute ame soit soumise aux puissances supérieures... De là vient que les plus grands pontifes,* suivant le pape Gélase, *obéissent aux lois des princes de la terre dont ils savent que le pouvoir vient d'en haut.*

Ces paroles qui renferment les principes généraux de l'autorité des souverains sur les évêques, comme sur les autres ecclésiastiques, peuvent être regardées comme un préservatif général contre les erreurs qu'on a voulu répandre en cette matière, et comme une espèce de protestation solennelle, par laquelle l'empereur Charles le chauve a conservé le droit de ses prédécesseurs, et assuré celui de ses successeurs.

On y remarque surtout cette grande maxime, qui

suffit seule pour répondre à tous les exemples contraires en apparence aux droits des souverains, *que ce sont les empereurs et les rois qui ont confié aux saints évêques le droit d'exercer les jugemens suivant les lois des empereurs romains : secundùm divilia constituta* (1). Et de qui l'empereur Charles le chauve tient-il cette maxime? Ce n'est point d'un juge séculier, ou d'un défenseur de l'autorité des rois; c'est d'un archevêque, et d'un concile de Bourges. Ainsi, suivant l'église même, lorsque l'église connoît d'un crime politique commis par un évêque, elle ne le fait que comme en ayant reçu le pouvoir des rois. Les évêques agissent en ce cas comme juges délégués par le prince; c'est l'autorité du souverain, et non pas la leur qu'ils exercent, ce qui s'accorde parfaitement avec ce que l'on a cité dans la première partie du trente-unième canon du quatrième concile de Tolède : et par conséquent tous les exemples qui paroissent contraires aux rois, sont pour eux, quand on pénétre dans l'esprit et dans l'usage des siècles qui ont vu ces exemples, puisque c'étoit au nom du roi, ou du moins, en conséquence d'un pouvoir émané du roi, que les évêques exerçoient une juridiction extraordinaire dans les affaires temporelles.

Avant de sortir du troisième temps, pour entrer dans le quatrième, il est important de remarquer que ce fut dans ce troisième temps que l'ambition de la cour de Rome ajouta une nouvelle difficulté à celles qui pouvoient se trouver déjà dans le jugement des évêques : elle voulut mettre ces jugemens au nombre des causes majeures, et soutenir

(1) Tous ceux auxquels la lecture des lois romaines est familière savent que rien n'y est plus commun que cette expression, pour signifier les décrets des empereurs auxquels on prodiguoit les noms de Divin et de Divinité, même depuis qu'ils ont été chrétiens, et peut-être encore plus que dans le temps du paganisme, puisqu'on ne sait si l'on trouvera un seul exemple d'un empereur payen qui ait dit, en parlant de lui-même, *notre Divinité*, comme Justinien l'a fait tant de fois dans ses constitutions.

qu'ils lui étoient réservés; elle trouva le fondement de cette prétention comme de beaucoup d'autres, dans les fausses décrétales qui parurent au neuvième siècle. Le pape se mettant par là, à la place des évêques de la province, qui, suivant les véritables et les anciennes lois de l'église, devoient connoître des crimes ecclésiastiques commis par les évêques, devint un adversaire bien plus redoutable aux rois, que ne le pouvoient être des évêques qui étoient nés leurs sujets.

La piété des princes et la déférence qu'ils avoient eue pour l'église, en lui renvoyant même la connoissance des crimes non-ecclésiastiques, dont un évêque se trouvoit coupable, furent presque fatales à leur autorité souveraine. Le pape, trouvant cet usage établi, sans approfondir les motifs, et ne voyant pas, ou ne voulant pas voir que ce n'étoit que par l'autorité même des princes que les évêques connoissoient de cette espèce de crimes, crut être en droit de prendre connoissance indistinctement de tout crime commis par un évêque.

Les évêques de France soutinrent pendant quelque temps leurs droits avec vigueur, et le roi qui défendoit sa cause en défendant celles des évêques, les appuya aussi de son autorité.

Mais depuis que les croisades eurent augmenté infiniment le pouvoir des papes; depuis que Grégoire VII leur eut appris à lancer les foudres sur les têtes sacrées des souverains, et qu'il eut donné à ses successeurs le dangereux exemple de déposer des rois, de mettre leurs royaumes en interdit, de livrer ces royaumes à l'ambition aveugle et imprudente de leurs voisins, qui ne voyoient pas qu'un semblable sort les menaçoit; enfin, pour tout dire en un mot, depuis que l'ignorance eut armé les papes et désarmé les rois, les derniers furent souvent obligés de céder au temps, de laisser faire au pape ce qu'ils n'étoient pas assez forts pour empêcher, et de n'entreprendre qu'avec peine le procès d'un évêque, ou de l'abandonner souvent après l'avoir entrepris, pour ne pas se commettre avec la cour de Rome, qui devenoit tous les jours plus redoutable. On verra les effets de cette politique dans la suite de ce mémoire; mais on a cru devoir en marquer la cause dans cet endroit, parce que ce fut dans ce troisième temps qu'on vit naître à la faveur des fausses décrétales, les prétentions que la cour de Rome conserve encore aujourd'hui, quoiqu'elle reconnoisse elle-même, avec tout le monde chrétien, la fausseté de son titre.

VIII.

Faut-il s'étonner après cela, si les rois ayant à combattre, et la prévention des évêques sur l'exemption dont il croyoient avoir droit de jouir, et l'usurpation des papes qui attiroient à eux, autant qu'il leur étoit possible, tous les procès criminels des évêques, on eut tant de peine dans le quatrième temps, c'est-à-dire depuis le commencement de la troisième race jusqu'à présent, à revenir au droit commun? Et, bien loin d'être surpris du petit nombre d'exemples que chaque siècle fournit pour prouver la possession en laquelle les princes se sont rétablis dans ce dernier temps, ne doit-on pas admirer au contraire, que, malgré de si grands obstacles, le droit des princes ait pu se soutenir et se conserver en son entier?

C'est par l'explication de ces exemples, que l'on finira ce qui regarde ce second point.

On ne répétera point ce qui regarde l'exemple de la déposition d'Arnoul, archevêque de Reims, auquel le roi Hugues Capet donna la vie, à la prière des évêques prosternés à ses pieds; cet exemple a été suffisamment expliqué dans la première partie.

Depuis Hugues Capet jusqu'à Philippe-Auguste, on ne voit point d'exemple qui mérite d'être cité.

Sous le règne de ce dernier prince, Manassés, évêque d'Orléans, ayant osé parler dans le parlement assemblé à Melun, contre l'autorité de ce tribunal, et contre le respect dû aux *barons* ou *pairs de France* (car ces termes étoient alors synonymes), il fut condamné à faire au roi et aux pairs, une réparation publique; et il la fit en effet, comme Philippe Auguste le marque lui-même dans la lettre qu'il écrivit sur ce sujet au pape Honoré III.

Sous le règne de S.-Louis, petit-fils de Philippe Auguste, l'évêque de Châlons (comme on l'a déjà remarqué dans la première partie), déclina inutilement la juridiction du parlement; il fut ordonné que cet évêque y procéderoit pour rendre compte d'une faute qu'il avoit commise par rapport à sa juridiction temporelle.

On a observé aussi dans le même endroit, que quoique Philippe le bel ait bien voulu demander justice au pape Boniface VIII, contre Bernard, évêque de Pamiers, suivant les formes qui s'observoient alors, il avoit cependant prostesté publiquement qu'il étoit en droit de faire punir cet *évêque coupable de plusieurs crimes de lèse-majesté*, sans attendre que le pape l'eût jugé, et qu'après le jugement du pape il en feroit tel exemple qu'il jugeroit à propos.

On ne sait point certainement quelle fut la fin de cette affaire. Soit que les difficultés survenues dans l'instruction en aient empêché la poursuite, soit que l'évêque de Pamiers se soit justifié dans l'esprit du roi, il est certain qu'il mourut en possession de son évêché.

Robert Porte, évêque d'Avranche, sous le règne de Charles V, commit plusieurs crimes de lèse-majesté. Ce prince adressa des lettres patentes au parlement, par lesquelles, après avoir déclaré suivant le style qu'on trouve dans plusieurs lettres de pareille nature, l'évêque d'Avranche *faux, traître, mauvais, parjure, conspireur et machineur, et icelui avoir commis, perpétré et par renchef contre nous et contre toute la chose publique de notre royaume, les forfaits exposés dans les lettres, le roi* ordonne *au parlement de procéder contre lui, par toutes les voyes et manières que justice et raison le pourra souffrir, selon la qualité des crimes et méfaits sus-dits.*

C'est tout ce qui nous reste de cette affaire.

Dans le temps du grand schisme, le roi Charles VI, ayant résolu, par l'avis de son conseil, de se soustraire à l'obéissance des antipapes Benoît XIII et Grégoire XII, jusqu'à ce qu'ils se fussent démis l'un et l'autre du titre de souverain pontife, pour donner lieu à l'élection d'un pape qui fut reconnu par toute la chrétienté, Benoît XIII voulut prévenir cette résolution par une bulle qui portoit peine d'excommunication contre tous ceux qui prendroient ce parti, et qui absolvoit les sujets du roi du serment de fidélité qu'ils lui devoient, si ce prince persévéroit dans sa résolution.

On fit le procès à ceux qui avoient apporté ces bulles : ils furent condamnés par des commissaires du roi, à faire amende honorable et à d'autres peines. Les bulles furent lacérées; et l'université qui avoit alors un fort grand crédit, et qui avoit pris parti avec beaucoup de chaleur contre Benoît XIII, fit tant de bruit, que le roi, à sa prière, fit arrêter l'évêque de Gap, comme adhérent à l'antipape Benoît.

M. de Roye, archevêque de Reims, et Pierre d'Ailly, évêque de Cambrai, furent aussi en bute aux plaintes de l'université; ils furent cités l'un et l'autre par-devant le roi, mais ils ne comparurent point. Cependant l'université ayant obtenu un ordre du roi pour faire arrêter le dernier par le comte de Saint-Paul, il prévint l'exécution de cet ordre, et obtint un sauf-conduit du roi, à condition que si on l'accusoit de quelque crime, la connoissance *en seroit dévolue au palais du roi*, cest-à-dire au parlement. Il y a néanmoins un ancien auteur qui prétend que Pierre d'Ailly fut quelque temps en prison.

L'archevêque de Reims que l'on ménagea plus que Pierre d'Ailly, déclara qu'il ne comparoîtroit point devant des commissaires, qu'il étoit pair de France, doyen des pairs ecclésiastiques, et que, dans tout crime qui regardoit sa personne, il ne connoissoit *point d'autre supérieur que le roi.*

Cependant les commissaires que Charles VI avoit nommés, firent fort mal leur devoir à l'égard de l'évêque de Gap, prisonnier, et des autres accusés : ils les retinrent long-temps dans les fers, sans leur faire leur procès, voulant les contraindre par la longueur de la prison à se soumettre à leur jugement. Les gens du roi, le chancelier, le roi même, les avertirent plusieurs fois pendant trois mois, de procéder à l'instruction de cette affaire. Tous ces avertissemens furent inutiles. Enfin le roi Charles VI, n'étant pas alors en état de gouverner son royaume par lui-même, la reine et le duc de Guyenne, instruits de la passion des commissaires, révoquèrent leur commission; et laissant à l'évêque de Paris la connoissance de ce qui regardoit le schisme dont l'évêque de Gap et les autres prisonniers étoient accusés, ils renvoyèrent *au parlement le jugement du crime de lèse-majesté.*

Au milieu de l'irrégularité et du tumulte de cette procédure, on y découvre néanmoins trois traits également remarquables de l'autorité du roi sur les évêques dans les crimes politiques.

On y voit premièrement un archevêque de Reims décliner, à la vérité, la juridiction d'un tribunal extraordinaire, c'est-à-dire des commissaires établis par le roi, mais reconnoître en même-temps l'autorité suprême de la puissance temporelle, en déclarant hautement que dans les tous crimes qui regardoient sa personne, il n'avoit point d'autre supérieur que le roi.

On y voit, en second lieu, un évêque de Cambrai, célèbre dans l'église par sa doctrine, et qui fut depuis, élevé à la dignité de cardinal, se soumettre purement et simplement au jugement du palais du roi, c'est-à-dire, de son parlement.

Enfin, le roi termine cette grande affaire par la distinction du crime ecclésiastique et du crime politique : il renvoie à l'évêque de Paris le jugement du schisme, et il réserve à son parlement la connoissance du crime de lèse-majesté.

Il seroit difficile de trouver un exemple dans lequel la reconnoissance de l'église et l'autorité du prince aient concouru d'une manière plus éclatante en faveur de la maxime que l'on s'est proposé d'établir dans ce mémoire.

Sous le règne du même roi, un an après le fait de l'évêque de Gap, de l'archevêque de Reims et de Pierre d'Ailly, Martin Gouge, évêque de Chartres fut arrêté prisonnier, comme impliqué dans l'affaire de Jean de Montaigu. L'historien de la vie de Charles VI, qui raconte ce fait, dit que cet évêque ne demeura pas long-temps en prison, et qu'il *en sortit en payant une certaine somme de deniers;* mais un emprisonnement et une condamnation à des peines pécuniaires, ne prouvent pas moins l'autorité du roi, qu'une instruction plus longue et une condamnation à des peines afflictives.

Le règne de Charles VII ne fournit que l'exemple de l'évêque de Nantes; mais cet exemple est assez remarquable pour mériter d'être expliqué exactement. Pierre Delbiest, assigné en la cour d'église de l'évêque de Nantes, sur une contestation purement féodale, obtint des lettres du duc de Bretagne, par lesquelles ce duc enjoignit à l'évêque de faire cesser ces poursuites : l'évêque refusa d'y déférer. Delbiest appela au parlement de toutes les procédures qu'on avoit faites contre lui dans l'officialité de Nantes. L'évêque avoit voulu d'abord se défendre par des censures; mais enfin, il fit comparoître un procureur pour lui au parlement, par le ministère duquel il déclara qu'il ne reconnoissoit *aucun supérieur même temporel que le pape;* que Constantin avoit donné à l'évêque de Nantes *le temporel de cette église,* qui ne faisoit point *partie du royaume* de France, et qui ne *relevoit* que du saint Siége.

Le procureur-général répondit amplement à cette mauvaise prétention; et par un premier arrêt du 22 février 1454, il fut ordonné que, sans s'arrêter au déclinatoire de l'évêque, qu'on lui défendit de proposer à l'avenir, sous peine de désobéissance et de privation des fruits de son évêché pendant sa vie, il seroit tenu de comparoître en personne, pour répondre aux conclusions que le procureur-général et Delbiest avoient prises contre lui.

L'évêque de Nantes fut ajourné à comparoître en personne. Mais, ajoutant un nouveau crime au premier, non-seulement il ne comparut point, mais il interjeta appel au saint Siége de tout ce qui se faisoit contre lui au parlement, et portant encore plus loin sa révolte contre l'autorité royale, il osa avancer dans les instructions qu'il envoya à son procureur, que chaque évêque étoit fondé *en droit commun, de ne reconnoître aucun prince temporel pour supérieur.*

Le procureur-général s'éleva, comme il le devoit, contre la conduite de cet évêque; il requit que toutes les appellations que l'évêque de Nantes avoit interjetées, et toutes les significations qu'il avoit fait faire, fussent déclarées nulles; qu'il fût contraint, même par emprisonnement de sa personne, à les révoquer, aussi bien que toutes procédures qui avoient été faites contre Delbiest à l'officialité de Nantes, à peine d'une amende de deux mille marcs d'or, et de bannissement perpétuel du royaume; et parce que cet évêque avoit *offensé l'honneur, l'autorité et la supériorité du roi et de sa cour de parlement*, le procureur-général demanda encore qu'il fût condamné à déclarer publiquement, en présence de la cour, *que mal conseillé, et avec un cœur et un esprit endurcis, il avoit dit et fait dire tout ce qu'il avoit proposé contre la souveraineté du roi;* qu'il en demandoit pardon au roi, à la cour, et à la justice; qu'il fût enfin condamné au bannissement perpétuel, ou du moins, à une abstension perpétuelle du royaume, privé pendant sa vie du temporel de son évêché, condamné encore en d'autres amendes, et que la révocation qu'il feroit de tout ce qu'il avoit dit mal-à-propos contre l'autorité du roi, seroit écrite dans deux tableaux, dont l'un seroit affiché à la grande porte de l'église de Nantes, et l'autre, dans la grand'chambre du palais.

L'arrêt qui intervint le 23 juin 1455, déclara que l'évêque avoit encouru les peines portées par le premier arrêt, c'est-à-dire l'amende qui fut modérée à vingt mille livres tournois à l'égard du roi, à quatre mille livres à l'égard de la partie, et la privation des revenus de son évêché, et ordonna qu'il seroit contraint à l'exécution de l'arrêt par saisie, tant de ses bénéfices que de ses biens patrimoniaux, même par emprisonnement de sa personne; et avant que de statuer définitivement sur le surplus des conclusions du procureur-général, il fut arrêté que l'évêque seroit de nouveau ajourné à comparoir en personne. On ignore si cette affaire eut de plus grandes suites.

Comme il ne faut pas moins de pouvoir pour faire grâce, que pour faire justice, on peut joindre à ces exemples celui de Charles de Neuchâtel, archevêque de Besançon, et évêque commendataire de Bayeux, qui obtint du roi Louis VI, en l'année 1479, des lettres d'abolition, pour avoir suivi le parti de Maximilien d'Autriche contre le roi. Ces lettres furent conçues dans le même style que toutes les lettres semblables. Le roi y déclare qu'il quitte, abolit et pardonne à l'archevêque de Besançon, tous les faits contenus dans l'exposé des lettres, *de sa grâce spéciale, pleine puissance et autorité royale, avec toute peine, amende criminelle et civile;* et parce que cet archevêque s'excusoit, en disant qu'il n'avoit pas connu le droit du roi, auquel il n'avoit pas encore *prêté aucun serment de féauté, dans le temps qu'il avoit cru pouvoir défendre le pays, et les droits de son église,* le roi voulut bien qu'on ajoutât à ces lettres, qu'il les accordoit, *en tant que métier étoit;* ce qui tombe uniquement sur les excuses proposées par l'archevêque, et non sur aucun privilége qui l'exemptât de la juridiction royale, puisqu'il n'en est pas fait la moindre mention dans ces lettres.

Sous le règne du même roi, Geoffroy Hébert, évêque de Constance, fut accusé de magie et de sortilège, *comme grand invocateur de diables en grec et en latin.* Le parlement eut ordre du roi de lui faire son procès; il y eut une information très-grave, un décret de prise de corps qui fut exécuté. Ce prélat fut conduit dans les prisons de la conciergerie, suivant un arrêt du 29 juillet 1480, et son temporel fut aussi mis en la main du roi; mais soit que Louis VI ait voulu lui faire grâce, soit pour d'autres raisons, il fut mis en liberté sur un ordre de ce prince, *et sous les conditions y contenues.* Ce sont les termes de l'arrêt du 22 décembre 1480 qui ordonne l'élargissement de cet évêque. On ignore quelles étoient ces conditions, et tout ce que l'on sait, c'est qu'Hébert a été évêque de Constance jusqu'en 1510, et par conséquent que son procès n'a pas eu de suites plus fâcheuses contre lui.

Enfin, sous le même prince, Louis de Rochechouart, évêque de Saintes, fournit deux preuves de l'autorité des juges séculiers sur la personne des évêques.

En l'année 1481, il fut condamné à une amende par arrêt du 7 septembre: on lui donna la ville de Paris pour prison jusqu'à ce qu'il eût payé cette amende; il sortit de cette espèce de prison. Le parlement ordonna par un arrêt du premier février 1481, qu'il seroit pris au corps. L'évêque fut arrêté le 7 du même mois, et il demeura dans la conciergerie jusqu'au 19, qu'on lui donna de nouveau la ville de Paris pour prison.

En 1482, le chapitre de Saintes ayant porté ses plaintes au parlement contre le même évêque, cette compagnie ordonna par un arrêt du 18 février, qu'il seroit ajourné à comparoir en personne, *et qu'il seroit fait information par un des conseillers de la cour, sur les crimes, délits, abus, excès et entreprises commis par ledit évêque.*

Le règne de Charles VIII fournit un exemple plus important dans la personne de Geoffroy de Pompadour, évêque de Périgueux, et de Georges d'Amboise, évêque de Montauban.

Ils furent tous deux accusés d'intelligence avec le duc d'Orléans, qui succéda ensuite à Charles VIII, sous le nom de Louis XII. Ce prince mécontent de la cour, s'étoit retiré en Bretagne; on surprit un courrier chargé de lettres que ces prélats lui écrivoient. Charles VIII les fit arrêter tous deux, et il les fit interroger d'abord par les officiers de l'archevêque de Tours, ce qui étoit assez irrégulier, et ensuite par M. de la Vacquerie, premier président du parlement avec quelques conseillers de cette compagnie.

Sur le vu des informations et des pièces servant à conviction, qui furent apportées au greffe du parlement par M. de la Vacquerie, le parlement commit MM. de Bellefaye et le Viste, conseillers, pour approfondir l'accusation, et faire toutes les instructions nécessaires.

D'un autre côté, le pape fit faire de grandes instances auprès du roi, par ses nonces, pour l'engager, ou à faire mettre ces deux évêques en liberté, afin qu'ils pussent comparoître à Rome devant le pape, pour être jugés par Sa Sainteté et le collége des cardinaux, ou à les faire déposer entre les mains des nonces, pour les conduire à Avignon sous bonne et sûre garde, où leur procès seroit instruit par les nonces seuls, ou par l'archevêque de Bourges avec eux; après quoi les nonces enverroient le procès tout instruit au pape, pour le juger avec les cardinaux.

Il y a lieu de croire que le roi ne voulut écouter ni l'une ni l'autre de ces propositions. Cependant l'affaire tira en longueur. On conduisoit les deux évêques accusés en différentes prisons. Pendant près de deux ans que dura leur détention, le parlement rendit des arrêts pour la subsistance de l'évêque de Périgueux, et pour le faire mettre dans une chambre grillée du château de Corbeil, sa santé ne lui permettant pas de supporter une prison plus rigoureuse. Enfin, soit que le temps eût adouci les choses et que ces deux prélats ne fussent coupables que d'être entrés dans une intrigue de cour, sans aucun dessein criminel, soit que la chose ne parût pas assez importante pour se commettre avec le pape, on souffrit, ce qui paroît fort extraordinaire, que les nonces du pape les interrogeassent avec des conseillers du parlement. Et enfin, suivant le témoignage et les termes mêmes de Guillaume de Jaligny, dans son histoire de Charles VIII, *les nonces firent requête au roi, de par le pape, pour leur délivrance, à laquelle requête il obtempéra volontiers*, dit le même historien, *et furent délivrés; mais ils furent confinés ès limites de leurs diocèses.*

C'est ainsi que cette affaire se termina, et qu'en faisant grâce à ces évêques en faveur du pape, le roi en fit néanmoins une espèce de justice, en les reléguant dans leurs diocèses.

On ne voit rien sous le règne de Louis XII, qui ait rapport à cette matière.

Mais celui de François premier fut fécond en exemples d'évêques accusés dans les tribunaux séculiers.

Le premier, est celui d'Antoine de Chabannes, évêque du Puy, et de Jacques Hurault, évêque d'Autun, qui furent accusés d'avoir trempé dans la conspiration du connétable de Bourbon, et arrêtés par ordre du roi.

L'évêque du Puy prétendit être doublement exempt, et comme évêque, par le privilége commun à toutes les personnes constituées en dignités ecclésiastiques, et comme évêque du Puy, par la prérogative de son siége, qui est soumis au pape immédiatement.

Le roi ordonna à M. de Selve, premier président, et aux trois autres commissaires qui avoient été nommés pour faire le procès aux complices du duc de Bourbon, de donner leur avis sur la manière de faire le procès à ces deux évêques.

Ce premier président qui n'a que trop fait voir dans son Traité des Bénéfices, qu'il avoit l'esprit infecté de la plupart des erreurs des docteurs ultramontains, dit dans son avis, *qu'il ne se croyoit pas juge compétent*, et qu'il falloit renvoyer ces évêques à l'église, et obtenir commission du pape pour leur faire leur procès.

M. Lezet, alors avocat du roi, prit aussi des conclusions fort extraordinaires, par lesquelles il requit que ces prélats fussent contraints, par saisie de leur temporel, d'obtenir un rescrit du pape, adressé à deux évêques du royaume, pour leur faire leur procès; et en cas que le pape refusât de donner ce rescrit, qu'il fût ordonné, suivant les saints canons des conciles, que le métropolitain avec les évêques comprovinciaux, feroient le procès aux évêques du Puy et d'Autun, à la charge du cas privilégié, soit que le procès fût instruit par des commissaires du pape, ou qu'il fût renvoyé au métropolitain : comme aussi *à condition que deux conseillers d'église assisteroient à l'instruction, et sans que les prisonniers pussent être mis en liberté avant que le cas privilégié eût été jugé.*

Quelque singulières que soient ces conclusions, elles montrent néanmoins que ce n'étoit que par rapport au délit commun, que l'on proposoit de renvoyer ces évêques au pape ou au métropolitain, et que par conséquent le cas privilégié devoit toujours être jugé par les officiers du roi.

Le second exemple est celui de François Poncher, évêque de Paris, accusé de simonie et de lèse-majesté, sous le règne du même prince.

Le parlement fut saisi de l'affaire par une commission, par laquelle le roi François I lui ordonna de faire le procès à cet évêque.

Le chancelier Duprat, cardinal et légat en France, qui n'a que trop montré combien il étoit dévoué aux sentimens de la cour de Rome, fut apparemment celui qui porta le roi dans la suite, à demander au pape un bref qui commît des évêques français pour instruire et juger ce procès.

Le pape vouloit bien commettre, mais pour l'instruction seulement. On voit par une lettre du chancelier Duprat à l'évêque d'Auxerre, qui étoit alors ambassadeur du roi auprès du pape, que François I n'étoit pas content de cette restriction, et que Sa Majesté vouloit que les commissaires eussent le pouvoir de juger définitivement, *ainsi qu'en pareil cas, le pape l'avoit fait à la prière d'autres princes.*

Toutes ces démarches ne regardoient que le délit commun, comme on peut le connoître par la lettre que François I écrivit à l'évêque d'Auxerre le 23 avril 1532, où ce prince marque expressément qu'il avoit fait faire le procès à l'évêque de Paris, *quant au cas privilégié qui étoit prêt à juger.* Ce n'étoit donc point par rapport au cas privilégié que le roi demandoit des commissaires au pape; il savoit quel étoit son pouvoir à cet égard, et il en avoit usé; mais parce que le jugement du délit commun devoit précéder, il attendoit avec impatience que les juges qui devoient en connoître fussent nommés; et c'est pour cela qu'il déclare au pape, que si, après avoir sollicité un bref pendant un an, *il fait faire justice autrement de cet évêque, et par bonne raison, appelé le métropolitain et des autres suffragans, Sa Sainteté ne devra trouver cela aucunement étrange.*

Mais soit que le pape n'eût pas voulu changer la forme du bref, soit que les lumières croissant de jour en jour, on eût commencé alors à s'élever contre l'entreprise que le pape faisoit sur l'autorité des métropolitains et de leurs suffragans, en se réservant le jugement des évêques, on apprend par l'avis de Dumoulin, sur le concile de Trente, que l'évêque de Paris interjeta appel comme d'abus du bref du pape. Et M. du Mesnil, avocat-général, fait entendre la même chose dans les mémoires qu'il dressa pour servir d'instruction à M. d'Oysel, ambassadeur du roi à Rome, sur les procédures que le pape avoit commencées contre la reine de Navarre, et contre plusieurs évêques français. Quoi qu'il en soit, toutes ces difficultés ayant retardé long-temps l'expédition de cet affaire, le coupable mourut à Vincennes le 12 septembre 1532, avant que d'avoir été jugé.

Le troisième exemple du même règne, est le procès de François de Dinteville, évêque d'Auxerre.

Le parlement informa contre cet évêque, et ordonna par un arrêt du 13 mai 1531, qu'il seroit arrêté et mis à la garde d'un huissier.

M. Poyet, depuis chancelier de France, et alors avocat-général, rendit compte de l'affaire au chancelier Duprat, qui étoit aussi archevêque de Sens, et lui dit, qu'en cette dernière qualité il étoit juge de l'évêque d'Auxerre, et qu'il seroit bon qu'il donnât des lettres de vicariat à deux conseillers clercs du parlement. Le chancelier répondit *qu'il le feroit volontiers et tiendroit la main à ce que la justice en fût faite.*

Le même avocat-général rendit aussi compte au roi de cette affaire le 17 mai 1531, et sur la lecture de quelques dépositions des témoins entendus dans l'information, François I trouva le cas *exécrable*, et lui commanda de dire au parlement qu'il vouloit que l'on *procédât contre ledit de Dinteville roidement, pour vérifier et punir le cas.*

Le parlement ordonna le 24 du même mois, qu'attendu que l'évêque d'Auxerre n'avoit pas obéi à l'arrêt qui lui enjoignoit de se rendre prisonnier dans la maison d'un huissier de la cour, il seroit pris au corps, *et que néanmoins, par considération pour sa dignité épiscopale et autres considérations, le premier huissier, avant que d'exécuter l'arrêt, en avertiroit le roi, et se conduiroit dans cette occasion, selon le bon plaisir et commandement de Sa Majesté.*

Il y eut encore un arrêt d'instruction donné le premier juin 1531; et c'est tout ce que l'on sait de cette affaire.

Le quatrième exemple du règne de François I, est celui de Bernard de Lordat, évêque de Pamiers, accusé de plusieurs crimes, presque tous de lèse-majesté.

Tout ce que l'on sait de ce procès, est que François I donna une commission à M. Fumée, maître des requêtes, à M. de la Garde, conseiller au parlement de Toulouse, et à un officier de Montauban, pour instruire le procès à cet évêque sur le cas privilégié. Le pape avoit délégué des juges *in partibus* dans cette affaire; car la même commission porte, qu'un des commissaires assistera avec le délégué du saint Siége, à l'instruction du procès pour le délit commun; et que, lorsque le procès sera entièrement instruit, les commissaires l'enverront au roi, pour être ordonné du jugement d'icelui, ainsi que Sa Majesté le jugeroit à propos.

M. de Lordat interjeta appel comme d'abus du rescrit par lequel le pape avoit nommé des commissaires; et l'on voit d'ailleurs par quelques mémoires, qu'il demanda grâce au roi, sans qu'on sache s'il l'obtînt, ni quelle fut l'issue de cette affaire: il y a néanmoins sujet de présumer que le roi lui pardonna, puisqu'il conserva son évêché, qu'il a gouverné longtemps depuis cette accusation.

On ne parlera point dans ce mémoire des procès criminels que le pape voulut faire instruire en 1563, sous le règne de Charles IX, contre six évêques français, accusés de favoriser les nouvelles opinions. Ce fait est absolument étranger à la question présente, soit parce qu'il s'agissoit du crime d'hérésie, qui, dans le point de droit, est réservé au jugement de l'église, soit parce que les fortes remontrances que M. Doysel, ambassadeur du roi à Rome, fit au pape sur ce sujet, suivant les mémoires qui furent dressés par M. du Mesnil, obligèrent Sa Sainteté à abandonner cette entreprise.

On ne dira rien non plus, par une raison semblable, des procédures qui furent faites trois ans après à Rome, contre le même évêque de Valence, et contre l'évêque d'Usez. Les appellations comme d'abus que ces deux prélats interjetèrent, en arrêtèrent le cours; et d'ailleurs il ne s'agissoit à leur égard que de crimes ecclésiastiques.

Enfin, on passera aussi sous silence en cet endroit, le fait de l'archevêque de Lyon, qui fut arrêté par l'ordre du roi Henri III, avec le cardinal de Guise, parce qu'on le joindra à ce qui regarde ce cardinal, dont on parlera dans la troisième partie de ce mémoire. Et c'est par la même raison que l'on n'a rien dit encore de Guillaume de Haraucourt, évêque de Verdun, impliqué, sous Louis XI, dans l'affaire du cardinal Ballue, parce qu'on en parlera en expliquant le fait du procès de ce cardinal.

Le commencement du règne de Henri IV, troublé par les guerres civiles que ce prince trouva allumées dans son royaume lorsqu'il monta sur le trône, vit naître plusieurs procès criminels contre les évêques accusés de lèse-majesté.

Antoine de Coupes, évêque de Sisteron en Provence, fut du nombre des coupables. Le lieutenant-criminel de Forcalquier, commença à lui instruire son procès, que le parlement d'Aix évoqua dans la suite; l'administration de son évêché fut déférée au chapitre de Sisteron par un arrêt de ce parlement, et cet évêque prit enfin le parti de se démettre de son évêché.

Geoffroy de la Martonnie, évêque d'Amiens, fut décrété de prise de corps peu de temps après, par un arrêt du parlement de Paris du 9 juillet 1594; et l'année suivante, le parlement de Provence fit le procès à Gilbert Genebrard, archevêque d'Aix.

Ce parlement parut d'abord douter de son pouvoir, et crut qu'il devoit avant toutes choses recevoir les ordres du roi, auquel il envoya les différentes informations faites contre Genebrard; mais ce doute ne servit qu'à confirmer la règle. Le roi l'explique clairement par ses lettres-patentes du 23 septembre 1595, par lesquelles il ordonne au parlement de Provence de continuer d'instruire ce procès. Ce parlement exécuta les ordres du roi; et, par un arrêt du 26 janvier 1596, rendu par contumace contre Genebrard, cet archevêque *fut déclaré atteint et convaincu du cas et crime de lèse-majesté à lui imputé, et pour réparation du crime, banni à perpétuité du royaume, ses biens acquis et confisqués au roi.*

Enfin Guillaume Rose, évêque de Senlis, ayant tenu des discours séditieux contre l'autorité du roi, le parlement de Paris lui instruisit son procès contradictoirement, par récolement et confrontation, en l'année 1598. Ainsi cet évêque subit entièrement la juridiction du parlement; et l'arrêt définitif qui fut rendu contre lui, porte que *la cour, pour les cas résultans au procès, l'a condamné de dire et déclarer en la grand'chambre d'icelle, étant nu-tête et debout, en présence des gens du roi, que témérairement et indiscrètement comme mal-avisé, il a dit et proféré qu'il avoit été de la ligue, et que s'il étoit à recommencer, il en seroit encore; et outre qu'il tient le livre intitulé,* Ludovici d'Orléans, unitis et confœderatis pro catholicâ fide expostulatio, *plein d'impiétés et blasphêmes contre l'honneur de Dieu, et l'obéissance due aux rois; a ordonné qu'il aumônera cent écus pour le pain des prisonniers de la conciergerie du palais, et s'abstiendra d'aller en la ville de Senlis pour un an, et s'abstiendra pendant ledit temps de prêcher en quelque lieu que ce soit.*

On finira cette suite d'exemples de procès criminels d'évêques accusés de crimes de lèse-majesté, par ce qui se passa du temps de Louis XIII, mais dans le temps que ce prince avoit un cardinal pour premier ministre.

Quelques évêques de Languedoc et de Bretagne ayant été accusés d'avoir favorisé la révolte de feu M. Gaston, duc d'Orléans, frère de Louis XIII, le cardinal de Richelieu fit demander au pape Urbain VIII un bref, par lequel quatre archevêques ou évêques du royaume furent commis pour faire le procès aux évêques rebelles, à la charge de ne pouvoir faire que l'instruction; après laquelle ils enverroient toutes les procédures au pape, qui rendroit alors le jugement définitif.

Ce n'est pas ici le lieu d'examiner la plaie que

ce bref faisoit aux constitutions canoniques, et aux libertés de l'église gallicane; il suffit seulement de remarquer, par rapport à la matière de ce mémoire, que ce bref, obtenu sous le nom du roi, ne donne aucune atteinte aux maximes que l'on vient d'établir, parce qu'il ne regardoit que le délit commun, et non pas le cas privilégié.

C'est ainsi que le roi lui-même l'expliqua sur les remontrances que M. Molé, qui remplissoit alors la place de procureur-général, prit la liberté de faire à Sa Majesté.

Ce magistrat lui représenta qu'*encore que les personnes constituées en dignité ecclésiastique, comme les archevêques et évêques accusés de crimes de lèse-majesté, soient déchus de tous priviléges, et sujets à la justice royale, pour leur faire ressentir les peines dues à leurs fautes; cependant il avoit appris que, par respect particulier rendu à la personne de notre saint Père le pape, on avoit obtenu un bref adressant à des archevêques et évêques français, pour faire et parfaire le procès aux coupables; mais comme ce bref ne pouvoit être exécuté sans lettres-patentes, ni avoir lieu que pour le délit commun, et que le cas privilégié demeuroit toujours, pour lequel il importoit à l'autorité royale de donner pouvoir à tels de ses officiers qu'il lui plairoit commettre, pour procéder à l'encontre de ceux qui se trouveroient prévenus de tels crimes, il supplioit le roi d'y pourvoir en telle sorte que les droits de* sa couronne, et les libertés de l'église gallicane fussent conservés en leur entier.

Le roi Louis XIII ayant égard à une remontrance si juste, ordonna par un arrêt du conseil, qu'il seroit expédié des lettres-patentes *pour l'exécution du bref, adressantes aux commissaires nommés par le pape, pour faire et parfaire le procès pour le délit commun, à la charge du cas privilégié, pour raison duquel le procès seroit fait et parfait par ceux des officiers de Sa Majesté qu'elle commettroit à cet effet, lorsqu'elle le jugeroit nécessaire pour le bien de son service.*

Ainsi cet exemple, tout irrégulier qu'il est, par rapport à la forme des jugemens canoniques des évêques sur le délit commun, n'a servi qu'à confirmer la règle par rapport au jugement du cas privilégié.

IX.

Si le droit et la possession sont certainement du côté de nos rois en cette matière, on ne doit pas trouver étrange que la disposition du concile de Trente, qui réserve au pape seul le jugement des crimes graves commis par des évêques, ait été mise au nombre des principales raisons qui devoient mettre un obstacle éternel à la réception de ce concile dans le royaume.

Ce n'a pas été seulement M.e Charles Dumoulin qui a relevé cette raison dans son *conseil sur le concile de Trente.*

Deux grands magistrats, c'est-à-dire M. le président le Maître, et M. du Vair, observent comme Dumoulin, dans l'avis qu'ils donnèrent en 1593, sur la réception de ce concile, que la disposition du *chap. 8 de la session* 13, *et du chap. 5 de la session* 24, qui réserve au pape les procès criminels des évêques, ne répugne pas seulement à l'autorité des métropolitains et du concile provincial; mais que ces articles sont directement contraires au pouvoir du roi et de ses officiers, qui ont droit de connoître du cas privilégié, à l'exclusion du pape et de tous autres juges ecclésiastiques, même contre des évêques et des archevêques.

Cet avis est d'autant plus remarquable, qu'il fut donné au milieu des fureurs de la ligue, et pour l'assemblée à laquelle on donna le nom d'états de la ligue, c'est-à-dire, dans un temps où l'autorité royale étoit comme anéantie, et où le pape étoit presque roi de France.

Mais, sans prendre conseil de la conjecture des

temps, ces grands magistrats ne consultèrent que la règle et ne parlèrent que suivant leur conscience.

Aussi la maxime qu'ils établissent par leur avis étoit tellement gravée dans le cœur des magistrats les plus éclairés de ce siècle, que M. de Thou parlant des efforts que le pape Sixte V faisoit pour obliger le roi Henri III à lui envoyer le cardinal de Bourbon et l'archevêque de Lyon que ce prince avoit fait arrêter, dit que rien n'auroit été ni plus dangereux pour le roi, ni plus honteux pour le royaume, dans lequel le roi a le droit de connoître du crime *de lèse-majesté contre toutes personnes, de quelque dignité qu'elles soient, et nonobstant tous priviléges.*

On pourroit ajouter ici beaucoup d'autres autorités, et sur tout celle de M. le cardinal d'Ossat, qui, dans le mémoire qu'il fit pour montrer que Henri III n'étoit pas mort excommunié pour avoir fait tuer le cardinal de Guise, archevêque de Reims, atteste à la cour de Rome, que les rois de France, sont *de tout temps en possession de juger en certains cas privilégiés les personnes ecclésiastiques comme les autres, mêmement en crime de lèse-majesté.* Mais il est inutile de grossir de pareilles citations un mémoire qui n'est déjà que trop étendu.

X.

On formera peut-être deux difficultés sur les exemples que l'on vient d'expliquer.

On dira d'abord que, puisque dans plusieurs occasions nos rois ont eux-mêmes demandé au pape des brefs de délégation adressés à des évêques du royaume, pour juger leurs collègues, ils ont reconnu par-là que les évêques étoient entièrement affranchis de leur autorité, et uniquement soumis à celle du pape.

On ajoutera, qu'entre plusieurs exemples de procès commencés par des juges séculiers contre des évêques, on en trouve très-peu où l'instruction ait été achevée et suivie d'un jugement définitif; d'où l'on voudra peut-être tirer cette conséquence, que ces commencemens de procédure ont été regardés comme des entreprises que l'on n'a pas osé soutenir et qu'on a condamnées au moins tacitement en les laissant tomber dans l'oubli.

On a prévenu la première de ces difficultés, lorsqu'on a fait voir par l'explication même de ces exemples :

1.° Qu'il y a beaucoup plus de cas, où l'on ne s'étoit point adressé au pape, qu'il n'y en a où le roi y ait eu recours;

2.° Que cette difficulté peut bien être proposée sur la question des jugemens ecclésiastiques des évêques, qui feroit le sujet d'une dissertation différente, mais qu'elle est étrangère par rapport à l'autorité des juges séculiers sur la personne des évêques coupables, de laquelle seule il s'agit dans ce mémoire; parce que quand les rois, par des raisons d'état et de politique, avoient demandé des commissaires au pape, ils ne l'avoient fait que par rapport au délit ecclésiastique, et non par rapport au crime public. C'est ce que l'on a pu remarquer dans les quatre exemples de commissaires demandés aux papes par nos rois. Philippe le bel, à l'égard de Bernard, évêque de Pamiers; François premier, dans le procès de François Poncher, évêque de Paris, et de Bernard de Lordat, évêque de Pamiers; et enfin Louis XIII, dans l'affaire de M. de Léon, et des autres évêques qui furent accusés de lèse-majesté, sous le ministère du cardinal de Richelieu, ont tous également déclaré que les commissaires du pape se renfermeroient dans le délit commun, et que le cas privilégié seroit réservé tout entier à la juridiction royale. Ainsi ces exemples qui souffrent d'ailleurs leur contredit, par rapport à la forme des jugemens canoniques des évêques, n'ont aucune application aux jugemens publics qui s'exercent au nom du roi.

La seconde difficulté reçoit plusieurs réponses également solides :

1.° S'il y a beaucoup de ces exemples dans lesquels on ne voit point que le procès ait été suivi d'un jugement définitif, il y en a d'autres au contraire, où les évêques accusés ont été condamnés, et où par conséquent il n'a rien manqué à la plénitude de la justice que les tribunaux séculiers ont exercée sur eux.

On peut mettre à la tête de ces exemples celui d'Arnoul, archevêque de Reims, auquel le roi Hugues Capet donna la vie à la prière des évêques, puisqu'un procès criminel fini par une grâce, ne prouve pas moins l'autorité du prince qui l'accorde, que si la fin en avoit été tragique par la mort du coupable.

2.° Si l'on parcourt les autres exemples que l'on a appliqués dans ce mémoire, on trouvera que Manassès, évêque d'Orléans, sous Philippe-Auguste; Martin Gougé, évêque de Chartres, sous Charles VI; Louis de Rochechouart, évêque de Saintes, sous Louis XI, furent condamnés à des amendes; que Genebrard, archevêque d'Aix, fut condamné au bannissement sous Henri IV, et Guillaume Rose, évêque de Senlis, à une espèce d'amende honorable qu'on appelle *sèche*, c'est-à-dire, qui se fait les portes fermées, sans cet appareil lugubre qui accompagne les amendes honorables; et qu'enfin sous Louis XI, l'archevêque de Besançon obtint de ce prince des lettres d'abolition.

Outre ces sept exemples de procès criminels d'évêques, suivis de jugemens définitifs, il faut retrancher des autres celui de François Poncher, évêque de Paris, qui mourut à Vincennes, avant que les difficultés que son procès avoit fait naître entre le pape et le roi fussent réglées; et celui d'Antoine Coupy, évêque de Sisteron, qui se démit de son évêché, et qui par là fit apparemment cesser les poursuites que l'on faisoit contre lui.

Après ce retranchement, il restera d'un côté sept procès-criminels, qui ont été suivis de condamnation ou d'abolition; et de l'autre, dix ou onze, dont on ne voit point quelle a été la fin.

Il ne faudroit presque que cette comparaison, pour faire cesser l'induction que l'on tire de ce que l'on n'a pas achevé d'instruire plusieurs procès qui avoient été commencés contre des évêques.

Mais, si l'on veut aller plus loin et chercher des raisons qui ont souvent fait suspendre ou abandonner de semblables poursuites, on en trouvera plusieurs également vraisemblables, et dont aucune n'est fondée sur un défaut de pouvoir dans la personne du roi ou dans celle de ses officiers.

Une grande partie de ces procès avoit tant de liaison avec les affaires publiques, qu'on ne doit pas être surpris s'il est arrivé souvent qu'on les ait commencés, suspendus, abandonnés, suivant les divers changemens qui survenoient dans la face des affaires ou dans le gouvernement.

Des raisons d'état les avoient fait entreprendre; des raisons d'état les faisoient ou remettre à un autre temps, ou négliger entièrement.

Ç'a été même presque toujours dans des temps de troubles et de divisions domestiques, que ces sortes d'affaires ont pris naissance. Dans ces temps malheureux pour l'état, où chacun prend parti, et où les différens partis dominent souvent tour à tour, rien n'est plus ordinaire que de voir ces révolutions imprévues, qui arrachent un coupable des mains de la justice, ou qui sauvent un innocent de la fureur de ses ennemis. C'est principalement à l'égard des crimes de lèse-majesté que ces révolutions ont été fréquentes; et l'on a vu dans les exemples qui ont été rapportés, que ce genre de crime a été presque toujours celui qui a servi de matière aux accusations des évêques.

D'ailleurs, quoique les droits de la puissance temporelle sur la personne des évêques coupables de crimes publics, soient incontestables, lorsqu'on les examine dans la spéculation, il faut avouer néanmoins que dans la pratique, on sent toujours une répugnance intérieure à porter ces sortes d'affaires jusqu'aux dernières extrémités ; on a une horreur secrète de voir répandre le sang d'un évêque, quoiqu'il ait mérité de le verser ; et ceux mêmes qui ne sont pas susceptibles de cette impression, craignent celle qui se fait sur l'esprit du peuple, par la condamnation d'un évêque. On appréhende qu'une condamnation de cette nature ne fasse plus de scandale que d'exemple : on se persuade qu'il y a des crimes et des criminels qu'il vaut mieux cacher que punir, et ainsi on cherche naturellement dans ces sortes d'occasions, à trouver des prétextes pour différer la dernière décision, et pour éviter le moment critique, où il faut prendre une résolution extrême sur une matière si délicate.

A toutes ces difficultés qui ont souvent retardé, et par là anéanti la punition des crimes commis par des évêques, il faut encore joindre celles que la cour de Rome a fait naître, depuis qu'elle a prétendu se réserver le jugement de tous les ministres du premier ordre. La règle qui s'est presque toujours observée en France, depuis qu'on y suit la distinction du délit commun et du cas privilégié, est, comme on l'a déjà remarqué ailleurs, que le jugement de l'église précède celui du juge séculier. Ainsi les difficultés qui arrêtoient le jugement canonique des évêques, retardoient aussi le jugement séculier.

On auroit pu, à la vérité, soutenir avec raison que tout privilége cessant de plein droit dans le crime de lèse-majesté, le juge royal pouvoit agir sans attendre la sentence du juge d'église ; et c'est en effet ce que Philippe le bel fit déclarer à Boniface VIII, dans l'affaire de Bernard, évêque de Pamiers ; mais dans des siècles où les idées n'étoient pas encore aussi claires et aussi distinctes qu'elles le sont à présent, dans un temps où l'on commençoit à peine à ouvrir les yeux sur les entreprises des ecclésiastiques, et où c'étoit beaucoup faire que de réserver aux princes le droit de juger un évêque coupable, après que la juridiction ecclésiastique avoit épuisé son pouvoir sur lui, on avoit la déférence pour l'église de ne la pas prévenir par un jugement qui auroit pu la mettre hors d'état de rendre le sien. Mais l'église n'étoit pas d'accord avec elle-même sur ce point : les évêques soutenoient que c'étoit à eux de connoître en première instance des fautes de leurs confrères, pendant que le pape prétendoit au contraire que ce droit lui appartenoit privativement à tous autres juges. Dans les temps même où les évêques souffroient plus patiemment le joug que le pape leur avoit imposé, il restoit toujours de grandes difficultés en cette matière, pour savoir comment le pape exerceroit son pouvoir; si ce seroit dans le royaume ou hors du royaume; s'il ne délégueroit à ses commissaires que la seule instruction, ou s'il leur accorderoit même la faculté de rendre un jugement définitif. Ainsi il étoit presque impossible que le jugement du magistrat ne demeurât souvent suspendu jusqu'à ce que l'on eût trouvé les tempéramens convenables entre les maximes de la cour de Rome et les libertés de l'église gallicane; ce qui étoit très-difficile, pour ne pas dire impossible.

Voilà une partie des raisons qui ont empêché souvent que les procès criminels des évêques n'aient été poursuivis jusqu'au jugement définitif, sans que l'on puisse tirer de ce fait aucune conséquence contre l'autorité légitime des princes. Il seroit au contraire beaucoup plus juste et plus naturel d'en conclure que, puisque la plus grande partie de ces raisons ont cessé depuis que la confusion introduite par les fausses décrétales a été dissipée, et que l'on a commencé à rétablir les anciennes bornes du pouvoir des évêques et de celui du pape, il seroit à présent beaucoup plus facile au roi d'exercer la puissance légitime qui lui appartient sur les évêques comme sur les autres ecclésiastiques.

Mais cette puissance, si solidement établie sur la personne des évêques, l'est-elle également sur la personne des cardinaux? C'est le troisième objet de ce mémoire qui demande moins de discussion que les deux premiers, quoiqu'il ait peut-être encore plus de délicatesse.

TROISIÈME PARTIE,

Où l'on examine si les cardinaux ont quelque privilége qui les distingue des évêques, par rapport à l'exception de la puissance séculière.

I.

Comme le pape réunit en sa personne la qualité de prince souverain à celle de chef de l'église, et que, contre la doctrine et les sentimens des anciens papes, il est enfin devenu roi et pontife tout ensemble, les cardinaux, qui sont ses ministres dans ces deux qualités, peuvent aussi être considérés sous deux faces différentes, c'est-à-dire, ou dans leur état ecclésiastique, comme principaux ministres de l'église de Rome et assesseurs du pape dans les affaires ecclésiastiques, ou dans leur état politique, comme conseil et principaux officiers d'un prince étranger.

II.

Si on les regarde d'abord comme ecclésiastiques; il est vrai que le pape les nomme ses enfans lorsqu'ils ne sont pas cardinaux évêques, et ses frères lorsqu'ils le sont: il les appelle ses collatéraux; il les regarde comme membres de son corps, comme une portion de lui-même; il leur a prodigué les titres les plus éminens, les ornemens les plus magnifiques; mais ces titres et ces ornemens ne sont que des noms ou des marques extérieures: il faut venir à la substance de la chose même et examiner ce que c'est qu'un cardinal, considéré comme personne ecclésiastique et dans l'ordre de la hiérarchie.

On en distingue de trois sortes; les diacres, les prêtres, les évêques, qui représentent les trois grands et anciens ordres sacrés de l'église.

Qu'ont-ils de plus que les autres ecclésiastiques qui sont revêtus des mêmes ordres? Le caractère de tous les diacres, de tous les prêtres et de tous les évêques est le même. Ainsi, du côté de l'ordination, il n'y a entre eux et les autres ecclésiastiques du même ordre aucune ombre de différence : du côté de la juridiction, on ne voit rien non plus qui les distingue. Un cardinal, en tant que diacre, n'a aucune juridiction; en tant que prêtre, il ne peut avoir comme tout autre prêtre que celle que les évêques ou le pape lui délèguent; en tant qu'évêque, il n'a que le même pouvoir que les lois de l'église universelle attribuent à tous les évêques.

Qu'est-donc qui peut distinguer un cardinal des autres ecclésiastiques du même ordre? Ce n'est point certainement l'ordre de Dieu, puisque, suivant les différens degrés de la hiérarchie que les apôtres ont établie par l'inspiration du Saint-Esprit, il n'y a point de différence entre les personnes ecclésiastiques qui se trouvent dans le même degré. Jésus-Christ, dit saint Paul, a établi des apôtres, des évêques, des docteurs; mais on ne voit en aucun endroit qu'il ait établi des cardinaux, c'est-à-dire, des ecclésiastiques élevés au-dessus des ministres du même ordre qu'eux, et, ce qui est encore plus extraordinaire, au-dessus des ministres d'un ordre supérieur, puisque le dernier des cardinaux-diacres prétend être infiniment au-dessus des évêques, des archevêques et des patriarches mêmes. Cependant, suivant la doctrine des apôtres, il n'y a rien dans l'état ecclésiastique qui soit au-dessus des évêques. Ce sont eux que le Saint-Esprit a établis pour gouverner l'église de Dieu. Il peut y avoir différens degrés entre eux par rapport à l'exercice de la juridiction, mais il est toujours certain que, suivant l'ordre de la hiérarchie, tout ecclésiastique qui n'est point évêque est au-dessous des évêques.

III.

Il est évident, après cela, que les distinctions que

les cardinaux ont usurpées au-dessus des évêques ne peuvent être que l'ouvrage d'un droit positif et purement humain ; et par conséquent toutes les raisons tirées du droit naturel, du droit civil et même du droit divin, tous les exemples, tous les faits que l'on a expliqués dans la première et dans la seconde partie de ce mémoire, ne sont pas moins décisifs contre les clercs de l'église romaine que contre ceux de toutes les autres églises : car, par quelles preuves pourroient-ils faire voir qu'ils ont, indépendamment de la volonté des princes, un privilége qui est refusé aux autres ecclésiastiques? Y a-t-il quelque révélation particulière pour l'église de Rome qui affranchisse les ministres de cette église de l'autorité temporelle des princes? Un cardinal n'est-il plus citoyen, n'est-il plus homme? et étendra-t-on jusqu'aux cardinaux ce que la flatterie insensée des canonistes ultramontains leur a fait dire du pape, qu'il n'est ni Dieu ni homme, mais que, sans être ni l'un ni l'autre, il tient le milieu entre les deux? *Nec Deus, nec homo, sed neuter inter utrumque.*

IV.

Dira-t-on en premier lieu, pour soutenir ce prétendu privilége, qu'ils ont l'honneur d'être consacrés au service de l'église, mère et maîtresse de toutes les autres églises, suivant l'expression des papes? Car, qu'est-ce en effet qu'un cardinal, sinon un diacre, un prêtre, un évêque attaché par un titre durable et perpétuel à l'église particulière de Rome, pour y exercer les fonctions de diacre, de prêtre ou de curé et d'évêque dans de certaines cérémonies? Comme ils devenoient par là membres de cette église, et qu'ils y étoient unis et incorporés, ce que signifie proprement le terme *incardinati*, on les a appelés cardinaux, ou, selon d'autres, on leur a donné ce nom comme aux principaux ministres de l'église de Rome; nom qui n'est nullement propre à cette église, puisqu'il y a beaucoup d'autres églises où les curés et autres ecclésiastiques constitués en dignité sont appelés prêtres-cardinaux.

Telle a été l'origine de la dignité de cardinal ; en sorte qu'on pourroit dire de la pourpre romaine, ce que Tite-Live a dit autrefois de l'empire romain, qu'il est incroyable qu'avec de si foibles et si obscurs commencemens elle soit parvenue à un si haut degré d'élévation, qu'elle est comme embarrassée de sa propre grandeur, *ut jam magnitudine laboret suâ.*

Mais cette grandeur, qui n'est fondée dans son origine que sur l'honneur qu'ils ont d'être ministres de la première église, peut-elle leur attribuer un privilége dont les évêques mêmes ne jouissent pas? Qu'auroit-on dit autrefois, si les clercs titulaires des églises patriarchales, et que diroit-on encore aujourd'hui, si ceux des églises métropolitaines prétendoient avoir plus de prérogatives que les évêques, parce qu'ils sont membres d'une église supérieure en dignité et en juridiction à celle des évêques?

Que si les cardinaux ajoutent qu'ils sont non-seulement les principaux ministres de la première église, mais qu'ils sont les conseillers nés et les assesseurs du pape dans les affaires de l'église universelle, on leur répondra toujours, non-seulement que ce sont les évêques plutôt que les cardinaux qui sont le sénat de l'église universelle, et que si la difficulté d'assembler ce sénat oblige le pape à se réduire au conseil des cardinaux, ils ne doivent pas avoir plus de priviléges que les évêques qu'ils représentent à cet égard, mais encore, que si ce raisonnement pouvoit être écouté, il faudroit donc en conclure aussi que les chanoines d'une église métropolitaine sont au-dessus des évêques suffragans de cette église, parce que de droit, et suivant l'usage présent de l'église, ils sont le conseil naturel du métropolitain.

Mais s'il n'y a rien de plus mal fondé que la distinction que les cardinaux s'attribuent au-dessus des évêques en tant que personnes ecclésiastiques, de quel poids peut-elle être contre l'autorité des princes souverains? Est-il nécessaire de rappeler encore ici ce grand principe, que toutes les prérogatives qu'une des deux puissances peut accorder à un de ses sujets ne sauroient l'exempter de la soumission qu'il doit à l'autre puissance? Les personnes les plus élevées dans l'ordre des dignités temporelles, les officiers de la couronne, pourroient-ils prétendre par cette raison qu'ils sont exempts de la puissance spirituelle? Et n'est-il pas évident qu'on ne conclut pas ainsi d'un genre de puissance à l'autre? Autrement, les deux puissances ne seroient pas indépendantes l'une de l'autre, et il suffiroit que l'une des deux élevât un de ses sujets à un certain degré d'honneur et de distinction, pour le soustraire entièrement à l'autorité de l'autre.

V.

Dira-t-on en second lieu que, comme électeurs du pape, ils doivent jouir d'une exemption incommunicable aux autres ecclésiastiques?

Il est vrai que depuis que les empereurs, le peuple et le clergé romain ont cessé de prendre part aux élections des papes, le droit de les élire a été renfermé dans le collége des cardinaux, et c'est par là sans doute qu'ils ont commencé à concevoir toutes les idées ambitieuses qui leur ont fait oublier la modestie et l'humilité de leur première origine.

Mais, sans observer ici que si ce raisonnement pouvoit être écouté, il faudroit en tirer cette étrange conséquence, qu'autrefois tout le clergé et même le peuple romain étoient exempts de la puissance des empereurs, parce qu'ils concouroient à l'élection du souverain pontife, sans y ajouter que c'est en quelque manière au nom de leur nation que les cardinaux choisis dans tous les royaumes chrétiens font l'élection du pape, et que par cette raison même ils doivent toujours demeurer dans la dépendance du roi dont ils sont nés sujets, pour ne rien faire dans ce choix qui soit contraire aux intérêts de leur patrie;

ne suffit-il pas, pour trancher en un mot toutes ces difficultés, de dire qu'il est inutile de relever en faveur des cardinaux et leur qualité de ministres de l'église de Rome et le droit qu'ils ont seuls à présent d'élire les papes, puisque les papes mêmes, qui certainement doivent avoir plus de priviléges et de prérogatives que ceux qui en sont les ministres ou les électeurs, n'étoient pas affranchis de l'autorité des souverains avant qu'ils eussent réuni en leur personne la souveraineté temporelle à la suprême puissance spirituelle?

On a vû comment les anciens papes ont parlé: on a vu comment ils ont agi sur ce sujet. Ils n'ont fait aucune difficulté de comparoître devant le tribunal des empereurs lorsqu'ils y ont été accusés; et la seule grâce qu'ils ont demandée à la religion et à la piété de ces princes a été d'être toujours jugés par l'empereur même.

Seroit-il donc nécessaire, après un exemple si décisif, de s'arrêter à répondre aux vains prétextes dont les cardinaux se servent pour colorer leur exemption prétendue? Mais l'éclat de la pourpre romaine a tellement ébloui les yeux des séculiers mêmes dans ces derniers siècles, que si cette grandeur, plus brillante que solide, par laquelle ils prétendent avoir secoué le joug de la puissance temporelle, n'est qu'un fantôme, comme on en est persuadé, c'est un fantôme spécieux, et pour ainsi dire respectable, qui mérite au moins qu'on lui fasse l'honneur de le combattre sérieusement.

VI.

Si l'on considère les cardinaux dans leur état politique, comme conseillers nés d'un prince étranger, peut-on prétendre que la fidélité qu'il doivent au pape les dégage de celle qu'ils doivent au roi, et qu'ils cessent d'être les sujets de leur prince naturel en devenant les ministres d'un prince étranger?

Cette question est encore plus étendue que celles

que l'on a traitées jusqu'à présent dans ce mémoire, puisque les principes des ultramontains sur ce point vont jusqu'à prétendre que les cardinaux n'ayant plus d'autre souverain que le pape, pour le temporel comme pour le spirituel, ne peuvent pas même commettre le crime de lèse-majesté contre tout autre prince que contre le pape; parce qu'il faut être sujet et citoyen pour pouvoir commettre ce crime, dont l'essence consiste dans le violement de la fidélité que tout sujet et tout citoyen doit à son roi et à sa patrie.

Ainsi, quoique quelques canonistes outrés aient osé avancer que les évêques et tous les clercs en général ne pouvoient point commettre de crime de lèse-majesté contre la puissance temporelle dans les états de laquelle ils vivent, parce qu'ils n'étoient point ses sujets, cependant on a vu dans tous les exemples qui ont été rapportés dans la première et dans la seconde partie de ce mémoire, qu'on n'a jamais douté dans la pratique qu'un évêque ou un autre ecclésiastique ne pût être coupable du crime de lèse-majesté à l'égard de son prince naturel ou de sa patrie; et qu'en supposant que l'accusation de ce crime pouvoit tomber sur un ecclésiastique comme sur un laïc, toute la difficulté s'est réduite à savoir qui devoit en être le juge.

Mais ce qui n'est, à l'égard des autres ministres des autels, qu'une opinion nouvelle et rejetée dans la pratique, est la doctrine commune de tous les canonistes ultramontains à l'égard des cardinaux, parce que trouvant dans le pape et leur supérieur spirituel et leur prince temporel, les cardinaux, selon ces docteurs, sont également affranchis de toute autre puissance et par rapport au spirituel et par rapport au temporel.

VII.

Pour résoudre cette difficulté, la plus spécieuse de toutes celles que l'on peut faire naître pour soutenir l'exemption des cardinaux, il faut supposer ici deux principes généraux qui ne peuvent jamais être révoqués en doute.

Le premier, est que les engagemens que les cardinaux contractent avec le pape, lorsqu'ils sont élevés à cette dignité, sont des engagemens purement volontaires, et d'un droit non-seulement humain mais entiérement positif; en un mot, du nombre de ceux que les jurisconsultes romains appellent des productions du droit civil, c'est-à-dire des obligations dont la nature n'a point formé les nœuds, et qui sont l'effet de la volonté libre et arbitraire du législateur.

Il n'en est pas de même des engagemens que les hommes contractent en naissant, avec leur prince et avec leur patrie. La nature grave ces engagemens dans le cœur de tous les hommes : Dieu même les autorise et les rend nécessaires; c'est ce que les jurisconsultes appellent un droit naturel ou du moins un droit des gens, droit toujours supérieur au droit civil, autant que la nature est au-dessus de la loi, autant que Dieu est au-dessus de l'homme. De là viennent ces maximes des jurisconsultes que la loi imite la nature, mais qu'elle ne sauroit la vaincre, et que le droit civil ne peut jamais effacer les principes du droit naturel.

Le second, qu'il est permis à tout homme, avec le consentement de son prince, de servir un autre maître et de prendre des engagemens avec un autre souverain étranger; mais que ces nouveaux engagemens ne donnent aucune atteinte aux liens naturels qui attachent par une chaîne indissoluble tout sujet à son prince.

C'est ainsi que nos rois ont souvent permis à leurs sujets d'aller servir dans des troupes étrangères, ou même de les commander.

C'est ainsi que dans ces derniers temps, le roi a trouvé bon que plusieurs seigneurs de son royaume acceptassent l'honneur que Sa Majesté catholique leur a fait de leur faire part de la grandesse d'Espagne.

C'est ainsi qu'en général plusieurs négocians vont s'établir, à l'occasion du commerce, dans des villes étrangères, et que par là ils deviennent sujets, par leur domicile, de la puissance qui y exerce l'autorité souveraine.

Mais, dans tous ces cas, on n'a jamais prétendu que le service qu'un Français rend à un prince étranger, avec l'agrément du roi, le dispensât de celui qu'il doit à Sa Majesté; qu'une dignité reçue d'un autre souverain fût un titre odieux, en vertu duquel celui qui en est revêtu pût violer impunément la fidélité qu'il doit à son souverain naturel, ni enfin que la résidence d'un Français dans une terre éloignée de sa patrie, le pût jamais autoriser à en devenir l'ennemi.

VIII.

Quelle est donc, suivant ces principes, la véritable situation d'un Français qui est honoré de la dignité de cardinal?

Il devient, à la vérité, le conseil, le ministre du pape, avec l'agrément et presque toujours par la protection du roi : il entre par là au service du pape; il contracte de nouveaux engagemens, mais il ne détruit pas les anciens qui le lient à sa patrie. Le lien qui l'attache à son premier maître est d'un ordre supérieur à celui qui l'unit au second; l'un est naturel, l'autre est purement civil : l'obligation civile ne détruit pas l'obligation naturelle, et un cardinal n'en est pas plus dispensé qu'un général français qui commande les troupes du roi catholique, ou qu'un duc et pair qui a joint à ce titre celui de grand d'Espagne, ou qu'un négociant qui va s'établir à Amsterdam ou à Cadix par rapport à son commerce.

IX.

Mais, dira-t-on, ce cardinal peut-il servir deux maîtres, être citoyen de deux états, et sujet de deux empires ? Quel parti faudra-t-il qu'il prenne lorsque les intérêts de ses deux maîtres seront contraires ? Ne pouvant en même temps obéir à tous les deux, auquel donnera-t-il la préférence ? Et faudra-t-il qu'il ne puisse être fidèle à l'égard de l'un sans être traité par l'autre comme rébelle.

Il est aisé de résoudre cette difficulté ; mais avant que de le faire, il est bon de faire remarquer que ce cas est assez rare, et qu'il y a une infinité d'occasions où un cardinal peut concilier tous ses devoirs, et rendre à son roi l'obéissance qu'il lui doit de droit naturel, sans manquer à celle qu'il doit au pape, de droit positif. Ces conjonctures fatales, où l'on a vu des papes inviter des cardinaux à trahir la majesté royale de leur premier souverain, sont trop peu fréquentes pour établir une règle générale sur un événement aussi singulier qu'odieux : et en effet, dans la plupart des occasions où l'on a accusé des cardinaux de crimes de lèse-majesté, il est évident qu'ils ne pouvoient trouver aucune excuse dans la contrariété des volontés du pape et de celles du roi.

Etoit-ce pour obéir au pape que le cardinal Ballue, que le cardinal de Châtillon, que le cardinal de Guise, que le cardinal de Retz vouloient exciter des guerres civiles ou des divisions intestines dans le royaume ? Et étoit-ce pour se conformer aux volontés du pape qu'un cardinal se livrèroit aux ennemis de l'état, et qu'il désavoueroit hautement la qualité de sujet du roi qu'il a reçue en naissant, et qui a imprimé sur lui un caractère ineffaçable ?

Ce combat prétendu de deux devoirs différens, n'est donc pour l'ordinaire qu'un prétexte d'infidélité.

Mais quand même il deviendroit réel et effectif, ce qui n'est pas absolument impossible, seroit-il bien difficile de décider de la préférence entre deux engagemens, dont l'un est naturel et l'autre purement civil, dont l'un a Dieu même pour auteur, et dont l'autre est l'ouvrage du pape ; dont l'un est pur et simple et l'autre conditionnel ? Car on ne peut pas douter que quand le roi consent qu'un de ses sujets contracte de nouveaux engagemens avec le pape, en recevant la pourpre romaine, ce ne soit toujours sous cette condition inviolable que celui qui reçoit cet honneur avec la permission, et souvent par la seule faveur de son roi, ne lui sera pas moins fidèle qu'il l'étoit auparavant.

Qu'on ne dise donc point que le roi, en consentant à la promotion d'un de ses sujets à la dignité de cardinal, est censé avoir consenti par là à toutes les suites de cette dignité, dont le principal effet est de rendre sujet du pape celui qui en est revêtu. Les devoirs du cardinal soumis au pape, et du Français sujet du roi, n'ont souvent rien d'incompatible; et, dans les cas où l'on ne peut les concilier, le roi n'est jamais censé avoir renoncé à sa souveraineté, ni avoir aliéné un de ses sujets en le faisant cardinal. La réserve de la fidélité qui lui est due est une condition de droit. On l'exprimoit autrefois, et l'on en trouve un exemple célèbre dans la personne de Jean de Rochetaille, archevêque de Rouen, qui a donné à la France un des premiers exemples d'un cardinal qui ait conservé son archevêché avec le cardinalat.

Il obtint pour cela des bulles de dispense du pape, qui ont servi de modèle à toutes celles qu'on a expédiées dans la suite en pareil cas. Le pape lui permettoit par ces bulles de posséder son archevêché en commande, et à titre d'administrateur perpétuel. Le royaume étoit alors en proie aux Anglais, et le duc de Betfort qui en gouvernoit la plus grande partie comme régent, au nom du roi d'Angleterre, autorisa ces bulles par des lettres-patentes qui furent présentées à la chambre des comptes par Jean de Rochetaille.

La chambre des comptes, assistée de la présence et des conseils de Jean de Luxembourg, évêque de Térouanne et chancelier, et du premier président du parlement, approuva la chose, après avoir vu l'exemple du dauphin Humbert qui avoit conservé l'archevêché de Reims, quoique devenu patriarche titulaire d'Alexandrie.

Mais entre les différentes modifications que cette chambre apporta à l'enregistrement des bulles et des lettres-patentes obtenues par l'archevêque de Rouen, on y en trouve une plus importante que toutes les autres, qui porte expressément : *Que si le roi, pour aucunes causes touchant ses royaumes, ou l'un d'eux, ou pour autre juste cause, le mande à venir de cour de Rome ou d'ailleurs par devers lui, il y viendra en personne dedans un an, à compter du jour qu'on lui aura ce notifié de par le roi.*

Ainsi, les obligations d'un cardinal français à l'égard de son roi, ne se bornent pas à ne rien faire contre son service; elles consistent dans une soumission et dans une obéissance positives qui le mettent précisément dans le même état où il étoit, par rapport au roi, avant sa nouvelle dignité; ensorte qu'il est obligé, quand il plaît à Sa Majesté, d'abandonner le service du pape pour venir recevoir les ordres de son seigneur naturel et de son premier souverain.

Si l'on ne prend plus une semblable précaution à l'égard des Français qui parviennent au cardinalat, ce n'est pas que leurs devoirs aient reçu quelque changement, c'est au contraire parce qu'ils sont encore plus connus, et qu'on regarderoit cette promesse, qui est de droit et qui, par conséquent, se supplée toujours, comme une espèce d'injure qui supposeroit qu'un cardinal qui tient pour l'ordinaire sa dignité de la protection du roi, peut se faire de cette dignité même un titre d'infidélité.

X.

Il seroit inutile après cela de vouloir opposer à la France ses propres maximes, et se prévaloir contre elle de ces règles établies depuis long-temps dans le royaume, que la promotion au cardinalat fait vacquer de plein droit l'évêché dont étoit pourvu celui que le pape élève à cette dignité, que la régale est ouverte du jour qu'il a accepté le chapeau de cardinal, et qu'il faut pour conserver son évêché, qu'il obtienne des bulles de dispense et qu'il prête au roi un nouveau serment de fidélité.

Il n'est point nécessaire, pour établir la justice de ces maximes et des formalités qui en sont une suite, de supposer qu'un Français qui est élevé au rang de cardinal, cesse d'être sujet du roi et devient étranger; il suffit de considérer que la dignité de cardinal oblige de droit à la résidence; que par conséquent elle est incompatible avec la possession d'un évêché dans ce royaume; qu'ainsi, suivant les règles du droit canonique, l'acceptation du cardinalat fait vacquer de plein droit l'évêché et les autres bénéfices sujets à résidence, dont celui qui est fait cardinal étoit pourvu.

De ce principe simple et naturel on a tiré cette conséquence, que son premier titre, par rapport à l'évêché et aux autres bénéfices incompatibles, étoit éteint; que la régale est ouverte dans son diocèse; qu'il avoit besoin d'un nouveau titre ou plutôt d'une dispense pour jouir de son évêché, nonobstant l'extinction du premier titre; qu'il falloit que cette dispense fût connue du roi, et qu'étant regardée comme un nouveau titre et comme le fondement d'une nouvelle possession, il falloit aussi qu'elle fût suivie d'un nouveau serment de fidélité.

Il n'y a rien en tout cela qu'il ne fallût pratiquer dans le cas de l'obtention de tout autre bénéfice incompatible, comme, par exemple, d'un nouvel évêché, quoique situé dans le royaume, si l'évêque qui en seroit pourvu obtenoit, suivant un abus, autrefois fort commun en France, la permission de posséder le premier en commande et le second en titre; et par conséquent on ne peut tirer aucun argument de ce qui se passe par rapport à l'évêché dont un Français est pourvu lorsqu'il est nommé cardinal, pour prouver que les liens qui l'attachoient à son roi sont rompus, et qu'il n'est plus que le sujet du pape.

XI.

En effet, lorsque le pape Innocent X, excité par les ennemis des cardinaux Barberin, qui avoient cherché un asile dans ce royaume contre la tempête qui les menaçoit à Rome, eut fait publier en 1646 une bulle par laquelle il défendoit à tous les cardinaux de sortir de l'état ecclésiastique sans sa permission, sous peine de saisie et de confiscation de leurs revenus, d'interdiction de l'entrée des églises, et enfin de la privation du chapeau s'ils ne revenoient à Rome dans les temps prescrits par cette bulle, qui portoit quelle seroit exécutée *nonobstant toute sorte d'emploi et de commission que les cardinaux pourroient avoir des princes temporels* : les gens du roi s'élevèrent hautement contre cette constitution, comme contraire à la souveraineté du roi. M. Omer Talon, qui remplissoit alors avec une grande dignité la charge d'avocat-général, dit, dans la solide et judicieuses remontrance qu'il fit sur ce sujet : *Que les gens du roi n'ignoroient pas que la dignité de cardinal est grande, éminente et superillustre dans l'église et dans l'état, et que ceux qui la possèdent sont une portion du souverain pontife, auquel ils doivent respect et fidélité particulière; mais que cette obligation, qui est de droit positif et humain, ne peut venir en compétence avec les droits de la naissance et de la nature, qui nous attachent de droit divin à nos souverains. Qu'ainsi, cette bulle faisant combattre les deux puissances, et préférant à l'autorité naturelle et légitime du souverain celle du pape, laquelle en ce regard n'est que de droit civil et politique, la diminution de l'autorité royale blessée par cette pièce, produisoit un abus nécessaire; les sujets ne pouvant être délivrés de la puissance de leur roi par qui que ce soit sur la terre, ni quelque dignité ecclésiastique qu'ils possèdent, non pas même par celle de cardinal, laquelle ne leur est donnée qu'à la nomi tion du roi; que pour cela ils sont appelés dans la cour de Rome cardinaux nationaux, attachés aux intérêts de leurs princes, obligés de les défendre et de prendre leur parti en toutes sortes de rencontres. Qu'en effet, lorsque Léon X, pour prévenir un schisme et pour réunir tous les cardinaux auprès de lui, fit une bulle sur le même sujet, il apporta des modifications à son décret, et permit aux cardinaux absens de proposer leurs excuses légitimes, par le moyen desquelles clauses il conserva l'autorité du souverain pontife et n'offensa pas la puissance des princes temporels, lesquels ayant ce pouvoir d'empêcher que les évêques leurs sujets sortent de leurs états sans leur congé, non pas même pour assister aux conciles généraux, et lorsqu'ils y sont appelés, les peuvent rappeler quand bon leur semble, ils doivent conserver le même droit à l'égard des cardinaux qui sont leurs sujets.*

Telles sont les maximes de la France expliquées par la bouche de ce grand magistrat.

Le parlement les confirma, soit en recevant l'appel comme d'abus que le procureur-général interjeta de cette bulle, soit en faisant des défenses très-expresses à tous sujets du roi, de quelqu'état et condition qu'ils fussent, de la retenir, lire, publier et débiter; et l'arrêt que cette compagnie rendit sur ce sujet, le 21 avril 1646, sera un monument toujours durable de l'autorité légitime du roi sur les cardinaux français, en quelque lieu qu'ils fassent leur résidence.

XII.

Enfin, pour porter cette maxime jusqu'au dernier degré d'évidence et de certitude, il ne reste plus que d'y joindre les suffrages des papes mêmes. Ils en ont reconnu la vérité lorsqu'ils ont jugé qu'un cardinal français pouvoit être coupable d'un crime de lèse-majesté, qui certainement ne peut convenir qu'à un sujet, puisque l'offense d'un étranger qui demeure hors du royaume, quelque injurieuse qu'elle puisse être à la majesté royale, ne peut jamais porter le nom de crime de lèse-majesté.

Or, c'est ce que les papes ont déclaré presque toutes les fois qu'ils se sont plaints des procédures criminelles faites contre un cardinal français. On verra dans la suite de ce mémoire que si le pape Paul II a réclamé le cardinal Ballue; si Sixte V s'est plaint de la mort violente du cardinal de Guise; si le même pape a demandé que le cardinal de Bourbon fût remis entre les mains de Sa Sainteté; si le nonce du pape Innocent X a fait la même demande au nom de ce pape, par rapport au cardinal de Retz, ils n'ont jamais prétendu que ces cardinaux dussent être regardés comme des étrangers incapables du crime de lèse-majesté à l'égard du roi; ils ont toujours déclaré, au contraire, qu'ils en feroient une justice exemplaire si on pouvoit convaincre ces cardinaux des faits dont on les avoit accusés. Ainsi, la difficulté n'a jamais été de savoir si des cardinaux français étoient susceptibles de l'accusation de lèse-majesté à l'égard du roi; mais, en supposant qu'ils l'étoient en effet, on a seulement examiné devant quels juges cette accusation devoit être poursuivie. Le pape a prétendu qu'il en étoit le seul juge; mais en le revendiquant comme ses justiciables, il a toujours reconnu, par cela même, qu'il en falloit faire justice, et par conséquent qu'ils demeuroient toujours sujets du roi, quoique, par un privilége particulier, ils prétendissent être soumis à la juridiction du pape.

XIII.

Après avoir développé les principes généraux de cette matière, par rapport à la question de droit, il faut passer maintenant à la question de fait, et examiner si nos rois joignent la faveur de la possession à la justice de leur titre, ou si au contraire ils ont laissé acquérir au pape une espèce de prescription contre leur autorité.

Comme il n'y a ordinairement qu'un petit nombre de cardinaux français, et qu'il est assez rare que des personnes, que leur mérite et la faveur du roi élèvent à un si haut rang de dignité, s'oublient jusqu'au point de commettre des crimes dignes d'être vengés par le glaive de la puissance temporelle, il ne faut pas s'étonner si l'on ne trouve que peu d'exemples d'accusations intentées contre des cardinaux.

Les rois n'ont ni pu, ni dû multiplier ces exemples, et ils auroient souhaité, au contraire, d'en pouvoir diminuer encore le nombre; mais ce qui est très-important, c'est que l'on n'en trouvera pas un seul où ils n'aient conservé toute la puissance qu'ils ont reçue de Dieu sur les cardinaux comme sur le reste de leurs sujets.

Le plus ancien exemple que l'on trouve sur cette matière, est celui du cardinal de Constance, que l'on croit avoir été de la maison de Longueil.

On ne sait point précisément le détail des faits dont il étoit accusé; il paroît seulement que les mouvemens que la cour de Rome faisoit du temps de Louis XI, pour parvenir à l'abolition de la pragmatique, ayant fait agiter plusieurs questions touchant les droits et les priviléges de la couronne, la connoissance des matières ecclésiastiques, et le pouvoir du roi sur les ministres de l'église, ce cardinal fut accusé d'avoir fait des entreprises sur l'autorité royale, et que le parlement commença à lui faire son procès, à la requête du procureur-général. Le roi approuva la conduite du parlement, et après avoir vu les lettres que cette compagnie lui écrivit par *Jean Boulenger, président, Jean Henri, conseiller au parlement, Guillaume de Gannay, avocat du roi, et Jean de Saint-Romain, procureur-général*, et avoir entendu ces députés sur les instructions que le parlement leur avoit données, il fit expédier des lettres-patentes vers l'an 1462, par lesquelles il s'explique en ces termes : *Notre plaisir et volonté est, que nos droits, tant de régale, de la connoissance des causes bénéficiales et ecclésiastiques en matière de nouvelleté, que autres, dont nous et nos prédécesseurs de tout temps et ancienneté avons joui et usé, aussi l'autorité et souveraineté de nous, et de nostredite cour de parlement, soient par vous entièrement observés et gardés, et que les infracteurs, et ceux qui ont fait ou feroient doresnavant au contraire, sous ombre ou couleur de bulles apostoliques ou autrement. . . soient punis selon l'exigence des cas, indifféremment et sans aucun épargner, et que le procès commencé en nostredite cour, à la requête de nostre procureur-général, à l'encontre du cardinal de Constance, pour raison des choses dessus dites, soit par vous jugé et déterminé à telle fin que vous verrez estre à faire par raison.*

On ne voit point par les registres du parlement qu'elles furent les suites de cette affaire, qui y manque comme beaucoup d'autres choses que l'on devroit y trouver.

On apprend par Messieurs de Sainte-Marthe, dans le *Gallia Christiana*, que ce cardinal fut condamné, par le parlement, à une grosse amende; mais on ne sait si ce fut à l'occasion du procès dont les lettres-patentes de Louis XI font mention; et si cela étoit, il y auroit quelque difficulté à concilier dans les dates.

Mais quoi qu'il en soit, il paroît toujours certain par cet exemple, que du temps de Louis XI ni le roi, ni le parlement ne doutoient pas que le souverain ne fût en droit de faire faire le procès à un cardinal, comme à tout autre français.

Le cardinal Ballue fournit un second exemple sous le règne du même roi : exemple célèbre, où la puissance royale n'a rien perdu et où l'autorité du pape n'a rien acquis, comme on le verra par la discussion exacte que l'on a cru devoir faire de cet exemple.

Ce cardinal étoit du nombre de ceux que les jeux de la fortune élèvent quelquefois de la poussière jusqu'auprès du trône des rois. Point de naissance, beaucoup d'esprit, encore plus de manège, nulle vertu, furent les principaux traits de son caractère. Domestique ingrat et infidèle, il commença le plan de sa fortune par trahir Jean de Beauveau, évêque d'Angers, son premier maître et son bienfaiteur, dont il usurpa le Siège, et après avoir été comblé des grâces du roi, et avoir acheté le chapeau de cardinal par l'abrogation de la pragmatique, qui fut l'effet de son industrie, il ne fut pas meilleur serviteur du roi, qu'il l'avoit été de l'évêque d'Angers. On surprit par hasard un domestique de Guillaume de Harancourt, évêque de Verdun, que le cardinal Ballue envoyoit au duc de Bourgogne. On trouva une lettre cousue dans son pourpoint, et une espèce de chiffre cousu dans son collet, qui expliquoit quelques termes obscurs et mystérieux de la lettre. Ce fut ainsi que la bonne fortune de Louis XI lui fit découvrir le mystère profond d'une négociation criminelle, par laquelle le cardinal Ballue, peu content d'avoir engagé ce roi à signer le honteux traité de Péronne, vouloit renouveler la division qui avoit duré longtemps entre Louis XI et le duc de Guyenne, son frère, et armer le duc de Bourgogne contre le roi.

Le courrier arrêté avoua tout, et les papiers qu'on avoit trouvés sur lui en disoient encore plus qu'il ne pouvoit faire. Louis XI envoya chercher aussitôt le cardinal Ballue et l'évêque de Verdun; ils vinrent sans se défier de rien, ne pouvant croire que leur intrigue fût découverte. Aussitôt qu'ils furent arrivés à Amboise, le roi les fit arrêter et conduire chacun dans une chambre séparée du château d'Amboise.

En même temps, le roi nomma des commissaires pour les interroger, et pour travailler à leur procès. Ces commissaires furent le chancelier Juvénal des Ursins; Jean d'Estouteville, seigneur de Torcy, grand-maître des arbalétriers de France; Guillaume Cousinot, chevalier, seigneur de Montreuil; Jean le Boulenger, président à mortier; Jean de la Driesche, président en la chambre des comptes et trésorier de

France; Pierre Doriole, général des finances; Tristan l'Hermite, prévôt de l'hôtel, et Guillaume Allegrin, conseiller au parlement.

Ces commissaires interrogèrent le cardinal et l'évêque accusés; l'évêque fit une confession sincère de son crime, le cardinal voulut en déguiser les principales circonstances; mais comme on le convainquoit aisément de ne pas dire la vérité, il promit d'avouer tout au roi, si Sa Majesté lui permettoit de paroître devant elle. Le roi l'entretint sur le chemin d'Amboise à Cléry; mais il n'en fut pas satisfait, et il résolut de le livrer à la rigueur de la justice. On entendit plusieurs témoins, et cependant le roi chargea le sieur Gruel, président au parlement de Dauphiné, d'aller à Rome pour informer le pape des raisons qui avoient obligé Sa Majesté à s'assurer de la personne du cardinal Ballue et de celle de l'évêque de Verdun.

Mais bientôt après, il résolut d'envoyer au pape une plus célèbre ambassade, pour convenir avec le saint père de la forme de l'instruction, et lui demander des lettres de vicariat adressées à des commissaires français, pour instruire le procès des deux prélats accusés.

Guillaume Cousinot, sieur de Montreuil, et Guillaume Lefranc, docteur ès lois, qui connoissoit alors mieux que personne les cours d'Italie, furent choisis pour cette négociation, et Gruel, qui les avoit précédés à Rome, eut ordre de se joindre à eux.

On a encore la relation que Cousinot a faite lui-même de cette ambassade.

On y voit que, dans la première audience que le pape Paul V donna aux ambassadeurs en plein consistoire, après que Cousinot lui eut fait une harangue, dans laquelle il expliqua à Sa Sainteté la demande qu'il venoit lui faire au nom du roi, le pape témoigna aux ambassadeurs qu'il avoit entendu leur discours avec douleur, aussi bien que tout le sacré collége, tant par un effet du respect qu'il avoit pour Sa Majesté très-chrétienne, que parce que les crimes dont les ambassadeurs venoient de faire le récit par la bouche de Cousinot, qui étoit à leur tête, avoient été commis par un cardinal et par un évêque, ensorte que l'opprobre en retomboit en quelque manière sur l'honneur du saint Siége, du collége des cardinaux et de toute l'église. *Plût à Dieu donc*, leur dit le pape, *que tout cela ne fût jamais arrivé; mais le saint Siége ne refuse justice à personne, et encore moins au roi très-chrétien, protecteur et défenseur du trône apostolique et de la liberté de l'église, suivant l'exemple de ses ancêtres.* Il ajouta que, comme une matière de cette importance ne pouvoit être discutée que dans des congrégations particulières, il avoit commis les cardinaux *de Nicée, vice-chancelier, Ursin, Arezzo, Spolet et Théant,* pour examiner cette affaire, et que les ambassadeurs du roi pourroient s'adresser à ces cardinaux.

Dans les conférences qui furent tenues sur ce sujet chez le cardinal de Nicée, entre les cardinaux et les ambassadeurs du roi, les cardinaux ayant examiné le mémoire des crimes dont le cardinal Ballue et l'évêque de Verdun étoient accusés, demandèrent deux choses aux ambassadeurs.

La première, s'ils n'avoient point de preuves ou de pièces justificatives, qui pussent établir la vérité des crimes dont ils avoient fait le récit par leur mémoire.

La seconde, quels étoient les usages de France en cette matière, attendu, dirent les cardinaux, que *c'étoit grande chose d'avoir attenté à la personne d'un cardinal, qui est le second état de l'église, et qu'ils n'avoient jamais trouvé ni lu aucun cas de semblable nature.*

Les ambassadeurs du roi répondirent sur le premier point, qu'ils n'avoient point d'autres pièces à représenter dans l'état présent de l'affaire; que l'instruction découvriroit des crimes encore plus énormes que ceux qu'ils avoient expliqués par leur mémoire; mais que venant de la part d'un aussi grand prince que le roi très-chrétien, faire une dénonciation au pape, ils n'avoient besoin que de la dénonciation même pour obtenir les vicaires ou commissaires qu'ils demandoient, et que le roi donnoit par-là un grand exemple à tous les princes chrétiens, *puisqu'il y avoit matière suffisante de pouvoir avoir procédé à l'encontre desdits crimineux, comme plusieurs princes et communautés eussent fait en pareil cas.* Suivant les exemples d'Angleterre, d'Allemagne, de Rome, et de plusieurs autres lieux, que *les ambassadeurs alléguèrent aux cardinaux, que le saint père et les cardinaux devoient être bien contens, et savoir bon gré au roi d'avoir frappé un si grand coup pour l'honneur, l'autorité et la sûreté du saint Siége apostolique, du sacré collége et de toute l'église; qu'ainsi il n'étoit pas besoin d'entrer pour le présent en plus grande certification, offrant au surplus de la part du roi d'administrer témoins, et tout autre genre de preuves nécessaires aux vicaires du pape quand ils viendroient en France, et qu'ils trouveroient le roi et ses officiers disposés à tout ce qui sembleroit estre à faire, pour garder l'autorité, prérogative et prééminences du saint Siége apostolique, et de la jurisdiction de l'église, sauf aussi les droits, prérogatives et prééminences de la couronne; et les loix, usances et coutumes du royaume, gardées et observées notoirement, quand il y a cas privilégié de tel et si long-temps qu'il n'est mémoire du contraire.*

Sur le second point, les ambassadeurs expliquèrent encore plus clairement ces dernières paroles, et répondirent, *que l'usance notoirement gardée quand tels cas adviennent, est, qu'en cas de crimes de lèze-majesté, le roi, sans difficulté, ou ses officiers ont prise sur les crimineux de quelque estat qu'ils soyent, soit ecclésiastiques ou séculiers, et s'il est ecclésiastique, et qu'il y ait juge compétent qui le requiert, on le lui rend avec la charge du cas privilégié pour l'intérêt du roi, et est le crimineux mis en bonne sûreté afin qu'il n'échappe, et après ce, se fait le procès par ceux de l'église appelés, et présens avec eux aucuns officiers ou députés par le roi, pour voir et entendre la vérité du cas, et la confession du crimineux; et le procès parfait, ceux de l'église, en tant que touche le delict commun, prononcent leur sentence contre le crimineux, telle qu'il leur semble estre à faire par raison, et au regard du roi et de ses officiers, ils parfont le procès contre le crimineux, selon les charges qu'ils trouvent contre lui, et pour l'intérest du roi, en tant que touche le cas privilégié, ils le condamnent en amende ou autrement, ainsi qu'ils voyent estre à faire par raison, et demeurant par ce moyen, les deux jurisdictions unies et d'accord ensemble, et quand il y a matière de dégradation contre le délinquant, on s'y gouverne comme il est accoutumé en matière de dégradation.*

Les cardinaux répliquant aux ambassadeurs, leur représentèrent encore l'élévation de la dignité de cardinal; que, depuis cinq ou six cents ans, on n'avoit vu de pareil exemple, et que l'on devoit bien considérer ce que c'étoit que d'attenter à la *personne d'un cardinal*; que la décrétale *fœlices*, au titre *de pœnis* dans le sexte et la clémentine, *si quis, suadente diabolo*, étoient pleines de censures *et de malédictions contre ceux* qui faisoient *tels attentats*. Les cardinaux divisèrent leur réponse en deux points; le premier regardoit la capture du cardinal Ballue et de l'évêque de Verdun, et l'autre la détention actuelle et toujours subsistante de ces deux prélats: ils dirent sur le premier que c'étoit un grand scandale dans l'église, et d'une dangereuse conséquence d'attenter ainsi à la personne d'un cardinal, sans en avertir premièrement le pape; et sur le second, que quand on pourroit excuser l'emprisonnement, la longue détention d'un évêque et d'un cardinal, seroit toujours inexcusable, *parce que tout juge qui faisoit* arrêter *un ecclésiastique*, étoit obligé de *le remettre dans les* vingt-quatre heures entre les mains du juge d'église, *sinon il encouroit les peines prononcées par les canons, contre ceux qui mettent la main violente sur un prêtre.*

Après avoir proposé ces deux difficultés, les cardinaux demandèrent aux ambassadeurs si l'intention du roi étoit qu'on procédât dans cette affaire, par voie de dénonciation, ou par voie d'accusation, ou par voie d'inquisition secrète : ils firent plusieurs observations sur chacune de ces différentes manières de procéder, et enfin ils insistèrent fortement pour *savoir quelle obéissance* on rendroit aux commissaires du pape, en cas que Sa Sainteté en nommât; si on remettroit entre leurs mains le cardinal Ballue et l'évêque de Verdun, ou si le roi prétendroit toujours les avoir sous sa garde, et si le procès se feroit dans le royaume, ce qui ne paroissoit pas convenable, à cause de la trop grande autorité que le roi y avoit, ou à Rome, devant le pape, qui étoit le juge ordinaire du cardinal et de l'évêque accusés, *qui étoit délibéré de faire bonne et roide justice d'eux, s'ils étoient trouvés coupables*, ou si du moins le roi ne consentiroit pas qu'ils fussent conduits à Avignon.

Les ambassadeurs du roi firent un long discours pour répondre à celui des cardinaux. Ils justifièrent d'abord la conduite du roi sur l'article de la capture du cardinal Ballue et de l'évêque de Verdun, par le grand danger auquel tout son royaume alloit être exposé, s'il n'avoit prévenu leurs mauvais desseins en s'assurant de leur personne; ils allèrent plus loin ensuite, et entrant dans le fond de la matière, ils remontèrent jusqu'aux premiers principes de la nature et de la distinction des deux puissances. Ils prouvèrent, par les paroles des papes mêmes, que le glaive temporel avoit été confié aux princes indistinctement, contre tous ceux qui troublent la paix de leurs états : que l'église n'ayant point reçu ce glaive de la main de *Dieu, n'avoit nulle caption* de quelque personne que ce pût *être, même ecclésiastique*, et que ce droit avoit toujours appartenu aux princes : qu'à la vérité l'église avoit obtenu de grands priviléges depuis Constantin, mais que c'est à celui qui accorde le privilége, et non pas à celui qui le reçoit, qu'il appartient de l'interpréter; et que telle étoit, (suivant le décret même de Gratien), *l'interprétation du privilége clérical*, que quand les empereurs ont défendu à tous juges de faire arrêter des évêques, ou de les citer devant eux, ils y ont toujours mis cette exception, *si ce n'est que cela se fasse par leur permission*; ce qui suffit pour faire voir qu'ils se sont toujours réservé l'usage du pouvoir que Dieu leur a donné sur les clercs, comme sur les laïcs.

Que c'est aussi par cette raison, que les rois très-chrétiens sont *en possession si ancienne qu'il n'est mémoire du contraire*, de faire prendre et arrêter les prélats en quelque état et *dignité qu'ils soient constitués, lorsqu'ils ont fait aucun délit ou crime, mêmement quand il touche la majesté du roi, et la chose publique du royaume*;

Que les autres souverains avoient aussi usé du même pouvoir;

Que le roi de Hongrie ayant fait pendre un prêtre, après l'avoir fait fustiger dans les carrefours, le pape Clement X répondit que ceux qui avoient fait mourir ce prêtre, n'avoient pas besoin d'absolution;

Qu'Alphonse, roi d'Arragon, ayant fait noyer un cardinal sur un soupçon d'adultère, il en obtint l'absolution sans aucune difficulté;

Que le gouverneur du château Saint-Ange avoit fait mourir, du temps du pape Eugène, le cardinal de Cormeto, qui étoit aussi patriarche;

Que les rois d'Angleterre, Henri IV, Henri V et Henri VI, avoient aussi fait mourir plusieurs évêques. Comment pouvoit-on douter après cela, que le roi très-chrétien n'eût pu faire arrêter simplement un cardinal et un évêque; et que, si un roi pouvoit être blâmé pour avoir fait une action si nécessaire au bien général de son royaume, et si les papes, ou les cardinaux vouloient introduire cette maxime, que l'on ne pourroit ni prévenir, ni réprimer aucune trahison, *conspiration ou autre damnable entreprise*; sous prétexte que le coupable seroit cardinal ou évêque, ils souleveroient tous les gens de bien contr'eux, et exciteroient tous les séculiers, sans y penser, à faire dans la personne *des gens de l'église, des scandales qui jamais ne se répareroient?*

Les ambassadeurs réfutèrent aisément ensuite la mauvaise application qu'on vouloit faire de la décrétale *fælices*, et de la clémentine *si quis, suadente diabolo*, à l'emprisonnement du cardinal Ballue et de l'évêque de Verdun, qui étant fait par voie de justice, et suivant les ordres d'une puissance légitime, ne pouvoit jamais tomber dans le cas de ces décrétales.

Les cardinaux, ou satisfaits, ou étonnés des réponses des ambassadeurs, les interrompirent en cet endroit, pour leur dire, que quand ils leur avoient parlé de cet emprisonnement, ce n'avoit pas été *pour donner aucune charge au roi de la prison dudit cardinal, qu'ils étoient tous serviteurs du roi; et que ni le saint Père, ni eux, ne vouloient soutenir les deux prélats accusés dans leurs maléfices, s'ils étoient coupables;* mais que la chose leur avoit paru nouvelle et sans exemple, et d'ailleurs qu'elle avoit fait un si grand éclat dans toute la chrétienté, que toutes ces raisons *les avoient émus de aucunement en parler aux ambassadeurs du roi.*

Les ambassadeurs reprenant la parole, répondirent au second point que les cardinaux avoient traité, c'est-à-dire, à ce qui regardoit la détention du cardinal Ballue, et de l'évêque de Verdun; que le roi n'avoit rien fait en cela qu'il n'eût le pouvoir, et qu'il ne fût même dans l'obligation de faire pour le bien de son état. D'ailleurs, quand il auroit voulu rendre ces deux prélats à l'église, à qui les auroit-il rendus, puisque le pape prétend que c'est à lui seul qu'il est réservé d'en faire justice, et qu'il n'y avoit aucun vicaire, ni commissaire de sa part à qui on pût les remettre? Qu'enfin, il faut bien distinguer le cas du délit commun, où l'on peut rendre sur-le-champ un ecclésiastique à son juge qui le réclame, et le cas du délit privilégié qui demande *de plus grandes précautions*; cas dont les constitutions canoniques, qui ont été faites en faveur des clercs, ne sont point censées avoir parlé ; cas enfin dans lequel tous les docteurs décident que, lorsque le crime est énorme, la justice séculière peut faire arrêter les clercs, et les *retenir prisonniers.*

Pour ce qui regardoit la forme de la procédure, les ambassadeurs répétèrent ce qu'ils avoient déjà dit, qu'ils n'étoient venus que pour faire une dénonciation au pape, et lui demander des vicaires ou commissaires qui vinssent en France faire le procès aux prélats coupables..... mais que comme le roi *vouloit garder et soutenir les droits et prérogatives de l'église, du saint Siége apostolique, de la juridiction ecclésiastique, il entendoit aussi que le saint Père et ses commissaires lui garderoient les droits, prérogatives et prééminences de sa couronne, et les loix et coutumes du royaume approuvés,* c'est-à-dire, comme ils l'expliquent aussitôt après, *la distinction du délit commun, et du cas privilégié, et des différentes juridictions qui ont droit d'en connoître* ; qu'au surplus, il seroit bien étrange que sous des prétextes peu solides, on refusât justice au roi très-chrétien, *qui s'est humilié à un tel point dans cette affaire, et porté tant d'honneur au saint Siége, qu'il n'y a peut-être prince chrétien qui eût fait ce qu'il a fait.*

Enfin, pour répondre à ce que les cardinaux avoient demandé, touchant la conduite que l'on tiendroit à l'égard des commissaires, par rapport à la remise des prélats accusés, et au lieu où se feroit le procès, les ambassadeurs dirent qu'*ils ne faisoient point* de doute que le roi ne fît délivrer aux commissaires *pleinement et paisiblement le* cardinal Ballue et l'évêque de Verdun, *pour le jugement du délit commun, gardés, comme devant a été dit, les droits royaux pour les cas privilégiés : mais que le procès ne* pourroit être fait à ces prélats que dans le royaume, soit que l'on consultât le droit naturel et divin même, suivant lequel le cardinal Ballue étoit sujet et justiciable au roi, soit que l'on examinât les dispositions du droit civil et du droit canonique, qui réglent la compétence des juges en matière criminelle, ou par le domicile de l'accusé, ou par le lieu du délit, ou par le lieu de la capture (trois circonstances qui se réunissoient en faveur du roi dans cette affaire) soit que l'on suivît les usages de France, suivant lesquels, d'un côté, il est inoui que le roi ait été obligé d'aller plaider hors de son royaume, pour défendre les droits de sa couronne, et de l'autre, il est certain que *quand gens d'église, de quelqu'état qu'ils soient, commettent tels crimes, les procès se doivent faire dans le royaume, et que le procureur du roi doit être ouï, et prendre ses conclusions pour les cas privilégiés, devant les juges dudit seigneur*; soit enfin que l'on considérât les inconvéniens, les difficultés, pour ne pas dire les impossibilités qui se trouveroient dans la translation de prisonniers de cette conséquence, et dans l'instruction de leur procès à Rome, ou en une autre terre papale éloignée du lieu où le crime avoit été commis : à quoi les ambassadeurs ajoutèrent, qu'il n'y avoit point de constitution de papes qui fût contraire en ce point à toutes les lois et coutumes qu'ils venoient d'expliquer, et que quand le pape en voudroit faire une, elle seroit nulle, et ne pourroit déroger à la doctrine de saint Paul, suivant laquelle tous les ecclésiastiques sont soumis aux puissances temporelles, dont ils ne peuvent par conséquent abroger les lois.

Les cardinaux finirent les conférences, en protestant qu'ils seroient bien fâchés d'avoir rien dit qui pût intéresser l'honneur du roi très-chrétien, pour lequel ils avoient une vénération singulière, et en disant qu'ils rendroient compte au pape de tout ce qui s'étoit passé dans ces conférences.

Le pape voulut aussi, après cela, entretenir les ambassadeurs en particulier, et il se réduisit principalement à savoir d'eux, si le roi ne pourroit pas se résoudre à consentir que les deux prélats accusés fussent transférés à Rome, ou à Avignon, ou souffrir que le pape fît faire avant toutes choses, une inquisition secrète de la vérité des faits dont ces prélats étoient accusés, afin d'y pourvoir ensuite avec plus de connoissance, attendu que les ambassadeurs ne rapportoient aucunes preuves.

Les ambassadeurs persistèrent dans les réponses qu'ils avoient faites aux cardinaux, et enfin le mardi 29 janvier 1469, le pape leur parla dans le consistoire; et après leur avoir témoigné qu'il auroit été à souhaiter que le roi n'eût jamais pressé le pape autant qu'il l'avoit fait de donner le chapeau de cardinal à Ballue, qui par sa réputation paroissoit peu digne de cet honneur, il fit le récit de ce qui s'étoit passé dans la négociation; et comme la relation du sieur Cousinot finit en cet endroit, on ne peut savoir par cette pièce quelle fut la conclusion de ce récit.

Mais le cardinal de Pavie qui a écrit l'histoire de ce temps, dit que le pape nomma des commissaires, qui furent Alphonse, évêque de Ciudad Rodrigo en Espagne, Nicolas Ubaldi de Perouse, auditeur de Rote; Paul Tuscanella, avocat consistorial; Louis de Geminiani, et Falco de Sinibaldis, qui avoit été deux fois nonce en France.

Si ce fait est véritable, il est bien extraordinaire que dans le temps que la cour de Rome ne parle que de canons et de lois ecclésiastiques, comme on peut le voir dans les discours des cardinaux, elle ne nomme que cinq commissaires, dont il n'y en a qu'un qui soit évêque, pour faire le procès à un cardinal, et à un évêque, contre toutes les dispositions canoniques, qui veulent en ce cas que tous les juges soient évêques, et qu'ils soient au nombre de douze. Mais ce n'est pas là le seul exemple où l'on voie que la cour de Rome n'est occupée que de son autorité, et que pourvu qu'elle l'augmente, ou qu'elle la soutienne, elle sacrifie aisément le reste de la discipline ecclésiastique.

On ne sait ni si ces commissaires vinrent en France, ni s'ils instruisirent le procès aux deux évêques, ni s'ils prononcèrent un jugement; on ne voit pas non plus que les juges royaux en aient rendu aucun de leur part. Il y a grande apparence que la cour de Rome n'ayant pu s'accorder avec celle de France sur cette affaire, le roi Louis XI prit le parti de retenir le cardinal de Ballue et l'évêque de Verdun en prison; le cardinal à la Bastille, et l'évêque dans une de ces cages de fer dont il avoit été lui-même l'inventeur. Il y a néanmoins des auteurs qui prétendent que Ballue fut mis aussi dans une semblable cage, à Montbazon.

Quoi qu'il en soit, sa prison dura onze ans; mais enfin, à la prière du cardinal de saint Pierre-aux-liens, neveu du pape Sixte IV, et légat en France en l'année 1480, le roi Louis XI, craignant que Ballue qui étoit malade, ou naturellement ou par artifice, ne mourût en prison, le fit mettre en liberté.

A peine se vit-il libre, et à peine le roi Louis XI eut-il les yeux fermés, que Ballue eut l'habileté de se faire charger des affaires du roi, à Rome, et que lorsqu'il voulut venir en France, le pape l'honora de la dignité de légat. Il eut la témérité de venir à Paris en cette qualité. L'avis du conseil du roi étoit qu'on lui rendît les honneurs ordinaires que les légats ont accoutumé de recevoir en France, mais sans qu'il pût user de ses facultés; le parlement s'y opposa, et Ballue prit le parti de s'en aller visiter ses bénéfices. Le roi Charles VIII lui fit donner 20000 livres pour son voyage, et le rétablit dans tous ses biens nonobstant les dons que le roi Louis XI en avoit faits à différentes personnes.

Tels furent le commencement, le progrès et la fin de cette affaire; elle est si singulière et si remarquable dans toutes ses circonstances, qu'on ne peut se dispenser d'en tirer quelques propositions générales, qui en renfermeront toute la substance, et qui feront voir sensiblement quelles sont les véritables maximes de la France sur la question présente.

On y reconnoît partout que l'ancienne et constante doctrine du royaume sur ce point est;

1.° Que le pouvoir des rois sur des personnes ecclésiastiques, est de droit divin, naturel et humain;

2.° Que les constitutions canoniques ne sont point contraires à ce droit, parce que les crimes privilégiés n'y sont jamais censés compris, et que si on vouloit les y comprendre, elles seroient nulles, soit comme contraires au droit divin, soit parce que la juridiction ecclésiastique exerceroit par-là un pouvoir direct sur les lois des princes, qui ne reconnoissent pour supérieur que Dieu seul, dans ce qui regarde la puissance temporelle;

3.° Que le pouvoir des rois s'étend sur toutes les personnes ecclésiastiques, de quelque état qu'elles soient; qu'il n'y a point de distinction à faire contre un pouvoir universel, et que les évêques et les cardinaux y sont assujettis comme les autres ecclésiastiques.

4.° Que les cardinaux, en particulier, ne cessent point d'être sujets et justiciables du roi en acquérant ce titre; et que le pape même le reconnoît, puisque les cardinaux déclarent en son nom, qu'il n'entendent point soutenir le cardinal Ballue *dans ces maléfices*, et que Sa Sainteté est résolue à en *faire bonne et roide justice, si ce cardinal est trouvé coupable du crime de lèse-majesté*: ce qui suppose qu'un cardinal peut être coupable de ce crime, et par conséquent qu'il demeure toujours sujet du roi;

5.° Que suivant ces principes, la distinction du délit commun, et du cas privilégié, est si ancienne dans ce royaume à l'égard de toute sorte d'ecclésiastiques, que du temps de Louis XI, on n'avoit point de mémoire du contraire, et que tout ce que l'église peut prétendre, est qu'on lui laisse la connoissance du délit commun;

6.° Qu'il peut y avoir néanmoins des cas si graves et si atroces, que le roi pourroit en faire d'abord une prompte justice, sans attendre que l'église eût usé de son pouvoir contre les coupables. Que tel étoit le crime du cardinal Ballue, à l'égard duquel le roi auroit pu se dispenser de s'adresser au pape; qu'il n'y a aucun potentat, non pas même la plus foible communauté ou république d'Italie, qui *en eût usé avec cette modération*. Que ce que le roi fait en s'adressant au saint Siége, *est un acte d'humilité*, et pour se servir des termes mêmes des ambassadeurs, *un bel exemple qu'il donne à tous les princes chrétiens*, et *un grand coup qu'il frappe pour l'honneur, l'autorité et sûreté du saint Siége apostolique et du sacré collége*;

7.° Que le roi ne peut jamais être contraint d'aller plaider dans une cour étrangère, pour la conservation des droits de sa couronne et de Sa Majesté royale, dont il est toujours le seul juge;

8.° Que ses sujets ne peuvent pas non plus être traduits hors de son royaume, et qu'il est sans exemple que le procureur du roi, partie nécessaire dans tous les procès criminels, même contre les ecclésiastiques, les ait jamais poursuivis devant d'autres tribunaux, que ceux qui sont composés des officiers du roi.

Telles sont les grandes maximes que la France soutenoit, il y a deux cent cinquante ans, et qu'elle soutenoit comme fondées non-seulement sur le droit, mais sur une possession immémoriale.

Ce n'est donc pas sans raison que, pour donner une idée générale de ce qui s'étoit passé dans l'affaire du cardinal Ballue, on a dit d'abord, que le roi n'y avoit rien perdu, et que le pape n'y avoit rien acquis; on y voit, au contraire, une explication claire, précise, généreuse, des maximes de la France, que la cour de Rome entend et qu'elle n'ose condamner, qui demeure même sans réplique de la part des cardinaux, et qui ne se termine que par les protestations qu'ils font de leur respect pour le roi.

Si le caractère du roi Louis XI, si la conjoncture des temps, et la disposition secrète du dedans du royaume, n'ont peut-être pas permis à ce prince d'aller plus loin, et lui ont fait prendre le parti de retenir les accusés en prison, jusqu'à ce que la cour de Rome lui eût accordé une entière satisfaction suivant les maximes établies par ses ambassadeurs; tout cela n'empêche pas qu'il ne soit toujours vrai de dire que Louis XI a fait, dans cette occasion, un acte éclatant de son pouvoir sur les cardinaux français, soit en faisant arrêter le cardinal Ballue, soit en le faisant interroger par des commissaires séculiers, soit en le retenant en prison pendant onze années, soit en faisant exposer son droit au pape avec la dernière fermeté, sans que pendant un si long espace de temps, la cour de Rome ait osé faire la moindre démarche extérieure pour improuver la conduite du roi, et pour condamner les maximes de la France, en sorte même qu'elle n'a enfin employé que la voie de prières et d'intercession pour faire mettre le cardinal Ballue en liberté, après une si longue et si rigoureuse détention.

Il est vrai que cet exemple, dans lequel le roi a conservé tout le pouvoir qu'il a reçu de Dieu sur les ecclésiastiques comme sur les laïcs, n'est pas favorable aux libertés de l'église gallicane, par rapport aux jugemens canoniques des évêques, et qu'il paroît que Louis XI s'est trop laissé emporter en cette occasion, au torrent de l'usage de son siècle, dans lequel les papes usurpoient presque tous les jugemens des évêques, à la faveur des fausses décrétales dont l'imposture étoit alors triomphante. Mais il ne s'agit point ici des jugemens canoniques des évêques, et ainsi cette difficulté doit être regardée comme étrangère par rapport à la matière présente.

Le troisième exemple d'un cardinal accusé dans un tribunal séculier, est celui du cardinal de Châtillon, évêque de Beauvais; et cet exemple est d'autant plus remarquable qu'on y voit un évêque-cardinal, non-seulement accusé, mais jugé par le parlement.

Personne n'ignore les crimes d'hérésies, de révolte, et par conséquent de lèse-majesté divine et humaine, dont ce cardinal étoit accusé.

Le procureur-général les réunit tous sous les termes de *rébellion, félonie et crime de lèse-majesté divine et humaine au premier chef*, qui furent la matière de son accusation. Le procès fut instruit par contumace; et par l'arrêt qui intervint sur cette instruction, le parlement en ce qui regardoit le cas privilégié, déclara le *cardinal de Châtillon rebelle et criminel* de lèse-majesté *au premier chef*, le priva de tous honneurs, *états, offices et dignités qu'il tenoit du roi*, ensemble de la dignité *de pairie, fruits et possessions de tous ses bénéfices*, et le condamna à deux cent cinquante mille livres d'amende envers le roi; *et pour le regard du délit commun*, ordonna *qu'il seroit rendu à son supérieur pour lui faire son procès, ainsi que de raison.*

Mais parce que l'on auroit pu douter si c'étoit au pape ou à l'archevêque de Reims, métropolitain de l'évêque de Beauvais, que le parlement entendoit le renvoyer pour délit commun, cette compagnie expliqua clairement son intention par un second arrêt, qui porte que le supérieur auquel le *cardinal de Châtillon s'est rendu, est l'archevêque de Reims, pour par ledit archevêque de Reims, appeler les autres suffragans évêques, s'il se trouvent en nombre, sinon, par les évêques circonvoisins, être fait le procès audit cardinal, évêque de Beauvais, sur le délit commun, sans que ledit cardinal puisse être traîné et tiré hors ce royaume.*

C'est ainsi que dans cet exemple célèbre, le parlement sut maintenir également et les droits sacrés de la couronne, en condamnant un évêque-cardinal pour le cas privilégié, et les libertés de l'église gallicane, en ordonnant que pour le délit commun, il ne pourroit être traduit hors du royaume.

La seule chose qui paroisse surprenante dans cet arrêt, est qu'en déclarant le cardinal de Châtillon coupable de lèse-majesté au premier chef, le parlement se soit borné à la punition légère de le priver de ses dignités et de la possession de ses bénéfices et à une amende pécuniaire.

Mais il paroît assez peu important d'examiner à présent si la peine étoit trop légère, ou si elle étoit proportionnée à la nature du crime. Un juge ne fait pas moins un acte de juridiction, lorsqu'il condamne un accusé à l'amende, que lorsqu'il l'envoie au dernier supplice. Les peines sont souvent arbitraires, mais le pouvoir du juge se fait également reconnoître dans les petites comme dans les grandes.

Qui sait d'ailleurs si la conjecture des troubles dont le royaume étoit alors agité, a pu permettre d'aller plus loin, et si l'indulgence qu'on reproche à présent aux juges qui ont rendu cet arrêt, n'a pas été plutôt le crime du temps que le leur?

Quand même ils auroient eu quelqu'égard pour la dignité d'évêque, et pour celle de cardinal dans la proportion de la peine, il ne seroit pas plus juste d'en tirer des conséquences en faveur de la prétendue exemption des cardinaux, que si l'on vouloit conclure que les sénateurs Romains, et les personnes élevées en dignité dans l'ancienne république, étoient exemptes des tribunaux séculiers, sous prétexte que la règle ordinaire du droit romain étoit de ne condamner ceux de cet état qu'à l'exil; pendant que pour des crimes semblables, les personnes plus viles étoient condamnées aux mines, ou à des peines plus graves.

Enfin, il n'est pas impossible que, comme il pouvoit être nécessaire, par rapport à la conjecture du temps, de rendre un prompt jugement contre le cardinal de Châtillon, et que d'un autre côté il n'étoit pas d'usage de condamner des évêques, ni des prêtres à des peines rigoureuses, avant que l'église eût connu de leurs crimes par rapport au délit commun, on ait cru devoir prendre le tempérament de se contenter d'une peine plus douce, afin de ne pas indisposer les ecclésiastiques dans un temps où l'on craignoit tout, et où l'on avoit raison de tout craindre.

Au milieu de tant de raisons vraisemblables, il importe peu de savoir quelle a été la véritable, parce que l'arrêt tel qu'il est, prouve très-parfaitement le pouvoir des rois et des magistrats sur la personne des cardinaux rebelles et coupables de lèse-majesté.

Quoique le quatrième exemple qui est celui du cardinal de Guise, soit au moins au-dessus des règles, s'il n'est pas même contre les règles, et que la mort de ce cardinal prononcée et exécutée sans aucune forme de justice, soit un de ces actes de puissance suprême qui sont toujours odieux, lors même qu'une nécessité absolue semble les rendre justes : il est néanmoins important de faire quelques réflexions sur ce qui fut dit alors au sujet du privilége des cardinaux, parce qu'on y trouvera de nouvelles preuves des maximes de la France en cette matière.

Entre tous ceux qui en ont parlé, on en choisira seulement trois, dont le témoignage ne peut être suspect et dont l'autorité est également recommandable, puisque le premier étoit déjà cardinal, lorsque le cardinal de Guise fut tué par l'ordre de Henri III; le second l'est devenu quelque temps après, et le troisième étoit évêque. L'un est le cardinal de Joyeuse, l'autre est le cardinal d'Ossat, et le dernier est Claude d'Angennes, évêque du Mans, ambassadeur extraordinaire du roi auprès du pape, à l'occasion de la mort du cardinal de Guise.

Voici les principes que le premier de ces hommes d'église et d'état établit dans la lettre qu'il écrivit au roi sur ce sujet le 9 janvier 1589, après avoir déclaré d'abord, qu'ayant l'honneur d'être lui-même du sacré collége, *il ne voudroit rien dire contre le droit et l'exemption des cardinaux.*

Il résulte cependant de sa lettre,

1.° Que le cardinal de Guise n'avoit point cessé d'être sujet du roi, qu'il étoit tenu à Sa Majesté par le serment *naturel que tous sujets ont à leur prince*, sans parler des charges et des dignités qui avoient ajouté de nouveaux sermens au premier, *et qu'il auroit dû se contenir dans les limites de loyal et obéissant sujet d'un prince, auquel, par droit divin et humain, il devoit obéir et servir.*

2.° Que les lois qui permettent aux princes de réprimer, même par voie d'autorité suprême et par un coup de puissance absolue, ceux de leurs sujets qui veulent ravir leur couronne ou renverser leur monarchie, *ont lieu aussi bien aux cardinaux qu'aux autres; que le danger et la nécessité y sont égaux, et que nous avons de nature même l'instinct et l'obligation de nous défendre de la violence des cardinaux aussi bien que des autres.*

3.° Que s'il étoit vrai, comme on le disoit à Rome, que jamais roi n'eût fait mourir cardinal, ce qui *n'étoit pourtant pas véritable, puisque l'exemple du cardinal Georges Martinuzzi prouvoit le contraire, ce seroit parce que les cardinaux, comme ils doivent montrer bon exemple aux autres, auroient toujours été sages et n'auroient conspiré contre leur roi. Et quand le cardinal de Guise seroit le premier qui auroit conspiré contre son roi, il ne faudroit trouver étrange qu'il fût aussi le premier à servir d'exemple aux autres. Qu'il ne faut pas tant regarder à la qualité d'un cardinal; qu'on ne regarde encore plus au devoir d'un cardinal, que qui veut être traité en cardinal, doit vivre en cardinal; respecter sa dignité pour la faire respecter aux autres, et qu'il n'est pas merveille, ains possible au juste jugement de Dieu, que celui qui n'a oncques vécu en cardinal, ne soit point aussi mort en cardinal.*

4.° Que les docteurs ultramontains convenoient même qu'il y avoit des cas où les rois avoient droit d'user de ce pouvoir, et que le jour que le pape Sixte V devoit parler, dans le consistoire, de la mort du cardinal de Guise, M. le *cardinal de Sainte-Croix lui alla parler à la chaire, et entr'autres choses lui dit, qu'il avoit regardé ce que les docteurs lui avoient écrit touchant ceux qui commettent quelque chose contre un cardinal et qu'il y avoit vu qu'un roi qui auroit trouvé un cardinal faisant ou machinant contre son état, le peut faire mourir sans autre forme ni figure de procès, et que par ce moyen le roi n'avoit pas besoin d'absolution.* Et il paroît, par ce que Sixte V dit ensuite dans le consistoire, que le cardinal de Sainte-Croix n'étoit pas seul de cet avis.

5.° Que si le roi vouloit demander absolution au pape du meurtre du cardinal de Guise, il falloit que ce *fût de façon qu'on entendît à Rome que c'étoit pour lui ôter tout scrupule et non pour coulpe.*

C'est ainsi que le cardinal de Joyeuse jugeoit de cette affaire.

Il est vrai que tous les raisonnemens dont il se sert dans cette lettre et dans celles qui la suivent, toutes les autorités qu'il y emploie, et les sentimens des docteurs et des cardinaux qu'il y rapporte, tendent plutôt à prouver qu'un prince peut se faire justice à lui-même, d'un cardinal qui conspire ouvertement contre sa personne et contre son état, qu'à faire voir qu'il peut le faire condamner suivant les formes judiciaires.

Mais si le roi, dans certains cas rares et d'une nécessité absolue, le peut faire sans forme ni figure de procès, les mêmes principes prouvent évidemment qu'il le peut encore, à plus forte raison, en observant toutes les formalités ordinaires de la justice: autrement il faudroit tirer cette étrange conséquence d'une doctrine trop Italienne, qu'un roi peut disposer à son gré de la vie d'un cardinal, mais qu'il ne peut lui faire son procès juridiquement; comme si les formes qui ne sont établies que pour la sûreté des accusés, diminuoient la puissance du souverain juge, et comme si le prince pouvoit plus dans des cas où il n'appelle souvent à son conseil que la colère ou la crainte, que lorsqu'il livre un accusé à la justice et à l'équité des juges ordinaires.

Le cardinal d'Ossat s'exprime en moins de mots, mais non pas moins fortement, dans le mémoire qu'il fit à Rome, pour montrer que le roi Henri III n'étoit pas mort excommunié.

Il y suppose ces trois principes.

Le premier, *que les constitutions canoniques, qui prononcent des censures et autres peines contre ceux qui mettent la main sur les ecclésiastiques, ne regardent pas les rois, parce qu'ils n'y sont pas nommés expressément, ce qui seroit nécessaire pour leur appliquer ces constitutions.*

Le second, *que les rois de France sont de tout temps immémorial, en possession de juger en certains cas privilégiés les personnes ecclésiastiques, comme les autres, et mêmement en crime de lèse-majesté.*

Le troisième, *que quand le roi n'auroit eu aucun privilége ni possession, il avoit usé du droit naturel contre le cardinal de Guise pour la défense de sa personne, ainsi que tout particulier auroit pu faire en semblables cas et nécessité, et que par conséquent il n'avoit point encouru les censures ecclésiastiques.*

De ces trois principes, ce grand cardinal concluoit, *que ce n'étoit que pour plus grande sûreté que le roi Henri III avoit eu recours à l'absolution apostolique.*

Ainsi il supposoit, et que dans la conjoncture presque unique où le roi se trouvoit alors, il avoit pu se dispenser des formes ordinaires, et qu'il auroit pu aussi les suivre par un effet du droit qu'il avoit de connoître des crimes commis par les ecclésiastiques, et principalement de ceux de lèse-majesté.

Comme M. d'Angennes, évêque du Mans, répète précisément les mêmes principes dans sa lettre du 15 mars 1589, où il rend compte au roi de l'audience qu'il avoit eue du pape Sixte V, sur ce sujet, il seroit inutile d'en faire une plus longue explication; et après avoir cité ces trois illustres témoins des maximes et des usages de France, dans une affaire où il s'agissoit de la mort d'un cardinal, on reprendra la suite des exemples qui restent à expliquer.

On passera très-légèrement sur l'affaire du cardinal de Bourbon, que le roi Henri III fit aussi arrêter sans aucune forme de procès. Comme le cardinal de Joyeuse, le cardinal d'Ossat et l'évêque du Mans, appliquent aussi à la détention de ce cardinal ce qu'ils représentèrent à la cour de Rome sur la mort du cardinal de Guise, on ne peut qu'employer encore ici leur témoignage sur les maximes de la France en cette matière.

Un sixième exemple de l'autorité royale sur les cardinaux, peut être tiré de l'arrêt, par lequel le parlement séant à Châlons, ordonna que le cardinal de Plaisance envoyé par Clément VIII, pour assister, comme légat du saint Siége, aux états de la ligue, et y faire élire un roi catholique au lieu d'Henri IV, seroit assigné en cette compagnie pour y être ouï.

Quoique ce cardinal ne fût pas né sujet du roi et qu'il eût d'ailleurs le caractère de légat; cependant comme les ambassadeurs mêmes qui trament des conspirations contre les princes dans les états desquels ils sont, perdent leur privilége et ne sont regardés que comme des personnes privées, on jugea que la qualité du cardinal n'exceptoit point le cardinal de Plaisance de cette règle, et que si la naissance ne l'avoit pas rendu sujet du roi, il le devenoit par son crime.

Le cardinal de Sourdis fournit le septième exemple.

Pendant que le roi Louis XIII étoit à Bordeaux en 1615, à l'occasion de son mariage, le sieur Haut-Castel, gentilhomme, que le cardinal de Sourdis, archevêque de Bordeaux, protégeoit, fut condamné à avoir la tête tranchée. On étoit sur le point de l'exécuter lorsqu'on sut que le roi avoit résolu de lui faire grâce. Le parlement de Bordeaux députa deux présidens et deux conseillers avec le procureur-général, pour aller représenter au roi l'énormité des crimes pour lesquels ce gentilhomme avoit été condamné. Le roi trouva leurs remontrances si justes qu'il révoqua la grâce et ordonna que l'arrêt seroit exécuté; mais comme on ne put faire l'exécution le même jour, elle fut remise au lendemain qui étoit le 17 novembre.

Pour y parvenir, le procureur-général fit fermer les portes du palais; mais on vit arriver à midi le cardinal de Sourdis, en manteau court rouge, botté et éperonné, précédé de sa croix et suivi de quarante ou cinquante gentilshommes, qui enfoncèrent la porte du palais et celle de la conciergerie. Le concierge ayant refusé de leur ouvrir la porte de la chambre où étoit le criminel, un gentilhomme du cardinal le perça d'un coup d'épée, dont il mourut une demi-heure après. Le criminel fut enlevé au même instant et mis dans un carrosse du cardinal, dans lequel on le fit passer comme en triomphe, au travers de la ville, d'où on le conduisit dans la maison de campagne de l'archevêque de Bordeaux.

Le parlement s'assembla au bruit de cet attentat et ordonna qu'il en seroit informé à la requête du procureur-général. Le roi fit dire au parlement de lui envoyer des députés; mais cette compagnie y alla en corps, et Sa Majesté lui dit qu'elle désapprouvoit la conduite du cardinal de Sourdis et que le parlement n'avoit qu'à continuer sa procédure. L'information fut bientôt faite, et le même jour il y eut un décret de prise de corps contre le cardinal et deux de ses domestiques. Le lendemain son porte-croix et plusieurs autres complices furent aussi décrétés; et parce qu'on s'aperçut que le crédit du principal coupable fermoit la bouche à plusieurs témoins, le parlement rendit le même jour un arrêt, qui enjoignoit à tous ceux qui avoient connoissance du fait, de le déclarer à peine d'être punis comme auteurs ou fauteurs du crime de lèse-majesté au second chef, commis par le cardinal de Sourdis. On ordonna par un autre arrêt du 19, *à tous sénéchaux, vice-sénéchaux* et autres officiers de prêter main-forte pour l'exécution des décrets donnés contre le cardinal de Sourdis et ses complices; mais comme on ne put les arrêter, ils furent assignés à son de trompe par cri public à trois divers jours, suivant l'usage qui s'observoit alors. Le nonce s'en plaignit, mais cela n'empêcha pas que le 4 décembre suivant on n'ordonnât le récolement des témoins. Un conseiller d'église voulut alléguer le privilége des cardinaux, mais il ne paroît point qu'on y ait eu aucun égard. L'affaire fut depuis renvoyée au parlement de Toulouse, par rapport aux complices du cardinal.

Pour lui il s'en alla à Rome, où il demeura jusqu'en 1618, qu'il revint à Bordeaux, et rentra dans la possession paisible de sa dignité, sans que jusqu'à présent on ait pu découvrir comment cette affaire s'étoit terminée à son égard ; il ne s'en trouve aucun vestige, ni dans les registres du parlement de Bordeaux, ni dans ceux du parlement de Toulouse ; mais jusqu'à ce qu'on ait pu en retrouver la suite, on est toujours en droit d'en conclure que le parlement de Bordeaux, à l'exemple de celui de Paris, n'a pas douté qu'il n'eût le pouvoir d'informer et de décréter contre un cardinal, et que le roi a approuvé la conduite de ce parlement.

Enfin, le dernier exemple est celui du cardinal de Retz, exemple équivoque, sans doute; mais que pourroit-on attendre de mieux sous un cardinal premier ministre ? et ne doit-on pas être plus surpris de voir sous un tel ministre, un roi à peine majeur, et sortant des troubles dont sa minorité avoit été agitée, donner ordre au parlement de faire le procès à un cardinal, que de le voir ensuite suspendre cet ordre, et faire des démarches auprès du pape pour avoir des commissaires apostoliques ?

Ainsi en portant un juste jugement sur ce qui s'est passé dans cette affaire, et en attribuant à chacun ce qui lui convient, on trouvera que quand le roi y adresse des lettres-patentes au parlement, par lesquelles il lui ordonne de procéder extraordinairement contre le cardinal de Retz, selon les lois et l'usage pratiqués dans le royaume, au regard des crimes de lèse-majesté, quand la chambre des vacations à laquelle ces lettres furent envoyées, ordonne qu'il sera informé du crime du cardinal de Retz, *cas notoirement privilégié, et qui fait cesser toute exemption et tout privilége, selon les lois et l'usage de tout temps et inviolablement observés en France*, c'est l'autorité légitime du souverain, c'est la règle, c'est la raison même qui parlent : mais lorsqu'un mois après il paroît un arrêt du conseil rendu sur les remontrances des agens du clergé, qui ordonne qu'ils remettront leurs mémoires entre les mains de M. le chancelier; que ces mémoires seront *communiqués aux gens du roi*, pour ce fait être *ordonné ce que Sa Majesté jugera à propos pour la conservation de son autorité, priviléges, franchises et immunités* de l'église, et que cependant il sera procédé seulement à l'information; lorsqu'on prend ensuite le parti de faire entrer le pape dans cette affaire, et que sur les plaintes du clergé, on accorde aux prières de cet ordre un arrêt contraire à toutes les maximes de la France, et injurieux à la majesté royale, on ne reconnoît plus en tout cela que l'intéret, la crainte, la défiance d'un cardinal premier ministre, qui, après s'être livré d'abord aux premiers mouvemens de sa haine pour le cardinal de Retz, et de la colère dans laquelle l'évasion de ce cardinal l'avoit jeté, faisoit ensuite des retours sur lui-même, et s'aimoit encore plus qu'il ne haïssoit le cardinal de Retz.

On ne doit pas être surpris, après cela, d'entendre les évêques de l'assemblée de 1655, dire hautement, mais sans y joindre aucune preuve, et dans des termes peu mesurés, que *les immunités de l'église exceptent les cardinaux, archevêques et évêques de toute sorte de jurisdiction séculière; que le crime de lèse-majesté ne fait point cesser cette exemption; que les rois mêmes* ne l'ont jamais prétendu, et que le cardinal Mazarin sera supplié d'employer son crédit auprès du roi, pour faire retirer des registres du parlement, la commission qui avoit été adressée à cette compagnie pour faire le procès au cardinal de Retz, ou pour la faire révoquer.

L'assemblée du clergé étoit bien sûre que cette prière seroit reçue favorablement du cardinal Mazarin; et on ne peut pas douter que ce n'ait été, en effet, par le crédit de ce cardinal, que le clergé obtint deux ans après un arrêt du conseil que le même clergé, qui a dressé cet arrêt comme il lui a plu, a eu grand soin de faire insérer dans ses mémoires, et où l'on voit des évêques nés sujets du roi, et comblés de ses bienfaits, lui faire dire que les cardinaux, archevêques et évêques sont exempts de sa juridiction, lors même qu'ils osent attenter à Sa Majesté royale.

Il y eut enfin une déclaration expédiée suivant cet arrêt, mais jamais elle n'a été ni enregistrée, ni envoyée même au parlement. Et d'ailleurs, soit par une heureuse inadvertance, ou par l'habileté de quelque fidèle serviteur du roi, qui aura eu part à la rédaction de cette déclaration, on y trouve une clause qui suffiroit seule pour conserver la règle en son entier; puisqu'elle porte que le *procès sera fait aux cardinaux et aux évêques coupables, suivant les formes observées dans le royaume aux causes des évêques;* et par conséquent on sera toujours en droit de dire que c'est à la charge du cas privilégié.

XIV.

Quiconque examinera bien les exemples qu'on vient d'expliquer, en tirera cette conséquence générale, que, quoique des raisons d'état et des considérations de politique aient souvent empêché que le roi n'ait usé de tout son pouvoir contre les cardinaux coupables de crime de lèse-majesté, on n'a cependant jamais douté en France, qu'il n'eût droit de les faire punir comme ses autres sujets rebelles à son autorité.

Qu'ainsi l'ont déclaré les rois par leurs lettres-patentes, les parlemens par leurs arrêts, les ambassadeurs par leurs négociations, les évêques et les cardinaux mêmes par leurs amis.

Qu'ils seroit absurde de prétendre que les tribunaux séculiers eussent le pouvoir de commencer une instruction criminelle contre un cardinal, et qu'ils n'eussent pas le pouvoir de l'achever; puisqu'il ne faut pas plus de pouvoir pour juger que pour informer, et que celui qui peut faire une instruction, peut aussi rendre un jugement.

Qu'en effet, l'exemple du cardinal de Châtillon,

montre qu'on étoit bien persuadé que le parlement peut juger définitivement le procès d'un cardinal, comme celui de tout autre accusé; et que si dans les autres exemples, les choses n'ont pas été portées à cette extrémité, c'est à l'égard du cardinal Ballue, pour la difficulté de convenir avec le pape de la forme de l'instruction; à l'égard du cardinal de Guise, parce que le roi seul le condamna, et le fit mourir par un acte de puissance absolue; à l'égard du cardinal de Bourbon, parce que Henri III voulut seulement le mettre hors d'état de nuire, et non pas lui faire faire son procès; à l'égard du cardinal de Plaisance, parce que le décret décerné contre lui, étoit plutôt une menace, et une protestation contre tout ce qu'il pourroit faire, que le commencement d'une véritable et sérieuse procédure; à l'égard du Cardinal de Sourdis, pour des raisons qui ne sont pas connues; et à l'égard du cardinal de Retz, pour des raisons qui ne le sont que trop, mais qui ne portent aucune atteinte à l'autorité royale.

Ainsi de tous ces fait biens discutés, il n'y en a aucun qui soit contraire au droit du roi, et il y en a qui lui sont favorables, et par conséquent les règles générales que l'on a établies dans les deux premières parties de ce mémoire, subsistent en leur entier à l'égard des cardinaux, comme à l'égard des autres sujets du roi.

XV.

On a différé jusqu'ici de répondre à une objection que l'on peut tirer du concordat, en faveur des cardinaux. Il y est dit que les *cardinaux de la sainte église romaine, qui travaillent continuellement pour l'église universelle, et les officiers du pape exerçant actuellement leurs fonctions, ne sont point compris dans le décret*, par lequel le pape s'oblige à donner toujours aux Français des juges dans le royaume.

1.° Mais cette disposition ne regarde que les affaires ecclésiastiques, dans lesquelles seules le pape peut recevoir des appellations, et nommer des commissaires pour les juger dans le royaume ; ainsi elle n'a aucune application aux matières temporelles, et elle en a encore moins aux crimes de lèse-majesté.

2.° Cette exception n'a lieu, suivant les termes mêmes du concordat, qu'en faveur de ceux qui travaillent continuellement pour l'église universelle : *Qui continuo pro universali ecclesiâ laborant*, c'est-à-dire, qui résident à Rome, qui entrent dans les congrégations, qui assistent aux consistoires, en un mot, qui exercent actuellement leurs fonctions, comme le concordat le remarque à l'égard des officiers de la cour de Rome, *officia sua actu exercentes*. Si les cardinaux qui sont en cet état, commettent quelques fautes dans le ministère que le pape leur confie, il est sans difficulté qu'ils sont soumis à sa juridiction ; mais il n'en est pas de même à l'égard de ceux qui font leur demeure en France ; car s'ils y commettent des crimes, leur procès leur doit être fait pour le délit commun par leur supérieur ecclésiastique, et pour le cas privilégié par le juge royal. C'est l'usage du royaume, non-seulement quand ils sont déférés pour crime de lèse-majesté, mais même quand ils sont accusés d'un autre crime..

C'est ainsi que s'explique sur cette matière un sage et savant avocat (1), qui étoit regardé, il n'y a pas long-temps, comme l'oracle des matières ecclésiastiques ; et ce qu'il y a de plus digne de remarque, c'est qu'il parle ainsi dans des mémoires qu'il avoit faits pour lui-même, sans aucune autre vue que celle de la règle et de la vérité.

XVI.

On ne s'est point étendu, dans ce mémoire, sur toutes les raisons tirées de l'intérêt des rois, et de l'utilité publique, qui appuient infiniment le droit des princes en cette matière, et qui suffiroient presque seules pour l'établir ; mais il parut inutile de relever

(1) M. Nouet le père.

des motifs qui se présentent naturellement à l'esprit, sans le secours de l'étude et de la réflexion. Il n'y a personne qui ne saisisse d'abord ces considérations; mais c'est surtout aux princes qu'il appartient de peser avec des vues supérieures, si ce que les souverains doivent à leur état, à leur couronne, à eux-mêmes, leur permet de souffrir qu'une entreprise comme celle du cardinal Ballue, qui tendoit à mettre tout le royaume en combustion; qu'un attentat comme celui du cardinal de Guise, qui ne prétendoit pas moins que de détrôner Henri III, et de mettre la couronne de France sur la tête du duc de Guise, son frère; qu'une action même comme celle du cardinal de Sourdis, qui force le palais de la justice et la sûreté des prisons, enlève un criminel condamné par un parlement, tue le geolier qui garde ce condamné, et fait ensuite trophée de son crime, demeurent sans punition, ou ne soient punis qu'autant qu'il plaît à un prince étranger, qui peut avoir des intérêts opposés à ceux du souverain, et qui voudra toujours jouir du spectacle de voir un monarque humilié devant lui, et obligé de lui demander justice contre son sujet, trop heureux si, après bien des longueurs affectées, il obtient enfin que des crimes dignes du supplice le plus rigoureux, soient expiés par quelques pénitences canoniques, ou tout au plus par la privation d'une dignité, qui aura toujours servi d'asile au coupable.

QUATRIÈME PARTIE,

Où l'on examine si un cardinal français qui est évêque d'un diocèse étranger, par une suite de cette dignité, peut, sous prétexte de cette qualité, être exempt de la juridiction du roi, pour un crime de lèse-majesté commis dans le royaume.

Cette question ne mérite presque pas d'être proposée, après tout ce qui a été établi dans la seconde et dans la troisième partie de ce mémoire, où l'on a fait voir que ni les évêques ni les cardinaux n'étoient exempts de la juridiction de leur prince naturel, en matière de crimes, et surtout de crime de lèse-majesté.

Ce ne peut donc point être précisément comme évêque, qu'un cardinal, du nombre des sept qui deviennent évêques par une suite de leur dignité, peut alléguer cette exemption prétendue; mais, ce qu'il ne sauroit faire comme évêque, le pourra-t-il faire comme évêque d'un diocèse étranger?

A la vérité, s'il s'agissoit d'une faute commise dans les fonctions de son épiscopat, le pape seul pourroit en être juge; mais, dès le moment qu'il s'agit d'un crime commis en France, et qui n'a aucun rapport à ses fonctions d'évêque, l'épiscopat ne peut lui donner plus de privilége que la dignité de cardinal: l'une et l'autre l'attachent, à la vérité, à une église étrangère, et le soumettent au pape d'une manière particulière; mais ces deux engagemens, comme on l'a dit ailleurs, ne le dispensent point de la fidélité inviolable qu'il doit au prince dont il est né sujet. La qualité de l'évêque étranger n'efface pas plus le droit naturel, que celle de cardinal; ainsi cette question est précisément la même, sous un autre titre, que celle qu'on a traitée dans la troisième partie de ce mémoire, lorsqu'on a comparé les devoirs du sujet avec ceux du cardinal; et, si on la fait entrer dans le plan général de ce mémoire, c'est moins pas nécessité que pour ne rien omettre, puisqu'elle se décide précisément par les mêmes principes que la question qui naît de la qualité de cardinal.

On croit donc pouvoir conclure d'un mémoire qui a excédé de beaucoup la mesure dans laquelle on avoit d'abord espéré de le renfermer;

Que si la simple qualité d'ecclésiastique, à laquelle néanmoins le privilége clérical, s'il étoit aussi étendu que la cour de Rome le prétend, devroit être attaché, n'emporte aucune exception de la juridiction des princes en matière criminelle, dans tout ce qui intéresse l'ordre, la tranquillité et la sûreté publique;

Que les évêques n'ont rien qui les distingue en ce point des ecclésiastiques du second ordre, et que le droit et le fait sont également d'accord sur ce point;

Que les cardinaux, soit qu'on les considère dans leur état ecclésiastique, soit qu'on les envisage dans leur état politique, ne peuvent aspirer à une exemption que les maximes et les usages de la France ne leur refusent pas moins qu'aux évêques;

Qu'enfin, la dignité d'évêque d'un diocèse étranger n'ajoute rien aux raisons que l'on peut tirer de celle de cardinal, et que par conséquent, de quelque côté que l'on considère le cardinal, au sujet duquel ce mémoire a été fait, il est également soumis à la puissance et à la justice du roi.

PRÉCIS DU MÉMOIRE

SUR LA JURIDICTION ROYALE (1).

Si la nature n'a point fait naître un cardinal indépendant de l'autorité du roi, la religion ne le soustrait pas davantage à la puissance de son prince.

De quelque privilége que la cour de Rome ait voulu flatter les ecclésiastiques pour se les assujettir entièrement, le droit est certainement du côté des princes, soit que l'on considère que les ecclésiastiques ne cessent pas d'être hommes et citoyens en devenant ecclésiastiques, soit que l'on examine la nature de la puissance séculière, qui seroit imparfaite si elle n'étoit pas universelle, par rapport à la fin pour laquelle elle est établie, et qui ne se suffiroit pas pleinement à elle-même, s'il falloit qu'elle fût obligée de demander la punition d'un de ses sujets à une autre puissance.

Si le droit naturel est pour les princes, il n'y a que le droit divin qui ait pu y déroger ; et ce droit divin ne peut se trouver que dans l'ancienne ou dans la nouvelle loi.

Or, ni l'une, ni l'autre ne donnent aucune atteinte au pouvoir des princes sur les ecclésiastiques dans les matières temporelles.

Au contraire, l'une et l'autre le confirment, et surtout la loi nouvelle, la doctrine et l'exemple de Jésus-Christ, la conduite des apôtres, les maximes qu'ils ont enseignées sur l'obéissance due aux princes, l'interprétation des pères de l'église, la tradition la

(1) Louis XIV avoit demandé le mémoire précédent à l'occasion de l'affaire assez connue du cardinal de Bouillon. Le prince ayant désiré d'en avoir un précis, M. d'Aguesseau, alors procureur-général, le rédigea tel qu'on le donne ici.

plus pure et la plus ancienne, la soumission des plus grands évêques, des patriarches, des papes mêmes, sont autant de preuves éclatantes qui font voir que le droit des princes a plutôt été augmenté que diminué par les principes du christianisme, et que ce qui n'étoit auparavant qu'un droit humain et naturel, est devenu depuis l'établissement de la religion un droit divin et un précepte positif de la loi nouvelle.

De ces principes, il est aisé de conclure que si l'église a quelque privilége en cette matière, elle le tient tout entier de la grâce et de la protection des souverains; qu'ils peuvent l'accorder ou ne pas l'accorder, l'étendre ou le limiter à leur gré; le révoquer, le suspendre, le tempérer, comme il leur plaît.

Ainsi l'ont fait sentir les empereurs romains, auteurs de ce privilége, soit par les termes dans lesquels ils l'ont accordé, soit par les exceptions ou les restrictions qu'ils y ont ajoutées, et surtout par la célèbre distinction du crime ecclésiastique et du crime commun ou purement politique.

L'église a applaudi aux lois de ces empereurs, et surtout à celles de Justinien qu'elle a canonisées pour ainsi dire, en les insérant dans les collections de ses décrets.

Ces lois ont survécu à la destinée de l'empire romain; la France surtout les a reçues et observées sous la première race de nos rois, comme l'église l'a reconnu elle-même dans un concile tenu en ce temps, et comme des historiens dont le témoignage n'est pas suspect, puisqu'ils étoient évêques, l'attestent également.

Si dans la suite, et principalement vers la seconde race de nos rois, la piété des princes, l'intérêt du clergé, l'autorité des évêques qui s'attribuoient jusqu'au droit de déposer les empereurs; le mauvais usage, si on l'ose dire, que nos rois avoient introduit de se rendre eux-mêmes accusateurs des évêques coupables de lèse-majesté (ce qui répandoit une suspicion générale sur tous les tribunaux séculiers) ont paru ébranler les anciennes maximes, et donner lieu aux défenseurs de la juridiction ecclésiastique d'en avancer de nouvelles, que les premiers siècles de l'église avoient ignorées ; si les fausses décrétales qu'une imposture trop heureuse fit paroître en ce temps-là, appuyèrent et consacrèrent en quelque manière cette nouvelle doctrine ; si la témérité des compilateurs des lois ecclésiastiques et politiques, alla jusqu'à altérer et à tronquer les lois des empereurs, en les citant d'une manière infidèle, on a bientôt reconnu et la fausseté des principes et le danger des conséquences de ce privilége abusif ; on a senti qu'il tendoit d'un côté à faire jouir les clercs d'une impunité pernicieuse à la société, et de l'autre à les rendre sujets du pape qui prétendoit s'ériger par là une monarchie ; même temporelle, sur les ecclésiastiques répandus dans tous les états des princes chrétiens.

On s'aperçut donc du piége qu'on avoit tendu à la piété des princes sous le voile de la religion. On revint à la sagesse et à la simplicité de l'ancien droit. Ce retour fut marqué par plusieurs traits éclatans, et entr'autres par des lettres d'abolition qu'un archevêque de Bourges fut obligé d'obtenir du roi, pour avoir avancé dans des statuts synodaux, que les clercs ne pouvoient être ni poursuivis, ni punis civilement ou extraordinairement, par un juge séculier.

Ainsi, on rétablit pleinement la distinction que les empereurs romains avoient faite entre le crime ecclésiastique et le crime politique. Les papes mêmes furent obligés de donner lieu au rétablissement de cette distinction, en reconnoissant qu'il y avoit certains cas énormes qui faisoient perdre aux coupables le privilége clérical.

C'est surtout au crime de lèse-majesté, qu'on peut appliquer cette règle, quoique la modération de nos rois les ait souvent portés à attendre le jugement du tribunal ecclésiastique, avant que de faire condamner dans les tribunaux séculiers, les clercs accusés de ce crime.

Les évêques n'ont rien qui les distingue en cette matière des ministres d'un ordre inférieur.

C'est une vérité reconnue par ceux mêmes qui sont le plus opposés en ce point à l'autorité des rois, puisque les principes généraux qu'ils établissent, comprennent les moindres clercs, comme ceux du premier ordre, et que c'est pour cette raison qu'on a donné au privilége dont il s'agit, le nom de privilége clérical.

Aussi les princes se sont toujours maintenus dans la possession de connoître des crimes commis par les évêques, comme de ceux qui avoient été commis par d'autres ecclésiastiques.

On peut rapporter les preuves de cette possession à quatre temps principaux.

Le premier, depuis la venue de Jésus-Christ jusqu'au règne des enfans de Constantin.

Le second, depuis ce règne jusqu'au commencement de la seconde race de nos rois.

Le troisième, depuis la seconde race jusque vers le commencement de la troisième.

Et le dernier, depuis la troisième race jusqu'à présent.

De ces quatre temps, le troisième seul est douteux, à cause des mauvaises maximes qui commencèrent à s'introduire alors sur l'autorité des princes, et sur celle du pape.

On trouve dans les trois autres des preuves certaines du droit des princes. Plusieurs exemples d'évêques, de patriarches, de papes mêmes, jugés par les empereurs, ou par les tribunaux séculiers, l'établissent; les exemples mêmes des jugemens ecclésiastiques rendus sur des crimes publics dans ces deux premiers temps, la confirment, puisqu'on voit que c'est par l'autorité des princes que les évêques en ont été établis juges.

Sans parler de tout ce qui s'est passé sous les empereurs romains, et sous les deux premières races de nos rois, on trouve près de vingt exemples d'évêques accusés dans des tribunaux séculiers, six ou sept évêques condamnés à des peines légères, à la vérité, mais qui ne prouvent pas moins pour cela l'autorité légitime de la puissance qui les condamnoit.

S'il y a plusieurs procès criminels commencés contre des évêques, qui n'aient pas été suivis d'un jugement définitif, la religion des princes, la conjoncture des temps, les prétentions des papes, par rapport aux jugemens canoniques qui retardoient les jugemens séculiers, parce qu'ils devoient les précéder, en ont été les principales causes, sans qu'on en puisse tirer aucune conséquence contre le droit incontestable des rois.

Si l'on passe de la personne des évêques à celle des cardinaux, le privilége des derniers ne paroîtra pas mieux établi que celui des premiers.

On ne peut les considérer que comme ministres de l'église, ou comme ministres d'un prince étranger.

Si on les envisage dans leur état ecclésiastique, ils ne sont que diacres, prêtres, ou évêques, et par conséquent ils ne peuvent de droit avoir de plus grand privilége, que ceux qui sont dans le même degré de la hiérarchie. L'honneur qu'ils ont d'être consacrés au service de la première église, d'être à présent les électeurs des papes, et les conseillers nés du souverain pontife, peut bien les distinguer dans l'ordre de la puissance ecclésiastique, mais non pas les soustraire à une puissance d'un autre genre, c'est-à-dire à l'autorité temporelle des rois; et quelque élevés qu'ils soient, peuvent-ils prétendre avoir plus de privilége que le pape même, qui tant qu'il n'a pas réuni la qualité de prince temporel à celle de chef de l'église, a été soumis à la puissance des empereurs.

Si on les considère dans leur état politique comme ministres d'un prince étranger, l'engagement qu'ils contractent avec lui, n'étant que d'un droit purement civil et positif, ne peut rompre les nœuds naturels et indissolubles qui attachent un sujet à son souverain; toute autre obligation doit céder à ce premier devoir: souvent et presque toujours, ce que les cardinaux doivent au roi, n'est point incompatible avec ce qu'ils doivent au pape; mais si ces deux engagemens se trouvent contraires, celui que Dieu même a formé doit l'emporter sur celui qui est l'ouvrage de l'homme.

Ainsi le supposèrent autrefois nos pères, lorsqu'ils faisoient jurer aux cardinaux de revenir de Rome, aussitôt que le roi les rappelleroit auprès de lui.

Ainsi le parlement l'a-t-il encore déclaré de nos jours, lorsqu'il reçut le procureur-général appelant d'une bulle d'Innocent X, qui défendoit aux cardinaux de sortir de l'état ecclésiastique, sans la permission du pape.

Ainsi, l'ont souvent reconnu les papes mêmes, lorsqu'ils ont supposé qu'un cardinal pouvoit commettre un crime de lèse-majesté contre son prince naturel, et par conséquent qu'il ne cessoit point d'être sujet, pour devenir celui du pape; car il n'y a qu'un sujet qui puisse commettre un crime de lèse-majesté.

Il ne faut donc pas s'étonner après cela, si depuis même que les cardinaux sont parvenus au point de grandeur où nous les voyons aujourd'hui, on n'a point douté en France que le roi ne fût en droit de leur faire faire leur procès, lorsqu'ils commettroient un crime, et surtout un crime de lèse-majesté.

Le cardinal de Constance fut accusé sous Louis XI, et condamné à une amende.

Le cardinal Ballue fut accusé et arrêté prisonnier sous le même prince. Dans toute la négociation qui se passa, sur ce sujet, entre le pape et le roi, la France soutint hautement les mêmes maximes qu'elle soutient encore aujourd'hui, le pouvoir suprême des rois dans les matières temporelles, établi par le droit divin, tant sur les ecclésiastiques *de quelque état qu'ils soient*, que sur les laïcs; la distinction du délit commun et du cas privilégié, déjà si ancienne dans le royaume, qu'on ne se souvenoit point d'avoir jamais vu pratiquer le contraire; enfin l'atrocité du crime de lèse-majesté, qui fait cesser toute exemption, et tout privilége.

Le cardinal de Châtillon fut non-seulement accusé, mais condamné sous le règne de Charles IX, par un arrêt célèbre du parlement, et si la peine ne paroît pas répondre au titre de l'accusation, il n'en faut accuser, suivant toutes les apparences, que la conjoncture du temps dans lequel l'arrêt fut rendu ; mais la compétence du tribunal n'en est pas moins bien établie.

La mort du cardinal de Guise, et la détention du cardinal de Bourbon sous Henri III, donnèrent occasion d'examiner à fond cette matière ; et trois grands prélats, le cardinal de Joyeuse, le cardinal d'Ossat, l'évêque du Mans, justifièrent la conduite d'Henri III, par des principes qui sont encore plus véritables, quand on les a appliqués à une accusation instruite dans toutes les formes.

Le cardinal de Sourdis décrété de prise de corps par le parlement de Bordeaux, sous les yeux de Louis XIII, et avec l'approbation expresse de ce prince, enfin le cardinal de Retz accusé par ordre du roi, en vertu d'une commission adressée au parlement, sont autant d'exemples qui prouvent la possession de nos rois et de nos magistrats sous leur autorité.

Si des considérations de politique, si des raisons d'état, et souvent des conseils inspirés par des intérêts particuliers, ont suspendu quelquefois ces grandes et importantes affaires, l'autorité du roi n'y a souffert aucun préjudice, puisqu'après tout, il ne faut pas être moins compétent pour instruire un procès que pour le juger, et pour décréter un coupable que pour le condamner.

Ainsi, la qualité de cardinal n'effaçant point les engagemens naturels, y ajoute encore ceux de la reconnoissance, et un cardinal qui viole les uns et les autres, mérite d'être poursuivi, et comme rébelle à l'égard de son prince, et comme ingrat à l'égard de son bienfaiteur.

Si la place qu'il tient dans le sacré collége lui attribue, outre cela, la qualité d'évêque d'un diocèse étranger, cette qualité ne peut lui donner un privilége plus grand que la dignité même de cardinal. A la vérité, s'il commettoit une faute comme évêque d'Albano ou d'Ostie, il n'auroit que le pape pour juge; mais dès le moment qu'il s'agit d'un crime de lèse-majesté commis dans le royaume, le roi seul peut venger Sa Majesté méprisée; et il aviliroit ce caractère auguste, qu'il n'a reçu que de Dieu, s'il étoit obligé d'aller demander justice contre un sujet infidèle à un prince étranger.

MÉMOIRE

Sur le droit de joyeux avénement à la couronne, sur l'église métropolitaine de Cambrai, et les églises d'Arras et de Saint-Omer.

Le roi peut avoir deux titres différens pour exercer le droit de joyeux avénement sur cette église.

L'un, comme roi de France, en regardant cette église comme unie et confondue avec le reste du royaume dans lequel le droit de joyeux avénement est universellement reçu.

L'autre, comme exerçant la même souveraineté sur cette église que l'empereur y exerçoit autrefois, et pouvant y jouir du droit des premières prières, auquel il est censé avoir été subrogé par la conquête de Cambrai.

Ainsi double droit à considérer dans la personne du roi; l'un, que l'on peut appeler le droit royal; l'autre, qui peut être qualifié droit impérial; double droit qui forme les deux questions principales qu'il s'agit de décider.

PREMIÈRE QUESTION.

Droit royal.

Cette première question en fait naître deux autres; car pour la bien approfondir, il paroît nécessaire d'examiner :

1.° Quelle est l'origine de la nature de ce droit, considéré en lui-même, tel qu'il s'exerce sur les églises de l'ancien royaume ;

2.° Si ce droit peut être étendu aux églises des

provinces nouvellement conquises, et réunies ou unies à la couronne.

PREMIER POINT.

Origine et nature du droit de joyeux avénement dans les terres de l'ancienne domination du roi.

Quoique l'on joigne dans un même article ce qui regarde l'origine et la nature de ce droit, à cause de la grande affinité qui est entre ces deux choses, il est nécessaire néanmoins de les envisager d'abord séparément. Pour discuter plus exactement cette matière, on commencera par ce qui regarde l'origine.

On peut examiner trois choses sur cette origine :

1.° Si elle est fondée sur un titre émané de la puissance du pape, comme un indult semblable à ceux que nos rois ont eus des souverains pontifes pour d'autres genres de collations;

2.° Si elle n'a d'autre titre qu'une longue possession, et le consentement des églises;

3.° Quels sont les motifs et les fondemens de cette ancienne possession.

Quelques-uns de nos auteurs, peu instruits de la véritable origine du droit de joyeux avénement, ou prévenus par la lecture des docteurs ultramontains, ont cru que nos rois en jouissoient en vertu d'un indult du pape; et du Tillet même, quoique plus versé qu'aucun autre dans les antiquités de la jurisprudence française, a rapporté l'origine de ce droit à l'indult que le pape Clément VI accorda au roi Philippe de Valois, et par lequel il lui permit pour une fois seulement, et par droit des premières prières, de mettre un religieux et une religieuse dans chaque abbaye et prieuré conventuel du royaume.

D'autres remontent encore plus haut, et voulant toujours chercher l'origine du droit de joyeux avénement dans la volonté et dans la concession gracieuse des souverains pontifes, font descendre ce droit d'une bulle du pape Boniface VIII, qui permet au roi Philippe le bel de placer à son choix un sujet capable dans chaque église cathédrale ou collégiale de son royaume.

On veut encore rapporter à ce droit le privilége que Clément VII, prodigue de ses grâces pour assurer son autorité dans un schisme, donna à Charles VI pour son joyeux avénement à Avignon, de nommer deux prébendes de chaque église cathédrale ou collégiale de son royaume, voulant même que les grâces du roi fussent préférées aux réserves du saint Siége.

Il seroit inutile d'ajouter à l'énumération de ces priviléges l'indult que le pape Innocent VI accorda au roi Jean, pour conférer trente prébendes dans les églises cathédrales ou collégiales de ses états, parce qu'il est évident qu'un privilége si limité ne pouvoit avoir aucun rapport avec le droit de joyeux avénement.

A l'égard des trois autres, les conjectures des auteurs qui veulent y trouver l'origine de ce droit, peuvent être un peu plus spécieuses, mais elles ne paroissent pas mieux fondées.

On pourroit dire d'abord qu'il n'est pas vraisemblable que le droit de joyeux avénement soit fondé sur une concession du pape, parce qu'il paroît, par le récit de quelques historiens, que nos rois n'ont pas voulu recevoir de pareilles grâces, si l'on en croit *Thomas de Wassingham, de hypodigmate Neustriæ.* Un clerc qui revenoit de Rome, ayant apporté à Louis le jeune, une bulle du pape qui lui donnoit le droit de conférer une prébende dans chaque église cathédrale de son royaume, avec les fruits échus pendant la vacance (1), ce prince fit aussitôt jeter cette bulle dans le feu, disant qu'*il aimoit mieux la brûler dans ce monde, que de brûler pour elle dans l'autre.* Enfin, le chancelier Broymard raconte un fait semblable de saint Louis, qui dit à son ambassadeur, au sujet d'un pareil privilége

(1) *Vid.* Vanespen, tom. 1, pag. 95.

qu'il lui apportoit de Rome : *Je vous loue d'avoir bien fait mes affaires, mais je ne vous loue pas de m'avoir apporté un tel privilége, parce que je sens avec combien de danger et pour mon ame, et pour mon royaume, je le recevrois :* après quoi il le fit mettre dans le feu.

Mais ces princes ont eu des successeurs moins scrupuleux, qui n'ont pas fait difficulté de recevoir de pareilles grâces des papes. Cette première réflexion n'est pas suffisante, et ne nous dispense point d'examiner les trois priviléges accordés à trois de nos rois en cette matière, par les souverains pontifes.

Pour commencer par le plus ancien, c'est-à-dire par celui de Boniface VIII, outre qu'on verra dans la suite que nos rois étoient en possession du droit de joyeux avénement long-temps avant la bulle de ce pape, il est aisé de se convaincre qu'elle ne regarde en aucune manière le droit de joyeux avénement.

1.° L'intention du pape, en accordant ce privilége au roi Philippe le bel, étoit, comme il le marqua lui-même dans la suite, que ce prince pût faire licitement ce qu'il faisoit illicitement ; *volumus ut rex faciat licitè, quod facit illicitè* (1) ; paroles qu'on ne peut rapporter naturellement qu'à la célèbre querelle de Boniface VIII avec Philippe le bel, sur la régale ; et cette conjecture est d'autant plus vraisemblable, qu'on ne voit point qu'il y ait jamais eu aucun différend entre ce pape et ce prince, sur ce

(1) Ce qui peut néanmoins en faire douter, est que la querelle de la régale ne paroît avoir commencé que vers l'année 1301, au lieu que, suivant Raynaldus, la bulle de Boniface VIII est de l'année 1297 ; mais on peut dire qu'avant la querelle même, ce pape, qui étoit fort opposé aux collations des laïcs, a voulu accorder cette grâce au roi, pour l'engager plus facilement dans la suite, à renoncer au droit de régale ; et en effet ce fut après le commencement de la querelle sur la régale que le pape dit ces paroles, en reprochant au roi la grâce qu'il lui avoit faite : *Volumus ut rex faciat licitè, quod facit illicitè.* Voyez l'Histoire de l'université, tom. 4, pag. 52.

qui regarde le joyeux avénement. Ainsi, rapporter le privilége de Boniface VIII à ce droit, au lieu de le rapporter à la régale, c'est supposer que le pape a voulu remédier à un mal dont il ne se plaignoit point, et dont il ne pouvoit plus même se plaindre, (puisque Philippe le bel, assis depuis long-temps sur le trône, dans le temps que cette querelle avoit sans doute consommé son droit de joyeux avénement, supposé qu'il l'ait exercé), au lieu de remédier au mal dont il se plaignoit, c'est-à-dire à l'exercice de la régale qui se renouveloit tous les jours à ses yeux.

Il est vrai que, par ce privilége, le roi n'acquéroit que la collation d'une prébende dans chaque église cathédrale ou collégiale, et que par là ce droit auroit été *plus conforme à celui de joyeux avénement que celui de la régale*, par lequel le roi peut conférer plusieurs prébendes dans chaque église: c'est la principale raison de ceux qui rapportent cette bulle au droit de joyeux avénement. Mais, bien loin que cette espèce de conformité doive faire présumer qu'il fût question dans la bulle de Boniface VIII, du droit de joyeux avénement, c'est ce qui prouve au contraire qu'il s'agissoit du droit de régale. On ne présumera pas sans doute que Boniface VIII, qui avoit tant d'horreur pour les collations des laïcs, eût voulu amplifier et étendre le droit du roi: c'est cependant ce qu'il auroit fait, si l'on suppose que sa bulle regarde le droit de joyeux avénement, puisqu'au lieu que ce droit n'a lieu que dans les églises dont les prébendes sont à la collation de l'évêque, le privilége de Boniface VIII s'étendoit à toutes les églises cathédrales ou collégiales; et au lieu que le roi ne pouvoit exercer qu'une fois le droit de joyeux avénement, la réserve établie par la bulle, sembloit affecter perpétuellement une prébende à la collation du roi. Mais si l'on suppose au contraire que cette bulle regardoit la régale, alors il sera vrai de dire qu'elle restreignoit ce droit, et qu'elle le renfermoit dans les bornes étroites; ce qui étant bien plus vraisemblable et plus conforme au caractère et à l'intention de Boniface VIII, on ne peut guère douter que son intention n'ait été de substituer cet indult au droit de régale, et de contenter le roi par une espèce de dédommagement de compensation qu'il lui accordoit.

2.° Si l'on donne une autre interprétation à cette bulle, on ne pourra plus comprendre ce que le pape pouvoit gagner par ce tempérament; il augmentoit par là le droit de joyeux avénement; il ne touchoit point au droit de régale, si l'on suppose avec ceux qui sont dans cette opinion, que ce privilége n'y avoit aucun rapport. Ainsi, le roi auroit tout gagné par ce titre, et n'auroit rien perdu : c'est ce qu'il est impossible de rendre vraisemblable à tous ceux qui connoissent le génie et le caractère du pape Boniface VIII; et si cela avoit été ainsi, comment ce pape auroit-il jamais pu croire, et comment auroit-il pu dire, qu'il mettoit le roi en état de faire légitimement ce que ce prince avoit fait jusque-là illégitimement? *Ut rex faciat licitè, quod facit illicitè*, puisque la régale auroit toujours subsisté en son entier; et par conséquent, que suivant les principes du pape, le roi auroit toujours continué de donner des collations illicites, comme il lui reprochoit de l'avoir fait jusqu'alors.

3.° On ne voit point d'ailleurs que cet indult de Boniface VIII fût perpétuel, et qu'il dût passer aux successeurs de Philippe le bel. Ils ne l'ont même jamais prétendu : aucun roi n'a allégué ce titre pour continuer de jouir du droit de joyeux avénement. Les successeurs de Philippe le bel ont même obtenu d'autres indults dans la suite, comme le roi Jean, pour conférer jusqu'à trente prébendes, et Charles VII, pour en conférer deux dans chaque chapitre; indults qui auroient dérogé en quelque sorte à leur droit, s'ils avoient reçu d'un pape antérieur, la faculté de disposer d'une prébende dans chaque chapitre; puisqu'ils auroient reconnu par-là qu'ils avoient besoin d'un nouveau titre, à moins qu'ils n'eussent pris la précaution de faire une réserve de leur ancien droit; ce qu'on ne voit point qu'ils aient fait.

Le privilége de Philippe de Valois mérite encore moins d'examen, puisqu'il ne regardoit que les monastères, et qu'il étoit limité à une fois seulement: on ne peut y trouver un fondement solide, pour fixer à cette époque l'origine du droit de joyeux avénement.

Enfin, le droit que Clément VII accorda au roi Charles VI, de donner deux prébendes dans chaque chapitre, n'étoit encore qu'un privilége personnel qui devoit se consommer par la concession de ces deux prébendes; et Froissard, qui rapporte ce fait, marque bien que ce fut à l'occasion *du joyeux avénement* de Charles VI à Avignon, que ce droit lui fut accordé : mais il ne dit point que ce fut à cause de son joyeux avénement à la couronne, qu'il portoit depuis neuf ans ou environ, quand le pape lui fit cette grâce; et le même pape en ayant usé presque de même à l'égard de plusieurs autres princes qui vinrent le saluer à Avignon, et qu'il vouloit s'attacher aux dépens de l'église, on ne trouve rien dans ce fait que de personnel et de passager, rien par conséquent qui ait pu établir pour toujours le droit de joyeux avénement.

On ne peut donc s'empêcher de reconnoître que nos rois ne sont nullement redevables de ce droit à la libéralité du saint Siége, et qu'il doit par conséquent avoir un autre origine.

Mais quelle est cette origine? Il n'en paroît pas d'autre d'abord que la possession du roi et le consentement des églises : mais en même temps, il faut convenir que le commencement de cette possession est obscur, et que, pendant plusieurs siècles, les preuves en sont rares et peu suivies.

La plus ancienne de toutes, est celle qui se trouve dans un arrêt de l'année 1274, qui oblige les religieuses de Coucy à recevoir une demoiselle qui avoit la nomination du roi.

On peut faire deux remarques importantes sur cet arrêt :

L'une, que le fond du droit n'étoit pas contesté par ces religieuses : elles ne prétendoient se dispenser de déférer à la nomination du roi, que parce que l'abbaye se trouvoit alors vacante, *dicentes quod abbatissâ carebant.*

L'autre, que l'énonciation de cet arrêt, plus importante encore que sa décision, fait voir que l'origine du droit de joyeux avénement, remonte bien plus haut que la date de l'arrêt. Il y est dit *que le roi usant de son droit propre au commencement de son règne et après son couronnement, peut mettre dans chaque abbaye d'hommes un religieux et dans chaque abbaye de filles une religieuse, pourvu que ce soit une abbaye qui soit en sa garde.*

Cum dominus rex utendo jure suo proprio in principio sui regiminis, post suam coronationem ni in abbatiâ sui regni de guardiâ suâ, possit ponere, videlicet in monasterio monachorum unum monachum, in monasterio monialium unam monialem, etc.

En réunissant trois choses qu'on peut distinguer dans cette énonciation, l'une, que le roi exerce cette faculté, *usant de son droit propre*, l'autre, qu'il l'exerce au *commencement de son règne*, et la dernière enfin qu'il l'exerce dans les abbayes *qui sont en sà garde:* on peut se former une idée assez juste de l'origine du droit de joyeux avénement, surtout si l'on y joint encore un autre droit de la couronne, qui est celui de serment de fidélité.

On ne sauroit envisager ces quatre choses ainsi réunies, sans y apercevoir des vestiges du droit féodal, qui, suivant toutes les apparences, a donné la naissance au droit de joyeux avénement, comme tous ceux qui sont bien instruits des antiquités françaises savent qu'il l'a donnée au droit de régale.

1.° Ce n'est point par un pouvoir emprunté ou émané d'une puissance étrangère, c'est comme *usant de son droit propre*, que le roi exerce celui de joyeux avénement; termes remarquables qui font voir que ce droit est regardé comme une espèce de droit temporel et domanial, où de droit de souveraineté, puisqu'il n'y a qu'un droit de cette nature qui puisse être appelé le droit propre du roi.

2.° Cest un droit qu'il exerce dans les abbayes *qui sont en sa garde :* mais ce qui restreint l'usage de ce droit, est aussi ce qui le caractérise *par les termes de droit propre.* On auroit pu entendre un droit de souveraineté, aussi bien qu'un droit féodal: mais la limitation de ce droit aux seules abbayes qui sont dans la garde du roi, le détermine à l'espèce du droit féodal, dont il dérive manifestement, puisqu'il ne s'applique qu'aux églises dont le roi étoit le seigneur immédiat.

3.° C'est au commencement de son règne qu'il use de ce droit; et si l'on y joint celui du serment de fidélité, il en use aussi lorsque l'évêque entre en possession de son évêché; double prérogative, qui exprime parfaitement le caractère du droit féodal, suivant lequel les vassaux sont obligés de reconnoître leur seigneur en deux temps; l'un quand ils commencent à jouir de leur fief; l'autre, quand ils ont un nouveau seigneur.

Ainsi, par le droit de régale, pendant la vacance des siéges, le roi, comme gardien et tuteur des églises, entre en possession des fruits qui lui sont donnés pour sa garde, et confère les bénéfices qui sont censés en faire partie, suivant la maxime des canonistes mêmes, comme un gardien noble jouit des revenus de son mineur, et dispose des bénéfices qui sont à sa collation ou à sa présentation, et comme le roi lui-même en use dans les provinces où la garde royale est établie.

Mais lorsque le siége est rempli, l'évêque ou l'abbé devenant l'homme du roi, et étant obligé de lui rendre l'hommage, qu'on appelle aujourd'hui le serment de fidélité, il devroit, suivant les lois féodales, s'acquitter du droit de relief envers le roi, qui, suivant l'usage le plus commun des fiefs, est la jouissance d'une année; et outre ce droit, il y a un grand nombre de vassaux qui sont chargés de quelque redevance d'honneur, qui ordinairement est fixée à un présent qui serve à l'usage de la guerre ou de la chasse, exercice ordinaire des nobles : cela s'appelle *loyaux aides*, en termes de jurisprudence féodale.

C'étoit d'ailleurs un ancien usage de faire un présent aux rois pour leur joyeux avénement à la couronne. M. Du Cange rapporte sur le mot *jucundus adventus*, un compte des trésoriers de France de l'année 1316, où l'on trouve ces mots : *Pro dono facto regi ratione jucundi adventûs sui et exercitûs Flandriæ*, 500 lib. Turon.

Les évêques eux-mêmes étoient en possession d'exiger un présent de leurs vassaux, dans le temps de leur sacre ; c'est un des cas marqués par la constitution de Sicile, où les seigneurs peuvent exiger des loyaux aides de leurs hommes, lib. 3, tit. 20, où l'on trouve ces mots : *de prelatis tamen ecclesiarum statuimus ut in his tantùm casibus ab hominibus suis adjutorium petant........pro coronatione suâ.* Et personne n'ignore que les constitutions de Naples et de Sicile sont presque toutes tirées des usages du royaume de France. Ainsi, comme les prélats exigeoient un présent temporel de leurs vassaux, à l'occasion d'une cérémonie purement spirituelle, c'est-à-dire de leur sacre, il n'est pas surprenant que réciproquement ils se soient assujettis à faire au roi une espèce de présent ecclésiastique, à l'occasion d'une mutation purement temporelle, c'est-à-dire de son avénement à la couronne.

C'est donc pour reconnoître l'affranchissement de tous autres droits, que cette redevance d'honneur et cette espèce de loyaux aides ecclésiastiques a été introduite.

Et parce que le devoir des vassaux les oblige aussi à reconnoître leur nouveau seigneur, lorsqu'il arrive une mutation dans le fief dominant, on a voulu que cette reconnoissance fût aussi accompagnée d'un pareil honneur que l'église sujette et vassale rend à son nouveau roi et à son nouveau seigneur, avec cette différence que, comme c'est l'église entière qui s'acquitte alors de ce devoir, et qui entre pour ainsi dire en foi, à l'égard du nouveau souverain, c'est aussi l'évêché entier, c'est-à-dire, tant l'évêque que le chapitre qui est chargé du droit de joyeux avénement : au lieu que quand il s'agit du serment de fidélité, comme il n'y a de mutation que dans la personne de l'évêque, sans aucun changement à l'égard du chapitre, c'est l'évêque seul qui est chargé de cette expectative.

Ainsi, et la régale, et le joyeux avénement, et le serment de fidélité, n'ont tous qu'une même source; ils s'expliquent l'un par l'autre; ils se prêtent un secours mutuel, et c'est même un grand préjugé en faveur de cette conjecture, de voir que les principes qui distinguent ces droits, comme par exemple celui de joyeux avénement, de celui de serment de fidélité, sont des suites naturelles et comme des conséquences nécessaires de leur origine féodale.

On peut encore en conclure que ces droits n'ont rien d'odieux, puisque ce n'est qu'une légère marque d'honneur et de déférence que l'église rend au souverain, et qui est comme un témoignage de sa reconnoissance pour l'exemption des droits utiles au roi et onéreux à ses sujets, dont les autres vassaux sont chargés.

Enfin, on peut aussi expliquer par là pourquoi Louis le jeune et saint Louis ne voulurent point recevoir des bulles des papes qui leur permettoient de conférer une prébende dans chaque église cathédrale de leur royaume : si ce fait est véritable, il est aisé de concevoir que ces princes ont rejeté ce privilége;

1.° Parce que c'étoit ajouter une nouvelle servitude à celle du droit de joyeux avénement;

2.° Parce que ce privilége auroit été plus onéreux à l'église, puisqu'il auroit eu lieu dans tout le royaume : au lieu que le joyeux avénement avoit lieu seulement dans les églises qui étoient dans la garde du roi;

3.° Parce que ce droit nouveau n'ayant ni les mêmes causes, ni la même faveur que le premier, leur a paru justement intéresser leur conscience, parce qu'il blessoit les droits de l'église, sans raison et sans prétexte, sur le seul fondement de la plénitude de puissance dont le pape se flatte.

Mais ce seroit abuser de cet exemple que d'en conclure que les mêmes princes n'ont pas exercé le droit de joyeux avénement, puisqu'on en pourroit conclure aussi qu'ils n'ont pas voulu jouir du droit de régale, quoique le contraire soit entièrement certain.

De cette notion générale de l'origine du droit de joyeux avénement, qui se tire de l'arrêt de 1274, il faut passer maintenant à la discussion des faits qui prouvent l'exercice de ce droit.

Le plus ancien monument du même droit, après l'arrêt de 1274, se trouve dans les lettres du roi Philippe le Long, du 5 juillet 1317, par lesquelles il mande à ses officiers de faire retenir en plusieurs monastères d'Anjou, et aux environs, un moine en chaque monastère, comme étant chose qui lui appartenoit par droit royal.

Philippus, Dei gratiâ, Franciæ et Navarræ Rex, omnibus et singulis justiciariis regni nostri ad quos præsentes litteræ pervenerint, salutem. Cùm nos discretioni et fidelitati carissimi et fidelis hominis comitis Valesiæ, patrui nostri, commiserimus per præsentes, ut in sancti Nicolai, sancti Sergii, omnium sanctorum, de aquariâ Andegavensi, de Borgolio in valleya Sancti Mauri suprà Ligerim, de Thiromo de valle secretâ et de valle serenâ monasteriis et prioratu singulas personas idoneas quas duxerit eligendas, jure nostro regio faciat recipi in monachos et in fratres, in singulis monasteriis et prioratu prædictis, mandamus vobis et vestrûm cuilibet districtè præcipimus, quatenùs dictorum monasteriorum et prioratûs abbates et priorem ad recipiendum prædictas personas quas idem patruus noster ipsis per suas litteras nominabit, ratione præviâ compellatis. Dat. Paris, die 5 Julii, anno

Domini mil. ccc. decimo septimo. Copié sur l'original étant au trésor des Chartres. *Registre coté.* Valois, 2, n.° 37.

Corbin, dans son livre des droits de patronage, tom. 2, pag. 326, rapporte un arrêt tiré entièrement du registre *Olim*, par lequel le droit de joyeux avénement fut déclaré appartenir au roi dans le monastère de Beaumont en Rouergue, monastère qui étoit, à proprement parler, un chapitre régulier.

L'arrêt est du 15 janvier 1322.

(On voit partout dans l'arrêt ces mots: *Præpositum et canonicos..... dictum Remundum in canonicum receperunt*).

On peut faire sur cet arrêt quelques observations presque semblables à celles qu'on a faites sur celui de 1274.

1.° On y traite ce droit de droit royal, *Cùm rex locum sibi jure regio debitum in novitate sui regiminis*, etc.;

2.° On établit le fondement de ce droit sur trois choses; l'une, que ce chapitre étoit de fondation royale, *monasterium à nostris fundatum fuisse prædecessoribus, et specialiter à vice-comite Beterensi à quo causam habemus;* l'autre, qu'il étoit dans la garde spéciale du roi; la dernière, que l'on en avoit usé de la même manière en cas pareil, *eò quòd aliàs in casu consimili fuisset aliàs receptus ob idem.*

Mais il est important de remarquer que ces trois motifs, qui furent allégués pour le roi, ne sont annoncés dans l'arrêt que par alternative; ce qui suppose qu'on croyoit alors qu'un des trois étoit suffisant pour établir le droit du roi.

Le sénéchal de Rhodès ayant été commis pour faire une enquête sur ces faits, et la preuve s'étant trouvée complète, le parlement jugea par son arrêt, *intentionem regiam sufficienter esse probatam*, et *quòd bona temporalia dicti monasterii Bellemontis ad manum nostram tamdiu tenebuntur, quàm gratia regia executioni debitè fuerit demandata.*

Ainsi, il paroît clairement par cet arrêt, 1.° que le droit de joyeux avénement s'étendoit sur les chapitres réguliers comme sur les autres monastères; 2.° que ce droit ne consistoit que dans de simples prières, et que le roi étoit en possession de se faire obéir par saisie du temporel.

On trouve dans le même auteur un pareil arrêt rendu le 25 février 1323, contre l'abbaye de Beaulieu, où le roi ayant mis *jure suo* un homme d'église, l'abbé et les religieux ne voulurent le recevoir, 1.° parce qu'ils nioient qu'ils fussent de fondation royale; 2.° parce qu'ils prétendoient que le sujet nommé par le roi étoit vicieux. *Corbin, tom.* 2, *p.* 234.

Ainsi, le droit n'étoit point contesté à l'égard de toutes les églises de fondation royale.

Les registres du parlement nous fournissent encore dans le même siècle des preuves de cette vérité.

On y voit qu'en l'année 1351 le nommé Gilbert ayant été nommé par le roi pour être reçu dans le prieuré de Longueville, les religieux de ce prieuré prétendirent s'exempter du droit de joyeux avénement, parce qu'ils soutinrent que c'étoit comme duc de Normandie, et non pas comme roi, que le roi avoit la garde de ce prieuré; mais comme il fut prouvé par des titres particuliers que la garde de ce prieuré avoit toujours appartenu au roi, ces religieux furent condamnés comme ceux de Beaumont et de Beaulieu l'avoient été.

Ce qui se passa en l'année 1353 est encore plus remarquable. Le chapitre d'Arras et les administrateurs de l'hôtel-dieu de cette ville ayant voulu contester le droit du roi, le parlement ordonna qu'il seroit fait preuve des faits qui furent articulés de la part du procureur-général du roi; et après les preuves qui en furent rapportées, le parlement rendit un arrêt le 11 février 1353, qui est une espèce d'acte de notoriété, par lequel il atteste deux choses également importantes: l'une, que le roi avoit droit d'établir et de faire recevoir un religieux dans chaque abbaye ou dans chaque hôtel-dieu de son royaume, principalement quand elle étoit de fondation ou de garde royale, et que le roi étoit en possession de ce droit; l'autre, que toutes les églises cathédrales étoient dans la garde du roi.

Enfin, ce qui confirme encore plus que ce droit est un droit royal, c'est que le roi de Navarre ayant prétendu, comme comte de Champagne, jouir de ce droit sur la léproserie de Saint-Lazare de Meaux, le parlement condamna sa prétention par un arrêt de 1318, que Corbin rapporte tom. 1, chap. 314, pag. 707.

Il faut à présent joindre à toutes ces anciennes preuves la formule de la nomination que le roi accorde en ce cas, et qui a été conservée dans le trésor du style de la chancellerie de France, imprimée à Paris en l'année 1599.

TERMES DE LA FORMULE.

Nos locum unius monachi nobis hâc viâ in prædicto monasterio, rationi jucundi adventûs nostri, debitum dilecto nostro clerico..... pietatis intuitu, contulimus et conferimus.

Cette formule est certainement très-ancienne, puisqu'elle regarde les monastères, et qu'il est certain que depuis plusieurs siècles le roi n'exerce plus le même droit sur les abbayes, par les raisons qui seront marquées dans la suite; ainsi, il faut qu'elle soit antérieure au temps où la possession du roi a été interrompue.

Mais ce n'est pas seulement l'ancienneté de cette formule qui la rend recommandable; la principale conséquence que l'on doit en tirer est qu'il falloit que le droit du roi fût bien certain et bien reconnu, puisqu'il avoit passé en style et qu'on en avoit inséré une formule dans le protocole de la chancellerie.

Que si l'on demande comment ce droit exercé, il y a près de cinq cents ans à l'égard des abbayes, est aussi établi à l'égard des évêchés, il est aisé de répondre que les mêmes raisons qui l'ont fait établir dans les unes l'ont fait aussi recevoir dans les autres : même droit de garde et de protection, même devoir envers le seigneur féodal et le roi, même obligation de reconnoissance pour l'exemption des droits dont les autres vassaux sont chargés.

Si l'on ne trouve pas de préjugé aussi ancien par rapport aux évêchés, qu'on en trouve par rapport aux abbayes, c'est apparemment parce que le droit n'a pas été contesté (1), comme il ne l'auroit pas été non plus pour les abbayes sans la circonstance singulière de la vacance de l'abbaye de Coucy, qui donna lieu aux religieuses de prétendre que le droit de joyeux avénement ne devoit pas y avoir lieu, et au parlement d'ordonner que la demoiselle qui avoit la nomination du roi seroit reçue dans le monastère, mais qu'elle ne prendroit l'habit que quand il y auroit une nouvelle abbesse.

En un mot, on ne voit point de raisons de différence qui puisse distinguer en cette matière les évêques des abbés; ainsi, l'on doit présumer que les uns et les autres ont été également soumis à un droit fondé sur des principes qui s'appliquent également aux uns et aux autres.

Enfin, on peut ajouter à ces réflexions, que la plupart des chapitres ayant été autrefois réguliers, la sécularisation qui en a été faite dans la suite ne peut nuire au droit du roi, comme on l'a jugé par l'oblat, sur un arrêt rapporté dans Peleus contre le chapitre d'Aurillac.

Toutes ces présomptions sont d'autant plus fortes, que dans le même temps on voit que les rois d'Angleterre étoient en possession de nommer aux évêques

(1) On peut encore observer ici, que si les abbayes de Beaumont et de Beaulieu s'y sont opposées, ce n'étoit pas par rapport au droit en lui-même, mais seulement parce qu'elles soutinrent ou qu'elles n'étoient point de fondation royale, ou qu'elles n'étoient pas dans la garde du roi, ou que le sujet n'étoit pas canonique.

et abbés de leur royaume un ecclésiastique (1) qui les obligeoit à pourvoir du premier bénéfice vacant, ordonnant que les prélats donneroient une pension à ces clercs jusqu'à ce qu'ils leur eussent conféré le bénéfice auquel ils les auroient nommés; usage qui faisoit assez voir que ce n'étoient pas de simples prières et que la nomination de ces rois imposoit une véritable nécessité; c'est pour cela qu'on y joignoit les termes de commandemens à ceux de prières : *Mandantes, rogamus*, et qu'on y supposoit toujours que les évêques étoient obligés d'y déférer, *cùm vos teneamini*, etc. Enfin, il paroît que ce droit avoit lieu en Angleterre, tant à l'avénement des rois à la couronne qu'à la promotion des prélats, et l'on trouve encore plus d'exemples de la seconde espèce que de la première.

Si l'on joint à cette observation, que les empereurs d'Allemagne étoient aussi en possession dans le même siècle du droit de joyeux avénement, qui s'appelle dans l'empire le droit de premières prières; en sorte que ce droit étoit autrefois le droit commun de la plus grande partie de l'Europe : si l'on y ajoute enfin les preuves qui se trouvent dans les siècles postérieurs de l'exercice de ce droit, qu'on y a regardé comme fondé sur une possession immémoriale, on sera aussi convaincu de sa justice que de son ancienneté.

Mais, quoique les preuves qui nous restent de l'exercice de ce droit sur les évêchés, ne soient pas aussi anciennes que celles qui regardent les abbayes, elles

(1) Lettres-patentes d'Edouard I, adressées à l'évêque de Londres en l'année 1303.

Cùm vos, ratione novæ creationis vestræ teneamini, uni de Clericis nostris, quem vobis duxerimus nominandum, in quâdam pensione annuâ de camerâ vestrâ percipiendâ, quousquè sibi per vos provisum fuerit de ecclesiastico beneficio competenti, ac dilectum nostrum de clare vobis nominavimus ad pensionem hujusmodi obtinendam vobis mandantes rogamus, etc. Const. Reg. Ang., pag. 1044, V. etiam, pag. 1045, 1046, 1050, 1117.

ne laissent pas néanmoins d'avoir une assez grande antiquité, puisqu'on en trouve des vestiges dès le commencement du règne de Charles VI (1), dans les lettres de la lieutenance générale données au duc de Berri, au mois de novembre de l'année 1380, pour commander dans l'Aquitaine, dans le Languedoc, dans le Berri, l'Auvergne, où il est dit *que le roi a pouvoir de nommer aux bénéfices à son joyeux avénement à la couronne.*

Ainsi il paroît que dès ce temps-là le droit s'étendoit aux bénéfices comme aux places monacales, ce qui est si général qu'on ne peut pas douter que les canonicats n'y soient compris.

Les termes de cette commission sont conçus en cette manière :

Quæcumque beneficia in dictis partibus ad patronatum, collationem nostram, seu ratione nostri jucundi adventûs, et qualitercumque pertinentia, quomodocumque vacantia, vel vacatura, illis quibus sibi expediens videbitur dandi et conferendi, monachos et alios viros ecclesiasticos in abbatiis magistros, fratres et pauperes in xenodochiis et domibus Dei et hospitalibus, more regio et jure adventûs nostri ponendi et ordinandi, et generaliter, etc.

Termes qui donnent la notion la plus complète que l'on puisse avoir du droit de joyeux avénement, et qui fait voir qu'il s'étendoit alors non-seulement aux monastères, mais à tous autres collateurs, même aux administrateurs des hôpitaux.

Mais il faut avouer que l'on trouve ensuite un assez grand vide dans cette possession, et que tout le siècle suivant, c'est-à-dire, le quinzième siècle n'offre aucun acte qui puisse servir à la continuer.

On pourroit, à la vérité, essayer de remplir cette lacune par le discours que le premier président du parlement tint en l'année 1494, au cardinal de Léon, lorsqu'il vint prendre congé de la cour avant que d'aller à Rome. Il paroît, par ce discours, que le roi étoit

(1) Trésor des chartes, Berri, 2, n. 7.

en usage d'accorder aux officiers du parlement des mandemens adressés aux collateurs, pour leur recommander de donner des bénéfices à ces officiers; mais que ces sortes de mandemens n'imposoient aucune nécessité, puisque le premier président dit que lesdits *mandemens n'étoient qu'en forme de prières; et* qu'afin que le bien et avancement *que le roi leur faisoit ne leur fût inutile, il étoit important que le pape, en quelque bonne forme, octroyât quelques provisions.*

Le sieur Pinsson, dans son traité des régales, a inséré des lettres de Louis XII de l'année 1503, qui sont de cette espèce, et par lesquelles ce prince prie l'évêque de Limoges de conférer au fils de M. Chartelier, conseiller au parlement, le premier bénéfice qui viendroit à vaquer : on y voit aussi des lettres de recommandation que le parlement joignoit à celles du roi.

Mais il n'y a guère d'apparence de rapporter tout cela au droit de joyeux avénement, dont ces actes mêmes ne font aucune mention. Il est bien plus vraisemblable que l'indult du parlement, quoique fondé sur les bulles d'Eugène IV, et même sur des titres plus anciens, ayant souffert une interruption depuis le concile de Bâle et la pragmatique, le parlement étoit réduit à demander au roi des lettres de recommandation adressées aux collateurs, que Pinsson, après d'autres auteurs, a transformées en brevets accordés en vertu du droit de joyeux avénement.

S'il falloit suppléer par des conjectures au défaut des actes, il seroit bien plus naturel de tirer un argument pour ce droit de joyeux avénement, de ce qui est dit dans la pragmatique-sanction, au titre *de electionibus*, où l'assemblée de Bourges déclare qu'il n'y a point d'inconvénient que le roi adresse quelquefois, *aliquandò*, des prières pour faire élire des sujets bien méritans, à la dignité d'évêque.

La glose de la pragmatique, aussi bien que le Benedicti, sur le chapitre Raynutius, *in verbo et uxorem nomine Adelaisiam*, décis. 2, num. 108, observent que le terme *aliquandò* s'entend d'une fois seulement pendant la vie de chaque roi.

Ainsi, dans le temps même des élections, le roi pouvoit user, pour les évêchés mêmes, du droit des premières prières, et cela dans chaque église cathédrale ou pontificale de son royaume, *in quâlibet ecclesiâ pontificali regni sui*, dit Benedicti. Tel étoit le droit commun de son temps, c'est-à-dire, du quinzième siècle; comme il le dit expressément dans le même endroit, n.° 80. *Est hodie jus commune in Franciâ, et sic omnibus notum, ut videtis.*

Ce droit étoit même tellement reconnu, ajoute cet auteur, que l'élection d'un autre sujet que celui qui avoit été recommandé par le roi, étoit annullée si le roi s'en plaignoit. *Quo prosequente*, dit-il, *cassabitur electio, sicut patrono prosequente contemptum cassaretur electio per episcopum facta de alio quàm præsentato.*

Le droit du roi étoit donc regardé comme un droit de patronage, dont néanmoins il ne pourroit user qu'une fois en sa vie pour chaque évêché; ainsi ce droit avoit un si grand rapport et une telle conformité avec le droit de joyeux avénement, qu'on peut dire qu'il renferme la preuve, et que puisque les premières prières du roi étoient reconnues même pour les évêchés dans le quinzième siècle, elles avoient lieu, à plus forte raison, dans le même temps pour les prébendes.

Enfin, si l'on désire dans l'usage de ce siècle quelque preuve plus directe, qui tombe précisément sur les prébendes, on la trouvera dans les décisions de François Marc, sénateur du parlement de Dauphiné, qui écrivoit dès le commencement du seizième siècle, c'est-à-dire, en l'année 1502, comme on le voit dans sa question 17, où il parle ainsi : *Hoc præsenti anno domini* 1502. Ainsi, son témoignage remonte jusque dans le quinzième siècle.

Cet auteur demande dans sa question vingt-quatrième, si des lettres du roi, par lesquelles Benoît de Thonet étoit nommé à une prébende d'une église de

Dauphiné, à cause du droit de joyeux avénement, pouvoient être exécutées dans cette province. L'exposé de ces lettres portoit, selon François Marc, que le roi avoit droit dans son premier ou joyeux avénement, de nommer un chanoine dans les églises cathédrales ou collégiales de son royaume et du Dauphiné : *Litteræ regiæ ...... fundantur principaliter in quantum ibi narratur rex in primo seu suo jucundo adventu, seu in regno Franciæ sive in Delphinatu, pro primâ vice habere jus nominandi in aliquâ in ecclesiâ cathedrali vel collegiatâ aliquem ut ibi recipiatur in canonicum, cum expectatione futuræ præbendæ.*

Il est vrai que cet auteur, jaloux des prétendus priviléges de sa patrie, est contraire à ces lettres, et qu'il dit d'abord, que *non apparet de isto privilegio aut consuetudine*; mais il ajoute aussitôt après, *maxime in hâc patriâ Delphinati*; et l'on voit dans la suite que ces objections sont tirées de ce que le Dauphiné a été réuni à la couronne, *non accessoriè, sed principaliter, et utitur diversis statutis.* Mais comme il ne s'agit ici que de la possession, plutôt que du droit, on ne peut pas douter que le roi Louis XII et Charles VIII n'aient cru être en droit d'user de ce privilége, même en Dauphiné; et l'on ne voit pas quel a été l'événement de cette nomination.

Cette même possession est attestée, dans le seizième siècle, par un grand nombre d'auteurs célèbres.

Carolus Grassalius, qui vivoit sous François I.er, met ce droit au nombre des droits royaux, et dit qu'il s'étendoit à toutes les églises et à tous les monastères du royaume.

Rex Franciæ jure alio regaliæ utitur nedum in ecclesiis cathedralibus aut metropolitanis, imo etiam in abbatialibus seu monasteriis quæ sunt de Guardiâ suâ et regaliâ, ponere unum monachum, etc.

Le président Boyer, qui vivoit dans le même temps, atteste aussi le même usage, et ajoute que les rois avoient accoutumé de favoriser les conseillers au parlement et au grand conseil, de cette expectative, à *leur avénement*, et les évêques leurs sujets, ce qui comprend les deux droits de joyeux avénement et du serment de fidélité.

Rebuffe, contemporain de ces deux auteurs, prétend, à la vérité, que le mandataire du pape doit être préféré au brévetaire du roi, pour cause de joyeux avénement; mais sans examiner si sa décision est bien juste, sa question seule suffit pour faire voir que le roi étoit alors en pleine possession de ce droit.

Christianissimus rex Franciæ, resp. 17, *in suo jucundo adventu destinavit litteras canonicis sancti Romani commendatitias, per quas rex rogabat canonicos ut de primâ providerint præbendâ Jacobo de Breveriis.*

Le pape en ayant pourvu un autre, Rebuffe croît que le mandataire du pape doit être préféré pour deux raisons principales.

1.° Parce que *litteræ regiæ erant litteræ rogatoriæ, non afficientes beneficium*;

2.° Parce que la Rote avoit décidé *quòd apostolicus præfertur habenti primarias preces à rege vel imperatore, quia imperator, vel rex habent jus illud ab autoritate apostolicâ, alioquin jus esset nullum.*

Rebuffe vivoit au milieu du seizième siècle.

Rouillard, à la fin du même siècle, assure *que nos rois sont en possession immémoriale de ce droit, que les cours souveraines ont quelquefois prononcé des ajournemens personnels contre les chapitres et communautés réfractaires, saisies de leur temporel, et mulctes semblables*; et il cite en particulier les arrêts du grand conseil *de l'an* 1577, 1583 *et* 1587.

Choppin, dans son traité du domaine, liv. 3, tit. 13, n.° 11, ne parle pas si clairement de ce droit, et il ne traite, à proprement parler, que de celui de joyeuse entrée qui appartient au roi, dans quelques villes où il est en possession de nommer à une prébende, lorsqu'il y entre pour la première fois, comme à Poitiers, à Tours, etc. Mais outre que le silence de Choppin seroit un argument négatif de trop foible conséquence pour en pouvoir rien conclure contre le roi, on trouve cette omission réparée dans ses autres ouvrages, c'est-à-dire, dans celui de Sacrâ Politiâ, lib. 1, tit. 7, n.° 31 et ultimo : *Princeps pro novo et jucundo adventu habet ejus nominandi canonicum in ecclesiâ cathedrali*; et dans son Monasticon, lib. 2, tit. 3, n.° 16, où l'on voit qu'il parle de ce droit comme d'un droit certain et reconnu dans le royaume.

En effet, c'est alors que Henri III en parle comme d'un droit royal, dans ses lettres-patentes de l'an 1577, registrées au grand conseil. Mais comme Choppin prétend que ces lettres ne regardent que le droit de joyeuse entrée, il est au moins certain que le même roi, en la même année 1577, donna des lettres-patentes qui sont dans les registres du parlement, pour exempter le chapitre de Néelle en particulier, du droit de joyeux avénement; exemption qui confirme la règle à l'égard des autres chapitres.

Il n'est pas douteux que sous le règne de Henri IV, ce même droit n'ait été confirmé par plusieurs arrêts. M. Louet en rapporte un, entr'autres, du mois d'août 1594, par lequel le grand conseil, en confirmant une collation faite par l'évêque de Paris d'une prébende de l'église de Notre-Dame, au préjudice du brévetaire du roi, parce que ce brevet n'avoit point de décret irritant, ordonne que l'évêque sera tenu de pourvoir le brévetaire de la première prébende qui vaquera par mort.

La parlement de Paris, lors séant à Tours, rendit un pareil arrêt contre le chapitre de Saint-Martin de Tours, en l'année 1591. Mais Brodeau prétend qu'il ne s'agissoit que du droit de joyeuse entrée.

Louis XIII a non-seulement exercé le même droit, mais il l'a affermi ou expliqué par deux ordonnances différentes.

L'une, est la déclaration de l'année 1610, portant que le décret irritant sera à l'avenir employé dans les brevets de joyeux avénement.

On ne parle point ici de la déclaration du même roi, de l'année 1612, par laquelle il parut vouloir abolir le droit de joyeux avénement, en déférant aux prières du clergé; mais comme cette déclaration n'a pas été enregistrée, et qu'elle est demeurée sans effet, il est inutile d'en faire mention dans ce mémoire.

L'autre est l'ordonnance de 1629, art. 17, par laquelle le roi restreint l'usage de son droit aux églises cathédrales seulement.

Louis XIV en a usé de la même manière; il a mis ce droit au nombre des grâces expectatives reçues dans le royaume par l'art. 17 de la déclaration sur l'édit du contrôle de l'année 1646, ce qui est encore répété dans l'édit des insinuations de l'année 1691. A la vérité, par une autre déclaration de l'année 1646, le feu roi voulut réduire lui-même son droit aux seules églises cathédrales, et abroger l'usage de la clause irritante.

Mais le grand conseil modifia cette déclaration (1), en ordonnant par l'arrêt d'enregistrement, que ce droit auroit lieu, même pour les églises collégiales, lorsqu'il y auroit dix prébendes au moins, outre les dignités; et à l'égard de la clause irritante, qu'il en seroit usé comme par le passé, conformément aux arrêts de cette compagnie, dont il faut expliquer ici la jurisprudence, pour achever tout ce qui regarde l'usage et la possession en cette matière.

Le grand conseil distingue deux cas différens, par rapport à la clause irritante. 1.° Ou le brévetaire s'est contenté de faire signifier en général son brevet à l'évêque, et en ce cas l'évêque, peut pourvoir un autre sujet de la première prébende qui vient à vaquer, sans que ses provisions soient déclarées nulles

(1) Le Clergé se plaignit de cette modification par rapport aux églises collégiales, comme on le voit dans le procès-verbal de l'assemblée de 1645, pag. 733 et 808. Il obtint des lettres de Jussion, adressées au grand conseil, qui sont dans les mémoires du clergé, tom. 2, pag. , mais qui n'ont jamais été envoyées au grand conseil, et auxquelles il n'a pas déféré.

et abusives; et le grand conseil ordonne seulement en ce cas, que l'évêque sera tenu de conférer au brévetaire la première prébende qui viendra à vaquer, sinon de lui payer une pension de la même valeur.

2.° Ou au contraire, le brévetaire a requis nommément le bénéfice après sa vacance, avant que l'évêque y ait pourvu, et en ce cas l'évêque ne peut le conférer à un autre, et le grand conseil mantient définitivement le brévetaire par le premier arrêt qui intervient, sans s'arrêter à la collation de l'évêque.

Ainsi le décret irritant est bien reçu, mais avec la distinction que l'on vient de marquer, qui suppose pour principe, que le droit du brévetaire n'est réalisé que par la réquisition spéciale et individuelle qu'il fait à l'évêque du bénéfice vacant.

Il résulte donc de cette tradition, sur le droit de joyeux avénement, qu'il est constant que ce droit est fondé sur une très-ancienne possession, accompagnée du consentement des églises, qui toutes en détail se sont soumises à l'exercice de ce droit, quoique le clergé ait fait autrefois quelques remontrances au roi pour en demander la décharge.

Mais, outre la possession et le consentement de chaque église particulière, on peut dire encore, par une conjecture fort vraisemblable, que le droit de joyeux avénement, aussi bien que le droit du serment de fidélité, semblables en ce point à la régale, ont leurs sources dans les usages des fiefs, et qu'on peut les regarder comme une espèce de droit honorifique, qui accompagne l'hommage des évêques dans les deux temps, où, suivant la jurisprudence féodale, ils seroient obligés de le rendre au roi.

Enfin, pour terminer tout ce qui regarde l'origine de ce droit, il est facile, après ce qui vient d'être dit, d'en comprendre les raisons et les motifs.

Le roi ayant deux qualités différentes, celle de seigneur suprême dans l'ordre des fiefs, et celle de souverain dans l'ordre commun, les motifs de l'établissement de ce droit ont aussi rapport à ces deux qualités, auxquelles ont peut joindre aussi celle de fondateur, qui ajoute encore une nouvelle faveur à la nomination du roi.

On a déjà marqué ceux qui se tirent du premier titre, en montrant que les évêques s'acquittoient par là d'une espèce de devoir ou de service féodal convenable à leur être et à leur caractère; et que d'ailleurs c'étoit un témoignage de leur reconnoissance pour l'exemption des droits dont les autres vassaux sont chargés.

Mais comme, outre ce premier titre, le roi, en qualité de souverain, est le défenseur et le protecteur des églises, les évêques n'ont pas cru devoir lui refuser une distinction que l'église accorde même à des particuliers qui ont fondé ou doté ses temples ou ses ministres, et dont elle ne peut espérer d'aussi grands secours, que ceux qu'elle attend et qu'elle reçoit tous les jours du roi.

Sa nomination à laquelle elle défère est donc d'autant plus favorable, qu'elle vient de la part d'un bienfaiteur, et même d'un fondateur, la plupart des églises cathédrales ayant été ou fondées, ou dotées par le roi, ou par ceux qui le représentent : ce qui fait que par l'argument du plus grand nombre, le roi est présumé de droit le fondateur de toutes ces églises; ensorte que dès l'année 1353, le parlement a déclaré, comme on l'a déjà dit, que toutes les églises cathédrales étoient dans la garde du roi.

C'est ainsi qu'en reconnoissant les trois qualités de roi, de seigneur féodal et de fondateur, on trouve dans cette matière, comme dans celle de la régale, un droit que le souverain exerce à titre de protection; le seigneur, à titre de subordination et de reconnoissance féodale, et le fondateur, à titre de gratitude.

La nature de ce droit qu'on a distingué d'abord de son origine, ne peut plus être obscure, après tout ce qu'on vient de dire sur ce sujet.

On ne peut pas douter que ce ne soit un droit vraiment royal, puisque non-seulement c'est le roi qui en jouit, mais que nul autre que le roi ne peut en jouir, et qu'en effet dans tous les anciens titres qui ont été rapportés, on voit que ce droit est toujours appelé droit royal, *jus regium*, ou *jus proprium regis*.

Il est vrai qu'on ne doit pas aller jusqu'à dire que c'est un droit essentiellement attaché à la couronne, et un apanage inséparable de la souveraineté; puisque, quoique le souverain seul puisse en jouir, il faut avouer néanmoins que tout souverain n'en jouit pas.

Mais tout ce que l'on peut conclure de cette observation est qu'il y a deux sortes de droits royaux ou de prérogatives attachés à la couronne; les unes absolument essentielles qui appartiennent au seul souverain et à tout souverain; les autres accidentelles qui, à la vérité, ne peuvent convenir qu'au souverain dans toute leur étendue, mais qui n'appartiennent pas pour cela à tout souverain.

C'est ainsi que la régale et la nomination aux bénéfices consistoriaux sont certainement des droits de la couronne, sans néanmoins être de l'essence de la souveraineté. Nos rois ont été souverains avant que de les exercer, et ils ne le sont pas plus depuis qu'ils les exercent; mais dès le moment qu'ils en jouissent comme rois, ils ne peuvent être regardés que comme des droits royaux qui sont devenus à leur égard un accessoire de la couronne et une dépendance de leur souveraineté.

Après avoir expliqué l'origine, les motifs, la nature de ce droit, il resteroit deux difficultés à expliquer, pour ne rien laisser d'obscur, autant qu'il est possible, dans cette matière.

L'une qui consiste à savoir pourquoi ce droit, autrefois restreint aux églises qui étoient dans la garde du roi, a été étendu à toutes les églises cathédrales indistinctement, et à plusieurs églises collégiales;

L'autre est d'expliquer comment, au contraire, ce droit qui avoit lieu autrefois dans tous les monastères dont la garde appartenoit au roi, a souffert une si grande altération à cet égard, que le roi ne l'exerce plus que par rapport aux cathédrales et aux collégiales.

Mais la première difficulté tombe d'elle-même, si l'on considère qu'autrefois on pouvoit distinguer les églises qui étoient en la garde du roi, de celles qui n'y étoient pas, parce que les dernières étoient dans la garde des ducs et des comtes qui partageoient en quelque manière l'autorité royale, et qui jouissoient des droits régaliens dans l'étendue de leurs seigneuries. Mais, depuis que le temps qui avoit autrefois autorisé leur usurpation l'a enfin détruite, et qu'il n'y a plus eu qu'une seule autorité, et pour ainsi dire qu'une souveraineté dans le royaume, toutes les églises affranchies de la domination des seigneurs sont retombées de plein droit entre les mains de leur protecteur et de leur gardien naturel, c'est-à-dire du roi qui, d'ailleurs étant aux droits de la plupart de ceux qui avoient usurpé une autorité presque royale, réunit en sa personne leurs titres particuliers au titre général qu'il trouve dans sa couronne. Ainsi, la distinction que l'on faisoit autrefois entre les églises qui étoient en sa garde et celles qui n'y étoient pas est devenue inutile, parce que toutes y sont également, et toutes par conséquent pareillement sujettes au droit du joyeux avénement.

La deuxième difficulté mérite peu d'attention par rapport à l'objet de ce mémoire. Il est certain que nos rois, moins attentifs que les empereurs à la conservation de leurs droits, ont laissé périr insensiblement le droit qu'ils avoient sur les monastères à leur joyeux avénement et que les empereurs exercent encore aujourd'hui. Peut-être le droit d'envoyer un oblat à chaque monastère doit-il être regardé comme un reste de l'ancien usage. Il peut se faire aussi qu'il ait été substitué à l'ancien droit, et que la piété de nos rois n'ait pas voulu que les abbayes fussent chargées envers eux d'une double servitude. Mais il est inutile de porter plus loin ces conjectures sur le changement, parce qu'il n'a aucune relation avec la question dont il s'agit, par rapport à l'église de Cambrai et à celles d'Arras et de Saint-Omer.

SECOND POINT.

Si le droit de joyeux avénement peut être étendu aux églises des provinces nouvellement conquises et réunies, ou unies à la couronne.

Les principes qu'on vient d'expliquer sur l'origine et la nature de ce droit peuvent être d'un grand secours pour décider cette question. Mais, afin de l'éclaircir entièrement, il faut distinguer d'abord les deux cas que l'on a joints dans le titre de ce second point.

En effet, ou il s'agit d'une province autrefois démembrée de la monarchie dont elle faisoit partie, ou il est question d'un pays qui, sans avoir jamais été soumis à la domination française, y a été ajouté par la force des armes ou à quelque autre titre que ce puisse être.

Dans le premier cas, il s'agit de réunion; dans le second, il s'agit d'union. Commençons par le plus facile qui est celui de la réunion.

CAS DE LA RÉUNION.

On ne voit presque aucune raison de douter en ce cas; tous les principes se réunissent en faveur du roi.

1.° Tous les fondemens de droit de joyeux avénement, protection, seigneurie, reconnoissance, reprennent leur première force et semblent revivre dans le moment même de la réunion; le roi recouvre ses anciens sujets, le seigneur ses vassaux, et le fondateur des églises élevées par ses bienfaits. Les choses se rétablissent donc des deux côtés dans leur premier état. C'est une partie qui se réunit à son tout, et qui ne peut pas être d'une nature différente de celle du tout auquel elle se rejoint et se consolide, si l'on peut parler ainsi.

2.° On peut juger des choses par les personnes. Ainsi, de même qu'un citoyen qui, après avoir été long-temps retenu captif chez les ennemis, rentre dans sa patrie, est censé n'en avoir jamais été séparé, *censetur à civitate nunquam abscessisse*, par cette fiction favorable qui avoit lieu dans le cas du droit que les Romains appeloient *jus postliminii;* on peut dire aussi que, lorsqu'une province, arrachée comme par force du corps de la monarchie, rentre enfin dans les mains de son premier souverain, on présume qu'elle n'en a jamais été démembrée, *censetur nunquan abscessisse.* Comme les habitans de cette province rentrent de plein droit dans tous les priviléges des autres sujets du roi, le roi de son côté rentre de la même manière dans tous les droits qu'il exerçoit sur cette province avant son démembrement.

3.° Le droit privé fournit encore des preuves de cette vérité. Un fils émancipé, que son père adoptoit ensuite, n'étoit point regardé par le plus grand des jurisconsultes romains comme un véritable fils adoptif. La fiction, comme il le dit fort bien, ne peut obscurcir la vérité de la nature : *Ne imagine naturæ veritas adumbretur;* et le fils, en ce cas, ne doit pas tant être regardé comme transféré dans une famille étrangère, que comme rendu à la sienne : *non translatus sed redditus videtur.* Il en est de même d'une partie du royaume qui se réunit à son tout : on ne peut jamais la regarder comme une nouvelle conquête ; ce seroit une fiction contraire à la vérité de la nature, et l'on doit dire non qu'elle a été transférée dans le domaine du roi, mais qu'elle y a été rétablie : *non translata, sed reddita videtur.*

On oppose néanmoins à ces principes généraux, lorsqu'on veut les appliquer au droit de joyeux avénement.

L'application, dit-on, en pourroit être juste, s'il étoit vrai que les églises des provinces réunies à la couronne eussent été sujettes au droit de joyeux avénement avant que d'être séparées de la monarchie. Mais, lorsqu'on ne sauroit prouver que ce droit fût plus ancien que leur séparation, on ne peut leur imposer un joug qu'elles ne portoient pas avant le démembrement.

On peut répondre en plusieurs manières à cette objection.

1.° Elle ne prouveroit rien, si l'on vouloit l'appliquer aux églises d'Artois, comme Arras et Saint-Omer, parce qu'il est certain qu'avant le traité de Madrid, par lequel cette province passa sous la domination de Charles-Quint, le droit de joyeux avénement étoit établi dans tout le royaume comme les auteurs de ce temps l'attestent unanimement; il l'étoit même dans Arras en particulier, comme on l'a vu dans l'arrêt du 11 février 1353, où le droit du roi est attesté par rapport à une contestation qui regardoit l'hôtel-dieu de cette ville.

2.° Quand même le droit de joyeux avénement seroit plus récent que le démembrement de l'Artois ou de quelqu'autre province, on ne pourroit pas en conclure qu'elle n'y seroit pas sujette depuis sa réunion.

Les principes qu'on vient d'établir détruisent manifestement cette proposition; car, 1.° on trouveroit dans cette province les mêmes fondemens qui auroient donné lieu d'établir ce droit dans les autres, pendant qu'elle en étoit séparée; le roi n'y seroit pas moins le roi, le seigneur, le fondateur des églises, que dans le reste de son royaume: et comme ces qualités sont le fondement de son droit, on ne pourroit jamais dire pourquoi la province réunie, étant obligée de reconnoître les mêmes principes, elle seroit dispensée d'en admettre aussi les mêmes conséquences.

2.° Les sujets qui rentrent dans leur patrie, après avoir été long-temps entre les mains des ennemis, ne sont pas moins soumis aux lois qui ont été faites pendant leur absence qu'à celles qui étoient en vigueur auparavant; et, pour se servir encore de l'exemple du droit romain, si un père avoit imposé une charge sur son bien pendant que son fils étoit émancipé, l'adoption de ce fils, qui le rétabliroit dans les droits de la nature, ne l'assujettiroit-elle pas aussi aux charges auxquelles le bien de son père auroit été affecté pendant qu'il étoit hors de la puissance paternelle.

3.° C'est une loi de la nature même, que ceux qui profitent des avantages d'un certain état doivent aussi en supporter les inconvéniens. Or, si la condition des églises étoit devenue meilleure pendant le temps du démembrement d'une province du royaume ; si par exemple le droit de régale eût été tempéré et limité comme il l'a été par la déclaration de 1682, avant la réunion de l'Artois à la couronne, les églises de cette province ne prétendroient-elles pas être en droit de profiter de ce changement après la réunion, et leur prétention souffriroit-elle la moindre difficulté dans les règles de la justice ? Mais si cela est, la même justice ne les oblige-t-elle pas à se soumettre aussi aux charges qui ont été imposées sur les autres églises pendant que la séparation a subsisté ? La loi ne doit-elle pas être réciproque ? Et faut-il que les églises de cette province profitent de l'état violent dans lequel elles ont été pendant cette séparation, et qu'elles ne soient pas assujetties aux règles qu'elles auroient été obligées de recevoir, si elles n'avoient jamais cessé de faire partie du royaume ?

La première objection, tirée de ce qu'on suppose que le droit de joyeux avénement n'étoit point encore établi dans le démembrement de certaines provinces, n'a donc rien de solide, et la seconde paroît encore plus frivole.

On la fonde sur une prescription imaginaire. On prétend que le démembrement a duré si long-temps que le droit de joyeux avénement, quand même il auroit subsisté avant la séparation, seroit éteint par une prescription plus que centenaire, par laquelle les églises seroient rentrées dans leur ancienne liberté.

Prescription véritablement imaginaire, comme on

l'a dit d'abord, outre qu'il ne peut y en avoir contre les droits du roi. Toute prescription suppose deux choses : l'une, que celui qui prescrit, demeure cependant débiteur du droit qu'il veut éteindre par la prescription ; l'autre, que celui contre lequel on prescrit est en état d'agir et d'interrompre la prescription : deux conditions qui manquent ici également. Les sujets du roi, devenus sujets du roi d'Espagne, ne sont plus débiteurs du droit de joyeux avénement, de la même manière qu'ils cessent d'être redevables de toutes les charges publiques d'un royaume dont ils ne font plus partie. Le roi, de son côté, ne peut plus agir contre eux pour les obliger à s'acquitter de leurs anciens devoirs. Toutes les actions demeurent suspendues pendant cette espèce d'éclipse ; mais, aussitôt qu'elle est passée, toutes les actions revivent de plein droit sans qu'on puisse se prévaloir d'une interruption forcée, qui, par là même, met un obstacle perpétuel à la prescription, bien loin de pouvoir être un moyen de l'acquérir.

On oppose enfin les capitulations faites avec les villes des provinces réunies, par lesquelles le roi a promis de conserver les églises de ces villes dans leurs franchises et priviléges. Mais, comme l'on se sert aussi de cet argument en faveur de l'église de Cambrai, en la considérant comme une ville unie plutôt que réunie à la couronne, on n'en parlera pas en cet endroit, afin de répondre en même temps à toutes les parties de cette objection.

On pourroit enfin faire une dernière objection fondée sur l'exemple de la Bretagne, de la Provence, de l'Artois et de Tournai. Quoique toutes ces provinces eussent fait partie de l'ancien domaine de la couronne, et qu'elles fussent sans difficulté dans le cas de la réunion, cependant nos rois ont obtenu des indults du saint Siége pour nommer aux évêchés de ces provinces, et il semble d'abord qu'ils aient reconnu par là que le droit de nomination qui leur est acquis par le concordat, ne pouvoit s'étendre aux églises des provinces nouvellement réunies, ce qui paroît contraire aux principes que l'on vient d'établir.

Mais il est aisé de répondre à cette objection :

1.° Elle prouveroit trop, parce qu'elle s'appliqueroit même aux provinces qui faisoient partie du royaume dans le temps du concordat, puisque la Provence et la Bretagne n'appartenoient pas moins à nos rois dans le temps du concordat que dans le temps des indults particuliers qu'ils ont obtenus, pour nommer aussi aux prélatures de ces provinces.

Pourquoi donc ont-ils pris des indults du pape pour y pourvoir ; c'est ce qu'il est nécessaire d'expliquer en un mot pour détruire cette objection. Il n'y a point d'autre raison que la faute qui fut faite par ceux que François I.er chargea de dresser le concordat; ils y copièrent trop fidèlement les termes de la pragmatique-sanction, quoique le concordat fût fait pour l'abolir; et parce que dans la pragmatique, qui est antérieure à la réunion de la Provence et de la Bretagne, on n'avoit parlé que du royaume et du Dauphiné, ils employèrent aussi les mêmes expressions, sans y ajouter la Provence et la Bretagne. S'ils n'avoient parlé que du royaume en général, ils auroient agi plus prudemment et plus utilement pour la France, parce qu'alors on auroit fait valoir la maxime générale que, *Quidquid accrescit regno, fit pars regni et eodem jure censetur :* de même que dans le droit civil l'alluvion augmente le domaine de ceux qui ont des terres sur le rivage où elle se fait, sans aucune distinction entre les terres accrues et celles qui reçoivent l'accroissement.

Mais l'expression singulière *du Dauphiné*, ajoutée mal à propos à l'énonciation du royaume en général, rendit le droit du roi équivoque; et la cour de Rome ne manqua pas de saisir habilement ce prétexte, pour obliger nos rois à lui demander de nouvelles grâces. Elle appuya même ce prétexte par la considération de l'état de ces deux provinces, c'est-à-dire de la Provence et de la Bretagne : l'une réunie à la couronne sans confusion et à condition de faire un tout dépendant à la vérité de la couronne, mais sans y être entièrement incorporé, en sorte qu'elle devoit être tenue par le roi comme son royaume même, *æque principaliter*, suivant le langage des jurisconsultes; l'autre, qu'on vouloit faire passer alors la Bretagne pour le domaine de François I.er et de ses enfans, plutôt que le domaine de la couronne; prétention qu'on voulut renouveler du temps de la ligue, en faveur de l'infante Isabelle d'Espagne. Telles furent en peu de mots toutes les considérations qui obligèrent nos rois à prendre le tempérament d'un indult, mais qu'il suffit d'exposer pour faire voir qu'elles n'ont aucun rapport avec la question générale des provinces réunies à la couronne.

Il est vrai que l'exemple ayant été une fois reçu pour la Bretagne et pour la Provence, et les querelles des souverains se réglant toujours plus par le fait que par le droit, nos rois ont bien voulu se soumettre à la même condition pour l'Artois et pour Tournai, quoiqu'il n'y eût aucun lieu de douter que la conquête de ces provinces étoit une réunion plutôt qu'une nouvelle acquisition; mais cela ne s'est fait que parce que l'expression singulière et spéciale du Dauphiné a donné lieu à la cour de Rome de prétendre que les termes du concordat devoient être entendus à la rigueur, et que d'ailleurs il s'agissoit à cet égard d'un contrat passé entre le roi et le pape, qui, par sa nature, devoit être regardé comme un acte de droit étroit, et dont l'extension ne pouvoit se faire que du consentement des deux puissances qui avoient concouru dans son origine pour former cet engagement.

2.° Mais ce qui détruit pleinement cette objection, c'est que les différens indults que nos rois ont obtenus pour s'assurer la nomination aux prélatures, dans les provinces qui ne sont pas nommément comprises dans le concordat, n'ont jamais été regardés en France comme des titres nécessaires, qui formassent véritablement le droit du roi, mais comme des expédiens dans lesquels il est entré pour surmonter les difficultés de la cour de Rome: c'est ce que les jurisconsultes appellent *remotio impedimenti*, ou un droit ajouté à un autre droit. Il y a long-temps que le cardinal d'Ossat en a fait la remarque, et il n'y a aucun de nos auteurs qui ne convienne de cette maxime, et qui par conséquent n'ait répondu par avance aux conséquences qu'on pourroit tirer de ce qui s'est passé dans l'exécution du concordat, pour soutenir la cause des églises nouvellement réunies contre les principes que l'on vient d'établir.

Enfin, ce qui achève de montrer qu'il n'y a que la nature singulière du concordat et des expressions qu'on y a employées, qui ait obligé le roi à se relâcher en quelque manière des règles ordinaires, en prenant le tempérament d'un indult, c'est que dans les autres cas où il n'avoit pas besoin du concours d'une autre puissance, il est entré de plein droit en possession d'exercer dans les provinces réunies à sa souveraineté, les mêmes droits qu'il avoit dans le reste de son royaume.

La régale, le droit des gradués, l'indult du parlement, n'ont pas moins lieu dans la Bretagne, dans la Provence et dans l'Artois, que dans les églises qui ne sont jamais sorties de la domination du roi; et pour ne point nous écarter de ce qui regarde le joyeux avénement, le droit du roi n'a pas moins été reconnu dans ces provinces, que dans tout le reste du royaume.

Le chapitre d'Arras voulut s'y opposer, à la vérité; mais cette opposition s'est tournée en preuve, puisqu'elle a été condamnée par un arrêt célèbre rendu au grand conseil dès l'année 1648.

On oppose à cet arrêt que l'église d'Arras n'avoit pas alors de légitime défenseur, et que le siége étant vacant, elle étoit veuve, comme parlent les canonistes; que d'ailleurs le grand conseil ne pouvoit être compétent dans cette occasion, parce que l'attribution qui lui a été faite des causes où il s'agit du joyeux avénement, ne regardoit que les provinces de l'ancien royaume; qu'enfin le chapitre d'Arras n'a jamais voulu reconnoître le brévetaire maintenu par l'arrêt, et que s'il a reconnu son résignataire, c'est parce qu'il a cru que le pape avoit pu pourvoir au canonicat dont il s'agissoit, par droit de dévolution.

Mai il n'y a personne qui ne sente la foiblesse de ces réponses.

Le chapitre est le défenseur de l'église pendant la vacance, et surtout dans une matière où il avoit autant et peut-être plus d'intérêt que l'évêque.

Il a si bien défendu cette cause commune, que le grand conseil crut devoir l'appointer, pour l'examiner avec plus de maturité; les parties firent des productions et des écritures respectives; et ce ne fut qu'après un très-sérieux examen, que le grand conseil se détermina en faveur du roi.

Dire que ce tribunal n'étoit compétent qu'à l'égard des églises de l'ancien royaume, c'est mettre dans son attribution une exception que le roi n'y a pas mise, c'est-à-dire, supposer pour principe ce qui est en question, ou plutôt ce qui n'y peut jamais être, puisqu'il est sans exemple, que lorsque le roi fait une conquête, il ait donné une augmentation de pouvoir aux juges qui ont le privilége de connoître de certaines matières. Le parlement a-t-il eu besoin d'une nouvelle attribution pour connoître de la régale en première instance, et primativement à tous tribunaux, pour les églises d'Arras, de saint-Omer, de Tournai, etc.? Le grand conseil en a-t-il eu besoin pour connoître de ce qui regarde les bénéfices consistoriaux ou l'indult du parlement dans les provinces nouvellement réunies? Elles sont soumises dans l'instant même de leur réunion aux mêmes lois que les autres provinces du royaume, et c'est même une des preuves de la maxime qu'on a établie sur ce point.

La révolte du chapitre d'Arras contre l'exécution d'un arrêt rendu contradictoirement avec lui, seroit-elle un titre en sa faveur, quand même elle seroit véritable? Et d'ailleurs n'a-t-il pas reconnu le droit du brévetaire, en reconnoissant celui de son résignataire? Il n'étoit pas question du droit de dévolution en faveur du pape, puisque leur résignation a été admise, et qu'elle ôtoit tout prétexte à ce droit imaginé après coup. Mais tout ce qu'on pourroit conclure, en toute rigueur, de la conduite prétendue du chapitre d'Arras, seroit que la difficulté qu'il faisoit, supposé que le fait soit tel qu'on l'expose, tomboit sur la personne du brévetaire et non pas sur son droit, puisqne le chapitre a reconnu ce droit dans la personne du résignataire.

Enfin, ce qui achève de mettre ce préjugé au-dessus de toute difficulté, c'est que le chapitre d'Arras s'étant pourvu en cassation contre l'arrêt du grand conseil, il en a été débouté par l'arrêt du 15 avril 1663, en sorte que rien n'a manqué ni à la plénitude de la défense de l'église d'Arras, ni à la solidité de la décision.

Le préjugé de l'arrêt de 1648 subsite donc tout entier ; et c'est par une suite des mêmes principes, qu'après la conquête de Lille, le feu roi a donné aussi un brevet de joyeux avénement pour un canonicat de l'église collégiale de saint Pierre de Lille.

Il n'y a donc aucune difficulté solide dans le cas des églises réunies, et, pour ainsi dire, rendues à leur premier état : il ne reste plus que d'examiner quel doit être le sort des églises nouvellement acquises et unies à la couronne.

CAS DE L'UNION.

Quoique ce cas paroisse plus difficile, et le soit plus en effet que le premier, il semble néanmoins que cette seconde question puisse être décidée presque par les mêmes principes que la première.

1.° Il faut d'abord en supposer un qui est une espèce de règle du droit des gens; c'est, comme on l'a déjà dit, que dans l'ordre commun, tout ce qui accroît, tout ce qui est ajouté au royaume s'y confond et s'identifie en quelque manière avec le royaume dont il devient une partie; que de droit commun, cette partie est de même nature que le tout, soumise aux mêmes lois générales, aux mêmes droits de souveraineté, que les autres parties du royaume ; d'où vient que *dare jura, dare leges*, etc. sont des expressions synonymes à celles de régner sur un pays et de le gouverner : c'est encore ce qui faisoit dire aux Romains, *quò arma nostra pervenere, eò jus nostrum perveniat* ; et, pour se servir ici des mêmes comparaisons qu'on a déjà employées ailleurs, quelle différence peut-on trouver entre une province et un particulier, puisqu'une province n'est que l'assemblage de plusieurs particuliers ? Or, a-t-on jamais douté qu'un étranger, qui se fait naturaliser en France, ne soit dans l'instant même assujetti de plein droit à toutes les lois qui lient les autres citoyens, quoiqu'il ne le soit que par sa seule volonté, et que le prince n'ait point contre lui le droit que donne la conquête ? Un fils, devenu tel par l'adoption, étoit-il moins soumis chez les Romains à la puissance paternelle, que celui qui l'étoit par le droit de la nature ?

Il est vrai que les conditions sous lesquelles un peuple se livre à la domination d'un nouveau maître, peuvent déroger à cette règle générale, et qu'il est de l'intérêt aussi bien que de l'honneur du souverain, de regarder ces conditions comme inviolables ; mais alors la question de droit dégénère dans une question de fait, qui consiste à savoir si le droit que l'on dispute au roi est effectivement compris dans l'exception qu'il a bien voulu faire aux règles communes, en faveur d'un pays nouvellement ajouté à son empire.

2.° Le principe général que l'on vient d'expliquer doit être encore plus respecté, lorsque l'on trouve dans la province nouvellement conquise les mêmes raisons et les mêmes motifs qui ont servi de fondement dans le reste du royaume à ce droit dont il s'agit, parce qu'alors on peut dire que cette province est également obligée de se soumettre à l'autorité et à la raison de la loi.

C'est ce qui se trouve dans le droit de joyeux avénement. Le roi n'a pas moins la garde des églises nouvellement soumises à sa domination, que de celles qui y ont toujours été sujettes; il n'en est pas moins le protecteur, le seigneur suprême pour le temporel; elles ne lui doivent pas moins de reconnoissance. Pourquoi donc seroient-elles dispensées de lui en donner les mêmes marques, et de s'acquitter des mêmes devoirs?

3.° L'usage, qui est le plus sûr interprète des lois, confirme encore cette maxime.

C'est ainsi que le droit de régale s'est étendu aux églises des provinces nouvellement conquises. Il n'est pas moins reconnu dans les trois évêchés que dans le reste du royaume, quoique cette province, séparée depuis plusieurs siècles de la monarchie, fût dans le même état que l'archevêché de Cambrai, et peut-être regardée comme unie plutôt que réunie à la couronne, si l'on veut que Cambrai soit aussi dans cette espèce.

C'est ainsi que la régale auroit eu lieu dans Cambrai même, si le roi n'y avoit renoncé expressément, en considération de la cession que le chapitre de cette église fit au roi du droit d'élection; cession qui ne fut nécessaire que parce que le roi avoit consenti que le concordat germanique fût observé à Cambrai, depuis la conquête, comme il l'étoit auparavant dans cette ville. C'est donc ici un des cas où l'exception confirme la règle, et où la précaution qu'on a prise de faire renoncer le roi au droit de régale, fait assez voir que sans cela Sa Majesté l'y auroit exercé, comme dans les autres églises du royaume.

C'est ainsi que le droit des gradués de l'université de Paris a été étendu dans la Bresse, par un arrêt du grand conseil, du 15 juin 1643.

C'est ainsi que le même tribunal a jugé que l'indult du parlement devoit avoir lieu dans la Franche-Comté.

Enfin, pour ne point chercher des exemples ailleurs que dans le droit même de joyeux avénement, c'est ainsi que ce droit a été exercé dans les trois évêchés, depuis leur union à la couronne, comme il l'étoit auparavant dans le reste du royaume : et, pour approcher encore plus près de Cambrai, c'est ainsi que feu M. l'archevêque de Cambrai est convenu que l'évêque d'Ypres avoit déféré au droit de joyeux avénement, quoiqu'il prétende que c'est une facilité de ce prélat qui ne peut tirer à conséquence.

Il ne paroît donc pas que dans les règles générales, l'on puisse trouver aucune différence solide entre le cas de l'union et celui de la réunion, par rapport à l'extension du droit de joyeux avénement.

La seule difficulté qu'on pourroit trouver en cette matière tomberoit sur les différentes espèces d'union : elle peut se faire en deux manières : ou en sorte quelle produise une véritable confusion, et que la province nouvellement acquise devienne l'accessoire du royaume et la partie d'un tout ; ou sans confusion, en sorte que ce soit, pour ainsi dire, deux touts dans la même main, comme le royaume de Navarre, par rapport au royaume de France, comme le Dauphiné et la Provenee.

Mais cette question, dont la discussion seroit trop longue, cesse absolument par rapport aux provinces des Pays-Bas qui ont été unies de la première manière à la couronne, et qui n'ont jamais été regardées comme formant un tout séparé du reste de la Monarchie.

Il faut néanmoins examiner les raisons dont feu M. l'archevêque de Cambrai s'est servi pour s'opposer à l'extension du droit de joyeux avénement ; et cette discussion ne sera pas longue, parce qu'on a déjà prévenu par avance la plus grande partie de ses objections.

On peut les réduire à deux points principaux.

Il prétend prouver d'abord en général que le droit de joyeux avénement ne peut être étendu même à une province nouvellement réunie à la couronne.

Il soutient, en second lieu, que quand le droit commun seroit pour cette extension, l'église de Cambrai auroit en sa favenr des titres suffisans d'exemption.

Sur le premier point, il établit deux propositions, ou du moins on peut y réduire ses mémoires ; l'une, que le droit de joyeux avénement est très-équivoque en soi-même par rapport aux églises de l'ancien royaume ; l'autre, qu'il n'y a point de raisons suffisantes pour l'étendre, même aux églises des provinces nouvellement réunies à la couronne.

PREMIÈRE PROPOSITION.

Droit de joyeux avénement ; droit très-équivoque, même dans l'ancien royaume.

M. l'archevêque de Cambrai soutient à cet égard, que ce droit n'est établi que depuis peu de temps, même dans l'ancienne France; que, suivant la remarque de Brodeau, le parlement l'avoit perpétuellement rejeté; que cette jurisprudence a duré jusqu'en l'année 1616, où il intervint encore un arrêt, conformément aux conclusions de M. le Bret, avocat-général, par lequel le brévetaire du roi fut débouté de sa prétention :

Que nulle loi civile ou ecclésiastique ne l'autorise, si ce n'est depuis Louis XIII, ou tout au plus depuis Henri III; encore n'est-ce que la loi civile, car l'église ne l'a jamais confirmé :

Que les anciens jurisconsultes du plus grand nom n'en font aucune mention; et que ceux qui en ont parlé l'ont fait avec tant d'incertitude, les uns en parlant comme d'une espèce de prière que le roi faisoit aux collateurs en faveur de ses aumôniers et chapelains, ou des conseillers au parlement et au grand conseil; les autres, le regardant comme un droit que le roi exerçoit en faisant son entrée dans certaines villes; qu'on ne peut rien conclure de certain dans une si grande diversité d'opinions :

Qu'il est assez vraisemblable que c'est le droit de joyeuse entrée dont le roi jouissoit à Tours, à Poitiers, et dans d'autres villes, qui a servi de prétexte pour introduire dans le reste du royaume le droit général de joyeux avénement :

Que ce droit ne consistoit autrefois que dans une simple prière qui n'imposoit aucune nécessité, et à laquelle les évêques ne déféroient que par respect, et, comme le disent plusieurs de nos auteurs, *par courtoisie*, et que ce n'est que depuis Louis XIII, qu'on a commencé à y suppléer le décret irritant, qui reçoit encore bien des modifications dans la jurisprudence du grand conseil :

Qu'enfin, on ne peut se former une idée plus juste de l'établissement de ce droit, que parce que M. le Bret en dit dans son traité de la Souveraineté du roi : et cet ancien avocat-général, malgré la prévention qu'il pouvoit avoir pour les droits de la couronne, atteste expressément, *que ce n'est que depuis peu de temps que le parlement de Paris a reçu cette espèce de collation, n'estimant pas qu'il fût raisonnable d'entreprendre sur l'église par cette nouveauté : mais depuis, ce droit s'étant affermi par le temps et par le consentement des églises, et ayant été autorisé par des lettres qui l'ont restreint aux cathédrales, il est maintenant en usage, étant une règle approuvée de tous les canonistes, que* reges, ex longissimâ possessione, *peuvent conférer les bénéfices ecclésiastiques.*

Qu'il faut donc conclure de toutes ces observations,

1.° Que si ce droit n'a pas été reçu dans tous les temps, même par les églises de l'ancien royaume, il n'y a aucun inconvénient qu'il ne soit pas non plus dans tous les lieux qui sont à présent soumis à la domination du roi.

2.° Que puisque selon M. le Bret, il ne s'est affermi que par le temps et le consentement des églises, il ne peut avoir aucune solidité à Cambrai, où le roi n'a en sa faveur, ni la longueur du temps, ni le consentement de l'église.

3.° Que comme on ne trouve point étrange que ce droit n'ait pas lieu dans les collégiales mêmes de l'ancien royaume, parce que le roi n'y a pas de possession, l'on ne doit pas être surpris non plus si ce droit a cessé à Cambrai, où le roi n'a aussi aucune possession.

SECONDE PROPOSITION.

Il n'y a aucune raison d'étendre ce droit aux églises des provinces nouvellement conquises, et plutôt unies que réunies.

Pour établir cette proposition, M. l'archevêque de Cambrai entreprend de prouver avec beaucoup d'étendue,

Que le Cambresis est un pays uni et non pas réuni à la couronne;

Que s'il a été autrefois sous la domination de nos rois, ils ne l'ont possédé qu'en qualité d'empereurs; et qu'il ne faut pas confondre la France, proprement dite, avec l'empire de Charlemagne : Cambrai étoit soumis à l'un; mais il n'a jamais fait partie de l'autre;

Que depuis le don que Charles le chauve fit, en l'année 863, à l'évêque de Cambrai, de la seigneurie de son territoire, dûment confirmée par les trois Othons, et amplifiée par les empereurs suivans, l'évêque de Cambrai est devenu prince de l'empire, jouissant des droits de souveraineté dans son pays, assistant aux diètes, égal en un mot à tous les autres princes de l'empire;

Que si le comte de Flandre a été pendant longtemps avoué de l'église de Cambrai, cette qualité, qu'il n'avoit qu'en tant qu'il étoit lui-même membre de l'empire, le rendoit vassal de l'évêque dont il étoit défenseur et non pas le maître; que s'il en a voulu abuser dans la suite, les empereurs Conrad III et Charles IV ont tempéré son autorité, en donnant de nouveaux défenseurs à l'église de Cambrai;

Que Philippe de Valois n'a jamais été que châtelain de Cambrai, et par là vassal de l'évêque; que les seigneurs Allemands furent même indignés, comme on le voit dans Froissard, de ce qu'il avoit osé acheter une terre dans l'empire;

Que le concordat Germanique a toujours eu lieu dans Cambrai;

Que depuis l'usurpation de Baligny, en 1580, et celle des Espagnols, en 1595, l'archevêque n'a jamais reconnu leur autorité; qu'il n'a point prêté serment au roi d'Espagne; qu'il a continué d'assister aux diètes jusqu'en 1636; que le chapitre a fortement résisté au droit que ce prince vouloit s'attribuer de nommer à l'archevêché; et par conséquent, il est vrai de dire que l'archevêque de Cambrai s'est toujours conservé de droit dans sa dignité de prince de l'empire; mais que quand même il se seroit enfin soumis au roi d'Espagne, il n'en seroit pas moins vrai que le Cambresis est un nouveau pays qui a été uni et non réuni à la couronne par la conquête du roi.

Ces faits enfin supposés, on ne peut imaginer que deux raisons, pour étendre le droit de joyeux avénement à l'église de Cambrai.

La première, l'union à la couronne, qui semble assujettir ces provinces aux lois qui sont observées dans le reste du royaume.

La seconde, la raison de l'uniformité qui paroît devoir se trouver entre les membres d'un même corps et les parties d'un seul tout.

Mais il prétend que ces deux raisons ne peuvent être décisives, que quand il s'agit de droits essentiels de la souveraineté.

Or, ajoute-il, le droit de joyeux avénement ne peut être de ce nombre.

Non-seulement plusieurs souverains n'en jouissent pas, mais le roi de France n'en a pas joui lui-même pendant plusieurs siècles. On ne peut donc le regarder comme un droit de la couronne; et tout droit, qui ne s'acquiert que par la possession, est un droit arbitraire, qui, à la rigueur, doit être purement local, c'est-à-dire, avoir lieu seulement dans les pays où la possession l'autorise.

Dès le moment que ce droit ne peut être regardé comme un apanage essentiel de la souveraineté, il n'y a aucun inconvénient d'admettre à cet égard des usages différens dans le même royaume.

Combien de diversités de coutumes dans la domination du roi!

Combien d'usages différens dans les églises de son royaume, et sur des matières bien plus importantes que le joyeux avénement!

La Bretagne, la Provence, le Roussillon, la Franche-Comté, ont chacune des mœurs et une discipline différente, quoique toutes réunies sous le même sceptre : l'église de Cambrai, dont il s'agit en particulier, a conservé l'usage du concordat Germanique.

Le joyeux avénement sera-t-il donc la seule règle qui ne pourra souffrir ni variété ni exception dans toute l'étendue du royaume?

Pour prouver que quand l'extension du droit de joyeux avénement devroit avoir lieu, même dans les provinces nouvellement unies à la couronne, l'église de Cambrai auroit des titres suffisans d'exemption, M. l'archevêque de Cambrai représente,

1.° Que cette église n'a mérité, en aucune manière, que le roi lui imposât la nouvelle servitude du droit de joyeux avénement : c'est sur le roi d'Espagne, et non sur l'église, que le roi a fait sa conquête.

2.° Quand ce seroit sur l'archevêque même de Cambrai que la conquête auroit été faite, on ne pourroit jamais séparer la conquête de la capitulation. Or, par la capitulation, le roi a promis de conserver les franchises des églises, et de les mettre à couvert de toutes innovations. Il est donc garant, en quelque manière lui-même, de la nouveauté qu'on veut introduire dans cette église par le brevet de joyeux avénement.

3.° L'intérêt de l'état est bien plus de tenir parole à des peuples nouvellement conquis, que d'assurer à chaque roi, une fois en sa vie, la nomination de trois ou quatre bénéfices.

4.° Le roi d'Espagne pourroit-il jouir du droit sur les églises de France, ajoutées par la guerre ou par un traité de paix à sa domination? Et s'il étoit mal fondé à le prétendre, le roi peut-il réciproquement user du droit de joyeux avénement sur les églises d'une province qu'il a conquise sur l'Espagne?

5.° Le feu roi a préjugé la justice de l'exemption de Cambrai, en imposant silence au sieur d'Artaize, qui avoit surpris un brevet de joyeux avénement sur l'église collégiale de Saint-Gery, qui est dans cette ville.

C'est à quoi peuvent se réduire toutes les objections de M. l'archevêque de Cambrai, et même celles qui semblent mériter une réponse, et qui sont plutôt des raisons que des tours d'esprit, ou des expressions ingénieuses qui couloient si heureusement de sa plume.

Il faut maintenant les examiner dans le même ordre qu'on vient de les reprendre.

On examinera donc d'abord, s'il a raison de prétendre que, de droit commun, l'extension du droit de joyeux avénement à une province nouvellement réunie à la couronne, ne doit pas avoir lieu.

La première proposition qu'il avance pour soutenir ce moyen, et qu'il fonde sur la nature du droit de joyeux avénement droit, selon lui, récent, incertain, peu autorisé, ne mérite presque pas d'être réfutée après la tradition qu'on a faite des titres et des auteurs, qui montrent en même temps l'ancienneté, la certitude et l'autorité de ce droit.

On se contentera donc d'observer ici, qu'il auroit été à souhaiter que M. l'archevêque de Cambrai eût eu le loisir d'étudier cette matière dans d'autres sources que Brodeau et M. le Bret.

M. le Bret, de la souveraineté du roi, livre 1, chap. 18, dit que ce n'est que depuis peu que le parlement a reconnu ce droit, qui s'est, dit-il, confirmé par le temps et le consentement des églises.

Brodeau, sur M. Louet, *lettre* P., n.° 6, dit que c'est depuis l'année 1577, que le droit de joyeux avénement a été introduit et reçu au grand conseil, et mis entre les droits royaux.

Il n'auroit pas dit, sur la périlleuse parole de ces auteurs, que le parlement auroit rebuté ce droit pendant long-temps, puisqu'il auroit vu que dès le temps de Philippe le hardi et du roi Jean, le parlement l'avoit maintenu par les arrêts des années 1274, 1351 et 1353.

Que l'arrêt de 1616, cité par Brodeau, sembla à la vérité avoir rejeté le droit de joyeux avénement : mais qu'il ne faut que lire ce que M. le Bret dit alors, pour être convaincu que si le parlement a autrefois paru contraire à ce droit, c'est parce que ceux qui étoient chargés de la défense des droits du roi, en étoient si peu instruits, qu'ils abandonnèrent la cause que leur devoir étoit de soutenir.

Voici, en effet, tout ce que M. le Bret dit sur ce sujet, dans son plaidoyer, tel qu'il est dans les registres du parlement :

Pour le regard du pourvu par le joyeux avénement, c'est un droit qu'ils n'ont vu, et bien qu'aucuns en aient écrit, n'a été pratiqué, sinon quelquefois les rois faisant leurs entrées aux églises, ont recommandé ceux qui avoient du mérite, pour avoir la première prébende.

C'est ainsi que cet avocat du roi abandonne la cause, 1.° parce qu'il n'a pas vu, et qu'il auroit dû voir ; 2.° parce qu'il lui plaît de confondre le droit de joyeux avénement, avec le droit de joyeuse entrée, qui n'a lieu que dans quelques églises.

Mais depuis que les connoissances ont fait plus de progrès sur cette matière, M. le Bret lui-même convient dans son livre, que ce droit a été autorisé même par le parlement.

S'il n'y a point de loi civile avant Louis XIII, ou tout au plus avant Henri III, qui ait confirmé expressément ce droit, il ne s'ensuit pas pour cela qu'il n'ait eu aucune autorité : il n'y a personne qui ignore que les lois non écrites ont la même force que les lois écrites; il y a des matières bien plus importantes où l'usage seul tient lieu de loi; enfin, rien n'est plus juste que la réflexion du jurisconsulte Paulus, dans la loi 36 du digeste, au titre *de legibus*, lorsqu'en parlant des règles qui ne sont établies que par l'usage, il dit : *Imò magnæ autoritatis hoc jus habetur, quòd in tantum probatum est ut non fuerit necesse scripto id comprehendere.*

Le silence de quelques-uns de nos jurisconsultes sur le droit de joyeux avénement, ne peut jamais l'emporter sur le témoignagne formel qu'un grand nombre d'autres auteurs rendent à l'antiquité et à l'étendue de ce droit.

Il ne faut qu'envisager les anciens actes qui établissent la preuve de ce droit, pour être persuadé qu'il n'a rien de commun avec le droit singulier et local, que le roi a dans un petit nombre de villes de son royaume, de nommer à la première prébende qui vacque après son entrée dans cette ville; et que si Choppin semble avoir confondu ces deux droits dans un de ses ouvrages, c'est une erreur qu'il a réparée dans d'autres, et qui ne doit pas nuire à un droit d'ailleurs suffisamment établi.

Il paroît, à la vérité, que nos rois, dans le temps que l'indult du parlement avoit souffert quelqu'interruption, ont donné aux officiers de cette compagnie des lettres de simple prière ou de recommandation adressées aux collateurs du royaume. Mais il ne faut pas confondre ces prières avec le droit de joyeux avénement, qui, dans les temps les plus reculés, a été toujours qualifié droit royal, droit propre au roi, et qui, par conséquent, ne dépend point de la volonté absolue des collateurs. D'ailleurs, quand même ce droit auroit commencé par de simples prières, ce qui n'est nullement vraisemblable, puisqu'on voit que dès le trezième siècle, il emportoit une véritable nécessité, non-seulement en France, mais en Angleterre et en Allemagne; l'usage et la possession l'ont tellement affermi, qu'il est devenu dans ce siècle un véritable droit, et que c'étoit dans cet état présent qu'il falloit en juger, et non par rapport à ce qu'il a pu être autrefois.

Mais dans la vérité, le commencement et la fin sont pour la rigueur du droit; s'il y a eu quelqu'incertitude dans le temps intermédiaire, à cause des guerres dont la France a été agitée, et de la foiblesse du gouvernement, l'ancien usage a repris enfin le dessus; ainsi, ce que Louis XIII a fait par rapport au droit de joyeux avénement, est plutôt un rétablissement des anciennes maximes, que l'introduction d'un droit nouveau.

Il est aisé de juger, après cela, du poids que doit avoir le témoignage de M. le Bret, esprit assez superficiel, et qui a fourni la preuve dans d'autres matières, qu'il n'avoit jamais bien approfondi les antiquités de notre droit Français.

Ainsi les quatre conséquences que M. l'archevêque de Cambrai a cru pouvoir tirer de la nouveauté et de l'incertitude prétendue du droit de joyeux avénement, tombent d'elles-mêmes.

1.° Il peut être vrai que ce droit n'ait pas eu lieu dans tous les temps; mais sans examiner ce fait qui est fort obscur, il est certain au moins que ce droit a dû avoir lieu dans tous les temps, puisque c'est un droit royal que le roi ne peut jamais perdre, suivant les maximes du domaine; d'ailleurs, c'est un raisonnement très-faux, que celui qui conclut du temps aux lieux. Il y a bien des droits de la couronne qui ont commencé, et qui par conséquent n'ont pas eu lieu dans tous les temps; mais dès le moment qu'ils ont été une fois établis comme droits royaux, comme droits de la couronne, ils ont toujours été étendus dans tous les lieux qui font partie de la monarchie; et de droit commun, ils y sont toujours présumés assujettis jusqu'à ce qu'ils puissent prouver leur exemption.

2.° Quand il seroit vrai que le droit de joyeux avénement se seroit établi par le temps et le consentement des églises, sans aucune autorité, il suffit qu'il le soit une fois, pour y soumettre toutes les églises du royaume, comme aux autres lois de l'état dont elles commencent à faire partie.

3.° M. l'archevêque de Cambrai se trompe, quand il veut tirer un argument de la prétendue exemption des églises collégiales; c'est une erreur de fait, elles y sont soumises comme les cathédrales, avec un seul tempérament, qu'il faut pour cela qu'elles aient dix prébendes, outre les dignités : tempérament que le grand conseil a introduit par un argument tiré des décisions des papes, qui veulent qu'un collateur ait dix bénéfices à sa disposition, pour pouvoir être chargé d'une grâce expectative.

La seconde proposition de M. l'archevêque de Cambrai qui est que, quand même ce droit seroit mieux établi qu'il ne l'est, même dans l'ancienne France, il n'y auroit pas lieu de l'étendre aux églises des provinces nouvellement conquises, et plutôt unies que réunies à la couronne, peut mériter plus d'attention que la première.

On ne s'arrêtera pas long-temps à examiner si le Cambresis doit être regardé comme un pays réuni, ou comme un pays seulement uni à la couronne.

On peut distinguer deux propositions dans la défense de M. l'archevêque de Cambrai à cet égard.

L'une, que Cambrai ne faisoit autrefois partie que de l'empire de Charlemagne, et non de la France proprement dite.

L'autre, que Cambrai, pendant plusieurs siècles, a fait partie de l'empire.

De ces deux propositions, la dernière est absolument certaine; il faut convenir que depuis la fin de la seconde race, Cambrai a toujours été sous la domination des empereurs d'Allemagne, si l'on en excepte quelques intervalles de peu de durée, où nos rois s'en sont rendus maîtres par la force des armes, ou plutôt par occupation de fait, que par droit.

A l'égard de la première proposition, elle a été avancée sans fondement de la part de M. l'archevêque de Cambrai; il n'y a qu'à voir les différens partages qui furent faits entre les enfans et petits enfans de Charlemagne, pour reconnoître que la ville de Cambrai étoit alors comprise dans les limites de la France. Mais il n'en faut pas chercher la preuve ailleurs que dans les mémoires mêmes de M. l'archevêque de Cambrai. Il y marque que ce fut en l'année 863, que Charles le chauve donna à l'évêque de Cambrai la seigneurie de cette ville; et comme il n'étoit alors que roi de France, et qu'il ne fut couronné empereur qu'en l'année 875, M. l'archevêque de Cambrai a prouvé, sans y penser, le contraire de ce qu'il avoit entrepris de soutenir.

Cette vérité de fait est d'ailleurs établie par le partage des enfans de Louis le débonnaire, et par celui de Charles le chauve, avec Louis le germanique de l'année 870, où Cambrai est nommément compris dans le royaume de Charles le chauve.

Ces deux vérités supposées,

On pourroit d'abord prétendre à la rigueur, que la conquête de Cambrai ne doit pas être regardée comme une nouvelle acquisition, et qu'elle n'est qu'une réunion d'une ancienne province à la couronne; que s'il est vrai, comme de célèbres auteurs l'ont prétendu, que la prescription n'ait pas lieu entre souverains, la longue durée de l'usurpation n'a pu changer la nature de ce pays, et qu'en quelque temps qu'il revienne à sa première origine, il doit toujours être regardé comme une partie qui se réunit à son tout.

Mais comme six ou sept cents ans de possession ne laissent pas de rendre cette fiction plus difficile, et que d'ailleurs il n'y a pas de différence solide entre le cas de l'union et celui de la réunion, il ne paroît pas nécessaire de faire une plus longue dissertation sur ce sujet. Il faut donc passer à l'examen des autres objections de M. l'archevêque de Cambrai, en supposant, si l'on veut avec lui, que Cambrai est dans le cas de l'union.

Il combat les deux principales raisons de l'extension du droit de joyeux avénement, qui sont l'union à la couronne, et l'uniformité qui doit se trouver dans la jurisprudence qu'on observe à l'égard de toutes les églises d'un même royaume; et tous ses argumens se peuvent réduire à la distinction qu'il propose entre les droits essentiels de la souveraineté, et ceux qui ne sont qu'arbitraires, pour en conclure que les droits de la première espèce sont les seuls que les provinces nouvellement unies à la couronne seroient obligées de reconnoître.

Mais, sans attaquer cette distinction qui peut être juste en elle-même, comme on l'a déjà reconnu ailleurs, il suffit d'en combattre l'application qui ne l'est pas.

1.° Si le droit de joyeux avénement a sa source dans le droit féodal de la couronne, comme on l'a observé, il pourrroit être mis au nombre des droits primitifs de la couronne, au moins de celle de France, qui certainement n'a point de plus ancienne règle de droit public, pour tout ce qui regarde la troisième race, que l'ordre des fiefs.

2.° Quand il seroit vrai que le droit de joyeux avénement ne seroit pas du nombre des droits essentiellement attachés ou à la couronne en général, ou à la couronne de France en particulier, il ne seroit pas moins vrai que ce droit, plus ou moins essentiel, seroit toujours un droit royal, et un droit de la couronne, qui, étant indivisible dans sa source, doit aussi se répandre universellement sur toutes les parties de la monarchie qui n'en sont pas exemptes expressément; car nous n'envisageons encore ici que le droit commun, sauf à examiner dans la suite les exceptions particulières.

3.° C'est inutilement que pour combattre ce principe, on veut faire valoir la diversité des usages que le roi tolère dans son royaume, soit dans les matières civiles ou dans les matières ecclésiastiques. Une distincfion plus convenable que celle de M. l'archevêque de Cambrai, et plus propre à la question présente, résout pleinement cette difficulté.

Comme l'état est composé du roi et des peuples,

on peut distinguer aussi deux sortes de droits : l'un, qui règle les contestations des peuples; l'autre, qui établit les priviléges du roi.

Le premier, suivant les mœurs de la France, est sujet à une grande diversité. Ce n'est pas ici le lieu d'en examiner les différentes causes ; mais comme cette variété n'intéresse point les droits du souverain, il veut bien entrer dans les inclinations de chaque pays, conserver ses usages, et le laisser vivre suivant ses anciennes mœurs.

Il n'en est pas de même de la seconde espèce de droit qui regarde les priviléges du souverain ; et c'est ce qu'on appelle les droits royaux, qui sont attachés à sa personne, et qui sont des parties ou essentielles ou accessoires de la souveraineté. L'unité du monarque imprime aussi sur ces droits le caractère de l'uniformité. C'est ce que l'on peut établir par plusieurs exemples incontestables, où, depuis que l'on a commencé à avoir en France des principes plus épurés sur le droit public, on a toujours regardé cette uniformité comme le caractère certain de tous les droits de la couronne :

Ainsi, le domaine du roi est imprescriptible dans toute l'étendue de la monarchie, quoique cette maxime ait peut-être eu ses variations, comme le droit de joyeux avénement ; et celui qui voudroit prétendre qu'elle n'a pas lieu dans les provinces nouvellement conquises, ne seroit pas seulement écouté :

Ainsi, le franc-aleu a été proscrit dans les temps nobles, parce que l'on a jugé que la seigneurie et la justice, faisant partie de la puissance publique, ne pourroient jamais émaner que du roi ; et cette maxime n'a point d'autres bornes dans son application, que celle de la monarchie même :

Ainsi, la régale a-t-elle été enfin étendue à toutes les provinces qui s'en prétendoient exemptes, quoiqu'elle y eût souffert de longues éclipses, et est-elle reçue de la même manière dans les provinces nouvellement conquises :

Ainsi, le privilége qui appartient au roi de plaider, toujours la main garnie, est-il reçu universellement dans tous ses états :

Ainsi, la connoissance des cas appelés royaux, dont le nombre et la qualité ont peut-être varié plus souvent que le droit de joyeux avénement, n'appartient qu'au roi seul, ou à ses officiers, dans toutes les terres de sa domination ancienne ou nouvelle, à moins que l'exception ne soit fondée sur des titres particuliers :

Ainsi, pour ne point multiplier les exemples à l'infini, a-t-on établi cette maxime générale qui renferme tout ce qu'on peut dire sur cette matière, et qui a été tant de fois confirmée par les arrêts de toutes les cours, que les dispositions coutumières, quoique rédigées par l'autorité du roi et en présence de ses commissaires, ne sont des lois qu'entre les peuples de leur ressort, et qu'elles ne peuvent faire aucun préjudice aux droits du souverain.

Or, comme on ne sauroit douter que le droit de joyeux avénement ne soit un droit royal, un droit de la couronne, c'est en vain qu'on lui oppose cette diversité d'usages, tolérée par le roi dans les états, puisque, comme on vient de le voir dans les différens exemples des droits royaux qui ont été expliqués, cette variété ne peut jamais y avoir lieu, parce qu'elle ne tombe point sur ce qui intéresse le souverain en tant que souverain, c'est-à-dire, sur tout ce qui forme un droit véritablement royal.

Toute la force de la cause de l'église de Cambrai doit donc se réduire à prouver que, quand le droit commun lui seroit contraire, elle a néanmoins des raisons suffisantes d'exemption.

Mais la première raison, fondée sur ce que la conquête de Cambrai a été faite sur le roi d'Espagne, et non sur l'église, n'est qu'un pur sophisme, ou tout au plus un tour d'éloquence.

Où a-t-on pris cette étrange maxime, qu'il faut que ce soit sur l'église même que le roi ait fait une conquête, pour le mettre en état d'y exercer le droit de la couronne ? C'est cependant cette proposition qui devroit être la majeure du raisonnement de M. l'archevêque de Cambrai, si l'on vouloit le mettre en forme.

Il avance, pour seconde raison, avec bien plus de fondement, qu'il ne faut pas séparer la conquête de la capitulation, et c'est-là véritablement le nœud de la difficulté, qui se réduit à examiner si les termes de cette capitulation sont assez forts pour en pouvoir conclure que le roi ait voulu exempter l'église de Cambrai du droit de joyeux avénement.

Article 4 de la capitulation de Cambrai.

L'archevêque, chapitre métropolitain, et autres abbés et abbesses, religieux et religieuses canoniquement y établis, hôpitaux, fondations pieuses, bourgeois et habitans des villes et pays, et tous autres, de quelqu'état et condition qu'ils puissent être, ecclésiastiques, séculiers, réguliers et autres, jouiront pleinement et paisiblement de tous leurs priviléges, immunités, franchises, exemptions, et autres droits qui leur compètent et appartiennent de droit, et accordés par les saint canons, graces et priviléges donnés par les saints pontifes, conciles et supérieurs ecclésiastiques, octroyés par les empereurs, rois, princes, et autres souverains.

Le roi, selon M. l'archevêque de cette église, lui a promis de le conserver dans ses franchises, c'est la clause qu'il s'agit d'interpréter.

On ne le peut faire qu'en deux manières, ou par les régles du droit commun, ou par les conjectures particulières que l'on peut tirer ou de l'état de cette église ou des autres actes qu'elle a passés avec le roi.

Si l'on s'attache d'abord aux règles du droit commun, la clause ne paroîtra pas suffisante pour en tirer une conséquence favorable à l'église de Cambrai.

1.° C'est une maxime certaine, qu'on ne déroge point aux droits, sans une convention expresse et spéciale. L'une et l'autre jurisprudences reconnoissent également cette maxime. Les souverains ne sont pas censés compris dans les lois mêmes de l'église, s'ils n'y sont nommément exprimés ; leurs personnes et leurs droits *indigent speciali notâ*, comme parlent les jurisconsultes ; et quiconque n'en parle pas expressément, est censé n'y avoir pas même pensé.

(C'est par cette raison que la cour de Rome décida sous Pie IV et sous Grégoire XIII, que le concile de Trente n'avoit pas aboli l'expectative des premières prières, parce qu'un droit impérial ne pouvoit pas être aboli par un décret qui n'en faisoit pas une mention expresse).

Cette règle est d'autant plus décisive dans la question présente, que c'étoit avec le roi même que la ville de Cambrai traitoit ; et peut-on présumer que le roi lui-même eût voulu déroger à ses droits, ou que cette ville eût voulu l'exiger, sans néanmoins qu'on en eût fait aucune mention dans le traité qui devoit contenir cette dérogation ?

2.° C'est encore une autre maxime du droit commun, qu'il suffit, surtout dans les actes qui sont de droit étroit, que les termes dont on s'est servi puissent avoir un sens parfait, sans y comprendre le droit qu'on veut y suppléer, pour n'y faire aucune extension : or, le terme de *franchises* que le roi a promis de conserver à l'église de Cambrai, s'entend naturellement des immunités et des priviléges dont elle jouissoit, soit dans ses biens, soit dans les personnes de ses ministres ; mais il n'est pas nécessaire, et on peut dire même qu'il n'est pas naturel d'entendre par ce terme une exemption d'une nature singulière, telle que seroit celle du droit de joyeux avénement, qui ne pourroit être qu'une exemption et une décharge de reconnoissance et de gratitude pour cette protection même par laquelle le roi promet à l'église de Cambrai de lui conserver ses franchises. Il est difficile de concevoir qu'une telle pensée soit venue dans l'esprit, ni du roi vainqueur, ni de la ville vaincue ; et il n'y a personne qui puisse croire que quand on a parlé des franchises de l'église de Cambrai, on ait entendu *parler de franchises contre le roi même*, dans une matière aussi peu importante pour l'église que la nomination à une ou deux prébendes pendant le règne de chaque roi. Ainsi, c'est une interprétation forcée qu'on veut donner après coup à une promesse qui n'y a point de rapport; et on peut dire qu'il est beaucoup plus difficile d'étendre les termes de la capitulation, jusqu'à la décharge du droit de joyeux avénement, que d'étendre ce droit même à l'église de Cambrai.

Si de ces maximes générales, on passe aux conjectures particulières qui se tirent de l'état où étoit alors cette église, et des autres actes qu'elle a passés avec le roi, on peut porter la preuve de cette vérité jusqu'à la démonstration.

En effet, il est évident qu'on ne sauroit appliquer le terme *de franchise* qu'aux droits dont l'église de Cambrai étoit exempte dans le temps de la conquête; or, M. l'archevêque de Cambrai convient qu'elle étoit alors soumise au droit de prières impériales, qui est encore plus rigoureux que le droit de joyeux avénement, quoique ce soit un droit de même espèce. On ne peut donc jamais appliquer à ce droit ces franchises que le roi a promis de conserver.

Le roi a bien promis à l'église de Cambrai de lui conserver ce qu'elle avoit; mais il ne lui a point promis de lui donner ce qu'elle n'avoit pas: et cet argument ne paroît susceptible d'aucune réplique raisonnable.

Enfin, le roi a traité depuis ce temps-là avec l'église de Cambrai, sur le droit d'élection, dont le chapitre étoit en possession; et, par le concordat qui fut passé sur ce sujet, on n'exigea du roi que de renoncer au droit de régale qu'il cédoit, sans qu'on y ait fait aucune mention du droit de joyeux avénement, qui par conséquent est demeuré en son entier entre le roi et le chapitre.

Le reste du raisonnement de M. l'archevêque,

pour prouver l'exemption de son église à titre particulier, ne mérite presque pas de réponse.

C'est une pétition de principe de dire, que l'intérêt véritable de l'état, est de tenir religieusement sa parole à des peuples nouvellement conquis : personne ne doute de la maxime générale ; mais il faut toujours revenir à la question de savoir ce que le roi a promis ; et l'on vient de montrer qu'il n'avoit rien promis à l'égard du joyeux avénement.

Il ne s'agit point ici de savoir si le roi d'Espagne ou l'empereur peuvent jouir du droit de régale dans les églises qui ont été sous la domination de la France.

Quand il seroit vrai qu'ils n'en doivent point jouir, ce qui peut être problématique, la seule raison qu'on pourroit en rendre, est qu'une nouvelle province doit se régler par le même droit que le reste de la monarchie à laquelle elle est ajoutée ; mais c'est par ce principe même qu'on conclûroit fort bien que le roi doit jouir, dans le cas contraire, et du droit de régale, et du droit de joyeux avénement, parce que telle est la loi de son royaume à laquelle une nouvelle province doit se soumettre comme les anciennes.

Enfin, si le feu roi a imposé silence au sieur d'Artaize, par rapport à un canonicat de l'église collégiale de Saint-Gery, c'est parce que ce chapitre n'avoit pas le nombre de prébendes requis pour y pouvoir placer le brevet de joyeux avénement ; et M. l'archevêque de Cambrai qui dit partout que les collégiales en sont exemptes, ne devoit pas se servir de cet exemple.

Il faut maintenant examiner en peu de mots, le second droit que le roi peut avoir sur l'église de Cambrai, comme étant à la place de l'empereur, et que l'on a appelé d'abord *droit impérial*.

SECONDE QUESTION.

Droit impérial.

On ne s'étendra pas ici sur l'origine, et sur la

nature du droit de premières prières dont l'empereur est en possession.

On se contentera seulement de faire quelques remarques importantes sur la manière dont l'empereur exerce ce droit, parce que M. l'archevêque de Cambrai suppose dans ses mémoires, des principes peu exacts sur ce sujet.

PREMIÈRE OBSERVATION.

Il est certain que ce droit ne tire point son origine d'une concession des papes, comme des docteurs ultramontains l'ont prétendu sans fondement; et qu'il est appuyé sur les mêmes principes que le droit de joyeux avénement en France, c'est-à-dire, sur la reconnoissance des églises pour la protection du prince, et peut-être même sur l'ancienne loi des investitures, comme quelques auteurs Allemands l'ont prétendu, et comme on l'a aussi observé pour le joyeux avénement.

SECONDE OBJECTION.

L'empereur, et dans les premiers et dans les seconds temps, a exercé et exerce ce droit, sans être obligé de prendre un indult du pape; et s'il en a pris dans le temps intermédiaire, c'a été dans le même esprit que nos rois ont obtenu des indults pour nommer à des évêchés nouvellement conquis, sans reconnoître la nécessité de l'indult.

On oppose contre cette proposition, le témoignage de Durand, appelé le spéculateur, qui, dans son *speculum juris*, du titre *de prebendâ et dignitate*, §. rest. n.° 7, p. 76, lib. 4. dit que l'empereur, *habet privilegium quod ego vidi bullatum, quod in quâlibet ecclesiâ Alemanniæ possit facere unum recipi.*

Mais comme cet auteur ne marque ni la date, ni l'auteur de ce privilége, que d'ailleurs le nom de bulle est commun aux lettres-patentes des empereurs et à celles des papes, et qu'enfin ce fait est démenti par tout ce que l'on dira dans la suite, il y a lieu de conjecturer que le titre que Durand a vu *Bullé*, étoit une nomination même de l'empereur, et non un *privilége du pape*.

Il faut donc distinguer trois temps en cette matière :

Un premier temps qui a précédé le concordat germanique, entre Nicolas VIII et l'empereur Frédéric III, en 1448;

Un second temps, depuis ce concordat jusqu'à la paix de Westphalie, en 1646;

Un dernier temps, depuis cette paix jusqu'à présent.

I. Dans le premier temps, nul vestige, nulle mention de l'indult.

La formule des premières prières dont l'empereur Rodolphe s'est servi en 1274 (1), est rapportée par divers auteurs. Il n'y annonce qu'une ancienne coutume, pour fondement de son droit, *cùm ex antiquâ et approbatâ à divis imperatoribus et regibus ad nos perductâ consuetudine quælibet ecclesia in nostro imperio constituta ad quam beneficiorum ecclesiasticorum pertinet collatio super unius collatione beneficii precum nostrarum primarias admittere teneatur, devotionem tuam rogamus quatenus huic clerico, de ecclesiastico beneficio quod ad tuam collationem pertinet ob reverentiam sacri imperii liberaliter studeas provideri.*

On peut remarquer en passant, et l'antiquité de cet usage, et l'obligation imposée aux collateurs:

(1) Ce pourroit bien être là le titre *Bullé* que Durand auroit vu, car il écrivoit dans le treizième siècle.

Schilter, *de libertat. eccles. Germaniæ, lib.* 6, *cap.* 5, *n.* 12, prétend trouver un vestige plus ancien de ce droit dans le temps d'Othon IV, qui fut élu empereur en l'année 1209, dans ces termes de la chronique de l'abbé d'Usberg. *Fuerat olim consuetudo principum ut hilariter et promptè beneficia seu ecclesias conferrent primis petentibus, quod iste nequaquam facere voluit.*

quoique l'empereur se servît de termes de prières, il marque néanmoins qu'elles formoient un véritable droit, *admittere teneatur.*

On trouve un brevet à peu près semblable (*Arch. du chap. de Saint-Paul, de Besançon*) de l'empereur Henri VII, en l'année 1313, où il ajoute ces termes remarquables pour l'origine du droit des premières prières, *cum habeamus tam in jure imperii, quam ab antiquâ consuetudine, etc.*, termes qui ont un rapport parfait avec ceux de l'arrêt de 1274, pour le roi, *dominus rex utendo jure suo proprio*, et des autres droits qu'on a rapportés, où ce droit est nommé *jus regium.*

Sans parcourir les autres monumens semblables, on finira ce qui regarde ce premier temps par trois réflexions importantes :

1.° Les empereurs ne se fondent que sur le droit de l'empire, et sur une coutume très-ancienne ;

2.° Ils cèdent ce droit à d'autres princes, comme l'empereur Venceslas le céda à l'électeur Palatin, en 1376 (1) ;

3.° Ceux qui ont écrit pour les papes, et pour prouver la nécessité de l'indult, n'en ont pu rapporter aucun de ce temps.

II. Dans le second temps, depuis le concordat germanique jusqu'à la paix de Westphalie, sans parler ici de toutes les contractions que le concordat germanique, souscrit par un empereur trop dévoué à la cour de Rome, a souffertes en Allemagne, il est certain que ce fut à l'occasion de ce concordat que les collateurs se soulevèrent contre le droit de premières prières, sous prétexte qu'il n'y en étoit fait aucune mention, quoique cependant on y ait fait un partage de toutes les collations entre le pape et les ordinaires.

L'empereur obligé de recourir au pape pour se

(1) Goldon, Const. imp., tom. 1, pag. 375.

faire obéir, obtint d'abord une bulle de Nicolas V, qui déclaroit que le concordat n'avoit point aboli les premières prières, et qui l'accordoit ensuite à l'empereur par l'autorité apostolique.

Les papes Cliste III et Pie II, accordèrent de semblables bulles.

Innocent VIII alla encore plus loin; et, après avoir gratifié en apparence l'empereur Maximilien d'un indult, où il déclaroit que le droit de premières prières prévaudroit aux réserves du pape et aux règles de chancellerie, il ajoute que ce droit n'avoit lieu que hors de l'Italie, et que les contestations qui pourroient naître sur l'exercice de ce droit seroient jugées à Rome par le tribunal de Rote.

D'autres papes ont accordé de pareilles bulles; et les empereurs suivans ont sollicité des indults, pour faciliter l'exercice de leur droit, sans néanmoins détruire le principe de ce droit; et en effet, dans ce second temps même,

1.° Quoiqu'ils fissent mention de l'indult, ils s'appuyoient aussi, dans leurs mandemens, sur les droits de l'empire, et sur les louables coutumes;

2.° Ils ont ordonné quelquefois aux chapitres de reconnoître leur droit comme un droit régalien, et une prérogative de la couronne impériale, sans faire aucune mention de l'indult;

L'empereur Mathias en usa ainsi en 1600, à l'égard du chapitre de Spire, quoiqu'il eût l'indult du pape;

3.° Ils ont continué de faire des cessions de ces droits aux électeurs et princes de l'empire; ce qu'ils n'auroient jamais pu faire, s'ils l'eussent tenu de la concession du saint Siége.

III. Dans le troisième temps, depuis la paix de Westphalie, où il fut dit dans l'article 7, que l'empereur exerceroit ce droit dans les lieux où il l'avoit exercé par le passé, et dans l'article 17, qu'on ne pourroit alléguer, contre ce traité, aucun droit canonique ni civil, l'empereur a cessé absolument de demander un indult; et il y a été obligé en quelque manière, par la protestation que les protestans firent en 1645, que, si l'empereur prétendoit jouir des premières prières en vertu d'un indult du pape, ils n'en souffriroient point l'exercice dans leurs états.

Ainsi l'empereur Léopold Joseph, et celui qui règne aujourd'hui, n'ont point obtenu d'indult.

Il est vrai qu'en 1705, le pape a voulu empêcher, sur ce fondement, le chapitre d'Hildesheim de déférer aux premières prières de l'empereur Joseph, ce qui a donné lieu à deux auteurs d'écrire, l'un pour l'empereur, et l'autre pour le pape; mais l'empereur est demeuré ferme, et n'a point pris d'indult.

TROISIÈME OBSERVATION.

L'église de Cambrai étoit soumise au droit des prières impériales; c'est un fait dont M. l'archevêque de Cambrai convient, et dont il dit même qu'il y a plusieurs preuves dans les archives de son église.

Ces trois observations supposées, il semble qu'on puisse en conclure, que le roi exerçant à présent sur l'archevêque de Cambrai la même autorité que l'empereur, il doit aussi y jouir du droit des premières prières, et qu'ainsi il a deux titres sur cette église; l'un comme roi de France, et l'autre, comme représentant l'empereur.

M. l'archevêque de Cambrai s'élève néanmoins contre cette dernière proposition, et il soutient deux choses à cet égard.

L'une, que le droit des premières prières n'a rien de commun avec le droit de joyeux avénement :

1.° Parce que l'un est beaucoup plus étendu que l'autre, soit par rapport aux collateurs, soit par rapport aux bénéfices;

2.° Parce que le droit des premières prières est l'unique droit dont l'empereur jouisse; au lieu qu'en France le roi y joint le droit de régale et le serment de fidélité;

3.° Parce que c'est l'indult du pape qui fait toute la force du droit des prières impériales, sans quoi ce ne seroit qu'une suite de recommandations qui n'imposeroient aucune autorité; ainsi le roi n'ayant point d'indult, ne peut pas en faire un droit.

L'autre, que quand l'empereur pourroit exercer ce droit indépendamment du pape, le roi ne pourroit en jouir, puisqu'il ne représente point l'empereur, soit parce que c'est sur l'Espagne qui n'a jamais usé du droit des prières impériales, et non sur l'empire que la conquête de Cambrai a été faite; soit parce que l'empereur n'a jamais cédé son droit au roi par aucun traité de paix, ni par aucun acte d'une autre nature.

Mais on peut répondre à la première proposition, qu'il n'y a personne qui ne sente l'entière conformité du droit de joyeux avénement avec celui des prières impériales.

1.° Si l'un est à présent plus étendu que l'autre, quoiqu'ils marchassent autrefois d'un pas égal, l'église, redevable de cette différence à la piété de nos rois, ne doit pas s'en faire un titre pour anéantir ce qui reste de cet ancien droit; et plus la condition de M. l'archevêque de Cambrai devient favorable en changeant de maître, moins il doit se plaindre du droit que le roi veut exercer sur lui.

2.° Qu'il ne lui convient pas non plus de combattre ce droit, parce qu'en France le roi a joint celui de régale, et qu'outre que cette raison est impuissante en elle-même, puisqu'il n'y a rien d'incompatible entre ces deux droits, il seroit absurde de la proposer en faveur de l'église de Cambrai qui est exempte du droit de régale.

Et pour ce qui regarde le serment de fidélité, qui a lieu dans la France et non dans l'empire, celui-ci n'est pas différent de celui de joyeux avénement; ils dérivent de la même source : l'un, est un gage de la reconnoissance de l'église entière ; l'autre, est un témoignage de la reconnoissance de l'évêque en particulier : l'un, a lieu dans la mutation qui arrive de la part du seigneur dominant; l'autre, dans la mutation qui arrive de la part du vassal : tous deux fondés sur le même principe, et par conséquent tous deux non-seulement compatibles entr'eux, mais également justes séparément.

3.° Que c'est sans aucun fondement, que M. l'archevêque de Cambrai suppose la nécessité de l'indult, et qu'il avance que sans cela les prières impériales ne pourroient former un véritable droit, puisque le contraire est prouvé par les observations qu'on a faites sur l'origine et sur la force des prières impériales.

Pour ce qui est de la seconde proposition, que le roi n'est point aux droits de l'empereur, c'est une erreur manifeste et une espèce d'hérésie dans le droit public.

1.° Il est vrai que c'est sur l'Espagne que le roi a conquis Cambrai de fait seulement, parce que ce prince en étoit en possession. Mais l'acquisition du droit est faite sur l'empereur; c'est toujours le véritable propriétaire qui est censé dépouillé par la conquête d'un nouveau souverain; et puisque, selon M. l'archevêque de Cambrai même, le roi d'Espagne n'avoit qu'une souveraineté imparfaite, par la cession que les habitans lui avoient faite de celle qui appartenoit à l'archevêque, il doit convenir que la véritable et entière souveraineté est toujours demeurée de droit entre les mains de l'empereur.

Il est donc bien inutile, d'après cela, d'examiner si le roi d'Espagne a joui du droit des premières prières, puisque ce droit n'a jamais cessé de résider en la personne de l'empereur.

2.° Il est vrai que ce prince n'a point notifié la conquête du roi, et qu'il ne lui a jamais cédé ses droits. Il n'y a de cession que de la part du roi d'Espagne dans le traité de Nimègues, art. 10.

Mais la question doit être décidée par un principe supérieur à la possession du roi d'Espagne, et à la formalité d'une cession expresse.

Tout prince qui fait la conquête des états d'un

autre souverain, entre pleinement dans tous ses droits; il acquiert sa souveraineté avec tous les avantages qui l'accompagnent : le droit des armes est plus fort que toutes les cessions; il se fait une pleine et parfaite subrogation de nouveau souverain à l'ancien, et cette représentation s'achève et s'accomplit par la seule forme de la conquête, lorsqu'elle devient paisible et que la paix qui la suit en a fait un juste titre.

Les rois d'Angleterre ont joui de tous les droits des rois de France, lorsqu'ils ont usurpé la plus grande partie de ce royaume; et on ne peut douter que si l'empereur s'en rendoit le maître, il ne fût en droit de jouir de la régale comme nos rois.

Ainsi, après cette longue discussion, M. l'archevêque de Cambrai ne sauroit se tirer de ce dilemne qui en renferme toute la substance.

Il a passé de la domination de l'empereur à celle du roi : ou on le jugera par les lois de la France, ou on le jugera par celles de l'empire ; si on le juge par celles de la France, il doit être soumis au droit de joyeux avénement; et si on le juge par celle de l'empire, il doit reconnoître le droit des premieres prières; ainsi, le droit royal et le droit impérial se réunissent contre lui : mais il est encore plus avantageux au roi de faire valoir le droit royal, pour éviter la querelle avec le pape sur la nécessité de l'indult.

DÉCISION

DU CONSEIL DE RÉGENCE,

En faveur du droit de joyeux avénement sur les églises du Pays-Bas.

EXTRAIT DE LA SÉANCE DU CONSEIL DE RÉGENCE,

Tenue le lundi 8 *mars* 1717.

MONSIEUR l'archevêque de Bordeaux, conseiller au conseil de conscience, a rapporté une question mue en ce conseil, pour savoir si les églises de Cambrai, d'Arras et de Saint-Omer, étoient sujettes au joyeux avénement, comme celles de l'ancien domaine de la couronne. Après une ample discussion des raisons pour et contre, il a été décidé que le roi donneroit des brevets de joyeux avénement pour ces églises comme pour les autres, sauf aux brévetaires, s'ils étoient troublés, à faire valoir le droit du roi dans les justices réglées où les officiers royaux soutiendront les droits de Sa Majesté.

EXTRAIT DE LA SÉANCE DU CONSEIL DE CONSCIENCE,

Tenue le samedi 10 *octobre* 1716.

Monsieur le procureur-général a rapporté les mémoires que feu M. l'archevêque de Cambrai avoit produits, pour prouver que cette église doit être exempte du droit de joyeux avénement. Il a fait voir que le roi pouvoit avoir deux titres pour exercer ce droit ; l'un, que l'on peut appeler le droit royal, qu'il a comme roi de France, en regardant cette église comme une portion de l'église gallicane, dans laquelle le droit de joyeux avénement est universellement reconnu; l'autre, que l'on peut appeler le droit impérial que Sa Majesté exerçoit sur l'église de Cambrai, comme subrogé par la conquête aux droits de l'empereur qui y exerçoit autrefois le droit des premières prières. . . . .

Il a ensuite examiné l'origine et la nature du droit de joyeux avénement, considéré en lui-même tel qu'il s'exerce dans les églises de l'ancien royaume, et si ce droit peut s'étendre aux églises des provinces nouvellement conquises, réunies ou unies à la couronne.

Il a prouvé que ce droit n'est point fondé sur la concession des papes, mais qu'il y a lieu de croire qu'il est tiré du droit des fiefs, comme la régale et le serment de fidélité : qu'un arrêt de 1274, qui oblige les religieuses de Coucy à recevoir une demoiselle qui avoit la nomination du roi, prouve que le fonds du droit de joyeux avénement étoit pour lors reconnu, et que le roi en jouissoit comme usant de son droit propre, *utendo jure proprio suo* ; qu'il en usoit dans les abbayes qui sont à sa garde, *in abbatiâ de gardiâ suâ*, et qu'il l'exerçoit au commencement de son règne, *in principio sui regiminis;* que Philippe le long, par ses lettres du 5 juillet 1317, mande à ses officiers de faire recevoir en plusieurs monastères d'Anjou, un moine, comme étant chose qui lui appartenoit par droit royal ; que par arrêt du 15 janvier 1522, le droit de joyeux avénement fut déclaré appartenir au roi dans le monastère de Beaumont en Rouergue, qui est proprement un chapitre régulier ; et ce droit y est traité de droit royal, *locum sibi jure regio debitum;* que le 25 février 1323, le parlement rendit un pareil arrêt contre l'abbaye de Beaulieu, et un autre, en 1351, contre les religieux du prieuré de Longueville.

Qu'en 1353, le chapitre d'Arras et les administrateurs de l'Hôtel-Dieu voulurent contester ce droit au roi; qu'après enquête faite, il y eut arrêt par lequel il est attesté, 1.° que le roi avoit droit de faire recevoir un religieux dans chaque abbaye et l'Hôtel-Dieu, principalement quand ils étoient de fondation et garde royale, ou que le roi étoit en possession de ce droit; 2.° que toutes les églises cathédrales étoient de la garde du roi; enfin, que ce droit du roi étoit tellement reconnu en ces premiers temps, qu'il avoit passé en style, et qu'on en trouve une formule très-ancienne dans le protocole de la chancellerie de France.

Que les mêmes motifs, qui ont fait établir le droit de joyeux avénement sur les monastères, ont dû y soumettre les évêchés : même droit de garde et de protection, même devoir envers le seigneur féodal et le souverain, même obligation de reconnoissance pour l'exécution des droits dont les autres vassaux sont chargés.

La pragmatique-sanction, selon la remarque de la glose, aussi bien que le *Bénédicti* sur le terme *aliquando*, est encore une preuve que, selon le droit commun de la France au quinzième siècle, le roi usoit du droit de premières prières pour les évêques mêmes, et que ce droit étoit tellement reconnu, que l'élection d'un autre sujet que celui qui avoit été recommandé par le roi, étoit annullée si le roi s'en plaignoit.

Monsieur le procureur-général a ensuite rapporté des témoignages d'auteurs célèbres, et des arrêts en faveur du droit de joyeux avénement sur les prébendes des cathédrales et collégiales, entr'autres les décisions de M. François Mare, conseiller du parlement de Dauphiné, qui écrivoit en 1502, question 24 : Carolus Grassalius, qui vivoit sous François Ier; le Prestre, Boyer, Rebuffe, Rouillard et Choppin; les lettres de Henri III, qui exemptent le chapitre de Nesle du droit de joyeux avénement; l'arrêt du grand conseil du mois d'août 1594, et celui du parlement de 1591; les déclarations de 1610 et 1629, et celle de 1646, avec les modifications du grand conseil.

D'où il a conclu que le droit de joyeux avénement étoit fondé sur une très-ancienne possession, et que toutes les églises en particulier se sont soumises à l'exercice de ce droit : et s'il n'a pas aujourd'hui la même étendue qu'il a eue autrefois sur les monastères de la garde du roi, ce ne peut être que parce que les places des moines ont été peu recherchées dans les derniers siècles, et que la piété de nos rois n'a pas voulu que ces monastères fussent assujettis au double droit d'oblat et de joyeux avénement.

Ces principes établis, ont servi de réponse aux objections de feu M. l'archevêque de Cambrai, qui vouloit que l'on regardât ce droit comme nouveau et sans fondement.

M. le procureur-général a ensuite examiné si le droit de joyeux avénement pouvoit être étendu aux églises des provinces nouvellement conquises.

Il a distingué les provinces autrefois démembrées de la monarchie, qui rentrent sous la domination française, qui est le cas de la réunion; et les provinces qui, n'ayant jamais été soumises à nos rois, sont ajoutées à la couronne, qui est le cas de l'union.

Il a prouvé que dans le cas de la réunion, tous les principes se réunissent pour faire voir que le droit de joyeux avénement doit avoir lieu dans ces provinces; les fondemens du droit de joyeux avénement, protection, seigneurie, reconnoissance reprennent leur première force dans le moment de la réunion, de même qu'un citoyen qui, après avoir été long-temps captif chez les ennemis, rentrant dans sa patrie, est censé, *jure postliminii*, n'en avoir jamais été séparé: ainsi, une province séparée pendant quelque temps de la monarchie, entre de plein droit dans les priviléges des autres sujets du roi, et le roi de son côté rentre dans tous les droits qu'il exerçoit sur cette province avant son démembrement.

Il a fait voir que les églises d'Arras et de Saint-Omer étoient sujettes au droit de joyeux avénement avant le traité de Madrid, par lequel cette province passa sous la domination de Charles-Quint, parce que ce droit étoit déjà établi dans tout le royaume, et en particulier à Arras, comme on le voit par l'arrêt de 1355. Que quand même le droit de joyeux avénement seroit plus récent que le démembrement des provinces unies, elles n'y seroient pas moins sujettes depuis leur réunion, 1.° parce que les qualités de protecteur, de seigneur, de fondateur, qui sont les fondemens du droit de joyeux avénement, s'étendent en ces provinces comme en toutes les autres. 2.° Les sujets qui rentrent en leur patrie, après avoir été long-temps entre les mains des ennemis, ne sont pas moins soumis aux lois qui ont été faites pendant leur absence, qu'à celles qui étoient en vigueur auparavant. 3.° Si la condition des églises étoit devenue meilleure pendant le démembrement de ces provinces réunies, elles prétendoient avec justice être en droit de profiter de ce changement; par conséquent, l'on ne peut objecter la règle de la prescription : outre qu'il ne peut y en avoir contre les droits du roi, les conditions de la prescription manquent dans l'espèce présente. Ces églises n'étoient pas débitrices du droit pendant qu'elles étoient sujettes du roi d'Espagne, et le roi de France ne pouvoit, de son côté, agir pour empêcher la prescription; ainsi, de part et d'autre, toutes les actions étoient demeurées en suspens pendant cette interruption forcée, mais elles revivent de plein droit d'abord que l'obstacle est levé.

On objecte que quoique la Bretagne, la Provence, l'Artois et Tournay fussent de l'ancien domaine de la couronne, nos rois cependant ont obtenu des indults du saint Siége pour nommer aux prélatures de ces provinces réunies, et que le droit de joyeux avénement ne peut plus y avoir lieu.

A quoi M. le procureur-général a répondu, que les indults n'avoient été pris que comme des expédiens propres à lever les difficultés qui étoient entre Rome et la France, pour l'explication du concordat; que jamais on ne les a regardées en France comme nécessaires et comme les véritables titres des droits du roi : c'est l'idée qu'en donne M. d'Ossat, et le principe soutenu par les plus grands magistrats, que la maxime, *quidquid accressit regno, fit pars regni et eodem jure censetur*, est si constante, que dans les cas de la régale, du droit des gradués, de l'indult du parlement, et même du joyeux avénement, ces droits ont été établis dans la Bretagne, dans la Provence et dans l'Artois, comme dans les autres églises du royaume; que l'arrêt du grand conseil de 1648 a décidé la question pour l'église d'Arras; que le chapitre ayant voulu se pourvoir en cassation, il en fut débouté par arrêt du 15 avril 1662.

Après avoir établi ces principes sur les églises réunies à la couronne, M. le procureur-général a examiné la question par rapport aux provinces nouvellement acquises à la couronne. Il a d'abord supposé comme certain le principe *quidquid accrescit regno, fit pars ejus et eodem jure censetur*, surtout lorsqu'il s'agit d'un droit royal, dont on trouve dans les provinces conquises les motifs qui ont donné lieu à l'établir dans le royaume, comme sont les qualités de protecteur, seigneur suprême, de fondateur et de bienfaiteur.

Et pour répondre à la seule objection que l'on peut faire par rapport à l'église de Cambrai, M. le procureur-général a rapporté l'art. IV de la capitulation, par lequel le roi promet de conserver cette église dans ses franchises, et il a fait voir que ce terme s'entend seulement des immunités et priviléges dont l'église de Cambrai jouissoit avant la conquête, soit dans ses biens, soit dans la personne de ses ministres.

Que le roi étant aux droits de l'empereur, il avoit encore sur cette église un nouveau titre qui autorise le droit de joyeux avénement, qui est celui des premières prières.

M. le procureur-général a appliqué l'antiquité et le fondement de ce droit, et a fait voir qu'avant le concordat germanique les empereurs ont joui de ce droit comme d'un droit impérial, sans prendre d'indult; que, depuis le concordat germanique jusqu'à la paix de Westphalie, ce droit ayant souffert quelque contradiction, les empereurs ont pris des indults des papes, sans en reconnoître la nécessité, mais seulement pour en faciliter l'exercice; mais que depuis la paix de Westphalie les empereurs ont cessé absolument de demander des indults aux papes.

Que feu M. l'archevêque de Cambrai est convenu que son église étoit sujette aux premières prières, ce qui emporte la soumission au droit de joyeux avénement.

Que prétendre l'exclure, parce que cette église est déjà sujette au serment de fidélité, c'est les vouloir exclure tous deux, puisqu'ils dérivent de la même source, l'un ayant lieu à la mutation du seigneur dominant, l'autre dans la mutation du vassal; qu'ils sont tous deux non-seulement compatibles entre-eux, mais également justes séparément.

Que la dernière objection de M. l'archevêque de Cambrai consiste à dire que le roi n'est point aux droits de l'empereur, parce que c'est sur l'Espagne qu'il a conquis Cambrai; mais il est certain que pour lors l'empereur en étoit le véritable propriétaire, et que le roi d'Espagne n'avoit qu'une souveraineté imparfaite, par la cession que les habitans lui avoient faite de celle qui appartenoit à l'archevêque; que la véritable et entière souveraineté étoit toujours demeurée de droit entre les mains de l'empereur, et qu'ainsi, à parler exactement, Cambrai avoit passé de la domination de l'empereur à celle du roi.

D'où il a conclu que, si l'on juge la question du joyeux avénement sur les lois de la France, l'église de Cambrai doit être soumise au droit de joyeux avénement; et si on la juge par celles de l'empire, elle doit reconnoître le droit de premières prières; qu'ainsi, le droit royal et le droit impérial se réunissent contre l'église de Cambrai : mais il est plus avantageux au roi de faire valoir le droit royal, pour éviter la querelle avec le pape sur la nécessité de l'indult.

AVIS DU CONSEIL DE CONSCIENCE.

Sur le rapport fait par M. le procureur-général, de différens mémoires envoyés au conseil, pour prouver que les églises de Cambrai, Arras et Saint-Omer sont exemptes du droit de joyeux avénement, et des raisons contenues dans des mémoires contraires; pour faire voir que ce droit est un droit royal, propre à la couronne, dont les rois sont en possession depuis plus de quatre siècles, et qui s'étend sur toutes les églises qui sont dépendantes de la monarchie; qu'outre le droit royal que Sa Majesté a sur toutes les églises de son royaume, elle a encore sur Cambrai, comme étant aux droits de l'empereur, le droit de premières prières qui se joint à celui de joyeux avénement.

Le conseil a été d'avis que le droit de joyeux avénement doit avoir lieu sur les diocèses de Cambrai, Arras et Saint-Omer, comme sur les autres églises du royaume; qu'il est plus avantageux au roi de faire valoir ce droit sur l'église de Cambrai, que celui des premières prières, afin d'éviter toute difficulté avec le pape, sur la nécessité de l'indult; et qu'ainsi Sa Majesté devoit accorder le brevet de joyeux avénement tant sur le diocèse de Cambrai, que sur ceux d'Arras et de Saint-Omer, dans la même forme qu'elle en accorde sur les autres églises de son royaume.

Fait au conseil de conscience, le 10 octobre 1716. *Signé* le cardinal DE NOAILLES et D'AGUESSEAU.

MÉMOIRE

Sur la question si un principal de collége, accusé de malversation dans son emploi, est justiciable du juge de l'église.

C'EST une maxime qui, jusqu'à présent, a passé pour certaine et indubitable au parlement, qu'un ecclésiastique, qui commet un crime ou un abus dans les fonctions d'un office séculier et profane, ne peut demander son renvoi devant le juge d'église, et que le privilége de cléricature cesse entièrement en ce cas.

Cette maxime est établie sur trois fondemens également solides, sur la disposition des lois, sur la jurisprudence ancienne et uniforme des arrêts, sur la nature même et la distinction de la puissance séculière et de l'autorité ecclésiastique.

Sans faire ici une dissertation, peut-être plus curieuse qu'utile, sur tout ce que l'on pourroit dire des anciennes ordonnances en faveur de cette maxime, on se contentera de remonter jusqu'au règne de François I.er pour faire voir quel a été sur ce point l'esprit de nos ordonnances.

Avant que l'ordonnance, faite par ce prince en l'année 1539, eût réprimé dans un petit nombre d'articles la plus grande partie des entreprises que les ecclésiastiques avoient faites sur la juridiction royale et séculière, il paroît que les clercs, quoique mariés, en exerçant des offices séculiers, prétendoient jouir néanmoins du privilége ecclésiastique; et ce fut pour leur ôter tout prétexte de se plaindre dans un temps où l'on commençoit à peine à ouvrir les yeux sur l'étendue excessive que les ecclésiastiques avoient donnée à leur juridiction, que le roi François I.er obtint une bulle de Clément VII, par laquelle ce pape lui accorda le droit de faire le procès par ses juges, à tous clercs mariés et exerçant des charges séculières, sans être obligés de les faire jouir du privilége clérical.

Cette bulle fut autorisée par des lettres-patentes du 29 décembre de l'année 1530, par lesquelles le roi François I.er en ordonna l'exécution, après avoir exposé d'abord qu'il l'avoit obtenue, pour faire cesser l'abus que plusieurs clercs faisoient de la tonsure, pour éviter la punition des fautes qu'ils commettoient dans l'exercice d'une charge séculière.

Ce privilége, favorable en apparence aux droits du roi, parut néanmoins suspect et dangereux au parlement de Paris, en cela même qu'il portoit le nom de privilége, et que le pape s'y faisoit un honneur mal fondé d'accorder à François I.er un droit qui appartenoit à ce prince, par le titre même de sa couronne, et qu'il ne pouvoit tenir que de Dieu seul.

Ce fut sans doute par cette raison que le parlement commit MM. Nicolas le Maître, André Verjas, Jacques de la Borde, conseillers, et présidens aux chambres des enquêtes, avec François de Saint-André, pour examiner cette bulle, *et disputer par eux*, in utramque partem, *deux pour l'affirmative et deux pour la négative, pour ceux ouïs plus récemment, aviser sur ladite vérification.*

La longueur de la délibération déplut au roi François I.er ; il en parla au premier président ; et enfin, le 20 avril de l'année 1531, la bulle et les lettres-patentes furent publiées au parlement, pour être exécutées à l'égard des clercs mariés, délinquans dans leur office seulement ; et l'on donna acte en même temps au procureur-général *de la déclaration par lui faite, qu'il n'entend accepter la capture des clercs, vu que le roi et ses officiers l'ont* jure suo.

La qualité de clercs mariés ne doit faire ici aucune impression sur l'esprit ; le pape l'a regardée dans sa bulle comme une circonstance indifférente, puisqu'il ajoute que les autres clercs, quoique mariés, jouiront du privilége clérical, pourvu qu'ils ne soient pas officiers du roi : *Alios clericos conjugatos privilegio clericali gaudent, suos officiales non existentes dicto privilegio clericali gaudere facias.*

Ce n'est donc point la qualité de clercs mariés, c'est uniquement celle de clerc exerçant une fonction séculière qui a été le motif de la bulle ; et le conseil de François I.er en étoit tellement persuadé que, dans les lettres-patentes qui furent expédiées sur cette bulle, il ne fut fait aucune mention de la qualité de clerc marié, et l'on n'y employa que celle de clerc tonsuré.

Si la forme et l'énonciation de cette bulle excitèrent justement le zèle du parlement, il eut sujet d'être satisfait ensuite par la disposition claire et précise de l'article 9 de l'ordonnance de 1539, dont les termes ne laissèrent aucune ambiguité sur cette matière, ni par rapport à la question en elle-même, ni par rapport à l'autorité du roi.

Après avoir réservé à la juridiction ecclésiastique tout ce qui lui appartient véritablement, le roi François I.er ajoute ces mots, qui terminent cet article : *Et aussi sans préjudice de la juridiction temporelle et séculière contre les clercs mariés et non mariés, faisant ou exerçant états ou négociations permis, ou desquels ils sont tenus et ont accoutumé de répondre en cas séculier, où ils seront contraints de ce faire, tant en matière civile que criminelle,* ainsi qu'ils ont fait par ci-devant.

S'il manquoit encore quelque chose à la clarté d'une loi si formelle, on n'en pourroit trouver un plus digne interprète que le prince même qui l'a faite, et qui l'explique ainsi dans l'article 38 de sa déclaration du 19 mars 1540, contenant un réglement général sur le fait des monnoies :

Et, en suivant l'indult de notre saint père le pape, et nos ordonnances, par lesquelles, si aucuns de nos officiers sont trouvés délinquans en leurs offices, ils doivent être privés de leurs cléricatures ; déclarons par ces présentes que les gardes, contre-gardes, tailleurs, essayeurs et maîtres particuliers de nos monnoies, ne seront reçus, en cas de délit, à alléguer, ni eux aider d'aucune lettre de cléricature.

Le roi Henri II ayant fait un réglement de même nature par sa déclaration du 14 janvier 1549, y fit insérer une semblable disposition; et il est important de remarquer ici que ces déclarations ne font aucune distinction, non plus que l'ordonnance de 1539, qui leur sert de fondement entre les clercs non mariés et les clercs mariés. Elles n'envisagent que ces officiers séculiers, obligés en cette qualité à subir pleinement la juridiction séculière, sans pouvoir alléguer en ce cas aucun privilége.

En enregistrant ces ordonnances, le parlement n'a pas cru recevoir de la volonté du roi une nouvelle règle de décision; mais il a été seulement confirmé par là dans une maxime qu'une ancienne tradition et une jurisprudence qui remontoit jusqu'au temps de Saint-Louis, avoient établie dans cette compagnie. C'est le second fondement de la règle qu'elle soit encore aujourd'hui ce que l'on espère que le roi trouvera bon qu'elle sera toujours.

Le premier exemple que l'on peut citer sur ce sujet est célèbre. Il regarde l'évêque de Châlons, pair de France, et il est conservé dans le registre du parlement appelé *Olim*. Deux prisonniers ayant été tués dans les prisons de cet évêque, on l'accusa d'y avoir contribué indirectement par sa négligence. Il refusa d'abord de reconnoître l'autorité du parlement; il allégua qu'il étoit prêtre et évêque, et que le fait dont il s'agissoit regardoit, non sa pairie, mais sa personne. On opposa à ces raisons qu'il étoit baron et pair de France, homme lige du roi, obligé de reconnoître l'autorité de la cour des pairs sur une faute qu'il avoit commise dans sa justice séculière; et, sur ce fondement, le parlement ordonna qu'il procéderoit en ce tribunal, parce que, selon les termes mêmes de l'arrêt, l'évêque étoit accusé, *de foris facto suâ locali justitiâ quam tenet à rege.*

On trouve dans le même registre un arrêt de

l'année 1262, par lequel il parpît que, sur les plaintes qui avoient été faites contre un clerc, tant pour des faits qui regardoient le service qu'il rendoit au roi que pour d'autres délits, *de quibusdam pertinentibus ad servitium regis et de aliis*, le parlement ordonna que le clerc répondroit en la cour de ce qui regardoit son office, et que, pour les autres faits, on le renverroit devant son juge ordinaire. *Determinatum fuit quod de his in quibus tenebatur ipsi pauperi ratione servitii Domini regis, responderet in hâc curiâ, de aliis fuit remissus ad ordinarium suum.*

En l'année 1455, le procureur du roi au bailliage de Troyes envoya au procureur-général un mémoire de doléance qu'il faisoit contre les entreprises de l'évêque de cette ville sur la juridiction temporelle; et un des articles de ce mémoire fut que l'évêque et ses officiers vouloient procéder par censures ecclésiastiques contre les officiers du roi, pour *raison des emplois par eux faits en usant de leurs offices.*

La réponse de M. Dacourt, alors procureur-général, à ce mémoire, que MM. Dupuy ont insérée dans les *Preuves des libertés de l'Eglise gallicane*, est plus générale et plus étendue que la consultation. Et, voici comme ce grand magistrat explique les maximes que les officiers du roi ont toujours soutenues dans cette matière :

Semble que l'évêque et son official, ou autres juges et officiers de sa juridiction ecclésiastique ne peuvent, ne doivent entreprendre aucune cour, juridiction, ne connoissance sur, ne à l'encontre d'aucuns officiers royaux, ne de juridiction temporelle, pour délits et abus qu'ils pourroient avoir faits et commis en officiant et exerçant leurdits offices. Mais en doit appartenir la connoissance et juridiction aux juges et officiers royaux et autres de la juridiction temporelle; et si ledit évêque, ou ses officiers, ou sa juridiction ecclésiastique, s'efforce d'entreprendre et avoir connoissance, le bailli leur doit faire défense expresse, qu'ils n'en connoissent, et contraindre de révoquer, disposer, amender et mettre au néant tout ce qu'ils auroient fait au contraire, en les contraignant à ce faire par la prise de leur temporel.

On a toujours été si persuadé que, dans tout ce qui pouvoit regarder un état ou un commerce purement temporel, le privilége des ecclésiastiques cessoit absolument, que, par un arrêt du 5 janvier 1486, un prêtre, nommé Nicolas Robelot, fut débouté du renvoi qu'il demandoit, parce qu'il s'agissoit d'une ferme publique dont il s'étoit chargé envers le duc de Bourgogne et les habitans de Saint-Omer.

On ne voit point que, dans les siècles suivans, cette maxime ait jamais reçu aucune atteinte, ni que l'on puisse citer aucun arrêt du parlement qui ait été rendu dans ce cas en faveur du privilége clérical.

Il se présenta, il y a quelques années, une occasion d'agiter de nouveau cette question au sujet d'un prêtre du diocèse du Mans, qui étoit aussi conseiller au présidial de la même ville.

Le promoteur de ce diocèse accusa cet ecclésiastique de plusieurs faits, dont il y en avoit quelques-uns qui regardoient les fonctions de sa charge. Ces faits furent même compris dans un monitoire que le promoteur fit publier. L'accusé interjeta appel comme d'abus de la publication de ce monitoire, soit parce qu'il y a été trop clairement désigné, soit parce qu'on y avoit compris des faits qui ne regardoient que l'exercice de ses fonctions de conseiller.

La cause ayant été plaidée à la tournelle pendant plusieurs audiences, il fut jugé, par l'arrêt qui intervint le 19 juin de l'année 1693, qu'il y avoit abus en ce qui concernoit la désignation de l'accusé et les fonctions de sa charge.

Ainsi le parlement, toujours semblable à lui-même dans ce qui regarde l'ordre public, et suivant, dans les derniers temps, la même jurisprudence qu'il a établie dans ses plus anciens arrêts, a cru perpétuellement que le juge d'église étoit absolument incompétent pour connoître de toutes les fautes qui pouvoient avoir été commises par un clerc dans les fonctions d'un office séculier.

Plusieurs de nos célèbres auteurs, comme Choppin, Tournet, Ferret, ont regardé cette doctrine comme un premier principe, dont la vérité n'avoit jamais été révoquée en doute.

Mais, ce qui est au-dessus de tous ces témoignages, est celui de M. Pithou ; dans ses articles mêmes des libertés de l'église gallicane, qui, quoique l'ouvrage d'un particulier, ont mérité néanmoins une espèce d'autorité publique.

La maxime dont il s'agit lui a paru si importante, qu'il en a fait un article séparé dans le nombre de ceux qui contiennent l'Abrégé des libertés de l'Eglise gallicane ; et cet article, qui est le trente-huitième, est conçu en ces termes :

Le roi peut justicier ses officiers clercs pour quelque faute qui se soit commise en l'exercice de leur charge, nonobstant le privilége de cléricature.

S'il étoit nécessaire, après cela, de joindre l'autorité de la raison à celle de la loi et de la jurisprudence perpétuelle du parlement, il seroit facile de faire voir que cette doctrine est fondée, comme on l'a déjà dit, sur la nature même et sur les distinctions des deux puissances.

Qu'ayant l'une et l'autre la même origine, et étant sorties immédiatement de Dieu même, elles sont indépendantes l'une de l'autre, dans ce qui regarde le genre de pouvoir qui leur est attribué ;

Que cependant cette indépendance cesseroit, si son official entreprenoit de connoître du devoir des juges et autres officiers séculiers dans les fonctions d'une charge purement temporelle : il faudroit qu'ils rendissent compte à l'église de l'usage d'un pouvoir qu'ils n'ont point reçu d'elle ; qu'elle les jugeât sur les ordonnances qu'elle n'a point faites, et dont il ne lui appartient pas d'ordonner l'exécution ; et que, pour ainsi dire, elle leur redemandât une disposition qu'elle ne leur a point confiée ;

Que l'ecclésiastique qui prévarique dans les fonctions d'une charge séculière ne péche point contre la puissance ecclésiastique ; il n'est coupable qu'à l'égard de la puissance séculière ; c'est à elle seule qu'il a prêté le serment ; s'il le viole, c'est à elle seule qu'il en est responsable, et par conséquent c'est à elle seule qu'il est assujetti pour son crime ;

Que celui qui abuse de l'autorité du prince, dont il est le dépositaire, ne doit pas être traité d'une autre manière que celui qui altère son image en fabriquant ou en débitant une monnoie fausse ou altérée, et que, comme on n'a jamais cru que le privilége clérical dût avoir lieu en ce dernier cas, on ne peut pas douter non plus qu'il ne cesse dans le premier ;

Qu'enfin l'église elle-même a tellement reconnu la justice et la vérité de cette maxime, qu'on ne trouvera point que dans aucun de ses canons et de ses décrets, elle ait établi des peines contre les clercs qui péchent dans l'exercice d'une fonction séculière, et que par là il est évident qu'elle a jugé avec beaucoup de raison que les clercs qui exerçoient de semblables fonctions étoient, pour ainsi dire, enrôlés dans une autre milice, à laquelle seule ils étoient soumis pour toutes les suites de cet engagement.

Voilà une partie des raisons que l'on peut alléguer pour soutenir la maxime dont il s'agit ; il seroit facile d'y en ajouter plusieurs autres, et de faire voir que les fondemens de cette maxime sont presque les mêmes que ceux de la règle qui exempte les juges séculiers de toutes censures ecclésiastiques pour ce qui regarde les fonctions de leurs charges.

Mais, après les lois, les arrêts et les autorités que l'on a recueillis dans ce mémoire, il paroît si peu de raison de douter de la vérité de cette maxime, qu'il seroit inutile de la confirmer par de plus longs raisonnemens.

Il suffit, pour en faire l'application à l'espèce, de l'arrêt qui a débouté le principal du collége des Grassins, du renvoi qu'il avoit demandé devant le juge d'église, d'observer ici deux choses également certaines :

L'une, que la principalité d'un collége est un office purement séculier ; ceux qui en exercent les fonctions n'ont besoin, pour cela, ni de titre, ni d'institution, ni de mission ecclésiastique ; ce sont souvent des laïcs qui disposent absolument de ces places ; et un laïc seroit capable de les remplir, quoique ordinairement elles soient occupées par des ecclésiastiques, leurs fonctions n'ont rien en elles-mêmes de spirituel ; elles sont entièrement soumises à l'inspection et à l'examen du magistrat, sans que l'église y exerce de droit commun aucune autorité ; et, par conséquent, la charge d'un principal de collége est véritablement du nombre de celles auxquelles on doit appliquer la maxime établie dans ce mémoire.

La seconde chose, qui n'est pas moins certaine que la première, est que le principal dont il s'agit n'est accusé que de faits qui regardent uniquement les fonctions de principal, et non pas ses devoirs d'ecclésiastique.

Ainsi on ne voit rien, ni dans le fait ni dans le droit, qui ne justifie pleinement l'arrêt contre lequel le principal se pourvoie, et auquel on ne pourroit donner atteinte sans renverser en même temps une des maximes les plus importantes de nos libertés.

MÉMOIRE

SUR LA COMPÉTENCE DE LA TABLE DE MARBRE.

Le fait qui donne lieu au conflit de juridiction, que l'on veut faire renaître entre le parlement et la table de marbre, après que ce conflit a été réglé par un arrêt du 22 juin dernier, est que le nommé Pierre Tavernier, ci-devant marchand de bois, s'étant rendu adjudicataire d'une coupe de bois appartenant au roi, dans la forêt de Saint-Gobin, et ayant fait marquer les arbres compris dans son adjudication, a voulu dans la suite en augmenter le nombre par un artifice punissable.

Son état étoit changé, depuis l'adjudication, par l'acquisition qu'il avoit faite de la charge de garde-marteau dans la maîtrise de la Fère, abusant du crédit que lui donnoit sa charge dans les bois mêmes qui lui étoient adjugés, et qui sont dans l'étendue de cette maîtrise. On prétend qu'il engagea dans ses intérêts le maître particulier, l'inspecteur et le procureur du roi, et qu'il présenta, de concert avec eux, une requête au grand-maître, dans laquelle il exposa que les empreintes du marteau du roi étoient presque effacées sur une partie des arbres compris dans son adjudication, et qu'il étoit nécessaire de les faire marteler de nouveau par les officiers de la forêt.

Le grand-maître lui en ayant accordé la permission, les officiers de cette maîtrise, trop complaisans pour leur confrère, au lieu de se contenter de reconnoître et de renouveler simplement les anciennes empreintes du marteau, en marquèrent plusieurs arbres qui n'étoient pas compris dans l'adjudication; en sorte qu'à la faveur de ce martelage, Tavernier fit couper trente-un chênes et trois hêtres, depuis cinq jusqu'à dix pieds de tour, au-delà du nombre dont la coupe lui avoit été adjugée.

Le grand-maître, informé de la dégradation commise dans ces bois, et de la prévarication des officiers qui y avoit donné lieu, rend une ordonnance par laquelle il ordonne qu'il en sera informé par le maître particulier de Chauny, et le procès fait et parfait aux coupables.

Ce procès ayant été instruit par récolement et confrontation, le grand-maître rendit une sentence par laquelle il fut ordonné à ce faire droit, que le nommé Dubois, complice de Tavernier, seroit ajourné à comparoir en personne; et enfin, le grand-maître ayant ordonné, par une commission du 18 octobre 1707, que le procès commencé par le maître particulier de Chauny seroit parachevé jusqu'à sentence définitive inclusivement; ce juge a rendu une sentence par laquelle *Tavernier et Dubois sont déclarés atteints et convaincus d'avoir, par une mauvaise pratique et contravention à l'ordonnance, abattu et fait abattre trente-quatre arbres; savoir: trente-un chênes et trois hêtres, portant depuis cinq jusqu'à dix pieds de tour, au pardessus des vingt-huit arbres dont la reconnoissance avoit été ordonnée par le grand-maître, et, par cet effet, d'avoir abusé du marteau du roi pour marquer et faire marquer lesdits trente-quatre arbres surnuméraires.* A l'égard de Cour-de-Roy, inspecteur, et de Cadre, procureur du roi, ils sont déclarés atteints et convaincus *d'avoir été complices avec lesdits Tavernier et Dubois, de l'abus et mauvais usage dudit marteau;* enfin, Tabary, maître particulier, est déclaré atteint et convaincu *d'avoir, sur ce fait, négligé ses fonctions et entrepris de signer le procès-verbal du 2 décembre 1706, comme pris, quoique absent; pour réparation de quoi Tavernier et Dubois sont condamnés en* 1000 *livres d'amende et* 1000 *livres de restitution; Tavernier interdit de ses fonctions pendant six mois, et Dubois de l'entrée des forêts du roi pendant un an;*

l'inspecteur et le procureur du roi condamnés au blâme, et le maître particulier à l'admonition. La même sentence contient une espèce de réglement pour empêcher qu'à l'avenir on ne puisse abuser du marteau.

Le substitut du procureur-général du roi a interjeté appel *à minimâ* de cette sentence. Tavernier, Cour-de-Roy et Cadre en ont aussi interjeté appel; mais Tavernier a relevé le sien au parlement, au lieu que les deux autres se sont pourvus à la table de marbre, et c'est ce qui a donné lieu à l'arrêt du 22 juin dernier, rendu sur l'avis du parquet, par lequel la cour a ordonné que les parties procéderoient à toutes ces appellations en la chambre de la tournelle.

Les officiers de la table de marbre ont été entendus plusieurs fois avant que cet arrêt ait été rendu, et ils se sont fondés sur deux moyens principaux pour soutenir que la connoissance du procès devoit leur être renvoyée.

Le premier est qu'il s'agissoit d'un fait de réformation, puisque le fondement de l'accusation étoit un délit commis dans l'exploitation des bois du roi, et que par conséquent il n'y avoit que les juges établis pour juger de ces matières en dernier ressort qui pussent en connoître.

Le second, que, quand même on conviendroit qu'attendu qu'il s'agit de malversations commises par des officiers dans les fonctions de leur charge, le procès devoit être jugé, non par les commissaires réformateurs, mais par les juges ordinaires de la table de marbre, à la charge de l'appel. On ne pouvoit pas refuser à cette juridiction le renvoi de ce procès, parce que l'appel des maîtrises particulières doit y être nécessairement relevé, tant en matière criminelle qu'en matière civile.

On a répondu à ces deux moyens.

A l'égard du premier, que, s'il ne s'agissoit ici que d'un simple délit commis dans les forêts, d'une dégradation ou d'une malversation ordinaire dans une coupe de bois, il seroit sans difficulté que l'appel de la sentence du maître particulier, à Chauny, devroit être porté par-devant les juges établis pour juger ces sortes de matières en dernier ressort; mais qu'il y avoit deux sortes de crimes compliqués dans cette affaire.

A l'égard de Tavernier et de Dubois, ce sont des adjudicataires qui, par surprise ou par artifice, ont trouvé le moyen d'abattre une plus grande quantité d'arbres qu'ils ne devoient; si cela s'étoit passé sans aucune prévarication de la part des officiers, il n'y auroit rien en cela qui ne fût de la compétence des juges en dernier ressort.

Mais il y a un autre crime plus grave et plus important, par le moyen duquel le premier a été commis, c'est la connivence et la prévarication des officiers qui ont procuré à Tavernier le moyen d'abuser du marteau, et qui en ont abusé avec lui.

Or, il n'a jamais été dit qu'un crime de cette qualité, une prévarication, une espèce de falsification commise par un officier des eaux et forêts, pût être jugé à la table de marbre en dernier ressort.

L'article 5 du titre de la table de marbre, etc., dans l'ordonnance de 1669, qui règle le pouvoir des juges en dernier ressort, porte seulement que *toutes appellations de jugemens rendus sur le fait d'usage, abus, délits et malversations commises dans les eaux et forêts seront jugées aux tables de marbre par les juges établis pour juger en dernier ressort.*

Ils ne sont donc institués que pour connoître des délits commis par rapport aux eaux et forêts : mais il n'est nullement fait mention, dans cet article, des fautes commises par les officiers des maîtrises dans les fonctions de leur charge.

Tout privilége est de droit étroit; on ne l'étend point au-delà des cas qui y sont exprimés, et surtout quand il s'agit de déroger au droit commun en matière criminelle, et d'y donner des juges extraordinaires.

Non-seulement la lettre de l'ordonnance de 1669 ne comprend point les prévarications des officiers dans le nombre des cas dont la connoissance est attribuée aux juges en dernier ressort ; mais on peut dire même qu'elle décide formellement le contraire.

Elle a prévu le cas des procès criminels qu'on pourroit être obligé d'instruire contre les officiers des eaux et forêts, et elle en attribue la connoissance aux grands-maîtres, à la charge de l'appel.

C'est dans les articles 4 et 5 du titre des grands-maîtres que cette matière est traitée.

L'article 4 porte que les grands maîtres pourront, en procédant à la visite, faire *faire toute sorte de réformations et juger de tous délits, abus et malversations qu'ils trouveront avoir été commis dans leur département, soit pour les officiers ou pour les particuliers, et faire le procès aux coupables.*

L'article 5 leur donne le pouvoir d'instruire le procès aux officiers, ou *de subdéléguer et de faire le procès jusqu'à sentence définitive inclusivement, si bon leur semble, sauf l'exécution, s'il en est appelé, sinon le porteront ou l'envoieront en état au greffe de la table de marbre pour y être jugé par eux ou leurs lieutenans, suivant la rigueur des ordonnances.*

Telle est la forme prescrite pour le jugement des fautes commises par les officiers des eaux et forêts ; le grand-maître peut les juger sur les lieux ou les faire juger à la table de marbre ; mais ce n'est point en ce cas par les officiers en dernier ressort, que ces procès doivent être jugés, c'est *par les grands-maîtres même ou leur lieutenant à la table de marbre ;* et, comme ni eux ni leur lieutenant ne peuvent juger qu'à la charge de l'appel, c'est toujours au parlement que le dernier jugement est réservé.

Il faut maintenant appliquer ces principes à l'espèce particulière du procès dont il s'agit.

Elle est mêlée, comme on l'a déjà dit, de deux faits, dont l'un n'est certainement pas de la compétence de MM. les commissaires réformateurs ; et l'on peut dire même que ce fait doit être regardé comme le principal et le plus important ; car il n'y a nulle comparaison à faire entre un délit qui ne fait perdre que trente-quatre chênes au roi, et la prévarication criminelle par laquelle des officiers ont trahi leur ministère et commis une espèce de fausseté dans les fonctions de leur charge. Mais quand même ces deux crimes seroient égaux, la règle est que l'ordinaire attire l'extraordinaire, et que les juges qui sont fondés en droit commun l'emportent dans les matières mixtes sur les juges de privilége, et cette règle a lieu toutes les fois qu'il s'agit d'un fait indivisible.

A la vérité, si les accusations avoient pu être instruites séparément, on auroit dû renvoyer l'un aux juges de privilége et laisser l'autre dans le cours ordinaire des juridictions. Mais ici les deux accusations sont tellement connexes qu'elles sont absolument inséparables, non-seulement parce qu'elles ont été instruites et jugées conjointement, mais encore parce que c'est précisément dans le même fait dans lequel Tavernier a commis un délit par rapport aux forêts du roi, que les officiers de la Fère ont prévariqué par rapport aux fonctions de leur charge.

Or, dès le moment que la nature de l'affaire et le bien de la justice ne s'instruisent pas, que l'on divise les deux accusations, on est véritablement dans le cas de la règle commune que l'ordinaire attire l'extraordinaire; c'est ce qui a paru détruire pleinement le premier moyen allégué par les officiers de la table de marbre.

Le second, qui n'étoit que subsidiaire, et dans lequel ils sembloient se réduire à soutenir que le procès devoit au moins leur être renvoyé pour être jugé, à la charge de l'appel, a paru encore moins fondé.

Il est vrai que l'appel des maîtres particuliers doit être porté à la table de marbre, suivant l'ordonnance de 1669.

Mais, sans examiner si cette règle a lieu en matière criminelle depuis l'ordonnance de 1670 qui ne souffre qu'un degré de juridiction, il y a ici une raison décisive tirée de l'ordonnance même de 1669 contre la prétention des officiers de la table de marbre.

Cette raison est qu'il ne s'agit pas dans cette affaire de l'appel d'une maîtrise particulière; il s'agit de l'appel des ordonnances du grand-maître, même non-seulement parce que les officiers de la maîtrise particulière de Chauny, où le procès a été jugé, n'a agi que comme subdélégué du grand-maître en vertu de sa commission; mais encore, parce que Tavernier est appelant nommément et expressément de l'ordonnance du grand-maître, qui a ordonné qu'il seroit informé et qui a commis les officiers de sa maîtrise de Chauny pour lui faire son procès; il est encore appelant de l'ordonnance du grand-maître qui l'a interdit de ses fonctions et qui a commis un autre garde-marteau au lieu de lui. Enfin, il est appelant de la sentence du grand-maître, rendue sur le vu du procès, par laquelle on a décrété contre un complice.

Or, l'ordonnance de 1669 décide expressément dans l'article 5 du titre des appellations, que les *appellations des grands-maîtres ne pourront être relevées ailleurs qu'aux cours de parlement.*

Cette règle ne souffre d'exception qu'en faveur des juges en dernier ressort qui peuvent recevoir l'appel des grands-maîtres dans les matières de réformation, suivant *l'article 5 du titre de la table de marbre.*

Mais comme on a fait voir, en répondant au dernier moyen, que le procès dont il s'agit ne doit pas être porté devant les juges en dernier ressort, il est évident que l'appel du grand-maître ne peut être jugé qu'en parlement, et c'est ce qui a été réglé par l'arrêt du 22 juin dernier.

MÉMOIRE

SUR LES GREFFIERS EN MATIÈRE CRIMINELLE.

Le mémoire, par lequel les lieutenans du prévôt de l'Ile-de-France ont entrepris de prouver qu'ils devoient être maintenus dans l'usage où ils prétendent être, d'écrire eux-mêmes les informations qu'ils font, sans être obligés de se servir du ministère d'un greffier, est fondé sur cinq raisons principales :

La première est qu'il n'y a aucune loi qui leur impose expressément la nécessité de se servir de la plume d'un greffier ;

La seconde, que le bien public demande qu'on les dispense absolument de cette formalité ;

La troisième, que cette dispense ne peut jamais nuire n'y ayant rien qui soit de moindre conséquence qu'une information, parce que dans le temps du récolement on peut en réparer les omissions ;

La quatrième est tirée de l'exemple des commissaires au châtelet ;

Et la cinquième enfin, de l'approbation qu'ils soutiennent que le grand conseil et le parlement même ont donné à leur usage prétendu, jusqu'à l'arrêt que la dernière chambre des vacations a rendu sur le procès d'une femme de Bondy, accusée d'avoir tué son père.

Ces raisons méritent d'être examinées séparément.

PREMIÈRE RAISON.

Il n'y a point de loi qui ordonne expressément aux prévôts des maréchaux de se servir du ministère d'un greffier.

Pour examiner si cette raison, qui paroît avoir été avancée au hasard dans le mémoire des lieutenans du prévôt de l'île, a quelque solidité, il faut distinguer deux sortes d'ordonnances.

Les unes sont faites pour tous les juges en général;

Les autres sont propres aux officiers de maréchaussée, ayant été faites pour régler leurs fonctions en particulier.

Si l'on consulte d'abord les ordonnances de la première espèce, on ne peut pas douter qu'elles n'imposent également à tous les juges l'obligation de se servir d'un greffier pour la rédaction des informations.

Il n'est pas nécessaire, pour en être persuadé, de remonter plus haut que l'ordonnance de 1670.

Une grande partie des dispositions contenues dans le titre 6 de cette ordonnance, qui traite des informations, suppose ou établit clairement la nécessité de la présence et du ministère des greffiers.

Elle la suppose dans l'article 6, qui défend aux juges, même à ceux des cours supérieures, de commettre leur clerc ou autres personnes pour écrire les informations, s'il y a un greffier dans leur siége ou un commis à l'exercice du greffe; elle la suppose encore dans l'article 7 qui excepte de la disposition de l'article précédent ceux qui exécutent des commandemens émanés du roi, et auxquels il est permis de commettre toutes personnes qu'il leur plaira pour exercer la fonction de greffier.

Mais elle l'établit expressément dans l'article 9 qui porte que la déposition *sera écrite par le greffier, en présence du juge, et signée par lui et par le greffier, et par le témoin s'il sait un peu signer.*

Enfin, elle l'établit encore dans l'article 11 où il est ordonné *que les témoins seront ouïs secrètement et séparément, et qu'ils signeront leur déposition après que lecture leur en aura été faite, et qu'ils auront déclaré qu'ils y persistent, dont mention sera faite par le greffier, sous les peines portées par l'article 5 ci-dessus.*

Et comme cet article prononce expressément la peine de nullité, il est certain d'un côté que la nécessité de la présence du greffier est non-seulement supposée, mais établie en termes directs et formels par l'ordonnance; et de l'autre, que cette formalité doit être observée, suivant la même ordonnance, à peine de nullité.

Aussi cette maxime n'avoit-elle jamais été contestée jusqu'à présent; et on l'a toujours regardée comme un premier principe qu'il n'étoit point nécessaire de prouver.

Il n'y a rien de plus singulier que l'argument dont l'auteur du mémoire donné sous le nom des lieutenans du prévôt de l'île s'est servi pour éluder la disposition générale et l'ordonnance sur ce sujet.

Il dit que, comme les lieutenans du lieutenant criminel de robe-courte et du prévôt de l'île ne sont pas juges, on ne peut leur appliquer les règles établies par l'ordonnance, parce qu'elle ne parle que des informations faites par des juges.

Ainsi, si l'on admet ce raisonnement, le prévôt de l'île ne pourra faire une information sans greffier, parce qu'il est juge et par conséquent compris dans la disposition de l'ordonnance; mais les lieutenans au contraire pourront informer sans greffier, parce qu'ils ne sont pas juges; en sorte que, suivant cette nouvelle jurisprudence, il sera vrai de dire que l'ordonnance a eu plus de confiance dans la personne des lieutenans du prévôt des maréchaux que dans celle du prévôt des maréchaux mêmes, et que dans cette matière elle a permis aux inférieurs ce qu'elle a défendu au supérieur.

Ce qui est dit ensuite dans le même mémoire, que

l'ordonnance n'a pas nommé expressément les prévôts des maréchaux et leurs lieutenans dans les articles qui imposent aux juges la nécessité de se servir d'un greffier pour recevoir les dépositions des témoins, ne mérite guère plus d'attention.

Pour montrer combien ce raisonnement est peu solide, il est nécessaire d'observer ici que ceux qui ont rédigé l'ordonnance de 1670, ayant considéré qu'outre plusieurs règles qui étoient communes aux prévôts des maréchaux et aux juges ordinaires, il y en avoit un petit nombre qui étoient propres aux prévôts des maréchaux : ils en ont composé un chapitre particulier sous ce titre, *des procédures particulières aux prévôts des maréchaux de France*, etc.

C'est donc dans ce titre que l'on devroit trouver la règle qui excepte ces officiers du nombre de ceux auxquels l'ordonnance prescrit la loi de se servir d'un greffier. Cependant on n'y lit aucune exception semblable, et par conséquent il n'y a rien en cette matière qui distingue les prévôts des maréchaux ou leurs lieutenans et des autres officiers, et qui déroge à leur égard à la règle générale.

Que si, après avoir examiné la disposition des ordonnances qui regardent tous les juges indistinctement, on consulte celles qui sont faites pour les prévôts des maréchaux en particulier, on sera encore plus surpris de la liberté que les lieutenans du prévôt de l'île se sont donnée d'avancer qu'il n'y avoit aucune loi qui les obligeât à employer le ministère d'un greffier dans les informations qu'ils font.

Un des principaux fondemens de la juridiction prévôtale est la déclaration d'Henri II, du 5 février 1549, registrée au parlement le 27 mars suivant.

Cette déclaration fut faite dans des principes bien différens de ceux qu'on avance aujourd'hui pour réglement du prévôt de l'île, puisqu'elle ordonne dans l'article 13, qu'à l'avenir, *pour éviter les grands abus qui en sont arrivés, les prévôts et leurs lieutenans ne prendront plus de greffiers à leur discrétion, comme ils faisoient, mais leur seront lesdits greffiers, qui auront le serment à nous, par nous baillés ;* et qu'elle ajoute dans l'article 14, qu'en cas que les greffiers ainsi créés *ne fissent pas leur devoir à la suite desdits prévôts ou leurs lieutenans*, le roi en pourvoira d'autres en leurs places.

C'est donc sans aucun fondement qu'on avance dans le mémoire des lieutenans du prévôt de l'île, que jamais ces officiers n'ont été assujettis à se servir de greffiers, puisque l'on voit, par ces deux articles, qu'avant et après cette déclaration les lieutenans ont toujours été assistés de greffiers, de même que des prévôts des maréchaux, entre lesquels et leur lieutenant, la déclaration de 1549 ne met à cet égard aucune distinction.

On peut ajouter à cela plusieurs déclarations et arrêts de réglement qui obligent les greffiers de maréchaussée à suivre les prévôts des maréchaux dans leurs courses, ce qui suppose, par conséquent, que le ministère des greffiers est nécessaire en tout temps aux lieutenans comme aux prévôts des maréchaux.

Enfin, l'usage constant et uniforme de toutes les maréchaussées du royaume a confirmé cette règle; il n'y en a aucune jusqu'à présent qui ait demandé à être dispensée, quoiqu'elles soient la plupart d'une étendue beaucoup plus grande que le département du prévôt de l'île.

L'autorité de la loi est donc absolument contraire à la prétention des lieutenans de cet officier ; mais, comme ils avancent dans leur mémoire que la raison du bien public doit l'emporter en cette occasion sur la règle étroite, il faut examiner si cette seconde raison est mieux fondée que la première.

SECONDE RAISON.

Le bien public demande que l'on dispense les lieutenans du prévôt de l'île de cette formalité.

Toutes les propositions générales que ces officiers avancent, à cet égard, dans leur mémoire, sont véritables.

Il n'y a rien de plus important, en toute espèce de justice, que la promptitude de l'expédition.

Cette diligence est encore plus nécessaire dans les matières criminelles que dans les autres.

Il est nécessaire de saisir et d'assurer la preuve dans le premier moment et dans la chaleur même de l'action.

Tout cela est certain, et il faudroit être ennemi du bien public pour en disconvenir.

Mais s'ensuit-il de là, qu'il faille dispenser les lieutenans du prévôt de l'île d'une formalité établie par toutes les ordonnances générales et particulières; c'est une conséquence qui paroît bien éloignée du principe dont on veut la tirer.

A la vérité, s'il falloit nécessairement ne permettre aux lieutenans des prévôts de l'île de se passer d'un greffier ou renoncer à avoir la preuve des grands crimes, il faudroit entre deux inconvéniens éviter le plus grand, qui seroit l'impunité des coupables.

Mais toute la difficulté que l'on veut trouver à concilier la punition des crimes avec l'observation des formes établies par les ordonnances, ne subsiste que dans l'imagination de ceux qui la proposent; et, lorsque l'on voudra l'approfondir jusqu'au bout, on reconnoîtra aisément qu'elle n'a pour objet que la plus grande commodité de l'officier.

Car, de quoi s'agit-il pour aplanir cette difficulté? D'avoir dans chaque brigade un ou deux archers qui sachent écrire, que le lieutenant qui commande la brigade puisse les commettre pour greffiers, quand il ne peut pas avoir assez promptement celui de la maréchaussée.

L'on est persuadé qu'il y en a déjà plusieurs dans les brigades qui savent écrire; et il ne faut qu'un peu d'attention sur cela, pour en avoir toujours qui soient en état de le faire en cas de nécessité.

En effet, cette difficulté est si peu insurmontable, qu'on ne voit pas dans les provinces que cela fasse le moindre embarras, ni que cela apporte aucun retardement à l'expédition des affaires criminelles. Cependant les lieutenans du prévôt de l'île peuvent avoir sur cela beaucoup plus de facilité que les prévôts des maréchaux et leurs lieutenans dans les provinces.

Mais la véritable raison de tous les mouvemens que l'on se donne sur cette prétention, est que chaque officier cherche sa commodité, ou veut éviter toute contrainte et tout assujettissement. Il est plus aisé d'écrire soi-même une information, que d'avoir l'attention de choisir des archers qui sachent écrire; on prend le parti le plus commode, et par le seul motif de sa commodité personnelle, on veut obtenir une dérogation à l'ordre public, qui a toujours été observé inviolablement en cette matière.

Mais cette contrainte que l'on veut éviter avec tant de soin, peut-elle être mise en balance avec les grands inconvéniens qui peuvent arriver en s'écartant des anciennes règles?

Il est, à la vérité, d'une grande importance de fixer promptement une preuve, qui s'échappe souvent, si l'on ne l'arrête dans le premier instant.

Mais, d'un autre côté, est-il moins nécessaire d'empêcher que cette preuve ne puisse être changée dans la suite au gré d'un officier, qui voudra peut-être sauver la vie à un coupable? Or, il en seroit presque toujours le maître, s'il agissoit seul et sans le ministère d'un greffier; la plupart des témoins, surtout en campagne, ne savent ni lire, ni écrire, et la foi de leur déposition roule uniquement sur celle du juge et du greffier. Ainsi, lorsqu'il n'y aura point de signature de greffier sur une minute d'information, rien ne sera plus facile à un lieutenant de maréchaussée que de refaire une information et d'y changer tout ce qu'il voudra; il pourra à son gré, ou la supprimer, ou la faire paroître; faire passer le crime pour prévôtal, ou pour cas ordinaire, selon qu'il le jugera à propos; et le sort du coupable, aussi bien que la vengeance publique seront absolument entre les mains de celui qui aura fait l'information.

C'est en partie pour prévenir de si grands inconvéniens, que l'ordre public a voulu que le greffier servît comme d'inspecteur, ou du moins de témoin perpétuel à la conduite du juge. On a cru qu'il seroit plus difficile de corrompre deux hommes, que d'en gagner un, et que la crainte même d'être trahi par un greffier pourroit contenir les officiers les moins scrupuleux dans leur devoir.

Il ne faut point dire que l'on ne doit pas présumer facilement que deux officiers tombent dans de si grandes prévarications; il est vrai que cela arrive rarement; mais il est vrai aussi que cela n'est point sans exemple; et il n'y a pas long-temps que l'on a condamné un prévôt des maréchaux de la province de Poitou pour un fait de cette qualité, dans lequel il s'étoit entendu avec son greffier.

Or, si cela arrive quelquefois malgré la présence et l'inspection d'un greffier, que seroit-ce si un lieutenant de maréchaussée, débarrassé de cette présence importune, n'avoit plus d'inspecteur ni de contradicteur que lui-même?

Deux grands inconvéniens pourroient naître de cette excessive facilité.

Le premier, que ceux qui sont capables d'une telle prévarication, en commettroient beaucoup plus aisément.

Le second, que lorsqu'ils l'auroient commise, la preuve en seroit non-seulement très-difficile, mais presqu'impossible.

Quand on fait toutes ces réflexions, on n'a nullement en vue la personne des lieutenans du prévôt de l'île; au contraire, on reconnoît avec joie que ceux qui remplissent à présent ces fonctions, sont tous gens d'honneur qui servent dignement le public.

Mais les précautions salutaires établies par les lois contre la corruption des officiers ne doivent pas cesser, parce que l'on sera assez heureux pendant quelque temps pour ne trouver dans une juridiction que des officiers incorruptibles.

Qui sait si leurs successeurs leur ressembleront? Et si cela n'est pas, si leurs places seront remplies par des sujets d'une réputation douteuse et équivoque, faudroit-il rétablir contre ces derniers la règle qu'on aura abolie en faveur de leurs prédécesseurs? Et les lois dépendantes des bonnes ou des mauvaises qualités des officiers, seront-elles toujours dans une variation indécente et dans une perpétuelle instabilité?

D'ailleurs, si cela étoit une fois établi en faveur du lieutenant du prévôt de l'île, pourroit-on refuser le même privilége aux lieutenans des autres maréchaussées, parmi lesquels il y en a plusieurs qui ne s'acquittent pas moins bien de leurs foctions, que ceux du prévôt de l'île?

Or, quand on voudroit d'abord mettre quelque distinction entre la maréchaussée de Paris et celle des provinces, est-on bien sûr que cette distinction durera long-temps? Ou plutôt, n'est-il pas certain, (et l'expérience du passé ne nous répond-elle pas sur cela de l'avenir?) qu'à la première taxe que l'on voudra faire payer aux maréchaussées des provinces, elles demanderont pour première condition qu'on les égale sur ce point à la maréchaussée de Paris? Et la finance aura-t-elle le courage de leur refuser cette condition?

Or, si cela arrivoit une fois, on peut compter qu'il y auroit bien des lieux dans le royaume, où la vie d'un innocent et la punition d'un coupable seroient livrées également à l'avidité d'un lieutenant de maréchaussée qui trafiqueroit librement de la sûreté publique.

Après avoir fait toutes ces réflexions, on ne peut se dispenser de demander encore ici, si l'on peut comparer à de tels inconvéniens, les légères incommodités d'être obligé de choisir des archers qui sachent écrire, pour remplir quelques places des brigades qui veillent à la sûreté des environs de Paris.

Il est donc vrai que la raison du bien public n'est ici qu'un prétexte spécieux, que la commodité particulière des officiers a inventé; et qu'au contraire, le bien public demande, que bien loin de se relâcher de la règle déjà reçue, on la fasse observer avec une nouvelle attention à l'avenir.

TROISIÈME RAISON.

Qu'une information ne peut jamais nuire, parce qu'on peut en corriger ou en suppléer les défauts dans le temps du récolement.

Cette raison n'auroit pas dû être proposée par des officiers qui ont quelque expérience dans les matières criminelles.

Il est certain, au contraire, que dans toute la procédure criminelle, il n'y a rien de plus important qu'une information. C'est la base et le fondement d'un procès criminel; c'est sur l'information qu'on décrète; c'est sur l'information qu'on interroge; c'est sur l'information qu'on décide si le procès doit être instruit par récolement et confrontation. C'est en vain qu'on se flatte souvent d'en pouvoir réparer les omissions ou les erreurs dans le récolement; la vérité échappe souvent dans l'intervalle, qui est toujours assez long entre ces deux procédures; et il ne faut, pour faire voir combien une espérance est souvent trompeuse, qu'employer ici ce qui est dit dans le mémoire même du lieutenant du prévôt de l'île, de la nécessité de s'assurer promptement de la preuve dans toute sa plénitude au moment de l'action. C'est par l'information seule qu'on peut jouir de cet avantage; et par conséquent il n'y a rien de plus important que de la bien faire d'abord.

Si cette maxime est véritable à l'égard de tous les juges en général, elle l'est encore plus à l'égard des prévôts des maréchaussées en particulier.

Les informations de ces officiers sont d'une conséquence infiniment plus grande que celle des juges ordinaires, puisque c'est sur ces informations que l'on décide du genre du crime, de la forme de l'instruction et de l'autorité du jugement.

Les compétences ne se jugent que sur l'information, sans attendre ni le récolement, ni aucune autre procédure que l'interrogatoire de l'accusé quand il est présent, et dont on ne tire souvent aucunes lumières.

Ainsi, quand il n'y auroit que cette seule raison, il n'en faudroit pas davantage pour montrer combien il seroit dangereux de confier à un seul homme, sans témoin et sans inspecteur, un acte de cette importance, et pour faire voir que quand on pourroit se relâcher de la règle à l'égard des autres juges, on ne le devroit jamais faire à l'égard des prévôts des maréchaux.

QUATRIÈME RAISON.

Exemple des commissaires au châtelet.

Il est vrai que ces officiers sont en possession d'écrire eux-mêmes les informations; et, ce qui est encore plus extraordinaire et plus contraire à toutes les règles, de les faire écrire par leurs clercs qui n'ont aucun serment à justice.

Mais on peut dire, premièrement, qu'on ne sait si cet usage même, qui ne paroît pas être si ancien que la fonction des commissaires au châtelet, n'est point un abus, et que s'il falloit discuter cette question par les règles, on auroit peut-être de la peine à soutenir en ce point la possession dans laquelle sont à présent ces officiers.

Secondement, il y a cette différence infinie entre les lieutenans du prévôt de l'île et les commissaires du châtelet, que l'ordonnance générale n'a établi aucune exception en faveur des premiers, et qu'au contraire les ordonnances particulières qui leur sont propres, les assujettissent expressément à la même règle que le reste des officiers; au lieu que les commissaires du châtelet sont nommément exceptés de la règle générale par l'ordonnance de 1690, titre 3, articles 3 et 4, par lesquels le roi déclare qu'il n'entend rien *innover dans la fonction des commissaires au châtelet de Paris*.

Ainsi, la même loi qui est contraire aux lieutenans

du prévôt des maréchaux, est favorable aux commissaires du châtelet.

Troisièmement, le pouvoir des commissaires étant beaucoup plus borné que celui des lieutenans de maréchaussée, il y a bien moins de danger à leur laisser écrire eux-mêmes leur information; car ces officiers étant obligés, suivant l'ordonnance et les arrêts de réglement, de remettre toutes les procédures qu'ils ont faites au greffe du châtelet dans les vingt-quatre heures, ils cessent en ce moment d'être les maîtres de leur information; elle passe dans un dépôt public sur lequel ils n'ont aucune autorité, et qui est soumis au pouvoir d'un magistrat supérieur. Il n'est donc point à craindre qu'ils en abusent et qu'ils tentent de supprimer ou de changer les dépositions des témoins.

Il est vrai d'ailleurs, que dans les informations qui se font à Paris, il n'y ait aucun témoin qui ne sache signer, et qui par là ne rende la suppression ou le changement de l'information beaucoup plus difficile.

Enfin, les commissaires n'informent ordinairement que dans Paris, sous les yeux des magistrats, que l'on pourroit avertir à tout moment de leur prévarication s'ils en commettoient quelqu'une; et c'est par ces raisons qu'on a cru pouvoir se relâcher de la règle à leur égard, à cause de la multitude infinie de plaintes et d'informations qui passent par leurs mains.

Mais il n'y a aucune de toutes ces raisons qui s'applique aux lieutenans du prévôt de l'île.

Ils ne sont point obligés de se dessaisir des minutes des instructions dans les vingt-quatre heures. Quand ils les remettroient dans un dépôt public, ce ne pourroit être qu'au greffe de la maréchaussée, qui dépend absolument d'eux, et dans lequel ils sont les supérieurs immédiats.

La plupart des témoins qu'ils entendent sont gens de campagne, qui ne savent pas signer, ou qu'il est beaucoup plus aisé de surprendre que ceux de la ville, qui ordinairement prennent conseil.

Enfin, ils sont presque toujours éloignés de l'inspection des magistrats ordinaires, qui d'ailleurs n'ont pas sur eux la même autorité qu'ils ont sur les commissaires du châtelet.

Ainsi, la comparaison que l'on veut faire entre ces deux espèces d'officiers n'est nullement juste, quand même il ne seroit pas vrai d'ailleurs, comme on l'a observé d'abord, que les uns ont une exception écrite en leur faveur dans l'ordonnance, au lieu que les autres n'en ont point, et que l'exception marquée par la loi pour les premiers, confirme la règle à l'égard des derniers.

CINQUIÈME ET DERNIÈRE RAISON.

Le grand conseil et le parlement ont approuvé des procédures dans lesquelles les lieutenans des maréchaux auroient fait des informations sans greffier.

On ne connoît point les prétendus préjugés du grand-conseil, et on ne les doit pas connoître.

Ce tribunal n'a droit que de statuer sur ce qui regarde la compétence des prévôts des maréchaux et des présidiaux; il ne lui appartient point d'entrer en connoissance de la validité de la procédure, et il ne faudroit pour établir cette proposition, qu'employer ce que les officiers du châtelet, qui ont fait le mémoire dont il s'agit, ont dit eux-mêmes contre l'arrêt du grand conseil, rendu dans l'affaire du sieur de Berzein, et dont ils ont obtenu la cassation, parce que le grand conseil, avoit entrepris d'y faire des injonctions aux officiers de robe courte sur les formalités de la procédure.

A l'égard des arrêtés du parlement, on ne peut en tirer aucune conséquence.

1.° On n'a pu en citer que deux, et tous deux très-récens, puisque l'un est de 1705 et l'autre de 1706.

2.° La question n'a été agitée dans aucun de ces arrêts, et par conséquent ils ne peuvent balancer la force de l'arrêt du mois d'octobre dernier, rendu en très-grande connoissance de cause, et après avoir entendu les officiers du châtelet, qui alléguèrent inutilement alors les mêmes raisons qu'ils emploient encore aujourd'hui pour soutenir leur usage prétendu.

3.° S'il est vrai que dans les arrêts qu'on cite au contraire, on n'ait point toléré le défaut du greffier, cela ne peut être arrivé que par l'inadvertance de ceux qui ont été chargés du rapport de l'affaire; et s'il étoit permis d'argumenter du silence des arrêts sur des défauts de procédure, pour en conclure que le parlement a cru pouvoir tolérer ces défauts, il n'y auroit plus de formalité qui ne fût anéantie, parce qu'il n'y en a peut-être point sur laquelle on ne pût rapporter quelque arrêt qui n'en ait pas relevé le défaut. Ce sont des effets de la fragilité humaine, qui ne peut pas toujours avoir une égale attention, surtout quand il s'agit de minuties de la qualité de celles qu'il faut avoir dans l'esprit, en examinant une procédure criminelle. Ainsi, pour pouvoir se servir avec quelque fondement de ces arrêts, il faudroit faire voir que le défaut a été relevé, ou par l'accusé, ou par la partie publique, et que le parlement n'y a eu aucun égard. Or, c'est ce que l'on ne sauroit faire voir, et le dernier arrêt prétend, au contraire, que lorsque la question en a été proposée, l'on a toujours suivi la même règle.

MÉMOIRE

SUR LES INSINUATIONS.

PAR l'édit du mois de décembre 1703, il avoit été seulement ordonné, que tous les actes, lettres et jugemens que cet édit assujettit à la nécessité de l'insinuation, seroient *insinués par extraits sommaires seulement*.

Par la nouvelle déclaration du 19 juillet 1704, on ordonne que tous les actes sujets à insinuation seront *représentés en entier aux greffiers des insinuations, pour être enregistrés par extrait seulement*

Outre que c'est souvent engager les parties à une dépense très-inutile à ceux qui ont traité du recouvrement de ces charges, par le grand nombre de précautions excessives qu'ils ont prises d'ailleurs, et qui sont expliquées dans la suite de cette déclaration, cette nouvelle disposition peut encore être sujette à beaucoup d'inconvéniens, principalement par rapport aux contrats de mariage, qu'il faudra représenter en entier, quoiqu'il n'y ait que la clause d'exclusion de communauté qui soit sujette à insinuation, et révéler par là les secrets des familles, que l'on fera dépendre de la discrétion d'un greffier ou d'un commis au greffe des insinuations.

Par le même édit du mois de décembre 1703, on s'étoit contenté d'ordonner que les lettres, contrats et actes sujets à l'insinuation ne pourroient avoir *aucun effet en justice, ni autrement en quelque sorte et manière que ce soit, jusqu'à l'insinuation*.

On va beaucoup plus loin par la déclaration du 19 juillet 1704, et l'on y répète jusqu'à trois fois que ceux qui négligeront de faire insinuer les actes sujets à insinuation, perdront tous les fruits et revenus échus jusqu'au jour de l'insinuation, lesquels sont déclarés acquis au roi, pour être perçus par les receveurs-généraux de son domaine, qui en compteront au profit de Sa Majesté.

On ne peut se dispenser de répéter que cette disposition est nouvelle; que comme elle n'est fondée sur aucun principe, elle n'a point encore eu d'exemple. Il est difficile de concevoir par quelle raison un propriétaire légitime sera privé de la jouissance de son propre bien, non-seulement parce qu'il aura différé de faire insinuer des titres d'acquisition, tels qu'une donation ou un testament, mais même parce qu'il n'aura pas été assez diligent à faire insinuer des titres qui ne tendent qu'à la conservation ou à l'administration de son bien, tels que sont les lettres de bénéfice d'âge, les actes d'émancipation, les clauses d'exclusion de communauté, les séparations de biens, les érections de terres en fiefs, baronnies, comtés ou marquisats.

Sera-t-il juste, par exemple, qu'un mineur qu'on a émancipé sur un avis de parens, et qui est dans un âge où il lui est encore permis d'ignorer l'édit des insinuations, soit exposé aux poursuites injurieuses d'un traitant, ou d'un greffier des insinuations qui lui fera rapporter plusieurs années de jouissance de son propre bien, parce que ce mineur n'aura pas su qu'il devoit faire insinuer ses lettres de bénéfice d'âge, ou qu'il aura négligé de le faire?

Faudra-t-il que des femmes mariées, auxquelles la justice n'impute jamais le défaut d'insinuation tant qu'elles sont dans la puissance de leur mari, perdent le revenu de leur patrimoine, dont elles se sont réservé la libre administration par leur contrat de mariage, et cela parce qu'elles n'auront pas eu l'attention de faire insinuer la clause de leur contrat de mariage, qui porte *exclusion de consentement*, ce qui leur laisse la disposition de leur bien?

Enfin, la grâce du prince deviendra-t-elle nuisible à ceux qui l'auront obtenue, en sorte que parce qu'un simple seigneur de fief aura fait ériger sa terre en comté, il soit privé de la jouissance de cette même terre et condamné à en rapporter les fruits, pour avoir oublié de faire insinuer les lettres d'érection?

Quand même on voudroit introduire une disposition si nouvelle et si singulière, il semble au moins qu'il faudroit donner un délai considérable, à l'exemple des anciennes ordonnances, pour satisfaire à la formalité de l'insinuation, et décider en même temps que la perte des fruits n'auroit lieu que du jour de l'expiration de ce délai.

Sans cela, aussitôt qu'on aura laissé passer un mois, ou même un moindre délai, sans faire insinuer un acte sujet à insinuation, un traitant et un greffier des insinuations pourront faire saisir les fruits ou les revenus de ceux qui auront négligé de faire insinuer ces actes dans le moment même de leur date; et il est aisé de juger à combien de vexations une telle licence, accordée à des traitans ou à de nouveaux officiers, pourra donner lieu.

La nouvelle déclaration ajoute au nombre des actes qui doivent être insinués, les sentences et arrêts qui reçoivent un bénéfice de cession, et elle ordonne que l'on paiera en ce cas les mêmes droits que pour les cessions et abandonnemens de biens; en sorte que si un malheureux débiteur n'a pas de quoi payer les droits qui sont établis par l'édit des insinuations, il faudra souvent qu'il demeure en prison, malgré le triste privilége que la loi lui accorde, au prix non-seulement de ses biens, mais de tout son honneur.

Les défenses que cette déclaration fait à tous huissiers ou sergens, de faire aucun exploit pour l'exécution des jugemens sujets à être insinués, jusqu'à ce qu'il leur soit apparu de l'insinuation, à peine de nullité et de 300 livres d'amende, peuvent être sujettes à de grands inconvéniens, parce qu'il y a des cas où l'on peut être forcé de se servir de ces jugemens, et de les faire signifier avant que d'avoir eu le temps de les faire insinuer.

Ainsi, par exemple, si l'on suppose qu'un débiteur, dont le domicile est éloigné de cent lieues et plus de Paris, y obtienne un arrêt de surséance, il est certain qu'il ne pourra pas faire insinuer cet arrêt à Paris, parceque, suivant l'édit du mois de décembre 1703, l'insinuation en doit être faite *au greffe du domicile de l'impétrant*. Il faudra donc qu'il envoie cet arrêt dans le lieu de son domicile pour l'y faire insinuer, et que cependant il demeure exposé aux poursuites de ses créanciers qui, pendant qu'il a un arrêt de surséance, pourront le faire mettre en prison, parce qu'il ne trouvera aucun huissier qui ose signifier cet arrêt avant qu'il ait été insinué.

Il seroit facile de proposer encore plusieurs exemples semblables; mais celui-là peut suffire, pour faire voir combien les défenses générales que l'on fait aux huissiers par cette déclaration peuvent être dangereuses.

L'injonction que l'on fait aux greffiers de faire mention dans le vu des jugemens de la date et du lieu de l'insinuation, est fondée sur l'exemple de ce qui se pratique à l'égard du contrôle des exploits. Mais les peines que l'on prononce ici contre les greffiers qui manqueront à observer cette nouvelle formalité sont si rigoureuses, qu'il semble qu'il faudroit au moins leur donner un temps suffisant pour être instruits de cette disposition, et que l'on devroit ordonner qu'elle n'auroit lieu que dans trois mois, à compter du jour de la publication de la déclaration.

Il en est de même de ce qui est établi par la même déclaration à l'égard des notaires.

L'obligation que l'on impose aux uns et aux autres, lorsqu'ils recevront des actes ou qu'ils écriront des jugemens sujets à l'insinuation, d'en faire mention dans ces actes ou dans ces jugemens, à peine de répondre, en leur propre et privé nom, du droit d'insinuation et de 300 livres d'amende pour chaque contravention, est encore du nombre des dispositions qu'il seroit à souhaiter que l'on retranchât absolument de cette déclaration.

S'il est extraordinaire d'obliger un notaire à instruire les parties, et à leur donner des avis par écrit sur une formalité qui ne le regarde pas, et qui ne s'ajoute à l'acte que lorsque le notaire a entièrement consommé sa fonction, il paroît encore bien plus nouveau d'ordonner qu'un greffier, qui ne doit savoir écrire que ce que le juge lui dicte, sera obligé d'ajouter de lui-même à un jugement, auquel il ne contribue que de sa plume, que ce jugement est sujet à l'insinuation.

Comment peut-on d'ailleurs exiger d'un greffier de village cette connoissance exacte de tous les jugemens qui sont sujets à insinuation, et le condamner à une amende de 300 livres, s'il en expédie quelques-uns sans avertir les parties qu'elles aient soin de les faire insinuer ?

La précaution que l'on prend encore de défendre aux notaires et aux greffiers de faire aucun inventaire jusqu'à ce que le greffier des insinuations ait *mis son vu gratis* sur l'expédition du testament, dont il sera fait mention dans l'intitulé de l'inventaire, à peine de nullité et de paiement du triple des droits, est souvent impraticable. Il arrive tous les jours, que l'on commence un inventaire avant que de savoir s'il y a un testament, et qu'on ne le trouve que sous le scellé, ou même entre les mains d'un ami qui peut être absent, sans que les héritiers aient connoissance du testament qui lui a été confié; sera-t-il juste en ce cas que l'inventaire soit nul, et que les notaires soient condamnés à des peines rigoureuses, parce qu'ils n'auront pas attendu que le greffier des insinuations ait visé un testament qui ne leur étoit pas connu ?

Les successeurs en ligne directe sont exempts du paiement du centième denier par l'édit du mois de décembre 1703, si ce n'est dans les coutumes où il est dû quelques droits aux seigneurs lors des mutations en ligne directe, auquel cas il n'est dû, selon cet édit, que la moitié du centième denier.

Il sembloit donc que, suivant ce principe, la moitié

du centième denier ne devoit être dûe en aucun cas, pour les francs-aleux, par les successeurs en ligne directe, parce qu'il n'est dû aucun droit aux seigneurs pour les mutations qui arrivent dans la possession de cette espèce de bien; cependant, par la nouvelle déclaration, on oblige indistinctement tous les successeurs en ligne directe à payer la moitié du centième denier pour les francs-aleux, pendant que pour les fiefs et pour les censives, ils ne paieront rien dans toutes les coutumes. Or, il n'est dû aucuns droits en ligne directe; ce qui comprend beaucoup plus des trois quarts du royaume.

MÉMOIRE

SUR LES RÉCUSATIONS DES JUGES.

La science de la chicane, qui fait tous les jours un malheureux progrès, a inventé, depuis quelque temps, un nouveau moyen par lequel une partie peut presque s'assurer de n'avoir que les juges qu'il lui plaira, et d'exclure tous les autres.

Ce moyen est de devenir créancier de son juge, en achetant des droits sur lui; et, parce que la qualité de débiteur n'est pas toujours regardée comme cause suffisante de récusation, on intente ensuite une action contre le juge sur lequel on a pris un transport, et, joignant ainsi le procès à la créance, on croit avoir un moyen infaillible pour exclure un juge, qui souvent n'est suspect que parce qu'il est trop homme de bien.

Un exemple récent d'un de ces transports mendiés dans ce dessein, a obligé la cinquième chambre des enquêtes à ordonner qu'une récusation fondée sur un tel moyen seroit communiquée au procureur-général du roi, dont on a cru que le ministère devoit s'élever pour punir les suites de cet abus.

Le mal est certain, mais on ne peut en attendre le remède que de la justice et de la sagesse du roi, parce qu'il ne paroît pas qu'il soit possible de réprimer cet abus par une autre voie que celle d'une loi, qui défende aux parties de prendre aucune cession de droits contre leur juge, dans le temps que leur procès est pendant devant eux.

La nécessité de cette loi se prouve par l'abus même que les plaideurs font de la liberté qu'ils ont eue jusqu'à présent.

Ce seroit avoir trop d'indulgence pour la malice des hommes, que de permettre aux parties d'exclure à leur gré tous les juges sur lesquels elles pourroient acheter une créance, et de souffrir, s'il est permis de le dire, que la cession d'un boucher ou d'un boulanger, et des autres artisans, que les personnes les plus réglées ne paient que de temps en temps, et auxquels par conséquent il est toujours dû quelque chose, devienne un moyen aussi sûr que facile, pour récuser un juge qui n'a pas le bonheur de plaire à une partie.

Si les ordonnances du royaume défendent aux juges d'acquérir des droits litigieux sur les parties qui plaident dans leur tribunal; si l'ordre public assujettit les magistrats à cette contrainte salutaire, la justice, l'équité et la bienséance n'exigent-elles pas que la loi soit réciproque, et que la partie ne puisse rien contre le juge, comme le juge de son côté ne peut rien contre la partie pendant qu'elle plaide devant lui?

Enfin, si les lois romaines défendent les aliénations, qui n'ont pour but que de changer de tribunal, et de porter la cause devant d'autres juges que ceux auxquels la connoissance en appartient naturellement; si l'ordonnance de 1669 a réglé, suivant l'esprit de ces mêmes lois, que ceux qui ont droit de *committimus* ne pourroient en user dans le cas de transport par eux acceptés, *si ce n'est pour dettes véritables et par actes passés par-devant notaires, et signifiés trois ans avant l'action intentée*; combien est-il plus équitable d'empêcher les parties d'exclure leurs véritables juges, d'en substituer d'autres au lieu d'eux, et de changer souvent la face entière d'un tribunal, par la qualité de ceux qu'ils récusent, ou de ceux qui prennent la place des récusés, et cela sous prétexte d'un transport fait depuis que le procés est pendant devant les juges mêmes qu'on récuse?

Il est aisé même de concevoir combien la justice peut souffrir de ce changement de juges, surtout dans les procès d'articles qui peuvent avoir de la liaison les uns avec les autres, et combien il est important aux parties qui ne cherchent que la vérité, de ne pas perdre, au milieu du rapport d'un procès, un juge tout instruit, et plein d'une affaire qui se rapporte depuis long-temps devant lui.

On ne peut opposer à des motifs si pressans, que le seul inconvénient de restreindre la liberté commune, et de faire tort aux parties qui, de bonne foi et sans aucun dessein de chicane, et par le seul motif d'un intérêt légitime, sont quelquefois obligées, pour le bien de leur affaire, d'acccepter un transport sur un magistrat qui se trouve être leur juge dans le temps qu'on leur propose de leur donner en paiement une créance sur un office.

Mais, sans examiner ici si cet inconvénient particulier, ce qui est même assez rare, pourroit balancer l'intérêt public qui demande que l'on réprime la licence des plaideurs par une loi générale, il suffit de répondre en un mot qu'il n'est pas impossible de concilier ici l'ordre public avec l'intérêt des particuliers.

Il ne faut, pour cela, que déterminer exactement la nature et la qualité des créances qui tomberont dans la prohibition de la loi, et en excepter, à l'exemple de la même ordonnance de 1669, *au titre des committimus*, *article* 22, toutes celles qui écherront aux parties par succession, ou par toutes les autres espèces d'acquisitions ou forcées ou non suspectes.

Ainsi, s'il plaît à Sa Majesté d'accorder cette loi au bien de la justice et à l'honneur des magistrats, qui en fait une partie considérable, il semble qu'elle doit contenir deux dispositions.

La première, par laquelle le roi défendra à toute sorte de personnes d'accepter directement ni indirectement des transports de droits litigieux ou non litigieux, à prix d'argent ou autrement, sur les juges devant lesquels elles plaideront, de quelque qualité qu'ils soient, depuis le jour que la demande aura été formée, ou que le procès aura été porté dans le tribunal, déclarant tels transports nuls, et ensemble toutes les demandes faites en conséquence, sans que les juges puissent y avoir aucun égard, soit en jugeant les récusations ou autrement; et afin de contenir encore plus les plaideurs dans leur devoir, il seroit bon d'ajouter à cette première disposition, que ceux qui auront récusé leurs juges sur le fondement de transport de cette qualité, seront condamnés en une amende qui doit être de deux ou trois mille livres, si l'on veut qu'elle ait quelque proportion avec celle de 500 livres à laquelle l'ordonnance condamne ceux qui auront abusé de leur *committimus* sous prétexte d'un transport mendié.

La seconde disposition exceptera de la rigueur de cette défense, les transports, cessions et acquisitions de droits qui écherront par succession, partages, donations faites en contrats de mariage, ou par des dispositions testamentaires, ensemble par des traités faits sans fraude entre des créanciers et des débiteurs, en vertu de créances subsistantes avant que le procès fût porté dans le tribunal où la récusation est proposée, ou entre les créanciers seulement, en conséquence d'un abandonnement de biens fait par leur débiteur commun, dans tous lesquels cas il sera permis aux parties de récuser les juges sur lesquels elles auront des droits à exercer, sans encourir les peines portées par la nouvelle déclaration, et sera statué sur leur récusation, suivant la disposition des ordonnances et la qualité des circonstances, ainsi qu'il appartiendra, dont l'honneur et la conscience des juges demeureront chargés.

MÉMOIRE

SUR LA JURIDICTION DES TRÉSORIERS DE FRANCE.

Par un édit du mois de février dernier, il a plu au roi de créer un office de trésorier de France au bureau de la généralité de Paris, et un office de second président dans tous les autres bureaux du royaume.

L'on a inséré dans cet édit une clause nouvelle, singulière, et qui paroît si contraire au bien de la justice et à l'intérêt de tous les sujets du roi qui ont le malheur de plaider, qu'il y a lieu d'espérer que Sa Majesté voudra bien ne pas laisser subsister plus long-temps une disposition, dont ses finances ne reçoivent aucune utilité, et dont le public souffriroit un très-grand préjudice si elle étoit exécutée.

Cette clause est conçue en ces termes : *Seront les jugemens desdits trésoriers de France exécutés par provision nonobstant l'appel, lequel, pour ce qui regarde les nouveaux droits, dont nous leur attribuons la connoissance par le présent édit, sera porté en notre conseil, pendant le temps qui reste à expirer des baux courans; après quoi il sera porté en nos cours de parlement, ainsi que des autres matières concernant nos domaines et la voirie; et ne pourra être interjetté appel de leurs jugemens interlocutoires ou préparatoires, concernant l'instruction des procès, mais seulement des jugemens définitifs, conformément à l'arrêt de notre conseil du* 30 *mai* 1659.

Il est important de remarquer d'abord, que cet arrêt du conseil, que l'on a fait servir de fondement à la disposition de l'édit, n'a pas été revêtu de lettres-patentes registrées au parlement, et n'a jamais eu aucune exécution.

Les mêmes raisons qui ont empêché l'exécution de cet arrêt supposent encore aujourd'hui un nouveau privilége, dont les bureaux des trésoriers de France prétendent jouir, en vertu de l'édit du mois de février dernier.

Ce privilége a deux parties.

La première, marquée dans le commencement de la clause que l'on vient de transcrire, est que les jugemens des trésoriers de France doivent être exécutés par provision, nonobstant l'appel.

Si cette disposition étoit restreinte aux cas de droit, dans lesquels, suivant la disposition des ordonnances, les sentences des premiers juges doivent être exécutées par provision, en attendant le jugement de l'appel; si même on s'étoit contenté de demander que les jugemens des trésoriers fussent exécutés nonobstant l'appel, jusqu'à concurrence d'une certaine somme, il n'y auroit rien eu en cela qui eût blessé l'ordre public et l'intérêt des particuliers.

Mais, en laissant cette disposition dans les termes généraux dans lesquels elle est conçue :

1.° On fait pour les trésoriers de France ce qui n'a jamais été fait pour aucun juge, si ce n'est pour ceux de police; mais c'est le privilége de la matière et le bien public qui l'ont fait ainsi ordonner. Si l'on excepte donc cette seule juridiction, il n'y en a aucune qui jouisse d'une semblable prérogative; et quoique le roi puisse faire, entre ses officiers, tel partage qu'il lui plaît de son autorité, cependant on ne peut s'empêcher de remarquer ici qu'il est assez extraordinaire que, pendant que MM. des requêtes du palais, qui sont revêtus du titre de conseillers au parlement, pendant que MM. les maîtres des requêtes, qui ont la séance au parlement, ont encore le droit d'entrer au conseil de Sa Majesté, n'ont pas néanmoins le privilége de rendre des sentences qui, dans tous les cas, soient exécutoires nonobstant l'appel, on attribue ce droit aux trésoriers de France qui sont d'un ordre inférieur et à MM. les maîtres des requêtes et à MM. des requêtes du palais.

2.° Par là on expose les parties à souffrir, en certains cas, une perte irréparable. Il n'y a personne qui ne sache qu'il y a des occasions où l'on ne peut réparer par un arrêt tout le tort qu'une partie aura souffert par l'exécution provisoire de la sentence du premier juge. C'est pour cela qu'il est de l'équité naturelle, suivant la décision uniforme de toutes les anciennes et les nouvelles ordonnances, que l'appel suspende l'exécution des jugemens, lorsque le préjudice que ces jugemens peuvent faire n'est pas réparable en définitive. On ne peut donc se dispenser de représenter à Sa Majesté, que la disposition de l'édit que les trésoriers de France ont obtenu, attaque les premiers principes de l'équité naturelle, qui fut le fondement de toutes les lois.

3.° La justice n'y est pas moins blessée que l'équité; il est aisé d'en donner un exemple sensible. Un homme sera mort en possession de son état; il aura laissé des héritiers apparens, qui seront mis en possession de sa succession; il surviendra un donataire du roi, qui prétendra que cet homme étoit un bâtard; il gagnera sa cause par sentence des trésoriers de France; sera-il juste que, pendant l'appel, contre la présomption générale, qui est toujours pour la légitimité, jusqu'à ce qu'on prouve le contraire, contre la faveur des héritiers du sang, contre la force de la possession, on souffre qu'un étranger, qui n'a souvent aucun autre titre que son avidité, dépossède des héritiers, au moins apparens, pendant le jugement de l'appel? Il y a une infinité d'autres cas semblables, dans lesquels on ne peut, sans une injustice évidente, faire exécuter par provision tous les jugemens qui seront rendus par les trésoriers de France.

4.° L'envie que celui qui a eu soin de rédiger cet édit, a eue de proroger la juridiction des trésoriers de France, ne lui a pas même permis de considérer que le privilége qu'on attribuoit ici à ces officiers, pouvoit en bien des cas se trouver contre le roi même, qui le leur accorde.

Il n'est pas impossible que le roi perde sa cause dans

les affaires où il s'agit des droits de son domaine, et Sa Majesté donne tous les jours à ses officiers l'exemple de se condamner elle-même, comme le moindre de ses sujets.

Si donc il arrive que le procureur du roi ne réussisse pas dans une demande qu'il aura formée au nom de Sa Majesté, sera-t-il juste que le jugement soit exécuté nonobstant l'appel, et cela contre la maxime ordinaire, que le roi plaide toujours les mains garnies, et que jamais on ne doit donner la provision contre Sa Majesté?

5.° Enfin, il y a eu si peu d'attention dans la rédaction de cette clause, que l'on n'a pas même ajouté que les sentences ne seroient exécutées qu'en donnant bonne et suffisante caution; ce qui est, pour ainsi dire, de droit naturel, et ce qui a lieu même dans les matières les plus provisoires de toutes, c'est-à-dire, dans celles de police.

Voilà ce qui regarde la première partie de cette clause, ou du privilége nouveau que l'édit du mois de février dernier attribue aux trésoriers de France.

La seconde partie est encore plus extraordinaire; on y communique à ces officiers une portion de la supériorité et de l'indépendance qui, suivant l'ordre public du royaume, n'appartient qu'aux compagnies du premier ordre.

On veut que l'appel des sentences interlocutoires ou préparatoires, concernant l'instruction des procès, ne puisse plus être reçu, et que les parties n'aient aucune autre ressource, que celle d'interjeter appel des jugemens définitifs.

C'est ce qui jusqu'à présent a été inoui dans notre jurisprudence, et ce qu'aucun juge du royaume n'a jamais prétendu.

Il semble d'abord qu'on pourroit, suivant le terme de l'édit, n'appliquer ce nouveau privilége qu'aux jugemens des nouveaux commis du domaine, dont la connoissance est attribuée, par cet édit, aux trésoriers de France.

Mais les termes en sont si généraux, qu'on ne peut guère les entendre en ce sens sans faire violence à la lettre; et d'ailleurs, quand on ne leur donneroit que ce seul effet, il seroit toujours vrai de dire, qu'au moins en ce point, l'édit feroit un préjudice sensible aux sujets du roi.

La faculté d'appeler est fondée sur de si grandes raisons de justice et d'équité, qu'elle ne doit jamais être refusée aux parties qui ont eu le malheur de succomber devant les premiers juges, soit qu'il s'agisse d'un jugement interlocutoire, ou d'un jugement définitif; il est du bien de la justice que l'erreur d'un premier jugement puisse être réformée, et l'on ne conçoit pas pourquoi on présumera qu'un juge, qu'on suspecte capable de se tromper dans un jugement définitif, n'aura pas été susceptible d'une semblable erreur dans un jugement interlocutoire; ni par quelle raison on enviera aux parties la consolation de se faire juger une seconde fois par des juges supérieurs, et cela parce qu'il n'est question que d'un jugement interlocutoire.

L'expérience apprend tous les jours, qu'il n'y a rien de moins véritable que cet ancien proverbe des praticiens, *un interlocutoire ne fait tort à personne.* Il est, à la vérité, des interlocutoires de cette qualité; mais il y en a beaucoup d'autres qui touchent et qui altèrent le fond de la contestation, en sorte que la cause n'est plus entière, lorsqu'elle est portée ensuite dans un tribunal supérieur, après l'interlocutoire exécuté.

Ainsi, par exemple, que les trésoriers de France aient admis la preuve d'un fait de suggestion de testament, de simulation d'actes, ou de tout autre fait dont la preuve ne s'admet qu'avec beaucoup de peine; s'il n'est plus permis de recevoir l'appel d'un pareil jugement, la preuve se fera toujours par provision; l'on rendra un jugement définitif sur cette preuve, dont l'appel sera porté au parlement. Il est certain qu'en ce cas l'affaire pourra souvent être regardée d'une autre manière que si la preuve étoit encore à faire. Les praticiens habiles veulent toujours, à quelque prix que ce soit, avoir une preuve faite; ils savent que les juges les plus éclairés ont de la peine à résister à l'impression naturelle qu'une preuve fait sur l'esprit, quoiqu'elle ne soit pas absolument régulière, et que souvent telle preuve qu'on n'auroit pas admise, si on avoit jugé le procès dans son premier état, devient victorieuse lorsqu'une fois elle se trouve faite. En un mot, il n'y a rien de plus dangereux que d'être forcé d'attendre, après la preuve faite, à faire juger si on la doit faire; c'est néanmoins ce qui arrivera toujours, si l'édit du mois de février dernier a son exécution.

Que l'on suppose au contraire que, par un jugement interlocutoire, les trésoriers de France aient refusé la preuve de faits décisifs et qu'il étoit permis, suivant l'ordonnance, de prouver par témoins, si la partie qui a perdu sa cause, a le malheur de ne pouvoir appeler, elle verra tous les jours dépérir sa preuve, avant que de pouvoir parvenir à un jugement définitif, et à faire réformer ce jugement. Sa partie épuisera tous les artifices de la chicane, pour éloigner à l'infini la décision du procès; et il arrivera que, parce que celui qui aura la justice de son côté n'a pu interjeter appel d'un jugement interlocutoire qui étoit injuste, il se verra réduit, par le dépérissement des preuves, à ne pouvoir soutenir un droit qui étoit peut-être indubitable s'il avoit été permis de le faire valoir dans un temps où les preuves subsistoient encore.

Quand même les parties n'en souffriroient pas dans le fond; doit-on compter pour rien les longueurs infinies et les frais immenses, auxquels on les expose par cette nouvelle jurisprudence?

Les trésoriers de France auront appointé une contestation très-susceptible d'être jugée à l'audience, et cependant les parties auront les mains liées; et au lieu que si on leur avoit laissé la liberté d'appeler, elles auroient pu sortir d'affaire en une ou deux audiences, elles seront obligées d'essuyer un procès par écrit, qui durera peut-être plusieurs années, et qui leur fera perdre presque tout le fruit qu'elles en attendent par les frais qu'elles seront obligées d'avancer.

On ne finiroit jamais, si l'on vouloit expliquer tous les inconvéniens de ce privilége, qui coûte si peu aux trésoriers de France, et qui coûtera si cher aux malheureux plaideurs, s'il subsiste malgré tout ce que l'on vient de représenter; mais il y a lieu d'espérer de la bonté du roi, qu'il ne voudra pas autoriser plus long-temps une disposition qui seroit la source féconde d'un nombre infini d'injustices, et que Sa Majesté ne souffrira pas que pour une seule charge d'augmentation dans chaque bureau, qui ne sera pas moins bien vendue sans ce nouveau privilége, on renverse l'ancien ordre de la justice, et que l'on ôte aux sujets du roi une liberté dont ils ont toujours joui, sous la protection de ses ordonnances et de celles de ses prédécesseurs.

Projet de déclaration en la juridiction des trésoriers de France.

Louis, etc. Par notre édit du mois de février dernier, portant création d'un office de trésorier de France au bureau de la généralité de Paris, et d'un second président dans chacun des autres bureaux de notre royaume, nous avons, entr'autres choses, ordonné, *que les jugemens des trésoriers de France seroient exécutés par provision, nonobstant l'appel, lequel ne pourroit être interjetté de leurs jugemens interlocutoires ou préparatoires, concernant l'instruction des procès, mais seulement des jugemens définitifs, conformément à l'arrêt de notre conseil du* 30 *mai* 1659. Mais comme nous avons appris que cette disposition, contraire à l'usage qui s'est observé jusqu'à présent dans le ressort de notre parlement de Paris, y avoit paru sujette à plusieurs inconvéniens, qu'il seroit difficile d'éviter, si elle subsistoit en son entier, nous avons jugé à propos de les prévenir, en expliquant nos intentions sur ce sujet par notre présente déclaration. A ces causes, etc.

Voulons et nous plaît que notredite cour de parlement continue de recevoir l'appel des jugemens qui ont été ou qui seront rendus par les trésoriers de France, tant interlocutoires ou préparatoires, que définitifs, sans aucune distinction, pour être statué sur ledit appel, en la manière accoutumée, et ainsi qu'il se pratiquoit avant notre édit du mois de février 1704; et seront, en cas d'appel, lesdits jugemens des trésoriers de France exécutés par provision, lorsqu'il s'agira de la perception ou recouvrement de nos droits, tant anciens que nouveaux, et que le fond du droit ne sera pas contesté; comme aussi en matière de voirie, et généralement dans tous les cas, dans lesquels, suivant la disposition de nos ordonnances et de celles des rois nos prédécesseurs, les jugemens desdits trésoriers de France sont exécutoires nonobstant l'appel. Voulons, au surplus, que notredit édit du mois de février dernier soit exécuté selon sa forme et teneur, dans tous les points auxquels il n'est pas dérogé pas ces présentes.

Si donnons, etc.

PROJET D'ÉTABLISSEMENT

DE CONSERVATEURS DES HYPOTHÈQUES.

Ce n'est pas d'aujourd'hui que l'on a proposé de créer des conservateurs des hypothèques sur les immeubles et sur les rentes constituées. Ces officiers, que l'on veut faire revivre sous une forme nouvelle, ont déjà été établis sous le nom de greffiers des enregistremens, et l'édit du mois de mars de l'année 1673 contenoit en substance les mêmes dispositions que le projet d'édit que l'on propose de faire aujourd'hui.

Les raisons ou les prétextes que l'on allègue encore à présent, servirent alors de fondement à cet édit; pouvoir prêter avec sûreté, et acquérir sans crainte d'être troublé dans sa possession par des hypothèques inconnues; être certain de la fortune de ses débiteurs, sans être jamais dans la crainte de la voir périr, ni dans l'inquiétude d'y veiller, tels étoient les fruits que l'on devoit recueillir de cet édit.

On prit toutes les précautions imaginables pour en affermir l'exécution. Toutes les dispositions de cette loi furent méditées avec un soin qui se fait encore sentir à tous ceux qui la lisent, et qui fait voir que ceux qui travaillèrent à la rédiger croyoient travailler pour l'éternité.

Cependant elle n'a eu qu'une existence, pour ainsi dire, éphémère. Une année étoit à peine écoulée depuis l'édit de mars 1673, qu'il fut révoqué par un autre édit du mois d'avril 1674 : et, quoique les vrais motifs de la révocation ne soient pas expliqués dans le préambule de l'édit, néanmoins ce qui est dit en général, par ce préambule, des difficultés que rencontroit l'exécution de la nouvelle loi, annonce assez que la révocation a été déterminée par les inconvéniens multipliés que la loi présentoit, et par les réclamations qu'elle excita de tous côtés.

Tel est le premier préjugé qui se présente d'abord à l'esprit, contre le projet d'édit que l'on propose aujourd'hui. La loi que l'on veut rétablir est une loi que l'expérience a déja condamnée, et par conséquent il semble qu'il n'est plus permis de la proposer de nouveau, puisque c'est appeler, en quelque manière, du jugement de tous les hommes et de celui du législateur même, qui a trouvé cette loi si contraire au bien public, qu'il l'a abolie presque aussitôt qu'elle a été faite, et qu'il a voulu qu'elle mourût, pour parler ainsi, dès le premier jour de sa vie.

Les mêmes raisons qui ont empêché l'exécution de cette loi, s'opposent encore aujourd'hui à son rétablissement ; on peut dire même qu'elles sont augmentées depuis l'année 1673, et que jamais une telle loi ne pourroit être plus mal placée que dans la conjoncture présente.

On a toujours cru que *rien n'étoit plus contraire au bien et à l'avantage de toutes les familles, que de faire trop connoître l'état et la situation de la fortune des particuliers.*

Un Italien a dit autrefois, que l'opinion étoit la reine du monde; si cela est, on peut dire que c'est en France qu'elle a établi le siége de son empire; on n'y vit et on n'y subsiste que par opinion ; le crédit et la confiance ne sont fondés que sur l'opinion ; et c'est ôter aux hommes leurs dernières richesses, que de leur arracher cette réputation, qui leur tient souvent lieu de biens lors même qu'ils ont tout perdu.

Avec elle, on voit tous les jours une infinité de fortunes se relever et se rétablir, qui, sans cet avantage, auroient été perdues sans retour.

C'est cette opinion qui fait trouver aux plus malheureux des ressources imprévues ; comme on croit pouvoir prendre confiance en leur probité, et qu'on n'a point une certitude entière de leur ruine, ils trouvent encore dans leurs amis des secours dont ils peuvent profiter pour recueillir le débris de leur fortune; ou du moins, on ne les presse pas avec rigueur, et le temps même qu'ils gagnent par là n'est pas le moindre des avantages que l'opinion leur procure.

Pendant ce temps un marchand trouve des conjonctures heureuses qui rétablissent son commerce; un magistrat recueille une succession qui le met en état de soutenir sa dignité; un gentilhomme vend une terre à des conditions avantageuses, ou il fait une alliance qui lui procure les moyens de payer les dettes de sa maison; en un mot, sans entrer dans un plus long détail, l'expérience apprend tous les jours qu'il y a une infinité de maisons, qui ne se sont soutenues ou qui ne se sont relevées que par l'opinion.

Vouloir la bannir et révéler le mystère de la fortune de chaque particulier, non-seulement c'est priver toutes les familles des secours que l'on vient d'expliquer, mais c'est les livrer presque toutes, en un moment, aux poursuites rigoureuses de leurs créanciers; c'est forcer le dernier retranchement de la pauvreté; faire voir à découvert la misère commune du plus grand nombre des sujets du roi, et mettre, en un seul jour, plus des trois quarts du royaume en décret.

On dira peut-être que, d'un autre côté, c'est un grand inconvénient de laisser les créanciers exposés à la mauvaise foi et à la surprise de leurs débiteurs; que s'il est utile aux derniers de cacher l'état de leur fortune, il est avantageux aux premiers de la connoître; et qu'après tout les créanciers étant plus favorables que les débiteurs, leur intérêt doit faire pencher de leur côté la balance du législateur.

C'est, sans doute, tout ce que l'on peut dire pour soutenir la loi qu'on propose de faire: mais quand on y aura fait une sérieuse réflexion, il y a lieu d'espérer que l'on reconnoîtra le défaut de ce raisonnement, et que l'on sentira qu'il y a des maux qu'il faut laisser dans l'ordre politique, comme dans l'ordre naturel, parce que les remèdes seroient plus fâcheux que les maux mêmes; que c'est aux particuliers à connoître ceux avec qui ils traitent, et à prendre les sûretés nécessaires pour n'être pas trompés dans les engagemens qu'ils contractent; mais que c'est porter trop loin la prévoyance de la loi, que de vouloir qu'elle prévienne tous les inconvéniens particuliers; ce qu'elle ne pourroit faire que par des réglemens généraux, et dont les conséquences seroient plus dangereuses que les inconvéniens auxquels on voudroit remédier; que d'ailleurs, ces inconvéniens sont compensés par l'avantage inestimable que le public reçoit de la liberté et de la facilité du commerce; vouloir le rendre trop sûr, c'est l'anéantir et chercher une idée de perfection qui ne convient point à l'humanité; enfin, comme le nombre des débiteurs est très-considérable dans le royaume, leur intérêt devient, pour ainsi dire (et cela n'est que trop vrai dans la conjoncture présente), une espèce d'intérêt d'état, d'autant plus qu'en ruinant le débiteur, on ruine aussi le créancier; car, comme celui qui a la qualité de créancier, a aussi souvent celle de débiteur, il arriveroit par un contre-coup inévitable, que presque toutes les fortunes seroient ébranlées, si celles de tous les débiteurs étoient attaquées, comme elles le seroient infailliblement si la proposition que l'on fait pouvoit réussir.

Il n'y a que les usuriers qui pourront profiter de cette nouvelle loi; les contrats de constitution et les obligations par-devant notaires, qui deviennent plus rares tous les jours, le deviendront encore plus; ils ne seront convenables, ni à l'intérêt de celui qui prête, ni à l'intérêt de celui qui emprunte; on prendra la voie des billets ou des lettres de change, qui sera plus utile au créancier, et dans laquelle le débiteur trouvera au moins l'avantage présent de ne pas faire éclater sa nécessité; ainsi, bien loin d'affermir la sûreté publique, on la détruira : et, quoique dans les vues d'une politique momentanée, on pût regarder ce mal comme une espèce de bien par rapport à la conjoncture présente, parce qu'il serviroit peut-être à faire rouler dans le commerce le peu d'argent qui se fixe, pour ainsi dire, et qui perd son mouvement par les contrats de constitution, on ne croit pas néanmoins que ceux qui aiment véritablement le bien public puissent jamais penser qu'un si léger avantage soit capable de balancer le grand inconvénient de mettre en l'air la plus grande partie des fortunes particulières, et d'abolir l'usage des créances hypothécaires, par les voies mêmes que l'on choisit pour les conserver.

Il y a donc lieu d'espérer que les mêmes raisons qui ont fait tomber une loi déjà faite, seront capables d'empêcher l'exécution d'un simple projet; mais si l'état présent des affaires obligeoit le roi à accepter les secours qu'on lui offre au prix de l'accomplissement de ce projet, il semble au moins que l'on pourroit y faire *quelques changemens pour perfectionner sa disposition*, et pour la rendre, non pas meilleure, mais moins mauvaise.

1.° On ne sait pourquoi l'on n'a fait aucune mention dans ce projet de l'édit du mois de mars 1673, portant établissement du greffe des hypothèques. Peut-être a-t-on craint qu'il ne fût de mauvais augure pour l'exécution de ce projet, d'y parler d'une loi semblable, qui a été heureusement abolie, et contre laquelle on s'est élevé aussitôt qu'elle a paru. Cependant il paroît fort nécessaire, non-seulement de faire mention, mais même de faire revivre quelques-unes de ses dispositions absolument essentielles, pour parer à une partie des inconvéniens du projet en lui-même.

2.° Quand même on jugeroit à propos de ne point parler de l'édit de 1673, il faudroit au moins en prendre toutes les décisions qui peuvent être utiles au public. Or, il y en a beaucoup de cette nature, qu'on n'a point fait entrer dans le projet qu'il s'agit d'examiner.

Telles sont, par exemple, toutes les décisions qui regardent la forme des registres et celle des oppositions; la peine prononcée *contre les téméraires opposans*; l'effet du défaut d'opposition entre les créanciers qui ne se seront pas opposés; les personnes exceptées de la rigueur de la loi; enfin, le temps dans lequel l'édit doit commencer à être exécuté.

A l'égard de la forme des registres, l'article 3 de l'édit de 1673 porte : que les feuillets seront cotés par premier et dernier, paraphés par le juge; au lieu qu'on s'est contenté de dire simplement dans ce projet, que ces registres seroient paraphés, ce qui ne suffit pas, parce que si le greffier ou le conservateur s'entendoit avec le juge, le paraphe n'empêcheroit pas que l'on n'insérât des feuillets, que le juge seroit toujours en état de parapher; *au lieu que la précaution de faire coter toutes les pages*, rend la chose beaucoup plus difficile et presqu'impossible.

De même, par les articles 5 et 9 du même édit, il est dit qu'il sera fait *un procès-verbal par le juge en la première page du registre, qui contiendra le nombre des feuillets et le jour que le paraphe aura été fait; que la même formalité sera observée lorsque le registre sera rempli et qu'il sera pareillement fait un procès-verbal par le juge, en la dernière page du registre, qui fera mention de l'état d'icelui.*

L'article 7 défend aux greffiers de laisser aucun blanc dans leurs registres, à peine de faux; et pour prévenir cet abus, l'article 8 ordonne que *le registre sera représenté au juge, et par lui arrêté au bas du dernier article, par chacun mois, avec mention du nombre des feuillets dans lesquels les oppositions auront été faites depuis le dernier arrêté, et s'il s'y trouve aucun blanc, il en sera dressé par lui procès-verbal pour y être pourvu, lequel arrêté sera signé de lui et du greffier.*

L'article 10 porte que le greffe des enregistremens

sera établi dans le lieu *de la juridiction du bailliage ou sénéchaussée qui sera trouvé le plus sûr et le plus commode*, auquel lieu les registres seront *déposés*, *sans qu'ils puissent en être tirés*, *même en cas de changement et décès des greffiers*.

Et l'article 11 défend expressément aux greffiers *de faire aucuns enregistremens en autres lieux que dans les greffes*, *ni d'en tirer les registres sous quelque prétexte et pour quelque occasion que ce soit.*

Il n'y a personne qui ne sente la nécessité ou l'utilité de toutes ces précautions et qui ne les désire dans le nouvel édit que l'on propose de faire.

Une partie de celles que l'édit de 1673 a établies, par rapport à la forme des oppositions, sont encore de la même nature.

Telle est l'obligation imposée par l'article 13 à tout opposant, de libeller son opposition; d'y marquer les sommes ou droits pour lesquels elle est formée; d'y faire mention des titres sur lesquels la créance ou le droit sont établis; d'énoncer la date et les noms des notaires qui les ont reçus; de déclarer s'il y a minute ou non; et si ce sont des jugemens, d'indiquer la juridiction en laquelle ils ont été rendus.

Telle est aussi la disposition de l'article 16, qui veut que les procurations, en vertu desquelles l'opposition se sera faite, soient passées par-devant notaires, qu'il en reste minute et qu'on en donne une expédition au greffier des enregistremens.

Telle est encore la précaution que l'on a prise d'ordonner, par l'article 20 de cet édit, *que le domicile élu par l'acte d'opposition demeurera, nonobstant tous changemens*, si la nouvelle élection qui en sera faite n'est enregistrée à la marge de l'opposition dans la forme prescrite par l'opposition même.

Telle est enfin la présence de deux témoins ou recors, dans la signification des oppositions : formalité qu'on a toujours observée, même depuis l'établissement du contrôle, dans toutes les significations importantes, et que l'édit de 1673, article 43, a joint, par cette raison, à celle du contrôle, par rapport aux significations des oppositions qui ne sauroient être trop solennelles, dès le moment que l'on voudra les établir.

Suivant le projet, la peine de ceux qui auront formé des oppositions, sans titres valables, se réduira à une condamnation de dommages et intérêts; au lieu que l'édit de 1673 avoit sagement ajouté à cette peine celle de 500 livres d'amende, qui ne peut être regardée comme un peine trop forte, contre ceux qui auront formé des oppositions téméraires par un esprit de vexation.

L'effet du défaut d'opposition est aussi beaucoup plus exactement marqué dans l'édit de 1673, que dans le projet qu'il s'agit d'examiner.

Il est dit seulement dans le projet, que les créanciers opposans seront préférés à ceux qui n'auront pas formé d'opposition, *et que l'ordre des hypothèques sera gardé entre ceux qui se seront opposés*; mais on n'y décide point si, lorsque les opposans auront été colloqués, l'ordre des hypothèques sera aussi observé entre ceux qui ne se seront point opposés.

Il est à craindre même que si l'édit demeuroit dans les termes dans lesquels il est conçu, il n'y eût des juges qui ne crussent que la loi n'ayant conservé expressément l'ordre des hypothèques qu'entre ceux qui se sont opposés, elle a eu intention de l'abolir absolument entre ceux qui n'ont point formé d'opposition, regardant leurs hypothèques comme étant toutes également anéanties par le défaut de cette formalité, ce qui seroit néanmoins fort injuste, parce que le défaut d'opposition serviroit à ceux mêmes qui auroient fait la même omission; et le dernier créancier se trouveroit confondu avec le plus ancien, quoique l'un et l'autre eussent également négligé de s'opposer; l'équité et la raison veulent qu'en ce cas, étant tous deux coupables de la même négligence, elle ne serve pas à l'un pendant qu'elle nuit à l'autre, et qu'on revienne à leur égard à la disposition du droit commun.

C'est aussi ce qui avoit été ordonné par l'article 41 de l'édit de 1673, qui porte : *Que ceux qui n'auront point fait enregistrer leurs oppositions seront mis en ordre entre eux, suivant leurs hypothèques et priviléges, après ceux toutefois qui seront enregistrés.*

Les personnes exceptées (1) de la disposition de la loi avoient été aussi bien plus exactement et plus équitablement marquées dans l'édit de 1673, qu'elles ne le sont dans le nouveau projet.

On ne trouve dans ce projet que trois exceptions.

L'une, en faveur des mineurs.

L'autre, en faveur des femmes qui sont en puissance de mari.

La dernière, en faveur du roi.

On ne peut que louer et approuver ces trois exceptions ; il faudroit seulement, pour perfectionner l'exception qui regarde les mineurs, régler le temps dans lequel ils seront obligés de s'opposer après la majorité. L'édit de 1673 leur avoit accordé le délai d'une année.

Mais, outre ces trois exceptions, il y en a plusieurs autres de même nature qu'il semble que l'on auroit dû ajouter au projet du nouvel édit, à l'exemple de celui de 1673.

La première, est celle des créanciers de la recette des consignations et de celles des saisies réelles, qui sont très-justement dispensées, par l'article 67 de l'édit de 1673, de former aucune opposition, parce que le public pour ainsi dire la forme pour eux.

La seconde, est celle des seigneurs féodaux ou censiers, qui, suivant l'article 67 de cet édit, *ne sont tenus pour la conservation de leurs droits, soit qu'ils soient échus ou non, de faire aucune opposition sur les héritages, fiefs et droits étant en leur censive et mouvance, mais à l'égard des autres biens ils sont tenus de leur faire opposition.*

On a cru, avec raison, qu'il seroit trop dur de

(1) Personnes exceptées de la disposition de la loi.

faire perdre à un seigneur, par le défaut d'opposition, le privilége qu'il a, par un droit antérieur à toute autre créance, sur les biens qui sont dans sa mouvance.

Le troisième regarde les usufruitiers dont l'usufruit est établi par les ordonnances, le droit et les coutumes. Telles sont les douairières, les gardiens nobles, les puînés nobles dans certaines coutumes; les pères, dans les provinces de droit écrit, par rapport aux successions qui échoient à leurs enfans étant en leur puissance. L'édit de 1673, *article* 68, *dispense tous les usufruitiers de cette qualité, de la nécessité de s'opposer sur les héritages chargés de leur usufruit, parce que leur opposition est écrite pour ainsi dire dans leur qualité de veuve*, de gardien, de puîné noble, de père de famille, etc.

Mais le même article les oblige de s'opposer sur les autres biens, parce qu'ils n'ont à cet égard qu'une simple hypothèque et non une espèce de propriété fondée sur leur qualité.

L'article suivant décide expressément que la même faveur ne sera pas accordée à ceux qui ne sont usufruitiers que par convention, parce que cette convention pouvant être ignorée, et ne produisant qu'une simple hypothèque, elle est de la nature de tous les autres contrats qui sont assujettis à la nécessité de l'opposition.

Ces distinctions sont si solides et si conformes aux principes du droit et à l'équité naturelle, qu'elles méritent de faire partie des dispositions du nouvel édit.

La quatrième exception est celle des bénéficiers, que l'article 78 de l'édit de 1673 maintient dans leur privilége sur les biens des précédens titulaires, du jour de leur prise de possession pour les réparations des bénéfices, sans qu'ils soient tenus de former aucune opposition.

L'on a prévu cette difficulté dans le projet du nouvel édit; mais elle y a été décidée d'une manière incertaine, équivoque et sujette à des interprétations qui seront apparemment peu favorables aux bénéficiers.

On se contente, par ce projet, de permettre aux bénéficiers de former opposition entre les mains des conservateurs sur les biens des précédens titulaires; mais s'ils n'usent pas de cette permission qu'on leur donne, perdront-ils leur hypothèque, ou du moins la préférence qui leur est due? C'est ce que le projet ne décide point, et c'est ce que l'édit de 1673 avoit décidé avec raison en faveur des bénéficiers.

En effet, l'action par laquelle on oblige un bénéficier, ou ses héritiers, à faire les réparations de son bénéfice, ne réside pas tant dans la personne de son successeur que dans l'officier public; et, comme on ne peut lui opposer ni prescription ni défaut de formalité, et qu'on n'obligera pas ceux qui l'exercent à former des oppositions, il seroit très-inutile d'y assujettir les nouveaux titulaires, parce que l'officier public viendroit toujours au secours de leur négligence qui ne doit faire aucun tort au patrimoine de l'église.

Il semble donc qu'au lieu d'une permission vague et captieuse, telle que l'article 7 du projet l'accorde aux bénéficiers, il faudroit établir en leur faveur la même exception qui se trouve dans l'article 70 de l'édit de 1673.

Il y a dans l'édit de 1673 une dernière exception qui avoit échappé; c'est celle qui est introduite par l'article 22, en faveur de ceux dont toutes les créances accumulées n'excèdent pas la somme de 200 livres ou de 10 livres de rente. La même équité qui avoit dicté cette exception en 1673, peut la faire renouveler aujourd'hui.

Enfin, la dernière disposition de l'édit de 1673, que l'on devroit imiter, *est celle qui fixe à un jour certain et déterminé le temps dans lequel la loi doit commencer à avoir son exécution*; au lieu que, par le projet du nouvel édit, *on veut que la première année dans laquelle les oppositions devront être formées, commence du jour de l'établissement des conservateurs ou du commis préposé à l'exercice de cet office.* Il paroît peu convenable et même dangereux de faire dépendre le sort des oppositions, qui seront formées dans le cours de cette première année, d'un fait qui ne sera pas uniforme dans tout le royaume, et qui d'ailleurs ne sera pas assez connu pour en faire l'époque d'une loi nouvelle, rigoureuse et fatale à ceux qui auront ignoré le jour auquel elle aura commencé à être exécutée.

On évitera ces inconvéniens en marquant un jour certain et commun pour toute la France ; et il est aisé aux traitans de prendre leurs mesures pour avoir en ce jour, dans tous les bailliages du royaume, des commis en état de commencer cette nouvelle fonction.

Voilà les principales dispositions qu'il semble que l'on doit emprunter de l'édit de 1673. Au surplus, il y en a d'autres dans cet édit, qui sont ou si subtiles ou si onéreuses au public, que c'est avec beaucoup de raison qu'on n'a pas eu la pensée de les faire revivre dans la loi nouvelle que l'on propose de faire.

Il ne reste plus à présent que de faire quelques observations sur trois ou quatre dispositions nouvelles qui se trouvent dans le projet qu'on a examiné dans ce mémoire et qu'il paroît important de réformer.

1.° L'article 3 porte, que les registres des conservateurs seront paraphés par l'un des officiers du siége, ce qui est trop vague et semble laisser au conservateur la liberté de faire parapher son registre par tel des officiers du siége qu'il lui plaira de choisir. Il est aisé de prévenir cet inconvénient, en remettant les choses dans les termes du droit commun, et en ordonnant que les registres seront paraphés *par le lieutenant-général ou autre premier et plus ancien officier, suivant l'ordre du tableau.*

On peut joindre aussi à cet article ce qui est dit dans l'article 29 : « *que les conservateurs établis dans les autres villes que celle de Paris prêteront le serment par-devant le premier officier du siége* ». Ces termes peuvent encore donner lieu à des contestations entre *les présidens et les lieutenans-généraux*; et il seroit bon de déterminer le sens de cet article en faveur *des lieutenans-généraux*, suivant la règle et le droit commun, et d'ordonner que le serment seroit prêté en la chambre du conseil, conformément à l'usage ordinaire.

2.° L'article 8 porte, *qu'à l'égard des rentes constituées, les oppositions seront formées entre les mains du conservateur du siége, dans le ressort duquel le débiteur de la rente sera domicilié.*

Cette disposition résiste aux premiers principes de la jurisprudence, suivant lesquels on juge toujours de la qualité d'une rente constituée sur des particuliers par le domicile du créancier, et cela, parce qu'une rente ne consiste qu'en un droit purement incorporel, qui, ne pouvant avoir aucune situation naturelle et véritable, en prend une feinte et empruntée de la personne du créancier dans lequel l'action réside.

Mais cette disposition blesse encore plus les règles de l'équité que les principes du droit; il n'y a point de créancier qui ne connoisse le domicile de son débiteur; mais il n'est pas juste d'exiger que des créanciers connoissent aussi le domicile du débiteur de leur débiteur, et qu'ils sachent le nom et la demeure de ceux qui lui doivent des rentes constituées. C'est les réduire à l'impossible et leur faire perdre leur hypothèque, *parce qu'ils n'auront pas su ce qu'il ne leur étoit souvent pas possible de savoir.* C'est trop récompenser celui des créanciers à qui le hasard l'aura fait découvrir, et c'est trop punir ceux qui ne seront coupables que de n'avoir pas appris ce que le hasard seul pouvoit leur faire apprendre. Il est donc plus juste, plus simple et non moins avantageux aux droits du roi, d'ordonner qu'en ce cas l'opposition sera *formée entre les mains du conservateur du lieu du domicile de celui qui est en même temps et le débiteur des opposans et le créancier de la rente constituée.*

3.° L'article 15 ordonne, que dans les lieux où l'usage est de faire les ordres avant l'adjudication, *il soit procédé à un second ordre pour raison des oppositions subsistantes ès mains des conservateurs, au jour que les décrets ou adjudications auront été scellés.*

Tous les arrêts de réglemens ont toujours défendu aux juges de faire deux ordres sur un même décret, et le roi a approuvé expressément la sagesse de ces réglemens, dans une matière fort approchante de celle dont il s'agit, c'est-à-dire, dans celle *des oppositions au sceau.*

La même difficulté qui a frappé ceux qui ont travaillé au projet du nouvel édit se présenta l'année dernière, lorsque le roi voulut régler, par une déclaration générale, la jurisprudence des oppositions au sceau.

On prévit, comme on le prévoit aujourd'hui, qu'il pourroit arriver que, l'ordre se faisant long-temps avant l'adjudication, il y auroit des créanciers dont la collocation deviendroit inutile, parce que leurs oppositions ne se trouveroient pas subsistantes au jour du sceau des provisions. *La proposition de faire faire un second ordre après que les provisions auroient été scellées, ne fut pas oubliée; mais on la rejeta avec raison, par la crainte des nouveaux frais qu'elle auroit fait essuyer et aux débiteurs et aux créanciers.*

Ainsi, bien loin d'ordonner, suivant l'esprit du nouveau projet, qu'il seroit procédé à un second ordre après le sceau des provisions, l'article 4 de la déclaration du 17 *juin* 1703 défend expressément *aux cours et à tous autres juges, qui auront fait l'ordre avant l'adjudication de l'office ou le sceau des provisions, d'en faire un second après que lesdites provisions auront été scellées.*

Mais en même temps le roi supplée à l'expédient d'un second ordre, par deux dispositions beaucoup moins onéreuses aux créanciers et aux débiteurs.

La première est dans l'article 3 de la même déclaration, qui porte que les ordres, qui auront été faits avant le sceau des provisions, ne seront réputés que provisoires, et que les créanciers, qui auront été utilement colloqués, ne pourront toucher leurs collocations qu'en donnant bonne et suffisante caution, en sorte que si leurs oppositions ne se trouvent pas subsistantes lors du sceau des provisions, les créanciers postérieurs et opposans au sceau, peuvent les obliger à rapporter ce qu'ils ont reçu.

La seconde est dans l'article 4, par lequel il a plu au roi d'ordonner, *que les contestations qui pourroient survenir sur le défaut d'opposition au sceau, entre les créanciers colloqués dans l'ordre, seront jugées à l'audience; fait défenses de les appointer, à peine de nullité; et néanmoins en cas qu'il survienne plus de deux créanciers opposans au sceau, qui n'aient pas été colloqués dans l'ordre, les juges pourront appointer les parties s'ils le jugent nécessaire, sans qu'en aucun des cas compris dans le présent article, les frais et dépens puissent être pris sur les deniers provenans du prix de l'office.*

Ainsi, outre qu'il ne seroit pas convenable que, sur deux matières presque semblables, le roi fît deux lois si contraires l'une à l'autre, que l'une ordonnât ce que l'autre défendroit, *on croit qu'on ne peut rien proposer de plus simple et de moins onéreux au public, que les deux précautions établies par la déclaration du 17 juin 1703, qui suffisent pleinement pour empêcher, d'un côté, que des créanciers ne profitent de leur collocation, quoiqu'ils ne soient pas opposans dans le temps du décret, et de l'autre, que l'on abuse de cette maxime pour consommer le reste de la fortune du débiteur et le gage des créanciers utilement colloqués, par les frais inutiles d'un second ordre.*

On finira ce mémoire comme on l'a commencé, en observant que le projet du nouvel édit pèche dans le principe, et que le mal est dans le fond et dans la substance même. Quelques corrections qu'on y fasse, quelques adoucissemens qu'on y apporte, on pourra bien le rendre moins mauvais, comme on l'a déjà dit, mais non pas le *rendre* bon. Ainsi, le seul parti que le public doit souhaiter que l'on prenne sur cette proposition, *est de la rejeter absolument*, et de faire par prévoyance, avant que la loi soit faite, ce que l'expérience fera faire, sans doute, lorsque la loi aura été faite, si elle l'est jamais, c'est-à-dire, de laisser les choses dans l'état où elles sont.

MÉMOIRE

SUR L'EXÉCUTION DES JUGEMENS ENTRE LES SOUVERAINS.

Toutes les règles qui ont été établies par rapport aux jugemens rendus dans les pays étrangers que l'on veut faire exécuter dans le royaume, sont fondées sur ce principe général et évident par lui-même, que quelque étendue qu'ait la puissance d'un souverain au-dedans de ses états, il n'en a aucune au-dehors, et dans les lieux qui sont soumis à une autre domination.

A plus forte raison, les juges à qui il confie une partie de son autorité pour rendre justice à ses sujets, n'ont pas le pouvoir de l'exercer hors des limites de leur juridiction; s'ils entreprennent de le faire, leurs jugemens sont sans force; et c'est de là que les auteurs des lois romaines ont conclu que l'on pouvoit résister impunément à tout juge qui veut se faire obéir hors de son territoire.

Cette maxime est si certaine, qu'elle a lieu entre les tribunaux qui ont la même source, ou qui ont été établis par la même puissance.

Quoique le parlement de Paris soit le premier de tous; quoiqu'il ait été long-temps le seul dans le royaume, et qu'il y ait encore des cas où son autorité s'étend dans toute la France, ses arrêts ne peuvent pas cependant être exécutés dans le ressort des autres parlemens, sans le secours d'un *Pareatis*, par lequel le roi, dont tout pouvoir est émané, autorise ceux qui ont obtenu ces arrêts à les mettre à exécution hors du ressort du tribunal qui les a rendus.

L'autorité des lois positives se joint ici à celle de la raison naturelle.

L'article 121 de l'ordonnance de 1629 porte expressément la disposition suivante :

Les jugemens rendus, contrats ou obligations reçus ès royaumes et souverainetés étrangères, pour quelque cause que ce soit, n'auront aucune hypothèque ni exécution en notredit royaume, ains tiendront les contrats lieu de simples promesses, et nonobstant les jugemens, nos sujets contre lesquels ils auront été rendus, pourront de nouveau débattre leurs droits, comme entiers, pardevant nos officiers.

La manière dont cette ordonnance fut portée au parlement de Paris, et peut-être encore plus la disgrâce du garde des sceaux de Marillac, qui en avoit été l'auteur, l'ont fait regarder par ce parlement, comme n'ayant pas acquis une entière autorité ; mais si elle n'y est pas exécutée dans les nouvelles dispositions qu'elle contient, on y en suit cependant l'esprit dans tout ce qui est conforme aux règles du droit commun.

Il y a quatre parlemens du royaume qui n'ont pas eu la même délicatesse que celui de Paris, à l'égard de cette ordonnance, et qui l'ont enregistrée, mais avec un grand nombre de modifications.

De ces quatre parlemens, trois n'en ont fait aucune sur l'article 121, dont on a rapporté la disposition. Le seul parlement de Dijon a mis une réserve sur cet article, et elle ne tombe que sur les contrats passés dans les pays étrangers, parce que ce parlement a cru que l'hypothèque pouvoit s'acquérir par la simple convention des parties, indépendamment de l'autorité du prince, en quoi il s'est trompé ; mais la modification n'a aucun rapport aux jugemens rendus dans les pays étrangers, et la règle établie à cet égard par l'ordonnance de 1629, subsiste en son entier dans ce parlement comme dans tous les autres tribunaux du royaume.

Il est vrai néanmoins que, comme c'est l'intérêt réciproque des souverains, et le droit que chacun d'eux a de conserver son indépendance dans ses états, qui a donné lieu d'établir cette règle, elle peut cesser aussi, quand il leur plaît, par leur consentement mutuel, ou par une convention par laquelle ils permettent réciproquement que les jugemens rendus dans une des deux dominations soient exécutés dans l'autre.

Mais, lorsqu'il n'y a point de convention pareille, la maxime subsiste en entier des deux côtés, et sa réciprocité même en démontre la justice. La loi est égale de part et d'autre ; si les jugemens qui se rendent dans l'Allemagne, par exemple, n'ont point de force en France, il en est de même réciproquement des jugemens rendus en France, qui ne peuvent avoir leur effet en Allemagne, et aucune des deux puissances n'est en droit de se plaindre d'une règle, qui s'observe également contre l'une et contre l'autre.

Il résulte, de tout ce qui vient d'être dit, que la réciprocité, soit dans l'observation de la règle générale, soit dans la pratique de l'exception, fondée sur une convention qui y déroge des deux côtés, doit être regardée comme un principe incontestable dans cette matière.

On a vu, il n'y a pas long-temps, un exemple remarquable d'une convention de cette nature.

S'il y a jamais eu un cas dans lequel on pût se dispenser de suivre la rigueur de la règle, c'étoit, sans doute, entre les sujets de deux princes intimement unis par les liens les plus sacrés, et par les qualités de gendre et de beau-père. Il est aisé d'entendre que c'est de Sa Majesté et du roi de Pologne, duc de Lorraine, que l'on veut parler. Il y avoit d'ailleurs un prétexte non moins spécieux, pour s'écarter de la règle à leur égard ; c'étoit la succession éventuelle au duché de Lorraine, assurée au roi par le traité de Vienne, en sorte que la propriété de ce duché est déjà acquise à Sa Majesté, et que le roi, son beau-père, n'en est que le possesseur ou l'usufruitier.

Malgré toutes ces considérations, on n'a pas cru qu'il fût possible d'agir sur ce point d'une autre manière entre la France et la Lorraine, qu'entre les autres puissances de l'Europe. Il a fallu prendre le parti de déroger à la règle commune, par une convention réciproque, suivant laquelle et Sa Majesté et le roi de Pologne, duc de Lorraine, ont donné en même temps deux édits respectifs (1), dont l'un ordonne, que les jugemens rendus par les tribunaux de la Lorraine seront exécutés dans le royaume, et l'autre porte, que ceux qui auront été donnés en France seront pareillement exécutés dans la Lorraine.

On pourroit prétendre, à la vérité, qu'il ne seroit pas impossible que cette réciprocité ne s'établît tacitement par l'usage, sans aucune convention expresse; mais c'est ce qui ne pourroit avoir lieu que par un très-long usage, par une possession constante et uniforme, prouvée également des deux côtés, sans réclamation et sans interruption de part ou d'autre; en sorte qu'elle pût faire présumer qu'il y a eu un consentement tacite de la part des deux souverains, pour l'introduction ou la continuation d'un pareil usage.

On ne peut donc tirer aucun avantage, en cette matière, de quelques exemples particuliers où l'on se seroit écarté de la règle, par surprise ou par inadvertance, et sans la connoissance du souverain; parce qu'en un mot, il s'agit ici d'une règle certaine, fondée sur les premiers principes du droit public, qui doit être observée inviolablement jusqu'à ce qu'il y ait été dérogé, ou par une convention expresse, ou par un usage réciproque et capable de la faire présumer.

(1) Edits du mois de juillet 1738. Ces édits établissent la réciprocité d'hypothèque, tant pour les jugemens rendus que pour les contrats passés dans l'étendue des états respectifs. L'édit du roi a été enregistré au parlement de Paris le 12 août suivant.

MÉMOIRE

Sur l'exécution des contrats passés, et jugemens rendus en pays étrangers.

La question que l'on veut faire décider par la déclaration dont le projet a été communiqué au procureur-général du roi, se présenta pendant le cours du parlement dernier, dans une instance sur laquelle il fut obligé de prendre des conclusions.

Après l'avoir examinée avec toute l'attention que l'importance de la matière peut mériter, il lui parut que les raisons de justice ordinaire et, pour ainsi dire, de droit privé, étoient presque également partagées entre ceux qui soutenoient la cause des étrangers et ceux qui la combattoient.

Qu'ils peuvent dire pour les derniers, que quand le roi a permis aux étrangers, par ses édits, d'acquérir, de posséder des rentes sur l'hôtel-de-ville, de disposer même de ces rentes, soit par des actes entre-vifs, ou par testament, l'intention de Sa Majesté n'avoit été que de les égaler en ce point aux régnicoles, et non de les affranchir des lois auxquelles les regnicoles mêmes sont sujets; que si le roi avoit voulu donner une plus grande étendue à la grâce qu'il faisoit aux étrangers, il ne se seroit pas contenté de les affranchir du droit d'aubaine, par rapport aux rentes de l'hôtel-de-ville, et de leur permettre d'en disposer, même par testament, mais Sa Majesté auroit encore ajouté, qu'ils pourroient user de ce pouvoir sans être assujettis aux lois du royaume, qui restreignent la liberté des dispositions; que le roi ne s'étant pas expliqué dans des termes si étendus, et cependant si nécessaires pour déroger aux coutumes de son royaume, on devoit présumer que Sa Majesté avoit voulu déroger seulement au droit d'aubaine, en rendant les étrangers capables de faire des dispositions et d'en recevoir, sans les dispenser de suivre les règles ordinaires dans leurs dispositions; qu'en un mot, il avoit habilité leur personne sans toucher aux lois, qui tombent sur les choses mêmes, et qui sont réelles, pour ainsi dire; qu'autrement, on accumuleroit, et qu'on feroit concourir en même temps deux priviléges distincts en faveur des aubains, quoiqu'il n'y en eût qu'un d'exprimé dans les édits, et qu'on traiteroit plus favorablement des étrangers qui peuvent être, et qui sont souvent les ennemis du royaume, que les citoyens les plus fidèles; qu'ainsi, il falloit juger des rentes de l'hôtel-de-ville comme d'une terre ou d'un autre immeuble véritable, et que de même qu'un étranger que le roi auroit exempté du droit d'aubaine, en lui donnant le pouvoir de disposer de ses immeubles, ne laisseroit pas d'être assujetti aux coutumes du royaume, dans sa disposition, on devroit leur imposer aussi la même loi par rapport aux immeubles fictifs, qui ne sont pas moins soumis aux dispositions des coutumes que les immeubles naturels.

Le procureur-général trouva ces raisons combattues par des moyens aussi apparens. On y répondoit :

Que les grâces et les priviléges des princes, et surtout ceux dans lesquels ils envisagent encore plus l'intérêt de leur état que celui des personnes qui en sont l'objet, doivent recevoir toujours l'interprétation la plus étendue et la plus favorable.

Que cette règle n'est jamais plus heureusement appliquée, que lorsque l'on trouve les expressions les plus générales et les plus indéfinies dans les grâces qu'il plaît au prince d'accorder; et qu'on ne sauroit en imaginer de plus étendues que celles dont le roi s'est servi, en accordant aux étrangers la libre disposition des rentes qu'ils auroient acquises sur l'hôtel-de-ville, puisque Sa Majesté déclare par ses édits, qu'elle veut *que les dispositions qui en seront faites par les étrangers, soit par contrat, cession, transport, donation entre-vifs, soit par testament, en quelque sorte et manière que ce puisse être, sortent leur plein et entier effet.* On ne peut ajouter aucune exception à une grâce si générale, sans limiter le bienfait du prince, ou plutôt sans y déroger; et toutes les distinctions subtiles, par lesquelles on pourroit faire naître des doutes sur l'effet de cette disposition, ne conviennent point à la bonne foi qui doit régner singulièrement dans ces sortes d'édits, où une nation traite en quelque manière avec les nations voisines, et qui deviennent une espèce de droit des gens.

Qu'il y a une grande différence à faire entre de véritables immeubles, qui sont reconnus pour tels parmi tous les peuples, et des immeubles qui ne le sont que par une fiction contraire à leur nature et inconnue dans la plupart des pays dont ont invite les habitans à acquérir des rentes sur la ville.

Que quand un étranger acquiert une terre ou une maison dans le royaume, il sait que ce bien est sujet à des lois qui restreignent la liberté naturelle par rapport à la disposition qu'il en peut faire; ainsi, quand il seroit dispensé du droit d'aubaine, il ne peut pas croire qu'il le soit des lois réelles qui réglent la disposition de ce bien.

Mais qu'il n'en est pas de même quand il acquiert une rente sur la ville. Cette rente n'est immeuble que par une fiction propre à notre droit français, et si elle est censée avoir sa situation dans la coutume de Paris contre la nature de toute action en général, et même des rentes constituées qui suivent toujours la personne, ce n'est que par une seconde fiction, à laquelle, on ne peut pas présumer que l'intention du roi ait jamais été d'assujettir les étrangers.

Qu'il auroit fallu les en avertir par une loi expresse, autrement il sembleroit qu'on leur auroit tendu une espèce de piége, en les appelant à la possession des rentes sur l'hôtel-de-ville, avec des termes qui leur en donnent la libre disposition; pendant que, d'un autre côté, on les priveroit d'une partie de cette liberté, en les assujettissant à suivre les règles établies par la coutume de Paris.

Qu'on tomberoit même par là dans des inconvéniens qui renferment une espèce d'absurdité, puisqu'on assujettiroit les étrangers dans les partages des rentes sur la ville, à introduire chez eux des affectations de certains biens aux familles, et des qualités de propres qui sont inconnues dans la plupart des pays qu'ils habitent, inconvéniens qui sont si rares à l'égard des véritables immeubles, et qui seroient si communs à l'égard des rentes, qu'un de ces cas ne peut jamais entrer en comparaison avec l'autre.

Qu'on ne doit donc pas opposer aux étrangers, qu'ils demandent deux priviléges au lieu d'un, et qu'ils veulent être de meilleure condition que les regnicoles, parce que le second privilége qui les affranchit des lois du royaume dans la disposition des rentes sur l'hôtel-de-ville, est renfermé dans le premier, qui leur en laisse la disposition absolue; et que, dès le moment qu'on a rendu les étrangers capables de posséder ces sortes de rentes, on a dû aussi regarder ces rentes comme des biens attachés à leur personne, et soumises par conséquent aux lois personnelles de leur pays.

Telles étoient les principales raisons qu'on alléguoit alors et contre les étrangers, et en leur faveur.

Mais s'il y avoit une espèce de partage en cette matière du côté du droit privé, et par rapport aux règles ordinaires de la justice, il ne pourroit y en avoir aucun par rapport au droit public, qui a pour fondement principal l'intérêt de l'état.

L'affaire considérée dans ce point de vue ne paroissoit pas susceptible de difficulté. Toutes les raisons étoient du côté des étrangers, puisqu'on ne peut pas douter que le bien de l'état, par lequel on doit juger du véritable esprit de la loi, ne fût d'attirer les étrangers, par toutes sortes de moyens, à apporter leur argent dans le royaume, pour y acquérir des rentes sur l'hôtel-de-ville. Rien ne seroit plus capable de les en dégoûter, que les chicanes, pour ainsi dire, sur les termes d'un édit qui, comme on l'a déjà observé, est plus fait pour nous que pour eux, et qui apporte plus d'utilité à la France, que les étrangers n'en reçoivent.

Ainsi, le procureur-général, qui étoit déjà fort porté en leur faveur par les raisons mêmes de droit privé, se seroit déterminé absolument pour eux par celle du droit public, s'il n'avoit cru qu'il falloit que ce fût le roi même qui eût tout l'honneur de l'interprétation favorable qu'il donneroit à ses premiers édits, et cette considération lui parut d'autant plus forte, qu'il crut qu'il seroit bien plus avantageux aux étrangers et au royaume même, de décider la question par une déclaration générale, que de la juger par un arrêt particulier, qui n'auroit d'autorité, tout au plus, que dans le ressort du parlement.

C'est ce qui l'obligea de requérir qu'il plût au roi d'expliquer sa volonté par une déclaration. Celle dont on lui a envoyé le projet remplit donc toutes ses vues, et il ne peut que souscrire entièrement à un projet si juste et si favorable.

MÉMOIRE

Sur la compétence et la prévention des Baillis et Sénéchaux, en matière criminelle, vis-à-vis des Prévôts des Maréchaux.

C'EST rendre justice aux baillis et sénéchaux, et maintenir en même temps les règles de l'ordre public, que de décider que les juges présidiaux ne peuvent exercer le pouvoir qui leur est attribué par l'article 15 du titre premier de l'ordonnance de 1670, que dans l'étendue des bailliages dans lesquels ils sont établis. Mais on ose dire que cette décision, juste en elle-même et avantageuse aux juges ordinaires, ne sera pas d'une grande utilité pour le bien de la justice, si l'on se contente de décider ce premier point, sans établir en même temps des règles certaines entre les baillis et les prévôts des maréchaux, en cas de concurrence de procédures.

Toutes les fois que l'on donne à deux juridictions différentes et naturellement jalouses l'une de l'autre, le droit de connoître d'une même nature de crimes, l'on doit s'attendre à voir naître tous les jours entr'elles des conflits et des combats de juridictions, où les juges, oubliant de part et d'autre ce qu'ils doivent à la justice, semblent n'être plus occupés que de ce qu'ils croient que la justice doit à leur dignité.

Ce n'est pas ici le lieu ni le temps d'examiner s'il ne seroit pas plus digne de la simplicité de la loi, de ne confier qu'à une seule juridiction la connoissance d'une seule espèce de crime. Nous avons vu croître et se multiplier à l'infini le nombre des officiers de judicature; il n'y a pas d'apparence que nous le voyions jamais diminuer; et d'ailleurs, quoiqu'il paroisse d'abord plus avantageux de réduire tout à l'unité, il y a cependant de grandes raisons en faveur de l'usage que les ordonnances ont établi dans certains cas, d'admettre deux sortes de juges et de juridictions à la connoissance d'une même espèce de crime, pour entretenir par là une émulation honnête à ces officiers et utile à la justice, qui les excite à se prévenir mutuellement dans la découverte, dans la poursuite et dans la vengeance des crimes.

Mais cet usage, qui a ses avantages, comme on vient de le dire, est aussi sujet aux inconvéniens inséparables des conflits auxquels il donne lieu. Ainsi il ne faut pas douter que la déclaration, que l'on se propose de faire, n'en fasse naître un grand nombre entre les juges ordinaires et les prévôts des maréchaux. Ces conflits, jusqu'à présent, arrivoient assez rarement. La jurisprudence étoit incertaine, les baillis et sénéchaux craignoient de se commettre; les présidiaux avoient usurpé en plusieurs endroits le pouvoir qu'on veut leur ôter aujourd'hui, et l'on sait qu'il y a une espèce de liaison, et si l'on peut parler ainsi, de fraternité entre les présidiaux et les prévôts des maréchaux, qui prévenoit ou qui étouffoit les conflits que les intérêts contraires de leurs juridictions auroient pu, sans cela, former entr'eux; enfin, ils avoient une règle certaine écrite dans l'ordonnance, par laquelle ces conflits étoient décidés, lorsqu'ils les avoient fait naître.

Les choses vont changer de face par la nouvelle déclaration. La jurisprudence sera fixée en faveur des juges ordinaires. Au lieu de cette union, qui se trouve assez ordinairement entre les présidiaux et les prévôts des maréchaux, il n'y aura entre les derniers et les juges ordinaires, qu'une mutuelle jalousie de juridiction. Qui peut douter, en cet état, que les conflits ne deviennent très-fréquens, et ne soient très-animés entre ces officiers? Le mal seroit supportable, s'il y avoit une loi et une règle certaine pour juger ces conflits, comme il y en a une pour terminer ceux qui se forment entre les prévôts des maréchaux et les présidiaux; mais si la déclaration est conçue dans les termes du projet que l'on a examiné, il n'y aura aucune maxime, aucun principe assuré, par lequel, en cas de concours de procédure, on puisse donner la préférence, ou aux juges ordinaires, ou aux prévôts des maréchaux.

On prétendra, d'un côté, que dès le moment que le cas est prévôtal, le prévôt doit toujours être préféré, en quelque temps qu'il ait commencé l'instruction, pourvu qu'il prévienne le jugement du juge ordinaire; et pour appuyer ce sentiment, l'on dira que l'ordonnance de 1670 a établi, comme une règle générale, qu'il n'y auroit aucune prévention entre les juges royaux.

On soutiendra, d'un autre côté, que l'esprit des ordonnances a toujours été de donner la prévention aux juges ordinaires sur les prévôts des maréchaux, que l'ordonnance d'Orléans a fait un loi expresse de cette maxime, que l'ordonnance de Blois a suivi le même principe, qu'il n'y a aucune loi qui ait dérogé expressément à ces ordonnances; que quand l'ordonnance de 1670 a décidé, qu'il n'y auroit point de prévention entre les juges royaux, elle n'a établi cette règle qu'à l'égard des juges ordinaires en faveur de l'inférieur contre le supérieur, et qu'on ne doutera point de cette vérité, si l'on considère que dans le même article dans lequel l'ordonnance propose cette maxime, elle ajoute, qu'en cas néanmoins que les juges ordinaires n'aient informé et décreté que trois jours après le crime commis, les juges supérieurs pourront en connoître; ce qui prouve sensiblement que l'intention du législateur n'a été d'exclure la prévention qu'entre le supérieur et l'inférieur.

Entre ces raisons opposées, quel parti pourront prendre des juges sages et éclairés, qui auront à prononcer sur un tel conflit, si ce n'est de recourir à l'autorité et à la justice du souverain, pour lui demander une loi sur laquelle ils puissent former leur jugement?

Or, ce qu'ils feront alors, le public semble le faire aujourd'hui, et demander, dès à présent, qu'il plaise à Sa Majesté de remédier, autant qu'il est possible, à l'inconvénient inévitable des conflits de juridiction, en établissant une règle générale par laquelle on puisse les décider.

Ou, s'il se trouve des juges moins éclairés qui, s'arrêtant à l'écorce de la loi, et voyant que la nouvelle déclaration ne rétablit pas expressément la prévention en faveur des juges ordinaires, donnent la préférence aux prévôts des maréchaux, en quelque temps qu'ils la demandent, pourvu que ce soit avant le jugement; alors ne sera-t-il pas vrai de dire, qu'on n'aura accordé aux baillis et sénéchaux qu'un pouvoir illusoire, qu'un avantage trompeur et inutile, qui ne servira qu'à les engager dans un travail vain et stérile pour eux, dont les prévôts des maréchaux recueilleront tout le fruit; en sorte que la procédure des premiers ne sera souvent, par rapport à eux qu'un avis donné au prévôt des maréchaux, pour leur enlever le prix de leur vigilance et de leur activité, après une longue instruction et peut-être à la veille du jugement?

Si cette espèce d'injustice ne tomboit que sur la personne et sur la dignité des baillis et sénéchaux, il seroit peut-être plus aisé de s'en consoler; mais ce qu'on ne sauroit dissimuler, et ce qui mérite toute l'attention de ceux qui aiment véritablement la justice, c'est qu'il est impossible que l'innocence ne souffre, et que le crime ne profite de la négligence et de l'inaction dans laquelle les juges ordinaires tomberont indubitablement, s'ils savent qu'ils seront exposés au déplaisir de n'avoir travaillé que pour les prévôts des maréchaux. Il ne faut point se flatter de trouver parmi les hommes une perfection qui n'y a point été jusqu'à présent, et qui y sera encore moins à l'avenir. Tout juge est homme, et où sont les hommes qui agissent par l'amour pur du bien public? Le plus grand nombre n'agit que par intérêt. Les meilleurs, et l'on peut dire même les bons, sont ceux qui agissent par honneur; or, l'on peut assurer que les uns et les autres, par des motifs différens, demeureront dans la même indolence. Les premiers, qui peuvent à peine se résoudre à faire les diligences nécessaires, lors même qu'ils croient travailler pour leur juridiction, voudront-ils entreprendre un travail, dont les peines seront sans récompense et le succès incertain? Et les derniers auront-ils assez de courage pour entrer dans une carrière dont l'honneur et le prix seront peut-être pour ceux qui n'y auront couru qu'après eux? Ils croiront trouver leur excuse, leur décharge, leur sûreté dans la loi qui a établi les prévôts des maréchaux; ils croiront la trouver encore plus dans l'usage qui, n'établissant aucune peine contre la lenteur de ces officiers, ni aucune récompense en faveur de la diligence des juges ordinaires, paroîtra favoriser en quelque manière, ou du moins excuser leur inaction. Ainsi le public ne sera pas mieux servi, que si la connoissance des cas prévôtaux étoit tellement réservée aux prévôts des maréchaux, que les juges royaux ne pussent jamais en prendre connoissance.

On peut dire même que les choses seront dans un état encore plus fâcheux; car si les prévôts des maréchaux étoient les seuls juges auxquels la connoissance de ces cas fût réservée, ils ne gagneroient rien à différer d'agir pour la poursuite de la punition des criminels; ils n'éviteroient ni les frais, ni les fatigues, ni les difficultés de l'instruction; ainsi l'on n'auroit à combattre que leur seule négligence, et l'autorité des supérieurs pourroit la vaincre.

Mais, dans l'état où la déclaration remettra les choses, si elle ne prononce sur la question de la prévention, l'intérêt des officiers de maréchaussée se joindra à leur négligence, pour les empêcher d'agir; ils attendront tranquillement que la justice ordinaire fasse pour eux les avances de l'instruction; assurés que leur proie ne peut leur échapper, ils souffriront patiemment, et même avec plaisir, que les juges ordinaires s'en saisissent, parce qu'ils sauront qu'elle n'est que comme en dépôt entre les mains de ces officiers, et qu'ils ne l'ont prise que pour la leur rendre, toutes les fois qu'ils jugeront à propos de la réclamer.

C'est, sans doute, pour prévenir le double inconvénient de la lenteur des juges ordinaires et de celle des prévôts des maréchaux, que les plus sages rédacteurs de nos ordonnances ont supposé, comme un principe incontestable, que toutes les fois que l'on établit la concurrence entre deux juridictions, il faut aussi, par une conséquence nécessaire, établir entr'elles la règle de la prévention. Autrement, n'y ayant plus de motif, et si l'on peut s'exprimer ainsi, plus d'aiguillon qui les presse et qui les excite à l'action, elles demeureront également dans l'indolence, elles s'attendront mutuellement; aucune des deux n'agira, parce que toutes deux ont droit d'agir, et il en sera de la justice comme du maître d'une trop nombreuse famille, qui n'est point servi, parce qu'il a trop de serviteurs.

Toutes ces réflexions ne prouvent pas seulement la nécessité d'établir une règle certaine dans cette matière, on peut dire qu'elles montrent encore quelle doit être la règle, et elles font voir combien il est nécessaire de renouveler la sage disposition de l'ordonnance d'Orléans, contenue dans l'article 72 de cette loi.

Et néanmoins pourront nos juges ordinaires prendre connoissance par prévention sur les malfaiteurs, qui sont du pouvoir desdits prévôts, et procéder à l'instruction et jugement de leur procès et exécution de leurs sentences qui seront données contre les délinquans des qualités susdites, tout ainsi et par la forme prescrite des ordonnances.

Les motifs de cette loi sont évidens, on les a même déjà expliqués par avance; mais s'il restoit encore quelque doute sur la sagesse de sa disposition, il seroit facile de le dissiper par les réflexions suivantes.

1.° On peut dire d'abord, que cette ordonnance est fondée sur un principe de justice par rapport aux juges ordinaires; avant l'établissement des prévôts des maréchaux, ils étoient en possession de connoître seuls de tous les crimes qui se commettoient dans l'étendue de leur ressort; cette possession étoit aussi ancienne que la monarchie. On juge à propos pour le bien de la justice, de lui prêter le secours des prévôts des maréchaux; mais ces nouveaux officiers ne doivent pas faire cesser le pouvoir des anciens, ou plutôt, pour parler plus correctement, ils ne doivent les dépouiller de leur juridiction, que lorsqu'ils ont eu assez de vigilance pour les prévenir. Tel est le sage tempérament que la prudence du législateur a su trouver, tempérament qui a l'avantage d'être utile à la justice, sans être injuste à l'égard des juges ordinaires. De quoi peuvent-ils se plaindre, puisqu'ils avoient la liberté de prévenir? Le prévôt des maréchaux est pour eux comme s'il n'étoit point, toutes les fois qu'ils préviennent sa diligence; et, lorsqu'ils ne l'ont pas prévenue, ce n'est pas de la loi, c'est d'eux-mêmes et de leur propre négligence qu'ils doivent se plaindre. Plus on pénétrera, plus on approfondira les motifs de cette disposition, et plus on sera convaincu de la sagesse avec laquelle elle avoit tellement réglé les limites de la juridiction ordinaire et de la juridiction prévôtale, que la justice, par ce sage tempérament, profitoit du secours des prévôts des maréchaux, sans perdre celui des juges ordinaires; en sorte que le pouvoir des nouveaux officiers ne devoit servir dans l'intention de la loi, qu'à rendre le service des anciens plus vif, et leur attention plus vigilante.

2.° Si cette ordonnance a été fondée sur un principe de justice par rapport aux juges, elle a eu aussi devant les yeux un principe d'équité par rapport aux accusés.

Le droit commun et l'humanité même semblent demander que l'on délibère plus d'une fois sur la mort des hommes, et que les accusés aient la consolation d'être jugés dans les tribunaux souverains de la justice, dans lesquels l'ordre public du royaume suppose plus de lumières, puisqu'il leur attribue plus d'autorité; on ne s'écarte qu'à regret de ces maximes, et on ne le fait que parce que la justice ordinaire étant souvent assez lente dans ses démarches, on espère que les prévôts des maréchaux, plus actifs et plus diligens, auront plus tôt découvert et plus tôt puni des crimes, dont l'énormité demande, non-seulement un grand, mais un prompt exemple; mais lorsque la justice ordinaire a été plus prompte et plus vigilante que la juridiction prévôtale, alors tout se réunit en faveur des accusés, il n'y a plus aucune raison de les livrer au prévôt des maréchaux. L'équité, qui seule a le pouvoir de faire pencher la balance du législateur, aussi bien que celle du juge, le détermine dans le doute et dans la concurrence des procédures, en faveur de la justice ordinaire, ou plutôt en faveur de l'humanité.

Enfin, le dernier motif de cette loi a été, que non-seulement les prévôts des maréchaux seroient une occasion continuelle d'injustice à l'égard des juges, et de dureté à l'égard des accusés, si on les écoutoit lorsqu'ils n'ont pas prévenu les juges ordinaires; mais qu'ils deviendroient même un obstacle à la justice, puisque, comme on l'a déjà observé, si l'on établissoit une loi contraire à celle de la prévention, les prévôts des maréchaux n'agiroient pas, parce qu'ils attendroient toujours que les juges ordinaires eussent fait l'instruction, pour user de leur droit, et les juges ordinaires agiroient encore moins, assurés que d'autres officiers seroient toujours en état, jusqu'au jugement définitif, de venir leur enlever le fruit de leurs travaux.

Tels ont été les motifs de l'ordonnance d'Orléans, motifs qui ont toujours subsisté, et qui dureront aussi long-temps qu'il y aura des hommes et des criminels; et il paroît d'autant plus facile de s'attacher à ces principes, qu'il ne s'agit pas tant ici de faire une loi nouvelle, que d'ordonner l'exécution d'une ancienne loi, qui n'a jamais été abrogée.

On ne sauroit alléguer aucune ordonnance postérieure à celle d'Orléans, qui ait changé sa disposition, si ce n'est peut-être que l'on veuille dire, que l'article 7 du titre premier de l'ordonnance de 1670 y a dérogé, lorsqu'il a établi la maxime générale, que les juges royaux n'ont aucune prévention entr'eux. Mais on a déjà prévenu cette objection, lorsqu'on a remarqué au commencement de ce mémoire, que cet article ne regardoit que les juges ordinaires, et qu'il n'établissoit cette règle qu'entre les supérieurs et les inférieurs, et non entre ceux qui ont droit de concourir.

On peut ajouter, à ce qui a été dit sur ce sujet, que dans tous les articles qui précédent celui dont il s'agit, l'ordonnance ne parle que de la juridiction ordinaire, et qu'elle ne commence à traiter ce qui concerne la juridiction prévôtale, que dans le douzième article du même titre.

Enfin, ce qui prouve manifestement, lorsqu'on ne considère que l'ordonnance en elle-même, qu'elle n'a pas eu intention d'exclure toute sorte de préventions entre tous les juges royaux en général, mais simplement entre les juges ordinaires, c'est que la même loi, dans l'article 15 du même titre, établit nettement la règle de la prévention entre les présidiaux est le prévôts des maréchaux. On ne peut pas présumer que ceux qui ont rédigé l'ordonnance aient oublié dans l'article 15 ce qu'ils avoient écrit dans l'article 7 du même titre, et qu'ils soient tombés dans une contradiction si grossière, qu'après avoir voulu abolir toute prévention dans l'article 7, entre tous les juges royaux sans aucune distinction, ils aient néanmoins rétabli, par l'article 15, entre les prévôts des maréchaux et les présidiaux, cette même prévention qu'ils avoient abolie par l'article 7. Il faut donc nécessairement, pour sauver cette contradiction et pour concilier ces deux articles, qui n'ont rien de contraire l'un à l'autre, supposer que l'article 7 n'a décidé la question de la prévention qu'entre les juges ordinaires, et qu'ainsi cet article ne déroge ni directement ni indirectement à l'article 72 de l'ordonnance d'Orléans.

Ce n'est donc point l'ordonnance de 1670 en elle-même, qui a dérogé à l'ordonnance d'Orléans, c'est uniquement, si on l'ose dire, un mot de M. Pussort qui, dans une des conférences tenues pour examiner le projet de l'ordonnance criminelle, dit affirmativement, si l'on en croit celui qui nous a donné l'abrégé de ces conférences, que l'intention des rédacteurs de l'ordonnance avoit été de déroger à la disposition de l'ordonnance d'Orléans, et de suivre les articles 46 de l'ordonnance de Moulins, et 201 de l'ordonnance de Blois, qui avoient tacitement dérogé à l'article 72 de celle d'Orléans.

Comme il ne s'agit ici que du raisonnement du sieur Pussort, et non pas de l'autorité de la loi, qui, comme on l'a déjà remarqué, ne renferme rien de contraire à l'ordonnance d'Orléans, il est très-permis, et l'on peut dire même qu'il est très-facile de combattre et de détruire ce sentiment.

M. Pussort ne l'appuie que sur la mauvaise interprétation qu'il donne à l'ordonnance de Moulins et à celle de Blois; il suppose sans fondement, que ces ordonnances ont tacitement dérogé à celle d'Orléans, en accordant aux juges présidiaux, *par concurrence et prévention, la connoissance en dernier ressort des cas attribués aux prévôts des maréchaux:* car c'est de cette seule disposition que M. Pussort conclut que les ordonnances de Moulins et de Blois ont eu intention de réduire et de restreindre aux seuls présidiaux, la prévention que l'ordonnance d'Orléans avoit attribuée indistinctement à tous les juges royaux ordinaires sur les prévôts des maréchaux.

On peut dire, sans manquer à ce que l'on doit à la mémoire d'un magistrat aussi éclairé que l'étoit M. Pussort, qu'il a confondu en cet endroit le jugement en dernier ressort, avec le jugement à la charge de l'appel, et que c'est cette équivoque qui l'a porté à croire que les ordonnances de Moulins et de Blois avoient tacitement dérogé à celle d'Orléans.

Pour en être convaincu, il est nécessaire d'observer, qu'avant l'ordonnance de Moulins, les seuls prévôts des maréchaux, entre tous les officiers du second ordre, avoient le privilége de pouvoir juger en dernier ressort. On jugea à propos, par l'ordonnance de Moulins et par celle de Blois, d'accorder la même prérogative aux présidiaux. Par là, ils avoient droit de concourir avec les prévôts des maréchaux; et par là il devenoit absolument nécessaire, suivant les principes qu'on a expliqués au commencement de ce mémoire, d'établir entr'eux une règle certaine sur la préférence de l'une ou de l'autre juridiction. Voilà ce que les ordonnances de Moulins et de Blois ont eu intention de faire, voilà le cas qu'elles ont décidé; elles établissent deux sortes d'officiers juges en dernier ressort des cas prévôtaux; elles réglent, par avance, les conflits que le concours des procédures pouvoit faire naître entr'eux; mais elles ne dépouillent pas par là les juges ordinaires du droit qu'ils avoient, chacun dans l'étendue de son ressort, de prévenir les prévôts des maréchaux pour juger à la charge de l'appel. Ce droit n'est point incompatible avec celui qu'on attribue aux présidiaux. Dans les siéges ordinaires, les baillis et sénéchaux pourront prévenir les prévôts des maréchaux; mais pour juger à la charge de l'appel, dans les bailliages où il y a des juges présidiaux établis, ils auront la concurrence et la prévention avec les prévôts des maréchaux pour juger en dernier ressort. Ces deux dispositions n'ont rien de contraire l'une à l'autre. La première est celle de l'ordonnance d'Orléans, la seconde est celle des ordonnances de Moulins, de Blois; ces dernières ordonnances ne dérogent donc point à la première, puisqu'il n'y a que deux sortes de dérogations, l'une expresse et formelle qui, de l'aveu même de M. Pussort, ne se trouve point ici; l'autre tacite et sous-entendue, lorsque la dernière ordonnance contient des dispositions contraires à la première, et cette espèce de dérogation ne se trouve pas plus ici que la première, s'il est vrai, comme on vient de le faire voir, que les dispositions de ces ordonnances n'ont rien de contraire et d'incompatible. Les dernières établissent une nouvelle juridiction, et par là elles donnent lieu à un nouveau concours et à une nouvelle prévention; mais comme elles n'ont ni supprimé, ni même diminué en cela le pouvoir des juges ordinaires, elles n'ont pas prétendu non plus anéantir le concours de leur procédure, ni abolir, dans ce cas, la règle unique et nécessaire de la prévention.

Il ne faut point sortir de l'ordonnance de Blois même, pour y trouver des marques certaines de son véritable esprit et du vice de l'interprétation que M. Pussort a voulu donner à cette loi.

L'article 306 de cette ordonnance réunit, dans une seule disposition, les juges ordinaires, les prévôts des maréchaux et les présidiaux, et cet article fait voir d'une manière évidente, que malgré la nouvelle attribution faite aux siéges présidiaux du droit de juger en dernier ressort, par concurrence et prévention avec les prévôts des maréchaux, le pouvoir des juges ordinaires subsiste en son entier, même par rapport à ce qui regarde la prévention.

Cet article est conçu en ces termes :

Nous voulons que toutes les contraventions faites à nos ordonnances par capitaines, lieutenans, guidons, enseignes, maréchaux des logis, gendarmes, soldats, fourriers, trompettes, soit de gens de cheval ou de pied, *nos juges ordinaires des lieux ou autres, puissent concurremment ou par prévention, avec les prévôts des maréchaux, connoître, sans être tenus d'en faire renvoi, et pourront tels crimes être jugés par nos juges présidiaux en souveraineté et sans appel, selon les formes prescrites par l'ordonnance faite à Moulins.*

On peut dire que cet article renferme la preuve et la substance de tous les principes, qu'on a tâché d'expliquer dans tout la suite de ce mémoire.

On y voit premièrement, que la juridiction des prévôts ne va point à la diminution de la juridiction ordinaire, pourvu que celle-ci ait assez de vigilance et d'activité pour prévenir.

On y remarque, en second lieu, que le pouvoir accordé par l'ordonnance d'Orléans aux juges ordinaires, de prévenir les prévôts des maréchaux, n'a point été révoqué par l'article 46 de l'ordonnance de Moulins, ni par l'article 201 de l'ordonnance de Blois, puisque l'article 306 de cette dernière ordonnance, conserve expressément et formellement aux juges ordinaires l'avantage de la prévention, dans un cas où il y auroit eu moins d'inconvénient de leur ôter ce pouvoir, que dans tous les autres, puisqu'il s'agit, dans cet article, de crimes commis par les gens de guerre.

Enfin, on y découvre sensiblement, que l'augmentation du pouvoir des présidiaux n'est point fondée sur la destruction du pouvoir des juges ordinaires, puisque dans cet article on conserve le droit des juges ordinaires, en même temps qu'on établit celui des présidiaux. Les uns et les autres ont également droit de prévenir les prévôts des maréchaux, chacun dans le ressort de leurs siéges ; la seule différence qui les distingue est, que les présidiaux ont le pouvoir de juger en dernier ressort, au lieu que les juges ordinaires ne peuvent juger qu'à la charge de l'appel.

Il ne faut donc plus opposer l'ordonnance de Blois à celle d'Orléans, comme M. Pussort l'a fait autrefois ; il faut, au contraire, joindre l'ordonnance de Blois à celle d'Orléans ; l'une et l'autre ont été faites dans le même esprit, leurs dispositions sont absolument conformes et également favorables aux juges ordinaires.

Enfin, il est très-vraisemblable que, lorsque M. Pussort a été d'avis d'ôter aux juges ordinaires le droit que l'ordonnance d'Orléans leur attribuoit, il n'est entré dans ce sentiment, que parce qu'il a cru que les juges présidiaux devoient avoir la prévention sur les prévôts des maréchaux, non-seulement dans l'étendue des bailliages où ils sont établis, mais même dans tout le ressort de leur présidial. Si ce principe étoit véritable il seroit en effet assez inutile et peut-être dangereux de laisser aux juges ordinaires le droit de connoître des cas prévôtaux par prévention ; ce seroit établir trois sortes de juridictions différentes pour la connoissance des mêmes crimes. Il suffit qu'il y en ait deux pour entretenir une émulation salutaire entre les officiers, qui sont principalement chargés du soin de veiller à la sûreté publique, et pour faire que la diligence des uns puisse suppléer à la négligence des autres. Une troisième juridiction ne serviroit qu'à multiplier les conflits, ce seroit un obstacle et non pas un secours utile à la justice. Voilà, sans doute, quelles étoient les raisons de M. Pussort, pour soutenir que la prévention attribuée aux juges ordinaires par l'ordonnance d'Orléans étoit devenue inutile, et ne pouvoit plus servir qu'à embarrasser la justice, depuis que les ordonnances de Moulins et de Blois avoient donné aux présidiaux le pouvoir de juger les cas prévôtaux, concurremment avec les prévôts des maréchaux, pouvoir dont l'étendue n'avoit point d'autres bornes, selon lui, que celle du présidial.

Mais ce principe, unique fondement de l'opinion de M. Pussort, va être détruit par la déclaration qui renfermera les présidiaux dans les bornes de leurs bailliages, et qui maintiendra les juges ordinaires dans leurs anciens droits. Or, si ce principe ne subsiste plus, comment M. Pussort lui-même pourroit-il en soutenir les conséquences, et refuser de rendre aux juges ordinaires le droit de prévention qui n'a pu leur être ôté que parce qu'on a cru que les juges présidiaux devoient avoir ce droit, même dans le ressort des siéges ordinaires.

Cette dernière réflexion, d'autant plus forte qu'elle se tire de la loi nouvelle que l'on va faire, achève de détruire l'autorité du suffrage de M. Pussort, et elle prouve en même temps ce que l'on ne sauroit trop répéter, que ce sont deux choses qui paroissent absolument indivisibles, l'une, de maintenir les juges ordinaires dans le droit de connoître des cas prévôtaux à l'exclusion des présidiaux, et l'autre de donner la prévention aux mêmes officiers sur les prévôts des maréchaux.

Tout concourt à faire rétablir cette règle; la raison l'inspire, le bien public la demande, deux ordonnances l'ont établie, aucune ne l'a détruite, et M. Pussort, qui l'a combattue, seroit obligé lui-même de la proposer, s'il vivoit encore, et s'il pouvoit voir la nouvelle déclaration qui va paroître.

Il ne reste donc plus, après cela, que d'examiner quels sont les juges ordinaires auxquels on peut attribuer ce droit de prévention, et à quelle partie de la procédure on attachera le privilége de décider de la préférence en faveur de celui des deux juges qui l'aura faite le premier.

L'ordonnance d'Orléans, article 72, ne parle que des juges royaux, et elle n'établit entr'eux aucune distinction; elle s'explique en ces termes:

Et néanmoins pourront nos juges ordinaires prendre connoissance par prévention sur les malfaiteurs qui sont du pouvoir desdits prévôts, etc.

L'ordonnance de Blois, au contraire, en parlant des juges qui auront droit de connoître des contraventions faites aux ordonnances par les gens de guerre, égale en ce point les juges des seigneurs aux juges royaux; car c'est ainsi que cette ordonnance s'explique dans l'article 306:

Nous voulons que de toutes les contraventions faites à nos ordonnances par capitaines, lieutenans, etc., nos juges ordinaires des lieux ou autres puissent, concurremment et par prévention, avec les prévôts des maréchaux, connoître, sans être tenus d'en faire renvoi, etc.

Ces dispositions sont différentes, mais elles ne sont pas contraires ; elles se concilient par la distinction des cas qui sont dans la compétence de la juridiction prévôtale.

Elle connoît des uns par rapport au genre de crime ; elle connoît des autres par rapport à la qualité de la personne.

L'ordonnance d'Orléans a eu les premiers en vue, lorsqu'elle a restreint sa disposition aux seuls juges royaux, parce que tout cas prévôtal est cas royal.

L'ordonnance de Blois, au contraire, ne doit s'entendre que des derniers, c'est-à-dire, des crimes qui, de leur nature, sont des cas ordinaires, et qui ne deviennent de la compétence du prévôt que par la qualité du criminel.

Ainsi, ou le cas est prévôtal, et alors on ne peut attribuer le droit de prévention qu'aux baillis et sénéchaux, parce que, pour pouvoir prévenir il faut avoir le droit d'agir ; or, les baillis et sénéchaux sont seuls juges des cas royaux, au nombre desquels les cas prévôtaux doivent être mis, comme on vient de le remarquer ; il paroît donc nécessaire, en renouvelant la disposition de l'article 72 de l'ordonnance d'Orléans, de marquer en même temps que les baillis et sénéchaux auront seuls le droit de prévenir les prévôts des maréchaux.

Mais si le cas est ordinaire, et qu'il ne puisse être soumis à la juridiction du prévôt que par rapport à la qualité de la personne, alors, quoiqu'il paroisse d'abord extraordinaire de donner à un juge de seigneur la prévention sur un prévôt des maréchaux ; cependant il semble que, suivant les principes que l'on a établis, on ne puisse se dispenser de suivre les dispositions de l'ordonnance de Blois, qui n'a fait en ce cas aucune distinction entre les juges royaux et les officiers des seigneurs, parce qu'on ne peut pas douter que les derniers comme les premiers ne soient compétens pour connoître d'un crime commis par un vagabond ou par une autre personne soumise à la juridiction prévôtale. Or, si les officiers des seigneurs sont compétens, ils ont pu instruire; s'ils ont pu instruire, ils ont pu concourir, et dans le concours, il n'y a point de règle plus simple ni plus utile à la justice que celle de la prévention.

Il seroit à souhaiter que les ordonnances d'Orléans et de Blois se fussent expliquées aussi clairement sur la procédure à laquelle le privilége de la prévention doit être attaché, qu'elles l'ont fait sur la qualité des juges qui ont droit de prévenir.

Mais comme on ne trouve aucune disposition précise sur cette question dans ces ordonnances, on est obligé, pour la décider, d'avoir recours aux ordonnances postérieures.

On y peut remarquer trois sortes d'époques différentes qui y décident du sort de la juridiction.

L'une est le commencement de la confrontation; c'est en ce moment, et après la lecture de la déposition d'un témoin que se termine le droit qui appartient à l'accusé, de demander son renvoi, suivant la disposition de l'article 3 du titre 1.er de l'ordonnance de 1670.

L'autre est le décret; c'est par cette partie de la procédure, suivant les articles 7 et 9 du même titre, que les juges inférieurs peuvent empêcher la prévention des supérieurs, et que les juges des seigneurs peuvent éviter d'être prévenus par les baillis et sénéchaux, et c'est encore par là (suivant l'article 15 du même titre) que se doit décider la question de la prévention entre les prévôts de maréchaux et les siéges présidiaux.

La dernière est la circonstance de la capture. C'est à celui qui a eu l'avantage d'arrêter les accusés que la déclaration de 1679 attribue la connoissance du crime de duel, préférablement et privativement aux autres juges.

On ne peut appliquer la première de ces règles à la question de la prévention; ce seroit rallentir l'ardeur des juges que de laisser le sort des deux juridictions incertain jusqu'au moment de la confrontation; et d'ailleurs il est important d'établir ici une règle uniforme qui puisse servir de principe de décision dans les instructions par contumace, comme dans les procès qui s'instruisent contradictoirement.

La dernière règle a ses avantages ; on peut dire même qu'il n'y en a aucune qui soit plus spécieuse, ni qui paroisse d'abord et plus équitable par rapport aux juges, puisqu'elle donne la préférence à celui qui l'a méritée par la capture de l'accusé, et plus utile à la justice, puisqu'elle intéresse les juges à assurer la vengeance publique, en assurant en même temps les droits de leur juridiction.

Mais, quelque grands que soient ces avantages, ils sont combattus par deux raisons qui ne paroissent pas moins puissantes :

L'une, que cette règle seroit défectueuse comme la première, parce qu'elle ne serviroit que dans les instructions qui se feroient contradictoirement, et qu'ainsi il faudroit nécessairement établir une autre règle pour les procès qui s'instruisent par contumace.

L'autre, que les prévôts des maréchaux étant, pour ainsi dire, les seuls dépositaires de toutes les forces de la justice, ils seroient toujours les maîtres d'empêcher que les juges ordinaires n'eussent l'avantage de les prévenir. On sait que, pour peu qu'une affaire soit importante, il faut toujours avoir recours aux officiers des maréchaussées pour arrêter les accusés. Le décret que les juges ordinaires remettront entre leurs mains, ne leur servira que d'avis pour informer de leur côté, et pour exécuter ensuite leur propre décret, au lieu d'exécuter celui de la justice ordinaire. Ainsi, les avantages ne pouvant jamais être égaux entre les prévôts et les juges ordinaires, par rapport à l'exécution, ce seroit accorder aux derniers un pouvoir inutile, que de leur attribuer un droit de prévention que les premiers pourroient toujours éluder.

C'est sans doute par cette raison que l'ordonnance de 1670 s'est attachée constamment à la seconde manière de décider de la prévention, et qu'elle s'est uniquement déterminée par la priorité ou la concurrence du décret.

On n'ignore pas que l'on peut abuser de cette règle, et qu'il pourra arriver, contre l'intention de la loi, qu'elle donnera lieu à quelques antidates ; mais c'est un inconvénient particulier qui ne doit pas faire rejeter la règle la plus simple et la plus utile que l'on puisse établir en cette matière. On ne doit pas supposer que tous les ministres de la justice soient assez corrompus pour vouloir acquérir par une fausseté le droit de punir un autre crime. Si l'on étoit dans cette pensée, il ne faudroit plus faire de loi, puisqu'il n'y en a presque point qu'un juge corrompu ne puisse éluder quand il lui plaît. On ne sauroit punir trop sévèrement les prévaricateurs ; mais ce seroit porter trop loin la prévoyance, que de vouloir que la justice fût toujours en garde contre ses ministres, qu'elle n'osât faire dépendre la décision d'un conflit de la vérité d'une date, parce qu'il y a eu quelquefois des officiers capables de l'altérer.

Il est inutile de s'arrêter plus long-temps à réfuter cette objection ; l'ordonnance l'a prévue, sans doute, et on peut encore moins douter qu'elle ne l'ait méprisée ; il n'y a que le seul cas du duel, où l'importance et la difficulté de la capture ont fait attacher à cette action l'avantage de la prévention ; mais dans les autres, la loi subsiste, et il ne s'agit ici que de l'appliquer.

Si l'on juge à propos de prendre ce parti, il sera nécessaire de décider une dernière question qui naît de celle que l'on vient d'examiner, et qui consiste à savoir si l'on portera la faveur des juges ordinaires jusqu'à leur donner la préférence, en cas que les diligences soient égales de part et d'autre.

L'ordonnance de Blois l'a ainsi réglé dans l'article 306, où elle donne aux juges ordinaires non-seulement la prévention, mais la concurrence avec les prévôts des maréchaux.

L'ordonnance criminelle a établi la même règle en faveur des présidiaux contre les prévôts des maréchaux; mais elle n'a ni prévu ni décidé le cas du concours des juges ordinaires avec les prévôts des maréchaux.

La décision de cette question est assez arbitraire. On peut dire néanmoins que l'autorité de l'ordonnance de Blois, et la raison de l'uniformité et de la simplicité de la loi sont des motifs suffisans pour se déterminer en faveur des juges ordinaires; mais, quelle que soit la décision sur ce point, le public aura toujours sujet d'être content, pourvu qu'il y en ait une; car cette dernière question est du nombre de celles où la qualité de la décision est indifférente, mais où il est très-important de décider.

MÉMOIRE

SUR LES ÉVOCATIONS.

La question que l'on agite aujourd'hui sur le véritable sens de l'article 44 du titre des évocations de l'ordonnance de 1669, pour savoir si cet article ne s'entend que des affaires qui se jugent présidialement, ou s'il comprend même celles qui se jugent dans les bailliages et sénéchaussées, à la charge de l'appel, peut être examinée, ou par rapport au droit et à la règle considérée en elle-même, ou par rapport à l'usage et à la jurisprudence du parlement.

Si l'on ne consulte que la règle considérée en elle-même, pour décider cette question, on ne croit pas qu'il soit possible de douter que l'esprit de l'ordonnance de 1669 n'ait été de restreindre l'évocation aux seuls cas qui se jugent en dernier ressort.

1.° Il suffit, pour en être convaincu, de lire la rubrique du titre sous lequel cet article est placé; ce titre est celui *des évocations et des renvois*, qui comprend toutes les règles suivant lesquelles on peut évoquer un procès d'une compagnie souveraine, ou le faire renvoyer d'une chambre dans une autre. Or, on ne peut comparer les siéges subalternes aux compagnies supérieures que dans le cas où ces siéges jugent en dernier ressort. Il est donc évident que ce n'est que dans cette vue et par rapport à cet unique objet, qu'il est fait mention des présidiaux dans ce titre de l'ordonnance, et par conséquent que ce n'est que comme présidiaux et comme juges en dernier ressort qu'on les a placés à la suite des compagnies souveraines.

2.° Le texte même de l'article 44 du titre premier de l'ordonnance de 1669 décide nettement la difficulté. On a eu une grande attention, en le rédigeant, à ne se servir que du terme de présidiaux, pour marquer, par cette expression exclusive et limitative, que la disposition de l'article ne regardoit en aucune manière les affaires qui se jugent par les bailliages et sénéchaussées à la charge de l'appel. Quoique cet article soit fort court, on y a répété néanmoins deux fois le terme de *présidial;* on ne peut pas croire que ce soit sans dessein et par erreur qu'on se soit servi deux fois de cette expression; ce seroit imputer une grande ignorance aux rédacteurs de cette loi, que de supposer qu'ils se sont servis du terme de présidiaux pour signifier les bailliages, lors même qu'ils jugent à la charge de l'appel. Quand on admettroit cette supposition, il faudroit toujours convenir qu'on ne pourroit pas appliquer la disposition de l'ordonnance de 1669 aux bailliages et sénéchaussées dans lesquels il n'y a point de présidial établi. Or, si cela est, par quelle raison l'ordonnance auroit-elle voulu que l'on pût évoquer les causes ordinaires, qui se jugent à la charge de l'appel, des bailliages auxquels les présidiaux sont unis, et qu'on ne pût pas évoquer les mêmes affaires des simples bailliages, quoique ressortissant nûment au parlement? Au contraire, s'il y avoit quelque distinction à faire, ce seroit plutôt pour admettre l'évocation à l'égard de cette dernière espèce de bailliages, parce qu'ils sont ordinairement moins nombreux que les autres. Mais toutes ces réflexions ont été fort éloignées des motifs du législateur; ce n'est ni sur la dignité des sujets, ni sur le nombre des officiers qui les remplissent, que sa décision est fondée; c'est uniquement sur le degré d'autorité qu'ils exercent; c'est pour cela qu'on s'est servi du terme propre et exclusif de *présidiaux*, afin qu'on ne pût pas étendre la règle établie par l'ordonnance aux affaires qui ne se jugent pas présidialement.

3.° Personne ne doute que l'article 44 de l'ordonnance de 1669 ne soit tracé sur l'article 52 de l'ordonnance d'Orléans, et sur l'article 121 de celle de Blois. Or, il est évident que dans ces ordonnances le terme de *présidiaux* se prend à la lettre et dans sa signification la plus étroite.

L'article 52 de l'ordonnance d'Orléans porte qu'à la simple réquisition de la partie, *les procès où l'un des officiers présidiaux sera partie, seront renvoyés au plus prochain siége prévôtal pour y être jugés et terminés.*

Cet article explicatif de l'article 51, où il est fait mention nommément des *baillis et sénéchaux.*

Il n'est pas vraisemblable que, si on avoit voulu accorder aux parties le privilége d'évoquer, même des bailliages et sénéchaussées, on ne se fût pas servi dans l'article 52 du terme des baillis et sénéchaux employé dans l'article précédent, et qu'on eût affecté de choisir celui d'*officiers présidiaux ou de siége présidial;* terme qui n'étoit propre qu'à porter dans l'esprit une idée toute différente de celle que l'on auroit voulu donner.

Le même article 52 est suivi du 53.e, dans lequel on traite des évocations et des renvois des procès pendans dans les cours souveraines; l'on voit par la liaison qui est entre ces deux articles, qu'ils sont fondés sur le même principe, c'est-à-dire sur le jugement en dernier ressort.

La même vérité paroît encore plus exactement dans l'ordonnance de Blois.

L'article 121 de cette ordonnance comprend également les évocations des cours souveraines, et celles qui se font des siéges présidiaux.

Après avoir réglé le premier cas, on passe au second en ces termes: *Et pour le regard des juges présidiaux, voulons l'article 52 de ladite ordonnance faite à Orléans, être regardé et observé selon sa forme et teneur;* en sorte qu'il est évident que la disposition de cette ordonnance, à l'égard des juges présidiaux, n'est qu'une suite et une conséquence de la règle établie pour les compagnies souveraines.

4.° Le fondement de toutes ces ordonnances est cette maxime universellement reçue par tous les praticiens, *qu'on n'évoque point des premiers juges.* Et la raison de cette maxime est que l'évocation est contraire au droit commun; c'est un remède extraordinaire qui ne s'accorde qu'à ceux qui n'en ont plus d'autre à attendre, et qui, par conséquent, ne doit point être accordé à ceux qui ont la voie ordinaire, c'est-à-dire celle de l'appel, par laquelle ils peuvent réparer le préjudice qu'un premier jugement leur a fait souffrir.

Il est vrai qu'on peut dire que souvent ce remède vient trop tard, lorsque la cause n'est plus entière, soit par une instruction qui l'a préjugée, soit par une exécution provisoire, qui ôte à la partie lésée les moyens de se pourvoir. Mais, outre que ce sont des inconvéniens particuliers, qui ne doivent pas l'emporter sur les règles générales, les parties trouvent un secours toujours assuré dans l'autorité des parlemens auxquels elles peuvent avoir recours, pour demander le renvoi dans un autre siége.

On croit donc pouvoir conclure de toutes les réflexions qui ont été faites, que si l'on ne consulte que les règles générales, elles sont absolument contraires à ceux qui veulent appliquer aux affaires ordinaires ce qui n'a été introduit que pour les cas présidiaux.

A l'égard de l'usage, qui est le second point que l'on s'est proposé d'expliquer, il est certain que le parlement, par un principe d'équité, qui est devenu une espèce de droit commun, accorde aisément aux parties le renvoi dans un autre siége, non-seulement lorsqu'elles y ont des parens de la qualité de ceux dont parle l'article 44 du titre premier de l'ordonnance de 1669, mais même lorsqu'elles y ont des parens plus éloignés, pourvu qu'il y en ait un assez grand nombre pour faire concevoir une suspicion raisonnable.

Ainsi ce n'est point par voie d'évocation que ces renvois s'accordent, c'est plutôt, si l'on peut s'exprimer ainsi, par voie de suspicion. En matière criminelle, on les accorde sur la simple requête de la partie plaignante; en matière civile, on entend les deux parties avant que de les accorder. Mais il n'y a ni loi ni usage qui impose au parlement la nécessité de renvoyer en ce cas; et l'on croit qu'il ne seroit pas impossible de trouver des exemples d'affaires d'où le renvoi auroit été refusé.

Enfin, ce qui prouve encore plus clairement que l'on ne suit point, en cette matière, la règle des évocations, c'est qu'on ne renvoie pas toujours dans le plus prochain présidial, comme il le faudroit faire, si l'on étoit véritablement dans le cas de l'article 44 du titre premier de l'ordonnance de 1669. Comme le parlement ne fonde sa jurisprudence, à cet égard, que sur un principe de bienséance et d'équité, il n'est point astreint à choisir un siége plutôt qu'un autre, et il renvoie l'affaire à celui qui lui paroît le moins suspect.

Tel est l'usage qui s'observe au parlement de Paris, et l'on croit qu'il est difficile d'établir une jurisprudence plus régulière et plus équitable.

Elle est régulière, en ce qu'elle ne souffre point que, contre la disposition des anciennes et des nouvelles ordonnances, on introduise dans les bailliages l'évocation qui n'a été établie que pour les compagnies souveraines et pour les présidiaux.

Elle est équitable, en ce qu'au défaut de l'évocation elle ouvre aux parties la voie de demander le renvoi qu'il dépend de la sagesse du parlement de leur accorder ou de leur refuser.

Il est vrai qu'on peut opposer à cette jurisprudence qu'il est fâcheux d'obliger les parties à venir demander des juges au parlement, au lieu de s'adresser aux juges naturels, pour demander le renvoi dans un autre siége; mais cette objection souffre plusieurs réponses également solides :

1.° Il n'y a point d'autre voie de concilier la règle qui défend d'*évoquer* les causes pendantes devant les premiers juges, avec l'équité, qui demande que l'on renvoie les parties dans un tribunal non suspect.

2.° Il ne serviroit de rien d'ordonner qu'on se pourvoiroit par-devant les juges naturels pour demander le renvoi, parce que la partie qui auroit perdu sa cause ne manqueroit pas d'en interjeter appel au parlement, et par là l'on multiplieroit les frais au lieu de les diminuer, et on prolongeroit la procédure au lieu de l'abréger.

3.° On ne pourroit pas donner aux bailliages l'autorité de choisir le siége auquel les parties seroient renvoyées; il faudroit nécessairement les astreindre à faire le renvoi au bailliage le plus prochain. Or, il arriveroit souvent que ce bailliage seroit aussi suspect; il faudroit donc toujours revenir au parlement, après avoir essuyé les frais et la longueur d'une première demande en renvoi.

4.° Dès le moment qu'on auroit une fois établi pour règle qu'il seroit permis d'évoquer des premiers juges, on descendroit des bailliages aux prévôtés et aux simples justices, même à celles des seigneurs; il faudroit établir des règles différentes dans chaque degré, et tomber dans un embarras qui est inévitable toutes les fois que l'on s'écarte de la simplicité de la règle.

Il semble donc que le meilleur parti seroit de ne point faire de déclaration sur cette matière, et de se contenter d'instruire ceux qui ont des doutes sur ce point, en leur marquant les deux maximes générales qui doivent servir de règle : l'une, qu'à la rigueur on n'évoque point des premiers juges; l'autre, que les parlemens peuvent, par équité et pour le bien de la justice, accorder, en connoissance de cause, le renvoi dans un autre siége, lorsque les parentés et alliances des parties forment un sujet apparent de suspicion contre les juges naturels.

Ou, si l'on juge à propos de faire une déclaration, il semble qu'elle devroit rouler sur ces deux principes, qu'il est néanmoins plus facile de pratiquer que d'expliquer précisément par une loi.

MÉMOIRE

SUR LES FONCTIONS DES ADJOINTS AUX ENQUÊTES.

QUOIQUE la fonction des adjoints eût été renfermée par l'usage dans des bornes assez étroites, le roi la trouva néanmoins si onéreuse à ses sujets, et si contraire au bien de la justice, que, par l'article 12 du titre 22 de l'ordonnance de 1667, Sa Majesté l'abolit entièrement, jugeant avec raison que cette fonction étoit du nombre de celles qu'il étoit plus sûr et plus facile de supprimer que de régler.

Mais les besoins de l'état ayant obligé le roi de chercher les secours qui lui étoient nécessaires par la création de plusieurs nouveaux offices, Sa Majesté a rétabli la fonction des adjoints par les édits du mois de février 1674, et du mois d'avril 1696.

Le premier de ces édits a eu peu d'exécution, mais le second a été pleinement exécuté, en sorte qu'il n'y a presque aucun siége royal dans le ressort du parlement où l'on ait levé les nouvelles charges d'adjoints créées par cet édit.

Comme les fonctions de ces charges sont attachées à celles de substituts des procureurs-généraux et des procureurs du roi, il est arrivé dans la plus grande partie des siéges que les avocats et les procureurs du roi, soit qu'ils y aient été engagés par MM. les intendans, soit que leur propre intérêt ait suffi pour les y porter, ont acquis ces charges de substituts-adjoints, dont ils exercent actuellement les fonctions.

C'est ce qui a donné lieu à un très-grand inconvénient, dont on a déjà vu plusieurs exemples. Les fonctions de procureur du roi et d'adjoint étant réunies dans la personne du même officier, il est arrivé souvent qu'après s'être rendu partie, comme procureur du roi, et avoir rendu plainte contre un accusé, il a assisté, comme adjoint, à l'information, à l'interrogatoire, au récolement et à la confrontation, alliant ainsi deux fonctions absolument incompatibles dans la même affaire, c'est-à-dire celle de procureur du roi, qui le met au rang des parties, et celle d'adjoint, qui l'approche de l'état de juge.

Le parlement n'a pas cru que l'on pût tolérer un tel abus, ni qu'il fût juste d'entendre des témoins en présence de celui qui les avoit produits comme partie, encore moins d'interroger un accusé en présence de son accusateur; et, par plusieurs arrêts, on a cassé des procédures dans lesquelles le même officier avoit entrepris d'exercer en même temps le ministère de procureur du roi et celui d'adjoint.

Cette maxime a été suivie dans quelques arrêts rendus au conseil du roi, et l'on peut dire qu'elle est du nombre de celles que l'équité naturelle a établies, et qu'il n'est pas même au pouvoir de la loi d'abolir.

Cependant, comme ces arrêts ne sont pas connus dans tous les siéges, et que d'ailleurs il y a quelques expressions dans l'édit de 1696 qui ont été mal interprétées par les officiers des provinces, et qui sont capables de les entretenir dans l'erreur, si le roi n'a la bonté de marquer plus expressément ses intentions sur ce sujet, il semble qu'il seroit nécessaire d'y prononcer par une déclaration générale.

Mais, pour la rendre véritablement utile sur cette matière, il ne suffiroit pas de s'expliquer clairement sur l'incompatibilité des fonctions de procureur du roi et d'adjoint dans la même affaire. Il seroit encore à désirer que Sa Majesté voulût bien exprimer, dans cette déclaration, tous les cas dans lesquels le ministère des adjoints est nécessaire, car, dans l'état présent de la jurisprudence, rien n'est plus incertain.

A la vérité, on trouve une partie de ces cas énoncés dans l'édit de création des offices d'adjoints, et dans quelques arrêts de réglemens qui ont suivi cet édit; mais cet édit et ces arrêts n'ont pas été exactement observés, et comme l'expérience a fait sentir combien la présence d'un adjoint étoit onéreuse, inutile, et souvent même dangereuse, on a insensiblement réduit le nombre des fonctions des adjoints, et le roi a approuvé cette réduction que l'usage avoit introduite, puisque, dans le temps même qu'il a rétabli les offices d'adjoints par les édits de 1674 et de 1696, il ne les a pas rétablis pour être exercés dans tous les cas où ils devoient l'être, aux termes des édits de création, mais seulement dans les cas où l'adjonction *étoit requise avant l'ordonnance de* 1667; c'est ainsi que le roi a limité lui-même la disposition générale de l'édit de rétablissement de ces offices.

Il faut donc, suivant ces édits, remonter à l'usage qui s'observoit avant l'ordonnance de 1667, pour régler les cas dans lesquels les fonctions des adjoints sont nécessaires. Mais, comme cette voie peut être souvent incertaine, et qu'elle est toujours sujette à beaucoup d'inconvéniens, il semble qu'il seroit digne de la justice du roi d'établir une règle plus aisée à connoître et à pratiquer, en déterminant précisément les cas où l'adjonction est nécessaire; et c'est ce qu'il est d'autant plus facile de faire à présent, que toutes les charges de substituts-adjoints sont levées, et que d'ailleurs l'attribution des gages qui a été faite à ces officiers, les dédommageant presque partout de l'intérêt de leur argent, on peut n'envisager que le bien de la justice dans le réglement de leurs fonctions.

Si Sa Majesté juge à propos d'entrer dans cet esprit, il semble qu'il n'y auroit rien de mieux à faire que de s'attacher à ce qui se pratiquoit à cet égard dans les instructions qui se faisoient au parlement avant l'ordonnance de 1667, qui est le temps auquel les derniers édits nous renvoient.

On y distinguoit les matières criminelles des matières civiles.

On croyoit, avec beaucoup de raison, que le ministère des adjoints devoit cesser absolument dans les instructions criminelles, et cela par plusieurs raisons qu'on se contentera de toucher en un mot :

1.° Pour procurer une expédition plus prompte et plus vive, l'expérience ayant montré que la multiplication des officiers appelés à une instruction y jette presque toujours une lenteur et des embarras inévitables.

2.° Pour assurer le secret de l'instruction, qui est l'ame d'un procès criminel, et qui seul peut fixer la preuve et l'empêcher de se dissiper ou de s'affoiblir. Or, rien n'est plus contraire à ce secret que la présence d'un adjoint, lequel n'ayant aucun honneur à acquérir par l'heureux succès d'une instruction qui ne roule point sur lui, est souvent peu religieux à cacher ce qui se passe devant lui. Il est très-fâcheux que la punition ou l'impunité d'un crime dépende d'un personnage muet, qui, ne pouvant contribuer en rien à la perfection de l'instruction, semble n'y assister que pour y nuire, en devenant l'espion de l'accusé, et en révélant les mystères de la justice.

3.° Pour empêcher l'augmentation des frais, dont le domaine du roi est chargé, parce que si la présence de l'adjoint étoit nécessaire dans les instructions criminelles, il faudroit qu'il se transportât sur les lieux toutes les fois que le juge s'y transporte, et il ne seroit pas juste qu'il s'y transportât à ses dépens. Or, cette dépense retomberoit sur le domaine du roi, sans aucune utilité pour le bien de la justice.

Tels étoient les fondemens de l'usage qu'on suivoit au parlement avant l'ordonnance de 1667; et, comme ces raisons subsistent encore à présent, il semble que la première règle qu'il y auroit lieu d'établir, en interprétant les édits du mois de février 1674, et du mois d'avril 1696, et même en dérogeant à ces édits, en ce qui regarde les matières criminelles, seroit d'exclure absolument les adjoints des instructions extraordinaires.

A l'égard des affaires civiles, les adjoints ont de quoi se dédommager de ce qu'ils perdent dans les affaires criminelles, par le grand nombre d'actes et d'instructions civiles, auxquelles ils peuvent assister. Telles sont les enquêtes, les procès-verbaux d'affirmations de comptes, les procès-verbaux de descentes ou de visites de maisons et autres lieux, où la présence d'un juge ou d'un commissaire-examinateur est requise, les procès-verbaux de partages de biens faits en justice, par-devant un juge et un commissaire-examinateur, les procès-verbaux d'appréciation de grains et autres fruits, les compulsoires de pièces.

On trouve, outre cela, qu'ils ont prétendu autrefois assister aux scellés et aux inventaires. Mais comme l'édit de création des adjoints ne leur en attribue pas le droit expressément, et que leur fonction mérite plutôt d'être restreinte que d'être étendue, on ne croit pas qu'il soit à propos de leur donner ce pouvoir, qui ne serviroit qu'à augmenter les frais de ces sortes d'actes, qui ne sont déja que trop chargés de droits pour les officiers.

Il sera facile de dresser une déclaration suivant cette idée, si Sa Majesté en approuve le dessein, et cette loi adoucira au moins la charge qui a été imposée au public par la création des adjoints, jusqu'à ce qu'il plaise au roi de supprimer entièrement des officiers qui sont inutiles dans les matières civiles; contraires au bien de la justice dans les matières criminelles; et très-onéreux aux sujets du roi dans les unes et dans les autres.

AUTRE MÉMOIRE

SUR LE MÊME SUJET.

L'USAGE des adjoints aux enquêtes est fort ancien en France, puisqu'il en est fait mention dans une ordonnance de Philippe le long de l'an 1320, et dans une autre ordonnance de Philippe de Vallois de 1327.

Joannes Galli dans sa question 117, dit qu'une des parties proposa comme un moyen de nullité contre une information, que le bailli de Dreux avoit seul entendu les témoins, *et tamen in castelleto dantur duo examinatores, in parlamento duo commissarii, vel unus cum adjuncto.*

L'autre partie répondit, au contraire; *nec est necesse, nec assuetum ibidem decus esse, sic fit plerumque, in examinatoribus castelleti, ubi unus solus examinat, sic in dominis parlamenti et alibi.*

Par le jugement qui intervint le 25 janvier 1389, on n'eut aucun égard aux moyens de nullité proposés par la première partie, et on renvoya le procès pardevant le bailli de Dreux.

Ainsi, il paroît qu'alors la présence de deux examinateurs ou de deux commissaires, ou d'un commissaire et d'un adjoint, n'étoit pas regardée comme nécessaire, à peine de nullité.

Il semble que la jurisprudence ait changé depuis ce temps-là, puisque du Luc, dans ses arrêts, livre 6, titre 3, n.° 11, dit qu'il a été jugé; *urbanos conquisitores ac regionarios, de rebus controversis sine custode inquirere non posse.* Le 2 janvier 1487.

Voyez aussi Papon, recueil d'arrêts, liv. 9, tit. 1, n. 1, 8, 9, 10, 11.

Par édit du mois de mai 1578, le roi Henri III créa des adjoints en titre d'office dans chaque juridiction royale, avec acte d'attribution.

« Assisteront comme adjoints aux enquêtes, exécu» tion d'arrêts, jugemens, commissions et lettres-pa» tentes.... *sur peine de nullité* des procédures, en» quêtes et informations, dépens, dommages et » intérêts des parties..... Voulons qu'en cas de » récusation de l'un desdits adjoints, soit pris et » appelé l'autre adjoint dudit lieu pour l'effet que » dessus, et si audit lieu il ne s'en trouve d'autre que » le récusé, en sera pris un autre au plus prochain » siége royal ».

Par l'arrêt d'enregistrement du 15 octobre 1578, précédé de la lettre de Jussion, il est dit qu'aux enquêtes d'offices, exécutions d'arrêts, informations sur faits justificatifs et de reproches, ne seront point pris adjoints; qu'ès siéges et lieux où les greffiers ont accoutumé être pris adjoints des juges en question, n'y aura aucun adjoint, afin qu'il n'y ait aucune diminution du domaine du roi, que lesdits adjoints ne prendront que la moitié du salaire du commissaire.

Par l'article 211 de l'ordonnance de Blois, les offices d'adjoints sont supprimés *in globo*.

Mais on les fit bientôt revivre par un édit de 1580, qui fut encore détruit par celui de 1588; mais on peut présumer que, malgré cette révocation, le premier édit subsista.

Il y a, outre cela, les édits de 1586, portant création des substituts des procureurs-généraux, et un autre de la même année portant création de substituts des procureurs du roi dans les siéges inférieurs, auxquels la fonction d'adjoint a été attribuée.

Et, outre l'exercice ordinaire de leur vacation,

voulons qu'en la présence de nosdits procureurs, et pendant qu'ils ne seront empêchés en leur charge de substituts, ils puissent, suivant les réglemens ci-devant par nous donnés en nos parlemens en cas semblables, assister et être adjoints à nos juges en tous actes de justice où ils ont accoutumé prendre adjoints.

Par arrêt du 5 avril 1596, rendu en forme de réglement, sur l'avis du parquet, entre le Lorin, adjoint à Issoudun, et le lieutenant-général au même siége, par lequel il est ordonné :

Qu'en toutes enquêtes, examen à futur, informations, exécutions d'arrêts, sentences, jugemens, récolemens et confrontations de témoins et autres actes de justice, lesquels se doivent faire avec l'adjoint, ledit lieutenant-général et particulier, prévôt et enquêteur, et autres juges du siége d'Issoudun, appelleront pour adjoint ledit demandeur, sans qu'il soit besoin qu'ils en soient requis par les parties, à peine *de nullité desdites procédures.*

Autre arrêt du 8 août 1598, entre les mêmes parties, qui ordonne l'exécution du précédent, *et néanmoins ès causes légères*, non excédant la somme de 20 livres au principal et au dessous, les enquêtes et autres actes se pourront faire sans y appeler l'adjoint et requérant, lesdites parties suivant le réglement fait entre les procureurs au bailliage d'Issoudun en l'année 1580.

Arrêt de 1595, entre le greffier et les adjoints de Poitiers.

Les intimés seront appelés et assisteront comme adjoints à toutes enquêtes, exécutions d'arrêts et sentences, informations d'office, et autres actes de justice, auxquels il est besoin de prendre adjoint privativement, etc.

Arrêt de 1625, entre Dorigny, adjoint au bailliage de Saint-Quentin, et autres officiers ;

Ordonne qu'à toutes enquêtes, examen à futur,

auditions de compte, exécution d'arrêts, sentences et jugemens, commissions, informations, compulsoires, et autres actes de justice, qui se doivent faire avec les adjoints, les lieutenant-général, criminel et particulier, et conseiller, ensemble les sergens, seront tenus d'appeler ledit Dorigny, hors qu'ils n'en *soient requis par les parties, à peine de nullité de procédures, etc.*

Arrêt de 1626, entre les adjoints de Lyon, les conseillers et les enquêteurs en la même sénéchaussée :

Ordonne qu'en toutes les enquêtes, examen à futur et autres actes qui se doivent faire avec adjoints, lesdits enquêteurs, commissaires, examinateurs, seront tenus d'appeler l'un desdits adjoints, encore qu'ils n'en soient requis par les parties.

Par l'article 12 du titre 22 de l'ordonnance de 1667, la fonction d'adjoint a été abolie, excepté dans les cas de l'édit de Nantes.

Mais par l'édit du mois de février 1674, la même fonction a été rétablie en faveur des substituts des procureurs-généraux et procureurs du roi.

Pour assister à toutes les enquêtes, informations, interrogatoires, récolemens et confrontations et autres commissions où l'adjonction étoit requise avant notre ordonnance du mois d'avril 1667, à laquelle nous dérogeons pour ce regard, déclarant dès à présent tous les actes de justice, où ils n'auront assisté, nuls et de nul effet et valeur, à commencer du premier jour d'avril prochain.

Par l'édit du mois d'avril 1696, portant nouvelle création de substituts des procureurs du roi, auxquels on a attribué la fonction d'adjoints, on a répété presque les termes de l'édit de 1674.

Pour assister à toutes enquêtes, informations, interrogatoires, récolemens et confrontations, et autres commissions où l'adjonction étoit requise avant notre ordonnance du mois d'avril 1667, à laquelle nous avons dérogé et dérogeons pour ce regard.

Mais il est important de remarquer que l'on n'a point ajouté dans cet édit, comme dans celui de 1674, *déclarant tous les actes de justice où ils n'auront assisté, nuls et de nul effet*, et en effet on ne croit pas que l'on puisse trouver un arrêt, depuis ce temps-là, qui ait déclaré une procédure nulle, par le défaut de présence de l'adjoint.

OBSERVATIONS

Sur un projet d'édit concernant la recette, les amendes et l'instruction des délits en matière d'eaux et forêts.

L'ARTICLE 6 ordonne aux officiers de chaque maîtrise et grurie d'arrêter, le premier jour d'audience de chaque mois, le rôle des amendes prononcées dans le mois précédent, à peine, contre lesdits officiers en corps, de 50 livres d'amende par jour, jusqu'à ce qu'ils aient arrêté ledit état, et d'être responsables du contenu audit rôle.

L'article 26 oblige les mêmes officiers à envoyer au greffe de la table de marbre du ressort, un extrait certifié des amendes prononcées directement aux tables de marbre et chambres des eaux et forêts établies près les parlemens, à peine de 300 livres d'amende contre les officiers en corps.

Et l'article 8 charge les grands maîtres de condamner les officiers des maîtrises et gruries aux amendes encourues pour l'inexécution de l'édit, dont ils remettront un état au receveur des amendes, pour en faire le recouvrement.

Ces sortes de peines pécuniaires dans lesquelles le retardement des officiers est apprécié, pour ainsi dire, peuvent bien avoir été employées contre des receveurs ou des comptables, ou contre des officiers du dernier ordre, qui sont plutôt les instrumens que les ministres de la justice; mais elles paroîtront aussi nouvelles que dures pour des officiers qui ont le caractère de juges. La peine la plus rigoureuse qui paroisse avoir été employée jusqu'à présent, même par les ordonnances des eaux et forêts, a été de les rendre responsables, en leurs propres et privés noms, des délits qu'ils auroient négligé de relever et de punir. Il faut même observer qu'en ce cas la négligence est accompagnée d'un soupçon de prévarication, ou du moins de connivence des officiers aux fautes qu'ils dissimulent; mais le simple retardement ne mérite pas une si grande rigueur, d'autant plus que, comme on le dira dans un moment, on peut y pourvoir d'une autre manière, sans introduire un exemple aussi odieux que celui des peines prononcées par le projet d'édit.

On sait combien le parlement s'éleva contre les menaces continuelles que l'on faisoit aux juges par l'ordonnance de 1667, quoiqu'il s'en fallût bien qu'elles ne fussent aussi rigoureuses que celles dont il s'agit, et il n'y a pas d'apparence que cette compagnie soit moins attentive aujourd'hui à maintenir l'honneur et la dignité des juges.

S'il est juste de veiller avec soin à l'observation des ordonnances qui regardent la conservation des bois, et au recouvrement des peines pécuniaires qui assurent l'exécution de ces lois, il ne l'est pas moins de ménager le caractère des juges, et de ne les pas avilir à tel point, qu'ils perdent l'autorité et le crédit qui leur sont nécessaires, pour le service du roi même. L'un est l'intérêt du fisc, l'autre est l'intérêt de l'état.

On pourroit donc prendre, à l'égard des maîtrises et des gruries, le même tempérament que l'on a pris dans l'article 10 du projet d'édit, à l'égard des tables de marbre et des chambres des eaux et forêts, établies près les parlemens, et se contenter de charger les greffiers des maîtrises et des gruries, d'arrêter, le premier jour de chaque mois, le rôle des amendes, restitutions et confiscations, prononcées pendant le mois précédent, et d'en faire mention sur le registre des audiences, qui seroit visé par les officiers, aussi bien que le rôle, à peine de 50 livres d'amende contre les greffiers, et d'être responsables du montant des condamnations, sauf en cas de refus de viser le rôle de la part des officiers, sur la première réquisition qui leur en sera faite par le receveur des amendes, à y être pourvu contre lesdits officiers mêmes, ainsi qu'il appartiendra; et il n'est pas à présumer qu'après cela, il se trouve aucun officier assez hardi, pour vouloir s'exposer aux suites d'un pareil refus.

Il y auroit encore une voie plus douce et peut-être plus sûre, pour les y engager, qui seroit d'attribuer un droit modique, tant au greffier qu'au maître particulier, ou autre premier officier de ces siéges, pour la confection et le visa des rôles, quand on ne leur attribueroit que 3 livres pour le juge et 40 sols pour le greffier, à prendre sur le montant des rôles, dont le receveur seroit tenu de faire l'avance; l'expérience fait assez voir, que c'en seroit assez pour les rendre attentifs et exacts, et cette légère gratification n'iroit qu'à vingt écus par an pour chaque maîtrise. On pourroit n'en attribuer que la moitié aux officiers des gruries.

L'article 23 établit la peine des galères contre les collecteurs, en cas de fraude et de falsification commises dans les exploits de perquisition, et certificats de carence de biens.

Cette peine peut être juste dans le cas de falsification; mais ce que l'on appelle fraude, est susceptible de tant de circonstances, qui diminuent ou qui aggravent la faute, qu'il est bien difficile d'établir une règle générale en cette matière; il seroit donc plus convenable de se servir du terme de fausseté et de falsification; et il faudroit même y ajouter, que les collecteurs ne seroient condamnés aux peines rigoureuses prononcées par cet article, qu'après que le procès leur auroit été fait dans les formes ordinaires; car quoique l'on croie que l'article doive être entendu de cette manière, il est cependant rédigé dans des termes qui peuvent donner lieu de croire, qu'il suffit qu'il y ait eu une verification de la fraude ou de la falsification commise par le collecteur, pour pouvoir le condamner aux galères, sans autre forme ni figure de procès.

L'article 24 porte, que les receveurs des amendes

pourront contraindre les collecteurs par emprisonnement de leurs personnes, au paiement du reliquat de leur compte, même du montant des rôles, faute par eux de les avoir rendus dans le temps prescrit par l'édit.

Lorsque le compte a été une fois arrêté, et que le reliquat est clair et certain, il n'y a point d'inconvénient à permettre aux receveurs des amendes de décerner leurs contraintes.

Mais c'est donner un trop grand pouvoir à un receveur que de lui permettre d'être, pour ainsi dire, juge et partie, lorsque les comptes n'ont point été rendus, en décernant une contrainte sans qu'aucun juge ait pu savoir si le collecteur est vraiment en faute. Ainsi, il semble qu'il faudroit ajouter à cet article, que la contrainte seroit visée par le premier juge, afin qu'il fût en état de modérer, s'il est nécessaire, l'activité du receveur et d'empêcher ses vexations. On dira peut-être que ce juge voudra quelquefois favoriser un collecteur; mais n'y a-t-il rien à craindre que de la part des juges, et est-on plus sûr de tous les receveurs?

L'article 31 réduit les receveurs des amendes aux deux sols pour livre, qui leur ont été attribués par l'édit du mois de février 1691, et déroge à l'édit du mois de mars 1695, qui leur attribue deux autres sols pour livre par augmentation.

On ne sait point assez exactement ce qui s'est passé à l'égard des receveurs des amendes des eaux et forêts, en exécution de l'édit du mois de mars 1695, pour découvrir les motifs de cette dérogation.

Si on leur fait perdre la finance qu'ils ont payée pour acquérir ces derniers deux sols pour livre, cela paroît injuste; pendant que le dernier article de l'édit, qui regarde les contrôleurs, ordonne qu'il sera pourvu au remboursement de leur finance, après que la liquidation en aura été faite.

Si l'on juge que les anciens deux sols pour livre sont suffisans pour dédommager ces receveurs, tant de leur nouvelle que de leur ancienne finance, la chose peut être juste ; mais en ce cas il faudroit l'exprimer, et il seroit même plus régulier de n'ordonner cette réduction qu'après la liquidation de leur finance.

L'article 38 porte que, si les délits méritent une grande instruction, le procès sera instruit sur les commissions qui seront données par les grands-maîtres, et jugé dans les maîtrises.

Cet article paroît très-difficile à concilier avec l'article 4 et les articles 6 et 8 de l'ordonnance de 1669, au titre des *grands-maîtres ;* outre que d'ailleurs il ne regarde point la matière de l'édit, qui n'est fait que pour pourvoir à la recette et au recouvrement des amendes.

Par l'art. 4 du titre qu'on vient de citer, les grands-maîtres ont droit de juger de tous délits, abus et malversations qu'ils observent dans le cours de leurs visites, sans faire aucune distinction des délits qui ne méritent aucune instruction et de ceux qui en méritent. Cependant, par l'article 38 du nouvel édit, on renvoie aux maîtrises le jugement des derniers. Si c'est pour les juger sans le grand-maître, c'est une disposition contraire à celle de l'ordonnance. Si l'intention est que les officiers des maîtrises les jugent avec le grand-maître, il faudroit donc l'exprimer clairement dans l'article.

Il est à craindre d'ailleurs que cet article ne fasse naître des conflits de juridiction entre les tables de marbre et les parlemens. Les tables de marbre prétendront que les jugemens ayant été rendus dans la maîtrise, l'appel en doit être relevé par-devant elles. Les parlemens croiront au contraire que les juges des maîtrises n'ayant agi qu'en vertu de la commission du grand-maître, et les accusés ne manquant jamais d'interjeter appel de ces sortes de commissions, en même temps qu'ils se plaignent des jugemens rendus en conséquence, cet appel ne peut être porté qu'au parlement, suivant l'article 3 du titre des *tables de marbre et juges en dernier ressort.*

Enfin, l'article, tel qu'il est conçu, semble priver les grands-maîtres de la faculté de porter leurs procès aux présidiaux, dans les cas qui doivent être jugés en dernier ressort, suivant l'article 6 du titre du *grand-maître*, ce qui seroit contraire à cet article et à l'article 8 du même titre.

Pour prévenir ou résoudre toutes ces difficultés, on peut prendre deux différentes résolutions.

L'une, de retrancher absolument cet article comme inutile et étranger à la matière de l'édit dont il s'agit.

L'autre, d'expliquer l'article 4 de l'ordonnance de 1669 au titre des *grands-maîtres*, en ordonnant d'abord l'exécution de cet article, et en y ajoutant que les grands-maîtres pourront connoître et juger de tous délits, abus et malversations qu'ils trouveront avoir été commis dans leur département, à l'effet de quoi ils pourront faire porter le procès, ou aux maîtrises, ou aux siéges présidiaux, selon la nature du délit et la distinction établie par l'article 6 de l'ordonnance de 1669, au titre des *grands-maîtres*; et néanmoins que, lorsque, soit par la longueur de l'instruction, soit par d'autres raisons, ils ne croiront pas devoir s'en charger, ils renverront les procès aux maîtrises pour y être instruits et jugés, à la charge de l'appel aux tables de marbre ou chambres des eaux et forêts établies près le parlement, à la réserve des procès qui doivent être jugés en dernier ressort, qu'ils seront tenus de juger et de faire juger eux-mêmes au présidial du lieu du délit, suivant les articles 6 et 8 du titre des grands-maîtres.

L'article 40 porte, que ceux à qui la commission de grands-maîtres sera adressée, seront tenus de parfaire l'instruction dans les deux mois de la date de leur commission, à peine de répondre des condamnations en leurs propres et privés noms.

Cet article pèche par le même excès de rigueur que l'on a déjà observé sur les articles 6 et 26 du nouvel édit; mais d'ailleurs, il y a bien des cas où il renfermeroit une iniquité évidente. Pour peu qu'on ait d'expérience en matière criminelle, l'on sait qu'il y a un grand nombre de procès qu'il est absolument impossible de finir dans deux mois, soit par le nombre des accusés qui ne sont quelquefois décrétés que successivement, soit par la longueur des délais de la contumace qu'il faut souvent aussi instruire successivement contre plusieurs accusés, soit par des évasions de prisonniers, soit par la difficulté de faire venir des témoins, soit par la nécessité de se transporter sur les lieux, qui est encore plus fréquente dans les matières des eaux et forêts que dans les autres, et par une infinité d'autres circonstances qu'il seroit trop long d'expliquer. Sera-t-il juste, dans tous ces cas, de rendre les officiers responsables des condamnations en leurs propres et privés noms, et cela sans aucune connoissance de cause et sans qu'il y ait aucun juge qui l'ordonne ?

Il ne faut pas croire d'ailleurs, que les plus grands crimes qui se commettent dans le monde soient ceux qui regardent l'administration des eaux et forêts. Les assassinats, les empoisonnemens, les incendies, les vols de grand chemin, les faussetés, etc., intéressent bien autrement la société civile que le délit de ceux qui abattent des bois sans permission ou sans formalité, ou qui tombent dans quelqu'autre abus de pareille nature. Cependant, on ne voit point qu'il y ait aucune ordonnance qui ait jamais préfixé un terme fatal pour l'instruction des procès où il s'agit de ces grands et véritables crimes. Ce n'est pas qu'on n'ait désiré toujours que la justice en fût faite avec la plus grande diligence, parce que la promptitude fait en quelque manière partie de l'exemple qui est nécessaire au public; mais l'on a bien senti qu'il étoit impossible d'établir une règle générale en pareille matière, et que vouloir en user autrement, ce seroit commettre l'autorité et la justice même de la loi. C'est par cette raison que toutes nos ordonnances se sont contentées d'enjoindre aux officiers qui exercent la juridiction criminelle de vaquer, avec le plus de diligence qu'il seroit possible, à l'instruction des procès, sans les renfermer dans l'espace d'un temps certain et déterminé, qui procureroit à la vérité une expédition plus prompte, mais qui nuiroit souvent à la preuve, et qui obligeroit les officiers, contre le véritable esprit de la loi, à agir promptement plutôt qu'à bien faire.

Il semble donc que ce qui a paru suffisant à l'égard des plus grands crimes, doit le paroître à plus forte raison à l'égard des actions qui sont plutôt des délits que des crimes, et qu'ainsi on devroit se contenter de recommander la diligence aux officiers des eaux et forêts dans l'instruction des procès criminels qui leur est confiée; et la seule précaution que l'on pourroit y ajouter seroit de les assujettir à l'ordre établi par l'article 19 du titre 6 de l'ordonnance de 1670, qui oblige les greffiers des prévôtés et châtellenies royales, et ceux des seigneurs, d'envoyer, par chacun an aux mois de juin et décembre, au greffe des bailliages et sénéchaussées du ressort, un extrait de leur registre criminel, et qui impose presque la même nécessité aux officiers de bailliages, sénéchaussées et maréchaussées, qui, suivant le même article, sont tenus d'envoyer, au commencement de chaque année au procureur-général, un extrait de leur dépôt. Il seroit facile d'établir une forme à peu près semblable à l'égard des juridictions des eaux et forêts. On pourroit même exiger que ces extraits fussent envoyés tous les trois mois, et par là les officiers supérieurs seroient en état de veiller sur la conduite des inférieurs, et d'accélérer, autant qu'il est possible, l'expédition des procès sans établir une règle nouvelle et presque impossible dans son exécution.

L'article 42 n'établit que la peine de privation des offices et l'incapacité d'en posséder aucun à l'avenir, contre les maîtres particuliers qui enverront des procès-verbaux de visites générales qu'ils n'auront pas faites.

Cette peine paroît trop douce, la prévarication de ces officiers renfermant une véritable fausseté. Ainsi, il semble qu'il faudroit ajouter à la fin de cet article, qu'ils seront condamnés en outre en telle autre peine qu'il appartiendra, selon l'exigence des cas, ou appliquer à cette matière la disposition générale de l'article 26 du titre des peines et amendes de l'ordonnance de 1669, qui porte que les officiers, convaincus d'avoir commis supposition de fraude dans leur rapport et procédure, seront condamnés au quadruple, privés de leurs charges, bannis des forêts, et punis corporellement comme fauteurs et prévaricateurs.

L'article 43 oblige les procureurs du roi à signifier, dans la quinzaine, les jugemens rendus sur des procès-verbaux des grands-maîtres et autres officiers, et, faute d'y satisfaire, veut qu'ils soient condamnés par lesdits officiers au montant des condamnations portées par ces jugemens.

Cet article est encore du nombre de ceux qui paroîtront odieux par une trop grande rigueur, et qui d'ailleurs sont aussi difficiles que dangereux dans leur exécution.

On dit premièrement que cet article sera très-difficile dans la pratique, car, qui est-ce qui fera les réquisitions nécessaires pour faire condamner un procureur du roi, qui sera tombé dans cette négligence. Il ne requerrera pas sans doute contre lui-même; il faudra donc que ce soient les juges qui, d'office et sans aucune réquisition, condamnent le procureur du roi, conformément à cet article; mais, outre que cette manière de prononcer n'auroit aucune forme, comment pourroit-on faire exécuter une telle condamnation? A la requête de qui l'exécution seroit-elle faite? Le juge deviendroit-il partie contre le procureur du roi, ou bien le receveur des amendes qui n'est que l'instrument du procureur du roi, sous le nom duquel il doit agir? S'élèvera-t-il contre le procureur du roi même? Tout cela est si nouveau et si singulier, qu'il est bien à craindre qu'en voulant faire une loi trop exacte, on ne la rende impraticable.

On a dit, en second lieu, que l'exécution de cette loi seroit aussi dangereuse que difficile; en effet, elle ne serviroit qu'à livrer les procureurs du roi à l'animosité des officiers de leurs siéges, à laquelle ils ne sont déjà que trop exposés. Il suffiroit que le premier juge fût mal avec le procureur du roi, pour le mettre en état de satisfaire sa vengeance en condamnant le procureur du roi, sous prétexte du retardement d'un jour, qui pouvoit avoir une excuse ou même une cause légitime, soit par la maladie de cet officier ou par une absence qui pourroit même être nécessaire pour le service.

On n'a jamais voulu, par toutes ces raisons, que ceux qui exercent le ministère public pussent être soumis, pour ce qui regarde l'exercice de leurs fonctions, à la censure et à la correction des officiers de leur siége ; et il y a eu des arrêts du conseil qui ont cassé les arrêts des parlemens de Provence, lorsqu'ils ont voulu se rendre juges du ministère des gens du roi. Ce ministère est déjà assez pénible et assez difficile à remplir, sans y semer encore de nouvelles épines et sans se livrer à la discrétion des autres officiers d'un siége avec lesquels un procureur du roi, qui fait son devoir, est souvent obligé de se commettre pour les obliger à faire le leur.

On ne voit pas d'ailleurs quelle nécessité il peut y avoir de traiter si rigoureusement ceux qui exercent l'office public. C'est à la diligence des receveurs des amendes que les significations des jugemens de condamnation doivent être faites ; il suffit donc d'enjoindre au procureur du roi de faire faire ces significations et de faire tomber, si l'on veut, la rigueur des peines sur les receveurs des amendes, en ordonnant que les jugemens de condamnations seront signifiés à la requête du procureur du roi, poursuite et diligence du receveur des amendes; et cela est même d'autant plus nécessaire que, si on en usoit autrement, il faudroit dédommager les procureurs du roi, des frais de toutes ces significations.

Enfin, comme par d'autres articles du même édit, il doit être fait, tous les premiers jours du mois, un rôle des peines et amendes à recouvrer, le retardement du terme de quinze jours, porté par cet article, ne peut être d'aucune conséquence, et la grande rigueur de cette disposition se fait encore plus sentir par son peu d'utilité.

L'article 44 porte, que les condamnés en l'amende seront contraints au paiement par emprisonnement de leur personne, lorsqu'ils n'auront pas interjeté appel ou que les sentences de condamnations auront été confirmées.

Il semble qu'il y ait deux omissions à suppléer dans cet article, pour en rendre la disposition parfaite.

La première est que cet article ne parle point du cas où les sentences sont exécutoires nonobstant l'appel, comme lorsque les condamnations prononcées par le grand-maître n'excèdent pas la somme de 200 livres, et celle des maîtres particuliers la somme de 100 livres. Il paroît nécessaire de décider en ce cas, si la condamnation d'amende pourra être exécutée, même par emprisonnement, ce qui seroit fort rigoureux, quoique cependant cela s'exécute ainsi en matière de police, ou si l'appel suspendra au moins la contrainte par corps, ce qui paroît plus équitable et plus conforme à l'esprit de l'ordonnance de 1669 dans l'article 23 du titre *des peines et amendes*. Mais, de quelque manière que l'on veuille régler la chose, il faut toujours le faire expressément pour ne laisser aucun doute sur ce point.

La seconde omission que l'on trouve dans cet article, c'est qu'on n'y a pas prévu le cas où les sentences passent en forme de choses jugées, suivant les articles 2, 3, 5 et 8 du titre *des appellations* dans l'ordonnance de 1669.

Il semble donc qu'il faudroit ajouter à l'article 44, que la disposition aura lieu pareillement dans les cas où les sentences auront passé en forme de choses jugées, faute d'avoir relevé ou fait juger l'appel dans les temps prescrits par l'ordonnance de 1669, au titre des appellations.

L'article 47 mérite d'être joint à celui que l'on vient d'examiner, parce qu'il regarde la même notion, et qu'on y peut faire en partie les mêmes réflexions.

Cet article porte que ceux contre lesquels les condamnations monteront à la somme de 200 livres, et qui auront été emprisonnés, ne pourront, à la faveur de l'appel qu'ils interjetteront des premiers jugemens, être élargis qu'en donnant bonne et suffisante caution.

On a remarqué sur l'article 44, que les condamnations des grands-maîtres mêmes ne sont exécutoires, nonobstant l'appel, suivant l'ordonnance de 1669, que jusqu'à concurrence de la somme de 200 livres; cependant il semble, par la manière dont l'article 45 est rédigé, que l'on veuille établir une règle nouvelle dans laquelle la somme de 200 liv. est regardée comme le pied le plus bas, en sorte que l'on doive étendre la même règle, à plus forte raison, aux sommes plus considérables. En un mot, le sens naturel de l'article paroît être que sa disposition aura lieu quand il s'agira de condamnations qui monteront au moins à la somme de 200 livres.

Si c'est là l'esprit de cet article, sur quoi l'on n'est peut-être pas suffisamment instruit, il seroit directement contraire à la disposition de l'ordonnance de 1669, qui, bien loin d'avoir donné plus de faveur aux condamnations qui montent à 200 liv. et au-dessus, par rapport à l'exécution provisoire, décide, au contraire, que les condamnations prononcées par les grands-maîtres ne seront exécutoires, nonobstant l'appel, que pour la somme de 200 livres, et celle des maîtres que pour la somme de 100 livres.

Cependant, sans faire aucune distinction entre les maîtres particuliers et les grands-maîtres, il semble qu'on veuille établir ici, au contraire, que les condamnations qui monteront à 200 livres et au-dessus seront plus privilégiées que celles qui sont au-dessous de cette somme, puisqu'on ordonne que, dans le premier cas, les condamnés qui se trouveront en prison dans le temps de l'appel, ne pourront être élargis qu'en donnant bonne et suffisante caution; au lieu que jusqu'à présent, comme on a été persuadé que, suivant la disposition de l'ordonnance, les condamnations prononcées par les grands-maîtres, au-delà de la somme de 200 livres, ne doivent pas être exécutées au préjudice de l'appel, on a toujours fait mettre en liberté, par provision, ceux qui étoient arrêtés pour de plus grandes sommes, sans exiger d'eux qu'ils donnassent une caution.

On ne voit pas d'ailleurs que, dans les règles d'une bonne jurisprudence, la circonstance de l'emprisonnement antérieur ou postérieur à l'appel puisse changer la nature du jugement qui doit être rendu par le juge supérieur, puisqu'il en faut toujours revenir au principe qui est de savoir si par elle-même la sentence est exécutoire, nonobstant l'appel, ou si elle ne l'est pas? Et en effet, dans toute autre matière, soit civile ou criminelle, la distinction que l'on veut faire par l'article 47 est entièrement inconnue; et, soit qu'un condamné se trouve en prison dans le temps qu'il interjette appel, ou que son appel ait précédé son emprisonnement, on lui accorde toujours également des défenses ou sa liberté, selon que la matière y est disposée, parce qu'en un mot, il ne s'ensuit pas qu'une ordonnance ou une sentence devienne exécutoire de droit, parce que de fait elle se trouvera avoir été exécutée.

Ainsi, cet article ne pouvant se concilier, ni avec les règles générales de la jurisprudence, ni avec la disposition particulière de l'ordonnance de 1669, il semble qu'il y ait lieu de le retrancher entièrement.

L'article 45 ordonne que les sentences de condamnation qui n'excéderont pas la somme de 10 livres, seront exécutées en dernier ressort, etc.

Quand même cette disposition devroit subsister, il semble qu'il y faudroit ajouter plusieurs précautions pour la rendre plus innocente.

Premièrement, il ne faudroit attribuer de privilége qu'aux sentences des maîtrises et non à celles des gruries, ou de simples justices seigneuriales, tout jugement en dernier ressort, quelque légère qu'en soit la matière, n'ayant jamais été confié à des juges entièrement subalternes, encore moins à des officiers des seigneurs, parce que le droit de juger en dernier ressort est un droit royal et un caractère de la puissance souveraine, qui n'est pas communicable à des seigneurs particuliers.

Secondement, il seroit encore nécessaire d'y ajouter, pour condition essentielle, que ces jugemens n'intéresseroient point la propriété. C'est apparemment ce que l'on a voulu dire quand on a ajouté ces mots dans l'article, *pourvu que les condamnations ne soient que pécuniaires, ou que les condamnés n'aient allégué des titres ou une possession valable.* Mais ces mots paroissent avoir quelque chose d'équivoque; car qui est-ce qui sera juge de la validité de cette possession? Si c'est le juge qui a rendu la sentence qu'on fera exécuter en dernier ressort, il décidera donc en même temps une question de propriété ou de possession; et, comme il n'y a pas d'apparence que l'on veuille lui donner un si grand pouvoir, il semble qu'il seroit plus clair et plus sûr de concevoir l'exception en ces termes: *Pourvu que la condamnation n'intéresse en aucune manière la propriété, la possession ou l'usage, allégués par les parties condamnées.*

Mais ce qui est encore plus important, est d'examiner si cet article doit subsister, ou s'il n'est pas plus à propos de le retrancher entièrement.

La disposition en est nouvelle; elle a même quelque chose de contraire aux règles, parce que tout ce qui est de police, quoiqu'il ne s'agisse que d'une somme modique, a toujours été regardé comme indéfini; et c'est par cette raison que les présidiaux ne connoissent jamais en cette qualité des appellations interjetées en matière de police, parce que ces matières, intéressant toujours, ou l'honneur ou la liberté des personnes condamnées, ne peuvent jamais être mises à prix ni recevoir une estimation certaine.

Il est vrai que la somme portée par l'article 45 est

si modique, que par elle-même elle ne peut pas mériter beaucoup d'attention; mais c'est toujours altérer la règle, et la modicité de la somme n'empêche pas que le principe ne soit ébranlé.

Il y a même cette observation à faire, qui est sans doute une des raisons pour lesquelles on n'a pas voulu comprendre les matières de police dans l'attribution des présidiaux. C'est que dans cette matière il n'y a souvent point de partie, si ce n'est la partie publique; et qu'ainsi les officiers seroient toujours les maîtres, en s'entendant les uns avec les autres, d'exercer leurs passions, par des condamnations couvertes du prétexte spécieux de la police et du bien public; et, quelque modique que soit une amende de dix livres, il n'en faudroit pas davantage pour ruiner des paysans ou des artisans, si elle étoit réitérée plusieurs fois. Nous sommes d'ailleurs dans un royaume, où l'exemple de ces sortes d'attributions est dangereux. Et quelque bonne intention que l'on ait dans celle que l'on fait ici aux officiers des eaux et forêts, qui sait si, à l'occasion de la première guerre, on ne se servira pas de ce prétexte pour faire financer ces officiers, en augmentant l'attribution portée par le nouvel édit dont il s'agit? Et pour lors le mal que l'on ne fait que craindre à présent, deviendroit absolument insupportable.

Toutes sortes de raisons concourent donc à faire rejeter cette disposition, soit comme nouvelle, soit comme contraire aux principes que l'on a suivis jusqu'à présent pour le ressort des jugemens en matière de police, soit comme dangereuse par les ouvertures qu'elle pourroit donner dans la suite à la finance, et dont on ne seroit peut-être pas le maître d'empêcher les conséquences, si l'on avoit commencé une fois à faire un pas au-delà de la règle.

L'article 46 ordonne que ceux qui n'auront pas payé des amendes et des restitutions, auxquelles ils auront été condamnés, huitaine après leur emprisonnement, ou après la perquisition dûment faite de leur personne, seront déclarés inutiles et vagabonds, et bannis du ressort de la maîtrise, conformément à l'ordonnance du mois d'août 1669.

L'ordonnance porte, à la vérité, que les inutiles seront bannis des forêts, et condamnés même à de plus grandes peines; mais la disposition par laquelle on veut établir que ceux qui n'auront pu payer dans la huitaine du jour de leur emprisonnement les amendes et restitutions auxquelles ils auront été condamnés, soient déclarés inutiles et vagabonds, paroît nouvelle, et sa rigueur frappera encore plus que sa nouveauté.

Ce qui fait l'inutile ou le vagabond n'est nullement le plus ou le moins de facultés; c'est un caractère attaché à la personne, et qui consiste à n'avoir point de domicile, ou du moins à n'avoir point d'emploi et de vacation certaine, ce qui fait présumer que ces personnes de cette qualité ne peuvent subsister que par les délits qu'ils commettent dans les forêts.

Mais, parce qu'un marchand, un receveur, ou un fermier, ou peut-être même un ecclésiastique ou un religieux, aura commis quelques abus dans l'exploitation d'un bois, et que dans huit jours précisément il ne se trouvera pas en état d'acquitter les sommes souvent considérables, auxquelles il aura été condamné, sera-t-il juste de le transformer tout d'un coup en vagabond et en inutile, et de l'assujettir aux peines établies par les ordonnances, contre ceux qui méritent justement ce nom? C'est une fiction qui paroît si contraire à l'humanité, qu'il y a lieu de croire que l'article 46 n'a pas été suffisamment expliqué, et qu'il tombe apparemment sur quelqu'autre genre de personne, comme des ouvriers ou des bûcherons, qui n'ont pas été assez désignés par les termes de l'article. Autrement, il faudroit établir pour règle générale, que tout condamné qui ne peut acquitter ce qu'il doit, dans un délai aussi court que celui de huitaine, ne peut plus être regardé que comme un membre inutile de la société.

Ainsi, il semble que cet article doit être ou retranché ou du moins réduit à ceux qui sont dans un état fort proche de celui des vagabonds et des inutiles, et qui, se trouvant hors d'état de satisfaire aux condamnations prononcées contre eux, doivent être écartés des forêts, comme ne pouvant plus qu'y être nuisibles. Mais, en ce cas même, il faudroit leur accorder un terme plus long que huit jours, sans lequel il sera souvent impossible qu'ils aient le temps de se reconnoître et de trouver les secours dont ils peuvent avoir besoin pour s'acquitter.

L'article 49 rend les gardes responsables des délits commis par les inutiles et vagabonds, s'ils ne les amènent dans les prisons de la maîtrise, vingt-quatre heures au plus tard après les délits commis.

On comprend bien que c'est aux gardes de veiller pour empêcher ces sortes de délits; mais il faut convenir aussi qu'il est impossible que leur vigilance puisse écarter absolument tous les vagabonds et les inutiles des forêts; et il ne paroît pas plus possible d'exiger qu'ils les arrêtent dans les vingt-quatre heures du jour que le délit aura été commis. Rien n'est souvent plus difficile à arrêter, que ce qu'on appelle un vagabond. Ainsi, la loi paroîtra encore odieuse sur ce point, et il semble qu'il faudroit au moins l'adoucir, en le réduisant au seul cas des inutiles qui retomberont pour la seconde et troisième fois dans les délits pour lesquels ils auront déjà été condamnés; parce qu'alors le garde devient suspect ou de collusion ou de négligence, ce qui suffit pour le rendre responsable civilement des délits commis par des vagabonds qu'on présumera qu'il auroit pu facilement arrêter, puisqu'ils sont tombés en des récidives qui marquent qu'ils s'habituent en quelque manière dans la même forêt, et qu'ils y ont une espèce de domicile.

L'article 50, qui veut que les officiers demeurent responsables des délits commis par les vagabonds et les inutiles, lorsqu'ils ne leur auront pas fait leur procès sur les plaintes des gardes, paroîtra aussi fort dur, surtout par la manière dont il est rédigé,

S'il étoit conçu en termes affirmatifs et que l'on se

contentât d'y enjoindre aux officiers de faire le procès aux vagabonds sur les plaintes des gardes, à peine de répondre des délits en leurs propres et privés noms; cette disposition, quoique rigoureuse, pourroit néanmoins être justifiée par plusieurs dispositions des anciennes et des nouvelles ordonnances sur les eaux et forêts. Il faudroit même en ce cas réduire l'injonction au seul procureur du roi, qui doit mettre les autres officiers en mouvement, parce qu'à leur égard on ne peut leur rien imputer, tant qu'ils ne sont pas requis pour l'office public, et on ne doit pas présumer, dans une ordonnance, que quand ils le seront ils refuseront d'agir. Mais la disposition négative que l'on a donnée à cet article, en rendant les officiers responsables des délits des vagabonds, s'ils ne leur ont pas instruit leur procès sur la plainte des gardes, paroît trop absolue, parce qu'on ôte par là aux juges la liberté de l'examen, qui ne peut leur être refusée, et qu'il peut fort bien arriver que ce soit par de bonnes raisons qu'ils n'aient pas déféré à la plainte d'un garde suspect ou ivrogne, ou ennemi déclaré de celui contre lequel il aura fait un rapport. Ainsi, une disposition simplement comminatoire et réduite au seul procureur du roi paroît être la meilleure forme que l'on puisse donner à cet article.

Il faudroit même y donner aux procureurs du roi la faculté de faire le procès aux inutiles, ou de les faire condamner aux peines qui, suivant l'ordonnance de 1669, peuvent être prononcées contre les vagabonds sans instruction, autrement le nouvel édit seroit plus favorable aux gens de cette espèce, et plus onéreux aux officiers que l'ordonnance de 1669.

L'article 52 paroît juste en ce qui concerne les défenses d'arrêter l'exécution des sentences d'instruction dans les cas réparables en définitive; mais ce que l'on y ajoute contre les parties et les procureurs, qui auront présenté les requêtes sur lesquelles des jugemens ou arrêts de défenses seront intervenus, et la permission que l'on donne aux procureurs du roi des maîtrises de se pourvoir au conseil en exécution de cet article, paroît non-seulement nouveau, mais contraire à toutes les règles.

On avoit voulu faire quelque chose de semblable dans l'ordonnance de 1670, au moins en ce qui concerne la condamnation d'amende contre les parties et les procureurs. Mais on ne croit pas qu'il y ait jamais eu aucun exemple de l'observation de cette règle, et c'est ce qui fait voir combien il est inutile d'employer une rigueur extraordinaire dans les dispositions des ordonnances, parce que, malgré l'autorité de la loi, on en revient toujours à celle de la raison naturelle, qui veut que ce soit le juge qui examine si la demande de la partie va trop loin, et qui ne souffre pas que si une partie s'est trompée et a trop présumé en sa faveur, on la condamne à une peine qui, naturellement, ne doit être appliquée qu'à une faute véritable, et non pas à une simple erreur dans ce jugement.

Le cas sur lequel on veut faire tomber cette rigueur y ajouteroit encore une nouvelle dureté, puisqu'on ne prononce la peine que contre ceux qui auroient pour eux le suffrage des juges, et dont l'erreur seroit, pour ainsi dire, justifiée par la justice même : c'est ce qui paroît entièrement contraire à l'équité naturelle. Ce seroit le juge, en ce cas, qui seroit le vrai coupable; car que peut-on imputer à une partie, pour avoir fait une démarche qui a paru juste à ses juges mêmes? Et cependant, c'est sur cette partie que l'on fait tomber toute la peine; on entend bien que c'est qu'on n'a pas osé la prononcer contre le juge, mais le ménagement qu'on a pour lui doit-il retomber sur la partie? On dira, sans doute, que c'est cette partie qui a surpris la religion du magistrat; qu'en matière de surprise faite à la justice, le fait du juge devient celui de la partie même; mais il faut donc entrer en connoissance de cause, pour savoir s'il y a eu ou s'il n'y a pas eu de surprise; et cependant on ordonne indistinctement par l'article, que les parties et les procureurs qui auront obtenu les arrêts de défenses, seront condamnés en 500 livres d'amende.

Il faut même remarquer que, comme l'officier public est presque toujours partie en pareille matière, on ne peut pas dire, à la rigueur, que ces sortes d'arrêts soient véritablement des arrêts sur simples requêtes, puisqu'on ne les rend que sur les conclusions du procureur général, et qu'ainsi ils deviennent par là, en quelque manière, contradictoires.

Cette disposition néanmoins seroit plus supportable, si c'étoit aux juges mêmes qui peuvent avoir été surpris aussi bien que le ministère public, qu'on laissât le soin de punir cette surprise par une condamnation d'amende, comme on l'a fait par l'ordonnance de 1670. Mais la faculté qu'on donne aux procureurs du roi des maîtrises, de se pourvoir au conseil pour y faire condamner les parties et les procureurs à l'amende, fera paroître cette nouveauté absolument intolérable.

On ne manquera point de dire que la matière n'est nullement de la compétence du conseil, et que les parlemens ni les tables de marbre ne méritent point d'être dépouillés de leur juridiction naturelle, parce qu'on y aura surpris un jugement qu'il est facile de détruire par la voie de l'opposition; qu'il est d'ailleurs inoui que l'on permette à un officier aussi subalterne que le procureur du roi d'une maîtrise particulière, de traduire, pour parler ainsi, la religion du parlement dans un tribunal extraordinaire, et de s'ériger en réformateur du procureur-général, qui est son supérieur. On n'a jamais hasardé de faire passer une telle disposition dans les ordonnances d'un roi majeur, et il est aisé de juger par là si l'on peut se flatter qu'elle passera dans un temps de minorité.

On n'entend pas bien ce qui est à la fin du même article, qui défend de former opposition à l'exécution des sentences d'instruction, après les trois mois passés.

Il est rare que ces sentences se rendent autrement que sur le vu d'une partie de l'instruction, auquel cas l'opposition seroit, tout au plus, recevable dans la huitaine. Ainsi, cet article, trop rigoureux dans ses autres dispositions, paroît trop indulgent dans celle-ci.

L'article 58 donne également le titre de procureur-général à ceux qui exercent l'office public dans les parlemens, et à ceux qui l'exercent dans les tables de marbre. Les derniers ne prennent cette qualité qu'abusivement et seulement par rapport aux matières qui se jugent en dernier ressort, sans qu'ils prétendent eux-mêmes l'avoir quand ils n'agissent que comme officiers des tables de marbre. Mais cette qualité ne leur a jamais été donnée dans les édits adressés au parlement.

La peine établie par le même article contre les procureurs des maîtrises que l'on rend responsables des condamnations prononcées par les sentences, lorsqu'ils n'auront pas envoyé aux procureurs-généraux les pièces et mémoires instructifs sur les appellations des sentences, pourroit être adoucie, en mettant seulement dans l'article, que ces officiers seront responsables du préjudice que le roi aura souffert par leur négligence, suivant ce qui est porté dans un cas semblable, par l'article 8 de l'ordonnance de 1669, au titre du procureur du roi.

MÉMOIRE,

Relatif à l'édit du mois de juillet 1708, qui confine les possesseurs des Dîmes inféodées.

La nouvelle charge que l'on établit sur les dîmes inféodées par l'édit que Sa Majesté vient de donner à Fontainebleau, paroît si peu juste en elle-même, et si dangereuse dans ses faits, que l'on ne peut, sans manquer essentiellement à son devoir, se dispenser de le représenter à Sa Majesté avec tout le respect et toute la soumission qui lui son dus.

On dit premièrement, que ce droit paroît très-injuste en lui-même, et l'on est persuadé que ceux qui connoissent l'avenir et qui aiment la justice, seront de ce sentiment.

Ce n'est point ici le lieu de faire une dissertation plus curieuse qu'utile sur la matière, tant de fois agitée entre les savans, de l'origine des dîmes inféodées.

Tous ceux qui ont recherché avec le plus d'exactitude les anciennes sources de notre droit civil et ecclésiastique, conviennent que l'on ne peut avoir que trois opinions sur l'origine de ces dîmes, et qu'il est fort possible qu'elles soient toutes également véritables.

La première est tirée de plusieurs monumens de notre ancienne jurisprudence, par lesquels il paroît qu'il y a eu, dès les premiers temps de la monarchie française, et peut-être avant que la possession des dîmes ecclésiastiques fût devenue de précepte, des dîmes séculières, temporelles, profanes, qui étoient possédées par nos rois, et, à leur exemple, par les grands seigneurs du royaume (1). Ces sortes de dîmes, à peu près semblables aux droits de terrage ou de champart qui ont encore lieu dans plusieurs coutumes du royaume, étoient appelées dîmes seigneuriales, *decimæ dominicæ*, et c'est par là qu'on les a distinguées dans la suite des dîmes ecclésiastiques, destinées à la subsistance des ministres des autels.

Telle est, selon plusieurs de nos auteurs, l'origine des dîmes inféodées.

La seconde opinion suppose, à la vérité, que ces dîmes ont été originairement possédées par des ecclésiastiques; mais, qu'en considération des services que la plus grande partie des seigneurs français rendoient à l'église dans les guerres contre les Sarrasins et les autres ennemis de la religion, les ecclésiastiques leur ont accordé en fief une partie des dîmes qu'ils possédoient, et dont ces seigneurs ont joui à titre de garde et de protection des églises dont ils étoient les défenseurs. De là vient que ces sortes de dîmes ont été quelquefois appelées militaires (2).

Enfin, la dernière opinion est que ces dîmes, qui sont à présent possédées par des laïcs, ont été usurpées sur l'église dans des temps de troubles et de confusion.

Ces trois opinions qui, comme on l'a déja dit, peuvent être toutes trois véritables, étant ainsi supposées, il n'y en a aucune sur laquelle on puisse dire que la possession des dîmes inféodées soit injuste à présent, et mérite d'être purifiée, pour ainsi dire, par le paiement d'une taxe aussi forte que

(1) La constitution de Clotaire, de l'an 560, le capitulaire de Charlemagne sur ses domaines, de l'an 800, et le concile de Meaux, de l'an 845, can. 75, contiennent des preuves de cette vérité.

(2) On peut rapporter aussi à la même opinion ce que plusieurs auteurs ont écrit du pouvoir que Charlemagne s'attribua de se servir des biens de l'église pour récompenser ses officiers et ses soldats, si ce n'est qu'on ne juge plus à propos de mettre cette entreprise au nombre des usurpations auxquelles la troisième opinion attribue l'origine des dîmes inféodées.

celle du dixième du principal de chaque corps de dîme.

Suivant la première opinion, il n'y a rien de plus juste et de plus légitime que la possession de dîmes; ce sont des droits seigneuriaux attachés aux fiefs, dans la portion desquelles il ne peut y avoir plus de vice que dans celle des terres mêmes auxquelles ces droits sont attachés.

Suivant la seconde, il n'y a rien de plus favorable que de laisser entre les mains des anciens possesseurs un bien que leurs pères, ou du moins leurs auteurs, ont acquis par leur sang, ce qui est le prix de la défense et de la protection qu'ils ont accordées aux églises. Si les canons les plus suivis et les plus rigoureux autorisent l'aliénation des biens ecclésiastiques dans les temps de guerre et de calamité publique, s'ils permettent même aux évêques de vendre jusqu'aux vases sacrés, on ne voit pas parquelle raison la concession que les églises avoient faite de leurs dîmes à leurs défenseurs sera regardée comme injuste ou comme odieuse, après sept ou huit cents ans de possession.

Enfin, l'usurpation même que des seigneurs laïcs auroient faite autrefois des dîmes ecclésiastiques, ne peut plus passer pour une raison légitime de dépouiller ceux qui possèdent à présent ces dîmes de bonne foi; il y en a deux raisons également sensibles:

La première est que dès le moment que l'usurpation n'est pas prouvée, et que la possession des dîmes a pu avoir une autre cause juste et légitime, on présume aussi, dans le doute, pour la justice du titre, et surtout après une possession de plusieurs siècles. C'est pour cela que la longue possession est appelée par les jurisconsultes la protectrice et la patronne du genre humain, parce qu'elle met la présomption en faveur du possesseur, et ne permet pas qu'on présume que son titre est vicieux, lorsqu'il n'est pas impossible que ce titre ait été innocent.

La seconde raison est qu'il y a plus de cinq cents ans que l'église, qui connoît la difficulté qu'elle auroit eue à distinguer les usurpateurs des possesseurs légitimes, a renoncé solennellement, en faveur des derniers, au droit qu'elle avoit d'inquiéter les premiers. C'est dans le troisième concile de Latran, tenu sous Alexandre III, en l'année 1179 ou 1180, que, suivant tous les canonistes et les papes mêmes, l'église a voulu que le passé fût enseveli dans un oubli, juste à l'égard des uns, charitable à l'égard des autres, et nécessaire à l'égard de tous.

Comment peut-on donc aujourd'hui ressusciter une contestation terminée depuis près de six siècles, effacer l'amnistie générale que l'église a accordée aux possesseurs injustes, et, au lieu qu'elle a voulu alors faire grâce aux coupables en faveur des innocens, confondre, au contraire, les uns et les autres dans la même condamnation, et les réputer tous également usurpateurs, afin de pouvoir les assujettir tous à la même peine ?

Le concile de Latran ne doit pas être regardé seulement comme une loi ecclésiastique, il est devenu dans la suite une loi de l'état; la jurisprudence de tous les parlemens en a suivi l'esprit, et les ordonnances de nos rois ont été tracées sur le même modèle.

Il n'en faut pas chercher d'autre preuve que les déclarations qui ont été faites par le roi pour régler les portions congrues des curés. Elles décident, suivant la jurisprudence du parlement de Paris, que les dîmes inféodées ne seront sujettes à cette charge que subsidiairement, et en cas que les dîmes ecclésiastiques ne soient pas suffisantes.

Cette décision est comme le fruit de la juste conséquence des principes que l'on vient d'établir sur la nature des dîmes inféodées.

Si on les avoit regardées comme étant toutes ecclésiastiques dans leur origine; si la possession en avoit paru vicieuse dans la personne des laïcs, et si l'on avoit cru qu'ils en jouissoient par tolérance, plutôt que par un véritable droit, le roi auroit ordonné qu'elles contribueroient les premières au paiement des portions congrues; et en effet, il auroit été juste, dans cette supposition, de faire porter cette charge par les usurpateurs, au lieu que de la faire tomber sur les possesseurs légitimes, et d'ordonner que les ecclésiastiques ne contribueroient que subsidiairement, et en cas d'insuffisance des dîmes inféodées.

Si, au contraire, on avoit regardé ces dîmes comme étant toutes laïques, toutes profanes, toutes seigneuriales dans leur origine, il auroit fallu les décharger absolument, comme le reste des biens purement patrimoniaux, du paiement des portions congrues.

Mais, parce que l'on savoit que les dîmes inféodées pouvoient être de deux sortes, les unes profanes et les autres ecclésiastiques dans leur origine, on a cru que dans ce doute il n'étoit pas juste de priver absolument l'église du secours qu'elle pouvoit retirer de ces dîmes; mais que, comme elles étoient à présent plutôt laïques qu'ecclésiastiques, il falloit épuiser le fonds des dîmes appartenantes à l'église, avant que de pouvoir attaquer les possesseurs des dîmes inféodées.

Ainsi, le tempérament qu'on a pris dans cette matière, suppose et confirme tous les principes qui ont été établis au commencement de ce mémoire, et fait voir combien la portion des dîmes inféodées a paru juste et légitime jusqu'à présent, puisqu'on ne les a assujetties aux charges de l'église qu'après les dîmes ecclésiastiques mêmes.

Il faut maintenant examiner par quels principes les auteurs de la taxe, qui fait le sujet de ce mémoire, ont voulu donner atteinte à un droit renfermé par une possession de plus de cinq cents ans.

Tous ces principes sont confirmés dans le preambule de l'édit.

On y déclare d'abord que *les dîmes sont instituées de droit divin, et qu'elles sont affectées par les textes sacrés à la subsistance des ministres de l'église.*

Mais premièrement, avant que de décider ainsi cette grande question, il semble qu'il auroit fallu distinguer, comme on l'a fait dès l'entrée de ce mémoire, les dîmes qu'on nomme profanes et seigneuriales, de celles qu'on appelle spirituelles et ecclésiastiques. Personne n'a jamais pensé que les premières fussent de droit divin; mais, si cela est, le principal fondement de l'édit, qui établit une taxe générale et sans aucune distinction en supposant que toutes les dîmes sont ecclésiastiques de leur nature, tombe absolument.

Quand même on admettroit cette supposition, il ne s'ensuivroit pas de là que ce soit une maxime certaine et incontestable, que les dîmes mêmes ecclésiastiques soient établies de droit divin; on sait que les théologiens enseignent communément le contraire. Ils conviennent que l'obligation d'assurer la subsistance des ministres des autels est de droit divin et naturel tout ensemble; mais ils soutiennent que la détermination du fonds que l'on destine à leur nourriture est d'un droit purement humain et positif; et ils répondent, à l'exemple des lévites, auxquels la loi de Moïse donnoit ces dîmes pour leur nourriture, que c'étoit une règle établie par les juifs et non pas une obligation imposée aux chrétiens, que cette règle a expiré avec la synagogue, et que, pour pouvoir s'appliquer cet exemple, il faudroit que les ecclésiastiques renonçassent, comme les lévites l'avoient fait, à la possession de toutes sortes d'héritages et de biens patrimoniaux.

Il est vrai qu'il y a eu autrefois un grand nombre de canonistes, qui ont enseigné que les dîmes étoient dues de droit divin; mais les nouveaux interprètes du droit canonique ne les ont pas suivis en ce fait; ils ont adopté la distinction que l'on vient de marquer, ce qui est devenu à présent l'opinion commune des théologiens et des canonistes.

On laisse à juger après cela, s'il est fort convenable que le roi décide une telle question à la tête du préambule d'un édit de finances, et qu'il la décide contre le sentiment des théologiens, contre l'opinion des canonistes les plus éclairés et contre ses propres intérêts, comme on le dira dans un moment.

Le même préambule porte ensuite, que *les décrets des saints conciles ont déclaré les laïcs incapables d'acquérir et de posséder des dîmes.*

Mais, outre que cette prohibition ne peut tomber sur les dîmes purement seigneuriales dans leur origine, qu'on confond toujours dans cet édit avec les dîmes ecclésiastiques, comme s'il n'y avoit jamais eu qu'une espèce de dîme dans le royaume, il est certain que cette maxime est encore contraire au droit canonique qui s'observe depuis cinq cents ans.

Personne n'ignore, à la vérité, que l'église s'est élevée, pendant plusieurs siècles dans ses conciles, contre les usurpateurs des biens ecclésiastiques en général, et en particulier contre ceux qui l'avoient dépouillée des dîmes destinées à la subsistance de ses ministres.

Mais enfin, elle s'est relâchée de cette première rigueur en faveur de ceux qui possédoient des dîmes à titre d'inféodation. Ces dîmes ont été regardées, et dans l'église et dans l'état, comme des biens temporels, héréditaires, patrimoniaux, qui étoient dans le commerce comme les terres mêmes dont ils dépendent. Ainsi, alléguer à présent les anciens canons des conciles qui ont déclaré les laïcs incapables de posséder des dîmes, c'est confondre toutes les espèces de dîmes et faire revivre des lois éteintes et abrogées, non-seulement par le non-usage, mais encore par les décisions expresses des papes et des conciles, qui ont regardé comme inviolable toute inféodation de dîme qui étoit présumée avoir précédé le troisième concile de Latran.

Les ordonnances de Saint-Louis, de 1228 et de l'an 1269, que l'on cite ensuite contre les possesseurs de dîmes inféodées, ont encore moins d'application à l'induction qu'on en tire.

L'ordonnance de 1228, ne parle que des dîmes *dont l'église a été frustrée pendant long-temps par la malice des usurpateurs*, et ne fait aucune mention de celles qui étoient possédées à titre d'inféodation (1).

Il ne faut même employer que celle de 1269, pour faire voir que la première de ces ordonnances ne regardoit pas les dîmes inféodées, et qu'elle n'a jamais eu d'exécution à l'égard de ces dîmes.

En effet, le roi Saint-Louis y permet seulement aux seigneurs qui possédoient des dîmes inféodées dans sa mouvance, ou dans celles de ses sujets, de les donner à l'église, sans être obligés d'obtenir le consentement du souverain.

Mais si la première loi avoit eu les dîmes inféodées pour objet, la seconde auroit été inutile; car, dès le moment que tous les possesseurs de dîmes inféodées auroient été obligés de les rendre à l'église, il auroit été non-seulement inutile, mais absurde, de faire une loi pour leur permettre de les concéder à l'église sans obtenir l'agrément du roi, à quelque titre qu'ils le jugeroient à propos.

Enfin, cette loi, comme la première, ne parle que des dîmes véritablement ecclésiastiques, et il semble que ceux qui l'ont rédigée aient eu en vue les deux espèces différentes de dîmes, lorsqu'ils ont fait tomber uniquement sa disposition sur les dîmes que l'église recevroit, si les laïcs ne les possédoient pas (2).

On ne peut donc pas prouver par ces ordonnances, que Saint-Louis ait voulu donner aucune atteinte à la portion des dîmes inféodées. Il ne paroît pas même,

(1) *Decimæ sanè quibus fuit ecclesia longo tempore per malitiam inhabitantium defraudata, statuimus et ordinavimus quod æstimantur ecclesiis, et ampliùs laici decimas non detineant, sed eas ecclesiis liberè habere permittant.*

(2) *Quas ecclesiæ perciperent, si eas laici non haberent*: c'est sans doute par cette raison, et par plusieurs autres qu'on pourroit encore employer ici, que M. Louet, un des plus sages et des plus savans magistrats qu'il y ait eu dans le parlement, a dit, il y a cent ans, que cette ordonnance de Saint-Louis ne regardoit pas les dîmes possédées par les laïcs avant

par la dernière, qu'il ait concédé à l'église celles qu'il possédoit ; et ce prince si religieux n'auroit pas manqué de donner cet exemple à ses sujets, s'il avoit cru la portion de cette espèce de bien illégitime.

C'est donc sans aucun fondement que celui qui a rédigé le préambule de l'édit dont il s'agit, ajoute que les laïcs qui ont retenu la possession des dîmes inféodées ont été regardés comme les usurpateurs des biens de l'église, et que cela a donné lieu à une *infinité de procédures dont les tribunaux sont encore présentement remplis.*

Bien loin qu'on les ait traités comme des usurpateurs, tous les parlemens du royaume les ont toujours maintenus dans la jouissance de ces dîmes, toutes les fois qu'ils ont pu prouver une ancienne possession, et qu'il n'a pas paru que leur titre fût postérieur au concile de Latran.

Les maximes sont si certaines en cette matière, qu'il est difficile qu'il y ait beaucoup de contestations sur ce sujet ; ou s'il y en a quelques-unes, elles roulent uniquement sur le fait, car, à l'égard du droit, il est si certain qu'il n'y a pas un avocat au palais qui ose le révoquer en doute.

Après avoir mis dans la bouche du roi même des propositions si nouvelles et si contraires aux règles les plus communes de la jurisprudence, on fait encore autoriser par Sa Majesté, dans ce préambule, une maxime très-fausse, à la prendre dans les termes généraux dans lesquels elle est conçue.

Cette maxime est, que *le délaissement des dîmes inféodées fait à l'église est tellement regardé comme un retour de ces biens à leur première nature, qu'il n'est sujet à aucun retrait lignager ni féodal.*

le concile de Latran, et qu'elle ne comprenoit que les dîmes qui avoient été aliénées ou usurpées pendant le règne de Philippe-Auguste. *Locum habet in bonis laicis concessis post Lateranensi concilium. Puta Philippi si temporibus. . . . . . et decimas antè Lateranense concilium à laicis possessas non comprehendit.* Duluc avoit remarqué la même chose avant M. Louet, il y a plus de cent cinquante ans.

Il falloit donc ajouter, que cette régle n'a lieu, suivant la doctrine de Dumoulin et de tous les jurisconsultes qui l'ont suivi, et selon la jurisprudence des arrêts, que lorsque les dîmes inféodées sont données à l'église, *sans aucune charge ni marque de fief*, car, hors de ce cas, elles conservent la nature de dîmes inféodées, ce qui est si certain qu'il est très-ordinaire de voir des ecclésiastiques posséder des dîmes qu'ils tiennent en fief (1), et par lesquelles ils soutiennent tous les jours, et avec raison, qu'ils ne doivent contribuer que subsidiairement au paiement de la portion congrue des curés.

Tant de maximes, ou douteuses et équivoques, ou même évidemment fausses, se trouvent néanmoins insérées dans un préambule à la tête duquel est le nom sacré du roi.

Mais, ce qui est encore plus étonnant, c'est que ces maximes, dont on a rempli la préface de cet édit, ne sont pas moins opposées aux intérêts du roi qu'à la vérité, et qu'il semble qu'elles n'aient d'autre effet dans le lieu où elles sont placées, que de décrier le droit que l'on veut établir.

En effet, si les dîmes sont instituées de droit divin, si les textes sacrés les affectent à la subsistance des ministres de l'église, comment le roi peut-il en permettre la possession aux laïcs à prix d'argent? et si les principes du préambule sont véritables, à quoi tend tout le dispositif, si ce n'est à déroger à ce que le préambule appelle un droit divin et à en faire acheter la dispense?

Si les décrets des saints conciles ont déclaré les laïcs incapables de la possession des dîmes, et si ces lois subsistent encore aujourd'hui, les laïcs en peuvent-ils devenir capables en payant une finance au roi?

Et si Saint-Louis a véritablement obligé tous les

(1) L'édit même le reconnoît, puisqu'il décharge les ecclésiastiques qui possèdent des dîmes inféodées du paiement de la taxe.

possesseurs des dîmes, même inféodées, à les remettre entre les mains de l'église, les fidèles serviteurs du roi ne doivent-ils pas craindre qu'on ne dise, en comparant le préambule avec le dispositif de l'édit, qu'il ne convient pas à un prince héritier de la piété, encore plus que de la couronne de Saint-Louis, de dispenser les seigneurs laïcs de cette restitution, en payant une taxe qui ne s'applique pas même à l'église, et c'est ce qu'on ne peut se dispenser de remarquer en cet endroit.

Car enfin, si tout ce qui est dans le préambule de l'édit est véritable, si les seigneurs laïcs qui jouissent de dîmes inféodées ne sont que des usurpateurs, c'est l'église seule qui a été dépouillée par leur usurpation; c'est elle qui en souffre seule; ce seroit donc à elle seule que la restitution des biens usurpés sur elle devroit être faite.

Mais, appliquer cette restitution au roi, qui n'a souffert aucun préjudice par cette usurpation, et qui, au contraire, en a profité par l'augmentation des profits du fief, c'est laisser le dommage d'un côté, et mettre le dédommagement de l'autre. L'église seule a été lésée, et le roi, qui ne l'est point, reçoit seul l'indemnité.

Il semble qu'on ait senti en quelque manière cette difficulté dans le préambule de l'édit, et que, pour y répondre, on ait cherché à imaginer une espèce de préjudice qu'on a supposé que le roi pourroit souffrir à l'égard des dîmes inféodées, et voici en quoi consiste ce préjudice.

On suppose que si l'on obligeoit tous les seigneurs laïcs à abandonner à l'église les dîmes inféodées qu'ils possèdent, il seroit dû au roi des droits de nouvel acquêt par les ecclésiastiques, et que Sa Majesté perdant ce droit par la confirmation qu'elle veut bien accorder aux anciens possesseurs, il est juste qu'elle en soit dédommagée par la taxe qu'elle exige d'eux.

Un raisonnement si singulier pèche visiblement

dans son principe ; car si l'église restoit dans la possession des dîmes inféodées, il est certain, suivant les maximes du préambule de l'édit, qu'elle ne feroit point par là une nouvelle acquisition, elle recouvreroit seulement son ancien patrimoine, ce ne seroit (pour se servir des termes mêmes du préambule) qu'un retour de cette espèce de bien à sa première nature, l'église cesseroit de perdre, mais elle n'acquéreroit rien à proprement parler. Ainsi le roi ne pourroit, sans injustice, imposer à l'église la nécessité de lui payer des droits de nouvel acquêt pour un bien qui lui a toujours appartenu de droit, quoique de fait elle en ait été privée pendant long-temps.

C'est cependant cette injustice, que le roi ne feroit certainement pas à l'église, qui est l'unique fondement de cette idée d'un préjudice imaginaire qu'on suppose gratuitement que le roi souffre, en confirmant les anciens possesseurs des dîmes inféodées.

Au reste ce ne sont pas seulement ces anciens possesseurs qui ont lieu de se plaindre de l'injustice de cette taxe, l'église même y est blessée, quoiqu'il semble d'abord que ce soit ses intérêts qui aient inspiré les maximes contenues dans la préface de l'édit.

Après avoir traité d'abord d'usurpateurs tous les possesseurs de dîmes inféodées, sans aucune distinction, quoiqu'il y en ait plusieurs qui en soient en possession depuis plusieurs siècles, tout le zèle du préambule se réduit à confirmer tous ceux qui ont cent ans seulement de possession, et cela sans aucun examen de leur titre, et sur la seule inspection de la quittance d'un traitant.

Ainsi, l'église perd par là le droit que les arrêts lui ont conservé de rentrer dans la possession de toutes les dîmes ecclésiastiques que l'on peut prouver avoir été aliénées par l'église depuis le concile de Latran, encore qu'elles aient été possédées pendant plus de deux ou trois cents ans.

Ainsi, le préambule péche par l'excès des maximes qui y sont contenues, et le dispositif par le défaut de la règle nouvelle qui y est établie. L'un est contraire, par une rigueur outrée, aux droits légitimes des seigneurs laïcs; et l'autre, par un relâchement de jurisprudence qui n'a plus aucun principe, et qui est directement opposé aux justes intérêts de l'église.

Mais si la taxe dont il s'agit n'est pas juste en elle-même, ni par rapport aux seigneurs laïcs, ni par rapport à l'église, elle est encore plus dangereuse par ses suites; c'est la seconde chose qui reste à expliquer dans ce mémoire.

Entre plusieurs inconvéniens qu'on pourroit relever ici, on en choisira trois qui paroissent mériter toute l'attention de Sa Majesté.

Le premier, est le trouble et la division que cet édit va répandre dans toutes les familles.

On y jouit depuis un temps infini de dîmes inféodées, confondues avec le reste des biens; elles sont susceptibles des mêmes conventions et des mêmes engagemens. On les a vendues; on les a partagées comme les biens dont elles dépendent; on a vécu dans cet usage sur la foi d'un concile général, des décisions des papes, de la disposition des ordonnances, de la jurisprudence de tous les parlemens. Cependant aujourd'hui tous ces titres sont détruits, tous ces retranchemens sont forcés; mais que deviendront tous les actes qui sont faits sur la foi de l'ancien usage? les acquéreurs vont exercer des recours contre les vendeurs, les cohéritiers contre leurs cohéritiers; il faudra changer l'estimation des terres, frais de ventilation, des évaluations nouvelles. Dira-t-on, pour s'en défendre, que c'est ici un fait du prince? C'en est un en effet, on aura raison de le dire; mais l'égalité, qui est le fondement et l'ame de tout partage, souffrira-t-elle qu'un cohéritier perde une partie de son lot, pendant que son cohéritier conservera sa portion toute entière. Combien de procès et de contestations vont naître à l'occasion de cet édit, plus nombreuses, sans comparaison, et plus fâcheuses que celles qu'on y fait servir de prétexte? C'est un premier inconvénient qui est inséparable de l'exécution de l'édit.

Le second, est une suite aussi nécessaire de la nature des dîmes inféodées, et de la manière en laquelle on doit exiger le paiement de cette taxe.

Il n'y a presque point de corps de dîmes inféodées qui subsiste par lui-même, et qui ne soit attaché à une terre. Il est fort rare que l'on afferme séparément ces sortes de revenus; on les comprend dans les baux de la terre entière.

Ainsi, pour payer le nouveau droit dont on charge ces sortes de biens, il faudra nécessairement, comme l'édit même le porte, procéder à des ventilations et à des estimations, pour pouvoir fixer la véritable valeur de la dîme inféodée. C'est en vain que, pour remédier en quelque manière à cet inconvénient, on accorde par l'édit, aux propriétaires, la faculté de représenter les contrats d'acquisition. Ces titres, pour l'ordinaire, seront aussi peu utiles que les baux, parce que l'on n'exprime presque jamais dans un contrat de vente d'une terre, le prix particulier d'une dîme qui en dépend. Or, dans cette nécessité générale de faire estimer toutes les dîmes inféodées du royaume, pour parvenir au recouvrement de la nouvelle taxe, à combien de frais et de vexations va-t-il exposer les sujets du roi, qui, jusqu'à présent paisibles possesseurs d'un bien non sujet à aucune recherche, vont être réduits à la nécessité de se défendre contre les poursuites d'un traitant pour sauver ce qu'on leur laisse de leur ancien patrimoine?

Le troisième inconvénient est que cette recherche retombera précisément sur la noblesse, entre les mains de laquelle sont les dîmes inféodées, pour la plus grande partie; et, pendant qu'elle consume le reste de sa fortune par des efforts qui surpassent ses forces, et qu'elle expose tous les jours sa vie pour la défense de l'état, il faudra néanmoins qu'elle ait le déplaisir d'essuyer les poursuites rigoureuses d'un traitant, sans pouvoir trouver pour le satisfaire un argent dont elle manque pour les choses les plus nécessaires, et qui seroit mieux employé dans le service militaire, s'il lui en restoit encore à y sacrifier.

Cet inconvénient est si grand et si fâcheux dans la conjoncture présente, que, quand il n'y en auroit point d'autre dans l'exécution de l'édit dont il s'agit, il semble que c'en seroit assez pour engager le roi, par bonté et par justice, à ne point imposer une charge dont le poids retombera, pour la plus grande partie, presque entièrement sur ceux qui le servent au prix de leur sang.

On n'ignore pas que Sa Majesté a besoin plus que jamais de secours extraordinaires, et ceux qui se sont crus obligés en honneur et en conscience à donner ce mémoire, se sont fait cette objection à eux-mêmes, autant de fois et aussi fortement que le pourront faire ceux qui le liront.

Ils savent qu'il est juste que tout le monde contribue aux besoins pressans de l'état; ils sont plus pénétrés que personne de la vérité de ces grands principes qui doivent être gravés dans le cœur de tous les sujets du roi, et ils tâcheront toujours d'inspirer aux autres les mêmes sentimens par leurs exemples encore plus que par leurs discours. Que le roi juge à propos de se faire donner de nouveaux secours par les propriétaires des fonds de terre, ils doivent tous obéir avec soumission et avec zèle, c'est un devoir indispensable; mais, que, pour exiger ce secours, on établisse des maximes nouvelles, et qu'on change la face de la jurisprudence; qu'on décrie une espèce de bien très-considérable dans la royaume; qu'on en diminue la valeur à perpétuité; et que l'on fasse naître par un seul édit une source de taxes qui se renouvelleront éternellement à chaque guerre, et qui consommeront enfin le fonds de cette nature de bien, c'est ce que les magistrats les plus zélés pour le service du roi ne sauroient voir sans douleur : c'est un de ces maux dont la durée, beaucoup plus longue que la cause qui les produit, se perpétuera après la guerre et troublera la douceur de la paix; c'est par conséquent une de ces charges publiques dont il est du devoir des magistrats de représenter avec respect les grands inconvéniens; et ils ne sauroient se taire dans ces occasions sans manquer également à ce ce qu'ils doivent au roi, au public et à eux-mêmes.

MÉMOIRE

Sur le premier degré de juridiction réservé par plusieurs arrêts à des chapitres dont on détruisoit l'exemption.

DROIT.

Cette réserve peut être examinée ou dans le droit ou dans le fait. Quant au droit : 1.° Toute juridiction, même en première instance, appartient de droit commun à l'évêque; les auteurs les plus éclairés et les plus savans avocats-généraux ont avancé même que ce droit commun pouvoit être appelé un droit divin, attaché au caractère d'évêque, et compris dans la mission donnée par Jésus-Christ aux apôtres et à leurs successeurs. Tous les principes qu'on a employés pour abolir les exemptions des chapitres, sont fondés sur ce droit immuable attaché à l'épiscopat.

2.° De toutes les exemptions, les moins favorables sont celles des chapitres.

On sait qu'elles n'ont commencé que vers le douzième siècle, et qu'elles doivent leur naissance au droit d'élection qui appartenoit alors aux chapitres des églises cathédrales : droit qui donnoit lieu à des factions secrètes entre ceux qui vouloient être élus électeurs, aux moyens desquelles les chapitres obtenoient tout ce qu'ils vouloient de ceux qui briguoient leurs suffrages. Indépendamment même de ces conventions, un évêque qui devoit sa dignité à son chapitre, et qui pensoit souvent à la perpétuer dans sa famille, ne pouvoit rien refuser, soit par reconnoissance ou par intérêt, à ce même chapitre. De pareilles vues, fondement le plus commun des exemptions de chapitres, pourroient-elles être mises dans la balance avec l'institution divine de l'épiscopat, avec l'usage et la doctrine de l'église primitive? C'est ce qui a été observé par les avocats-généraux dans les causes où il s'agissoit de l'exemption des chapitres, et qui a donné lieu de les proscrire toutes les fois qu'elles ont été attaquées depuis un siècle. Mais cette raison essentielle d'y donner atteinte, n'exclut-elle pas aussi la réserve d'un premier degré de juridiction, qui suppose toujours qu'une juridiction attachée au caractère épiscopal par l'institution primitive, par la discipline de ces premières âges de l'église qui auroient dû servir de modèle et de règle aux siècles suivans, peut être transférée de la personne de l'évêque en celle d'un chapitre, et cela par l'autorité d'un tribunal séculier?

3.° Les ordonnances du royaume s'accordent parfaitement dans cette matière avec les saints décrets. L'article II d'une des plus saintes et des plus respectables lois de la France (c'est celle d'Orléans, de 1560, faite dans l'assemblée des trois états du royaume) ordonne que tous abbés, abbesses, prieurs, prieures, non étant chefs d'ordres, *ensemble tous chanoines et chapitres tant séculiers que réguliers, et des églises cathédrales ou collégiales, soient indifféremment sujets à l'archevêque ou évêque diocésain, sans qu'ils puissent s'aider d'aucun privilége d'exemption, et pour le regard de la visitation et punition des crimes, etc.*

Il n'y a point là d'exception pour le premier degré de juridiction; et ce qui est très-remarquable, c'est que cet article, et d'autres qui sont dans la même ordonnance mettent des restrictions ou des modifications aux expressions générales qui sont à la tête du même article en faveur des communautés religieuses; mais il n'y en a aucune par rapport aux chapitres, qui doivent tous, suivant l'ordonnance d'Orléans, demeurer immédiatement sujets à la juridiction épiscopale.

Les avocats-généraux qui ont tant contribué à

détruire l'abus des exemptions, n'ont pas manqué de faire valoir avec force l'autorité de cette ordonnance générale; et M. Talon, dans une cause qui regardoit l'union de la cure de saint-Saturnin au chapitre de Chartres, dit que cette loi, approuvée par les trois ordres du royaume, doit être d'autant plus religieusement observée, que ce n'est pas une loi nouvelle, et qu'elle ne fait autre chose que de remettre dans le véritable chemin les personnes égarées, en leur retraçant les règles que l'évangile, les conciles et nos libertés ont si salutairement prescrites.

4.° La discipline du concile de Trente n'est pas contraire sur ce point aux lois ou aux maximes de la France. On y donne aux évêques le pouvoir de visiter les monastères, même exempts, et qui ne sont de nul diocèse ; ils sont chargés indistinctement de faire observer en tous lieux les décrets du concile. La seule précaution qu'on y a prise, est de ne faire exercer ce pouvoir aux évêques, que comme délégués du saint Siége : *tanquam apostolicæ Sedis delegati*. C'est ce qui a empêché que plusieurs des meilleurs canons de ce concile n'aient été adoptés dans le royaume ; mais la substance en est conforme à nos maximes sur le point dont il s'agit, et c'est ce que M. Talon a eu soin de faire remarquer dans la même cause dont on vient de parler, comme dans plusieurs autres.

Il arriveroit cependant, si l'on autorisoit en général un premier degré de juridiction en faveur des chapitres qui perdent leur exemption, que l'évêque auroit moins de pouvoir dans son diocèse qu'il n'en auroit eu si le concile de Trente avoit été reçu en France; et par conséquent ce seroit bien en vain que nous nous vanterions d'avoir mieux conservé les anciens canons et la discipline primitive que beaucoup d'autres nations, en quoi nous faisons consister principalement les libertés de l'église gallicane.

5.° Il faut distinguer deux sortes de juridiction qu'on peut laisser exercer à un chapitre.

L'une est une pleine et entière juridiction contentieuse, civile et criminelle, qui s'étend à toute sorte de cas ou de crimes, et qui n'est restreinte que parce qu'elle ne s'exerce qu'à la charge de l'appel, ou parce qu'en cas de négligence l'évêque a droit d'y suppléer.

L'autre n'est qu'une simple juridiction correctionnelle, qui n'a lieu que pour des fautes légères, et qui a été fort bien caractérisée par un arrêt du parlement d'Aix, rendu en 1608, entre l'évêque et le chapitre de Castres, dont on parlera dans la suite.

Cette dernière espèce de juridiction est beaucoup plus favorable que la première. On peut dire qu'elle est attachée à tout corps ou communauté, qui a une espèce de droit de police et de discipline sur ses membres, pour y entretenir le bon ordre et la tranquillité. Il y auroit d'autant moins d'inconvénient à laisser un tel pouvoir entre les mains des chapitres, qu'il consiste plutôt dans un droit de correction intérieure et presque domestique, que dans un véritable exercice de juridiction telle que celle qui est attachée au caractère épiscopal; en sorte qu'on peut dire que cette espèce de juridiction correctionnelle n'a rien d'incompatible avec la vraie juridiction qui réside dans la personne de l'évêque.

Mais en est-il de même de cette juridiction véritable et entière que l'on confie à des chapitres par l'autorité d'un tribunal séculier? C'est ce qui paroît susceptible d'une grande difficulté, et ce dont on ne peut juger que par les principes dont on vient de donner une notion générale.

6.° Une dernière réflexion qu'on peut faire sur ce sujet, et qui est en quelque manière d'un ordre supérieur à toutes les autres, est d'envisager la chose, c'est-à-dire, l'attribution d'un premier degré de juridiction à des chapitres, par rapport au bien de l'église.

On s'est plaint, et avec raison, de l'impunité que les exemptions assuroient, en quelque manière, aux chanoines exempts, et du relâchement de la discipline; qui en étoit une suite nécessaire. M. Talon s'est élevé fortement contre cet abus; et l'on peut voir ce qu'il en dit, en portant la parole dans l'affaire du chapitre de Sens. Mais l'expérience fait voir que l'attribution d'un premier degré de juridiction produit à peu près le même inconvénient.

On s'est flatté de le prévenir, soit en réservant à l'évêque le pouvoir de suppléer, après un certain temps, à la négligence du chapitre, soit en ordonnant que le chapitre n'exerceroit sa juridiction qu'à la charge de l'appel, ce qui met l'évêque en droit d'en réformer les jugemens lorsqu'il trouve de l'irrégularité ou une indulgence excessive.

Mais quel effet produisent ces précautions insuffisantes? On trouve le moyen de les éluder par quelque procédure superficielle qui ne sert qu'à prévenir l'official de l'évêque, et qu'on laisse tomber lorsqu'elle a eu cet effet; ou, si on la continue, elle n'est suivie que d'une condamnation si légère, qu'elle ne produit aucun fruit: encore cela n'arrive-t-il presque jamais.

Le zèle du promoteur et de l'official de l'évêque pourroit y remédier, à la vérité; mais, outre qu'ils sont souvent eux-mêmes du corps du chapitre, ils craignent de se commettre avec ce corps; ils aiment mieux fermer les yeux, que de se faire des ennemis; et l'évêque même est obligé, en quelque manière, d'approuver leur ménagement et leur silence, pour ne pas se brouiller avec son chapitre.

C'est ce qui fait que, comme M. Talon le disoit dans l'affaire du chapitre de Sens, rien n'est si rare que de trouver l'exemple d'une justice exacte qui ait été rendue contre un chanoine; car ce qu'il dit des chanoines exempts, ne se vérifie pas moins dans les chapitres qui ont un premier degré de juridiction: et il y a lieu de croire que si l'on faisoit une recherche exacte, soit dans le greffe de ces chapitres, soit dans celui de l'officialité de l'évêque, on n'y trouveroit presqu'aucun vestige, ni de procédures poursuivies jusqu'à la fin contre un chanoine devant le juge du chapitre, ni de jugemens rendus par l'official de l'évêque, pour reformer ceux du premier juge établi par le chapitre.

Ainsi, le droit de suppléer à sa négligence par l'autorité supérieure de l'évêque, et le pouvoir de réformer les jugemens prononcés par l'official du chapitre, deviennent des remèdes inutiles ; et le même relâchement ou les mêmes abus que l'on voit dans les chapitres exempts, se perpétuent dans ceux qu'on n'a soumis à l'évêque qu'en leur accordant un premier degré de juridiction.

Il n'y a d'exception à faire sur ce point, que pour les cas privilégiés : on est forcé alors d'agir contre le chanoine coupable, parce que le juge royal ne manque pas de procéder contre lui. Mais ce cas ne regarde point le juge du chapitre qui a conservé un premier degré de juridiction, parce que ce juge étant exclus d'instruire le procès à un clerc conjointement avec le juge royal, c'est toujours l'official de l'évêque qui connoît immédiatement de ces sortes de crimes.

Au surplus, on croit que la même indulgence règne dans les chapitres qui ont un premier degré de juridiction, que dans ceux qui sont encore exempts au moins de fait : il est même vraisemblable que les derniers sont plus attentifs à faire leur devoir que les premiers, par la crainte de perdre leur exemption ; au lieu que les autres n'ayant plus rien à perdre pour ainsi dire, sont encore plus portés à la négligence, ou du moins à n'agir qu'autant qu'il est nécessaire pour arrêter l'official de l'évêque.

7.° La manière même dont la jurisprudence, favorable aux chapitres sur le premier degré de juridiction, s'est introduite, le motif qui y a donné lieu, les variations que cette jurisprudence a reçues, et son dernier état, sont autant de circonstances qui peuvent faire douter si cette jurisprudence a été bien fondée dans le droit, et si elle doit être tirée à conséquence. C'est ce qui conduit naturellement à l'examen du second point qu'on a distingué d'abord; c'est-à-dire, à ce qu'on peut appeler le fait dans cette matière.

FAIT.

Pour discuter plus exactement les différens exemples ou les préjugés qu'on y trouve de part et d'autre, il faut en distinguer de deux sortes. Les uns, sont des arrêts des parlemens. Les autres, sont des arrêts du conseil. L'explication de ces arrêts demande aussi des distinctions, ou plutôt elle peut donner lieu à quelques questions qui doivent être envisagées séparément, et qu'on peut réduire aux points suivans. 1.° En quel temps la jurisprudence, qui réserve aux chapitres un premier degré de juridiction a-t-elle commencé? 2.° Quelle en a été la raison ou le motif? 3.° Cette jurisprudence a-t-elle été constante et uniforme? 4°. Quel en est le dernier état?

PREMIER POINT.

Jurisprudence sur le premier degré de juridiction.

Le premier vestige qu'on en trouve est dans un arrêt rendu au parlement de Provence, le 19 juin 1608, entre l'évêque et le chapitre de Castres.

Mais on y a distingué avec soin la véritable juridiction, qui a pour objet la punition de ce qui peut mériter le nom de *crimes* et la juridiction correctionnelle, c'est-à-dire, suivant cet arrêt, celle *qui concerne la correction des mœurs et direction du service divin, et fautes qui ne tombent sous le titres de crimes.*

La première est conservée à l'évêque, la seconde est laissée au chapitre; ainsi il n'y a rien de plus correct que la disposition de cet arrêt, et elle auroit pu servir de modèle à ceux qui ont été rendus depuis dans d'autres parlemens.

On ne peut donc trouver une autre époque du commencement de l'introduction d'un premier degré de juridiction entière réservé à des chapitres, que l'arrêt rendu au parlement de Paris, le 20 décembre 1666, entre l'évêque de Noyon et le chapitre de Saint-Furcy de Péronne, où l'on donne effectivement à ce chapitre un premier degré de juridiction sur ses membres, sous les conditions marquées par cet arrêt.

Mais M. Talon observa alors qu'il y avoit une bulle d'Anastase IV, confirmée par ses successeurs, qui attribuoit au chapitre *curam et justitiam canonicorum sancti Fursis, etc.* en sorte que cette juridiction se trouvoit fondée sur des titres du onzième et du douzième siècle, exécutés depuis ce temps-là. Ainsi le titre et la possession sembloient se réunir en faveur du chapitre.

Quoique cet arrêt, fondé sur des raisons singulières, pût paroître ne devoir pas être tiré à conséquence, cependant cet exemple ayant été une fois donné, le parlement le suivit, en jugeant la cause célèbre de l'exemption prétendue du chapitre de Sens, par un arrêt du 12 décembre 1670.

Il est cependant remarquable que, lorsque cette affaire fut plaidée à la grand'chambre, M. Talon qui y porta la parole, et qui avoit conclu quatre ans auparavant à réserver un premier degré de juridiction au chapitre de Péronne, ne proposa point le même tempérament en faveur du chapitre de Sens, et conclut purement et simplement à abolir l'exemption. Mais l'affaire ayant été alors appointée, elle fut ensuite jugée par écrit plus favorablement pour le chapitre; et c'est véritablement l'arrêt de Sens qui doit être regardé comme le fondement de la jurisprudence qui s'est introduite en cette matière, et qui a donné lieu à de semblables décisions prononcées en 1671 pour le chapitre de Rosoy, en 1684 pour le chapitre d'Angoulême; mais on remarquera dans la suite qu'il y a d'autres arrêts du même parlement où cette jurisprudence n'a pas été suivie.

SECOND POINT.

Motifs des arrêts favorables aux chapitres.

On ne peut en imaginer que deux, dans une matière où il y a lieu de croire que les juges se sont conduits par un esprit de tempérament et de conciliation, plutôt que par des principes d'une justice exacte et rigoureuse.

Le premier a été tiré vraisemblablement de la considération du changement de la jurisprudence sur le point essentiel, c'est-à-dire, sur l'exemption totale des chapitres.

Il y avoit plusieurs anciens arrêts qui avoient été rendus en faveur des chapitres qui se prétendoient exempts. Ces arrêts étoient fondés, d'un côté, sur le grand respect qu'on avoit eu pendant long-temps en France pour la possession, et de l'autre, sur ce que c'étoit le seul point dont les tribunaux séculiers se crussent alors les juges; le reste, c'est-à-dire, le pétitoire ou le fond même de l'exemption leur paroissant être de la compétence des juges ecclésiastiques. Le progrès de l'étude et de la connoissance des vrais principes, et surtout de ceux qui regardent l'effet de l'appel comme d'abus, ont fait ouvrir les yeux sur le vice de toutes les exemptions des chapitres, et sur le pouvoir que les juges ont senti qu'ils avoient d'y remédier, sans devenir contraires à eux-mêmes; parce que les anciens arrêts n'avoient jugé que le fait, et qu'il n'en résultoit qu'une preuve de la possession bien établie de la part des chapitres, au lieu que les derniers arrêts ont prononcé sur le droit, en déclarant les exemptions abusives, supposant avec raison que l'abus ne se couvroit point par la possession.

C'est donc dans le passage de l'ancienne jurisprudence, favorable aux chapitres exempts, à la nouvelle, qui leur est contraire, que le parlement de Paris a cru devoir adoucir, pour ainsi dire, ce passage, et rendre le changement moins amer aux chapitres, en leur réservant un premier degré de juridiction, plutôt par condescendance que sur le fondement d'un véritable droit.

Le second motif, qui a concouru avec le premier, a été un reste de ce respect de nos pères pour les anciennes possessions. On a eu de la peine à dépouiller tout d'un coup, et en entier, ceux qui avoient l'avantage d'avoir joui pendant plusieurs siècles d'un droit, quoique mal acquis dans son principe; et l'on a cru les ramener suffisamment à la règle, en faisant cesser leur exemption totale, pour les remettre sous l'autorité de l'évêque, qui demeure toujours leur supérieur, lors même qu'on leur accorde un premier degré de juridiction, puisqu'ils ne l'exercent qu'à la charge de l'appel par-devant lui. On s'est même porté d'autant plus volontiers à avoir ce ménagement pour eux, que, suivant plusieurs savans canonistes, un premier degré de juridiction peut s'acquérir par prescription, au lieu que suivant les mêmes canonistes, l'exemption entière de la juridiction épiscopale est un privilége qui exige un titre canonique fondé sur des causes légitimes, et revêtu des formes nécessaires, sans quoi la plus longue possession ne peut l'établir.

On a donc fait une espèce de distinction spécieuse dans la possession des chapitres. En tant qu'elle anéantissoit tout exercice de la juridiction épiscopale, elle a été regardée abusive. En tant qu'elle supposoit au moins un premier degré de juridiction dans les chapitres, on l'a considérée comme tolérable, surtout dans un temps où l'on vouloit éviter de paroître passer tout d'un coup et sans milieu d'une extrémité à l'autre.

Mais ce qui s'est fait dans ce moment critique, doit-il subsister à présent que le changement de jurisprudence est affermi par un si grand nombre d'arrêts? Et un tempérament pris par une espèce de condescendance et de sage économie, doit-il devenir une règle perpétuelle? C'est ce qui mérite un examen sérieux, et ce qui doit être envisagé dans un esprit de législation, plutôt que de décision particulière.

TROISIÈME POINT.

La juridiction favorable aux chapitres a-t-elle été constante?

Cela s'éclaircit par l'histoire des différens arrêts rendus au parlement de Paris sur cette matière, depuis l'année 1666 jusqu'à présent.

Ce fut dans cette année qu'on vit, pour la première fois, un degré de juridiction donné à un chapitre, dans l'arrêt rendu entre l'évêque de Noyon et le chapitre de Saint-Furcy de Péronne.

Mais on peut douter si cet arrêt doit être mis au nombre de ceux qui, sur ce point, sont favorables aux chapitres, parce que, comme on l'a remarqué, il est fondé sur des titres particuliers.

Quatre ans après, c'est-à-dire, en l'année 1670, intervint l'arrêt rendu entre l'archevêque et le chapitre de Sens, arrêt qu'on peut regarder comme le titre le plus solennel des chapitres qui aspirent à avoir un premier degré de juridiction.

L'année suivante, c'est-à-dire en 1621, le préjugé de cet arrêt donna lieu d'en rendre un semblable entre l'évêque de Noyon et le chapitre de Rosoy.

Mais le parlement même qui avoit donné ces trois arrêts, les a si peu regardés comme devant faire une loi, que dès l'année 1672, il en rendit un entre l'évêque de Luçon et son chapitre, par lequel, en maintenant l'évêque dans sa juridiction sur le chapitre et sur tous les ecclésiastiques qui en dépendoient; il ordonna seulement que la discipline intérieure de la correction pour les fautes légères demeureroit au chapitre.

Il suivit encore plus étroitement la règle générale en 1674, lorsque, par un arrêt du 4 juin de cette année, il soumit pleinement le chapitre de Saint-Aignan d'Orléans à la juridiction de son évêque, sans lui accorder la consolation de conserver au moins un premier dègré de juridiction.

Cependant, en 1684, il revint au préjugé de l'arrêt de Sens, dans l'arrêt qu'il rendit entre l'évêque et le chapitre d'Angoulême.

Mais, en l'année 1686, le chapitre du Mans eut un sort différent, puisque le parlement maintint, par un arrêt contradictoire, l'évêque du Mans aux droits de juridiction, visite et correction sur l'église et sur le corps du chapitre, sur tous ses membres et ecclésiastiques en dépendans, sans laisser aucun reste de juridiction à ce chapitre.

En 1696, l'évêque de Saint-Flour ayant rendu des ordonnances qui regardoient les chanoines et le chapitre de son église cathédrale, ils en interjetèrent appel comme d'abus, demandèrent l'exécution d'une transaction passée le 9 mai 1498, entre l'évêque et le chapitre, et en conséquence, d'être maintenus et gardés dans la possession d'exercer la juridiction sur les membres et suppôts du chapitre. L'évêque, de son côté, prit des lettres de rescision contre cette transaction, et par arrêt contradictoire du 21 août 1696, l'évêque fut rétabli dans le même état où il étoit avant la transaction, et *maintenu en tout droit, juridiction et correction sur le chapitre de Saint-Flour, telle qu'elle lui appartenoit comme évêque, ainsi que sur les autres ecclésiastiques de son diocèse*. Il n'y a donc nulle réserve dans cet arrêt d'un premier degré de juridiction, quoique le chapitre se fondât sur une transaction passée avec l'évêque, et sur une possession de deux cents ans.

Un exemple encore plus éclatant d'une semblable décision, est l'arrêt rendu au mois de novembre 1700, entre l'archevêque de Tours et le chapitre de son église cathédrale, dont l'exemption fut détruite purement et simplement par un arrêt, sans accorder au chapitre aucune espèce de juridiction.

Il semble cependant que le parlement soit revenu depuis au même tempérament qu'il avoit pris dans l'arrêt de Sens, lorsqu'en 1709 il prononça sur la célèbre exemption du chapitre de Saint-Martin de Tours, la plus favorable et la mieux appuyée de toutes celles qui ont paru aux yeux de la justice.

Par l'arrêt qui fut rendu le 13 avril 1709, le chapitre perdit son exemption, mais on lui accorda un premier degré de juridiction.

Mais, autant que l'on peut se rappeler le souvenir de cette affaire, on croit que cet arrêt, précédé d'un accommodement secret, fut rendu de concert entre l'archevêque et le chapitre, qui crurent cependant, pour leur sûreté commune, devoir y donner la forme d'un arrêt contradictoire.

On peut même en trouver des indications dans les dispositions singulières de cet arrêt (1).

De cette tradition des différens arrêts du parlement de Paris, sur la matière dont il s'agit, il résulte,

Que si l'on compte ces arrêts sans les peser, il y en a cinq d'un côté et six de l'autre, cinq pour l'exception, et six pour la règle générale ;

Mais que si l'on juge de ces arrêts par le poids plutôt que par le nombre, il faut retrancher le premier et le dernier des arrêts qui sont favorables aux chapitres.

(1) On y accorde, par exemple, un délai de trois mois, et non pas de huitaine ou de trois jours, comme dans les arrêts semblables, pendant lequel le chapitre de Saint-Martin pourra informer des délits commis par ses membres ou suppôts.

On ajoute même que ce délai ne courra que du jour de l'avertissement qui aura été fait par écrit de la part de l'archevêque ou de son promoteur, à l'official du chapitre.

On ne trouve, dans les arrêts précédens, aucun exemple d'un pareil ménagement, pour ne pas dire d'un tel relâchement de discipline, et l'on ne sauroit présumer que le parlement s'y fût jamais porté, s'il n'y avoit été engagé par le consentement de l'archevêque.

Le même arrêt contient encore une autre clause extraordinaire qui paroît aussi sans exemple.

C'est celle qui porte que, quand le siége archiépiscopal sera rempli, l'appel des jugemens de l'official du chapitre sera porté par-devant l'archevêque; mais que, quand ce siége sera vacant, l'appel sera relevé immédiatement à la primatie de Lyon, en passant par-dessus le degré du siége métropolitain, et cela fut

Le premier, qui est celui de Saint-Furcy de Péronne, parce qu'il fut rendu, comme on l'a remarqué, sur le fondement de titres particuliers, respectables par leur antiquité et par la possession dont ils avoient été suivis.

Le dernier, qui est celui de Saint-Martin de Tours, parce qu'il porte visiblement le caractère d'un arrêt fondé sur le consentement des parties.

Au moyen de ce retranchement, il ne reste plus que trois arrêts pour l'exception, au lieu qu'il y en a six pour la règle.

QUATRIÈME POINT.

Dernier état de la jurisprudence des parlemens.

C'est une question qui se résout en un mot par ce que l'on vient de dire dans l'article précédent.

Il est visible, en effet, qu'en retranchant toujours, comme on le doit, l'arrêt rendu dans l'affaire du chapitre de Saint-Martin de Tours, le dernier état est absolument pour la juridiction épiscopale, contre la prétention des chapitres sur le premier degré de juridiction. C'est ce qu'on doit conclure des arrêts rendus en 1686, contre le chapitre du Mans; en 1696,

fondé sur ce que le chapitre de Saint-Martin avoit une extrême répugnance à avoir le chapitre de la cathédrale pour supérieur pendant la vacance de l'archevêché.

On se souvient même qu'il fût proposé alors d'établir une concathédralité entre les deux chapitres, en sorte que l'église de Saint-Martin fut réputée cathédrale, comme celle de Saint-Gatien; et ce fut cette idée qui donna lieu de rendre la première de ces deux églises indépendante du chapitre de la cathédrale pendant la vacance du siége.

Enfin, on accorde par ce même arrêt, au chapitre de Saint-Martin, le droit de visite archidiaconale sur les cures qui étoient à sa collation, à la charge d'en rapporter les procès-verbaux dans le mois à l'archevêque.

Toutes ces dispositions, et surtout les deux premières, sont si insolites et si singulières, qu'on y reconnoît aisément un réglement concerté entre les parties, plutôt qu'un jugement de rigueur, dicté par les règles ordinaires de l'ordre public.

contre le chapitre de Saint-Flour, et en 1700, envers le chapitre de l'église cathédrale de Saint-Gatien de Tours.

Ainsi, la règle générale a l'avantage,

1.° D'être une règle fondée sur le caractère même de l'épiscopat, sur l'autorité du droit le plus ancien, et qui est vraiment le droit commun;

2.° De l'emporter par le nombre, autant que par le poids des préjugés ;

3.° D'avoir pour elle le dernier état de la jurisprudence;

Jurisprudence du conseil.

Le dernier siècle et le siècle présent n'offrent que cinq jugemens qui puissent faire connoître cette jurisprudence.

Les trois premiers sont des arrêts du conseil même; les deux autres sont des jugemens rendus par des commissaires du conseil.

Arrêts du conseil.

Le plus ancien est celui qui fut rendu par le feu roi, le 25 janvier 1673, entre l'évêque d'Autun et le chapitre de l'église collégiale de Vezelay.

L'évêque y fut maintenu dans la possession de toute juridiction volontaire et contentieuse sur les abbés, doyens, chanoines et chapitre de Vezelay.

On ne trouve dans cet arrêt aucune réserve d'un premier degré de juridiction en faveur du chapitre; et il est important d'observer que cet arrêt fut rendu dans le temps même où la jurisprudence, favorable aux chapitres sur ce point, paroissoit le mieux établie par les arrêts récens que le parlement avoit rendus en 1666, 1670 et 1671, en faveur des chapitres de Péronne, de Sens et de Rosoy; on ne crut pas néanmoins devoir y admettre le tempérament que le parlement avoit pris, et l'on y confirma purement et simplement l'évêque dans le plein exercice de la juridiction.

Le premier août 1700, le feu roi rendit lui-même pareil arrêt en faveur de l'évêque de Chartres, contre le chapitre de son église cathédrale, et parut improuver encore, par cet arrêt, la réserve d'un premier degré de juridiction aux chapitres dont on détruit l'exemption.

Le dernier des arrêts rendu par le feu roi sur cette matière, fait encore mieux sentir cette vérité.

L'évêque de Noyon ayant attaqué, par-devant Sa Majesté, l'exemption du chapitre de Saint-Quentin, le roi, quoique fondateur de ce chapitre, et collateur de toutes les dignités, et même des canonicats dont il est composé, rendit un arrêt le 18 août 1702, par lequel on fit une distinction entre la juridiction en matière civile, et la juridiction criminelle : l'évêque fut maintenu dans l'exercice de la dernière, sans réserve ni restriction; et à l'égard de la première, on accorda au chapitre un premier degré de juridiction, à la charge de l'appel par-devant l'official de l'évêque.

Ainsi, la juridiction en matière civile fut regardée par cet arrêt comme un privilége et un effet de la concession des princes, plutôt que comme un droit attaché au caractère épiscopal; et c'est ce qui fit qu'on en laissa l'exercice en première instance au chapitre de Saint-Quentin. Au contraire, l'autorité des évêques sur les personnes ecclésiastiques, pour les corriger, les réformer, et y maintenir les règles de la discipline, fut considérée comme une partie essentielle du ministère des évêques; et ce fut sur ce fondement, que cette espèce de juridiction fut réservée en entier à l'évêque de Noyon, sans accorder au chapitre aucun degré de juridiction à cet égard.

Il est vrai qu'on prétend que l'arrêt de Saint-Quentin fut rendu en ce point contre l'avis des commissaires, par un effet de la volonté absolue du feu roi, tous les juges n'ayant que la voix consultative en présence de Sa Majesté. Je sais que le fait est vrai, c'est-à-dire, qu'il y eut un point sur lequel l'avis des commissaires ne fut pas suivi; mais je ne me souviens plus si ce fut précisément sur cet article, et cela n'est pas trop à présumer, parce que deux ans auparavant, et sur l'avis des mêmes commissaires, autant que je peux m'en souvenir, l'évêque de Chartres avoit été maintenu purement et simplement dans l'exercice de la juridiction sur son chapitre, sans aucune réserve d'un premier degré de juridiction.

Il est même remarquable que l'arrêt rendu contre le chapitre de Saint-Quentin fut revêtu de lettres-patentes adressées au parlement de Paris, qui y furent enregistrées le 10 décembre 1704.

Ainsi, la règle établie par cet arrêt a été connue, et paroît avoir été approuvée par le parlement.

Jugemens des commissaires du conseil.

On n'en connoît que deux.

Le premier fut rendu, le 7 décembre 1682, par plusieurs évêques du Languedoc, et par mon père, alors intendant en cette province, tous commissaires nommés par le feu roi, entre l'évêque et le chapitre de l'église cathédrale du Puy.

L'exemption prétendue par le chapitre y fut abolie, et on lui réserva un premier degré de juridiction.

Ce jugement paroît avoir été copié, presque mot pour mot, sur l'arrêt rendu au parlement de Paris, en 1670, dans l'affaire du chapitre de Sens.

C'étoit encore alors la jurisprudence courante; ce jugement ayant été rendu avant les arrêts du parlement de 1686, de 1696, de 1700, avant ceux du conseil de 1700 et de 1702, et par conséquent, dans ces temps où la jurisprudence n'avoit pas encore été fixée, comme elle semble l'avoir été par ces derniers arrêts, en faveur de la juridiction épiscopale.

Le second jugement des commissaires du conseil, fut rendu, à Montpellier, le 25 janvier 1700, entre l'évêque et le chapitre de Viviers, et M. de Basville étoit à la tête de ces commissaires.

L'évêque y fut maintenu indéfiniment et sans réserve dans l'exercice de sa juridiction. On ordonna aussi, par ce jugement, l'exécution d'une transaction de 1644; mais on ne voit pas ce qui étoit porté par cette transaction, et il n'y a guère d'apparence qu'elle fut favorable au chapitre, puisque c'étoit lui qui l'attaquoit.

Il ne paroît pas, au surplus, que ni l'un ni l'autre de ces jugemens aient été revêtus de l'autorité du roi même.

Ainsi, par rapport à ce qui en est vraiment émané, il n'y a aucun préjugé en faveur du premier degré de juridiction prétendue; et, au contraire, les trois arrêts du conseil qui ont détruit des exemptions de chapitres, sont entièrement favorables aux droits des évêques.

Convient-il donc, après cela, de donner l'exemple d'un premier arrêt rendu au conseil, pour conserver à un chapitre déchu de son exemption, un premier degré de juridiction? C'est ce qu'on ne sauroit examiner avec trop d'attention.

MÉMOIRE

Sur l'établissement des Officiaux forains.

La question qui a été traitée par lettres entre M. l'archevêque de Lyon et M. le procureur-général du parlement de Dijon, pour savoir si cet archevêque a droit de transférer dans le lieu de Mirebel le siége de son officialité foraine, qui paroît avoir été jusqu'à présent dans la ville de Bourg-en-Bresse, peut être examinée, ou dans le droit, ou dans le fait.

Dans le droit, le pouvoir des archevêques et des évêques du royaume, dans le choix du lieu où ils établissent un office forain pour le ressort du parlement dans lequel une partie de leur diocèse est située, peut être considéré ou par rapport au premier établissement du siége de l'officialité foraine, ou par rapport à la translation de ce siége dans un autre lieu.

Le premier établissement paroît avoir été laissé à leur choix par la disposition des ordonnances.

Celle de Moulins, qui est la première loi générale que nous ayons sur cette matière, *enjoint* (1) *seulement à tous archevêques et métropolitains de bailler leurs vicariats à personnes constituées en dignité ecclésiastique, résidant dans le ressort de nos parlemens, pour y avoir recours quand besoin sera.*

Mais comme cette ordonnance ne détermine point la qualité du lieu qui sera choisi, ni les formalités qu'on observera pour ce choix, il semble qu'elle l'ait abandonné à la prudence et à la discrétion des archevêques, à l'exemple desquels la même règle a été établie à l'égard des évêques.

(1) Art. 67.

Les parlemens sont souvent entrés dans le même esprit, en se contentant d'enjoindre aux évêques d'établir des officiaux dans leur ressort, sans les assujettir à le faire dans un lieu plutôt que dans un autre.

C'est ainsi qu'en l'année 1565, le parlement de Paris ordonna, que l'archevêque de Trèves et l'évêque de Toul établiroient chacun un official dans le Barrois, sans déterminer dans quel lieu de ce pays l'établissement en seroit fait.

C'est ainsi que le même parlement en usa en l'année 1610, à l'égard de l'évêque d'Arras, qui étoit alors regardé comme étranger, parce que l'Artois étoit encore soumis à la domination du roi d'Espagne.

Le parlement de Dijon a suivi le même style, soit dans ses arrêts des 17 juin 1563, premier décembre 1569, 27 décembre 1612, soit dans ceux rendus au sujet des archevêques de Lyon et de Besançon, et de l'évêque de Genève.

Tous ces arrêts ne contiennent qu'une injonction générale d'établir des officiaux dans le ressort de ce parlement, sans aucune détermination du lieu où ils seroient établis.

M. Grivel, conseiller au parlement de Dôle, qui a donné au public les arrêts de ce parlement, marque que cette compagnie a souvent averti l'archevêque de Lyon et l'évêque de Langres d'établir des officiaux dans la partie de leur diocèse, qui est située dans le comté de Bourgogne; mais il ne paroît pas, par ce que dit cet auteur, que le parlement de Dôle ait eu la pensée de fixer précisément le lieu où cet établissement seroit fait.

Mais, quoique l'on n'ait pas cru devoir toujours imposer sur cela une espèce de nécessité aux archevêques et aux évêques, il ne faut pas croire néanmoins qu'ils jouissent, dans cette matière, d'une autorité absolue et indépendante.

On leur confie, à la vérité, le soin de choisir le lieu le plus convenable pour y établir le siége d'un official forain; mais on n'a cette déférence pour leur caractère, que parce qu'on suppose, que pleinement instruits des besoins de leur diocèse, ils forment toujours un établissement dans le lieu le plus commode et le plus avantageux à leurs justiciables; et, lorsqu'ils abusent de ce pouvoir, ou qu'il est à craindre qu'ils ne le fassent, le roi et ses parlemens, qui conservent toujours une inspection juste et nécessaire sur la conduite que les évêques tiennent en cette matière, peuvent interposer leur autorité pour l'intérêt, la sûreté et la commodité des sujets du roi.

Cette maxime est fondée, non-seulement sur ce qu'il n'y a rien de plus séculier et de plus temporel que la détermination du lieu où la justice doit être rendue, mais encore sur ce que la juridiction extérieure et coactive de l'église énonce un effet de la concession ou de la tolérance des princes; ils sont toujours en droit d'examiner si les ecclésiastiques n'abusent point de ce privilége. Or, ce seroit en abuser que d'établir un siége de juridiction dans un lieu ou peu sûr, ou de difficile accès, ou tellement incommode aux sujets du roi, qu'ils ne pourroient y obtenir, qu'avec peine, la justice qu'ils y vont demander.

C'est, sans doute, par ces raisons que, quoique le parlement de Paris se soit souvent contenté d'obliger les évêques, dont le siége épiscopal est d'un autre ressort, à établir un official dans le sien, sans prescrire le lieu de cet établissement, on voit néanmoins que dès le 15 décembre de l'année 1524, ce parlement ordonna que l'archevêque de Bordeaux établiroit un official métropolitain dans la ville de Poitiers, et le roi, François Ier, trouva ce réglement si juste, qu'il le confirma par un édit du mois de mars 1542, qui porte : que *par l'archevêque de Bordeaux il sera baillé vicariat irrévocable à certains bons et notables personnages résidant en la ville de Poitiers, etc.*

Le parlement de Bretagne a usé du même pouvoir à l'égard de l'archevêque de Tours, en l'obligeant à établir un official dans la ville de Rennes, pour juger les appellations interjetées des neuf évêchés de la province de Bretagne.

Enfin, si le parlement de Pau a aussi réglé que le siége de l'official forain de l'archevêque d'Auch, seroit établi à Navarrins, ce ne peut être que par une suite du même principe, et parce que l'on a cru que la convenance et la commodité des sujets du roi demandoient nécessairement que l'établissement de ce siége se fît en ce lieu pour la facilité et la promptitude de l'expédition.

On peut donc tirer cette conséquence de tout ce que l'on vient d'observer, que, quoique l'ordonnance semble avoir laissé à l'évêque la liberté du choix, il ne doit néanmoins user de cette liberté que pour le bien public et sous l'inspection du roi et des magistrats, qui peuvent même, quand ils le jugent à propos, déterminer le lieu où le siége de l'office forain doit être établi, lorsqu'il y auroit quelque inconvénient à le placer ailleurs.

Si cette maxime est véritable lors même qu'il s'agit du premier établissement, si les évêques ne jouissent, à cet égard, que d'un pouvoir subordonné à l'utilité publique, leur autorité doit être encore plus bornée, lorsqu'il s'agit de la translation d'un siége déjà établi; et il y a plusieurs raisons également solides, qui prouvent que lorsque les évêques ont une fois choisi le lieu où ils veulent fixer leur office forain, il ne leur est plus permis de varier sans la permission expresse et solennelle du roi.

La première est tirée de leur choix même, qui renferme une espèce de jugement de leur part en faveur du lieu qu'ils ont une fois déterminé. L'ordonnance, à la vérité, paroît leur laisser la liberté de le choisir, mais quand ils ont joui de cette liberté, ils ne peuvent plus rétracter leur jugement. La loi, qui leur donne le pouvoir d'établir un office forain, doit nécessairement être entendu des établissemens fixes et permanens, c'est le seul sens qui convienne à la sagesse et à la dignité du législateur. Leur pouvoir est donc consommé par le premier choix qu'ils font; il faudroit un nouveau pouvoir pour les autoriser à faire un second choix, et ils ne peuvent recevoir ce pouvoir que du roi. Ainsi, toute variation leur est interdite comme à un juge qui a une fois prononcé, ou comme à un patron ecclésiastique qui a une fois présenté. Le choix étoit libre et indéfini avant la présentation; mais la présentation une fois faite le rend irrévocable, et ce qui étoit volontaire dans son principe devient nécessaire dans ses suites.

La seconde raison est fondée sur l'approbation que le roi et ses officiers ont donnée au choix de l'évêque. Cette approbation, pour être tacite, n'en est pas moins forte que si elle étoit expresse; il s'est formé par là une espèce de convention et d'engagement entre la juridiction séculière et la juridiction ecclésiastique, qui ne peut plus être résolu sans le consentement de l'un et de l'autre; et cette réflexion est d'autant plus forte, qu'on peut dire que ce n'est que par honneur pour l'église, que le roi ne s'est pas réservé la détermination du lieu où les officiaux forains exerceroient leur juridiction. Car, comme cette détermination ne regarde presque qu'un intérêt purement personnel des sujets du roi, la puissance séculière devroit y avoir encore plus de part que la puissance ecclésiastique. Il est donc juste qu'au moins, lorsqu'il s'agit de détruire un établissement fait expressément par l'un et approuvé tacitement par l'autre, le consentement des deux soit d'une égale nécessité.

La troisième raison est que l'approbation expresse ou tacite que les deux puissances ont donnée à cet établissement dans un certain lieu, jointe à la longue possession, forme une présomption juste et légitime de la convenance de ce lieu; en sorte que l'évêque ne peut plus mépriser cette présomption, et changer, de sa seule autorité, un lieu que l'église et l'état ont jugé également convenable, sans commettre un abus et une entreprise manifestes.

Enfin, la dernière et la plus forte de toutes les raisons est l'intérêt que le public a d'empêcher les variations des évêques sur ce sujet. Car, s'il leur étoit une fois permis de changer ce qu'eux-mêmes ou leurs prédécesseurs ont établi en cette matière, il n'y auroit plus rien de fixe et d'assuré; chaque évêque trouveroit des raisons pour blâmer le choix de son prédécesseur et pour en faire un nouveau, et dès le moment que l'on feroit dépendre la chose de la puissance arbitraire des évêques, la juridiction des officialités foraines pourroit devenir une espèce de justice ambulatoire, qui changeroit continuellement de séjour, suivant le goût et les vues différentes des évêques. Or, rien n'est plus contraire à l'utilité et à la commodité publique que ces sortes de changemens, qui obligent les parties à changer en même temps d'habitude, de conseil, de relations; cependant, si l'on n'arrête pas absolument la variation des évêques sur ce sujet, dès le premier degré et dès la première démarche, il ne sera plus possible d'en réprimer le progrès; c'est pourquoi celui qui a varié une première fois, ne le pourroit-il pas faire une seconde ? Il n'y aura donc plus de bornes aux changemens que l'on fera sur ce point, si l'on ne se renferme exactement dans la règle générale de ne souffrir aucune nouveauté dans cette matière, à moins que le roi ne juge à propos de la permettre en connoissance de cause, et par des lettres-patentes adressées au parlement du ressort.

Ainsi, pour appliquer toutes ces réflexions à M. l'archevêque de Lyon, et pour passer de la question de droit à celle de fait, dès le moment qu'il sera constant, comme cela le paroît par les lettres de M. le procureur-général du parlement de Dijon, auxquelles M. l'archevêque de Lyon n'a répondu que très-foiblement, que l'officialité foraine de ce prélat pour le ressort de ce parlement, a toujours été établie dans la ville de Bourg-en-Bresse, il ne paroît pas qu'il puisse la transférer ailleurs sans lettres-patentes du roi. C'est le seul point qu'il semble que l'on puisse régler à présent dans cette affaire; car, pour ce qui regarde le second point, qui est aussi traité dans les lettres de M. l'archevêque de Lyon, de même que dans celles de M. le procureur-général du parlement de Dijon, et qui consiste à savoir s'il seroit avantageux au public d'obtenir des lettres-patentes du roi pour transférer le siége de l'officialité à Mirebel, il faudroit avoir une parfaite connoissance et de la ville de Bourg-en-Bresse et du lieu de Mirebel, et de la convenance de ces lieux par rapport à la distance, aux chemins, à la cherté des vivres, à la commodité du séjour, et à la facilité de trouver un conseil pour pouvoir s'expliquer avec quelque certitude sur une question qui n'est que de pur fait, et sur laquelle tout ce que l'on peut dire, quant à présent, est que la présomption doit toujours être contre le changement et la nouveauté.

MÉMOIRE

Sur la nomination du Roi à l'abbaye de Jendure en Barrois.

L'ABBAYE de Jendure, de l'ordre des Chanoines réguliers de la congrégation des Prémontrés, est située, selon quelques-uns, dans la prévôté d'Anarville, et selon d'autres, dans celle de Bar; mais elle est certainement dans les limites présentes du pays, que l'on appelle le Barrois mouvant, et elle ne reconnoît point d'autre seigneur immédiat que M. le duc de Lorraine.

Ce prince n'a jamais prétendu être en droit de nommer à cette abbaye. L'on observe seulement qu'une grande partie de ceux qui en ont été successivement pourvus, se sont adressés à M. le duc de Lorraine, ou à son conseil, pour demander permission d'en prendre possession; mais cette marque de respect et de déférence, qu'ils ont donnée à leur seigneur, ne lui a point encore inspiré le dessein de s'attribuer le titre et les droits de patron ou de présentateur à cette abbaye.

Il ne paroît pas non plus, qu'avant l'année 1629, le roi ait jamais pris aucune part à la nomination des abbés de Jendure.

Ainsi, avant et depuis le concordat, les religieux de cette abbaye ont élu canoniquement leurs abbés, ou ils les ont reçus de la main du pape, qui a pourvu à ce bénéfice, soit à titre de dévolu, soit pour cause de permutation ou de résignation en faveur.

En l'année 1627, le roi commença à exercer le droit de nomination dans cette abbaye, par le brevet qu'il accorda à Nicolas de Grammont. Ce brevet n'eut point d'exécution, par rapport au pape, qui refusa d'accorder les bulles à celui que le roi lui présentoit; mais il fut exécuté dans le royaume, en vertu d'un arrêt du parlement, que Nicolas de Grammont obtint sur le refus de la cour de Rome, et qui lui permit de se mettre en possession de l'abbaye de Jendure.

Nicolas Voillot, qui avoit été pourvu en cour de Rome de cette abbaye, avant que le roi eût accordé un brevet de nomination au sieur de Grammont, se plaignit de cet arrêt; il remontra à Sa Majesté que l'abbaye n'étoit point vacante, qu'il en étoit canoniquement pourvu; que d'ailleurs cette abbaye étoit régulière, qu'elle n'avoit été mise en commende qu'en sa faveur; et qu'ainsi, Nicolas de Grammont ne pouvoit posséder cette abbaye, ni en règle, puisqu'il étoit séculier, ni en commende, puisque la dispense pour la tenir de cette manière n'avoit été accordée qu'à Nicolas Voillot.

Sur cet exposé, il obtint un arrêt du conseil, par lequel Sa Majesté ordonne que le sieur de Grammont sera assigné, et que cependant toutes poursuites cesseront par-devant tous autres juges, avec défenses audit de Grammont, et à tous autres, de faire aucune coupe de bois de cette abbaye, jusqu'à ce qu'autrement en eût été ordonné.

On ignore si cet arrêt a jamais été signifié, mais il est vraisemblable qu'il n'a eu aucune exécution, et que Nicolas de Grammont s'est toujours maintenu dans la possession paisible de l'abbaye de Jendure. En effet, après sa mort, arrivée en 1650, Pierre Chanlaire obtint, comme lui, un brevet de nomination du roi; comme lui, il essuya un refus de la cour de Rome, et cependant il jouit des revenus de l'abbaye, au vu et su des officiers de M. le Duc de Lorraine; ce qu'il n'a pu faire qu'en vertu d'un arrêt du parlement ou du grand conseil, ou sur la simple ordonnance d'un juge inférieur.

Zacharie Morel lui succéda; il ne put avoir

d'autres titres que son prédécesseur ; et après lui, M. Morel, aumônier du roi, a encore reçu la même grâce de Sa Majesté, et essuyé le même refus du pape.

Il a permuté cette abbaye avec l'agrément et la permission du roi, en 1689, contre un canonicat de l'église de Paris ; et celui qui a traité avec lui est le sieur de Charost, devenu possesseur, par cette permutation, de l'abbaye de Jendure : il n'a pour titre que le brevet que Sa Majesté lui en a accordé, et une ordonnance du lieutenant-général de Bar, qui, sur le refus de la cour de Rome, lui a permis de prendre possession de cette abbaye.

Depuis 1689 jusqu'en 1697, la possession du sieur de Charost n'a point été interrompue ; la guerre la rendoit paisible ; le roi jouissoit du Barrois, et il sembloit alors que personne ne pouvoit révoquer en doute le droit de Sa Majesté.

La paix a troublé son repos, que la guerre avoit confirmé.

Les religieux de Jendure ont enfin interrompu le long silence qu'ils avoient gardé jusqu'alors ; car on ne voit pas que depuis 1630, Nicolas Voillot, pourvu en commende par le pape, ni frère Nicolas Buirette, qui a eu des bulles de la même abbaye après lui, aient fait aucune démarche pour interrompre la possession de ceux qui ont été nommés par le roi.

Ce fut seulement en l'année 1699, que les religieux de Jendure commencèrent à soutenir, que leur abbaye étoit exempte du droit de nomination que le roi y exerçoit depuis près de soixante-dix ans, quoique le pape n'eût pas voulu le reconnoître.

Ils chargèrent frère François Spierre, religieux de leur ordre, d'obtenir des bulles de cette abbaye, comme vacante par la mort de Buirette, qu'ils ont considéré comme le dernier possesseur légitime.

En vertu de ces bulles, Spierre a voulu se mettre

en possession, le sieur de Charost s'y est opposé, il a interjeté appel comme d'abus de l'obtention des bulles qui sont le titre de François Spierre ; cet appel a été porté au parlement. L'importance de l'affaire a obligé les juges à l'appointer, sans avoir même laissé plaider les parties.

Il s'agit aujourd'hui de donner des conclusions par écrit dans ce procès.

Les religieux de Jendure soutiennent par la bouche de François Spierre :

Que le concordat, qui est le seul titre que les officiers du roi puissent alléguer pour soutenir les droits de Sa Majesté, est une loi inconnue dans le Barrois, où il n'a jamais été ni publié, ni enregistré.

Que cette province a ses lois, et ses mœurs particulières, qui la font considérer comme un état distinct et séparé, dont les règles et les maximes n'ont rien de commun avec celles qui s'observent dans le royaume.

Que les gradués y sont inconnus, et que jamais on n'a prétendu y étendre le droit des nominations qui appartient aux universités.

Que les abbés du Barrois n'ont jamais été compris dans le clergé de France, ni appelés aux assemblées de l'église gallicane.

Que c'est M. le duc de Lorraine qui y lève les décimes et le don gratuit, en vertu des indults que le pape lui a accordés.

Que le Barrois ne faisoit point partie du royaume dans le temps que le concordat a été fait, et que quand même on pourroit soutenir que depuis le concordat, ce pays a commencé à être soumis à la domination immédiate de Sa Majesté, elle n'auroit pu nommer aux abbayes du Barrois, qu'en vertu d'un indult particulier, ainsi qu'on l'a pratiqué à l'égard de toutes les provinces nouvellement réunies à la couronne ; cependant le roi n'en a jamais obtenu, dans le temps même qu'il étoit en pleine possession du Barrois, tant il est vrai que le roi lui-même a toujours reconnu qu'il n'avoit aucun droit de nommer aux abbayes de cette province.

Mais, sans examiner quelle seroit la condition de ces abbayes si le roi étoit encore en possession du Barrois, et pour se renfermer dans l'état présent, on soutient que le roi n'a conservé sur le Barrois que le ressort et la mouvance; que telle est la loi des anciens concordats que le roi a renouvelés par le dernier traité de paix; que la souveraineté immédiate de ce pays appartient aux ducs de Lorraine, auxquels nos rois ont cédé expressément tous les droits régaliens, sans en rien excepter que l'hommage lige et le ressort; que la nomination aux abbayes, quand même le roi auroit pu la prétendre avant ces concordats, seroit comprise dans une cession si générale; qu'ainsi le droit qu'on veut attribuer au roi, résideroit en la personne des ducs de Lorraine, s'il étoit vrai que ce droit eût jamais existé: mais que les ducs de Lorraine se rendent eux-mêmes la justice de reconnoître, qu'ils ne peuvent troubler les religieux de Jendure dans l'ancienne liberté dont ils jouissent d'élire leurs abbés, ou de les recevoir des mains du pape, sans être assujettis à la servitude d'un droit de patronage, ou de présentation qu'ils n'ont jamais reconnu.

Que les ducs de Lorraine n'ont fait en cela que suivre les exemples de modération que nos rois leur ont donnés par rapport à ces mêmes abbayes.

Qu'Henri II révoqua, en 1557, les lettres de nomination de l'abbaye de Lisle en Barrois, qui lui avoient été surprises, et que, quoique la preuve de ce fait ne soit appuyée que sur une copie, non signée, d'une lettre écrite par ce prince, cependant cette copie se trouvant depuis long-temps dans les archives de M. le duc de Lorraine, peut établir au moins une présomption considérable de la vérité de ce fait.

Que Charles IX ayant d'abord adressé des lettres-patentes au bailli de Sens, pour faire mettre en ses mains le revenu de la même abbaye, il révoqua ensuite ces premières lettres, et déclara formellement qu'il vouloit qu'elles n'eussent aucun effet. Que la vérité de ces lettres, dont on conserve aussi une copie dans les archives de M. le duc de Lorraine est attestée par Chopin, auteur dont le témoignage ne peut être suspect, soit parce qu'il a vécu dans le temps que ces lettres ont été expédiées, soit parce qu'il en fait mention dans un livre qu'il n'a composé, que pour expliquer et pour soutenir les droits du domaine du roi.

Que, si depuis l'année 1629, le roi a accordé quelques brevets de nomination pour l'abbaye de Jendure, outre que cette nomination n'a jamais eu d'effet, puisque le pape a toujours refusé des bulles à ceux que le roi avoit nommés, on ne peut tirer aucun avantage de tout ce qui s'est passé dans le temps des troubles et des divisions, qui ont agité la Lorraine et le Barrois, depuis 1632 jusqu'à la paix de Ryswick.

Mais le dernier traité ayant remis toutes choses dans leur premier état, les abbayes du Barrois ont recouvré en même temps leurs anciens priviléges; la paix a détruit tous les ouvrages de la guerre, et l'on doit considérer ces abbayes comme on l'auroit fait dans le temps qui s'est écoulé depuis la transaction de 1571 jusqu'au commencement des troubles. Or, dans tout cet intervalle, ni le roi, ni M. le duc de Lorraine n'ont jamais exercé le droit de nommer aux abbayes du Barrois.

Qu'enfin, on voit au contraire, que le parlement a confirmé, en 1606, une élection faite par les religieux de Jendure; et cette compagnie, si zélée pour la conservation des droits de la couronne, n'auroit pas manqué de s'élever contre une telle élection, si elle avoit jugé que la nomination de l'abbé appartînt au roi en vertu du concordat.

De l'autre côté, on prétend au contraire :

Que c'est une hérésie contre la souveraineté du roi et les droits sacrés de sa couronne, que d'oser dire que dans le temps du concordat, le Barrois n'étoit pas soumis à la domination de nos rois, et ne faisoit pas partie du royaume.

Que sans rappeler ici une longue suite de preuves, dont on pourroit se servir pour montrer la fausseté de cette proposition, il suffit d'employer le témoignage et la reconnoissance des ducs de Lorraine mêmes, qui ont déclaré, peu de temps après le concordat, que la souveraineté du Barrois n'appartenoit et n'avoit jamais appartenu qu'à nos rois. C'est ainsi qu'en l'année 1537, lors du traité de Romilly, M. le duc de Lorraine, reconnoissant qu'il ne pouvoit avoir d'autre titre, pour exercer les droits régaliens dans le Barrois, que la libéralité du roi François I.er, le prie de lui accorder la même grâce que Louis XII avoit faite à ses prédécesseurs, et de lui permettre de jouir pendant sa vie de cette ombre de souveraineté, que ses pères avoient due à la bonté de ce roi.

C'est ainsi qu'en 1541, le duc Antoine reconnut que la concession qui lui avoit été faite des droits régaliens étoit une grâce personnelle, qui ne pouvoit passer à ses successeurs, ni déroger au droit de souveraineté, qui résidoit dans la personne du roi.

Enfin, c'est ce même droit de souveraineté qui a été reconnu expressément dans les titres les plus favorables à M. le duc de Lorraine, c'est-à-dire, dans la transaction de 1571, et dans les lettres-patentes de 1575. Car, sur quoi pourroit être fondé le droit de mouvance et de ressort, qui est expressément réservé au roi par ces actes, si ce n'est sur cette souveraineté qu'il exerce sur M. le duc de Lorraine, dans le temps même qu'il paroît y renoncer en sa faveur.

Or, si l'on ne peut révoquer en doute que le Barrois ne fût soumis, et de droit et de fait, à la domination de nos rois dans le temps du concordat, comment ose-t-on avancer que cette portion du royaume ait été seule affranchie de la loi commune, à laquelle tout le reste de la France a été assujetti ?

Ce n'est point ici le cas d'alléguer l'exemple des provinces nouvellement conquises, à l'égard desquelles le roi a pris, par bienséance et par accommodement, plutôt que par nécessité, la voie d'obtenir des indults du pape, pour nommer aux bénéfices consistoriaux. Il s'agit ici d'une province qui n'a point été ajoutée au royaume depuis le concordat; mais qui en a toujours fait partie, et avant le concordat et depuis le concordat, et dans le temps que le concordat a été passé : ainsi le roi n'a jamais dû obtenir d'indult pour le Barrois; aussi n'en a-t-il jamais obtenu; et toutes les fois qu'il a jugé à propos d'user de son droit, il ne l'a pu faire qu'en vertu du concordat.

Mais ce droit qui étoit acquis à nos rois dans le Barrois, comme dans le reste du royaume, l'ont-ils perdu, l'ont-ils pu perdre par les cessions qu'ils ont faites des droits régaliens aux ducs de Lorraine? C'est ce qu'il semble qu'on ne puisse reconnoître sans blesser les maximes qu'on a toujours regardées comme inviolables dans la défense des droits du roi.

Il est certain d'abord, que ni le concordat de 1571, ni la déclaration de 1575, ne font aucune mention expresse du droit de nomination aux bénéfices consistoriaux.

Il n'est pas moins constant que ce droit est un de ces priviléges éminens, de ces prérogatives augustes de la couronne, qui ne sont jamais censés compris dans les cessions, quelque générales qu'elles puissent être; les clauses les plus étendues ne renferment point des droits qui demandent une attention particulière de la part de ceux qui contractent et une expression spéciale dans le contrat. On ne peut pas même prétendre que des droits si importans aient été oubliés;

et que ce soit par erreur qu'on ait omis d'en faire une mention expresse; l'on doit présumer au contraire, que c'est parce qu'on y a fait attention, qu'on n'a pas jugé à propos de les comprendre formellement dans la cession que l'on a faite.

Cette présomption est d'autant plus forte, qu'il s'agit ici de la cession la moins favorable, pour ne pas dire la plus odieuse; cession de ce qui est absolument incessible, c'est-à-dire, des droits de souveraineté; cession qu'on a regardée comme l'ouvrage de la reine Catherine de Médicis, qui ne craignit point de dépouiller le royaume de son fils d'une partie de ses droits, pour enrichir de ses dépouilles le mari de sa fille; cession enfin, contre laquelle les plus fidèles serviteurs du roi se sont toujours élevés depuis qu'elle a été faite, et qui ne peut être respectée, que parce qu'elle se trouve confirmée par les derniers traités de paix. Étendra-t-on une cession de cette qualité, et n'est-il pas, au contraire, de l'intérêt du roi et du devoir de ceux qui ont l'honneur de défendre ses droits, de la restreindre, autant qu'il est possible, en ne souffrant pas qu'elle ait aucune exécution, que pour ce qui est nommément et formellement exprimé ?

Enfin, on peut dire que de tous les droits de souveraineté, il n'y en a point qui méritât une expression plus précise et plus formelle, que le droit de nommer aux bénéfices consistoriaux. Ce droit est fondé sur un concordat passé entre le saint Siége et la France : son exécution n'intéresse pas le roi seul; elle regarde le pape autant que Sa Majesté, et l'une des puissances ne peut déroger sans l'autre à ce contrat, que le concours de l'une et de l'autre a formé.

Or, n'est-ce pas y déroger que de céder à un prince étranger un droit que l'église n'a accordé qu'à la personne de François I.er et de ses successeurs? Cette cession auroit-elle pu se faire sans le consentement du pape? Autrement le pape n'auroit-il pas été en droit de dire qu'il avoit bien voulu accorder le droit de nomination aux rois de France, défenseurs, protecteurs, bienfaiteurs du saint Siége, fils aînés de l'église, et honorés par elle du titre de roi très-chrétien; mais qu'il n'a jamais eu la pensée d'accorder le même privilége à un duc de Lorraine, et qu'ainsi il étoit en droit de révoquer cette grâce, dès le moment que le roi, qui en avoit été l'unique objet, vouloit la faire passer dans la personne d'une autre?

Que seroit-il donc arrivé, si le roi avoit cédé ce droit à M. le duc de Lorraine? Ce prince ne l'auroit point acquis, et le roi l'auroit perdu; et c'est en effet ce que l'on soutient aujourd'hui. On ne prétend point que les ducs de Lorraine aient pu jouir du droit de nomination en vertu de la cession de 1571, et par là on convient que ce droit n'est point compris dans cette cession; mais on prétend que le roi ne l'a pas non plus. Cependant on ne peut nier qu'il ne l'ait eu, puisque le Barrois faisoit partie du royaume dans le temps du concordat. Si le roi n'a donc plus ce droit, il faut qu'il l'ait perdu; mais outre qu'un tel droit ne se pouvoit perdre, le seul titre qui auroit pu en dépouiller nos rois est la transaction de 1571. Or, on convient que cette transaction ne renferme point ce droit, puisqu'on soutient que M. le duc de Lorraine ne l'a point acquis par ce titre. On doit donc reconnoître que le roi ne l'a point perdu; et si cela est, les droits de Sa Majesté sont en entier; ils sont encore aujourd'hui dans le même état où ils étoient dans le temps du concordat.

Opposer à ce raisonnement, que le roi n'a point exercé ce privilége pendant long-temps, et qu'il n'a commencé de nommer aux abbayes du Barrois qu'en 1629, c'est soutenir que les droits de la couronne, que les priviléges les plus précieux de la souveraineté sont prescriptibles. D'ailleurs ne trouve-t-on pas la cause de cette possession contraire aux droits du roi, dans les divisions et les guerres intestines qui ont déchiré le sein de la France depuis le règne d'Henri II ? Le duc de Lorraine devenu tout-puissant dans ce royaume par l'alliance qu'il eut l'honneur de contracter en épousant la fille d'Henri II, soutenu de la faction des Guise, et appuyé comme eux de tout le crédit de la reine Catherine de Médicis sous le règne des princes ses enfans, il ne lui a pas été difficile d'obtenir que le roi voulût bien ne point user du droit de nommer aux abbayes du Barrois. C'est apparemment par un effet de ce même crédit, qu'il a su faire révoquer les lettres d'économat qui avoient été expédiées pour une de ces abbayes, c'est-à-dire, pour celle de Lisle en Barrois; il est même plus que probable, qu'on s'est servi de faux exposés pour obtenir cette révocation. On en trouve la preuve dans les lettres d'Henri II, rapportées par le frère Spierre, où le prince dit qu'il révoque le brevet de nomination qu'il avoit accordé pour l'abbaye de Lisle, parce que M. le duc de Lorraine lui avoit fait montrer, que cette abbaye *étoit à la nomination des ducs de Lorraine, et que lui et ses prédécesseurs avoient accoutumé d'y pourvoir*; ce qui y est si certainement faux, que le frère Spierre, à qui toutes les archives de M. le duc de Lorraine ont été ouvertes, n'a pas pu rapporter un seul acte qui justifie que les ducs de Lorraine aient jamais nommé, ni à l'abbaye de Lisle, ni à aucune autre abbaye du Barrois.

Enfin, c'est dans ce même temps et par les conseils de la même reine, que le roi Charles IX et Henri III eurent la facilité d'aliéner les droits régaliens dans le Barrois en faveur des ducs de Lorraine, et il n'est pas surprenant que, pendant qu'ils se dépouilloient gratuitement d'une partie de leur souveraineté pour en revêtir ces princes, ils aient suspendu l'exercice d'un droit qu'ils auroient cédé avec les autres, par un excès de bonté pour le duc de Lorraine, si ce droit avoit jamais pu être considéré comme cessible. Ces raisons de politique, de ménagement et de considération particulière, ont bien pu interrompre la possession de nos rois, mais non pas anéantir leur titre, qui se trouve aujourd'hui confirmé par l'avantage même de la possession, qui, depuis 1629, est entièrement du côté de Sa Majesté pour l'abbaye de Jendure; car, à l'égard des autres abbayes qui sont situées dans le Barrois, on ne voit pas trop de quelle manière on en a usé; la plus ancienne des bulles, par lesquelles le frère Spierre prétend combattre le droit du roi sur ces abbayes, n'étant que de l'année 1687.

Mais, pour se réduire présentement à ce qui regarde l'abbaye de Jendure, il est certain que, depuis l'année 1629 jusqu'à présent, ceux que Sa Majesté a gratifiés de ses brevets, sont les seuls qui aient joui de l'abbaye de Jendure. On a d'abord réclamé contre leur possession; mais ceux qui s'y sont opposés semblent y avoir acquiescé ensuite par leur silence. Il est vrai que le pape n'a point accordé de bulles, mais on prétend que son refus étoit un refus injuste, qui, suivant les libertés de l'église gallicane, est regardé comme un titre.

De longues guerres, à la vérité, ont affligé la Lorraine et le Barrois; mais ce n'est point dans le temps de ces guerres, que la possession du roi a commencé. Le premier brevet est de 1629, il est antérieur de trois années au commencement des troubles; d'ailleurs, quelque continuelles que ces guerres aient été, elles ont eu néanmoins des intervalles considérables, et surtout depuis 1661 jusqu'en 1670. Rien n'empêchoit alors les religieux de Jendure d'avoir recours à la justice du roi pour se maintenir dans l'exemption qu'ils allèguent; la guerre même n'étoit point un obstacle à leur demande; au contraire, elle les égaloit absolument aux autres sujets du roi, et les mettoit par là plus à portée d'éprouver, comme eux, les effets de sa justice. A la vérité, si M. le duc de Lorraine avoit eu quelque prétention sur ces abbayes, on pourroit dire que ce qui se seroit passé pendant la guerre ne devoit lui faire aucun préjudice. Mais la question dont il s'agit n'intéresse que les religieux, et M. de Lorraine n'y peut prendre part que d'une manière très-indirecte. Or, les religieux ont toujours été en état, et pendant la guerre et depuis la paix, de faire leurs remontrances, et d'alléguer leurs priviléges.

On oppose à tous ces argumens le préjugé d'un arrêt de 1606, qui a confirmé une élection faite par les religieux de Jendure; mais, outre qu'il ne s'agissoit point en ce temps-là de savoir si le droit de nomination avoit lieu en faveur du roi, mais seulement de décider si le général de l'ordre de Prémontré avoit pu casser une élection canonique faite dans une abbaye de son ordre, il suffit d'exposer la qualité de cet arrêt, pour faire voir qu'on n'en peut tirer aucun avantage. C'est un arrêt rendu par appointé, ouvrage du consentement des parties, auquel le ministère public a souscrit simplement pour la forme, et par rapport aux contestations particulières de ceux qui plaidoient alors, et non par rapport aux droits du roi.

On soutient donc qu'un tel arrêt ne méritoit pas d'être allégué, et qu'enfin l'argument que l'on tire de quelques usages particuliers du Barrois, n'est pas plus solide que celui qu'on emprunte de cet arrêt.

M. le duc de Lorraine lève les décimes, on en convient, mais ce n'est qu'un droit utile, tel que celui de lever des subsides, qui a été expressément cédé par la transaction de 1571, au lieu que le droit de nomination n'a été et n'a pu être cédé.

Les nominations des gradués n'ont point lieu dans le Barrois, mais c'est une grande question de savoir si elles ne devroient pas y être reçues? D'ailleurs, il est visible que cet usage peut être fondé sur des raisons particulières, qui n'intéressent pas la souveraineté du roi comme la nomination aux abbayes.

Quand toutes ces objections seroient plus considérables, quand on pourroit avouer que la cession de 1571 a eu la force d'éteindre au moins les droits du roi, si elle n'a pu les faire passer en la personne du duc de Lorraine, par rapport à la nomination aux bénéfices consistoriaux, on soutient que, dans l'espèce singulière du procès dont il s'agit, le droit de celui qui a été nommé par le roi ne seroit pas moins indubitable.

Pour expliquer ce dernier moyen on suppose trois principes, dont on tire autant de conséquences:

Le premier que, pendant la guerre, le roi jouissant par lui-même et immédiatement du Barrois, le possédoit de la même manière que le reste de ses états; c'étoit un fief qui se réunissoit de plein droit à la couronne par la révolte du vassal; c'étoit une partie du royaume qui se consolidoit avec le tout. Pendant que cette union a duré, les concordats passés entre le roi et les ducs de Lorraine étoient anéantis, puisqu'il est visible que la première condition de ces concordats étoit la soumission que M. le duc de Lorraine devoit au roi, soit comme à son seigneur féodal, soit comme à son souverain; cette condition venant à manquer de la part de M. le duc de Lorraine, toutes les concessions, et surtout les concessions purement gratuites, comme celle dont il s'agit, étoient révoquées de plein droit; et puisque cette concession, qui étoit le seul obstacle qu'on pût opposer aux droits du roi, a cessé pendant la guerre, il faut avouer que, pendant la guerre, rien n'a pu empêcher Sa Majesté de pourvoir à cette abbaye.

La seconde proposition est que ce principe, que l'on vient d'avancer, est établi par le dernier traité de paix, non-seulement par rapport aux provinces dépendantes du royaume, comme le Barrois, et qui ont une disposition naturelle à se réunir à la couronne, dont elles sont tenues en fief, mais même par rapport aux provinces sur lesquelles le roi n'avoit que le droit de conquête. Le traité porte en termes exprès dans l'article 35, que les bénéfices qui ont été conférés par le roi très-chrétien jusqu'au jour de la signature du présent traité, seront laissés aux possesseurs modernes, qui les ont obtenus de Sa Majesté.

On prétend que cet article suffiroit seul pour décider la question présente. Par le traité de paix, tous les bénéfices que le roi a conférés pendant la guerre doivent demeurer à ceux qui les possèdent. Or, le roi a nommé au bénéfice dont il s'agit, en 1689, et par conséquent pendant la guerre : donc celui qui le possède à présent en est devenu, par le traité de Ryswick, le possesseur incommutable.

Le dernier principe est que, comme il ne dépend pas du pape d'anéantir le concordat par ses refus, on a sagement établi en France que, lorsque les papes refusent, sans cause légitime, d'admettre la nomination du roi, leur refus étoit regardé comme un titre.

Cette maxime reçoit ici une entière application; on ne peut douter qu'au moins, pendant la guerre, le roi n'eût le droit de nommer aux abbayes du Barrois, comme aux autres abbayes de son royaume. Le roi a usé de son droit; le pape a fait un refus injuste, son refus vaut titre; l'on doit regarder celui qui a été nommé par le roi, comme s'il avoit obtenu des bulles avant le traité de paix, et par conséquent, il est dans le cas de l'article 35 de ce traité. Autrement, ce seroit reconnoître que le refus du pape auroit pu donner atteinte à la nomination du roi, puisque, sans ce refus, le traité de paix auroit confirmé le droit de celui qui a obtenu la nomination du roi; au lieu qu'au contraire, c'est par le refus qu'on prétend prouver que le bénéfice n'est point encore rempli, et qu'ainsi le traité de paix n'en assure point la possession à celui qui a été nommé par Sa Majesté.

Ainsi, sans s'arrêter à la distinction plus spécieuse

que solide qu'on veut faire entre ceux dont les nominations ont été suivies de bulles, et ceux qui ont essuyé un refus de la cour de Rome, tout se réduit à ce seul raisonnement. Ou le roi avoit droit de nommer à l'abbaye de Jendure pendant la guerre, ou il ne l'avoit pas. S'il ne l'avoit pas, on convient alors que la nomination du roi n'ayant été suivie d'aucun titre canonique, ce seroit abuser des termes du traité, que d'en vouloir faire l'application à celui qui n'auroit qu'une simple nomination et une nomination mal fondée; mais si, au contraire, le roi avoit droit de nommer à cette abbaye, il faut alors que sa nomination soit pleinement exécutée; elle ne dépend point de la volonté arbitraire du pape, et le concordat seroit bientôt anéanti, si on ne reconnoissoit, en ce cas, que le pape donne un titre en le refusant; que celui qui a éprouvé un pareil refus, ayant pris possession suivant les lois du royaume, doit être considéré comme s'il avoit un véritable titre, et qu'ainsi il peut jouir du bénéfice que le traité de paix accorde à tous ceux auxquels le roi a conféré des bénéfices pendant la guerre.

On conclut de tous ces raisonnemens, 1.° que le droit de nomination, ayant une fois appartenu au roi en vertu du concordat, n'a point cessé de lui appartenir, par la cession qu'il a faite à M. le duc de Lorraine, en 1571; et en second lieu, que, quand même cette cession auroit pu faire quelque préjudice aux droits du roi, l'effet en étant au moins suspendu pendant la guerre, le roi est rentré de plein droit dans l'exercice de ses anciens priviléges; que sa nomination étant valable, le pape ne peut la rendre inutile par son refus, ce qu'il feroit néanmoins, si l'on admettoit la distinction mal fondée, que l'on tente de faire en cette occasion, entre ceux qui ont obtenu des bulles avant la paix, et ceux qui n'en ont point obtenu.

Telles sont les raisons que l'on propose de part et d'autre.

Le procureur-général a cru devoir les expliquer dans toute leur étendue pour la décharge de son ministère; mais après l'avoir fait, il ne prendra aucun autre parti, que d'attendre qu'il plaise à Sa Majesté de lui expliquer ses intentions, et de lui faire savoir :

1.° S'il doit donner des conclusions dans cette affaire, ou si Sa Majesté veut prendre une autre voie pour la terminer que celle de la justice ordinaire.

2.° En cas que le roi veuille laisser cette affaire dans le cours de la justice, s'il lui plaît ordonner à son procureur-général d'abandonner son droit ou de le soutenir.

MÉMOIRE

Sur la nomination du Roi aux abbayes situées dans le Barrois, autres que celle de Jendure, sur laquelle on a fait un mémoire particulier.

On ne retouchera point ici les raisons de droit par lesquelles on peut attaquer ou soutenir les nominations du roi à ces abbayes. Ces raisons ayant déjà été expliquées fort amplement dans le mémoire qui regarde l'abbaye de Jendure, on se renfermera uniquement dans le fait, et l'on examinera seulement quel a été l'usage observé jusqu'à présent à l'égard de ces abbayes.

On en compte jusqu'à six dans le Barrois, en y comprenant celle de Jendure; trois de l'ordre de Prémontré, qui sont Jendure, Flabémont et Jovillier; et trois de l'ordre de Cîteaux, qui sont l'Isle, Ecurey et Sainte-Hoïlde, abbaye de filles. Ainsi, en retranchant l'abbaye de Jendure, il en reste cinq, sur chacune desquelles on expliquera en détail ce que l'on a pu savoir jusqu'à présent de la possession contraire ou favorable aux droits du roi.

Abbaye de Flabémont.

Le frère Spierre qui prétend tirer des conséquences de ce qui regarde ces abbayes, pour soutenir son droit sur celle de Jendure, rapporte plusieurs bulles et autres actes, informes à la vérité, mais dont il seroit peut-être aisé d'avoir des copies en bonne forme, par lesquelles il prouve assez bien que, depuis le concordat jusqu'au commencement du dernier siècle, cette abbaye a été possédée par frère Jean

Paté, qui en obtint des bulles en 1517, par frère Amet du Châtelet, qui prend la qualité d'abbé dans un acte de 1554, et enfin, par Jacques Jourdeuil, qui en fut pourvu en commende, comme on le voit par son acte de prise de possession du 22 février 1599.

On peut observer sur ces titres du seizième siècle,

1.° Qu'il n'est pas bien certain qu'il n'y ait point eu de vide entre ces trois abbés, et qu'ils se soient succédés l'un à l'autre sans interruption. Il n'est pas impossible que, depuis 1517 jusqu'en 1599, il n'y ait eu que deux abbés qui aient possédé cette abbaye; mais, comme il arrive assez rarement qu'une abbaye soit pendant quatre-vingt-deux ans de suite sur deux têtes, il ne seroit peut-être pas inutile d'approfondir ce fait, et de voir si l'on ne nous cache point quelque abbé intermédiaire, si l'on peut parler ainsi, qui se trouve avoir été nommé par le roi.

2.° Si l'on en excepte frère Jean Paté, dont les bulles sont rapportées, on ne voit point à quel titre les autres ont été pourvus : on ne cite qu'une histoire manuscrite de l'abbaye de Flabémont, pièce sans aucune autorité, pour prouver qu'Amet du Châtelet a été pourvu sur la postulation d'un religieux; et on ne sait qu'il a été abbé, que parce qu'il en prend la qualité dans un acte de 1554.

On ne rapporte pas non plus les bulles de Jacques Jourdeuil; elles sont seulement énoncées dans l'acte de sa prise de possession.

Ainsi, on ne sauroit juger, par ces pièces, de la part que le roi a eue à l'élection dudit abbé; il n'y a que le titre du premier qui paroisse contraire au droit de Sa Majesté; mais il n'y avoit alors que deux ans que le concordat avoit été passé. On sait les grandes difficultés que l'exécution de ce traité souffrit d'abord dans ce royaume; et il ne seroit pas surprenant que, dans les deux premières années, il n'eût pas été exécuté, surtout à l'égard d'une abbaye située dans le Barrois, où les ducs de Lorraine usurpoient alors une autorité extraordinaire.

Si l'on en croit le frère Spierre, les actes du dix-septième siècle jusqu'en l'année 1644, sont entièrement pour les religieux; et pour le prouver, il rapporte des bulles du 1.er septembre 1614, obtenues par frère François Brunessaux, religieux de l'ordre de Prémontré, sur la démission de Charles, depuis duc de Lorraine, et alors prieur de Mandrecourt, qui avoit été pourvu en commende de cette abbaye. Il en rapporte de 1620, accordées à frère Philippe de Landres, postulées pour coadjuteur par l'abbé et les religieux.

Il soutient donc que ce ne fut que vers l'an 1644 que le roi se trouvant en possession du duché de Bar, par les infidélités et les révoltes du duc de Lorraine, Charles IV, Sa Majesté commença à se mettre en possession avant de nommer à l'abbaye de Flabémont.

Mais le frère Spierre ne pourroit pas bien instruire de la vérité du fait à cet égard.

On n'a pu découvrir jusqu'à présent en quel temps précisément a commencé la possession du roi; mais il est certain qu'elle remonte beaucoup plus haut. On voit, par les dépêches de la nonciature du cardinal Waldin, qui sont à la bibliothèque du roi, que dès le temps que le prince Charles obtint des bulles en commende pour cet abbaye, le roi y avoit nommé un autre sujet; que le nonce Waldin en fit ses plaintes; et que les ministres du roi lui répondirent que cette question ne pouvoit être décidée pendant la minorité du roi Louis XIII. Il est donc constant que dès le commencement dudit siècle, le roi a prétendu avoir droit de nommer à cette abbaye. On ne voit point, au surplus, si la nomination que Louis XIII avoit donnée eut quelque effet, ni ce qui a suivi cette nomination jusqu'en l'année 1640; il est seulement important de remarquer qu'elle fut accordée dans un temps où les ducs de Lorraine jouissoient paisiblement du duché de Bar.

En l'année 1644, le roi, qui étoit alors en possession de la Lorraine, nomma le sieur Brisacier à l'abbaye de Flabémont.

On voit par une lettre écrite à frère Spierre par M. l'abbé Brisacier, neveu de celui à qui l'abbaye de Flabémont fut donnée par le roi en 1644, que la cour de Rome fit difficulté de recevoir la nomination de S. M., et que l'on prit le tempérament qui s'observe à l'égard de toutes les abbayes des filles, c'est-à-dire, d'accorder des bulles au sujet nommé par le roi, mais sans faire mention du brevet de S. M.

Le sieur Brisacier jouit de cette abbaye à titre de commende jusqu'en l'année 1690. Apres sa mort, le roi y nomma le sieur abbé Brisacier, qui demeuroit aux missions étrangères. On prit, à l'égard du neveu, le même tempérament qu'on avoit pris à l'égard de l'oncle, c'est-à-dire, que ses bulles furent expédiées sans faire mention de la nomination du roi.

En l'année 1706, l'abbé Brisacier se démit de cette abbaye en faveur de son neveu, pour cause de permutation ; et l'on prétend que, sans que le roi ait donné de brevet de nomination, sur un simple consentement verbal de S. M., les bulles furent expédiées comme les précédentes, sans faire mention de l'agrément du roi.

Enfin, il est important de remarquer que la cour de Rome a eu soin de faire insérer dans toutes les bulles qui sont rapportées depuis 1614, *que l'on n'a pas accoutumé de disposer de ces bénéfices consistorialement : de quo consistorialiter disponi non consuevit* : clause qui semble avoir été mise pour exclure indirectement la nomination du roi, parce que S. M. ne nomme, suivant le concordat, qu'aux bénéfices consistoriaux. Mais cette clause, qui ne peut faire aucun préjudice au roi, ne tombe que sur le fait de la possession, tel qu'il a plu à la cour de Rome de la marquer, et ne touche pas au droit qui peut appartenir à Sa Majesté.

Abbaye de Jovilliers.

On voit, par une copie d'acte que le frère Spierre rapporte, qu'en 1543 frère Jean Micquet possédoit une abbaye, mais on ignore à quel titre.

Jean Baudin, son successeur, fut élu par les religieux, si l'on en croit une copie d'acte d'élection du 7 décembre 1558, trouvée dans les archives de l'abbaye.

Après lui, Pierre Matis et Nicolas Bornet, tous deux religieux, paroissent avoir possédé successivement cette abbaye; mais comme leurs titres ne sont pas rapportés, on ne peut savoir quelle part le roi y a eue.

Ce qu'il y a de certain, c'est que jusqu'à présent on n'a trouvé aucun vestige de la possession du roi à l'égard de cette abbaye, avant l'année 1624, temps de la nomination de Nicolas Bornet.

Nicolas Baudin ayant été élu par les religieux pour lui succéder, le roi y nomma de son côté frère Gilles de Ville-Longue, à qui Nicolas Baudin céda ses droits, moyennant une pension; en sorte que le nommé par le roi demeura paisible possesseur de l'abbaye, sans que l'on sache si les bulles qu'il obtint, et qui ne sont point rapportées, faisoient mention de la nomination du roi.

Après sa mort, M. Fouquet, évêque de Bayonne, obtint un brevet de nomination du roi, dont on ne voit pas quelle a été l'exécution.

On voit seulement que les religieux ayant fait une élection de leur part, frère François de Riquet qu'ils élurent prit possession l'onzième mai 1643; et le frère Spierre tire un grand avantage de ce que l'acte fait mention de la possession du roi, qui étoit alors en possession du Barrois, où aucun bénéficier n'entre en possession d'un bénéfice sans prendre l'attache du prince ou de ses officiers.

En 1659, le prince Charles, depuis duc de Lorraine, fut pourvu en cour de Rome de cette abbaye, sur la résignation de François de Riquet. Le prince Ferdinand, son frère aîné, étant mort, il voulut la résigner à Jean du Lan de Martigny; mais les religieux s'y opposèrent, et élurent, le 10 septembre 1663, frère Charles du Fresnoy, qu'on prétend avoir possédé tranquillement cette abbaye jusqu'en l'année 1670.

Après sa mort, on trouve une nouvelle nomination du roi en faveur de frère Edouard Sauvage. Sur les difficultés qu'il essuya de la part de la cour de Rome, lorsqu'il voulut y obtenir des bulles, il fut obligé d'avoir recours au grand conseil, qui lui accorda un arrêt, en vertu duquel il jouit pendant sa vie et jusqu'en l'année 1690, du revenu de cette abbaye.

Jean Ancel, qui en jouit à présent, lui a succédé. C'est le roi qui l'a nommé; mais on prétend qu'on a pris à son égard le même tempérament qu'on a pris à l'égard du dernier possesseur de l'abbaye de Flabémont, c'est-à-dire, qu'on s'est contenté de lui faire avoir des bulles, sans exiger que l'on y fît mention de la nomination du roi.

On n'a point marqué dans ces bulles, comme on l'a fait dans celles qui regardent l'abbaye de Flabémont, *que l'on n'avoit pas accoutumé d'en disposer consistorialement : de quo consistorialiter disponi non consuevit.*

Abbaye de Lisle en Barrois.

Depuis le concordat jusqu'en l'année 1558, on rapporte deux copies d'actes d'élection et des bulles favorables à la prétention des religieux; l'une en faveur de frère Nicolas, et l'autre en faveur de frère Jean Meunier.

Après la mort de Jean Meunier, arrivée en 1558, d'un côté, frère Louvan, écossais, fut élu par les religieux, et de l'autre, le roi Henri II donna sa nomination au sieur Boucart. Il est vrai qu'il pouvoit l'avoir révoquée dans la suite par une lettre dont on dit qu'il y a une copie dans la bibliothèque de

M. le duc de Lorraine; mais bien loin que cette révocation aplanisse les difficultés de cette matière, elle les augmente au contraire, parce qu'on voit manifestement qu'elle a été surprise sur un faux exposé, comme on l'a déjà observé en passant dans le mémoire qui regarde l'abbaye de Jendure. En effet, ce n'est point sur le fondement du droit des religieux, ni du défaut de pouvoir de la part du roi, ni de l'exécution du concordat à l'égard des abbayes situées dans le Barrois, que le roi Henri II révoque sa nomination; c'est uniquement sur le faux exposé qu'on lui fit d'un prétendu droit de patronage de M. le duc de Lorraine, qui n'a jamais existé, et qu'on n'a peut-être allégué que dans cette seule occassion. La lettre du roi est conçue en ces termes. *Mon fils, le duc de Lorraine..... étant averti de la promotion que je vous ai faite, a envoyé devers moi pour me remontrer en cela le tort que je lui fais, étant ladite abbaye à sa nomination, et ayant accoutumé, ses prédécesseurs, de tout temps et anciennement, d'y pourvoir.*

Tel est le seul motif que le roi Henri II a eu de révoquer sa nomination; et ce motif a été l'effet d'une surprise par laquelle on a supposé un droit de nomination appartenant au duc de Lorraine, qui n'étoit qu'une fiction inventée seulement pour obliger le roi Henri II à révoquer sa nomination, et qu'on n'a jamais osé faire valoir depuis ce temps-là.

Ainsi non-seulement on ne peut tirer aucune conséquence contre le roi d'une révocation surprise par de telles voies; mais cette surprise même peut servir à Sa Majesté, parce qu'elle fait voir que c'est par une erreur de fait que ses droits n'ont pas été mieux soutenus à l'égard de l'abbaye de Lisle.

Louvan l'écossais, devenu paisible possesseur par cette surprise, eut pour successeur Fr. Didier Crabouillet, élu par les religieux.

Après lui, le roi Charles IX se remit en possession des droits que le roi son père avoit voulu exercer sur cette abbaye, et il y eut des lettres d'économat expédiées pendant la vacance, en vertu desquelles les revenus en furent saisis et mis en la main du roi. Mais soit par un effet de la même surprise par laquelle on avoit engagé Henri II à révoquer sa nomination, soit par le grand crédit de la reine Catherine de Médicis, dont on sait quelles étoient les préventions pour la maison de Lorraine, les lettres d'économat furent révoquées en l'année 1568, *pour aucunes raisons et considérations à ce mouvans*; il n'y a point d'autre motif expliqué par les lettres de révocation.

On trouve depuis ce temps-là, jusqu'en l'année 1594, trois des premiers abbés réguliers; savoir, frère Jean Sallan, frère Didier de Floraïnville et frère Didier de Reims, qui paroissent avoir été élus successivement par les religieux.

Depuis l'année 1594, qui est le temps de la dernière élection, on ne rapporte aucun acte de possession par les religieux de cette abbaye; on ne voit ni le nom ni le titre des abbés; et ce défaut d'actes de leur part pourroit bien faire présumer que le roi seroit rentré en possession de nommer à cette abbaye. Mais c'est un fait dont jusqu'à présent on n'a pu être assez instruit pour être en état d'en rendre compte à Sa Majesté.

Abbaye d'Escurey.

On prétend que depuis le concordat, les religieux de cette abbaye ont continué de faire librement l'élection de leurs abbés; mais on n'en rapporte aucune preuve avant l'année 1614.

On voit qu'en cette année frère Charles de la Morre obtint des bulles de cour de Rome en qualité de coadjuteur élu par l'abbé et les religieux, et l'on a inséré dans ces bulles la même clause qui se trouve dans celles de l'abbaye de Flabémont : *de quo consistorialiter disponi non consuevit.*

Frère Pierre Vincenot succéda à Charles de la Morre en 1639; il fut à la vérité élu par les religieux; mais cet exemple ne prouve rien contre le roi, parce que cet abbé obtint un brevet par lequel Sa Majesté approuve l'élection pour cette fois seulement; ce qui, bien loin de nuire aux droits du roi, ne peut au contraire être regardé que comme une exception qui confirme la règle générale.

En effet, après la mort de Vincenot, le roi nomma le sieur Ancel à cette abbaye, en l'année 1687, et ces bulles ne font pas une mention expresse de la nomination du roi; c'est apparemment parce qu'on a pris à son égard le même tempérament qu'on a suivi en d'autres occasions à l'égard des abbayes de Flabémont et de Jovilliers.

Abbaye de Sainte-Hoilde.

On trouve une possession d'élections libres et solennelles beaucoup mieux suivie à l'égard de cette abbaye de filles, qu'à l'égard de toutes les autres abbayes dont on a parlé jusqu'à présent.

Dans les pièces que frère Spierre rapporte, on voit :

Jeanne de Bauvau, élue en 1569.

Antoinette de Bauvau, dont il est fait mention dans l'élection suivante.

Jeanne de Florainville, élue en 1590.

Marguerite de Savigny, en 1625.

Marie-Francoise de Haustonville, en 1654.

Angélique de Haustonville, en 1689.

Marguerite d'Alençon; en .....

Anne-Marie Cocquet, en 1705.

Plusieurs de ces abbesses ont obtenu des bulles de confirmation du pape pour suppléer à quelque défaut dans leur âge ou dans leur élection : aucune de ces bulles ne fait mention de la nomination du roi. Cette remarque seroit peu considérable par rapport à une abbaye de filles, parce qu'on sait que la cour de Rome ne fait jamais mention de la nomination du roi dans les bulles qui regardent ces sortes d'abbayes, quoiqu'elle y ait toujours égard, et que ces bulles ne s'accordent qu'après que l'ambassadeur de Sa Majesté à Rome y a mis l'*expediatur*.

Mais ce qui est ici beaucoup plus important, c'est qu'il paroît que l'abbaye de Sainte-Hoilde s'est toujours conservée dans une possession constante et uniforme d'élire ses abbesses, sans que le roi paroisse avoir jamais interrompu cette possession.

RÉFLEXIONS GÉNÉRALES

Sur tous les faits singuliers expliqués par rapport à chacune de ces abbayes.

Il résulte de toutes les observations que l'on vient de faire sur chacune de ces abbayes en particulier, qu'à en juger par les actes rapportés jusqu'à présent, il n'y a que l'abbaye de Sainte-Hoilde à l'égard de laquelle le roi n'ait pour lui aucun acte de possession, et où l'on voie par un partage clairement marqué, le droit d'un côté et le fait de l'autre; il dépendra de la sagesse de Sa Majesté de juger si le droit qui lui peut être acquis par le concordat, doit prévaloir après deux cents ans de possession contraire, pendant lesquels les religieuses de l'abbaye de Sainte-Hoilde se sont conservées dans l'usage d'élire canoniquement leurs abbesses : il y a même cette considération importante à faire sur ce qui regarde cette abbaye, que l'on sait que le droit du roi à l'égard des abbayes de filles a été regardé à Rome comme douteux, suivant les termes mêmes du concordat, ce qui a fait prendre à cette cour le tempérament de déférer tacitement aux nominations du roi, sans en faire aucune mention expresse. Ainsi le pape regarde la possession de Sa Majesté en cette matière, plutôt comme une tolérance que comme un véritable droit;

on ne peut pas douter que si Sa Majesté, après deux cents ans de possession contraire, vouloit faire revivre son droit à l'égard de l'abbaye de Sainte Hoilde, cette prétention ne devînt la matière d'une contestation plus sérieuse qu'importante avec la cour de Rome.

A l'égard des quatre autres abbayes, on peut conclure des faits historiques qui ont été expliqués :

1.° Qu'il n'y a rien d'absolument certain sur l'abbaye de Flabémont dans le premier siècle qui a suivi le concordat, c'est-à-dire, dans le seizième siècle : les religieux ont un acte d'élection pour eux dans ce temps, et le roi n'a dans ce même temps aucun acte de possession. Dans le siècle suivant, c'est-à-dire, dans le dix-septième siècle, on voit au commencement de ce siècle, d'un côté, une nomination du roi dont la cour de Rome s'est plainte, et des élections des religieux qui vraisemblablement ont eu leur effet; mais depuis 1644, il paroît que la cour de Rome n'a pourvu que les sujets nommés par le roi, sans faire néanmoins mention de la nomination de Sa Majesté.

2.° Que pour ce qui regarde l'abbaye de Jovilliers, il n'y a point de possession prouvée ni d'un côté ni d'un autre jusqu'en 1624; que depuis ce temps-là le roi et les religieux ont chacun exercé leurs droits, qui se réunirent en la personne du sieur de Ville-Longue nommé par le roi, et cessionnaire de celui que les religieux avoient élu; que le roi nomma encore à cette abbaye en 1640; mais il semble que l'élection des religieux ait prévalu jusqu'en 1670, et qu'enfin dans ce dernier temps le roi l'a emporté à son tour, par la jouissance qu'Edmond Sauvage a eue de cette abbaye en vertu du brevet du roi et d'un arrêt du grand conseil, et par la déférence tacite que la cour de Rome a eue pour la nomination accordée par le roi à Jean Ancel, après la mort de Sauvage.

3.° Que le roi a exercé ses droits sur l'abbaye de Lisle en Barrois, plutôt que sur aucune des autres abbayes, puisque dès 1558, Henri II y a nommé;

mais que sa nomination, aussi bien que les lettres d'économat de Charles IX, ayant été révoquée par la surprise qu'on a expliquée, les religieux se sont maintenus dans le droit d'élire jusqu'en 1594, et que depuis ce temps on ne voit rien ni du côté du roi, ni du côté des religieux qui puisse faire juger de l'état de cette abbaye.

4.° Que pour ce qui est de l'abbaye d'Escurey, on ne voit point d'acte de possession de part ni d'autre avant 1614, temps de la première élection rapportée par les religieux; que le roi, en confirmant une autre élection faite en 1639, pour cette fois seulement, a conservé son droit en paroissant y déroger, et qu'en 1690 le roi en a usé pour la nomination de Jean Ancel que le pape a pourvu, mais sans reconnoître expressément le droit du roi.

Ainsi, de ces quatre abbayes, il y en a une dont le dernier état est absolument douteux, et dont le premier, quoique contraire en apparence au droit du roi, ne peut cependant lui être opposé, à cause de la surprise qui y a donné lieu : c'est l'abbaye de Lisle en Barrois.

A l'égard des trois autres abbayes, qui sont celles de Flabémont, de Jovilliers et d'Escurey, il y a lieu de présumer, par ce qui est rapporté jusqu'à présent, que le premier est pour les religieux, et que le dernier est pour le roi, c'est-à-dire au moins, que le roi a fait ce qui étoit en lui pour conserver son droit, en nommant des sujets au pape, et que sur les difficultés que la cour de Rome a formées, on a été obligé ou de faire jouir celui que le roi avoit nommé en vertu d'un arrêt du grand conseil, ou de laisser expédier des bulles comme à l'égard des abbayes de filles, sans faire mention de la nomination du roi.

On combattra peut-être cette espèce de possession de Sa Majesté, en disant que, dans le temps de ces nominations, elle étoit en possession du Barrois. Mais outre que le fait n'est pas exactement vrai, puisque les nominations accordées par le roi en 1614, en 1624 et en 1670 prouvent le contraire, on peut dire que, quand on conviendroit de la vérité du fait, on n'en pourroit tirer aucune conséquence contre le droit du roi, parce que M. le duc de Lorraine, n'ayant ni titre ni possession pour nommer aux abbayes qui sont dans le duché de Bar, on ne peut pas prétendre que le roi y ait nommé pendant qu'il étoit en possession de ce duché, comme exerçant les droits d'un prince qui n'en avoit point. Ainsi, soit dans le temps que le roi a possédé le Barrois, soit lorsqu'il ne l'a point possédé, il n'a pu nommer aux abbayes qui y sont situées, qu'en vertu du droit supérieur attaché à sa couronne, droit qui n'ayant ni été cédé à M. le duc de Lorraine, ni même pu lui être cédé, est toujours demeuré entre les mains du roi.

Ce n'est donc point en cela que peut consister le doute dont ce droit est susceptible; ce doute vient uniquement du défaut de possession suivie de la part du roi depuis le concordat et reconnu par la cour de Rome. Comme jusqu'à présent on n'a point travaillé à faire des recherches exactes pour le roi sur cette possession, et que presque tout ce qu'on en sait ne vient que de ceux mêmes qui combattent son droit; il paroîtroit absolument nécessaire, avant que de prendre une dernière résolution sur ce qui regarde ces abbayes, d'approfondir, autant qu'il est possible, tout ce qui peut regarder la possession du roi; les faits principaux qu'il faudroit tâcher d'éclaircir dans cette recherche, peuvent se réduire aux points qui suivent :

1.° Il faudroit chercher dans ce qui reste des anciens registres de MM. les secrétaires d'état tous les brevets de nomination qui peuvent s'y trouver pour les abbayes de Jendure, de Flabémont, de Jovilliers, de Lisle en Barrois, d'Escurey et de Sainte-Hoilde, et lorsque l'on y aura trouvé un brevet qui regarde quelqu'une de ces abbayes, voir dans les dépêches de Rome, du temps qui a suivi ces brevets, ce qui s'est passé entre le roi et le pape sur ce sujet, soit que la cour de Rome ait refusé purement et simplement l'expédition des bulles, soit qu'elle ait pris le parti d'en accorder, sans faire mention de la nomination du roi.

2.° Charger aussi quelque personne sûre et intelligente de faire sur les lieux toutes les recherches nécessaires pour éclaircir la vérité des faits qui regardent cette matière, et pour cela envoyer une copie de ces mémoires à celui qui sera chargé de ce soin, afin qu'il sache ce qu'il y a à vérifier et à suppléer pour avoir une histoire exacte et suivie de ce qui s'est passé touchant la nomination du roi aux abbayes du Barrois.

3.° Examiner en particulier pour ce qui regarde l'abbaye de Flabémont :

S'il n'y a point eu d'abbés nommés par le roi entre frère Jean Patis, qui la possédoit en l'année 1517, et Anne du Châtelet qui en jouissoit en 1654, et entre Anne du Châtelet et Jacques Jourdeuil qui la possédoit en 1599;

Si l'on ne pourroit pas retrouver dans les registres de MM. les secrétaires d'état, ou dans les dépêches des années 1610, 1611, 1612 et 1613 écrites à M. de Breves, alors ambassadeur de Sa Majesté auprès du pape, et dans les lettres de cet ambassadeur, quelques vestiges du brevet de nomination que le roi accorda vers ce temps-là pour l'abbaye de Flabémont, et de ce qui fut fait à Rome sur ce sujet;

Si l'on ne pourroit pas trouver aussi la même chose par rapport aux nominations accordées par le roi pour la même abbaye aux sieurs Brisacier en l'année 1644, en l'année 1690 et en l'année 1706.

4.° Par rapport à l'abbaye de Jovilliers en particulier, voir :

S'il n'y a point de vestiges de la nomination du roi avant l'année 1624 que Sa Majesté y nomma frère Gilles de Ville-Longue, à qui Nicolas Baudin, élu par les religieux, céda ses droits moyennant une pension;

Si le brevet donné par le roi à M. Fouquet, évêque de Bayonne vers 1640, 1641, 1642, 1643, a eu quelqu'effet, ce que l'on pourroit aussi reconnoître par les dépêches de ce temps-là; . . . . .

S'il y a eu quelque brevet expédié pour cette abbaye depuis 1643 jusqu'en 1670, ce que l'on pourra éclaircir en parcourant les registres de MM. les secrétaires d'état, où ces sortes de brevets s'enregistrent;

S'il y a eu quelque négociation faite à Rome au sujet de la nomination accordée par le roi en 1670 à frère Edmond Sauvage, et si c'est avec la permission ou par les ordres du roi que ce religieux obtint un arrêt du grand conseil pour jouir des revenus de cette abbaye, ce que l'on pourra encore éclaircir par les dépêches envoyées à Rome ou reçues de Rome vers ce temps-là;

S'il paroît par les mêmes dépêches que l'on soit convenu avec la cour de Rome, à l'égard de Jean Ancel nommé par le roi vers 1690, que ses bulles seroient expédiées, comme en effet elles l'ont été le 6 février 1690, sans faire mention de la nomination du roi, ainsi qu'il se pratique à l'égard des abbayes de filles.

5.° A l'égard de l'abbaye de Lisle en Barrois, examiner :

S'il n'y a point eu de nomination du roi depuis 1594 jusqu'à présent, (il est assez vraisemblable qu'il y en a eu, parce qu'on ne rapporte aucun acte d'élection faite par les religieux depuis ce temps-là) et voir aussi ce qui peut s'être passé à Rome sur ce sujet.

6.° A l'égard de l'abbaye d'Escurey, voir :

S'il y a eu quelque brevet de nomination du roi avant l'année 1614;

Ce qui s'est passé vers 1639 à l'égard de frère Pierre Vincenot, élu par les religieux, et dont l'élection fut agréée par le roi pour cette fois seulement;

Ce qui a été fait à Rome, ou ce que portent les lettres qu'on en a reçues au sujet des bulles du sieur

Ancel, successeur de Vincenot, nommé par le roi à cette abbaye en 1687, et à l'égard duquel on a pris le tempérament de lui accorder des bulles, sans faire mention de la nomination du roi.

7.° A l'égard de l'abbaye de Sainte-Hoilde, voir s'il y a quelque chose de contraire aux élections fort suivies qu'il paroît que les religieuses ont faites de leurs abbesses, depuis 1569 jusqu'à présent.

8.° Enfin, faire les mêmes recherches par rapport aux faits expliqués dans le mémoire particulier sur l'abbaye de Jendure qu'on ne répète point ici.

Quand toutes ces recherches auront été faites, il sera beaucoup plus aisé de se déterminer sur le parti que l'on devra prendre par rapport au droit de nomination du roi, et de décider si l'on doit ou l'abandonner à l'égard de toutes les abbayes du Barrois en général, ou le soutenir aussi en général pour toutes ces abbayes, ou l'abandonner pour celles où l'on ne trouveroit point de possession de la part du roi, et le soutenir pour celles où l'on trouveroit au contraire des vestiges bien marqués de cette possession, qui sont les trois seuls partis qu'il semble que l'on puisse prendre sur la question présente.

On n'a point employé dans ces mémoires, pour prouver la possession du roi, le témoignage du sieur Doujat, dans sa Clef du Pouillé des bénéfices, où il met l'abbaye de Flabémont au nombre de celles qui sont à la nomination du roi, ni de celui du sieur Pinsson, qui, dans l'état qu'il a fait imprimer des bénéfices auxquels le roi nomme dans l'évêché de Toul, marque six abbayes du Barrois comme étant à la nomination de Sa Majesté, à l'exception de celle de Jovilliers, qu'il dit être élective, avec réserve des droits du roi. Outre que ces deux auteurs ne sont pas d'accord entre eux, leur autorité seule n'est pas assez ancienne ni assez considérable pour établir une preuve suffisante de la possession de Sa Majesté.

On n'a point parlé non plus des indults accordés au roi par les papes Alexandre VII et Clement IX pour nommer aux bénéfices des trois évêchés, et parce qu'outre que les termes équivoques dans lesquels ils sont conçus, peuvent être susceptibles de différentes interprétations, il ne convient ni aux intérêts ni aux droits du roi de donner lieu de croire que Sa Majesté ait eu besoin d'indult par rapport aux abbayes situées dans le Barrois, comme si ce pays n'avoit pas toujours fait partie du royaume dès le commencement de la monarchie, et par conséquent long-temps avant le concordat.

MÉMOIRE

Sur l'affaire de M. le président de....., où il s'agit de savoir si les présidens et les conseillers de tous les parlemens du royaume ont le privilége de n'être jugés, en matière criminelle, que dans le parlement dont ils sont membres, encore que le crime dont ils sont accusés ait été commis dans le ressort du parlement de Paris.

PERSONNE ne doute que, suivant un usage aussi ancien que l'institution du parlement, et d'autant plus fort qu'il n'a eu besoin du secours d'aucune loi, ni pour s'établir, ni pour se conserver, les princes du Sang, les pairs de France, et les conseillers du parlement de Paris, ont le privilége de ne pouvoir être jugés en matière criminelle que dans ce parlement même, seul juge de la vie et de l'honneur de de tous ceux qui le composent, en quelque lieu que le crime dont on les accuse ait été commis.

Mais les conseillers des autres parlemens doivent-ils jouir de la même prérogative? C'est la question que l'on se propose de traiter dans ce mémoire.

Pour le faire avec ordre, il faut observer d'abord qu'un officier peut se rendre coupable en deux manières différentes.

C'est-à-dire, ou dans l'exercice même de sa charge, ou hors des fonctions de son ministère.

Dans le premier cas, il est constant qu'un conseiller, de quelque parlement que ce puisse être dans le royaume, ne peut être poursuivi que dans le parlement même dont il fait partie, soit parce que toutes les fois qu'on l'accuse d'avoir violé le serment par lequel il est entré dans la magistrature, c'est à la compagnie dans laquelle il a prêté ce serment qu'il doit rendre compte de sa conduite, soit parce que dès le moment qu'il a péché dans l'exercice même de ses fonctions, son crime est toujours incident à une matière dont le parlement, dans lequel il sert, étoit saisi.

Dans le second cas, si le crime a été commis dans le ressort du parlement même où le coupable a été reçu, il est encore d'un usage général dans tous les parlemens du royaume, que la connoissance de ce crime appartienne aux officiers du parlement dans l'étendue duquel il a été commis, à l'exclusion de tous les juges de leur ressort, soit parce que la bienséance et l'honneur de la suprême magistrature ne permettent pas que celui qui en est revêtu comparoisse comme criminel devant un juge subalterne dont il a souvent réformé les jugemens et peut-être la personne, soit parce qu'il seroit dangereux de confier une instruction si délicate et si importante à des juges inférieurs, presque toujours justement suspects de foiblesse et de ménagement pour un magistrat qui a été leur supérieur, et qui peut l'être encore, s'il obtient son absolution.

Mais si le crime a été commis dans le ressort d'un autre parlement, comme, par exemple, dans celui du parlement de Paris, le privilége de l'accusé s'étendroit jusqu'à faire renvoyer son procès dans le parlement dont il est officier, quoique ce parlement n'ait aucune juridiction dans le lieu où le crime a été commis; c'est le véritable cas du privilége dont M. le président de...., veut faire introduire l'exemple en sa faveur.

Un tel privilége ne peut, sans doute, être fondé que sur la loi ou sur l'usage; c'est un principe qui n'a pas besoin d'être prouvé.

Or, la loi n'établit point ce privilége, et l'usage le condamne; c'est ce qu'il est aisé de faire voir.

Il est certain d'abord qu'il n'y a aucune loi claire et précise qui donne ce droit aux conseillers des autres parlemens?

Il faut même que les défenseurs de leur prétendu privilége reconnoissent de bonne foi que les autres parlemens n'ont eu la pensée de hasarder cette prétention, que parce qu'étant créés à l'instar du premier parlement du royaume, ils ont cru pouvoir entrer de plein droit en partage de toutes les prérogatives dont ce parlement est en possession, sans considérer les différences essentielles qui le distinguent de tous les autres par rapport au privilége dont il s'agit.

Mais le parlement de Paris a toujours cru lui-même que son droit étoit fondé, non sur une ordonnance précise, mais sur un usage que son antiquité rendoit aussi immobile qu'une loi le pourroit être.

C'est ainsi qu'il s'est expliqué sur ce sujet par rapport *aux pairs de France*, dans la personne desquels le privilége a eu d'abord lieu, et d'où il s'est répandu ensuite sur tous ceux qui ont l'honneur d'être admis à la cour des pairs.

Dès le temps du roi Charles II, les pairs se plaignirent de ce que ce prince avoit admis d'autres juges que des pairs au jugement du duc de Bretagne, qui jouissoit de la dignité de pair depuis l'érection de la Bretagne en pairie, que le roi Philippe le bel avoit faite en l'année 1297; et sur la remontrance que le duc de Bourgogne, doyen des pairs, fit au roi sur ce sujet, il fut arrêté que le roi leur *donneroit lettres que ce qui s'étoit passé en cette occasion ne leur pourroit nuire ni préjudicier*.

Or, dans tout ce qui se passa au sujet de cette plainte des pairs, le 2 mars de l'année 1386, on ne voit pas que les pairs aient allégué aucune loi prescrite pour soutenir leur privilége. Auroient-ils manqué de le faire, s'il y a avoit eu quelque ordonnance qui eût servi de fondement à leur droit?

Mais il y a quelque chose de plus qu'un simple argument négatif; et on ne peut rien désirer de plus précis sur ce point que ce qui se trouve dans la célèbre réponse que le parlement fit, en l'année 1458, à la consultation que le roi Charles VII lui fit faire par M. Tudert, maître des requêtes, pour savoir, entre autres choses, par-devant *quels juges devoient être traitées les causes des pairs de France, touchant leurs personnes.*

Le parlement répond d'abord sur cette question, que le roi doit connoître des crimes commis par un pair, appelés *les pairs de France et autres seigneurs tenans en pairie, etc.*; et il ajoute ensuite, qu'*il se trouve, par les registres de la cour, que ainsi fut fait ès procès de Robert d'Artois, et de M. Jean de Montfort et du roi de Navarre; et ne trouve-t-on point que par l'institution du parlement, ne par aucune ordonnance, ne autrement, qu'il y ait aucunes réservations des causes qui touchent ou peuvent toucher les personnes et états de pairs de France, mais se trouve ainsi avoir été observé et gardé les temps passés, et semble que ainsi se doit faire comme dit est ci-dessus.*

Ainsi, suivant le témoignage que le parlement en rendit au roi Charles VII, en l'année 1458, le privilége des pairs mêmes n'est fondé que sur une tradition non écrite, et sur un usage qui, par son antiquité, a été regardé comme une loi.

Aussi tous les auteurs les mieux instruits de nos anciens usages, n'ont pas cru devoir chercher le fondement de celui dont il s'agit dans aucune de nos ordonnances; et ils ne l'ont regardé que comme l'effet et la suite d'une longue possession (1).

Ainsi, M. le Prêtre, qui a eu l'honneur d'être conseiller au parlement de Paris et président en la troisième chambre des enquêtes, dit au sujet de ce privilége, *que bien qu'il ne s'en trouve aucune ordonnance écrite, si est-ce que l'usage et la pratique a toujours été telle depuis l'établissement du parlement.*

Ainsi, M. de la Rocheflavin, président aux enquêtes du parlement de Toulouse, traitant cette question dans son traité des parlemens de France,

(1) Centur. 1.re, chap. 80.

se réduit au seul fait et n'allègue aucune loi pour appuyer ce privilége.

Mais ce qui a échappé aux autres auteurs, M. de Langle, conseiller au parlement de Bretagne, s'est flatté de l'avoir trouvé dans deux ordonnances (1); l'une, de Charles VIII, de l'année 1493; l'autre, de François I.er, de l'année 1529.

Mais à l'égard de la première, que cet auteur a assez mal rapportée, elle n'établit que la règle de tenir les mercuriales tous les mois dans les parlemens, pour la réformation des mœurs et de la discipline des officiers qui les composent: et jamais on n'a douté que tout ce qui peut servir de matière à une mercuriale n'appartînt uniquement à la compagnie dans l'intérieur de laquelle elle se fait.

Ainsi, cette ordonnance est entièrement étrangère à la question dont il s'agit; l'édit de 1529, appelé communément l'édit de la Bourdaisière, y a plus de rapport; mais il s'en faut bien néanmoins qu'on ne doive le regarder comme une loi précise sur cette matière, ainsi que M. de Langle se l'étoit persuadé.

L'édit de la Bourdaisière n'a été fait que pour régler la forme en laquelle les évocations seroient demandées et accordées; et il seroit fort extraordinaire que l'on trouvât dans un lieu si éloigné une décision générale sur le privilége dont il s'agit.

Cet édit, en effet, ne dit rien de semblable.

Il porte, à la vérité que, quand dans les requêtes de récusation données contre un parlement, on exposera quelque *cas qui touchera l'honneur d'aucun président ou conseiller*, le double de la requête sera envoyé aux cours, ... *pour icelui double vu et communiqué à notre procureur-général esdites cours, s'enquérir sur ce et poursuivre punition dudit président ou conseiller, s'il est trouvé coupable; auxquelles cours enjoignons faire punition dudit cas dedans trois mois, après la réception dudit double de requête, et de nous en certifier, autrement, à*

(1) *In semestrib. lib. VII, cap.* 18.

faute de ce, nous, dès à présent comme dès-lors, évoquons à nous et aux gens du grand conseil la punition dudit cas.

Mais le seul titre de cet édit fait assez connoître quelle est l'espèce dans laquelle sa disposition doit avoir lieu.

Il s'agissoit alors de régler la forme des évocations, ou pour se servir du terme qui y est souvent employé, des *récusations* des cours souveraines. Il arrivoit souvent que, pour obtenir des lettres d'évocation, on alléguoit des moyens de suspicion contre le parlement dont on vouloit sortir, qui étoient fondés sur des fautes personnelles commises par les juges de ce parlement, en haine ou en faveur de l'une des parties.

Le roi François I.er, attentif non-seulement à rendre justice aux parties, mais à maintenir le bon droit et une discipline exacte dans les premiers tribunaux de son état, veut que l'on ne se contente pas de statuer sur l'évocation demandée, mais que l'on oblige encore le parlement, dont quelques officiers sont accusés d'avoir donné lieu à la récusation de tout le corps, d'en faire une justice prompte et rigoureuse; sinon il déclare qu'il la fera lui-même : voilà quel est l'esprit et le motif de cette loi.

Mais il est visible par-là qu'elle n'a pour objet que les fautes commises par des officiers contre le devoir de leurs charges, puisque ce sont celles-là seules qui peuvent servir de fondement à une récusation.

Ainsi, l'on peut bien citer l'édit de la Bourdaisière pour prouver que les crimes commis par un conseiller au parlement, dans l'exercice de ses fonctions ou contre le devoir de son ministère, ne doivent être jugés que dans le tribunal auquel la censure de sa vie publique est réservée.

Mais cette maxime, qui n'a jamais été constatée, ne sert de rien pour montrer que lorsqu'il s'agit d'un crime ordinaire, qui n'a point de rapport aux fonctions de la charge d'un officier, et qui a été commis dans le ressort d'un autre parlement, la poursuite en doit être faite dans le parlement où le coupable est conseiller.

Aussi, M. le Prêtre et M. de la Rocheflavin, qui ont sans doute bien connu cette distinction, n'ont eu garde d'alléguer l'autorité de l'édit de la Bourdaisière pour maintenir le privilége du parlement; ils auroient cru faire tort à ce privilége, s'ils l'avoient appuyé sur un fondement si foible et si facile à renverser; et malgré les conjectures peu solides de M. de Laingle, qui s'est écarté de l'opinion commune sur ce point, il sera toujours vrai de dire que, puisque le droit du parlement de Paris n'est fondé sur aucune loi précise, le privilége prétendu par les autres parlemens, à l'instar de celui de Paris, n'a pas non plus aucune ordonnance de nos rois pour fondement.

Il faut donc examiner à présent, si ce privilége est au moins fondé sur l'usage et sur la possession.

Celle du parlement de Paris n'est pas révoquée en doute; mais il n'en est pas de même à l'égard des autres parlemens : l'usage ne leur est pas favorable; et bien loin de pouvoir suppléer en leur faveur le défaut de la loi, il forme au contraire une espèce de loi contre eux, et l'on peut avancer à leur égard deux propositions également certaines.

L'une, qu'ils n'ont point de possession contre le parlement de Paris.

L'autre, que le parlement de Paris a au contraire une possession certaine et incontestable contre eux.

Pour établir la première proposition, il ne faut point chercher d'autres preuves que ce qui ce passe dans le procès de M. le président de.....; cet officier entreprend de prouver le prétendu droit du parlement de Bretagne, et par quels exemples établit-il la possession de ce parlement? Il n'en allègue que trois.

Le premier, est de l'année 1648.

Le second, de l'année 1662.

Le troisième, de l'année 1685.

Ainsi, la première réflexion qui se présente à l'esprit, quand on examine cette possession prétendue, c'est que depuis le temps que M. le président de....., soutenu de son parlement, recherche des exemples avec soin pour appuyer par l'usage un droit qui n'est point fondé sur la loi, il n'a pu trouver aucun fait favorable à sa prétention, qui remonte plus haut que l'année 1648.

A cette première réflexion, il en faut joindre une seconde encore plus décisive ; c'est qu'entre ces trois exemples, il ne s'en trouve aucun qui puisse justement porter ce nom, c'est-à-dire, qui soit un véritable acte de possession.

Dans le premier, il s'agissoit du sieur Jacquelot, conseiller au parlement de Bretagne, contre lequel le prévôt des maréchaux de la province d'Anjou avoit entrepris fort mal à propos de décréter. Le sieur Jacquelot interjette appel de la procédure de ce prévôt; il porte cet appel par-devant le roi en son conseil. Le roi le renvoie au parlement de Rouen, où l'affaire a été jugée dans la suite.

Quelle conséquence le parlement de Bretagne peut-il tirer de cet arrêt, pour montrer qu'il est seul en droit de connoître des crimes commis hors de son ressort par un de ses membres. Ce n'est point en ce parlement que le roi renvoie l'appel interjeté par le sieur Jacquelot, c'est en celui de Rouen, peut-être à cause des raisons de suspicion qui furent proposées contre celui de Paris, peut-être à cause des troubles dont la capitale du royaume étoit alors affligée. Il importe peu de savoir quels furent les motifs de ce renvoi ; il est toujours certain qu'il ne décide rien en faveur du parlement de Bretagne. Il ne suppose pas même pour principe ce qui a été avancé par M. le président de...., qu'il n'y avoit qu'un parlement qui pût prendre connoissance d'un crime commis par un sénateur. Si cette maxime avoit paru aussi indubitable que M. de.... le prétend, le roi auroit d'abord cassé la procédure faite par le prévôt des maréchaux, et il auroit ensuite renvoyé au parlement de Rouen pour y être fait droit ainsi qu'il appartiendroit. Au lieu de suivre cette forme, on renvoie la cause toute entière et telle qu'elle avoit été portée au conseil, et l'on donne seulement au parlement de Rouen le pouvoir de juger l'appel d'un prévôt des maréchaux, qui certainement ne pouvoit pas être portée dans un tribunal subalterne.

Ainsi, cet arrêt ne préjuge aucune des questions qu'on agite dans cette affaire, et s'il prouve quelque chose, ce ne peut être que contre le parlement de Bretagne, puisqu'il fait voir qu'il n'est nullement nécessaire de renvoyer dans ce parlement la poursuite de tout crime commis par un de ceux qui ont l'honneur d'y entrer.

Le second exemple est encore moins considérable.

On présente une plainte au parlement de Paris, contre M. Fouquet, président au parlement de Bretagne, sur un fait qui s'étoit passé dans le ressort du parlement de Paris. Ce parlement renvoie la plainte par-devant le lieutenant-criminel de Saumur, pour y être pourvu.

Le parlement de Bretagne, informé de cette procédure, rend un arrêt sur la remontrance des gens du roi, par lequel, sans avoir égard à l'arrêt du parlement de Paris, il casse et annulle la procédure du lieutenant-criminel de Saumur, et fait défense de la continuer.

On ignore quelles furent les suites de cet arrêt, ou plutôt il y a lieu de présumer qu'il n'en a eu aucune. On ne voit pas que les défenses faites par le parlement de Bretagne aient été respectées, encore moins que ce parlement ait pris connoissance de l'affaire au fond, et qu'il ait fait instruire le procès à M. le président Fouquet.

Cet arrêt n'est donc qu'une simple protestation qui, n'ayant été suivie d'aucun effet, ne peut jamais passer pour un acte de possession, capable de commencer ou de conserver un usage qui équipolle à une loi.

La seule chose qui soit digne de remarque dans cet arrêt est ce qui fut arrêté, en le rendant, *qu'il en seroit écrit au procureur-général du parlement de Paris*. Il seroit à souhaiter qu'une voie si honnête, si convenable à la dignité des parlemens et à la bonne correspondance qu'on doit tâcher d'entretenir entre ces premiers tribunaux eût été toujours employée, et que par le soin que l'on auroit eu, de part et d'autre, de se rendre une justice réciproque, on n'eût jamais été obligé d'avoir recours à celle du roi.

Enfin, le dernier exemple est précisément de la même nature que le second; un simple arrêt de style qui casse et annulle des procédures faites contre un conseiller au parlement de Bretagne, par l'assesseur criminel d'Angers en l'année 1685; arrêt qui n'a pas eu plus d'effet que le premier, puisqu'on ne voit point qu'en exécution de cet arrêt l'affaire ait été portée au parlement de Bretagne.

Voilà cependant à quoi se réduit cette possession, à laquelle on veut attribuer la force et l'autorité d'une loi. Si de tels exemples suffisent pour établir un privilége contraire au droit commun, on peut dire qu'il n'y a jamais eu de privilége qui ait moins donné de peine à acquérir, puisqu'il ne falloit pour cela que deux arrêts sur requête, sans suite, sans effet, sans exécution.

Enfin, il faut ajouter à ces réflexions que jusqu'à présent le parlement de Bretagne a tellement douté de son droit, ou plutôt il l'a tellement condamné par son silence, qu'on ne voit pas qu'on ait même tenté d'introduire au conseil une demande en réglement de juges sur le fondement de ce privilége. M. de..... est le premier auteur d'une telle démarche, et c'est lui qui a donné le premier exemple de cette nouveauté. Tant il est vrai que jusqu'à présent on n'avoit pas cru pouvoir former une contestation sérieuse sur le prétendu privilége des conseillers des autres parlemens, qui sont accusés d'un crime commis dans le ressort de celui de Paris.

La première proposition est donc certaine, c'est-à-dire, que les autres parlemens n'ont point de possession contre le parlement de Paris.

La seconde ne l'est pas moins, c'est-à-dire, que le

parlement de Paris a une possession constante et incontestable contre eux.

Cette possession consiste en deux points qui ont rapport aux deux parties du privilége des officiers du parlement de Paris.

La première, est que le parlement est seul juge compétent d'un crime commis par un de ses membres; et la seconde, que le parlement même ne peut en connoître qu'en corps et toutes les chambres assemblées.

Or, les conseillers des autres parlemens n'ont joui ni de l'une ni de l'autre de ces prérogatives pour les crimes qu'ils ont commis dans le ressort du parlement de Paris; c'est ce qu'il faut faire voir par plusieurs exemples, en commençant par ceux qui font voir que le parlement de Paris n'est pas en usage de renvoyer les officiers des autres parlemens au jugement de leur compagnie, pour les crimes commis dans son ressort, et qu'il a autorisé les procédures faites contre eux par les baillis et sénéchaux qui lui sont subordonnés.

En l'année 1634, M. Denos, conseiller au parlement de Toulouse, rendit plainte contre M. de Saint-Félix, procureur-général au même parlement, pour un fait qui étoit arrivé dans la ville de Paris, et M. de Saint-Félix, de son côté, en rendit une contre ce conseiller.

Tous deux membres du parlement de Toulouse, et l'un d'eux même procureur-général en ce parlement; tous deux instruits par conséquent des droits et des priviléges de leur compagnie; et l'un d'eux, obligé par sa charge à les défendre, porte néanmoins les plaintes qu'ils rendent l'un contre l'autre à des commissaires au Châtelet; ils présentent tous deux leur requête au lieutenant-criminel; ils font tous deux informer en vertu de l'ordonnance de ce juge. Le parlement, suivant l'usage qui s'observoit souvent alors dans les affaires d'éclat, évoque ce procès et ordonne que l'instruction en sera continuée, sans néanmoins donner atteinte à la procédure que le lieutenant-criminel aura faite jusqu'à cette évocation : cette instruction se continue au parlement à la requête de M. Denos. Le procès s'instruit par récolement et confrontation, et enfin, il est jugé par un arrêt contradictoire du 29 août 1634, sans que ni l'un ni l'autre de ces deux officiers, ni même le parlement de Toulouse aient cru pouvoir prétendre que cette affaire, où l'accusateur et l'accusé étoient également officiers de ce parlement, devoit y être renvoyée.

Cependant, si quelque parlement avoit ce privilége, ce seroit, sans doute, le parlement de Toulouse, le premier et le plus ancien de tous, après celui de Paris.

Mais, quoique cet exemple ne puisse être rejeté par le parlement de Bretagne, on peut lui en opposer de plus récens, et qui le regardent encore plus directement.

Ces exemples sont ceux de M. le président de.... même, et de M. de la Forest d'Armaillé, tous deux conseillers au parlement de Bretagne.

En l'année 1690, M. de..... ayant été accusé d'avoir tué M. Hod, dans une querelle arrivée à Angers, il fut arrêté, presque en flagrant délit, par l'assesseur criminel de la sénéchaussée d'Angers; conduit dans les prisons de cette juridiction, il y fut interrogé, il y subit la confrontation, et enfin il auroit été jugé s'il n'avoit pris le parti d'obtenir des lettres de rémission, qui furent adressées au parlement à cause de sa qualité de noble et d'officier. Il fut transféré ensuite dans les prisons de la conciergerie, et enfin les lettres de grâces furent entérinées par un arrêt du 27 janvier 1691, sans qu'il ait refusé de reconnoître la juridiction du lieutenant-civil d'Angers, et encore moins celle du parlement de Paris.

Dans le même temps, le nommé Lefort se plaint des voies de fait et de violence commises en sa personne par M. de....; il demande un juge au parlement. Le parlement le renvoie à M. le lieutenant particulier d'Angers, qui réunit sa plainte et informe contre M. de...., pour lors arrêté dans les prisons d'Angers, à l'occasion du meurtre dont le roi lui a fait grâce dans la suite; le lieutenant particulier d'Angers ordonne qu'il sera interrogé en état d'ajournement personnel. M. de.... subit l'interrogatoire par devant ce juge, sans penser au prétendu privilége qu'il allègue aujourd'hui.

On ignore ce que cette affaire est devenue, mais il est toujours certain que c'est la seconde fois que M. de.... a comparu par-devant un juge subalterne du ressort du parlement de Paris, et qu'il a reconnu par-là, qu'il ne pouvoit jouir de son privilége pour les cas arrivés hors du ressort du parlement de Bretagne.

Enfin, pour ne pas interrompre tout ce qui regarde le même officier, en l'année 1705, Pierre l'Estourneau, fermier du prieur de...., fait informer contre M. le prieur de...., par-devant le lieutenant-criminel d'Angers. Cet officier n'a recours qu'au parlement de Paris pour arrêter cette procédure, et quand il s'y pourvoit, il ne qualifie pas même son appel comme de juge incompétent, et il reconnoît également par là, et la compétence du premier juge, et celle du tribunal supérieur. L'affaire ne parut pas mériter une plus ample instruction, et elle fut terminée par un arrêt contradictoire rendu à l'audience de la Tournelle, le 3 juillet 1705, qui mit les parties hors de cour sur les accusations respectives, car M. de.... en a aussi formé une de son côté.

Ainsi, en joignant à ces premières accusations celle qui fait la matière du réglement de juges pendant au conseil, voici la quatrième fois que M. le président de.... est accusé pour des faits arrivés dans le ressort du parlement de Paris; trois fois il a reconnu la juridiction de ce parlement et celle de la sénéchaussée d'Angers; ainsi, on peut dire que jusqu'à présent, autant de fois qu'il a eu le malheur d'être accusé, il a fourni autant de titres de possession au parlement de

Paris et aux juges qui en dépendent, contre les prétentions nouvelles qu'il s'avise un peu tard de former aujourd'hui.

A l'égard de M. de la Forest d'Armaillé, il n'a fourni qu'un exemple de la même possession; mais cet exemple est d'autant plus fort, que M. de la Forest d'Armaillé n'a procédé au parlement, qu'après avoir allégué inutilement le même privilége que M. de.... veut faire valoir à présent.

Le nommé Bertrand ayant été lié dans une rébellion commise contre un arrêt du parlement de Paris, M. de la Forest d'Armaillé, conseiller au parlement de Bretagne, fut impliqué dans cette affaire et décrété d'assigné pour être ouï; il présenta une requête par laquelle il demanda d'être renvoyé dans son parlement, *attendu son privilége*, ce sont les termes de sa requête; la Tournelle l'en débouta par un arrêt du 30 avril 1675, qui le déclare non recevable. Il exécute cette arrêt; le procès fut instruit avec lui, et jugé enfin par un arrêt contradictoire du 17 mars 1698.

La même question a été encore jugée depuis ce temps-là, par un arrêt contradictoire du 10 mars 1701, contre M. Durand, avocat-général au parlement de Bourgogne. Il avoit été accusé de récelé et de divertissement commis dans une succession qui étoit ouverte dans le ressort du parlement de Paris. M. le lieutenant-civil du Châtelet avoit décerné un décret d'assigné pour être ouï contre lui, qui avoit été converti en ajournement personnel.

Il étoit appelant de ce décret, et il avoit porté son appel au parlement avec une déclaration précise, *qu'il n'avoit entendu appeler que comme juge incompétent.*

Cependant, par un arrêt contradictoire de la chambre de la Tournelle, toute la procédure criminelle fut confirmée, et M. Durant fut renvoyé pardevant le lieutenant-civil du Châtelet, pour lui être son procès fait et parfait jusqu'à sentence définitive inclusivement, en état d'assigné pour être ouï.

Si ces exemples ne sont pas plus nombreux, c'est parce qu'il ne s'est pas trouvé, dans les recherches que l'on a pu faire jusqu'à présent un plus grand nombre de procès criminels dans lesquels des conseillers, dans d'autres parlemens que celui de Paris, fussent accusés de crimes commis dans le ressort de ce parlement; et il n'est pas difficile de comprendre que ces exemples ne peuvent pas être fréquens, parce qu'il est rare qu'un magistrat du premier ordre soit capable de tomber dans un crime qui mérite qu'on lui fasse son procès, et encore plus, que ce crime soit commis hors du ressort du parlement dont il est membre et dans l'étendue duquel il fait sa demeure ordinaire.

Ainsi, quoiqu'on n'a pu recueillir que six exemples de la possession dans laquelle le parlement de Paris ne doit pas reconnoître le privilége prétendu par les officiers des autres parlemens, il est néanmoins certain que cette possession est aussi certaine et aussi complette qu'elle peut être, puisquelle comprend tous les cas dans lesquels la question a pu être agitée, et qu'on ne sauroit en alléguer aucun autre dans lequel le parlement de Paris se soit relâché de son droit en faveur des officiers des autres parlemens.

Mais ces exemples prouvent pleinement que ces officiers ne jouissent point de la première partie du privilége, c'est-à-dire, du droit de n'être jugés que dans leur parlement; il n'est pas moins facile de faire voir qu'ils ne jouissent pas non plus de la seconde partie du même privilége, qui consiste à n'être jugés que par le parlement en corps et toutes les chambres assemblées.

Il n'y a presque aucun des parlemens du royaume qui, depuis plus d'un siècle, n'ait fourni des preuves de cette vérité,

Le parlement de Bretagne est le premier par lequel on commencera cette tradition.

Le roi Charles IX, ayant ordonné, par des lettres-patentes du 28 décembre 1578, que le parlement de Paris feroit le procès aux officiers du parlement de Bretagne, qui faisoient profession de la nouvelle religion, le parlement ne commit pas deux conseillers pour instruire le procès aux coupables, comme il l'auroit fait, s'il eût été question d'un conseiller de Paris, il ne commit que M. Auroux seul pour se transporter à Rennes, en exécution de ces lettres-patentes. Le parlement de Bretagne, ayant eu avis de l'arrivée de ce conseiller, fit une délibération, dont le résultat fut que cette cour *continueroit de procéder en exécution des édits du roi, tant à l'encontre des présidens, conseillers dudit parlement, que des autres officiers de leur ressort qui se trouveroient être de la prétendue nouvelle religion, et néanmoins n'empêcheroient que ledit Auroux procédât, comme il verroit devoir faire à l'encontre des conseillers et autres officiers d'icelle cour, qui étoient de la nouvelle religion, suivant la volonté du roi.* Cette délibération ayant été envoyée au parlement de Paris, par M. Auroux, ce parlement a rendu arrêt le 29 avril 1569, qui porte ces mots entr'autres choses.

La cour a ordonné et ordonne, *que ledit Auroux passera outre à l'exécution desdites lettres-patentes, arrêts et commissions susdites contre toutes les personnes y dénommées, même contre les présidens dudit parlement, si aucuns y a de la qualité contenue ès dites lettres-patentes, etc.*

Et, en effet, peu de temps après, en exécution de cet arrêt, M. . . . . ., premier président au parlement de Bretagne, fut décrété et mis d'abord en prison, et ensuite à la garde d'un huissier du parlement, par un arrêt du 3 juin 1569, et aucun de ces arrêts n'a été rendu les chambres assemblées.

Ainsi, il résulte de cette exemple :

1.° Que MM. les conseillers, et même M. le premier président du parlement de Bretagne, n'étoient pas en possession d'être jugés, les chambres assemblées, au parlement de Paris, et que l'instruction de leur procès ne se faisoit pas non plus par deux conseillers, ainsi qu'il se pratique pour les officiers du parlement de Paris, mais par un seul.

2.° Que le parlement de Bretagne a connu cet usage et ne s'en est pas plaint, puisque par sa délibération du 20 avril 1567, il consentit que M. Auroux *procédât contre les conseillers et autres officiers de cette compagnie*, etc., s'étant réservé seulement la concurrence à l'égard des conseillers, et ayant *insinué* que la préférence devoit lui appartenir à l'égard des présidens, ce qui donna lieu à l'arrêt du parlement de Paris, du 29 avril suivant, par lequelle les présidens furent nommément compris dans la commission de M. Auroux, en vertu de laquelle il informa seul contre le premier président même du parlement de Bretagne.

Les autres exemples, quoique moins illustres, ne sont pas moins décisifs.

C'est ainsi qu'un procès criminel, que le parlement de Grenoble avoit commencé à instruire à la requête de la partie publique en ce parlement, contre M. de ....., accusé de fratricide, qui y étoit conseiller, ayant été renvoyé au parlement de Paris, à cause des parens de l'accusé, ce procès y fut jugé, le 29 juillet 1613, non par toutes les chambres assemblées, mais par la grand'chambre, la tournelle et la chambre de l'édit, comme pour le procès d'un gentilhomme.

Ainsi, le parlement le pratiqua encore, le 29 mai 1632, dans le procès de M. de Chaugirault, conseiller au parlement de Bretagne, évoqué de ce parlement sur parentés et alliances, et renvoyé en celui de Paris, où il ne fut jugé que par les trois chambres assemblées.

Ainsi, le procès instruit, à la requête de M. Denos contre M. de Saint-Fleo, procureur-général au parlement de Toulouse, dont on a déjà cité l'exemple sur un autre point, ne fut pareillement jugé que par les trois chambres, c'est-à-dire, la grand'chambre, la tournelle et l'édit, en 1634.

Enfin, pour abréger, on peut observer la même forme,

Dans un arrêt rendu le 11 février 1638, par lequel M. de Geoffroy, conseiller au parlement de Rennes, fut renvoyé absous d'une accusation intentée contre lui en son parlement;

Dans un arrêt rendu contre M. d'Arbault de Rougnac, conseiller au parlement d'Aix, le 8 mars 1640;

Dans un arrêt rendu le 11 janvier 1642, sur le procès de M. Florimond de Raimond, conseiller au parlement de Bordeaux;

Dans un arrêt du 5 septembre 1644, rendu sur le procès instruit contre M. de Lalane, président au même parlement de Bordeaux;

Et, enfin, dans les six arrêts qui ont été rendus sur les trois premières espèces criminelles de M. de...., sur celles intervenues contre M. de la Forêt d'Armaillé; et enfin sur celle de Durand, avocat-général au parlement de Dijon, qui ont toutes été jugées par la tournelle seule, sans appeler la grand'chambre même, parce que ces officiers ne l'avoient pas demandé.

On peut aussi remarquer dans ces arrêts que toutes ces instructions qu'il a fallu faire contre les accusés, depuis que leur procès a été porté au parlement de Paris, ont toutes été faites par un seul conseiller, et qu'ainsi les conseillers des autres parlemens n'ont pas joui, dans celui de Paris, d'aucun des priviléges dont les membres de cette dernière compagnie sont en possession, lorsqu'ils ont le malheur d'être poursuivis extraordinairement.

Il est vrai néanmoins qu'une fois seulement on s'est écarté de cette maxime; ce fut en l'année 1613, dans le jugement criminel de M. Gentil de Tirac, conseiller au parlement de Bordeaux, qui fut jugé les chambres assemblées; et la raison qu'en rend M. le Prêtre, qui assista à ce jugement, est que les conseillers des autres parlemens étoient alors admis à prendre place au parlement de Paris ; ce qui les faisoit participer en quelque manière aux prérogatives de ce parlement.

Mais sans examiner ici si cette raison étoit bien solide, il est certain que cet exemple est unique, et que l'arrêt qui fut rendu, les chambres assemblées, contre M. Gentil, a été si peu tiré à conséquence que dans l'année même dans laquelle cet arrêt intervint, on suivit une forme toute différente en jugeant le procès instruit contre M. ...., conseiller au parlement de Grenoble, qui ne fut jugé que par les trois chambres. L'arrêt rendu contre M. Gentil de Tirac est du 2 avril 1613 ; l'arrêt rendu contre M. .... est du 29 juillet de la même année ; et ce dernier arrêt a tellement fixé la jurisprudence sur ce point, qu'il a été suivi par tous ceux qui ont été rendus depuis ce temps-là ; on en vient de rapporter jusqu'à onze, dont aucun n'a été rendu toutes les chambres assemblées.

Ainsi, pour reprendre en peu de mots tout ce qu'on a établi jusqu'à présent dans ce mémoire, le privilége prétendu par M. de.... ne peut avoir que deux fondemens, la loi et l'usage.

A l'égard de la loi, il n'y en a aucune qui établisse ce privilége. Les pairs mêmes et le parlement de Paris, sur le modèle duquel les autres parlemens prétendent en jouir, ont déclaré, il y a long-temps, qu'il n'y avoit aucune ordonnance qui l'établît expressément. L'édit de la Bourdaisière ne regarde que les fautes commises par un conseiller au parlement dans les fonctions de sa charge, et n'a aucun rapport aux crimes qu'il peut commettre hors de ses fonctions, encore moins à ceux qu'il commet hors de son ressort.

Pour ce qui est de l'usage, deux propositions également certaines.

L'une, que les autres parlemens n'ont aucune possession contre celui de Paris.

L'autre, que le parlement de Paris a, au contraire, une possession constante et incontestable contr'eux.

La première proposition est prouvée par les efforts mêmes que l'on a faits pour établir la possession du parlement de Bretagne, qui se réduit à deux arrêts sur requêtes, qui ne sont, à proprement parler, que deux protestations sans suite et sans effet.

La seconde est établie en deux manières, par rapport aux deux principales parties du privilége dont il s'agit.

Car, 1.° le parlement de Paris n'a jamais reconnu qu'ils eussent le droit de n'être jugés que par leur parlement.

C'est ce qu'on a fait voir par six exemples, dont il y en a trois contre M. de.... lui-même.

2.° Le parlement de Paris n'a point admis les conseillers des autres parlemens au privilége de n'être jugés que par toutes les chambres assemblées, ni même à l'honneur de ne subir l'instruction qu'en présence de deux conseillers.

Douze exemples solennels et uniformes prouvent cette proposition; un seul y paroît contraire. Mais qu'elle est la force d'un seul exemple contre douze, dont il y en a onze de postérieurs à cet exemple unique, et par-là inutile.

Dira-t-on qu'une possession si constante n'est pas contradictoire avec les autres parlemens; mais, en premier lieu, elle l'est certainement avec les conseillers et présidens accusés qui ont subi et l'instruction et le jugement dans les formes observées de tout temps au parlement de Paris, ou sans réclamer contre ces formes contraires à leur prétendu privilége, ou en s'y soumettant, après avoir fait des efforts inutiles pour se soustraire à la juridiction du parlement. On répondra, sans doute, qu'ils ont par-là dérogé aux priviléges de leur compagnie; mais leurs compagnies elles-mêmes n'ont-elles pas approuvé la conduite du parlement de Paris par leur silence? Il ne s'agit pas ici d'une possession obscure et clandestine, il s'agit d'instructions publiques et évidentes, qui n'ont pu être ignorées des autres parlemens, dont plusieurs mêmes avoient été commencées dans ces parlemens, avant que d'avoir été renvoyées en celui de Paris. Or, qui pourra se persuader que les autres parlemens n'aient donné aucune attention à ce qui se passoit dans des affaires si importantes? quand même l'intérêt de la compagnie, dans lequel chaque particulier envisage le sien, n'auroit pas été capable de les mettre en mouvement, peut-on douter que les accusés, que leurs parens, que leurs amis n'aient fait de grands efforts pour intéresser leurs compagnies dans leurs querelles, et pour les engager à agir puissamment en leur faveur? D'où vient donc que les autres parlemens ont toujours gardé le silence au milieu de tant de motifs qui devoient exciter à le rompre, si ce n'est parce qu'ils ont été persuadés que leur privilége n'avoit aucun fondement solide, contre les usages certains et uniformes du parlement de Paris. Instruits de ces usages, ils se sont rendus une justice d'autant plus honorable à la sagesse, d'autant plus avantageuse à l'autorité du parlement de Paris, qu'il n'en a coûté aucun effort pour l'obtenir.

Il n'en faudroit donc pas davantage pour justifier pleinement la conduite des officiers de la sénéchaussée d'Angers, qui ont suivi une jurisprudence également établie, et par la pratique constante du parlement auquel ils sont soumis, et par l'aveu tacite et le silence perpétuel des autres parlemens.

Mais pour approfondir entièrement une matière qui, jusqu'à présent, n'a été traitée que fort légèrement par tous ceux qui en ont parlé, il ne sera pas inutile de reprendre, en finissant ce mémoire, les trois objections qui se présentent naturellement à l'esprit, en faveur des conseillers des autres parlemens.

La première est fondée sur l'autorité des empereurs

romains, qui ont décidé qu'un sénateur ne devoit être jugé que par le sénat.

La seconde est tirée du parlement de Paris, à l'instar de qui les autres parlemens ont été créés.

Et la dernière est fondée sur une raison de bienséance et de dignité, qui ne permet pas, dit-on, que le supérieur soit jugé par l'inférieur.

On pourroit faire d'abord une réponse générale à ces trois objections, et dire à ceux qui les font, que quand elles seroient toutes également bien fondées, il ne s'ensuivroit pas de là, que M. le président de..... fût bien fondé à demander son renvoi au parlement de Bretagne; la seule conséquence que l'on en pourroit tirer, est que son procès auroit dû être porté directement au parlement de Paris, dans le ressort duquel il a péché. Par-là on préviendroit toutes ces objections, puisqu'en premier lieu, il seroit jugé par un sénat, et par le premier sénat du royaume; puisqu'en second lieu, il seroit traité comme les conseillers du parlement de Paris; puisqu'en troisième lieu, il ne seroit pas obligé de comparoître devant des juges inférieurs à sa dignité.

Mais il faut aller plus loin, et faire voir en détail qu'aucune de ces objections ne peut donner atteinte aux maximes du parlement de Paris.

Premièrement, à l'égard du droit romain, il y a eu tant de variété et de changemens dans les lois des empereurs sur ce sujet, qu'il seroit difficile d'en tirer aucune conséquence certaine et convenable à nos usages. Cet argument même prouveroit trop, car, suivant la loi de Zénon, qui établit la dernière jurisprudence chez les romains en cette matière, les tribunaux les plus élevés n'avoient que le pouvoir d'instruire le procès d'un sénateur; et il étoit réservé à l'empereur seul de le juger. Or, il n'y a personne qui prétende que les sénateurs doivent jouir parmi nous d'un semblable privilége. D'ailleurs, l'autorité du sénat romain s'étendoit également dans toutes les provinces soumises à la puissance de Rome. Tout l'empire étoit de son ressort ; ainsi il n'y avoit pas lieu de douter que le sénat romain ne fût toujours le juge compétent de tous les crimes commis par des sénateurs, parce qu'ils ne pouvoient pécher que dans l'étendue de leur ressort. Il n'en est pas de même des parlemens parmi nous ; leur ressort est borné à certaines provinces, si l'on en excepte celui du parlement de Paris qui, comme le premier de tous et ayant été autrefois le seul, conserve encore dans certains cas une juridiction qui s'étend au-delà des bornes de son ressort ordinaire : ainsi l'exemple du droit romain n'a aucune application à nos mœurs, parce que le cas qui a servi de matière à ce mémoire étoit impossible à l'égard d'un sénateur romain, qui étoit toujours dans le ressort du sénat tant qu'il ne sortoit point des bornes de l'empire.

Secondement, l'exemple du parlement de Paris n'est pas plus décisif pour les autres parlemens, que celui du sénat romain.

Il est vrai qu'en quelque province qu'un conseiller au parlement de Paris ait commis un crime, et quoique ce soit hors de son ressort, il ne peut être jugé que dans le parlement même dont il a l'honneur de faire partie.

Mais cet usage est fondé sur trois raisons, qui sont tellement propres au parlement de Paris, que le privilége qui en résulte ne peut jamais être communiqué aux autres parlemens.

La première est que ce parlement est essentiellement la cour des pairs, et que tous ceux qui ont l'honneur d'y être admis participent de plein droit au privilége qu'ont les pairs de n'être jugés que par cette cour en matière criminelle.

Comme les conseillers de ce premier parlement du royaume sont juges nés des pairs de France, ils doivent aussi être jugés par eux, parce qu'ils ne composent avec eux qu'un seul et même tribunal, qui jouit des mêmes prérogatives de pouvoir et de juridiction sur tous les membres, de quelqu'état et de quelque condition qu'ils soient.

Les pairs, à la vérité, ont droit d'entrer dans tous les parlemens du royaume, par une suite de ce droit universel qu'ils ont eu autrefois, lorsqu'il n'y avoit dans toute la France qu'une seule cour supérieure, qui étoit appelée autrement la cour des pairs; mais ils ne sont reçus et ils ne prêtent le serment que dans le seul parlement de Paris, et c'est à cette cour seule qu'ils doivent rendre compte de leurs actions, lorsqu'ils sont accusés.

Il en est encore de même de MM. les maîtres des requêtes. Quoiqu'ils aient une séance également honorable dans tous les parlemens du royaume, c'est néanmoins la réception au seul parlement de Paris, qui leur donne ce droit et qui leur imprime ce caractère de magistrature universelle, si l'on peut s'exprimer ainsi, qui est également reconnu dans tous les parlemens; mais quoiqu'ils y entrent quand il leur plaît, ce n'est néanmoins qu'au parlement de Paris qu'il appartient d'être leur juge, en quelque lieu qu'ils aient commis un crime digne de l'animadversion de la justice.

Enfin, il en est de même de tous les conseillers qui sont admis comme eux dans le premier tribunal du royaume; ils jouissent de la même prérogative par un effet de l'unité et de l'indivisibilité de ce privilége.

Or, quoique les autres parlemens aient été formés sur le modèle de celui de Paris, ils ne peuvent pas néanmoins se donner le titre de cour de Paris, ni prétendre jouir de toutes les prérogatives qui sont une suite de cette qualité.

En effet ce privilége n'est pas le seul qui distingue cette cour de toutes les autres; il lui en est resté plusieurs autres qui lui sont propres, et qui lui font voir que, malgré l'argument que l'on tire de la ressemblance, il y a toujours dans l'original quelque chose qui le caractérise et qui l'élève au-dessus de ses copies, quelques parfaites qu'elles soient.

C'est ainsi que dans les matières qui intéressent la couronne en général et les droits du royaume, le parlement de Paris est en droit d'en prendre connoissance, en quelque province que le fait qui a donné lieu de traiter ces matières, soit arrivé.

C'est ainsi que lorsqu'il s'agit de la régence du royaume ou de la déclaration de la majorité de nos rois, c'est au parlement de Paris que se font ces actes éminens de la majesté royale; et on regarde tellement ce qui s'y passe comme une loi générale pour tous les autres parlemens, qu'il est d'usage d'ordonner dans les arrêts qui se rendent sur ce sujet, qu'ils seront envoyés dans tous les parlemens du royaume pour y être enregistrés.

Telle est aussi la connoissance de tout ce qui concerne le droit de régale, à l'égard duquel le parlement de Paris est encore à présent le seul parlement de tout le royaume.

Tel est encore le droit qui a déjà été traité en passant, de recevoir les officiers qui ont un rang et un caractère également reconnus dans toute la France, comme les pairs et les maîtres des requêtes.

Tel est celui d'être seul juge de toutes les causes qui regardent les apanages des enfans de France.

Telle est enfin, pour ne pas faire une longue énumération de toutes les prérogatives semblables, celle de connoître de tout ce qui regarde les pairs, par un privilége réel, qui fait porter au parlement de Paris toutes les contestations de cette nature, quoique les terres érigées en pairies soient dans l'étendue d'un autre parlement.

Ainsi la comparaison que l'on fait de ces compagnies avec le parlement de Paris, à l'instar duquel elles ont été créées, n'est pas absolument juste, parce qu'elle n'est pas entière; et il n'est pas surprenant qu'entre tant de prééminences que le parlement de Paris a conservées au-dessus des autres parlemens, il jouisse encore de la prérogative de connoître seul des crimes commis par un de ses membres, en quelque lieu que le fait soit arrivé.

La seconde raison qui caractérise encore d'une

manière singulière le parlement de Paris, est que le royaume entier a été autrefois de son ressort, avant que pour procurer une justice plus prompte à leurs sujets, nos rois eussent partagé entre plusieurs tribunaux ce qui étoit d'abord le territoire d'un seul.

Que ce changement, qui a été fait par des raisons supérieures, ait lieu dans tous les cas où il ne s'agit pas de l'honneur et de la vie d'un conseiller du parlement de Paris, cette compagnie ne sauroit s'en plaindre, et elle ne peut que se soumettre avec respect aux volontés du roi; mais que par l'érection d'un nouveau parlement, un conseiller du parlement de Paris commence à avoir d'autres juges de sa vie et de son honneur que ceux qu'il avoit auparavant, c'est ce qui paroîtroit fort dur; et c'est en partie par cette raison, que le parlement de Paris a conservé, en ce cas, ses anciens droits; parce qu'en un mot, on n'a pas cru qu'il fût juste que la diminution de son ressort pût donner atteinte aux droits personnels qui lui étoient acquis sur ses membres avant l'institution des autres parlemens.

Il ne faut donc pas s'étonner à présent si les officiers des autres parlemens ne jouissent pas d'une semblable prérogative quand ils ont le malheur de commettre un crime dans le ressort du parlement de Paris. Ils ne peuvent pas dire, en ce cas, comme un conseiller au parlement de Paris pourroit dire dans le cas contraire, que le pays dans lequel on les accuse d'avoir fait un crime n'est pas pour eux une terre étrangère; que ce pays étoit autrefois de leur ressort, et qu'on ne doit pas leur envier une légère marque de l'ancienne autorité qu'ils y exerçoient autrefois, pour la conservation du privilége qu'ils avoient dès ce temps-là, de n'être jugés que par leur parlement. Toutes ces raisons, qui peuvent être bonnes dans la bouche d'un conseiller au parlement de Paris, lorsqu'il a péché dans le ressort d'un autre parlement, cessent absolument, lorsqu'au contraire c'est le conseiller d'un autre parlement qui a commis un crime dans le ressort de celui de Paris, le lieu du délit n'a jamais fait partie du ressort de son parlement. Il n'a pour lui, en ce cas, ni l'avantage d'un pouvoir présent dans ce lieu, ni le souvenir toujours respectable d'une autorité passée; ainsi il demeure justement sujet aux règles du droit commun, qui veulent que les crimes soient poursuivis dans le lieu où ils ont été commis.

La cause des autres parlemens est donc bien différente de celle du parlement de Paris; les uns ont été bornés et circonscrits dès leur première origine, et dans le temps de leur création; le parlement de Paris, au contraire, n'a eu pendant long-temps d'autres bornes que celles du royaume: ainsi, quand les autres parlemens veulent connoître du crime commis hors de leur ressort par un de leurs membres, ils veulent acquérir, puisqu'ils n'ont jamais eu aucun droit sur le territoire où le crime a été commis; au lieu que lorsque le parlement suit un de ses officiers au-delà de son ressort présent, il ne tend qu'a conserver ce qu'il a possédé autrefois : en un mot, il aspire à ne point perdre, et les autres parlemens aspirent à gagner.

Enfin, et c'est ici la vraie différence qui distingue à cet égard le parlement de Paris des autres parlemens, s'il y a des esprits plus difficiles, qui ne soient pas encore entièrement convaincus par toutes les raisons que l'on vient d'expliquer, il faut au moins qu'ils se rendent à l'autorité de l'usage, le plus sûr interprète des priviléges comme des lois, et surtout des priviléges qui ne sont fondés que sur la possession.

Or, on ne croit pas que jamais aucun conseiller au parlement de Paris ait été jugé dans un autre parlement, si ce n'est lorsqu'il a été renvoyé extraordinairement par l'autorité suprême du roi; au lieu qu'au contraire on a vu plusieurs conseillers des autres parlemens jugés dans celui de Paris, pour des crimes commis dans le ressort de ce parlement.

Ainsi, d'un côté, cette prérogative du parlement de Paris sur les autres parlemens est juste en elle-même, et fondée sur de grandes raisons, comme un reste précieux de ce droit universel qu'il a eu autrefois dans toute l'étendue du royaume; et de l'autre, il a conservé, par l'usage et par la possession, cette prérogative que son antiquité et son universalité ont si justement méritée.

Quelle comparaison peut-on donc faire en cette matière entre le parlement de Paris et les autres parlemens?

Les derniers n'ont eu, dans leur origine, aucun droit sur ce qui se passe hors de leur ressort; et ils n'en ont point acquis par la possession, puisqu'il n'y en a aucune en leur faveur.

Le parlement de Paris, au contraire, a eu un droit certain et incontestable sur tout ce qui est cependant hors de son ressort; et il a retenu ce droit à l'égard de ses membres, par un usage qui lui est si peu contesté, que c'est sur le fondement de cet usage que les autres parlemens appuient toutes leurs prétentions.

Ainsi on peut dire que dans cette question, l'ancien droit et la possession présente sont pour le parlement de Paris, pendant que les autres parlemens sont également privés de ces deux grands avantages.

La dernière objection n'est fondée que sur la bienséance qu'on prétend être blessée dans la comparution peu décente d'un magistrat du premier ordre dans un tribunal inférieur.

Il est vrai que si ce tribunal étoit dans le ressort du parlement dont l'accusé est officier, il seroit indécent de l'obliger à comparoître devant un juge dont les jugemens et la personne même sont également soumis à son autorité.

Mais ces inconvéniens ne subsistent plus, quand il s'agit de crimes commis hors du ressort du parlement où le coupable est conseiller.

Les officiers devant lesquels il comparoîtroit ne sont point dépendans de lui; ils ne lui sont point soumis, ni en qualité de juges, ni comme personnes privées; ils sont, à la vérité, d'un rang inférieur au sien, mais leur pouvoir n'est pas subordonné à celui de l'accusé.

Comme ces officiers pourroient lui désobéir, s'il vouloit leur donner des ordres, parce qu'il est hors de son territoire, ils peuvent alors le poursuivre, lorsqu'il se rend coupable, parce que soit qu'il agisse comme juge, ou qu'il péche comme personne privée, ils ne le regardent point, et ne doivent point le regarder comme leur supérieur. Il seroit inutile de répondre qu'il y a des cas où, soit par la connexité de la matière, soit par un renvoi du conseil, un autre parlement puisse réformer le jugement rendu par des juges du ressort du parlement de Paris, parce que dans les lois et dans les réglemens, on n'envisage que ce qui arrive ordinairement, sans faire attention à ces cas extraordinaires qui ne peuvent servir de fondement à une règle générale.

Or, si le conseiller d'un autre parlement n'est point regardé comme le supérieur d'un officier subalterne du parlement de Paris, il n'y a plus d'autre raison qui puisse le dispenser de reconnoître cet officier pour juge, que la prééminence de sa dignité; mais cette raison a été jusqu'à présent si peu considérée dans nos lois, qu'un maréchal de France seroit obligé de comparoître devant le juge du dernier gentilhomme du royaume, s'il commettoit un crime dans son ressort, quoiqu'il y ait encore plus de distance dans l'ordre de la dignité entre un maréchal de France et un juge de village, qu'il n'y en a entre un conseiller au parlement et le conseiller d'un bailliage.

Enfin, ce n'est point par des raisons de bienséance que l'on décide du pouvoir et de la compétence des juges. Le droit commun est pour les juges du lieu du délit; il faut, pour déroger à ce droit commun, ou une loi précise, ou un usage qui tienne lieu de loi:

ainsi la condamnation de juges d'un autre parlement n'ayant ni loi ni usage pour eux, ils demeurent assujettis à la disposition du droit commun, quelques raisons de bienséance qu'ils puissent alléguer en leur faveur, d'autant plus que tout ce qu'ils pourroient conclure de cette raison de bienséance, qui est apparemment tout leur unique titre, est que l'on devroit les renvoyer au parlement de Paris pour y être jugés en première instance sur les crimes commis dans son ressort, mais non pas que l'on dût les renvoyer à leur parlement ; ce qui n'est fondé ni sur la raison, ni sur les exemples.

MÉMOIRE

Concernant la coupe des bois de l'ordre de Malte (1).

L'ORDRE de Saint-Jean de Jérusalem a obtenu du roi des lettres-patentes, par lesquelles Sa Majesté permet à M. le grand maître et aux commandeurs de cet ordre, *de vendre des balliveaux de bois de haute futaie pour la valeur de cinq cent mille livres, à l'exception néanmoins des balliveaux des trois derniers âges, et ce aux lieux et endroits qu'ils jugeront les plus convenables et les moins dommageables, et où il s'en trouvera un plus grand nombre, même dans les quarts de réserve, en cas qu'il ne s'en trouve pas suffisamment dans les autres trois quarts; sans être tenus d'observer les formalités prescrites par l'ordonnance de 1669, ni de faire autre procédure pour la délivrance, que l'enregistrement de ces lettres-patentes dans les cours de parlement dans le ressort desquelles lesdits bois sont situés; enfin*, les mêmes lettres ajoutent, *que c'est pour cette fois seulement et sans tirer à conséquence, que le roi dispense l'ordre de Saint-Jean de Jérusalem de toute autre formalité, à la charge de n'en point abuser, et de rapporter dans un an, après l'exploitation des bois, aux greffes des cours de parlement, les certifications de M. le grand maître et de son conseil, portant que ladite somme aura été utilement employée au profit de l'ordre.*

(1) Ce mémoire n'a pas été achevé, parce que l'ordre de Malte a changé de sentiment, et, pour se servir de la lettre de cachet, a présenté une requête au parlement pour demander l'enregistrement de ces lettres-patentes.

Telle est la substance de ces lettres qui ont été adressées au procureur-général du roi, dans la même forme que les édits et déclarations de Sa Majesté, avec des lettres de cachets pour les faire enregistrer.

Avant que de faire aucune démarche dans cette affaire, le procureur-général a cru qu'il étoit de son devoir de demander à ceux qui sont ici chargés du soin des affaires de l'ordre de Saint-Jean de Jérusalem, s'ils avoient quelques exemples de lettres semblables qui eussent été adressées dans la même forme au parlement; ils lui ont indiqué toutes celles qu'ils ont pu recouvrer, et dont la plus grande partie est insérée dans la nouvelle édition du recueil des priviléges de cet ordre. Le procureur-général les a examinées, et il a vu en même temps les arrêts d'enregistrement qui ont été rendus sur ces lettres depuis l'année 1561, et il n'y a rien trouvé qui ne l'ait entièrement confirmé dans les réflexions que la première lecture des lettres-patentes, dont il s'agit, lui avoit inspirées.

Ces réflexions peuvent avoir ici deux objets différens.

Le premier est le fond de la disposition contenue dans ces lettres.

Le second est la forme dans laquelle elles sont envoyées au parlement.

A l'égard du premier point, ces lettres contiennent deux dispositions singulières.

La première est la permission de couper des bois de haute futaie, même dans le quart de réserve, s'il ne s'en trouve pas assez dans les trois autres quarts pour composer la somme de cinq cent mille livres.

On n'a rien accordé de semblable jusqu'à présent à l'ordre de Saint-Jean de Jérusalem.

On voit, à la vérité, dans des lettres-patentes

de 1561, de 1646, de 1650 et de 1672, qui sont les seules qu'on ait alléguées pour exemples dans cette affaire, que le roi a permis aux grands-maîtres et commandeurs de l'ordre de Saint-Jean de Jérusalem de faire couper des bois de haute futaie, jusqu'à concurrence d'une certaine somme, dans les lieux qu'ils jugeroient eux-mêmes les moins dommageables; mais aucune de ces lettres ne fait mention du quart de réserve, et on ne peut pas prétendre que ce quart soit tacitement compris dans les expressions générales de ces lettres-patentes, parce qu'il est certain que le quart de réserve est regardé, si l'on peut parler ainsi, comme étant d'une nature si sacrée, qu'il n'est pas permis d'y toucher sans une permission spéciale qui le marque expressément.

Il est vrai que l'ordre de Malte allègue encore d'autres lettres de 1565, qui permettoient à cet ordre de faire couper tous les bois taillis qu'il avoit dans le royaume, sans être tenu d'observer l'édit du mois d'octobre 1561, par lequel le roi avoit ordonné à tous les gens de main-morte de laisser croître la troisième partie des taillis en futaie. Mais outre que, par l'arrêt d'enregistrement de ces lettres, le parlement obligea l'ordre de Malte à réserver huit baliveaux par arpent, et les pieds corniers, suivant l'ordonnance de 1561, on peut dire que cet exemple est du nombre de ceux qui montroient le mal qu'il faut éviter, et non pas le bien qu'on doit faire; et d'ailleurs cette dispense a été très-justement révoquée par des édits particuliers, et entr'autres par celui de 1597, qui établissent la même règle à l'égard de tous les ecclésiastiques, communautés et gens de main-morte sans distinction.

On ne peut pas nier néanmoins qu'il n'y ait quelques occasions très-importantes, où il est de l'équité du roi de permettre aux gens de main-morte de couper même le quart de réserve, surtout avec la précaution (que l'on a prise par les lettres dont il s'agit) d'ordonner que l'on réserveroit partout les balliveaux des trois derniers âges; mais il semble que pour accorder cette grâce dans les règles, il faut,

1.° Que les besoins de l'ordre, ou de la communauté qui l'a demandée, soient assez pressans pour obtenir une si grande dérogation aux ordonnances;

2.° Qu'il soit certain que l'on ne pourra trouver le secours dont cet ordre ou cette communauté ont besoin, en coupant seulement les balliveaux qui sont sur les trois quarts non réservés.

De ces deux conditions on ne peut pas douter ici que la première ne soit certaine, puisque le roi déclare dans ses lettres-patentes, qu'il est suffisamment instruit de la nécessité, dans laquelle l'ordre de Saint-Jean de Jérusalem se trouve de demander ce secours extraordinaire, et qu'il n'y a que Sa Majesté seule qui puisse juger de cette nécessité, surtout à l'égard d'un ordre tel que celui dont il s'agit.

Mais la certitude de la seconde condition dépend d'un fait qui n'est point, et qui ne sera jamais éclairci, si les lettres-patentes subsistent dans l'état où elles sont; car pour savoir si la coupe des trois quarts ne suffiroit pas pour fournir à l'ordre de Malte un secours de 500,000 livres, il faudroit qu'il y eût eu des procès-verbaux de l'état des ces bois, avec une estimation de ce que les trois quarts peuvent produire. Alors on pourroit juger avec certitude de la nécessité de toucher au quart de réserve; mais on n'a point dressé de procès-verbaux, et on n'en dressera point, puisque, comme on le remarquera tout-à-l'heure, les lettres-patentes n'obligent l'ordre de Malte qu'à la simple formalité d'un enregistrement. On y ajoute, à la vérité, celle de la certification de M. le grand-maître, par rapport à l'emploi du prix des bois; mais cette certification prouvera bien, si l'on veut, que les deniers provenans de la vente de ces bois ont été employés suivant leur destination; mais elle ne fera point voir qu'il y ait aucune nécessité de couper même dans le quart de réserve. Ainsi on abandonne, par ces lettres, aux parties intéressées, l'examen et le jugement de la vérité de la condition sous laquelle on leur permet de toucher à cette portion sacrée de leur patrimoine.

C'est ce qui paroît encore plus par la seconde disposition de ces mêmes lettres, par laquelle on dispense l'ordre de Malte d'observer les formalités établies par l'ordonnance de 1669.

Il n'est pas nécessaire de s'étendre ici, pour montrer combien il est dangereux de donner l'exemple d'une telle dérogation, et de faire ainsi dépendre l'observation d'une loi juste, nécessaire, méditée avec tout le soin et toute la précaution imaginable, du crédit que pourront avoir ceux qui demanderont au roi ces sortes de grâces.

C'est inutilement qu'on a mis dans les lettres dont il s'agit, que cette dispense ne pourroit être tirée à conséquence. Il y a long-temps qu'on a dit que de toutes les dispenses et de tous les arrêts, il n'y en a point qu'on tire plus souvent à conséquence, que ceux mêmes dans lesquels on a pris la précaution d'ajouter qu'ils ne tireroient point à conséquence. Ils ne servent qu'à indiquer la voie par laquelle on peut s'affranchir de la règle, et ils sont imités précisément dans la clause par laquelle il est dit qu'ils ne le pourront être.

On ne peut d'ailleurs s'empêcher d'observer ici, que si le roi avoit quelque intérêt dans ces lettres, si elles lui procuroient quelque secours dans la conjoncture présente, cet avantage pourroit consoler ses officiers de la violence que la règle souffre en cette occasion; mais le roi ne reçoit aucune utilité de la dérogation qu'il fait ici à ses ordonnances; l'ordre de Saint-Jean de Jérusalem est le seul qui en profite, et la règle est violée en pure perte pour le roi.

Enfin, il resteroit encore une voie pour remédier à cet inconvénient, par les tempéramens que l'on a accoutumé de prendre en pareil cas, si l'on n'avoit ôté tout pouvoir au parlement par la forme dans laquelle ces lettres-patentes lui sont adressées, c'est-à-dire, en les accompagnant d'une lettre de cachet, au lieu qu'elles auroient dû être présentées par l'ordre de Saint-Jean de Jérusalem, avec une requête pour en demander l'enregistrement.

C'est le second point que l'on s'est proposé d'examiner dans ce mémoire, et sur lequel on ne peut se dispenser de faire les réflexions suivantes.

1.° Il paroît peu convenable à la majesté du prince, qu'une grâce qu'il accorde à ses sujets, de quelque qualité qu'ils soient, soit adressée au parlement dans la même forme que ses lois, et les lettres-patentes qui regardent directement le bien du royaume et l'intérêt du roi.

2.° La dignité et la juridiction qu'il veut bien attribuer à son parlement souffrent toujours un préjudice sensible, dès le moment que l'on s'écarte des routes ordinaires, et que l'on confond les lettres-patentes qui doivent lui être présentées par les particuliers qui les ont obtenues, avec celles qu'il doit recevoir immédiatement de la main du roi.

3.° On change par là la forme à laquelle l'ordre de Saint-Jean de Jérusalem s'est toujours assujetti, depuis qu'il obtient des lettres de la qualité de celles dont il s'agit.

Cet ordre a présenté cinq fois au parlement des lettres-patentes de cette nature; la première en 1561, la seconde en 1565, la troisième en 1646, la quatrième en 1650, et la cinquième en 1672; et, dans toutes ces occasions, on n'a pas pensé à se servir de la voie d'une lettre de cachet. On a toujours suivi la route ordinaire d'une requête présentée au parlement; il n'en faut point d'autre preuve que le recueil même des priviléges de l'ordre de Malte, où les arrêts d'enregistrement sont rapportés. On ne peut donc concevoir par quelle raison on veut aujourd'hui, par une nouveauté qui n'a pas d'exemple, se dispenser de demander au parlement l'enregistrement des lettres-patentes dont il s'agit dans la forme que l'ordre de Malte a toujours observée.

4.° Par ce changement de forme on empêche le parlement de prendre le tempérament, aussi équitable qu'innocent, qu'il avoit pris en enregistrant les lettres précédentes. . . . .
. . . .

MÉMOIRE

Sur l'âge requis pour les charges de lieutenans-généraux, civils et criminels dans les bailliages relevant nûment du parlement, et où il n'y a point de siége présidial établi.

L'ÉDIT de 1669, celui de 1672, et la déclaration du 30 décembre 1679, contiennent des dispositions si claires et si précises touchant l'âge que doivent avoir ceux qui aspirent à être pourvus des charges de baillis, sénéchaux, lieutenans-généraux, civils et criminels, que l'on avoit cru devoir s'attacher scrupuleusement à la lettre de ces lois, dont l'observation est principalement confiée à l'exactitude et à la vigilance du ministère public.

Mais puisqu'on prétend aujourd'hui adoucir la rigueur de la règle par une distinction spécieuse entre les simples bailliages et les siéges dans lesquels il y a des présidiaux établis, il est nécessaire d'examiner si cette distinction est aussi solide qu'elle peut d'abord paroître équitable.

Il ne s'agit point ici de faire une loi nouvelle, mais de bien entendre et d'exécuter fidèlement celles qui sont déjà faites.

Or, soit que l'on remonte jusqu'à nos anciennes ordonnances, soit que l'on se renferme dans l'examen des édits de 1669 et 1672, et de la déclaration de 1679, on n'y trouvera rien qui ne paroisse absolument contraire à la nouvelle distinction que l'on propose.

L'ordonnance de Blois, article 107, porte que, *les lieutenans des baillis et sénéchaux ne seront pourvus ni reçus es-dits états qu'ils n'aient trente ans complets*; et quant aux conseillers des *juges présidiaux, qu'ils n'aient vint-cinq accomplis.*

Cette ordonnance ne distingue point; elle impose une loi commune à tous les lieutenans des baillis et sénéchaux, sans examiner s'ils sont officiers dans les simples bailliages ou dans ceux auxquels les siéges présidiaux sont unis; ils doivent tous également, sans distinction, sans exception, être âgés de trente ans pour pouvoir être pourvus des offices de lieutenans des baillis et sénéchaux.

On ne peut pas dire que ce soit par oubli des siéges présidiaux qu'on ait omis dans cet article de restreindre à ces siéges la disposition qui exige l'âge de trente ans; car il est fait mention de ces siéges dans le même article par rapport à l'âge des conseillers. Ainsi le législateur a compris dans les deux parties de sa disposition et les siéges ordinaires et les siéges présidiaux. Il n'a eu que les derniers en vue, lorsqu'il a fixé l'âge des conseillers; mais il a envisagé tous les bailliages et toutes les sénéchaussées indistinctement, lorsqu'il a exigé l'âge de trente ans de ceux qui seroient pourvus des offices de lieutenans des baillis et sénéchaux: autrement on n'auroit pas manqué d'ajouter dans cet article de l'ordonnance de Blois, que sa disposition ne seroit observée que dans les siéges présidiaux. On l'a marqué à l'égard des conseillers; on ne l'a point marqué à l'égard des lieutenans: on a donc voulu restreindre la loi à l'égard des uns aux seuls siéges présidiaux; mais à l'égard des autres, on l'a voulu étendre indéfiniment à tous les siéges qui sont compris sous le nom de bailliages et de sénéchaussées.

Si l'ordonnance de Blois n'admet point la distinction que l'on veut introduire aujourd'hui, l'édit de 1669, celui de 1672, et la déclaration de 1679 l'autorisent encore moins.

L'édit de 1669 est conçu en ces termes:

Voulons en outre que les baillifs, sénéchaux;

lieutenans-généraux et particuliers, civils et criminels, présidens aux siéges présidiaux, ne puissent être admis ni reçus auxdits offices, qu'ils n'aient atteint l'âge de trente ans.

L'édit de 1672 répète la même disposition dans les mêmes termes.

Jusque-là on ne peut trouver dans les ordonnances aucune idée, aucune ombre de la distinction que l'on propose de faire entre les simples bailliages et ceux dans lesquels il y a des siéges présidiaux établis.

Il ne reste donc plus à examiner que la déclaration de 1679; et c'est en effet à cette dernière loi que l'on s'attache pour donner quelque couleur à la nouvelle distinction que l'on veut établir.

Le dispositif de cette déclaration porte que ceux qui voudront se faire pourvoir des charges de baillis, sénéchaux, vicomtes, prévôts et lieutenans-généraux, civils, criminels ou particuliers des siéges des justices qui ne *ressortissent pas nûment aux cours de parlemens en matière civile, pourroient être pourvus et reçus es-dites charges, pourvu qu'ils aient atteint l'âge de vingt-sept ans accomplis.*

On ne peut douter que cette déclaration n'établisse une distinction qui avoit échappé à l'exactitude des ordonnances précédentes.

Toute la difficulté se réduit donc à examiner si cette distinction ne regarde que les siéges qui ne ressortissent en aucun cas au parlement en matière civile, ou si elle a aussi pour objet les bailliages et sénéchaussées qui, dans les cas ordinaires, ressortissent nûment aux parlemens; mais qui, dans les cas de l'édit, reconnoissent les juges présidiaux pour supérieurs : en sorte que les chefs de l'un des siéges, indistinctement, puissent être pourvus à l'âge de vingt-sept ans, au lieu que ceux des bailliages présidiaux, si l'on peut se servir de cette expression, doivent avoir trente ans pour pouvoir exercer sans dispense les offices de lieutenans.

La lettre de la loi est si claire et si favorable à la première de ces deux interprétations, qu'on ne peut presque que l'obscurcir et l'affoiblir en voulant la prouver.

On ne peut néanmoins se dispenser de faire ici quelques observations pour appuyer et pour confirmer le véritable sens, et l'on ose dire même le seul, que l'on puisse donner à cette loi.

1.° Il semble qu'on ait prévenu la difficulté que l'on fait naître aujourd'hui, quand on a conçu la disposition de cette déclaration en termes négatifs.

En effet, quels sont ceux qui, par cette déclaration, sont exceptés de la règle générale établie par les édits de 1669 et 1672, ce sont ceux qui voudront se faire pourvoir des charges de lieutenans dans les siéges qui ne ressortissent pas nûment aux cours de parlemens en matière civile : il faut donc pour jouir de cette exception, pouvoir montrer que le siége dans lequel on veut entrer ne ressortit nûment, en aucun cas, en matière civile, au parlement.

Telle est la nature et la force d'une proposition universelle négative que, pour l'établir, il faut qu'elle se trouve véritable dans tous les cas. Or, bien loin que celui qui est pourvu d'un office de lieutenant-général dans un bailliage ordinaire, puisse prouver que la raison sur laquelle il se fonde, pour être pourvu avant trente ans, est véritable dans tous les cas ; au contraire, il est forcé de reconnoître qu'elle cesse presque toujours, et qu'elle n'a lieu que dans quelques occasions assez rares, et qui n'ont pu servir de motif à la disposition de la loi.

On ne peut douter que la principale fonction des baillis et sénéchaux ne regarde les cas ordinaires dans lesquels l'appel est porté au parlement : c'est ce qui forme la matière de presque tous leurs jugemens. Le reste est renfermé dans des bornes si étroites que cela ne mérite presqu'aucune attention.

Comment peut-on donc appliquer la disposition négative de la déclaration de 1679 à ceux qui, bien loin d'être compris dans cette négative, sont au contraire dans le cas de l'affirmative ; ou pour parler plus clairement, comment peut-on étendre à des siéges qui ressortissent nûment au parlement dans le cas le plus commun et le plus ordinaire, une exception qui n'a été introduite qu'en faveur de ceux qui ne ressortissent en aucun cas au parlement en matière civile ?

2.° Si l'on examine attentivement le préambule de la déclaration de 1679, on y trouvera la distinction des siéges très-clairement marquée dans ces termes : *Et bien que notre intention n'ait pas été d'astreindre à cette règle les prévôts, sénéchaux, baillifs, vicomtes et lieutenans-généraux, civils et criminels ou particuliers des siéges qui ne ressortissent pas nûment en nos cours de parlemens en matière civile, néanmoins parce qu'il n'en a pas été fait de distinction.... d'avec les baillifs, sénéchaux et lieutenans-généraux, particuliers, civils et criminels et présidens des bailliages civils et criminels, et présidens des bailliages et sénéchaussées principales ; nous avons résolu, pour prévenir toutes difficultés, d'expliquer sur cela nos intentions, etc.*

On ne pouvoit pas marquer d'une manière plus précise quels sont les siéges sur lesquels tombe la règle des trente années, et quels sont ceux qui sont compris dans l'exception des vingt-sept ans.

Les premiers sont marqués dans ces termes du préambule, *les baillifs, sénéchaux, lieutenans-généraux, et des bailliages et sénéchaussées principales.* Tels sont les officiers qui doivent avoir trente ans pour être pourvus. On a évité de se servir en cet endroit du terme de siéges présidiaux, (qui est employé dans un autre endroit de la même déclaration) pour marquer que ce n'étoit point sur l'union du présidial au bailliage, que l'obligation imposée aux chefs du bailliage d'avoir atteint l'âge de trente ans, pour pouvoir obtenir des provisions, est fondée.

On a affecté, au contraire, de se servir du terme de *bailliages et de sénéchaussées principales* qui, dans toutes les anciennes et les nouvelles ordonnances, n'a jamais signifié que les bailliages et sénéchaussées qui ressortissent nûment au parlement.

Il n'en faudroit pas davantage pour montrer que tous les bailliages de cette qualité sont compris dans la règle, mais cette vérité paroîtra encore plus clairement, si l'on fait attention aux termes dans lesquels l'exception est conçue.

Les officiers sur lesquels tombe cette exception *sont les prévôts, sénéchaux, baillifs, vicomtes et lieutenans des siéges des justices royales qui ne ressortissent nûment au parlement en matière civile.*

On voit d'abord dans cette énumération d'officiers qui doivent jouir de l'exception, qu'il ne s'agit que des siéges inférieurs dont les appellations ne sont portées que par degré au parlement.

C'est pour cela qu'on a mis les prévôts à la tête de ce dénombrement; on y a placé ensuite les vicomtes et enfin les justices royales, tous siéges qui, sans aucun contredit, ne ressortissent jamais en matière civile au parlement.

Il est vrai qu'entre les prévôts et les vicomtes, on trouve le nom des baillifs et sénéchaux employé dans cette classe.

Mais premièrement, ils y sont tellement confondus avec tous les officiers qui n'ont pas le privilége de ressortir nûment au parlement, qu'il paroît évidemment que le terme de baillifs et sénéchaux doit s'entendre seulement de ceux des baillifs dont les appellations ne sont pas portées directement et immédiatement au parlement.

En second lieu, ce qui prouve que c'est à cette seule espèce de baillis qu'on doit appliquer cette expression, c'est le rang qu'on leur a donné dans cette clause; on ne les a placés qu'après les prévôts, et on ne leur auroit jamais donné ce rang, s'il avoit été question des grands bailliages, qui sont les juges supérieurs des prévôts, et qui, par conséquent, ne peuvent jamais être placés après eux.

Il faut donc, pour bien entrer dans le sens de cette déclaration, distinguer deux sortes de bailliages.

Les uns, qui méritent proprement ce nom, qui ont le privilége de recevoir les appellations des prévôts, et de ressortir nûment aux parlemens,

Les autres, qui ne sont distingués des prévôts que de nom, qui sont comme eux du ressort des grands bailliages, et qui ne ressortissent que médiatement au parlement.

Il y a des provinces où les officiers, qui portent ailleurs le titre de prévôts, n'ont point d'autre nom que celui de sénéchaux et de baillifs.

C'est ainsi qu'il est dit dans l'article 9 et 10 de la coutume de Boullenois, qu'il y a *huit bailliages royaux audit comté, lesquels sont ressortissans, en cas d'appel, immédiatement par-devant ledit sénéchal.*

C'est ainsi que dans les lettres-patentes qui furent expédiées pour la rédaction de la coutume de Ponthieu, on ordonne *aux cinq baillis royaux qui sont sujets et ressortissent sans moyens en icelle sénéchaussée*, de s'assembler pour travailler à cette rédaction.

Le baillif de Beauvais portoit ce nom dans le temps même qu'il ressortissoit à Senlis, comme on l'apprend de l'article 44 de la coutume de Senlis.

Enfin, les siéges royaux de saint Omer, d'Aire, de Bapaumes, d'Hesdin, ont tous le titre de Bailliages; et cependant ils sont tous du ressort du conseil d'Artois.

On pourroit citer un grand nombre d'exemples de cet usage; et le Languedoc en fourniroit encore de plus considérables que ceux que l'on vient d'alléguer, puisqu'il y a deux siéges dans la sénéchaussée de Nîmes, qui sont plus étendus que deux des plus grands bailliages des environs de Paris, et qui cependant ressortissent en cette sénéchaussée, quoiqu'ils portent le nom de bailliages.

Tels sont donc les siéges que la déclaration de 1679 a égalés, avec raison, aux prévôtés, et aux vicomtés, aux simples justices royales, et qui sont tous compris dans la même exception; c'est sans doute pour marquer la différence qui se trouve entre ces siéges et les grands bailliages, que cette déclaration, en parlant des derniers, les appelle bailliages, et sénéchaussées principales, comme on l'a déjà remarqué.

Ainsi l'argument que l'on tire du terme de baillifs et sénéchaux tombe de lui-même, lorsqu'on a expliqué les différentes espèces d'officiers auxquels ce terme s'applique; et, comme c'est l'unique raison dont on puisse se servir pour se soustraire à la règle établie par les édits de 1669 et 1672, il suffit d'avoir détruit cette raison, pour confirmer et pour maintenir la règle dans toute sa pureté.

On y ajoutera néanmoins une troisième observation, qui se tire encore des termes mêmes de la déclaration de 1679.

Si l'on suppose qu'elle a été faite pour réduire la règle de trente ans aux principaux officiers des bailliages présidiaux, il faut avouer que ceux qui ont dressé la loi ont été fort malheureux dans le tour qu'ils ont choisi pour marquer son intention. Car pour exprimer une chose aussi simple que celle qu'on suppose qu'ils ont pensé, c'est-à-dire, que l'édit de 1669 n'auroit lieu que dans les siéges présidiaux, ils ont dit que la règle établie par cet édit ne souffriroit d'exception que dans les siéges qui ne ressortissent pas nûment au parlement. On a de la peine à comprendre, dans cette supposition, comment ils ont pu croire que l'on concluroit de ces termes que l'édit ne devoit pas être observé dans tous les siéges qui ne seroient point présidiaux.

Afin que ce raisonnement fût juste, il faudroit non-seulement que les siéges présidiaux ressortissent au parlement, mais qu'ils fussent les seuls siéges qui y ressortissent; or, comme de ces deux points, l'un n'est vrai que dans un cas et que l'autre est absolument faux, il est évident que les termes dans lesquels la déclaration est conçue, ne portent aucune idée dans l'espèce qui ne soit absolument contraire à celle qu'on prétend néanmoins que le législateur, ou le rédacteur de la loi, a voulu exprimer.

Mais la véritable solution de cette difficulté est que jamais l'auteur de la loi n'a eu intention de réduire la règle établie par l'édit de 1669, aux seuls siéges qui sont en même temps bailliages et présidiaux.

On pourroit même aller plus loin et montrer qu'il n'a pas dû avoir cette intention.

On diroit, s'il s'agissoit de traiter cette question, que le lieutenant-général ou particulier, civil ou criminel, est officier du bailliage et non pas du présidial, auquel il ne préside jamais en tant que lieutenant-général; qu'ainsi son âge et sa capacité doivent être déterminés par rapport à la qualité du bailliage, et non par rapport à l'idée accessoire du présidial uni au bailliage; que dans la jurisprudence présente on ne distingue point, quand il s'agit d'une dispense d'âge, les conseillers des simples bailliages ressortissans nûment en la cour d'avec les conseillers des bailliages présidiaux; les uns et les autres sont reçus au même âge, et s'ils ne l'ont pas, ils ont également besoin de la même dispense. Pourquoi fera-t-on à l'égard des chefs une distinction qui est inconnue à l'égard des membres? Enfin, peut-on demander trop d'expérience et de maturité dans la personne de ceux qui sont destinés à être l'exemple, la lumière, les arbitres de la règle et de la discipline d'une compagnie composée de plusieurs officiers.

Mais comme on l'a dit au commencement de ce mémoire, il ne s'agit pas ici de faire une loi nouvelle, il s'agit uniquement d'exécuter celle qui est déja faite ; on a tâché d'en expliquer le véritable esprit, quelque clair et quelque évident qu'il soit par les termes mêmes de la loi. A l'égard de l'usage qu'on lui oppose, il semble qu'il s'agisse ici d'une loi presqu'effacée et comme abolie par son antiquité; et cependant c'est une loi de vingt-deux ans. On n'a d'ailleurs allégué jusqu'à présent qu'un seul exemple, dans lequel elle n'a pas été observée. Et quelle est la loi qui ne seroit pas abrogée en France, s'il suffisoit de prouver qu'on a manqué de l'observer une fois, pour en conclure qu'on est dispensé pour toujours de l'exécuter?

MÉMOIRE

Concernant l'autorité du parlement sur les prévôts des maréchaux.

Le mémoire qui a été fait pour prouver que l'on doit obliger les officiers de maréchaussées à envoyer tous les six mois au grand-conseil l'extrait de leur dépôt, contient deux parties qu'il est à propos de distinguer d'abord, pour n'examiner ensuite que celle qui peut recevoir de la difficulté.

Dans la première, on établit des propositions si certaines, si générales et si incontestables, qu'il n'y a personne assez ennemi de la justice et du bien public, pour oser les contester.

Qui peut douter, en effet, que l'expédition ne soit une des principales parties de la justice; qu'elle ne soit encore plus importante dans les matières criminelles que dans les affaires civiles; que ce ne soit avec beaucoup de raison, qu'on a obligé les juges subalternes à rendre compte, deux fois l'année, à leurs supérieurs de l'état des procès criminels qui s'instruisent dans leur siége; que cette précaution ne soit également nécessaire, et à l'égard des juges ordinaires, et à l'égard des prévôts des maréchaux; ou si l'on veut même, qu'elle ne soit encore plus utile à l'égard des derniers, qu'à l'égard des premiers, parce que la crainte d'un appel inévitable peut contenir les uns dans leur devoir, au lieu que les autres, exempts de cette inquiétude, jouiroient d'une sévérité et d'une indépendance fatale à la justice, si l'on ne les obligeoit à donner dans les six mois à leurs supérieurs des preuves de leur lenteur ou de leur diligence?

Ce seroit abuser de son loisir, que de vouloir prouver la vérité de toutes ces maximes. La loi les autorise expressément, et quand il n'y auroit point de loi, il seroit du devoir des juges supérieurs de les faire observer.

Mais on veut conclure de ces propositions générales, que c'est au grand-conseil que les officiers des maréchaussées doivent envoyer les extraits de leur dépôt; et c'est à quoi se réduit ce que l'on peut appeler la seconde partie du mémoire, et la seule qui mérite d'être examinée.

Avant que d'entrer dans le détail des moyens dont on se sert pour soutenir cette nouveauté, on ne peut se dispenser de dire d'abord, que ceux qui la proposent auroient dû commencer par détruire, s'il est possible de le faire, deux grands préjugés qui paroissent suffisans pour condamner leur prétention.

Le premier est, que le grand-conseil n'a pour lui aucun monument de possession; on avanceroit cette proposition avec plus de timidité, si le mémoire qui a été donné pour étendre les droits de cette compagnie, n'en contenoit une preuve négative, à la vérité, mais si sensible et si convaincante, qu'on peut dire qu'elle égale la force des argumens les plus positifs.

Cette preuve est le silence profond dans lequel l'auteur du mémoire se renferme sur tout ce qui regarde l'usage et la possession. Il n'est pas à présumer que, pendant qu'il appuie sa prétention sur des maximes vagues et générales, sur une interprétation nouvelle et singulière de l'ordonnance de 1670, sur la haine héréditaire qu'il suppose que les parlemens ont conservé depuis cent cinquante ans contre les prévôts des maréchaux, il ait négligé un argument aussi considérable que celui qu'il auroit tiré, sans doute, de la possession, s'il eût pu en alléguer un seul acte en sa faveur.

C'est donc un fait qui doit passer pour constant dans l'examen de cette question, que le grand-conseil veut introduire une nouveauté, qui jusqu'à présent n'a eu aucun exemple. Cependant, les maximes générales qui sont alléguées par le défenseur de cette juridiction, ont toujours subsisté. L'ordonnance, selon son mémoire, a eu en vue le grand-conseil, lorsqu'elle a parlé des maréchaussées dans l'art. 19 du titre 6; enfin, cette espèce de jalousie des parlemens contre les prévôts des maréchaux, sur laquelle on se fonde principalement, a été autrefois infiniment plus vive et plus animée qu'elle ne l'est aujourd'hui, s'il est vrai qu'il en reste encore quelques vestiges.

Pourquoi donc cet usage, si nécessaire et si autorisé, ne s'est-il point établi jusqu'à présent dans une juridiction de privilége, toujours plus attentive à étendre et à augmenter ses attributions, que les juges ordinaires ne le sont à défendre et à conserver le droit commun; si ce n'est parce que l'on a reconnu dans tous les temps, que ce droit ne pouvoit jamais appartenir au grand-conseil? Tel est le premier préjugé, qui devient encore plus fort quand on y joint le second.

Ce second préjugé est que, non-seulement le grand-conseil n'a aucune possession, mais que le parlement s'est toujours maintenu dans le droit d'obliger les substituts du procureur-général du roi aux siéges des maréchaussées, à satisfaire à la disposition de l'ordonnance, en rendant compte tous les six mois de l'état des procès criminels qui s'instruisent par les prévôts des maréchaux.

Il ne faut pas remonter bien loin pour prouver la suite et la continuation de cet usage. Le procureur-général du roi a déjà reçu une partie des écrous que tous les officiers du ressort du parlement doivent lui envoyer pour les derniers six mois de l'année 1771. On y trouve indistinctement, et des écrous des accusés auxquels les juges ordinaires instruisent les procès, et des écrous de ceux qui sont poursuivis devant les officiers des maréchaussées. On reconnoîtra la même chose, si l'on veut examiner les six premiers mois de la même année, et cette preuve croîtra à mesure que l'on remontera dans les années précédentes;

l'on remarquera partout que l'on n'a fait jusqu'à présent aucune différence entre les procès qui s'instruisent à l'ordinaire, et ceux qui se doivent juger en dernier ressort; on rend compte également des uns et des autres. Ainsi, d'un côté, le grand-conseil n'a aucune possession, et de l'autre, le parlement l'a toute entière. Voilà les deux préjugés que l'on peut d'abord opposer à la prétention nouvelle du grand-conseil, et après lesquels il semble qu'on pourroit se renfermer dans le silence, sans manquer à ce que l'on doit à la défense des droits du parlement.

Si néanmoins on veut approfondir les raisons de cet usage, on peut dire d'abord que le grand-conseil, étant une juridiction de privilége et d'attribution, ne peut avoir que ce que le roi lui a nommément et expressément accordé. Or, le roi ne lui a jamais accordé le droit qu'il prétend exercer aujourd'hui; il ne peut donc en jouir sans excéder manifestement les bornes de sa juridiction.

On montrera ensuite que, quoique le parlement n'ait pas besoin de titre singulier, puisqu'il a tout ce qu'on ne lui a point ôté, cependant il joint en cette occasion la force d'une loi expresse et particulière à l'autorité du droit commun.

On fera voir enfin, que la raison n'est pas moins pour le parlement que la loi, et que, quand même il ne jouiroit pas du pouvoir qu'on lui conteste, il seroit du bien public de le lui accorder.

La première proposition contient deux parties: l'une, que le grand-conseil ne peut avoir que ce qui lui est expressément accordé; l'autre, qu'il ne sauroit montrer que le droit dont il s'agit lui ait jamais été attribué.

Le seul nom de juridiction privilégiée renferme la preuve de la première, et à l'égard de la seconde, il suffit, pour en être convaincu, de parcourir toutes les dispositions des ordonnances, édits et déclarations qui ont attribué quelque autorité au grand-conseil sur la juridiction des prévôts des maréchaux, ou des présidiaux.

La première et la plus ancienne est la déclaration de 1574, registrée au grand-conseil le 5 décembre 1577. Elle défend aux parlemens de recevoir l'appel des *jugemens, tant civils que criminels, qui seront rendus en dernier ressort par les présidiaux.*

Et parce que les parlemens, jaloux de l'autorité naissante des présidiaux, ne laissoient pas de recevoir ces sortes d'appellations, d'accorder les défenses ou de décerner des contraintes contre les greffiers, pour les obliger à apporter les procès, on ajouta à la fin de cette déclaration, *que les juges, greffiers et parties se pourvoieroient pour la réparation de tels jugemens et arrêts des cours, par-devant les gens tenant le grand-conseil.*

C'est cette déclaration qui a fait donner au grand-conseil le nom de conservateur des priviléges des présidiaux; mais il est évident qu'on ne peut rien conclure de ce premier titre, par rapport à la question présente, puisque tout le droit que cette déclaration accorde au grand-conseil est d'être le vengeur de la juridiction présidiale, mais non pas l'inspecteur de la conduite des juges présidiaux.

L'ordonnance de 1669, au titre des réglemens de juges en matière criminelle, art. 6, 7, attribue au grand-conseil la connoissance des conflits entre les siéges présidiaux, et des réglemens de juges entre les parlemens et les lieutenans criminels et les prévôts des maréchaux.

Ce second titre est dans le même esprit que le premier; il ne donne au grand-conseil que le réglement de la juridiction et non pas l'examen de la conduite des juges.

La déclaration du 27 septembre 1678, attribue, par provision, au grand-conseil, la connoissance des requêtes à fin de cassation des jugemens de compétence; mais bien loin que cette déclaration ait eu en vue d'étendre le pouvoir du grand-conseil au-delà des bornes prescrites par les anciennes ordonnances, on peut dire, au contraire, qu'elle a été faite pour le diminuer et pour empêcher l'abus que les accusés faisoient de la juridiction du grand-conseil, pour éloigner ou pour éviter leur condamnation.

Sans répéter ici tout ce que l'on a observé sur ce sujet dans un mémoire envoyé, il y a quelques mois, à monseigneur le chancelier, il suffit de s'arrêter à deux dispositions importantes de cette déclaration.

Par la première, il est défendu au grand-conseil d'accorder des commissions en cassation des jugemens de compétence, sous quelque prétexte que ce soit, même *d'avoir*, par lesdits prévôts, *instrumenté hors de leur ressort, ou fait chartre privée des prisonniers.*

Par la seconde, le roi déclare qu'il interdit absolument au grand-conseil la connoissance des jugemens définitifs qui seront donnés par les prévôts des maréchaux, *lui en défendant toute cour et connoissance, sinon qu'elle lui ait été renvoyée par le roi, à peine du nullité.*

En joignant ces deux dispositions, on reconnoît aisément quelle est la nature et l'étendue du pouvoir donné au grand-conseil.

Par la première, on lui ôte tout ce qui précède la question de la compétence.

Par la seconde, on lui interdit la connoissance de tout ce qui suit le jugement de cette question.

On ne lui permet pas même de connoître de ce qui paroît une espèce d'accession de l'examen de la compétence, comme par exemple, d'examiner si un prévôt a instrumenté hors de son ressort.

Il est donc visible que tout le pouvoir du grand-conseil, suivant cette déclaration, se réduit à examiner si le cas est prévôtal ou s'il ne l'est pas, soit par rapport à la qualité des accusés, soit par rapport à celle du crime; mais comme il n'y a rien en tout cela qui regarde la conduite des juges, on ne peut pas dire que cette déclaration ait attribué sur ce point aucun droit nouveau au grand-conseil.

Voilà cependant à quoi se réduisent tous les titres

de cette juridiction. On ne croit pas qu'elle puisse en alléguer aucun autre, ni faire voir que le roi lui ait jamais accordé, ni expressément ni tacitement, aucune inspection sur la conduite des prévôts des maréchaux, ou des présidiaux. Or, comme le droit d'examiner la lenteur ou la diligence de ces officiers dans l'instruction des procès criminels fait une partie considérable de cette inspection, on peut conclure de tout ce qui vient d'être observé, que ce droit n'a jamais été donné au grand-conseil, et par conséquent qu'il ne peut l'exercer sans entreprendre sur les fonctions du parlement, qui a pour lui, non-seulement le droit commun, mais la décision expresse des ordonnances. C'est la seconde proposition qu'il faut examiner en peu de paroles.

Il est certain d'abord, qu'avant l'année 1581, on ne trouve dans les ordonnances aucune disposition sur cette matière, ni en faveur du parlement, ni en faveur du grand-conseil, soit que la juridiction des prévôts des maréchaux ne fût pas encore absolument formée, soit que le zèle et l'activité de ces nouveaux officiers ne permît pas alors de prévoir qu'ils pourroient un jour tomber dans la négligence qu'on reprochoit aux juges ordinaires, soit enfin que M. les maréchaux de France, qui veilloient alors avec un très-grand soin sur la conduite des prévôts, prévinssent, par une inspection vive et continuelle, les abus auxquels la négligence des prévôts auroit pu donner lieu; il est toujours constant que toutes les lois qui ont précédé l'année 1581 n'obligent que les ordinaires à rendre compte de l'état des procès criminels qu'ils instruisent.

Mais au milieu de ce silence des lois, on ne laisse pas de trouver quelques vestiges d'un ancien usage favorable au parlement, ce qui fait voir que si MM. les maréchaux de France faisoient alors des réglemens pour obliger les prévôts des maréchaux à leur donner des preuves de leur vigilance, ils leur imposoient aussi la nécessité de s'acquitter de ce même devoir à l'égard du parlement.

On voit, par exemple, qu'en l'année 1568, M. le maréchal de Montmorency fit enregistrer, au greffe de la connétablie, un réglement dans lequel on trouve un article conçu en ces termes.

Que lesdits prévôts et lieutenans envoieront tous les quatre mois à mondit sieur le maréchal et à M. le procureur-général du roi au parlement de Paris, l'état au vrai, et à peine de faux, de tous les prisonniers qu'ils ont pris et de ceux à qui ils auront fait le procès, et les auroient jugés, renvoyé et élargis, etc.

Mais sans approfondir tout ce qui s'est passé avant l'année 1581, on ne peut douter qu'alors au moins on n'ait obligé les officiers des maréchaussées à rendre compte au parlement de leur conduite dans l'exercice de leurs charges, par rapport à la poursuite et à la capture des criminels.

Ce fut en cette année que le roi, après avoir créé des procureurs du roi aux siéges des maréchaussées, supprima ces nouvelles charges par un édit du mois de.... 1581, et rétablit les substituts du procureur-général aux siéges présidiaux et royaux dans le droit de faire les fonctions de procureurs du roi auprès des prévôts des maréchaux.

Ce dernier édit, qui renferme l'abrégé des devoirs de ces officiers, par rapport à la maréchaussée, porte expressément, qu'ils assisteront aux chevauchées que les prévôts des maréchaux sont tenus de faire, *desquelles chevauchées seront faits et dressés procès-verbaux, que nosdits procureurs signeront, et d'iceux envoiront autant de six mois en six mois, à nos amés et féaux chanceliers ou gardes de nos sceaux et à nos procureurs-généraux en nos cours de parlement, et les avertiront par même moyen du défaut qu'ils auront connu, et des points et articles de nos ordonnances, qui seront mal gardées et observées.*

Il ne s'agit pas, à la vérité, dans cet édit de l'envoi des écrous ou de l'extrait du dépôt criminel, et il n'y en est pas fait mention, parce que cette fonction regarde les procureurs du roi, plutôt comme officiers ordinaires que comme officiers de la maréchaussée. Mais quoique cet édit ne contienne aucune disposition expresse sur ce point, on peut dire néanmoins, qu'il décide la question en faveur du parlement, parce qu'on ne peut imaginer aucune raison de différence entre l'envoi des procès-verbaux de chevauchées, et l'envoi des écrous des prisonniers auxquels on instruit le procès dans les siéges des maréchaussées.

L'un et l'autre font également partie du compte que les prévôts des maréchaux doivent rendre de leur conduite à leur supérieur. Si le parlement est le supérieur des maréchaussées, pour ce qui regarde les procès-verbaux des chevauchées, pourquoi ne le sera-t-il pas pour ce qui concerne l'envoi de l'extrait du dépôt criminel? Si les prévôts des maréchaux doivent rendre compte au procureur-général des diligences qu'ils font pour purger la campagne de tous ceux qui troublent la sûreté et la tranquillité publique, par quelle raison ces mêmes officiers seroient-ils dispensés d'informer le même procureur-général de l'état des procédures qu'ils font contre ceux qu'ils ont arrêtés, soit dans leurs chevauchées, soit ailleurs? L'un et l'autre dépendent du même principe et tendent à la même fin. La loi doit donc être égale pour l'un et pour l'autre; et il est vrai de dire, que ce qui est réglé par l'édit de 1581, pour l'envoi des procès-verbaux de chevauchées, doit être regardé comme une décision formelle, pour l'envoi des écrous, ou de l'extrait du dépôt criminel.

Cette conséquence est d'autant plus juste, que l'édit de 1581 n'oblige pas seulement les substituts du procureur-général à lui envoyer les procès-verbaux des chevauchées des prévôts des maréchaux, il les charge encore expressément d'avertir les procureurs-généraux *du défaut qu'ils auront connu et des points et articles des ordonnances qui seront mal gardés et observés*. Pouvoit-on marquer d'une manière plus claire et plus précise, que les parlemens sont les supérieurs légitimes et les véritables inspecteurs de la conduite des prévôts des maréchaux?

On peut joindre à l'édit de 1581 la disposition de la déclaration du 18 décembre 1660, touchant le port d'armes, qui, après avoir ordonné aux prévôts des maréchaux de fixer leurs chevauchées, *pour nettoyer les pays de leur établissement des voleurs et vagabonds qu'ils y trouveront*, ajoute, *qu'ils seront tenus d'envoyer les procès-verbaux de leur diligence, de trois mois en trois mois, au siége de la connétablie.*

Personne ne révoque en doute que ce siége ne soit dans une dépendance absolue du parlement; ainsi envoyer les procès-verbaux des prévôts des maréchaux au greffe de la connétablie, c'est les mettre dans la voie et dans le canal du parlement, qui peut les prendre dans ce dépôt, et les examiner par lui-même, quand il le juge nécessaire, pour le bien de la justice.

Mais il paroît assez inutile de faire de plus longues réflexions sur cette déclaration, parce que l'ordonnance de 1670, qui l'a suivie de fort près, a décidé cette question si clairement et si expressément que, jusqu'à présent, on n'avoit pas cru qu'elle pût être susceptible de quelque difficulté.

L'article 19 du titre 6 de cette ordonnance contient deux parties.

Par la première, les greffiers des prévôtés et châtellenies royales et ceux des seigneurs sont tenus d'envoyer par chacun an, aux mois de juin et de décembre, au greffier du bailliage et sénéchaussée où ressortissent leurs appellations, médiatement ou immédiatement, un extrait de leur registre criminel.

Par la seconde, le roi s'explique en ces termes: *Les greffiers des bailliages, sénéchaussées et maréchaussées seront tenus, au commencement de chacune année, d'envoyer à notre procureur-général, chacun dans son ressort, un extrait de leur dépôt; même l'état des lettres de grace ou abolition entérinées en leurs siéges, avec les procédures et sentences d'entérinement, et la copie des extraits qui leur auront été remis par les greffiers des justices inférieures, l'année précédente.*

Tous ceux qui ont lu cet article depuis plus de trente ans, avoient cru que les termes de *notre procureur-général, chacun dans son ressort*, ne pouvoient s'appliquer, dans le véritable sens de l'ordonnance, qu'aux procureurs-généraux des parlemens.

Mais aujourd'hui, il s'élève un nouvel interprète de cette loi, qui apprend à tous les hommes qui l'ont précédé, qu'ils se sont trompés dans l'explication de l'ordonnance, qui l'apprend au grand-conseil même; car enfin, on ne sauroit trop répéter que, jusqu'à présent, le grand-conseil n'a point prétendu que cet article de l'ordonnance lui attribuât le droit d'obliger les prévôts des maréchaux à leur rendre compte de leur diligence dans l'instruction des procès criminels. Il faut néanmoins se dépouiller, pour un moment, de la prévention que l'on doit avoir pour tout ce qui porte le caractère de nouveauté, afin d'examiner l'interprétation nouvelle que l'on propose aujourd'hui, avec autant d'indifférence qu'on le pourroit faire, si elle n'étoit pas déjà condamnée par l'usage.

Cette interprétation est uniquement fondée sur le terme *de ressort*, dont l'ordonnance de 1570 s'est servie, et en obligeant les greffiers des bailliages, sénéchaussées et maréchaussées, à envoyer l'extrait de leur dépôt *au procureur-général, chacun dans son ressort.*

Or, dit-on, il est impossible d'appliquer ces termes au ressort des parlemens, *parce que le mot de ressort n'a jamais été employé que pour marquer les tribunaux où l'on peut porter l'appel, et se plaindre de ce qui s'est passé dans les juridictions inférieures*; et comme le parlement ne peut recevoir l'appel de procédures faites par les prévôts des maréchaux, et qu'au contraire, en cas de conflits de juridiction, ou de requête en cassation des jugemens de compétence, on se pourvoit au grand-conseil, il paroît juste et conforme à l'esprit de l'ordonnance d'interdire au parlement le droit de se faire rendre compte de l'état des procès qui s'instruisent dans les maréchaussées, pour attribuer ce même droit au grand-conseil, comme l'unique supérieur que les prévôts des maréchaux soient obligés de reconnoître.

C'est à quoi se réduisent tous les raisonnemens que l'on fait pour amplifier la juridiction du grand-conseil.

On peut dire d'abord, que c'est attacher le pouvoir de ce tribunal à un filet bien foible et bien délié, si l'on peut parler ainsi, que de le faire dépendre de l'interprétation subtile du terme de ressort.

Mais pour approfondir le vice de cette interprétation, on peut la rétorquer contre ceux mêmes qui la proposent. Car enfin, si le parlement n'est point le juge du ressort par rapport aux prévôts des maréchaux, le grand-conseil l'est encore moins; il est inouï que le grand-conseil ait prétendu connoître par la voie d'appel d'une procédure faite par un prévôt des maréchaux, lorsque sa compétence a été une fois bien établie; au lieu que le parlement en connoît au moins en un cas, qui est celui des duels, dont les prévôts des maréchaux ne sont juges qu'à la charge de l'appel.

D'ailleurs, si le parlement n'est point le supérieur des prévôts des maréchaux, quant à la juridiction sur leur jugement, il l'est au moins par rapport à l'autorité qu'il a droit d'exercer sur leur conduite dans les fonctions publiques de leurs charges. Cette autorité n'est exercée par le grand-conseil, que par entreprise et par usurpation, comme on le fera voir.

On pourroit donc soutenir avec raison, que le terme de ressort, pris même dans sa plus étroite signification, convient beaucoup mieux au parlement qu'au grand-conseil; mais au moins il est certain que le grand-conseil, qui n'est juge que de la compétence et non pas des jugemens rendus par les prévôts des maréchaux, ne peut pas plus s'appliquer le terme de ressort que le parlement.

Ainsi, si l'on admettoit l'interprétation nouvelle que l'on donne à l'ordonnance, on en pourroit tirer cette conséquence absurde dans les principes de l'ordre public, mais juste dans les règles du raisonnement, que comme il n'y a aucun tribunal qui soit juge du ressort à l'égard des maréchaussées, il n'y en a aussi aucun qui soit en droit d'obliger les prévôts des maréchaux à lui rendre compte de leur diligence dans l'instruction des procès criminels.

Cette réflexion seroit seule suffisante pour faire rejeter l'interprétation que l'on propose.

Toute interprétation, qui conduit à une absurdité, est une interprétation vicieuse et contraire à l'intention du législateur. Quand il y auroit de l'équivoque, de l'ambiguité dans la lettre de la loi, il faudroit toujours en revenir à son esprit. Il est certain qu'elle a voulu obliger les prévôts des maréchaux à rendre compte de l'état de leur greffe aux juges du ressort. Or, il n'y a aucun juge auquel ce terme convienne, si on le prend à la lettre; il ne faut donc pas s'attacher à cette signification rigoureuse, puisqu'en s'y attachant, la loi devient absurde, illusoire, impraticable.

Pour s'expliquer sur ce point d'une manière encore plus précise et plus exacte, il est nécessaire du supposer que le terme de ressort peut avoir deux significations différentes, l'une étroite et de rigueur, dans laquelle il ne s'applique proprement qu'aux juges d'appel; l'autre plus générale et plus étendue, dans laquelle il signifie le territoire ou l'étendue de la juridiction.

C'est en ce dernier sens qu'on dit tous les jours, dans l'usage ordinaire, qu'un juge n'a aucune autorité hors de son ressort; que rien n'est plus important que de fixer les limites du ressort des juridictions; qu'une telle matière n'est point du ressort d'un tel juge. Dans tous ces cas, il est évident que l'on confond le ressort avec le territoire ou avec l'étendue de la juridiction.

Or, il est aisé de faire voir que c'est dans ce sens que le terme de ressort a été souvent employé par les ordonnances, et cela dans la matière même dont il s'agit, c'est-à-dire, dans ce qui regarde les fonctions des prévôts des maréchaux. On se contentera d'en rapporter quelques exemples.

C'est ainsi que la déclaration de 1547, qui règle les fonctions et les départemens des prévôts des maréchaux, dit, *qu'ils doivent les chevauchées et visitations ordinaires pour tous les lieux et endroits de leur ressort*;

Que l'édit de 1576, portant création de la charge de vice-sénéchal de Fontenay-le-Comte, attribue à ce nouvel officier tel et semblable pouvoir, autorité, ressort, juridiction et exercice de justice, dont jouissent les autres vice-sénéchaux, vice-baillifs et prévôts des maréchaux de notre royaume, chacun en *son ressort*;

Que la déclaration de 1584, rendue en faveur du prévôt de Montfort, énonce que le lieutenant de ce prévôt se donnoit la liberté d'exécuter toutes sortes de commandemens, sans en avertir ledit prévôt, tant *aux champs qu'aux villes dudit ressort dudit prévôt*;

Que par l'édit de 1595, portant création de la charge de vice-sénéchal à la Rochelle et pays d'Aunis, il est dit que les lieux dans lesquels elle *sera exercée, sont distraits et éclipsés du ressort et charge du prévôt des maréchaux d'Angoumois*;

Que par l'édit de création des charges de lieutenans du prévôt général de Languedoc, il est dit que le pouvoir qui avoit été donné jusques-là à ces officiers, ne peut être suffisant pour empêcher les abus *qui se commettent dans une province de si grande étendue et ressort, comme est notre cour de parlement de Toulouse*;

Que par des lettres-patentes de 1610, qui règlent les fonctions et la séance du vice-sénéchal de Périgord, il est dit, *que cet officier est en possession d'avoir séance et voix délibérative en tous les procès qui sont jugés par nos lieutenans-criminels et juges présidiaux, du ressort de notredite cour de parlement de Bordeaux*;

Que par l'édit de 1651, sur les duels, il est enjoint aux prévôts des maréchaux, *chacun en leur ressort*, de se transporter sur les lieux, au premier bruit d'un combat arrivé, pour arrêter les coupables : disposition qui a été renouvellée par le dernier édit sur cette matière, en 1679;

Enfin, c'est en ce sens que le terme de *ressort* est employé dans l'ordonnance même de 1670, de l'interprétation de laquelle il s'agit.

Cette ordonnance porte, dans l'article 2 du titre des procédures particulières aux prévôts, vice-baillis, etc., que les prévôts des maréchaux *ne pourront recevoir aucune plainte ni informer hors leur ressort, si ce n'est pour rébellion à l'exécution de leurs décrets.*

Il est évident que le terme *de ressort* ne s'entend, dans cet endroit, et dans tous ceux qui viennent d'être cités, que de l'étendue de la juridiction, par rapport au territoire et au lieu dans lequel les prévôts des maréchaux sont établis; autrement ce terme n'auroit, dans toutes ces ordonnances, aucun sens raisonnable; car comme on n'appelle point aussi à leur tribunal, et comme ils n'ont point de supérieurs, par rapport aux jugemens qu'ils rendent, ils n'ont point aussi d'inférieurs.

Quelle est donc la conséquence que l'on doit tirer de cette longue induction, si ce n'est, premièrement, qu'il suffit que le terme de ressort soit équivoque, comme il l'est en effet, suivant toutes les autorités qui viennent d'être alléguées, pour pouvoir conclure que l'argument de l'auteur du mémoire du grand-conseil ne prouve rien; et en second lieu, que, puisque dans le style ordinaire des ordonnances, le terme de ressort, quand il est employé par rapport aux prévôts des maréchaux, ne signifie que l'étendue de la juridiction dans laquelle ils servent, c'est au parlement seul que ce terme peut et doit être appliqué, puisque c'est au juge ordinaire que le territoire appartient?

En effet, quoique l'on n'appelle point des prévôts des maréchaux aux parlemens, il est néanmoins vrai de dire, que ces officiers sont établis dans le ressort des parlemens, c'est-à-dire, dans les lieux dans lesquels chaque parlement exerce sa juridiction. Ce sont deux choses bien différentes, que d'être dans le ressort, et d'être sujet à l'appel. La dernière ne convient pas, à la vérité, aux prévôts des maréchaux; mais la première leur convient. Or, l'ordonnance ne parle que de la première; elle ne dit pas que les officiers, dont les appellations ressortissent au parlement, seront obligés d'envoyer au procureur-général l'extrait de leur dépôt criminel; mais elle veut que les officiers des bailliages et des maréchaussées envoient cet extrait au procureur-général, chacun *dans son ressort*: termes qui ne désignent que le lieu du ressort, et non pas le droit de ressort, ce qui comprend en deux mots tout ce que l'on a dit, jusqu'à présent, sur l'interprétation du nom de ressort.

Cette réflexion paroîtra encore plus décisive, si l'on considère que les ordonnances ont décidé que la connoissance des crimes appartiendroit aux juges du lieu du délit; elles ont regardé cette connoissance comme un fruit du territoire, fruit malheureux, à la vérité, et amer pour quiconque le recueille, mais fruit qui est attaché à la terre qui le produit, qu'on regarde, par conséquent, comme une suite de la réalité, et qui ne peut, dans les règles ordinaires, être donné qu'à celui qui, par le droit de sa juridiction, est en quelque manière le maître de la terre, ou, ce qui est la même chose, juge du territoire.

Mais comme cette qualité ne peut pas même être prétendue par le grand-conseil, on peut dire, avec vérité, que c'est sans aucun fondement qu'il vient abuser en sa faveur du terme de ressort dont l'ordonnance s'est servie, puisque ce terme ne lui convient point, soit dans sa signification étroite, parce que le grand-conseil n'est point un juge d'appel, soit dans sa signification plus étendue, parce que le grand-conseil n'est point le juge du territoire.

Quoiqu'il suffise, pour établir le véritable sens de l'ordonnance, d'avoir détruit l'interprétation, aussi nouvelle que forcée, que l'on veut lui donner; cependant, pour épuiser entièrement cette matière, et pour n'y laisser aucun sujet de doute, quelque léger qui puisse être, on ajoutera à ce qui vient d'être dit, quelques réflexions courtes et détachées les unes des autres, qui achèveront de donner au véritable sens de l'ordonnance, le dernier degré de lumière et d'évidence.

1.° On ne croit pas que l'on puisse citer une seule ordonnance générale, qui puisse désigner, que celui qui exerce l'office public au grand-conseil se soit servi du terme *de notre procureur-général*, sans aucune addition qui en détermine et qui restreigne le sens; au lieu que ce nom, demeurant dans toute son étendue, et, si l'on peut s'exprimer ainsi, dans toute la généralité de sa signification, s'applique perpétuellement dans les ordonnances anciennes et nouvelles au procureur-général du roi au parlement.

2.° Il étoit d'autant plus nécessaire ici d'ajouter quelque note particulière qui distinguât celui qui exerce cette fonction au grand-conseil, d'avec les autres procureurs-généraux, qu'il est certain que dans le même article, dans la même clause, dans la même ligne, il y a des dispositions qui, certainement, et de l'aveu même du grand-conseil, ne peuvent s'appliquer qu'au parlement; il est nécessaire de reprendre ici les termes de l'ordonnance.

Les greffiers des bailliages, sénéchaussées et maréchaussées seront tenus, au commencement de chaque année, d'envoyer à notre procureur-général, chacun dans son ressort, un extrait de leur dépôt.

On ne peut pas douter que, par rapport aux bailliages et sénéchaussées, le nom de procureur-général ne s'entende de celui qui en remplit les fonctions au parlement; et si cela est, comment supposera-t-on que, dans un moment, l'esprit de l'ordonnance ait changé, qu'on y ait voulu établir une autre règle à l'égard des maréchaussées, et que l'ayant voulu, on ne l'ait pas marqué expressément, en disant que les officiers de ces juridictions enverroient l'extrait de leur dépôt à celui qui exerce le ministère public au grand-conseil. Si l'on avoit eu cette intention, on se seroit expliqué d'une autre manière; l'ordonnance auroit dit que les officiers des bailliages ou sénéchaussées et des maréchaussées, enverroient l'extrait de leur dépôt; savoir, ceux des bailliages ou sénéchaussées aux procureurs-généraux des cours de parlement, et ceux des maréchaussées à celui du grand-conseil; mais bien loin de s'expliquer en cette manière, l'ordonnance réunit toutes les différentes espèces de siéges dans une même clause, et les renvoie tous à un seul procureur-général, dans chaque ressort. Il est donc visible qu'elle n'a voulu faire aucune distinction, et que, comme les bailliages et sénéchaussées doivent envoyer au procureur-général du parlement l'extrait de leur greffe, les maréchaussées doivent s'acquitter aussi du même devoir à l'égard du même procureur-général.

3.° Si l'esprit de l'ordonnance avoit été d'attribuer au grand-conseil le pouvoir qu'il prétend exercer aujourd'hui, et si les termes de l'ordonnance avoient suffisamment exprimé ce sens qu'on lui attribue, il est certain que, comme elle auroit introduit en cela un droit nouveau, le parlement, plus jaloux alors de son autorité qu'il ne l'est à présent, et peut-être aussi plus en état de la soutenir, n'auroit pas manqué de se récrier sur cet article, comme il l'a fait sur beaucoup d'autres, dans lesquels il a cru trouver la diminution de son pouvoir. Cependant on voit, au contraire, que dans les conférences qui furent tenues en présence de M. le chancelier, cet article a passé sans aucune contradiction; on proposa seulement d'y ajouter que les greffiers seroient tenus d'envoyer l'état des lettres de rémission, abolition, et autres lettres de grâce, avec les procédures et sentences d'entérinement. Cette proposition fut faite par M. Talon, approuvée par M. Pussort, et suivie dans la rédaction de l'ordonnance : voilà tout ce qui fut dit sur cet article; et, quoique l'on n'en puisse tirer qu'un argument négatif, il est aisé néanmoins de sentir toute la force de cette preuve, qui découvre sensiblement quel a été l'esprit des rédacteurs de l'ordonnance et de ceux qui en ont été comme les examinateurs, et, si l'on ose le dire, les contradicteurs.

4.° Il n'y a point de voie plus sûre pour interpréter fidèlement les ordonnances, que de les comparer, ou avec les lois qui les ont précédées, ou avec l'usage qui les a suivies ; or, l'une et l'autre de ces deux voies sont également favorables au parlement.

On a fait voir que toutes les ordonnances qui ont précédé celles de 1670, ou ne disent rien en faveur du grand-conseil, ou s'expliquent formellement en faveur du parlement.

Et à l'égard de l'usage qui a suivi l'ordonnance, usage qui commence à devenir ancien, puisqu'il y a près de trente-deux ans que cette loi est en vigueur, il est entièrement conforme à l'interprétation que le parlement a toujours donnée à l'ordonnance; puisque, d'un côté, il est constant que les écrous des prisonniers auxquels le procès s'instruit dans les siéges des maréchaussées, sont envoyés au parlement, et, que de l'autre, il est certain que jamais on ne les a envoyés au grand-conseil.

Ainsi, tout ce qui précède et tout ce qui suit se réunit en faveur du parlement, et concourt à fixer le véritable sens de l'ordonnance, quand même il y auroit quelque obscurité ou quelque équivoque dans ses expressions.

5.° Enfin, on peut produire ici le témoignage du grand-conseil contre le grand-conseil même. Cette juridiction a fourni deux sortes d'argumens contre ses prétentions :

Le premier est négatif, et se tire d'un grand nombre de réglemens, que le grand-conseil a entrepris de faire, sans aucun titre, et par une pure usurpation entre les officiers de maréchaussée. On ne trouve dans cette multitude d'arrêts que le grand-conseil a rendus pour régler les fonctions de ses officiers, aucune disposition qui oblige les procureurs du roi ou les greffiers à envoyer au grand-conseil l'extrait de leur dépôt : auroit-il oublié de leur donner des règles dans le seul point qui intéresse sa juridiction, s'il avoit cru y être bien fondé?

Le second argument est positif : le grand-conseil a rendu en 1645, un arrêt qui renouvelle la disposition des anciennes ordonnances, à l'égard des chevauchées; mais, dans quel dépôt le grand-conseil ordonne-t-il que les procès-verbaux en seront remis? Ce n'est point au greffe du grand-conseil, c'est au greffe du conseil privé et en celui de la maréchaussée; c'est ainsi que cette question est décidée à l'égard du vice-sénéchal d'Angoulême, par arrêt du 25 janvier 1645.

On voit par cet arrêt, qu'à la vérité, le grand-conseil n'a pas voulu ordonner, conformément à l'édit de 1581, que les procès-verbaux de chevauchée seroient envoyés au procureur-général, de peur de donner par là un nouveau titre au parlement; il s'est contenté d'exécuter la moitié de cet édit, en ordonnant que ces procès-verbaux seroient envoyés au conseil privé pour être examinés par monseigneur le chancelier, conformément à l'édit. Mais il est toujours certain qu'en ce temps-là, le grand-conseil n'a pas osé se donner un titre à lui-même, et qu'il a été beaucoup plus modéré sur l'étendue de sa juridiction qu'il ne le paroît aujourd'hui.

Voilà, pour ainsi dire, tout le droit positif de cette matière, il resteroit maintenant d'en expliquer les raisons; mais comme elles se présentent naturellement à l'esprit, sans le secours d'aucune recherche, il suffira de les recueillir en très-peu de paroles, et on le doit faire d'autant plus légèrement, qu'on a déjà été obligé d'en traiter quelques-unes en répondant aux objections tirées du mémoire du grand-conseil.

Une première raison, qui devroit faire attribuer au parlement le droit dont il s'agit, quand même il n'en seroit pas en possession, est qu'on ne peut douter que ce droit ne fasse partie de cette police générale et de cette discipline universelle, dont le soin a toujours été confié au parlement. Décider de la compétence d'un prévôt ou d'un présidial, dans un cas particulier; régler un conflit de juridiction entre un prévôt et un lieutenant criminel : voilà ce qui peut appartenir au grand-conseil, sans blesser l'ordre public; mais veiller continuellement sur l'administration de la justice, sur l'observation des ordonnances, sur les mœurs, sur la conduite des juges, sur la manière dont ils s'acquittent de leurs devoirs, sur la qualité des services qu'ils rendent au public; c'est ce qui regarde les soins et la sollicitude du tribunal qui peut prendre, sous l'autorité du roi, le titre de magistrat universel. Partager cette inspection entre plusieurs juridictions, c'est la détruire; c'est au moins l'affoiblir et rompre cette unité si importante, si nécessaire dans toutes les espèces différentes d'administrations. Tel est l'enchaînement de la plupart des affaires criminelles, qu'elles ne peuvent être bien conduites que par un même esprit. Il est aisé dans la spéculation, de distinguer, de fixer les limites des juridictions ordinaires et des juridictions extraordinaires; mais, comme dans la pratique, elles doivent toutes se réunir pour le bien public, il faut aussi qu'une même intelligence préside à leur direction; et l'on peut appliquer à l'administration de la justice, ce qui a été dit par rapport à l'ordre du gouvernement politique: *Non aliter ratio imperandi constat, nisi uni reddatur.*

Nous trouvons dans notre usage, plusieurs maximes qui sont comme autant de conséquences de ce principe.

C'est en effet par cette raison que, dans les évocations les plus générales, toutes les affaires qui intéressent la police et l'ordre public, ne sont jamais censées renvoyées au tribunal de privilége et d'attribution.

C'est sur ce même fondement que, quoique la cour des aides et la chambre des monnoies se servent des prisons de la conciergerie du palais; quoique le grand-conseil, MM. les maréchaux de France et plusieurs autres juridictions, qui se prétendent indépendantes du parlement, soient en possession d'envoyer leurs prisonniers au Fort-l'Evêque; quoiqu'enfin il y ait souvent dans la tour Saint-Bernard des criminels condamnés aux galères par le parlement de Rouen et par celui de Tournay; cependant, on n'a pas révoqué en doute, jusqu'à présent, que tout ce qui regarde la discipline et la police de ces différentes prisons, n'appartienne uniquement et privativement au parlement.

Enfin, c'est dans ce même esprit que l'ordonnance et l'usage ne permettent pas aux greffiers des geoles d'avoir des registres différents, quoiqu'il y ait dans leurs prisons des prisonniers auxquels on instruit le procès dans plusieurs juridictions, indépendantes l'une de l'autre. Un seul registre, suivant l'article 6 du titre 13 de l'ordonnance, est destiné à recevoir les écrous et recommandations, les élargissemens et les décharges de toutes sortes de prisonniers; un seul registre, suivant l'article suivant du même titre, doit contenir l'inventaire des meubles, hardes et paquets dont les prisonniers sont touvés saisis; ces registres doivent être seulement paraphés et cotés par le juge ordinaire, lui seul en a l'inspection, tant il est vrai que les ordonnances ont toujours eu pour principe de déférer à un seul ce qui appartient au gouvernement et à l'administration générale de la justice.

Une seconde raison, aussi puissante que la première, est que les prévôts des maréchaux sont établis, non-seulement pour connoître de certains crimes, mais encore plus pour procurer la sûreté publique, et la punition des crimes même qui ne sont pas de leur compétence, soit par les courses qu'ils doivent faire dans la campagne, soit par le secours qu'ils sont obligés de prêter aux juges ordinaires, pour la capture des criminels, et pour assurer l'exécution de leurs jugemens.

Ce sont, à proprement parler, des troupes auxiliaires qui doivent toujours combattre pour le bien de la justice, sous les ordres de ceux qui en ont la principale administration; il faut donc que le parlement les connoisse, et qu'ils reconnoissent l'autorité du parlement. S'ils s'accoutument à croire que le parlement n'a aucune inspection sur leur conduite; si on peut réussir à leur persuader qu'ils ne sont dépendans que du grand-conseil; que cette compagnie a seule le droit de veiller sur leur lenteur et leur diligence à instruire les procès criminels, ils négligeront bientôt d'exécuter les ordres qu'ils recevront du parlement; cette négligence sera encore infiniment plus grande, par rapport aux juges ordinaires inférieurs. Cependant ce n'est pas le grand-conseil qui se sert de leur ministère; c'est le parlement, ce sont les officiers de la justice ordinaire, qui ont souvent besoin de leur secours. Ainsi, il arrivera que ces officiers n'auront du respect et de la déférence que pour un tribunal qui ne se sert jamais d'eux, et qui n'est pas même en droit de s'en servir, pendant qu'ils n'auront que de l'indifférence pour les tribunaux auxquels ils doivent leurs secours, leur assistance et leurs services.

Le bien public demande, au contaire, que, sans blesser les prérogatives attribuées aux prévôts des maréchaux, par rapport à l'autorité de leurs jugemens, on les laisse dans une dépendance étroite du parlement; que le grand-conseil soit le défenseur de leur juridiction, mais que le parlement soit l'inspecteur et le juge de leurs personnes. C'est le partage le plus juste et en même-temps le plus avantageux au public, que le roi puisse faire de son autorité entre ces deux compagnies. Par là, on maintiendra les privilèges des inférieurs, sans blesser la subordination qu'ils doivent toujours conserver par rapport à leurs supérieurs légitimes; et, pour tout dire en un mot, on assurera aux prévôts des maréchaux la libre jouissance de leur dignité, en leur donnant le grand-conseil pour protecteur de l'indépendance de leurs jugemens; mais en même-temps, on ménagera les intérêts du public, en laissant les prévôts dans la dépendance du parlement : dépendance dont il seroit facile de trouver une infinité de preuves dans les registres du parlement, qu'on pourroit ajouter à ce mémoire, si l'on ne devoit pas s'appliquer à le réduire beaucoup plus qu'à l'augmenter.

Enfin, pour retrancher plusieurs autres raisons de convenance, il y en a une de justice et de droit étroit, à laquelle il semble qu'on ne puisse rien opposer.

Personne ne doute que la connétablie ne soit une juridiction entièrement soumise et subordonnée au parlement. Ainsi, tout ce qui se porte directement en ce siége, se porte par appel au parlement; tout ce que la connétablie peut faire, le parlement le peut faire avec encore plus d'autorité, en observant seulement les degrés de juridiction. Or, c'est le siége de la connétablie qui est le supérieur naturel et immédiat des prévôts des maréchaux; c'est en cette juridiction, qu'ils prêtent le serment; c'est là, qu'ils reçoivent le caractère qui les rend officiers; c'est, par conséquent, à ce tribunal qu'ils doivent répondre de leur conduite.

La vérité de cette proposition ne peut être révoquée en doute, elle est écrite dans plusieurs déclarations du roi, et elle a été confirmée par un jugement rendu contradictoiremennt avec le grand-conseil.

Le pouvoir et la juridiction de la connétablie sont renfermés dans douze articles fondamentaux que les édits et déclarations du roi ont toujours confirmés. L'onzième de ces articles porte expressément, que *les officiers de la connétablie connoîtront des fautes, abus et malversations que les prévôts des maréchaux ou leurs lieutenans et archers peuvent commettre en leurs offices, états, charges et commissions.*

La déclaration du mois de juin 1544, qui a été registrée au grand-conseil, s'explique en ces termes : *Et si aucuns prétendoient aucunes nullités, iniquités, fautes, abus ou malversations desdits prévôts des maréchaux, leurs lieutenans, greffiers, archers ou autres qui auroient procédé et assisté à la prise, jugement et exécution des criminels ou dépendance d'iceux, voulons que la totale cour, juridiction et connoissance soit et appartienne à nos amés et féaux les maréchaux de France ou leurs lieutenans, en la connétablie.*

Les déclarations du 15 novembre 1617 et du 8 octobre 1618, contiennent les mêmes dispositions; elles ont encore été renouvelées par des déclarations postérieures; mais, ce qui est absolument décisif contre la prétention du grand-conseil, c'est un arrêt du conseil privé, rendu le 7 avril 1626, sur la requête des officiers de la connétablie, après qu'*il en eût été communiqué avec le grand-conseil par les commissaires à ce députés.*

Par cet arrêt, le roi ayant égard à ladite requête, a ordonné, conformément aux ordonnances et lettres-patentes du premier janvier 1547, 15 novembre 1617 et 8 novembre 1618, que lesdits juges de la connétablie et maréchaussée de France connoîtront, en première instance, des fautes, abus et malversations des prévôts des maréchaux, leurs lieutenans et archers, en leurs offices, états, charges et commissions, etc.; fait défenses à ses cours souveraines de prendre connoissance, en première instance, desdits cas, à peine de nullité, sans préjudice auxdits prévôts de se pourvoir, pour les causes concernant leur juridiction, ainsi qu'ils ont accoutumé, par-devant le grand-conseil.

Cet arrêt a été signifié au grand-conseil le 2 mai 1626.

Il seroit difficile de trouver un préjugé plus authentique et plus décisif, ni qui renfermât d'une manière plus claire et plus précise, la distinction que l'on a tâché d'établir dans plusieurs endroits de ce mémoire, entre la juridiction et la conduite des prévôts. La défense de l'une est seule attribuée au grand-conseil; mais le jugement de l'autre est réservé à la connétablie en première instance, et par appel au parlement.

Si l'on oppose que cet arrêt et les déclarations

qui lui ont servi de fondement, n'ont décidé la question qu'à l'égard des prévôts des maréchaux, et qu'ainsi elle est toute entière par rapport aux siéges présidiaux, qui certainement ne sont pas soumis au siége de la connétablie, il est aisé de répondre, que le principe de la décision doit être le même, soit qu'on agite la question par rapport aux présidiaux, soit qu'on l'examine seulement, par rapport aux prévôts des maréchaux, et la raison en est évidente.

On ne peut donner au grand-conseil le droit d'être l'inspecteur et le juge de la conduite des présidiaux et de celle des prévôts des maréchaux, que parce que le grand-conseil est le conservateur des priviléges de leur juridiction ; c'est, en effet, le seul prétexte, la seule couleur que l'on a alléguée dans tous les temps, et que l'on allégue encore aujourd'hui en faveur de cette compagnie ; mais cette couleur et ce prétexte ont été rejetés à l'égard des prévôts des maréchaux : pourquoi donc ne le seroient-ils pas de même à l'égard des présidiaux ; et d'autant plus que les présidiaux ont les mêmes raisons d'exemption et d'indépendance, par rapport au grand-conseil, que les prévôts des maréchaux? Ni les uns ni les autres ne sont reçus au grand-conseil ; les uns et les autres, au contraire, sont reçus ou au parlement, ou dans une juridiction dépendante du parlement : le droit des présidiaux est même en cela plus fort que celui des prévôts des maréchaux, puisqu'ils sont reçus au parlement, au lieu que les prévôts ne sont reçus qu'à la connétablie. Qui pourra donc demander compte aux présidiaux de l'usage qu'ils ont fait de leur dignité, si ce n'est le tribunal qui les en a mis en possession, et qui a imprimé sur leur front le caractère d'officier ? Qui pourra les punir pour avoir violé le serment qu'ils ont fait à la justice, si ce n'est le parlement qui l'a reçu? Ou, si l'on ne peut les soustraire entièrement à la juridiction du parlement, voudra-t-on les assujettir aussi à celle du grand-conseil ? Mais seront-ils soumis à deux supérieurs différens? comment pourront-ils accorder des devoirs souvent incompatibles? auquel des deux obéiront-ils par préférence; et seront-ils les seuls officiers du royaume qui auront le malheur d'être obligés de servir à deux maîtres? Mais en voilà trop sur une matière dans laquelle on peut dire que les ordonnances anciennes et nouvelles, que l'esprit et la lettre de la loi, que le droit et la possession sont tellement réunis en faveur du parlement, que l'on craint de lui avoir fait quelque préjudice en le défendant si sérieusement sur un point dans lequel son droit est si évident.

MÉMOIRE

SUR LES JURIDICTIONS CONSULAIRES.

La proposition de régler la compétence des juges et consuls par la distance des lieux, et d'attribuer la connoissance des matières consulaires aux juges et consuls les plus proches, a été faite une infinité de fois, et, jusqu'à présent, elle n'a eu aucun succès.

Il faut néanmoins l'examiner sans prévention, comme si elle n'avoit pas été condamnée toutes les fois qu'elle a été avancée.

Cet examen renfermera deux questions qu'il est nécessaire de traiter séparément :

La première, est de savoir qu'elle a été, jusqu'à présent, la disposition des ordonnances et la jurisprudence des arrêts sur ce point.

La seconde, s'il est à propos de changer une règle aussi ancienne que l'établissement des consuls, et d'en introduire une nouvelle, comme les négocians le demandent.

A l'égard de la première question, il suffit de parcourir la suite des édits, déclarations et ordonnances qui concernent la juridiction des consuls, pour être pleinement convaincu que cette proposition a été perpétuellement condamnée depuis cent quarante ans, que le premier édit d'établissement des consuls, à Paris, a été publié.

En effet, si l'on consulte cet édit, qui est le fondement de tous les autres, puisque toutes les juridictions consulaires ont été créées à l'instar de celles de Paris, on n'y trouvera rien qui favorise la prétention des consuls.

Mais, si l'on y joint la déclaration de 1565, on y trouvera une disposition expresse qui la condamne;

et cette disposition est d'autant plus considérable, qu'il s'agissoit alors d'un établissement qui joignoit à la faveur qu'il a encore aujourd'hui, celle qui est toujours attachée en France aux nouveaux établissemens; et que la déclaration qui contient cette disposition, a été accordée sur les prières et remontrances des six corps des marchands de la ville de Paris, qui demandèrent au roi une explication claire et précise de l'étendue de leur juridiction, pour prévenir les conflits, dont ils étoient tellement fatigués, que, pour se servir des termes mêmes de la déclaration, *leur juridiction seroit devenue illusoire*, si le roi n'y avoit pourvu.

C'est dans toutes ces circonstances que le roi Charles IX jugea à propos de déterminer la nature et la compétence de la juridiction des consuls; et il le fit d'une manière si claire, que les rois, ses successeurs, n'ont pas cru jusqu'à présent que l'on pût y rien ajouter.

L'esprit de cette déclaration, qui a regardé avec raison la juridiction des consuls comme une juridiction de privilége, a été de distinguer deux sortes de priviléges, par rapport à l'étendue de cette juridiction :

Un privilége personnel, attaché à la personne du marchand, en vertu duquel il doit être assigné devant les juges et consuls, s'il y en a d'établis dans le lieu où il fait sa résidence.

Un privilége réel, attaché à la matière, et qui suit la marchandise, si l'on peut parler ainsi, en vertu duquel tout marchand peut être traduit par-devant les consuls des lieux où la marchandise a été vendue ou livrée, ou dans lesquels le paiement doit être fait.

Telles sont les deux maximes fondamentales de la juridiction des consuls; elle se détermine ou par la personne, ou par la matière, parce qu'elle est également établie en faveur de l'une et de l'autre.

Mais il y a une extrême différence entre ces deux priviléges; et comme la loi a eu encore plus en vue la faveur de la matière, que celle de la personne, elle a donné aussi beaucoup plus d'étendue au privilége réel qu'au privilége personnel.

Dans le cas du privilége réel, c'est-à-dire, lorsque la contestation est portée par-devant les juges et consuls établis, dans le lieu où la marchandise a été vendue, ou doit être livrée et payée, il n'y a point de lieu dans le royaume d'où le défendeur ne soit obligé de venir subir la juridiction des consuls.

Mais, dans le cas du privilége personnel, on ne peut traduire le défendeur que devant les juges du lieu de son domicile; et, lorsqu'il ne se trouve point de juges et consuls dans ce lieu, le privilége cesse ou retourne au droit commun, et le juge ordinaire devient seul compétent.

Ensorte que, pour bien entrer dans l'esprit de la déclaration de 1565, et pour en comprendre toute l'étendue, il faut supposer qu'il peut arriver trois cas différens :

Le premier, qu'il y ait des juges et consuls établis dans le lieu où le débiteur a son domicile; et, dans ce premier cas, c'est à ces juges et consuls qu'il appartient de connoître de la contestation, à l'exclusion du juge ordinaire.

Le second, que n'y ayant point de juges et consuls établis dans le lieu du domicile du débiteur, il y en ait dans celui où la marchandise a été vendue, ou doit être livrée et payée; et, dans cette seconde supposition, la compétence de ces juges et consuls ne peut être contestée, en quelque lieu que le débiteur fasse sa demeure.

Le troisième, qu'il n'y ait point de consuls établis, ni dans le lieu du domicile du débiteur, ni dans celui où la marchandise a été vendue ou doit être livrée et payée; et en ce cas, la déclaration de 1565, n'attribuant aucun privilége à la juridiction consulaire, ni par rapport à la chose, ni par rapport à la personne, le juge ordinaire du domicile du défendeur est seul compétent, suivant la disposition du droit commun. Voilà quel est l'esprit de cette déclaration; il est aisé de s'en convaincre en examinant les termes dans lesquels elle est conçue.

Elle règle d'abord ce qui regarde le cas du privilége personnel, et c'est ainsi qu'elle s'explique sur ce sujet : « Voulons........, que les juges et con» suls des marchands, établis en notre dite ville de » Paris, connoissent et jugent en première instance » de tous différends *entre marchands habitans de » Paris, pour marchandises vendues ou achetées en » gros ou en détail* ».

Elle passe ensuite au privilége réel qu'elle établit en ces termes :

« Et, quant à la marchandise vendue ou achetée, » ou promise livrer, et paiement pour icelle destiné » à faire en ladite ville, par les marchands en gros et » en détail, *tant habitans de ladite ville, qu'autres » juridictions et ressorts de notre royaume*..... » Avons iceux juges et consuls desdits marchands de » notredite ville de Paris, déclarés et déclarons » juges compétens ».

Voilà donc deux cas très-clairement distingués.

Un premier cas, où l'on n'envisage que le privilége personnel et le domicile du débiteur, et dans lequel la déclaration décide que les juges et consuls ne sont compétens qu'à l'égard de ceux qui sont habitans de Paris; c'est ce qui est marqué expressément par ces mots : *Entre marhands habitans de Paris;* et si l'on observe l'opposition qui se trouve entre cet article où l'on ne parle que des *marchands habitans de Paris*, et l'article suivant, où l'on comprend tous les marchands indistinctement, *tant habitans de ladite ville qu'autres juridictions du royaume.* On y trouvera une démonstration parfaite de la vérité de cette maxime, que lorsque la juridiction des consuls se régle par le domicile du débiteur, ils ne sont compétens qu'à l'égard de ceux qui demeurent dans le lieu où le siége de la juridiction consulaire est établi.

Un second cas est encore très-clairement marqué

dans cette déclaration; c'est celui du privilége réel, qui s'étend partout le royaume, et qui attire tous les marchands au tribunal des juges et consuls établis dans le lieu où la marchandise est vendue, livrée ou payée.

La décision de ces deux premiers cas emporte nécessairement la décision du troisième; car, s'il est vrai, suivant cette déclaration, que les juges et consuls de Paris ne peuvent connoître des causes des marchands qu'entre ceux qui sont habitans de Paris; si cette règle ne souffre d'exception que lorsque la marchandise est vendue, livrée ou payée à Paris, il s'ensuit nécessairement de ces deux décisions, que, lorsque le débiteur n'est point domicilié à Paris, et que la marchandise n'y est ni vendue, ni livrée, ni payée, les juges et consuls de Paris sont incompétens, et par conséquent, que le juge ordinaire du débiteur a seul droit d'en connoître.

Or, ce qui a été réglé pour les juges et consuls de Paris, a été déclaré commun pour tous les consuls du royaume. Ainsi, tous les juges et consuls des marchands ne sont compétens, que lorsque le débiteur a son domicile dans le lieu de leur établissement, ou lorsque la marchandise y a été vendue, livrée, ou y doit être payée.

Telles sont les bornes dans lesquelles il a plu au roi de renfermer la juridiction consulaire par la déclaration de 1565.

Le même esprit paroît encore dans l'ordonnance de Blois (1), lorsqu'en ordonnant la suppression de plusieurs siéges de juges et consuls, il renvoie *les causes pendantes et indécises esdits siéges par-devant les juges ordinaires des lieux*.

Si l'on avoit cru alors que toutes les contestations qui regardent la marchandise, ne pouvoient être portées que par-devant les consuls, et qu'il fallût s'adresser à la juridiction consulaire la plus prochaine, lorsqu'il

(1) Art. 139.

n'y en avoit point d'établie dans le lieu où la contestation étoit née, il est certain qu'on auroit renvoyé par-devant les consuls les plus proches, les causes pendantes dans les siéges supprimés. Mais, parce qu'on n'avoit pas encore imaginé cette manière nouvelle de régler la juridiction, par la distance des lieux, on jugea, conformément à la disposition de la déclaration de 1565, que les siéges des juges et consuls établis dans les petites villes ne subsistant plus, il n'y avoit que les juges ordinaires des lieux, qui pussent prendre connoissance des causes qui étoient actuellement pendantes dans les siéges supprimés.

L'ordonnance du mois de mars de l'année 1673 n'a fait que réunir, dans un seul article (1), ce qui en compose deux dans la déclaration de 1565.

Cet article porte que, *dans les matières attribuées aux juges et consuls, le créancier pourra donner l'assignation à son choix, ou au lieu du domicile du débiteur, ou au lieu auquel la promesse a été faite, et la marchandise fournie, ou au lieu auquel le paiement doit être fait.*

Ainsi, suivant cette ordonnance, comme suivant la déclaration de 1565, il n'y a que les juges et consuls du lieu du domicile, ou ceux du lieu où la promesse a été faite et la marchandise fournie ou stipulée payable, qui puissent être compétens; et, quand aucun de ces cas ne se rencontre, la chose est laissée à la disposition du droit commun.

La jurisprudence des arrêts n'est pas moins certaine sur ce point, que la disposition des ordonnances.

Sans parler ici de ce que l'on trouve dans un plaidoyer de M. Brisson, prononcé le 18 janvier de l'année 1577, où il pose pour principe certain et incontestable, *que les juges et consuls ne sont fondés en juridiction sur les marchands forains, si non es trois cas de l'ordonnance qui sont, que la marchandise soit livrée à Paris, la cédule ou obligation*

(1) Art. 17 du tit. 12.

faite d'icelle à Paris, ou le paiement destiné. L'on trouve un arrêt célèbre du 7 mai de la même année, rendu sur les conclusions du même avocat-général, par lequel le parlement *fit défenses aux juges et consuls de Chartres, d'entreprendre juridiction sur les habitans du comté de Dunois, qui est situé dans le bailliage de Blois, où il n'y avoit point de consuls;* et ordonna que l'arrêt seroit lu et publié en l'auditoire des consuls de Chartres.

La même question a été jugée de la même manière à l'égard des consuls d'Auxerre en 1659, des consuls de Châlons en 1686, et des consuls de Compiègne en 1703; et il seroit facile de trouver encore d'autres arrêts semblables, tant la jurisprudence a été constante et uniforme sur ce point.

Il est important de remarquer, en cet endroit, que le parlement, toujours favorable au bien du commerce et à la juridiction consulaire, a étendu, par ses arrêts, les bornes de cette juridiction, bien loin de la restreindre, comme quelques négocians l'ont prétendu dans ces derniers temps. Car, au lieu que, suivant la lettre de la déclaration de 1565, les consuls ne paroissent compétens, quand il s'agit du privilége personnel, que lorsque le débiteur a son domicile dans la ville même, où le siége de la juridiction consulaire est établi, le parlement a cru que cette disposition pouvoit s'étendre jusqu'à ceux qui ont leur domicile dans l'étendue du bailliage, dont la juridiction consulaire est une espèce de démembrement.

Il résulte de toutes les réflexions qu'on vient de faire, que la règle perpétuellement observée depuis l'établissement des juges et consuls, résiste à la proposition que l'on fait sous le nom des négocians, d'abolir toutes les distinctions établies sur ce point par les ordonnances, et d'attribuer aux consuls seuls, la connoissance de toute affaire où il sera question de marchandise, en quelque lieu que demeure le débiteur, ou que la promesse ait été faite, ou la marchandise fournie et payée.

Il reste maintenant à examiner s'il est à propos

de déroger à toutes les lois qui ont été faites sur cette matière, et d'établir une maxime aussi nouvelle que celle que les négocians proposent dans leurs mémoires et dans le projet de déclaration qu'ils y ont joint.

La première réflexion qu'on doit faire sur cette question, est que l'on ne doit pas changer légèrement une maxime consacrée par l'autorité de plusieurs lois également solennelles, et affermies par une possession de plus de cent quarante années, qui a été confirmée toutes les fois qu'on a entrépris de la troubler.

Lorsque ces lois ont été faites, on n'aimoit pas moins le bien public qu'on l'aime aujourd'hui; on ne protégeoit pas moins le commerce, et l'on ne favorisoit pas moins la juridiction des marchands, autant que les règles de la justice le pouvoient permettre. De leur côté, ils n'étoient pas moins attentifs à défendre leurs intérêts et à soutenir les priviléges de leur juridiction, qu'ils le sont aujourd'hui. Cependant, ou ils n'ont jamais osé demander, ou certainement on n'a jamais cru devoir leur accorder ce qu'ils proposent présentement; et, soit qu'ils ne l'aient pas demandé, soit qu'ils ne l'aient pu obtenir, le préjugé est égal contre leur prétention.

Que si ce préjugé ne paroît pas encore absolument décisif, et si l'on veut faire décider de nouveau une question déjà jugée (si l'on peut s'exprimer ainsi) par trois ordonnances différentes, il faut nécessairement entrer dans les motifs de ces lois, et faire voir qu'elles méritent d'être observées par leur justice autant que par leur autorité.

Le grand motif de toutes ces ordonnances, et des arrêts qui en ont ordonné l'exécution, est qu'il faudrait nécessairement créer des siéges de juges et consuls dans tous les bailliages du royaume, ou s'attacher à la maxime fondamentale de la déclaration de 1565, et décider que toutes les fois qu'il n'y auroit point de consuls établis dans le lieu du domicile du débiteur, ou dans celui de la convention, de la livraison ou du paiement, la connoissance des matières, même consulaires, appartiendroit aux juges ordinaires.

Le premier parti a toujours paru si contraire au bien public, à l'intérêt des négocians et à l'avantage du commerce, que les députés du tiers-état en firent le sujet de leurs remontrances aux états de Blois; et le roi Henri III trouva ces remontrances si justes que, par l'art. 239 de l'ordannance de Blois, que l'on a déjà cité, il ordonne que *les siéges des consuls demeureront seulement es principales et capitales des provinces de ce royaume, esquelles y a grand train et trafic de marchandises;* et par l'article suivant de la même ordonnance, le même roi *supprime et révoque l'établissement desdits siéges faits es villes inférieures ès quelles n'y a affluence de marchands.*

Il ne reste donc plus qu'à faire voir qu'en excluant ce premier parti, on ne pouvoit en prendre aucun autre que de renvoyer par-devant les juges ordinaires, comme l'ordonnance de Blois l'a fait expressément, les contestations nées dans les lieux où l'on supprimoit les juges et consuls des marchands qui y avoient été établis.

Pour en être convaincu, il suffit de considérer qu'il falloit nécessairement, en ce cas, ou laisser les choses dans les termes du droit commun, ou ordonner que, dans les matières consulaires, les parties se pourvoiroient par-devant les juges et consuls les plus proches du lieu où la contestation seroit née.

Or, c'est ce qui a paru également contraire à l'usage, au bien de la justice et à l'interêt même des négocians.

L'usage y résiste certainement; une telle disposition n'a point d'exemple, et il est inoui que, par une loi générale et un ordre public établi dans le royaume, on ait fait dépendre la compétence des juges de la distance des lieux.

Le bien de la justice ne paroît pas moins blessé par cet expédient, que la dignité de la loi.

L'esprit général des anciennes et des nouvelles ordonnances a toujours été de faire ensorte que les sujets du roi pussent trouver, dans le lieu même de leur demeure, ou tout au plus dans le ressort du bailliage où ils ont leur domicile, une justice qui devient souvent, ou inutile, ou onéreuse, lorsqu'elle est plus éloignée.

Cependant, si l'on pouvoit jamais prendre le parti d'ordonner que les juges et consuls les plus proches seroient juges nécessaires de toutes contestations formées entre marchands, pour fait de marchandise, il arriveroit très-souvent que le demandeur et le défendeur seroient forcés d'aller chercher bien loin une justice qu'ils recevoient auparavant dans le lieu même de leur domicile, et cela, en première instance et dans les matières qui demandent une prompte expédition.

Il y a plusieurs villes dans le royaume qui sont éloignées de quinze et vingt lieues de toute juridiction consulaire; faudra-t-il que, pour l'affaire la plus légère, un marchand soit obligé de quitter son commerce, sa boutique, sa famille, pour aller plaider à vingt lieues de chez lui, et cela sans pouvoir s'en dispenser; car une des prétentions des négocians, est que les marchands sont tellement asservis à la juridiction consulaire, qu'il ne leur est pas permis, même d'un commun consentement, de porter leurs contestations dans un autre tribunal.

On dira peut-être que le même inconvénient se trouve dans un des cas marqués par la déclaration de 1565, et par l'ordonnance de 1673; c'est-à-dire, lorsqu'il y a des consuls établis dans le lieu où la promesse a été faite, ou dans celui où la marchandise doit être fournie ou payée; parce qu'il peut arriver, et qu'en effet il arrive très-souvent, que le débiteur n'ait pas son domicile dans ce lieu, et que néanmoins il faut alors qu'il subisse la juridiction des consuls qui y sont établis, quoiqu'ils soient peut-être très-éloignés du lieu de sa demeure.

Mais, dans ce cas, le débiteur est engagé, par son

propre fait, à reconnoître ce tribunal, soit parce que c'est dans ce lieu qu'il s'est obligé, soit parce que la marchandise y doit être livrée ou payée; et comme tout cela est compris dans sa convention, et que, suivant la disposition des ordonnances, toutes ces circonstances sont attributives de juridiction, il a dû prévoir la suite de son engagement lorsqu'il l'a contracté, et prendre ses mesures pour se défendre dans ce lieu, en cas qu'il y fût attaqué; ensorte qu'en ce cas, il est censé s'être soumis volontairement au tribunal des consuls établis dans ce lieu, et, par conséquent, on ne lui fait aucun tort quand on le traduit par-devant eux.

Mais, lorsqu'il n'y a point de juges et consuls, ni dans le lieu de son domicile, ni dans le lieu où la convention doit être exécutée, on ne peut le renvoyer aux juges et consuls les plus proches, puisqu'ils ne sont, en ce cas, ni ses juges naturels, ni ses juges par convention.

Enfin, l'intérêt même des négocians, et l'avantage du commerce est contraire à cette proposition.

L'un et l'autre demandent également que les causes des marchands soient expédiées promptement, sommairement, et sans aucun frais. Le plus grand obstacle qui puisse jamais s'opposer à la célérité et à la facilité de l'expédition est, sans doute, la multitude des conflits de juridiction, non-seulement entre les consuls et les juges ordinaires, mais même entre les différens tribunaux des consuls. Or, c'est ce qui arriveroit infailliblement, si l'on prenoit le parti de renvoyer les causes des marchands aux siéges les plus prochains des juges et consuls, lorsqu'il n'y en auroit point dans le lieu du domicile du débiteur.

Comme il n'y auroit rien de plus vague et de plus incertain qu'une telle règle, il n'y auroit aussi rien de plus facile que d'en abuser. Tout débiteur de mauvaise foi ne manqueroit pas de former un conflit de juridiction, et de soutenir qu'il y a des juges et consuls plus proches de son domicile que ceux devant lesquels on l'auroit fait assigner. Comment estimeroit-on le degré de proximité ? Seroit-ce par rapport à tout le bailliage dans lequel le défendeur auroit son domicile, ou par rapport au lieu particulier dans lequel il feroit sa demeure ? Seroit-ce par rapport aux grands chemins, qui sont ordinairement plus longs, que l'on mesureroit la distance, ou par rapport aux chemins plus courts, mais moins fréquentés ? Sur quel pied compteroit-on les lieues, dont on sait que la mesure est inégale dans toute l'étendue du royaume ? Qui ne voit combien ce détail, indigne de la gravité d'une loi, seroit contraire aux intérêts des négocians et du commerce même, par la multitude infinie de contestations préliminaires, plus difficiles et plus longues à juger que la contestation principale, auxquelles il pourroit donner lieu ?

Il est donc plus simple et plus convenable à l'usage, au bien de la justice et à l'avantage même des marchands, de laisser les choses dans l'état où elles sont depuis plus de cent quarante ans, et de faire ensorte que les marchands, comme les autres sujets du roi, puissent trouver des juges, en matière de marchandise, dans le lieu de leur domicile ; des consuls, quand il y en aura d'établis ; ou des juges ordinaires, quand le lieu de leur demeure n'est pas assez considérable pour mériter un établissement de juges et consuls.

Au reste, quoique l'on fasse valoir avec soin le nom et la faveur du commerce, par rapport à la question présente, cependant il faut convenir qu'elle est beaucoup moins importante qu'on ne veut le persuader. Il n'y a presque point de villes considérables et propres au commerce, où il n'y ait des juges et consuls établis. C'est dans ces villes que se fait le commerce, qui est véritablement favorable et qui mérite l'attention de ceux qui gouvernent l'état. Ainsi, l'on peut dire qu'en suivant les règles déjà établies, tout ce qu'il y a de contestations importantes en matière de commerce est porté dans le tribunal des consuls ; ils connoissent même de la plupart des différends qui naissent entre ceux qui sont domiciliés dans les lieux où il n'y a point de juges et consuls, parce qu'il est rare que les consuls établis dans les grandes villes ne soient compétens, ou par la circonstance du lieu où la convention a été faite, ou par celle du lieu dans lequel se doit faire la livraison ou le paiement.

Ainsi, ce qui leur échappe, et ce qui est porté par-devant les juges ordinaires, est si peu considérable qu'il est, pour ainsi dire, au-dessous de l'attention du législateur.

On ne voit donc qu'un seul tempérament que l'on pourroit prendre dans cette question, qui ne blesseroit, en rien, les règles de la justice, et qui procureroit aux négocians tout ce qu'ils peuvent avoir un intérêt solide de demander, c'est-à-dire, la facilité et la promptitude de l'expédition. Il ne faudroit, pour cela, qu'entrer dans l'esprit de l'ordonnance de Blois, et faire, pour toujours, ce qu'elle a fait pour une fois seulement.

En supprimant plusieurs siéges de juges et consuls, et en renvoyant par-devant les juges ordinaires des lieux, les causes qui y étoient pendantes dans ces siéges, l'on prit la sage précaution de ne renvoyer ces causes que par-devant les juges royaux, et de leur *enjoindre de vider sommairement les procès de marchand à marchand, et pour fait de marchandise, sans tenir les parties en longueur de procès, ni les charger de plus grands frais, qu'elles eussent supportés par-devant lesdits juges et consuls, sur peine de concussion.*

On pourroit donc, à l'exemple de cette disposition, et en y ajoutant ce qui peut la rendre plus parfaite, ordonner que, dans les cas où il n'y a point de juges et consuls qui soient en droit de prendre connaissance des contestations survenues entre marchands, et pour fait de marchandises, les parties seront tenues de se pourvoir par-devant les officiers du bailliage ou de la sénéchaussée de leur ressort, pour y être jugées sommairement, sans frais, et de la même manière qu'elles le seroient dans les juridictions consulaires, à la charge que les jugemens qui seront rendus en cette nature, seront rendus au moins par cinq juges, qui seront dénommés dans la sentence.

Si le roi approuve ce tempérament, il sera facile de l'expliquer d'une manière si claire et si précise, dans la déclaration qui sera faite sur ce sujet, que l'on préviendra par là, et les frais, et les longueurs que les négocians craignent, avec quelque raison, d'éprouver dans les justices ordinaires, et qui sont l'unique raison sur laquelle ils se fondent, pour introduire cette espèce de juridiction singulière qu'ils prétendent que les consuls doivent exercer de proche en proche.

MÉMOIRE

SUR L'ASSISE.

Quelle part ont les puînés dans les fiefs d'assise, ou dans les anciennes baronnies établies dès le temps de l'assise? Si c'est le tiers par usufruit, ou si c'est une moindre portion à l'arbitrage de l'aîné, *juxta posse suum.*

Cinq temps à distinguer :

Premier temps, celui de l'assise ;

Second temps, celui qui s'est écoulé depuis l'assise jusqu'à la première réformation de la coutume faite en 1539, dans lequel temps il faut examiner principalement la prétendue constitution du duc Jean II, de 1301, et celle de la très-ancienne coutume de Bretagne ;

Troisième temps, celui de l'ancienne coutume, ou de la coutume réformée en 1539.

Quatrième temps, celui de la dernière réformation en 1580 ;

Cinquième temps, celui de l'usage présent.

Premier temps, celui de l'assise.

Qui peut douter de l'esprit de cette loi, quand on en examine les termes?

Junioribus majores providerent, et invenirent honorificè necessaria juxta posse suum.

Simple provision, suivant le pouvoir de l'aîné.

Rien de plus arbitraire!

D'Argentré, sur l'art. 543 de l'ancienne coutume, l'a entendu de cette manière :

De secundo genitis id tantùm cautum, ut primogeniti consulerent, quòd, quantumque illis ad victum satis esset pro facultatibus, modus in arbitrio primogeniti relictus.

Le même auteur, dans sa préface du traité des partages nobles, s'explique en termes aussi forts :

Or, par ladite assise, la portion des puînés du gouvernement d'icelle n'étoit point déterminée, ains seulement relaissée à l'arbitrage et bonne grâce de leur aîné, et d'y pourvoir, pro numero liberorum et facultatibus, *et comme dit le texte*, pro posse suo.

Et dans le même traité sur l'art. 546, il dit, parlant de l'assise, *qu'elle n'ordonna que pour les barons et chevaliers..... sans arrêter la quote des puînés, qu'elle laissa en l'arbitrage des aînés.*

Les auteurs de la consultation, pour le partage de la seigneurie de Pont-château, imprimée à la fin de la première édition des arrêts de Frain, sont de même avis.

Lesdits barons et chevaliers étoient tenus de pourvoir, pro posse suo, *de nourriture à leur puînés.... Mais ce qu'ils prenoient de la main de leur aîné, ils le prenoient* ut liberi, non ut hæredes, *par forme d'aliment et de prestation viagère, sans détermination de quote, et le tout à l'arbitrage des aînés; voilà la pure pratique de l'assise, etc.*

Et plus bas :

Simples alimens pro vitâ et militiâ, *sans division ni démembrement desdits fiefs.*

La même chose, en d'autres termes, est dans la page suivante, et toute la consultation est une preuve continuelle de cette vérité.

Les auteurs d'une autre consultation qui est imprimée à la suite de la première, pour le partage de la seigneurie de Château-Briand, disent aussi *que l'assise ne laissa aux puînés mâles que la vertu et la vaillance en partage, avec une pension arbitraire pour leur subsistance, de la part de l'aîné....* pro vitâ et pro victu.

Si l'on cherche l'interprétation de l'assise dans les autres lois qui ont été faites presque dans le même temps et dnns le même esprit, on y trouvera des termes qui confirment encore cette première idée du pouvoir arbitraire accordé à l'aîné, par rapport à la portion, ou, pour mieux dire, à l'apanage ou à la provision alimentaire des puînés.

Les établissemens de Saint-Louis, faits, si l'on en croit leur préface, en 1270, s'expliquent ainsi sur les baronies, art. 24, pag. 14 :

Baronie ne se part mie entre frères, se leur père ne leur a fait partie, més li aisnés doit fere avenant bien fet aux puisné et si doit les filles marier.

Il n'y a personne qui ne sente la force de ces termes *avenant bien fet*; ils se rapportent à ceux de l'assise, *pro posse suo*. L'un s'explique parfaitement par l'autre, et tous deux marquent également que l'arbitrage de l'aîné n'est pas *merum arbitrium et solutum*, mais *arbitrium boni viri*, par rapport à la condition des enfans, à la qualité de la terre et des services dont elle est chargée, par rapport enfin aux forces de la succession.

Les constitutions de Naples ou de Sicile, *lib.* 3, *tit.* 21 *de adjutoriis pro militiâ fratris constitut. comitibus nec non tit.* 27 *de success. nobil. in feud. constit. ut de successionibus*, établissent très-nettement la préférence de l'aîné aux puînés, dans l'intégrité des fiefs, et ne les chargent de donner aux puînés que *vitam et militiam.*

L'ancienne glose sur la constitution *comitibus de adjutor. pro mil. fratr.* rapporte cet usage au droit des *Francs*.

Nam secundum usum eorum qui in regno vivunt jure Francorum, major fratres succedit in regno et rebus feudalibus, verumtamen ipse frater major tenetur secundùm possibilitatem feudi, et rerum feudalium præstare alimenta et militiam fratribus minoribus juxtà consuetudinem baronum et aliorum nobilium regni.

Ces termes de la glose, *secundùm possibilitatem feudi et rerum feudalium*, qui répondent exactement à ceux de l'assise, *pro posse suo*, sont d'autant plus remarquables, que cette glose a été faite peu de temps après l'assise.

L'assise a été rédigée par écrit, et jurée par les barons en 1185, et la glose des rois de Naples a été composée dans le douzième siècle, car elle a précédé le commentaire d'Andreas de Isernia, sur les mêmes lois; or, ce commentaire paroît avoir été commencé dès les premières années du treizième siècle, comme l'auteur de la vie de ce jurisconsulte, qui est à la tête de son commentaire sur les livres des fiefs, semble le démontrer.

Rien ne peut donc plus servir à éclaircir, à déterminer, à fixer le sens de l'assise, qu'une glose faite peu de temps après une loi semblable à l'assise.

Il faut joindre l'autorité d'Andreas de Isernia, qui a été regardé comme le Papinien du royaume de Naples, à celle de la glose.

Après avoir répété le principe qu'elle établit, que *alimenta quæ debentur in communi et vulgari vitâ et militiâ, dabuntur pro modo facultatum*, il explique deux opinions différentes sur la manière d'arbitrer *vitam et militiam* :

La première, qu'il falloit donner aux puînés la valeur des fruits de trois années, et faire la répartition ou le réglement de ces fruits, de telle manière que l'aîné n'en souffrît point, ou du moins qu'il ne fût pas réduit, par un paiement précipité, à rendre les services dont le fief étoit chargé;

La seconde, que ces alimens devoient être réglés sur le même pied que la légitime, ensorte que les puînés eussent pour alimens l'usufruit du tiers ou de la moitié de leur portion héréditaire, suivant le nombre des enfans.

Mais après avoir proposé ces deux sentimens, ce docteur ajoute :

Satis videtur œqua talis sententia (c'est la dernière); *non tamen vidi sic judicari de facto, sed frequenter concordare judices, majores cum minoribus ad plùs et minùs sicut sunt personæ, nec potest certa definitio de hoc dari, sicut de morâ,*

L. Mora 32, ff. de usur. *ubi necessarium esset judicari, et aliud non obstaret, æquum videtur quod dictum est* (c'est toujours de la seconde opinion dont il entend parler), *concordare tamen est tutiùs.*

Andréas Capanus, dans le Traité singulier qu'il a fait sur cette matière, intitulé *de vitâ et militiâ, quæst.* 6, regarde, comme Andréas de Isernia, la seconde opinion qui veut que les alimens, donnés *pro vitâ et militiâ*, soient réglés *ad instar legitimæ*, comme l'opinion la plus sûre, s'il falloit décider ces sortes de contestations, par un jugement rigoureux, plutôt que par un arbitrage équitable. Il rapporte les autorités de tous les docteurs de Naples et de Sicile, qui ont suivi en foule le sentiment de leur maître Andréas de Isernia; il y joint des consultations fameuses faites par les docteurs modernes qui ont approfondi cette question avec toute l'exactitude possible; et il résulte de toutes ces dissertations que la seconde opinion proposée par Isernia, est confirmée par la tradition constante de tous les auteurs, si l'on en excepte deux seuls qui ne se sont pas même bien expliqués.

Cependant, quoique l'exemple de la légitime ait paru décisive à tous ces jurisconsultes, Capanus remarque que les juges ne s'y sont point assujettis, comme à une règle fixe et immuable, et qu'ils ont cru pouvoir arbitrer les alimens d'une manière différente, par un principe d'équité; il en rapporte un exemple tiré de la décision 158, d'Antoine Capigeius, et il conclut ensuite en ces termes : *Ergò verum est quod dixi, quòd liquidatio vitæ et militiæ procedit ex arbitrio judicis, considerando qualitatem personarum et quantitatem bonorum;* et il avoit dit plus haut que le juge *debet liquidare vitam et militiam, consideratâ qualitate primogeniti, consideratis quantitatibus pro paragiis fœminarum sive nuptarum, sive religioni ingressarum, et ære alieno, cum assensu; super feudo contracto, et consideratâ qualitate feudalium introituum, ac pariter consideratâ qualitate secundo genitorum ut possint condecenter vivere, non diminutâ qualitate primogeniti, cui debet remanere tanta quantitas quanta sufficit, ut possit condecenter vivere, uti primogenitus et ut Dominus feudi, adeò ut ejus dignitas non diminuatur, et hoc est quod voluit dicere And. de Isernia, quòd judex debet laborare in reducendo fratres ad concordiam.*

Il confirme ensuite cette doctrine par l'exemple des apanages des enfans de France.

Contre les termes clairs, précis, décisifs de l'assise; contre l'autorité de M. d'Argentré et des anciens consultans de Bretagne; contre l'argument qui se tire de la disposition des lois semblables à l'assise, et de ceux qui les ont interprétées, on n'oppose que le seul nom de M.e Hevin, trop prévenu en faveur des puînés, contre les chefs des grandes maisons de sa province, et jaloux avec excès du faux honneur qu'il s'étoit flatté d'acquérir en combattant les opinions de d'Argentré, pour élever sa réputation sur les ruines de celle de cet auteur.

Le seul titre par lequel il prétend faire voir que tout le monde, jusqu'à lui, s'est trompé dans l'explication du texte de l'assise, est un partage fait dans la maison de Fougères, avant l'an 1204, peu de temps après l'assise, par lequel on donne à un puîné le tiers de la baronnie en usufruit, avec permission de donner, par aumône ou pour récompense de services, jusqu'à concurrence de cent livrées de terre:

D'où il conclut que, dès le temps de l'assise, la portion des puînés a été liquidée au tiers.

Mais, premièrement, ce titre est unique; il faudroit une multitude d'actes semblables pour prouver un usage contraire aux termes de la loi.

Secondement, ce titre ne prouve rien par plusieurs raisons:

1.° Ce n'est point un jugement, c'est une convention, une composition, une transaction faite entre des frères, par l'avis de leurs parens communs et de quelques autres seigneurs, qui ont pu croire que, dans cette espèce, l'aîné pouvoit et devoit donner le tiers à son puîné, sans estimer en même temps que l'on devoit en faire une règle générale contre tous les aînés, en faveur de tous les puînés,

2.° Quoique ce partage ait été fait après l'assise, il n'a pas dû néanmoins être soumis à cette loi, parce qu'il s'agissoit de partager une succession échue plus de vingt-cinq ans avant l'assise, suivant le témoignage de Hevin lui-même, *page* 523. Or, l'assise n'a pu avoir un effet rétroactif, non-seulement parce qu'elle porte le double caractère d'une loi nouvelle et d'une loi contraire au droit commun, mais encore parce que cette loi marque expressément, en deux endroits qu'elle n'aura lieu que pour l'avenir.

Elle s'explique ainsi dans l'article premier :

» *Quòd in Baroniis et feudis militum ulteriùs*
» *non fierent divisiones, sed major natu, etc.*

Les termes de l'article second sont encore plus précis.

» *Ea verò quæ tunc juniores possidebant in terris,*
» *sive denariis, quandiù viverent, tenerent, heredes*
» *terras detinentium in perpetuum illas possiderent :*
» *heredes verò denarios et non terras habentium mi-*
» *nimè post patres deberent.*

Il est donc visible que l'intention de la loi est de respecter les successions échues, et de laisser aux puînés, en pleine propriété, au moins la portion des terres et héritages qui leur étoit acquise par un droit antérieur à l'assise du comte Geoffroy.

Il naît encore de cette observation, un second argument contre l'induction qu'Hevin prétend tirer de ce titre.

Il est si peu vrai que ce partage doive être considéré comme une exécution, et en même temps une preuve du véritable usage introduit par l'assise, qu'il paroît au contraire que le puîné a été traité plus durement dans cet acte que dans l'assise; car, aux termes de l'article second de l'assise, on devoit lui laisser sa portion dans les héritages en pleine propriété, et cependant les arbitres ne lui en donnent que l'usufruit; et, si on lui permet de disposer d'une partie de cette portion, on limite en même temps son pouvoir, soit par le genre des causes pour lesquelles seules on autorise sa disposition future, qui se réduisent à une aumône, ou à quelques récompenses de services; soit par la quantité de terre qu'on abandonne à sa disposition, et qui n'est que de cent livrées, *centum librata terræ*. Comment peut-on soutenir, après cela, que l'assise ait servi de plan et de modèle à ce partage?

Mais, au contraire, on peut tirer de ce titre un grand avantage pour soutenir la cause des aînés, et pour montrer que jamais dans le temps de l'assise, on n'a eu la pensée de les obliger à donner le tiers aux puînés.

Car puisque, dans ce partage, on réduit un puîné à un tiers en usufruit, quoiqu'il fût saisi de sa portion avant l'introduction de l'assise, que n'auroit-on pas fait, s'il eût été question de partager une succession échue depuis l'assise? et qui pourra jamais se persuader que l'on eût égalé un puîné soumis à la disposition nouvelle de l'assise, assujetti par cette loi au pouvoir arbitraire de l'aîné, qu'on l'eût égalé, dis-je, à un puîné, exempt de cette même loi, fondée sur l'autorité du droit commun, et dont les priviléges avoient été conservés expressément par l'assise?

3.° Ce partage de la maison de Fougères ne prouve rien, parce qu'il prouve trop, et cela en deux manières.

Premièrement, s'il étoit vrai que l'on dût chercher dans ce titre le véritable esprit de l'assise, il s'ensuivroit que l'assise auroit permis aux aînés de donner quelque chose en propriété aux puînés, puisque Geoffroy de Fougeres accorde à Guillaume, son oncle, au moins cent livrées de terre en propriété : or, c'est ce qui est absolument contraire aux termes précis de l'assise, qui, dans l'article premier, veut que l'aîné *integrè retineat dominatum*, et qu'il ne donne qu'une provision, *honorificè necessaria*, aux puînés; qui dans l'article 2, ne laisse la propriété des fonds qu'aux puînés, lesquels en étoient saisis avant l'assise; qui, dans l'art. 4, opposant le mariage des filles à l'apanage des puînés mâles, permet à l'aîné de marier ses soeurs *de terrâ ipsâ*, et qui, par conséquent, ne laisse aucune ambiguité sur cette matière, par tant de dispositions uniformes dans leur esprit, quoique différentes dans leur application.

Secondement, s'il falloit encore une fois interpréter l'assise par ce titre, il faudroit établir pour maxime, touchant l'usage de cette loi, que chaque puîné auroit un tiers, ce qui seroit aussi absurde qu'impossible, et condamné expressément par Hevin lui-même, et par la jurisprudence de Bretagne. Elle est certaine et constante en ce point : suivant cette jurisprudence, tous les puînés, en quelque nombre qu'ils soient, n'ont jamais prétendu avoir plus d'un tiers; et cependant c'est la conséquence naturelle que l'on tireroit de ce titre, si on le prenoit à la rigueur : il ne faut pour cela que reprendre la généalogie de la maison de Fougeres, rapportée par Hevin, *pag*. 523.

Henri de Fougeres eut quatre enfans.

Raoul aîné, laissa un fils appelé Geoffroy.

Des trois autres qui survécurent tous à leur père, deux moururent avant le partage dont il s'agit : un seul restoit, et c'étoit Guillaume de Fougères, auquel ce partage attribue le tiers en usufruit. Il auroit donc fallu en donner autant à chacun de ses frères : que seroit devenue alors la part de l'aîné? Toutes les conséquences de cette supposition sont absurdes; cependant c'est à quoi l'application rigoureuse que l'on veut faire de cet acte peut conduire. Il prouve donc trop, si on le regarde comme une simple exécution de l'assise. Quelque étendue que l'on donne à cette constitution, on est obligé de convenir que tous les puînés n'ont qu'un tiers : que devoit-on donc faire en cette occasion, si ce n'est de donner à Guillaume de Fougères le tiers du tiers? C'est néanmoins ce que l'on ne fait pas : on lui donne le tiers en entier; donc on ne suit point l'assise, quand on l'entendroit dans le sens que les puînés veulent lui donner; donc ce titre n'a point de rapport avec l'assise ; donc, s'il y a quelque relation à cette loi, c'est uniquement pour montrer, comme on l'a observé ci-dessus, que jamais les puînés n'ont été traités favorablement dans la jurisprudence de Bretagne.

En joignant cette dernière observation à celle que l'on a faite un peu plus haut, et dans laquelle on a montré que le partage dont il s'agit, est en un sens plus rigoureux que l'assise, puisqu'il ne donne au puîné qu'un simple usufruit dans une succession échue avant l'assise, on achève de se convaincre du véritable esprit des arbitres qui ont été les auteurs de ce partage, on y découvre évidemment une espèce d'accommodement et de conciliation qu'ils ont faite de l'ancien droit avec le droit nouveau.

Si l'on avoit suivi exactement l'ancienne jurisprudence, on auroit été obligé de donner au puîné sa portion en pleine propriété ; mais aussi cette portion n'auroit été que du tiers dans le tiers, s'il est vrai que dès ce temps-là, c'est-à-dire avant l'assise, l'on connût déjà en Bretagne cette forme de division qui se pratique aujourd'hui entre les simples nobles, ou tout au plus du quart, si l'on y observoit le partage égal, comme le prétend M. d'Argentré.

Si, au contraire, on avoit suivi le droit nouveau introduit pour les barons, dans l'assise, le puîné auroit été réduit à un simple usufruit, tel que l'aîné l'auroit arbitré équitablement.

Entre ces deux jurisprudences différentes, les arbitres de la maison de Fougeres ont pris un milieu; ils n'ont point accordé de propriété au puîné, si l'on en excepte les cent livrées de terre dont on lui laisse la disposition, et par là ils ont dérogé à l'ancienne jurisprudence, et, en un sens, ils ont même traité le puîné plus rigoureusement que l'assise ; mais en récompense, ils lui donnent un usufruit beaucoup plus fort, par rapport au nombre des héritiers, que la propriété qu'il auroit pu espérer ; et, par une espèce de compensation équitable, ils lui ont attribué le tiers en usufruit, au lieu du neuvième en propriété ;

ou, si l'on veut rejeter la division par tiers, et soutenir avec M. d'Argentré la division égale avant l'assise, au lieu du quart en propriété, on lui adjuge le tiers en usufruit, et par conséquent, en un autre sens, leur partage est beaucoup plus favorable au puîné que le nouveau droit de l'assise; en un mot, il perd la propriété qu'il auroit eue avant l'assise, et il acquiert un usufruit beaucoup plus considérable que les alimens qu'il auroit eus depuis l'assise; et ce partage peut justement être appelé un passage, un milieu, un tempérament entre l'ancien droit et le nouveau, et par conséquent, c'est un simple accommodement de famille, et non point une exécution littérale de l'assise.

Second temps, c'est-à-dire celui qui s'est écoulé depuis l'assise jusqu'à la première réformation de la coutume faite en 1539, dans lequel il faut principalement examiner la prétendue constitution du duc Jean II, de l'an 1301, et la disposition de la très-ancienne coutume de Bretagne.

La question douteuse entre l'aîné et les puînés, consiste à savoir s'il est vrai que, dans ce temps, l'apanage des puînés ait été fixé au tiers, et rendu par là indépendant de la volonté de l'aîné, ou de l'arbitrage des juges.

Quoique la décision de cette question dépende principalement de l'axamen des deux lois qui ont été proposées dans le titre, il est néanmoins assez utile, avant que d'entrer dans cette discussion, de rechercher, en peu de mots, ce qui s'est passé en Bretagne, depuis l'assise jusqu'à la constitution du duc Jean II.

Hevin, qui paroît avoir plus approfondi cette matière que ceux qui l'avoient précédé, ne rapporte que deux vestiges de l'ancienne jurisprudence, pendant tout cet intervalle de temps qui comprend plus d'un siècle entier, depuis 1185 jusqu'en 1301.

Le premier vestige, dont Hevin fait mention *pag.* 552, ce sont plusieurs conventions particulières faites par les ducs de Bretagne et quelques grands seigneurs de cette province, par lesquelles il paroît que les ducs ont tantôt converti le droit du bail des mineurs, qui étoit précisément le même droit que celui de garde royale en Normandie, en droit de rachat, et que, d'autres fois, ils ont absolument remis ce droit de bail ou de garde par une libéralité purement gratuite.

Les exemples en sont rapportés par Hevin, à l'endroit cité.

Mais il y a peu d'apparence que ce changement, ou plutôt ces dérogations particulières au droit commun, regardent le droit de l'assise, parce qu'il est plus que vraisemblable que le droit de bail s'étendoit principalement sur tous les fiefs de Bretagne, sans aucune distinction de la dignité des terres, ou de la soumission des seigneurs aux dispositions de l'assise du comte Geoffroy.

Le second vestige, plus important que le premier, c'est la constitution du duc Jean I, de l'an 1275, transcrite à la fin de quelques éditions du vieux coutumier de Bretagne, insérée par M. d'Argentré dans son histoire, liv. 4, chap. 178, et rapportée par Hevin dans sa dissertation sur l'assise.

Pour expliquer la substance de cette loi du duc Jean I, il faut supposer ici deux maximes de la jurisprudence qui s'observoit alors en Bretagne.

La première, établie par le droit commun, et par une coutume générale qui avoit lieu, aussi bien et peut-être encore plus dans les simples fiefs, que dans les fiefs de haute dignité compris dans les termes de l'assise; et cette maxime étoit que les mineurs possesseurs de fiefs tomboient en la garde du duc, lequel, à titre de bail, jouissoit de tous les fruits des terres jusqu'à ce que les mineurs eussent atteint l'âge de vingt ans accomplis.

La seconde, propre et particulière à l'assise, ou plutôt aux fiefs qui se gouvernoient selon l'assise, étoit que lorsque l'aîné, au lieu de donner une simple provision au puîné, comme il le pouvoit selon l'article premier de l'assise, lui avoit donné un fief entier en propriété, à la charge de lui en rendre l'hommage, en ce cas, si le puîné venoit à mourir, sans enfans, et sans avoir disposé de son fief, la terre revenoit non pas à l'aîné qui l'avoit donnée en fief au puîné, mais au seigneur suzerain : c'étoit la disposition de l'article 6 de l'assise, qui sert encore d'une nouvelle preuve, pour montrer combien la condition des puînés étoit fâcheuse en Bretagne, puisqu'on se servoit de toutes sortes de voies pour détourner les aînés de leur donner une terre en propriété.

Ces deux maximes supposées, il est facile d'expliquer les deux parties de l'ordonnance du duc Jean I.

Sa première partie a pour objet la première maxime que l'on vient de proposer; et, pour prévenir les abus auxquels le bail des mineurs donnoit lieu, le duc de Bretagne convertit ce droit en un droit de rachat payable à chaque mutation, par le décès de tous possesseurs majeurs et mineurs.

L'on peut douter, avec beaucoup de raison, si cette première partie de la constitution du duc Jean I, regardoit les nobles d'assise, c'est-à-dire les barons et chevaliers, pour qui l'assise avoit été faite, ou si elle ne concernoit que les simples gentilshommes non compris dans l'assise.

Hevin semble avoir supposé non-seulement que les barons étoient l'objet de cette ordonnance, et qu'ils en étoient même l'unique objet, mais il l'a supposé sans aucune preuve.

On peut dire même que le contraire semble prouvé par le texte de l'assise expliqué par Hevin; car, suivant ce texte, dans l'article 3, et, suivant le commentaire de Hevin, le bail des enfans mineurs de l'aîné appartient au puîné qui le suit immédiatement, et au défaut de puînés, l'aîné mourant a le choix du baillistre avec le consentement du seigneur.

« *Item si terra majoris devenerit in balliam, frater major post eum balliam habebit; quòd si fratrem non habuerit, ille de amicis balliam habeat*

» *cui decedens cum assensu Domini sui eam vo-*
» *luerit commendare* ».

C'est le texte de l'assise.

Hevin l'explique parfaitement, et dit que rien n'étoit plus naturel que de donner la garde du fief à celui qui devoit veiller à sa conservation, en qualité d'héritier présomptif du mineur, et qui, étant le propre frère du vassal, ne pouvoit être une personne suspecte au seigneur; mais que, lorsqu'il n'y avoit point de frères du défunt, il étoit juste que le choix du baillistre ne pût être fait qu'avec le consentement du seigneur.

Si telle étoit la disposition de l'assise; si, en aucun cas, le bail des mineurs ne pouvoit appartenir au duc de Bretagne, on ne comprend pas comment la première partie de l'ordonnance du duc Jean I auroit pu regarder les nobles de l'assise. Par quel droit auroit-on pu obliger ces nobles à consentir à cette conversion du droit de bail, en droit de rachat, s'il est vrai qu'à leur égard, le duc de Bretagne n'eût aucun droit de bail? Le droit de rachat est une indemnité, un dédommagement, une compensation du droit de bail; il ne peut donc être acquis au duc de Bretagne, que dans les mêmes cas dans lesquels il jouissoit du droit de bail; mais il n'en jouissoit point quand il s'agissoit d'un fief d'assise, puisque, par l'assise même que Geoffroy avoit jurée pour lui et pour ses successeurs, le bail d'un fief de cette nature appartient toujours ou aux frères du vassal décédé, ou à celui auquel il l'a confié avec l'agrément du seigneur; en un mot, comment concevoir que le duc de Bretagne reçoive un dédommagement dans un cas où il ne souffre point de dommage?

Il est surprenant néanmoins que cette observation n'ait point été faite ni par d'Argentré, ni par Hevin, et que l'un et l'autre, si opposés sur la plupart des questions qui regardent les anciens usages de Bretagne, conviennent néanmoins en ce point, et regardent la coutume qui donnoit le droit de bail au duc de Bretagne, comme une coutume générale qui s'étendoit sur les nobles d'assise, comme sur tous ceux qui relevoient nûment du duc.

Il y a même quelque chose de plus fort que tout cela contre cette remarque, c'est le fait qui est expliqué par d'Argentré, tant sur l'article 76 de l'ancienne coutume de Bretagne, que dans son histoire, liv. 4, chap. 150, 178, qu'une des causes de la guerre civile, qui s'excita en Bretagne entre quelques barons et Pierre de Dreux surnommé Maucler, fut le droit du bail qu'il prétendoit exercer à la rigueur; d'où il semble qu'on puisse conclure que ce droit regardoit les barons comme les autres, et que le droit de rachat lui ayant succédé, les barons ont dû y être soumis comme les gentilshommes d'un ordre inférieur, si ce n'est que l'on voulût dire que la guerre civile avoit deux causes; l'une, qui ne regardoit que les barons, et c'étoit la restriction de leurs priviléges dont parle d'Argentré au liv. 3, chap. 150 de son histoire; l'autre, qui ne regardoit que les gentilshommes non compris dans l'assise, et c'étoit le droit de bail.

Quoique cette observation paroisse étrangère à la question présente, elle peut être néanmoins d'une très-grande importance pour sa décision, puisqu'elle sert à montrer que sous le nom de gentilshommes, ou *d'hommes gentils*, dont la constitution de Jean I a parlé, on ne doit pas nécessairement entendre les barons et autres seigneurs qui étoient soumis à la loi de l'assise, puisqu'il paroît très-vraisemblable qu'originairement les barons n'étoient point compris dans l'ordonnance du duc Jean I, sur la conversion du bail en rachat, et qu'elle ne regardoit que les gentilshommes d'un rang inférieur, distinction qui pourra trouver aussi son application dans une autre constitution d'un des successeurs du duc Jean, que nous examinerons dans la suite.

La seconde partie de l'ordonnance de ce prince a un rapport immédiat avec la matière que nous traitons; elle regarde précisément et singulièrement les barons et autres nobles d'assise; elle corrige, elle abroge la seconde maxime qui a été proposée ci-dessus, et au lieu que l'art. 6 de l'assise, par une disposition rigoureuse, privoit l'aîné qui avoit donné un fief à son puîné, du droit de lui succéder, et substituoit le seigneur dominant à la place de l'héritier naturel et légitime, la constitution du duc Jean I rétablit l'ordre du sang, et détruit l'ordre singulier et odieux de l'assise.

« Que si aucun des esnés prenoit son juveigneur à » homme, et icelui juveigneur meurt sans hoir de son » propre corps, que par l'assise au comte Geoffroy » ne remainge pas que la terre ne tournege à l'esné » ou à l'hoir de l'esné, sauf l'ordonnance resnable au » juveigneur », (c'est-à-dire, sans préjudice au juveigneur d'en disposer raisonnablement).

L'on peut remarquer encore en passant, que lorsqu'il s'agit des barons, comme dans cette dernière partie, l'ordonnance du duc Jean I cite l'assise du comte Geoffroy, au lieu que dans la première partie, qui semble regarder uniquement les autres seigneurs de Bretagne, l'ordonnance cite simplement *la coutume de la terre*, *l'ancienne coutume de Bretagne*, ce qui peut servir encore à fortifier la conjecture des deux espèces de nobles qui semblent être ces deux objets, et faire tout le partage de cette constitution du duc Jean I.

Après avoir expliqué les deux vestiges de l'ancienne jurisprudence de Bretagne, que l'on trouve entre l'assise et la constitution du duc Jean II, de laquelle il s'agit principalement dans ce second temps, il faut passer à l'examen de cette loi importante, et la renfermer dans deux questions:

La première regarde l'existence, la vérité, la certitude de cette loi : est-il vrai que le duc Jean II ait fait une constitution sur les partages des nobles?

La seconde concerne l'esprit, l'interprétation, l'étendue de cette loi : ne regardoit-elle que les simples gentilshommes, ou comprenoit-elle même les barons ?

Sur la première question, qui est la plus sommaire, l'aîné prétend rendre la vérité et l'existence de la seconde constitution du duc Jean II, douteuse et suspecte, par plusieurs considérations :

1.° Cette constitution ne se trouve nulle part. D'Argentré et Hevin disent l'avoir vue à la fin de quelques coutumes manuscrites, mais jamais on ne l'a fait imprimer en Bretagne ni ailleurs; si elle paroissoit, peut-être y découvriroit-on des marques de fausseté ou de supposition ;

2.° Rien ne marque mieux l'incertitude de la vérité et de l'existence de cette pièce, que la variation et la contradiction même que l'on observe dans la manière dont ceux qui en parlent l'ont expliquée.

Le premier vestige que l'on trouve de cette prétendue constitution, est dans l'article 209 de la très-ancienne coutume de Bretagne, où en parlant des partages des barons, elle dit que *les juveigneurs n'auront emplus que les mots de l'assise, si n'en entant comme le duc Jehan, père du duc Artur, le corrigea;* mais elle n'explique point en quoi consistoit cette réformation de l'assise faite par le duc Jean second.

L'Anonyme a voulu l'expliquer sur cet article, et il a dit, que *par constitution* (ce sont ses termes) *les puînés et juveigneurs ont le tiers, quelle constitution est en plusieurs livres et coutumes en Bretagne, les autres n'en ont rien; M.e Guillaume Macé trouve ladite constitution faisant la réformation et est par héritage, et néantmoins est tous les jours pratiquée au contraire.*

D'Argentré, sur l'article 563 de l'ancienne coutume de Bretagne, dit qu'il est incertain si ce tiers attribué aux puînés par le duc Jean II, étoit à viage ou en propriété : *Nec satis certum ea tertia pertineret* par héritage, *initio quidem* ou à viage, *cùm de eâ constitutione ducali nihil esset expressum,*

Hevin, *pag.* 557, distingue : ou l'aîné donnoit un fief entier en partage aux puînés, et alors ils le possédoient en propriété ; ou l'aîné leur faisoit leur portion par démembrement du tiers, et en ce cas, ils n'en acquéroient que l'usufruit.

Quel fondement peut-on faire sur la vérité de cette loi, lorsque l'on voit l'extrême incertitude dans laquelle se trouvent tous ceux qui en parlent, lorsqu'il s'agit d'expliquer nettement ou précisément son esprit, ou plutôt, ce qui est encore plus fort, sa disposition littérale ?

3.° Il est difficile de concevoir que si cette constitution prétendue du duc Jean étoit véritable, on y eût eu aucun égard, dans les deux dernières réformations de la coutume de Bretagne.

Dans celle qui a été faite en 1539, après avoir réduit les puînés nobles au tiers en usufruit, l'art. 563 ajoute : *Hors et excepté* les comtes et barons qui se traiteront en leur partage, comme ils ont fait par le passé.

Dans la réformation de 1580, on donne aux puînés nobles le tiers en propriété ; mais on en excepte formellement les anciens comtes et barons, lesquels se traiteront, en leur partage, comme ils ont fait par le passé. *Art.* 542 *de la nouvelle coutume.*

Si l'une et l'autre disposition n'avoient prononcé que sur le droit, sans y joindre le fait, on pourroit dire que l'on a eu intention de déroger à l'ordonnance du duc Jean second, qui donnoit aux puînés au moins le tiers à viage; mais on n'en demeure pas là dans l'une et dans l'autre réformation ; on ajoute *que les barons se traiteront dans leurs partages comme ils ont fait par le passé* ; et l'on ajoute ces termes, pour exclure même l'*usufruit du tiers*. Dans la première réformation, donc les réformateurs ont supposé qu'avant la réformation, les nobles d'assise ne suivoient point le partage par tiers ; donc ils ont reconnu, ou que la constitution du duc Jean II n'étoit pas véritable, ou du moins qu'elle n'avoit jamais eu d'exécution.

Pour ne plus retoucher ce point, en examinant les raisons et les argumens du puîné, l'on peut dire ici, en un mot, que si la cause de l'aîné étoit réduite à contester, pour unique défense, la vérité, la certitude, l'existence de la constitution dont il s'agit, son parti ne seroit pas soutenable.

Il n'est pas vrai, comme l'aîné le prétend, que cette loi ne se trouve nulle part.

D'Argentré, dans son histoire, liv. 4. chap. 183, p. 348, dit que, de son temps, nul n'entendoit cette constitution du duc Jean II, et peu l'avoient; *mais nous la trouvâmes aux livres anciens.*

Le même auteur, dans son avis sur les partages des nobles, en expliquant *l'art.* 563 *de l'ancienne coutume, num.* 2. *col.* 2195 *et* 2196. *Edit.* 1621, dit qu'après *une continuelle recherche, il lui est finalement advenu de recouvrer la constitution du duc Jean, mentionnée en l'art.* 209 *de la très-ancienne coutume. Ayant trouvé en la maison de Penthièvre un certain extrait des articles de ladite ancienne coutume, concernant le partage des nobles, lequel fut fait par commissaires, députés en l'an* 1452, *sur le différend d'un partage lors pendant entre messire Jean de Broces et dame Nicole de Bretagne sa femme, d'une part, et messire Guillaume de Bretagne son oncle, d'autre part; lequel article contient ces mots*, etc.

Il ajoute, après avoir rapporté l'article, qu'*il certifie être extrait des ordonnances du parlement, tenu à Vannes, l'an* 1301, *lors du regne du duc Jean, père du duc Artur*; et qu'il a enfin trouvé un vieux coutumier, écrit à la main, dès 1452, à la fin duquel se trouve la même ordonnance du duc Jean, de la même date de 1301.

Voyez encore ce que dit d'Argentré de ce[illegible] constitution, dans son commentaire sur l'article [illegible]3 de l'ancienne coutume.

Hevin, auteur dont le témoignage doit toujours être d'un grand poids, quand il s'accorde avec celui de d'Argentré, atteste qu'il a quatre très-anciennes coutumes manuscrites, où sont les constitutions du duc Jean II, et entr'autres celle dont il s'agit.

M.e Berroyer, avocat au parlement, m'a montré une très-ancienne coutume de Bretagne, aussi manuscrite, à la fin de laquelle j'ai lu la fameuse constitution dont on veut révoquer la vérité en doute, conçue à peu près dans les mêmes termes qui sont rapportés par Hevin.

Mais quand toutes ces preuves manqueroient, il suffiroit d'ouvrir la très-ancienne coutume de Bretagne, de lire l'art. 209, et la note de l'anonyme sur cet article, pour être entièrement convaincu de la vérité de la pièce dont il s'agit.

Les termes de l'article ont déjà été rapportés: *les juveigneurs n'auront emplus que les mots de l'assise, si n'en entant comme le duc Jean, père du duc Artur le corrigea.*

On ne doutoit donc point, dans le temps de la rédaction de cette coutume, que le duc Jean second n'eût fait une constitution, par laquelle il réformoit l'assise. Il est important d'observer ici, ce qui a été remarqué par Hevin, *num.* 21, *pag.* 558 *et* 559, que cette rédaction a été faite, non pas en 1451 ou 1456, comme le suppose d'Argentré, mais vers l'an 1330; il démontre presque cette vérité. Or, si cela est, comment peut-on croire que les rédacteurs de la très-ancienne coutume se soient trompés sur l'existence d'une loi aussi récente que l'étoit alors celle du duc Jean II? Il n'y en avoit pas trente qu'elle étoit faite; et c'est apparemment pour cette raison qu'ils n'ont pas expliqué avec plus d'étendue sa disposition: elle étoit connue de tout le monde; il suffisoit de l'indiquer ou de la citer en passant, sans en faire une explication plus ample qui auroit paru superflue.

L'autorité de l'anonyme n'est guère moins considérable, ni moins décisive que celle du texte de la très-ancienne coutume.

On a aussi expliqué ses termes : on y a remarqué qu'il dit expressément que, par constitution, les puînés ou juveigneurs ont le tiers, et que cette constitution est en plusieurs livres et coutumes en Bretagne, quoique les autres n'en aient rien : il ajoute que M.e Guillaume Macé trouva ladite constitutinn en faisant la réformation, et que le tiers dont elle parle est par héritage, bien qu'il soit tous les jours pratiqué au contraire.

C'est être bien hardi que d'oser soutenir, contre le témoignage d'un auteur aussi connu en Bretagne que ce praticien anonyme, et dont les gloses ont été regardées comme des oracles, suivant le témoignage de Hevin, *pag.* 562, que d'oser, dis-je, soutenir qu'il n'y a jamais eu de constitution du duc Jean II, sur les partages des nobles.

On peut joindre à ces autorités, celle de M.e Sébastien Frain, dans son plaidoyer ou arrêt 98, *pag.* 506 de l'édition de Hevin, qui fait une mention expresse d'une constitution du duc Jean, faite en 1301, par l'avis des états, pour le partage des nobles.

Ajoutez même les consultations fameuses pour la baronnie de Pontchâteau, et pour celle de Châteaubriand, dont l'aîné prétend tirer de si grands avantages, et dans lesquelles néanmoins l'existence de la constitution du duc Jean II est regardée comme un fait connu, dont la vérité ne peut jamais être révoquée en doute.

Que si l'on demande, après cela, d'où vient donc la différence qui a été observée, dans le sens et dans l'esprit, que chacun de ceux qui ont parlé dans cette loi se sont efforcés de lui donner ? On répondra qu'il n'en faut point chercher d'autre cause que l'obscurité de la constitution. Peu de personnes l'on vue, beaucoup moins l'ont entendue ; les préjugés différens de ceux qui l'ont examinée, la diversité des anciennes traditions de Bretagne, le désir naturel à tous les hommes de vouloir trouver ce qu'ils croient dans tout ce qu'ils lisent, les ont uniquement prévenus en faveur de leur opinion. Quoi qu'il en soit, cette diversité peut bien être une preuve de l'obscurité de la loi ; mais elle ne prouve point que cette prétendue constitution n'ait jamais existé ; au contraire, la grande variété que l'on observe sur cette ordonnance dans les auteurs qui en ont parlé, est une nouvelle preuve de son existence; partagés sur tout le reste, ils conviennent tous en ce point, qu'il y a une constitution du duc Jean II, et une constitution qui a rapport aux partages des nobles.

La seconde question, qui consiste à savoir quel étoit le véritable sens de la constitution du duc Jean II, est en même temps et plus difficile et plus importante.

Pour la mettre dans tout son jour, il faut commencer d'abord par proposer ici dans leur entier les paroles du texte, telles qu'elles sont rapportées par Hevin; le manuscrit de M.e Berroyer, est assez conforme.

Nous avons deux articles à examiner.

Article 7.

Baronie ne se départ mie entre freres, si le pere ne leur fait partie; mais l'aisné doit faire avenant bienfait ès puisnés, et doit les filles marier.

Article 17.

Gentilhomme ne peut donner à ses enfans puisnés, de son héritage plus que le tiers, etc. Et si les puisnés demanderoient leur partie de leur aisné, il leur fera le tiers de la terre par droict. Si ce estoient fez enterins l'aisné ne fera la foy et gariera les autres en parage. Et si ainxin estoit qu'il ne leur baillast fez enterins, il leur garantiroit en parage, et s'il estoit ainxin, que ce frere aisné ne fut en tiers, et leur en fit la tierce partie trop petite, ils ne la prendront pas s'ils ne veulent, ains revendront à l'aisné, et les puisnés l'y partiront la terre en deux parties, et l'aisné prendroit celle qu'il voudroit, et auxi à l'aisné le hebergement en advantage.

De ces deux textes, dont on prétend que le premier contient la règle, et le second l'exception, les puînés concluent que la rigueur de l'assise a été modérée par le duc Jean, et que la provision des puînés, que l'usage avoit déjà fixée au tiers, a été arbitrée pour toujours dans cette même proportion par l'autorité d'une loi générale.

Les aînés soutiennent au contraire que ces deux articles contiennent des règles et des maximes différentes, par rapport aux différentes personnes qui sont leur objet.

Le premier ne regarde que les barons ou gentilshommes d'assise.

Le second ne concerne que les gentilshommes d'un ordre inférieur qui ne suivoient pas le gouvernement de l'assise, ou qui ne le suivoient que par une espèce de tolérance ou par une suite de l'usurpation, n'étant point descendus des anciens barons qui avoient juré l'assise avec le comte Geoffroy son auteur.

Toute la difficulté consiste donc à savoir si l'article 17 de la constitution du duc Jean comprend les barons, ou s'il n'a été fait que pour les simples gentilshommes.

Cette question peut être éclaircie par quatre espèces de conjectures différentes.

Les unes tirées du texte même de la loi.

Les autres, empruntées des lois semblables, et qui ont servi de modèle à cette constitution.

Les troisièmes, tirées de l'usage qui a suivi immédiatement cette loi.

Les dernières, fondées sur les lois postérieures de la même province, où la constitution du duc Jean est rappelée, et sur le sentiment de ceux qui les ont interprétées.

Si l'on s'attache d'abord à la première espèce de conjectures tirées de la lettre même de la loi, on observe :

1.° Que ces deux articles, dont on veut réunir la disposition, sont fort éloignés l'un de l'autre. Le premier est le septième article, et l'autre le dix-septième de toute la constitution. Il est difficile de se persuader, que si l'un étoit une suite de l'autre, si le second ne faisoit qu'expliquer et restreindre le premier, si l'un et l'autre regardoient la même espèce de gentilshommes, que l'on eût mis un aussi grand intervalle entre deux dispositions inséparables : il est vrai qu'il paroît un grand désordre dans toute cette constitution; mais il ne va pas jusqu'à séparer la règle de son exception. C'est cependant ce que l'on veut qui ait été fait ici; il y a neuf articles qui séparent l'une de l'autre.

2.° Que, dans le premier article, la loi se sert du terme de *de baronnie*; et dans le second, elle emploie celui de gentilhomme : rien n'est plus naturel que de conjecturer la différence des intentions par celle des expressions; donc les mêmes personnes ne sont point l'objet commun de ces deux dispositions.

Il est vrai que Hevin prouve très-bien, *pag.* 551 *et* 552, que le terme de gentilshommes peut comprendre les barons, parce qu'il signifie généralement tout noble d'extraction; mais il y a plusieurs circonstances singulières dans la constitution du duc Jean, qui semblent prouver que le nom de gentilhomme n'y a pas été pris dans toute son étendue, et qu'au contraire on a voulu le restreindre en ne l'appliquant qu'à ceux qui, quoique nobles d'extraction, n'avoient pas l'avantage d'être barons ou possesseurs de baronnies, si l'on veut que cette qualité soit devenue absolument réelle.

Première circonstance.

Le nom *de baronnie*, employé dans la constitution, et ce nom opposé, comme on le va voir dans la disposition, à celui de simple gentilhomme.

Seconde circonstance.

Quand cette loi a voulu désigner un baron par le nom de gentilhomme, elle ne s'est pas contentée de cette appellation vague et générale, elle y a ajouté aussitôt *gentilhomme d'assise*; c'est ce que l'on remarque dans l'article 8 de la même ordonnance, rapporté aussi par Hevin. Pourquoi auroit-elle ainsi limité le nom de gentilhomme, en y joignant celui *d'assise*, si le simple titre de gentilhomme renfermoit en lui la qualité de baron ou de gentilhomme d'assise? Pour fortifier encore cette observation, il faut remarquer que M.e Hevin dit que dans d'autres exemplaires, au lieu de ces mots, *gentilhomme d'assise*, on lit ceux-ci, *noble homme d'assise*; ce qui marque que dans ce temps-là on regardoit les termes de gentilhomme et de noble homme comme synonimes. Or, diroit-on que si, dans l'article 17, l'ordonnance du duc Jean avoit employé le terme de noble homme, elle eût voulu certainement désigner les barons? Il paroît au contraire qu'elle a regardé et la qualité de noble homme et celle de gentilhomme comme le genre, et que lorsqu'elle a voulu parler des barons en particulier, qui en constituent une espèce, elle y a toujours ajouté ou le nom de baron, ou l'épithète de gentilhomme d'assise; et l'on peut conclure, avec assez de vraisemblance, que puisqu'après s'être servi du mot de baronnie dans l'article 7, et du nom de gentilhomme d'assise dans l'article 8, elle ne parle que des gentislhommes en général dans l'article 17, et qu'elle n'a pas eu l'intention de comprendre dans cet article les barons et autres seigneurs d'assise.

3.° Que si l'article 7 et l'article 17 avoient eu également en vue la succession des barons, il y auroit plusieurs contradictions évidentes et inconcevables entre leurs dispositions.

Première contradiction.

D'un côté l'article 7 diroit que les baronnies sont impartageables; de l'autre, l'art. 17 décideroit qu'elles lse partagent toujours.

Les termes de l'article 7 sont précis : *Baronie ne se départ mie entre freres, si le pere ne leur fait partie....* Voilà la règle, et voilà la seule exception.

Si le père ne partage la baronnie, elle est indivisible.

Donc, toutes les fois que le père n'a point fait de partage, les enfans ne peuvent ni la démembrer, ni la diviser.

Ecoutons à présent la décision de l'art. 17, si on la rapporte aux barons.

Baronnie se départ toujours entre frères, car *si les puisnés demandent leur partie de leur esné, il leur fera le tiers par droit.* Ce sont les termes de l'article. Il y a plus. *Si le frere esné leur fait la tierce partie trop petite, ils ne la prendront pas s'ils ne veulent, ains viendront à l'esné, et les puisnés li partiront la terre en deux parties, et l'esné prendroit celle qu'il voudroit, et aini à l'esné le hebergement en advantage.*

Seconde contradiction.

D'un côté, l'article 7 n'oblige l'aîné qu'à faire *advenant bienfait ès puisnés.* Il n'y a personne qui ne sente la force de ces expressions; c'est un bienfait, parce que de droit il n'est rien dû aux puinés; c'est un bienfait avenant, parce que l'équité veut que l'on proportionne l'apanage aux facultés de l'aîné, aux forces et aux charges de la succession; rien par conséquent de plus arbitraire et de plus incertain.

De l'autre côté, l'article 17 établit un partage véritable, nécessaire, certain, limité; les puînés auront *le tiers par droit :* ce tiers ne s'arbitre point par rapport aux biens, à la dignité, au nombre des puînés; ce n'est point un bienfait avenant, c'est un droit fixe, un droit arbitré généralement par la coutume. Il auroit été plus court d'effacer entièrement l'art. 7, et de n'insérer dans la constitution que le 17, s'il étoit vrai qu'on eût eu l'intention que les puînés attribuent au législateur, puisque l'art. 17, dans le sens qu'ils lui donnent, détruit absolument la disposition de l'art. 7, et ne la laisse subsister dans aucune de ses parties.

L'unique moyen de concilier deux articles si contraires, et qui cependant doivent être tous deux exécutés, puisque tous deux ils font également partie de la même loi, est de s'arrêter à la distinction qui a été proposée, et de rapporter l'un aux barons et aux autres gentilshommes d'assise, et l'autre aux gentilshommes d'un degré inférieur.

Troisième contradiction.

Il y a une dernière contradiction entre ces deux articles, qui peut achever de convaincre l'esprit de cette vérité.

L'art. 7, en n'attribuant aux puînés que *le bienfait avenant*, décide nettement que ce qui leur est donné n'est qu'un usufruit ou un simple viage. C'est le sens de ce mot de bienfait, que les coutumes d'Anjou et du Maine, dont les puînés empruntent eux-mêmes l'autorité dans cette question, ont encore conservé pour marquer la qualité et la nature de la provision des puînés.

C'est ainsi que la coutume d'Anjou, art. 97, et celle du Maine, art. 110, décident que, lorque le père donne un fief à son puîné, il est dû rachat, parce que les puînés ne sont héritiers, parce *qu'ils succèdent en bienfait et usufruit seulement*, où l'on voit que les termes d'usufruit et de bienfait sont synonimes.

De même l'art. 239 du Maine, et le 222 d'Anjou : *Les puînés mâles ne sont fondés de tenir ni avoir leur portion..... qu'en bienfait seulement, c'est à sçavoir leur vie durant*, où l'on peut observer la définition de bienfait tracée par la main même de la coutume.

Voyez encore l'art. 337 du Maine, et l'art. 323 d'Anjou.

Il est donc certain que, suivant l'art. 7 de la constitution du duc Jean II, les puînés des barons ne doivent avoir qu'un simple usufruit.

Cependant, l'art. 17 donne aux puînés de ceux

qu'il appelle gentilshommes une véritable propriété; il est facile de s'en convaincre si l'on observe,

1.° Que l'article dit que l'aîné doit faire aux puînés *le tiers de la terre par droit;* ce n'est point le tiers des fruits, l'usufruit du tiers, le bienfait du tiers, c'est le tiers de la terre; rien de plus réel que cette expression, ni qui marque plus une véritable propriété.

On ne sait où Hevin a pris la distinction qu'il propose, entre le cas dans lequel le frère aîné donnoit un fief entier au puîné, et celui dans lequel il ne lui donnoit qu'une portion de fief; il veut que dans le premier cas, la propriété appartienne au puîné, et que dans le second, il n'ait qu'un simple usufruit.

Cette différence n'est point marquée dans le texte; il est dit seulement que si le puîné a un fief entier, il sera tenu d'en faire la foi; au lieu que, s'il n'a qu'une portion de fief, il sera garanti par son frère aîné; mais il peut posséder en propriété et être garanti : ces deux choses ne sont point incompatibles. Il y a un grand nombre de coutumes dans le royaume, dans lesquelles les puînés possèdent leurs parts et portions sous la foi de l'aîné; et pour ne point sortir des coutumes voisines, c'est-à-dire, de l'Anjou et du Maine, il est certain que dans ces provinces les filles et leurs descendans jouissent en pleine propriété de la portion qui leur appartient dans les fiefs, et cependant elles sont garanties en parage jusqu'au quatrième degré. *Art. 228 du Maine et 213 d'Anjou, et plusieurs autres.*

C'est donc sans aucun fondement que Hevin prétend conclure que les puînés ne jouissoient, suivant la constitution du duc Jean, que d'un simple usufruit, parce que l'aîné étoit obligé de les garantir.

2.° Que le terme *de garantir en parage*, suppose nécessairement que celui qui est garanti de cette manière, soit véritablement propriétaire et non simplement usufruitier.

Il est aisé de prouver ce principe ou cette observation par un seul raisonnement.

Celui qui est garanti doit la foi *ipso jure*, autrement il n'auroit pas besoin de garantie.

Donc, puisqu'il est dit dans l'art. 17 de l'ordonnance que nous examinons, que les puînés seront garantis en parage par l'aîné, il est évident que, sans cette garantie, les puînés auroient dû la foi, et que l'hommage est un devoir qui leur est imposé de plein droit, mais dont ils sont présumés s'acquitter en la personne de l'aîné.

Or, un simple usufruitier ne doit point la foi, il n'y a que le propriétaire ou ceux qui représentent sa personne qui soient assujettis à la prestation de l'hommage.

Donc les puînés, dans l'esprit de l'art. 17, ne sont point considérés comme de simples usufruitiers, mais comme de véritables propriétaires.

Toutes ces propositions paroissent claires par elles-mêmes.

Il n'y en a qu'une seule qui mérite quelque explication.

C'est celle qui suppose pour principe, que l'usufruitier n'est jamais tenu de rendre la foi.

Mais, sans entrer ici dans une longue dissertation sur cette proposition incidente, il suffit de renvoyer ceux qui pourroient douter de sa vérité, à ce que Dumoulin en écrit sur le §. 1 de l'ancienne coutume de Paris, *gloss.* 1, *num.* 6, et à ce que d'Argentré décide si formellement sur l'art. 322 de l'ancienne coutume de Bretagne : *Usufructarius nec tenetur, nec reciperetur ad homagium.*

Tel est le droit commun de toute la France, à la réserve d'un petit nombre de coutumes.

Si l'on demande même quelque chose de plus positif, et qui approche davantage de l'esprit et de la jurisprudence de la province de Bretagne, il suffira d'ouvrir encore une fois les coutumes d'Anjou et du Maine, pour y trouver la règle générale que nous cherchons, écrite en termes exprès, et appliquée même singulièrement aux puînés.

L'art. 135 du Maine, et l'art. 125 d'Anjou, s'expliquent en ces termes :

Si les possesseurs ou détempteurs ne sont qu'usufruitiers comme fils puînés nobles, douairières, ou autres usufruitiers, ils ne seront pas reçus à faire la foi.

On trouve encore une disposition plus précise dans ces mêmes coutumes, et qui marque expressément que le terme de garantie en parage ne peut jamais convenir à ceux qui ne sont que de simples usufruitiers.

L'art. 249 du Maine, et l'art. 232 d'Anjou, décident également que le fils ou la fille aînée garantissent les puînés en parage; mais *s'il y a fief entier tenu à une foi et hommage qui chée en partage des filles puisnées, icelles en feront chacune une foi, sinon que par partage fait entre icelles filles puisnées, à l'une d'icelles, fussent demeurés les deux tiers d'icelui fief, auquel cas, elle pourroit garantir l'autre tiers à ses sœurs*, etc.

La garantie a lieu pour lors, parce que les puînés possèdent en propriété; et par conséquent, dans la rigueur du droit, elles doivent la foi.

Autre chose est, dit l'article suivant dans l'une et dans l'autre coutume, *autre chose est du bienfait des puisnés masles; car, posé qu'ils tiennent en leur bienfait fief entier, leur aisné en fera et portera la foy; aussi est-il héritier propriétaire, et les puisnés sont usufruitiers seulement.*

Pour mieux sentir la différence de ces deux articles, il faut observer que les filles puînées doivent toujours la foi, puisqu'elles sont propriétaires; mais lorsqu'elles ne possèdent qu'une portion de fief, elles sont garanties par la foi de l'aîné ou de l'aînée; au lieu que lorsqu'elles ont un fief entier, elles doivent s'acquitter elles-mêmes du devoir de la foi. C'est la substance du premier de ces articles.

Mais, parce que les puînés, en aucun cas, ne sont propriétaires, soit qu'ils possèdent une portion de fief, soit qu'un fief entier tombe dans leur bienfait, ils ne devront jamais la foi, et par conséquent, ils ne seront ni garantis dans le premier cas, ni tenus de rendre l'hommage dans le second.

Tel est le sens du dernier article, qui prouve évidemment que jamais les termes de garantie ni de parage ne peuvent convenir à un simple usufruitier; d'où il ne reste plus qu'à conclure, que puisque l'art. 17 de la constitution du duc Jean II, applique ces termes aux puînés, cette loi les regarde comme de véritables propriétaires.

S'il pouvoit rester quelque doute en cet endroit, il suffiroit, pour le dissiper entièrement, d'employer l'autorité de l'anonyme, qui marque expressément que la constitution du duc Jean II donnoit le tiers aux puînés en propriété ou par héritage.

Voyez l'anonyme sur l'art. 209 de la très-ancienne coutume de Bretagne.

Reprenons à présent toutes les contradictions qui viennent d'être observées entre les deux articles de la constitution du duc Jean II, et voyons s'il est possible de supposer un moment, que des dispositions si contraires aient les mêmes personnes pour objet.

L'art. 7 décide que les baronnies ne se partagent jamais;

L'art. 17 décide que les terres des gentilshommes dont il parle se partagent toujours;

L'art. 7 rend la portion des puînés arbitraire, incertaine, contingente; c'est la force du terme *de bienfait avenant*;

L'article 17 fixe et détermine cette portion au tiers, indépendamment de tout arbitrage du juge;

Enfin, l'article 7 ne donne qu'un usufruit aux puînés; jamais le mot bienfait ne signifia une propriété.

L'article 17 adjuge une véritable propriété aux puînés.

Si ces deux articles étoient deux lois différentes, on pourroit dire que la dernière déroge à la première;

mais qu'elles s'appliquent l'une et l'autre aux mêmes personnes.

Mais ces deux articles font partie de la même loi. Comment pourra-t-on donc les faire exécuter en même temps? Par l'un, l'aîné soutiendra qu'il ne peut être contraint à partager sa terre; mais par l'autre, les puînés prétendront qu'il y peut toujours être contraint. Par le premier, l'aîné voudra faire arbitrer par équité la part ou la provision des puînés; mais ils lui répondront que cet arbitrage est fait par la loi même, et que ledit article leur donne le tiers indifféremment. Enfin, l'aîné prouvera, par l'art. 7, que les puînés ne sont qu'usufruitiers; et les puînés prouveront aussi fortement, par l'art. 17, qu'ils sont véritablement propriétaires.

Dans cette contrariété, qui peut ne pas découvrir le véritable esprit d'une loi que l'on veut appliquer contre son intention à une même espèce de nobles, dans le temps qu'elle a eu en vue d'établir des règles et des maximes différentes, pour deux différentes classes de gentilshommes?

Le partage des barons est réglé par l'art. 7;

Le partage des autres gentilshommes est tracé dans l'art. 17.

Examinons maintenant la seconde espèce de conjectures qui peuvent conduire l'esprit à la découverte du véritable sens de la loi que nous examinons, c'est-à-dire, à l'examen des lois semblables, et qui, si l'on peut s'exprimer ainsi, sont à peu près du même âge que l'ordonnance du duc Jean II.

Nous n'avons qu'une espèce de loi qui soit de cette nature. Ce sont les établissemens de saint Louis; ils ont été faits vers l'an 1270.

Deux raisons font croire que leur application est aussi juste que nécessaire à la constitution du duc Jean II:

L'une, que ces établissemens, quoique faits pour tout le royaume, comme il paroît par le préambule de cette loi, ont cependant été considérés comme un droit très-propre aux provinces d'Anjou et du Maine, puisque M. Du Cange, qui les a donnés au public, remarque que dans plusieurs manuscrits, ils sont intitulés : *Usages de Touraine et d'Anjou*, provinces limitrophes de la Bretagne.

L'autre, que Hevin lui-même, auteur qui ne doit pas être suspect aux puînés, observe, *page* 554, que *l'on peut dire, de presque tous les articles qu'il cite de l'ordonnance du duc Jean, que ce sont des extraits de ce que l'on appelle les établissemens de saint Louis.*

Ce sont en effet des extraits si fidèles, qu'on y trouve plusieurs articles copiés mot pour mot sur quelques articles des établissemens de saint Louis.

On ne peut donc rien faire de plus naturel que d'interpréter l'extrait par la pièce entière, et de juger de la copie par l'original.

Cherchons donc l'original de nos deux articles dans les établissemens de saint Louis.

Nous les y trouverons tous deux, mais dans un ordre différent.

L'article 17 y est placé le premier sous le nombre 8;

L'article 7 s'y trouve ensuite sous le nombre 24.

Nous pouvons faire d'abord les mêmes observations sur ces articles, dans les établissemens de saint Louis, que nous avons faites sur ces mêmes articles, dans l'ordonnance du duc Jean II.

Nous y remarquons :

1.° La même distance, et même encore plus grande, entre deux articles qui devroient se suivre, s'ils parloient tous deux des mêmes nobles. L'un est le 8, l'autre le 24. Il y a quinze articles entre les deux.

2.° La même opposition du nom de gentilhomme et de celui de Baron.

3.° Les mêmes contradictions, soit par rapport à la baronnie qui seroit divisible dans l'un, et indivisible dans l'autre, si l'interprétation contraire avoit lieu, soit par rapport à la quotité de la portion des puînés, qui seroit fixée dans l'un, et arbitraire dans l'autre;

soit enfin, par rapport à la propriété qui seroit accordée aux puînés par l'un de ces articles, et qui leur seroit en même temps refusée par l'autre.

Mais outre ces observations, communes à ces deux lois, nous pouvons en faire de nouvelles, qui sont propres et particulières aux établissemens de saint Louis.

1°. Si l'on peut douter, dans l'ordonnance du duc Jean, du véritable sens que doit avoir dans cette loi le nom de gentilhomme, quand il n'est suivi d'aucune épithète qui le détermine; il n'est pas possible de former le même doute dans la lecture des établissemens de saint Louis, où il est évident que le nom de gentilhomme s'applique aux nobles qui ne sont point barons, et même à ceux qui sont inférieurs au vavasseur, lequel est au-dessous du baron.

C'est ce qui est prouvé par l'article 38, où l'on voit que tous gentilshommes qui ont voirie en leur terre, peuvent *faire pendre larron, de quelque larrecin qu'il ait fait en leur terre*; mais que dans quelques châtellenies, on mène les larrons au seigneur du gentilhomme, et qu'après que le seigneur suzerain les a jugés, il les renvoie au gentilhomme son vassal, *et il en fait justice, et encore ont plus li vavasors, car eux tiennent leurs batailles devant eux de toutes choses, fors de grans meffés, que nous vous avons nommés pardevant.*

Ces *grans meffés* sont marqués dans les chap. 1 et 25, qui traitent des cas de haute-justice de baronnie;

D'où l'on peut conclure que l'on distinguoit alors trois degrés de nobles :

Le simple gentilhomme, auquel ce nom étoit propre;

Le vavasseur;

Le baron qui étoit le plus haut degré de noblesse.

On peut trouver encore des preuves de cette vérité dans les chap. 31, 110 et 114 surtout, où il est dit que le baron ne peut donner un de ses hommes à un de ses vavasseurs, attendu que ce seroit au dommage de celui qu'il donneroit; *car il conviendroit faire deux obéissances à celui à qui il la devroit, et au baron de qui il tiendroit son fief; et ainsi feroit d'une obéissance deux.*

Il est important de remarquer que cette seule observation décide la difficulté; car s'il est certain que le nom de gentilhomme convient proprement, dans les établissemens de saint Louis, à une espèce de nobles distinguée des barons, il est visible que les dispositions que l'on trouve dans cette loi sur les partages des gentilshommes, ne doivent point être considérées comme des règles établies dans la succession des barons, surtout lorsque l'on voit dans la même loi d'autres maximes absolument opposées pour ce qui concerne le partage des baronnies.

On ne passe point ainsi d'une espèce à l'autre, sans aucun guide qui nous y conduise. Si la loi ne disoit rien du partage des barons, ce seroit alors qu'on pourroit tenter de leur appliquer, ce qu'elle décide ailleurs du partage des gentilshommes; mais non-seulement elle a distingué ces deux degrés de nobles par des noms différens, elle les a encore caractérisés par des dispositions contraires. Que pouvoit-elle faire de plus fort pour prévenir la confusion que l'on veut faire aujourd'hui entre les partages des simples gentilshommes et ceux des barons?

2.° L'on ne trouve point de rubriques ni de titres dans la constitution du duc Jean II : mais ce moyen si simple et si naturel d'interpréter les lois, ne nous manque pas dans les établissemens de saint Louis; et la seule comparaison des rubriques suffit pour faire voir que les deux chapitres que nous examinons, regardent deux matières entièrement différentes par rapport à la diversité des personnes qui en sont le sujet.

La rubrique du chapitre 8, qui parle des gentilshommes, est conçue en ces termes :

Du don de gentilhomme à ses enfans, et comment eus doivent partir, se li père meurt sans assener eus.

Il est certain que si ce chapitre comprenoit les barons, il étoit inutile d'en faire un autre, dont le titre conçu presqu'en mêmes termes, regarderoit les partages des barons.

Cependant voici ce qui est porté dans la rubrique du chapitre 24 :

Quiex parties enfans de barons doivent avoir ci de mectre ban en terre de vavassor.

On voit par ce titre, qu'il s'agit dans ce chapitre d'une nouvelle espèce de partage, dont on n'a point encore parlé.

Dans le premier, on traite du partage que doivent faire entr'eux les enfans des simples gentilshommes.

Dans le second, on explique la loi du partage des barons.

La distinction des rubriques devient donc un argument invincible de la distinction des matières et des personnes.

Qui pourra se persuader que trouvant dans une même loi deux articles, dont l'un a pour titre, *comment enfans de gentilhomme doivent partir;* et l'autre, *quiex parties enfans de barons doivent avoir;* et voyant ensuite une différence entière entre les dispositions de ces deux articles, il faut néanmoins rapporter ces rubriques et ces dispositions différentes aux mêmes personnes : encore une fois cette proposition est insoutenable.

3.° Ce qui achève de démontrer que le partage des gentilshommes, tel qu'il est réglé par les établissemens de saint Louis, n'a rien de commun avec le partage des barons, c'est le dernier caractère que l'on trouve dans cette dernière espèce de partage : caractère que la loi de saint Louis marque beaucoup plus expressément que celle du duc Jean II.

C'est la pleine propriété qui est acquise aux puînés dans ce partage.

Non-seulement on prouve, par les mêmes observations qui ont été faites sur la constitution de Jean II, que les puînés des gentilshommes sont véritablement propriétaires; on le prouve encore plus clairement par les articles des établissemens qui parlent du parage, et qui comptent les degrés jusqu'auxquels il s'étend.

Dans le chapitre 22, qui est intitulé : *D'Eschoittes en parage, et de gentilhomme qui tient en parage*, il est dit que :

Nus gentishom ne fet rachat de riens qui li eschieie devers soy, jusques à tant que il ait passé cousin germain, ne nus ne peut demander à autruy franchise, se il n'est cousins germains, ou plus près.

Et dans le chapitre 44, il est dit que le parage dure jusqu'à ce que les descendans de ceux qui ont commencé le partage, se puissent prendre par mariage; ce qui s'observe encore dans la Touraine, dans l'Anjou, dans le Maine, et dans plusieurs autres coutumes de parage.

La conséquence certaine que l'on peut tirer de ces chapitres, est que les puînés des gentilshommes sont véritablement propriétaires de leur portion : s'ils n'étoient qu'usufruitiers, pourroient-ils la posséder pendant plusieurs générations? agiteroit-on la question de la durée du parage? seroit-il vrai de dire, suivant la rubrique du chapitre 22, qu'il y a des eschoittes en parage? Succéder à un usufruit, ce seroit un paradoxe dans la jurisprudence : il n'est pas moins constant, dans les établissemens de saint Louis, que les puînés des barons ne possèdent leur part qu'en usufruit, ou en bienfait; donc ces deux partages, c'est-à-dire, le partage des gentilshommes et celui des barons, n'ont rien de commun dans les établissemens de saint Louis; donc on ne peut appliquer à l'un des deux les règles qui sont faites pour l'autre : or, on ne peut trouver d'interprète plus sûr de l'ordonnance du duc Jean II, que les établissemens de saint Louis; donc il est évident, selon la remarque de Hevin, que cette ordonnance n'est qu'un extrait, surtout dans les articles dont il s'agit; donc on doit être convaincu, que dans l'ordonnance du duc Jean comme dans les établissemens de saint Louis, il y a deux sortes de partages, comme deux sortes de nobles; donc les lois étant absolument différentes, on ne peut tirer aucun avantage pour les puînés des barons, de ce qui est décidé en faveur des puînés des simples gentilshommes.

Passons maintenant à la troisième espèce de conjectures; voyons si l'usage qui a suivi immédiatement la loi du duc Jean II, a détruit ou confirmé l'interprétation qui semble naître du texte même, ou des lois semblables qui lui ont servi de modèle.

On ne trouve que deux monumens de cet usage, tous deux également solennels, et tous deux également favorables à la prétention des aînés.

Il est remarquable que c'est Hevin même, le grand défenseur de la cause des puînés, qui rapporte le premier de ces monumens, et qui, sans y penser, donne à ses adversaires des armes contre lui.

C'est dans la page 557 qu'il cite les propres termes d'une constitution du duc Jean III, petit-fils de Jean II, distingué des ducs du même nom, par sa qualité de vicomte de Limoges. Voici quels sont ces termes :

Si aucun juveigneur demande à son aisné avoir son advenant ez biens de ses parens ou ancestres, selon la quantité du fief et le nombre des enfans, et si luy soit adjugé, l'aisné doit montrer où l'on commencera l'advenantement en chose noble, etc.

On ne peut rien souhaiter de plus fort en faveur des aînés, pour montrer par l'usage, le plus sûr interprète des lois, que la constitution du duc Jean n'a point dérogé au droit de l'assise, touchant les partages des barons, en ce qui concerne la détermination de la part des puînés.

S'il étoit vrai, comme Hevin le prétend, que par l'ordonnance de Jean II, l'apanage des puînés eût été fixé au tiers, comment seroit-il possible que l'on trouvât ce même apanage indéterminé et soumis à l'arbitrage du juge, dans une loi qui a suivi de si près cette ordonnance? Cependant il paroît manifestement, par les termes de la constitution de Jean III, qui viennent d'être cités, que par la portion des puînés, leur avenant doit leur être adjugé, *selon la quantité du fief, et le nombre des enfans.* Rien de plus arbitraire et de moins déterminé que ces termes; et par conséquent on ne peut plus soutenir que l'ordonnance de Jean II ait fixé en général, et dans tous les cas, la portion des puînés au tiers.

Cette observation est d'autant plus importante, qu'il ne peut pas y avoir d'intervalle entre ces deux lois.

Celle de Jean II est vraisemblablement de l'année 1301, mais certainement elle ne peut pas être plus ancienne que l'an 1286, qui est le temps dans lequel commence le règne de Jean II.

Jean III, auteur de l'autre loi, est mort en 1341. Donc, quand on supposeroit que Jean II auroit fait sa constitution la première année de son règne, et que Jean III auroit fait la sienne la dernière année de sa vie, il n'y auroit tout au plus que cinquante-quatre ans entre ces deux ordonnances.

Or, qui pourra se persuader que, dans un espace de temps si peu considérable, on eût tellement perdu le souvenir de la constitution de Jean II, que son petit-fils eût absolument oublié la fixation et la détermination faite par cette loi en faveur des puînés.

En un mot, il résulte de cette dernière constitution un argument invincible pour défendre la cause des aînés.

Car, ou cette loi fait voir que la constitution de Jean II n'avoit point fixé la provision des puînés des barons au tiers de la baronnie, mais seulement celles des enfans puînés d'un simple gentilhomme; ou elle prouve, en tout cas, que cette nouvelle disposition n'avoit point été suivie dans l'usage, et que

36*

l'on avoit rétabli le droit de l'assise entre les enfans des barons. L'une et l'autre de ces conjectures est également décisive pour faire rejeter l'autorité douteuse, mais certainement inutile, de l'ordonnance du duc Jean II.

Le second monument, aussi éclatant que le premier, et qui prouve évidemment l'usage qui a suivi la constitution dont nous cherchons l'interprétation, c'est ce qui se passa dans le temps du fameux arrêt de Conflans.

Cet arrêt, qui donna à Charles de Blois la portion du duché de Bretagne, au préjudice de Jean de Montfort, fut rendu en l'année 1341, immédiatement après la mort de Jean III, et trente-six ans après celle de Jean II, par conséquent dans un temps où le souvenir des lois du premier de ces princes n'étoit pas encore effacé.

Voyons de quelle manière Charles de Blois s'explique, sur le partage des puînés en Bretagne, dans les mémoires qu'il donna avant le jugement.

M. d'Argentré nous a conservé curieusement un extrait de ces mémoires dans son histoire de Bretagne; et son témoignage ne peut être récusé par les puînés, puisque cet auteur a été dans la même erreur que Hevin, et qu'il a cru, comme lui, que la loi du duc Jean avoit fixé au tiers l'apanage des puinés.

Il est dit dans ces mémoires, pag. 388 de l'édition de 1588,

Que la coutume, gardée et observée pour la loi en Bretagne, advenant qu'il y ait plusieurs enfans entre nobles héritiers en succession, l'aisné succédoit au tout, de quelque qualité, grandeur ou prééminence que fussent les fiefs, comtés, vicomtés ou baronies; et seul, pour le tout estoit reçeu à en faire hommage.

Que pour tout droit, l'aisné n'estoit tenu faire autre portion auxdits puisnés, fors une provision viagere ou appanage, selon leurs qualités et facultés, ainsi

et telle toutes fois que l'aisné demeurast entier perpétuellement, et se pût conserver en la grandeur.

La même chose est répétée en moins de termes dans la page 392.

Et dans la page qui la suit, l'on ajoute que Jean, fils aîné d'Artur, succéda seul au duché, et donna à Guy son frère *ce que bon lui sembla*; d'où l'on peut conclure que le fief dominant suivoit la même loi et la même forme de partage que les fiefs servans: et c'est en effet ce qui résulte de l'assise du comte Godefroy, laquelle fut jurée par le comte, comme par les barons ses vassaux.

Il est vrai qu'on pourroit répondre que ces mémoires ne sont que de simples allégations d'une partie, qu'il n'est pas juste de croire lorsqu'elle atteste un usage qui peut lui être favorable.

Mais ce qui assure la vérité du fait, c'est la réponse de Jean de Montfort aux mémoires de Charles de Blois. Ces réponses sont en entier dans la bibliothèque du roi, d'où j'ai tiré ce qui suit.

Item. *Il y a plusieurs diversités entre le chef de Bretagne et les sujets, et par ce, peut apparoir que la coutume des sujets, supposé qu'aucune en y ait, ne s'estend mie, ne comprend le souverain, ne le chef, par plusieurs cas qui s'ensuivent.*

Et le premier, car en la duché de Bretaigne les maisnés prennent portion en la succession, par appanage à héritages, et ès autres successions ou baronnies, les maisnés ne prennent rien més que la vie.

Il étoit donc constant entre les deux parties, que dans les baronnies, ou même dans les successions des barons, les puînés n'avoient que ce que les constitutions de nobles appellent *vitam*, c'est-à-dire une provision viagère.

Le seul point qui étoit contesté, étoit de savoir si la même loi avoit lieu pour le fief dominant, c'est-à-dire, pour le partage des enfans du duc.

Il paroît que Charles de Blois soutenoit l'affirmative, et le comte de Montfort la négative. Mais cette question est absolument étrangère ou indifférente, par rapport à la décission de celle que nous traitons; il suffit qu'il demeure constant que Charles de Blois et Jean de Montfort convenoient également de l'usage qui s'observoit dans les partages des barons.

Enfin, sans recourir ni à ce manuscrit de la bibliothèque du roi, ni aux extraits que M. d'Argentré dit avoir faits sur les originaux mêmes, on peut s'attacher au texte même de l'arrêt de Conflans, L'usage de Bretagne y est nettement expliqué, tel que l'aîné le soutient.

Voici ses termes :

Prædicto Carolo ex adverso proponente, quod de usu et consuetudine notoriis Britanniæ, in successionibus feudorum inter nobiles generaliter observabatur, quandò sunt plures fratres, primogenitus in omnibus feudis, quantumcumque magnis et nobilibus, etiamsi comitatus, baroniæ, aut vicecomitatus existant, ut heres proprietarius succedit, et solus et in solidum recipitur ad fidem et homagium feudorum prædictorum, et fratribus suis junioribus seu post natis tenetur facere provisionem, victûs seu apanagium, secundùm eorum statum et quantitatem terræ, ità tamen, quòd status primogeniti, et accessoria integra perpetuò conserventur.

Il seroit inutile de s'étendre sur l'induction qui se tire naturellement de ce fait.

Voilà l'usage de Bretagne, usage allégué par une des parties, reconnu par l'autre; usage contraire à l'interprétation que les puînés donnent à la loi de Jean second; usage cependant qui a suivi immédiatement cette loi, comme il a déjà été observé; usage enfin, dont on doit conclure en cet endroit, comme on l'a déjà fait en parlant de l'ordonnance de Jean III, que la constitution du duc Jean II n'avoit rien changé touchant la fixation de l'apanage; ou que si elle y avoit apporté quelque changement, un usage contraire avoit dérogé à cette loi, et rétabli l'ancienne jurisprudence de l'assise.

La dernière espèce de conjectures qui nous reste à examiner, est celle que l'on peut tirer des lois postérieures, où la constitution du duc Jean II est rappelée; et du sentiment des auteurs qui ont interprété cette constitution, nous n'en trouvons qu'une seule de cette qualité avant le troisième temps, c'est-à-dire, celui de la première réformation de la coutume de Bretagne.

Cette loi, qui rappelle la constitution de Jean II, est la très-ancienne coutume de Bretagne, que Hevin prétend avoir été rédigée sous le duc Jean III, au lieu que d'Argentré soutient qu'elle ne l'a été que vers l'an 1456.

Commençons d'abord par examiner le texte de cette coutume, et voyons ensuite ce qui résulte du commentaire de l'anonyme qui l'a interprétée.

Termes de la coutume, art. 209.

Et est à savoir que toute la seigneurie doit aller à l'aisné des enfans ès barons et ès chevaliers, et des enfans aisnés qui en sont issus, et qui noblement se sont gouvernés eux et leurs prédécesseurs ès temps passés. Et il est entendu que les juveigneurs n'auront emplus que les mots de l'assise, si n'est tant comme le duc Jehan, père du duc Artus, le corrigea.

Les puînés concluent de ces derniers mots :

1.° Qu'il est certain que le duc Jean II a corrigé l'assise en faveur des puînés ;

2.° Que cette correction ne pouvant être appliquée qu'à la constitution du duc Jean II que nous examinons, il faut nécessairement que cette loi ait eu les barons pour objet, aussi bien que les autres gentilshommes ;

3.° Que cette correction, faite en faveur des puînés, a reçu comme le dernier sceau et le dernier degré de perfection, par la coutume qui en a renouvelé l'exécution.

Mais, après les observations qui ont été faites sur la véritable explication de cette ordonnance, il est aisé de répondre à cette objection.

On peut accorder, si l'on veut, aux puînés, tout ce qu'ils supposent d'abord, et qui paroît prouvé par la très-ancienne coutume.

Il est vrai que le duc Jean a corrigé l'assise; il est vrai même quil l'a corrigée, si l'on veut, dans l'ordonnance rapportée par Hevin. Ces deux propositions peuvent être véritables; mais en quoi a-t-il corrigé l'assise ? C'est ce qui reste à examiner.

Est-il nécessaire, pour pouvoir dire que ce prince a corrigé l'assise, qu'il l'ait corrigée dans le sens et dans la manière que les puînés le prétendent, c'est-à-dire, en fixant leur apanage au tiers; et ne suffit-il pas, pour remplir toute l'étendue des termes de la très-ancienne coutume, de faire voir qu'effectivement l'assise a été corrigée par le duc Jean II, quoiqu'à la vérité, ce soit dans un autre point que celui dans lequel les puînés veulent trouver ce changement.

Or, quel est ce point ? Il n'est rien de si facile que de l'expliquer.

L'assise défendoit absolument toute division des fiefs de haute dignité; elle ne permettoit pas même au père de famille d'en faire aucun démembrement en faveur des puînés.

Voilà ce que la constitution de Jean II a changé: *Baronie*, dit cette loi, *ne se départ mie entre frères, si le pére ne leur fait partie.*

Le père a donc le pouvoir de leur en faire partie; c'est le seul adoucissement que l'équité du législateur ait cru devoir apporter à l'exécution de cette loi.

Et cela ne suffit-il pas pour pouvoir dire avec la très-ancienne coutume, que le duc Jean, père du duc Artur, ou Artus, corrigea l'assise? *Ou que les puînés n'auront emplus que les mots de l'assise, si n'est tant comme le duc Jean le corrigea;* c'est-à-dire, si ce n'est dans le cas où le duc a voulu qu'ils eussent plus que les mots de l'assise; et ce cas est celui du partage fait par l'autorité du père de famille, auquel seul la loi confie le pouvoir de déroger à sa disposition.

Observons, pour éclaircir encore cette difficulté, et pour mettre ce raisonnement dans tout son jour, que l'on ne peut donner que deux sens différens à ce passage de la très-ancienne coutume.

L'un est celui qui vient d'être expliqué, et qui se réduit à n'entendre, par la correction de l'assise, que l'autorité donnée, par le duc Jean, au père de famille d'y déroger en faveur des puînés.

L'autre est celui que les puînés proposent, lorsqu'ils prétendent que le changement fait par le duc Jean consiste en ce qu'il a fixé leur portion au tiers.

De ces deux sens, le dernier résiste à toutes les observations décisives qui ont été faites jusqu'à présent, et qui ne permettent pas de croire que le duc Jean ait jamais pensé à arbitrer en général l'apanage des puînés.

L'autre sens, au contraire, s'accorde parfaitement avec toutes ces observations, et il concilie la très-ancienne coutume, dont il explique pleinement tous les termes, avec les usages et les lois précédentes.

Après cela, il n'est pas difficile de se déterminer entre ces deux interprétations; mais ce qui peut achever de donner la préférence à la dernière, c'est ce que l'on trouve écrit dans la très-ancienne coutume, et qui marque que les rédacteurs de cette loi n'ont point cru eux-mêmes que la part des puînés eût été fixée au tiers, et qu'ainsi, ce qu'ils ont dit de la constitution du duc Jean II, n'a aucun rapport à ce tiers imaginaire que l'on y cherche inutilement.

Dans le même chapitre 209, la coutume parlant de la manière d'arbitrer la portion des puînés, s'explique de cette manière:

Et le grant de la terre, et le nombre des enfans regardé, s'ils n'ont que débattre entre eux, justice leur doit bailler à chacun son advenant par jugement, par le conseil et advisement des sages.

Il ne faut point de commentaire pour montrer qu'une coutume qui s'explique en ces termes, ne regarde pas la portion des puînés comme fixée et limitée par la loi.

Car, s'il étoit vrai que cette portion fût fixée au tiers,

Pourquoi regarder le *grant de la terre et le nombre des enfans ?* La quantité de la terre, le nombre des enfans, sont des circonstances très-indifférentes, si la coutume leur donne indistinctement, et dans tous les cas le tiers pour légitime viager.

Pourquoi appeler ce tiers même *un avenant ?* Le terme d'avenant convient-il à ce qui est indépendant de toutes sortes de circonstances ?

Pourquoi enfin dire que la justice donnera *cet advenant par le conseil et advisement des sages ?* A-t-on besoin *de sages* pour ordonner la simple exécution d'une loi qui ne laisse rien à l'arbitrage du juge ?

Diroit-on, par exemple, que dans la coutume de Paris, le juge doit consulter *les sages* pour donner aux puînés la moitié ou le quart dans les fiefs ?

Ces termes ne marquent-ils pas visiblement un arbitrage, un jugement incertain, dépendant des différentes circonstances; et par conséquent, ne prouvent-ils pas que la très-ancienne coutume n'a point regardé la portion des puînés, comme fixée et déterminée par la constitution du duc Jean II?

Cette manière d'expliquer la très-ancienne coutume, paroît beaucoup plus simple et plus naturelle que la distinction qui a été imaginée par les auteurs des deux consultations imprimées à la fin des arrêts de Frain, et qui a été suivie par M. de Riparfond, dans le mémoire qu'il a fait sur cette question.

Ils prétendent qu'il faut distinguer deux sortes ou deux classes de gentilshommes d'assise : les uns descendus des anciens barons ; les autres, issus de pareus moins élevés, mais qui avoient usurpé le gouvernement avantageux de l'assise. Ils ajoutent que les termes de la très-ancienne coutume ne regardent que les derniers, mais que les premiers se sont conservé le droit de l'assise dans toute sa pureté.

L'examen de cette distinction, qui ne paroît pas trop solide, nous jeteroit dans de trop grandes dissertations, il suffit de voir les consultations et le mémoire; et sans s'arrêter ici à les approfondir, on peut finir ce second temps, en concluant de toutes les remarques qui ont été faites, que nous ne trouvons point encore jusqu'à la première réformation de la coutume de Bretagne, aucun changement dans le droit de l'assise, touchant la provision arbitraire des puînés.

ESSAI

SUR L'ÉTAT DES PERSONNNES (1).

L'ÉTUDE du droit des personnes est le principe et la fin de toute jurisprudence.

C'est par là que Justinien commence ses institutions. Il reconnoît que la science des lois est inutile, si l'on ignore les différentes qualités de ceux qui ont été l'unique objet de tous les législateurs. *Parum est jus nosse, si personæ quarum causâ constitutum est, ignorentur*, §. 12. Inst. de jur. nat. gent. et civili.

Omne jus, personarum causâ constitutum est, loi 2, ff. de stat. hominum. *Non ante juris ratio quem personâ quærendâ est*, l. 14, in pr. ff. de jure condicill.

Il est difficile de comprendre pourquoi Justinien, qui a connu la nécessité et l'utilité de cette méthode, qui l'a observée comme une règle inviolable dans ses institutions, ne l'a suivie que très-imparfaitement dans le digeste, et l'a négligée entièrement dans le code.

Mais c'est à M. Cujas et aux autres admirateurs de l'ordre du code et du digeste à le justifier, s'ils le peuvent; et, sans s'arrêter plus long-temps à des observations plus curieuses qu'utiles, il est à propos de faire ici quelques réflexions générales sur ce qui doit composer la matière de ce titre, et de comparer exactement tous les rapports et toutes les qualités différentes, qui forment ce que les jurisconsultes ont appelé l'état des personnes.

(1) Cet essai étoit le résultat d'une conférence où assistoit M. d'Aguesseau.

I.

Tous les hommes sont sortis égaux des mains de la nature, également libres, également nobles, tous enfans d'un même père, et membres d'un même corps.

C'est ce que les jurisconsultes nous apprennent, quand ils disent que, dans le droit naturel, il n'y a point d'inégalité entre les hommes : *Quoad jus naturale attinet, omnes homines æquales sunt*, loi 32, ff. *de reg. juris. Natura communis est*, loi 12, §. 4, ff. *de accusat.* Que la servitude est un ouvrage du droit positif, contraire à la nature, loi 4, ff. *de just. et jur.* loi 4, §. 1, ff. *de stat. hominum.* Que les hommes doivent se considérer comme étant tous unis par les liens de la parenté : *Cognationem quamdam, inter nos natura constituit*, loi 3, ff. *de just. et jur.* (1).

II.

Quoique la nature ait établi cette égalité parfaite dans l'origine de tous les hommes, elle a néanmoins marqué entr'eux certaines différences, et l'on peut dire que, s'ils sont tous égaux, ils ne sont pas tous semblables : *Pares magis quàm similes.*

C'est ainsi que la nature, elle-même, nous apprend à ne pas confondre ceux qui sont nés avec ceux qui sont encore dans le ventre de leur mère. C'est elle qui distingue les deux sexes; ceux qui sont capables d'engendrer de ceux qui ne le sont pas; ceux qui sont parfaits de ceux qu'on appelle monstres.

Les distinctions des pubères et des impubères, des majeurs et des mineurs, des sages et des insensés, des pères et des enfans, etc., sont encore fondées sur le

(1) *Quid est eques romanus, aut libertinus, aut servus? Nomina ex ambitione aut injuriâ nata.* Seneca, ep. 31, art. 2.

droit naturel; et, quoique le droit positif ait prescrit plusieurs règles sur ces matières, elles tirent néanmoins leur origine et leur force de la nature.

III.

Le droit civil, c'est-à-dire, le droit particulier de chaque nation (1), ajoute à ces qualités naturelles des distinctions purement civiles et arbitraires, uniquement fondées sur les mœurs de chaque peuple, ou sur la volonté absolue du législateur.

Telles sont, par exemple, les différences que les lois ont établies entre les citoyens et les étrangers, les libres et les esclaves, les nobles et les roturiers; différences dont les unes ont été inconnues au droit de la nature, et dont les autres y sont même absolument contraires : *Servitus est constitutio juris gentium quâ quis domino alieno contrà naturam, subjicitur*, loi 4, §. 1, ff. *de stat. hominum*.

IV.

Quoique ces dernières distinctions soient plus assujetties au pouvoir du droit civil, parce qu'elles sont entièrement son ouvrage, il étend néanmoins son autorité sur les qualités naturelles, non pour les détruire ou pour les affoiblir, mais pour les confirmer et les rendre plus inviolables, par des règles et par des maximes certaines que l'on peut appeler des qualités mixtes.

Cette union du droit civil avec le droit naturel forme, pour ainsi dire, une troisième espèce de différence entre les hommes, que l'on peut appeler mixtes, parce qu'elles participent de l'un et de l'autre droit, et qu'elles doivent leur principe à la nature, et leur perfection à la loi.

(1) Loi 9, ff. *de just. et jur.*

Il est, par exemple, du droit naturel, que les hommes et les femmes parviennent à l'état de puberté après un certain nombre d'années; mais il est du droit civil que ce temps soit fixe et déterminé, et que, sans consulter la diversité des tempéramens, sans avoir recours à l'inspection du corps, on suive une règle uniforme, même à l'égard de ceux dans lesquels la nature pourroit être plus prompte ou plus lente.

De même, la minorité ou les priviléges qui lui sont attachés, ont leur fondement dans le droit naturel; mais le terme de cet âge et la durée de ses prérogatives sont déterminés par les lois civiles.

Et l'on peut observer que dans toutes ces différences, ce qui est établi par le droit naturel est certain et immuable; au contraire, ce qui est prescrit par le droit positif est, comme lui, sujet au changement et à l'inconstance. Et, pour se renfermer dans un des exemples que l'on vient de proposer, la loi ne peut jamais refuser son secours à un mineur, tant qu'il sera mineur, parce que cette protection est d'un droit naturel et inviolable; mais elle peut faire qu'il ne soit plus mineur, en avançant le temps de la majorité, parce que ce temps étant arbitraire, et pouvant être différemment estimé, par rapport à la diversité des climats et des mœurs de chaque peuple, il est soumis au pouvoir de la loi.

V.

On peut donc distinguer trois sortes de qualités différentes qui forment l'état de tous les hommes :

Celles qui sont purement naturelles;

Celles qui sont purement civiles;

Celles qui sont mixtes, composées du droit naturel et du droit civil.

Mais cette distinction, exacte dans la spéculation, ne seroit d'aucun usage dans la pratique, parce qu'il n'y a aucune des qualités naturelles qui n'ait reçu une nouvelle forme du droit civil; et c'est ce qu'il sera facile de reconnoître dans la suite.

Ainsi l'on peut retrancher un des membres de cette division, et la réduire à la seule distinction des qualités qui sont fondées sur le droit naturel, et de celles qu'une distinction purement positive et arbitraire a introduites entre les hommes.

VI.

Mais, avant que d'entrer dans le détail des questions que l'on doit traiter dans ces deux parties, il n'est pas inutile de marquer ici, en peu de mots, en quoi consistent précisément ces qualités personnelles, dont nous avons trouvé l'origine dans la nature et dans le droit civil, et qui forment l'état de chaque personne en particulier.

Les jurisconsultes romains ont cru qu'il étoit dangereux de faire, dans le droit, aucune définition exacte : *Omnis definitio in jure civili periculosa est, parum est enim ut non subverti possit.* loi 301, ff. *de reg. jur.* (1). Peut-être qu'ils ont joint à cette première maxime une seconde réflexion tirée du respect qu'ils avoient pour l'antiquité. Ils recevoient avec vénération tout ce qui avoit été dit par les anciens interprètes du droit, et craignoient d'affoiblir, par leurs explications, les termes dont les premiers auteurs s'étoient servi : *Non omnium quæ à majoribus constituta sunt ratio reddi potest, alioquin multa*

(1) Il y a des interprètes qui ont prétendu que le mot *definitio* devoit s'entendre d'une règle de droit, et qui ont renvoyé, pour en entendre le vrai sens, à la loi première *de reg. jur.*, qui porte ces termes : *quæ regula simul in aliquo vitiata est, perdit officium suum*, et ils citent l'interprète grec, qui rend le mot *definitio* par νομικος κανων, par la raison que la loi 202 *de regul. jur.* ajoute *parum enim est ut non subverti possit*; mais cela n'empêche pas que d'autres interprètes n'aient donné un sens différent à cette expression.

ex his quæ certa sunt subvertentur. Lois 20, 21, ff. *de legib.* (1).

C'est apparemment par ces raisons que, quoiqu'il y ait dans le digeste un titre *de verborum significatione*, un titre *de statu hominum*, et dans les instituts un titre *de jure personarum*, on n'y trouve aucune définition claire et exacte, aucune idée précise et distincte de tous les termes généraux qui sont néanmoins les plus importans (2). Et, pendant que les jurisconsultes s'attachent à nous expliquer curieusement (3) ce que c'est que *parties*, ou à nous apprendre l'étymologie du mot *spurius*, ils négligent de définir ce que c'est que l'état, en quoi consiste ce caractère qu'il imprime sur la personne.

On peut néanmoins recueillir de ce qui se trouve répandu dans les livres du droit, qu'ils distinguoient deux sortes d'états.

Un état public, que l'on peut appeler l'état d'un citoyen, et qui même s'appelle souvent l'état en général.

Un état particulier, auquel on peut donner le nom d'état de l'homme.

Ces deux idées se trouvent dans les ouvrages d'Ulpien, tit. *de tutelis*, §. 12, et dans la loi 1, §. 8, ff. *ad senat. Tertull.*

Dans le premier de ces passages il définit *minimam capitis diminutionem*, celle dans laquelle *status duntaxat hominis mutatur, civitate et libertate salvâ;*

(1) On peut dire aussi qu'il s'agit, dans ce texte, des lois anciennement établies, et non des explications que les anciens interprètes y auroient données; et la loi suivante peut fortifier cette opinion par ces mots : *et ideò rationes eorum quæ constituuntur, inquiri non oportet, alioque multa ex his quæ certa sunt subvertentur.* Il n'est cependant pas impossible d'appliquer cette loi aux sentimens des anciens jurisconsultes, qui n'étoient guère moins respectés que les lois, puisqu'elles étoient souvent formées de leurs propres paroles.

(2) Loi 157, ff. *de verb. sig.*

(3) Loi 23, ff. *de stat. hominum.*

et dans la loi 1, §. 8, il donne à ces deux qualités, c'est-à-dire, à la liberté et au droit de cité, le nom d'état en général : *Capitis minutio salvo statu contingens.*

La comparaison de ces deux passages établit nettement la distinction de l'état de citoyen et de l'état de l'homme, ou, ce qui est la même chose, de l'état public et de l'état particulier.

On peut même en conclure que la liberté et la cité font partie de l'état public, et que la famille, au contraire, appartient à l'état particulier. Et c'est une conséquence que l'on peut tirer de toutes les dispositions des titres *de capitis diminutione*, qui sont dans le digeste et dans les instituts.

Mais ces distinctions supposent la définition de l'état, et ne la donnent point ; et, puisque le secours des jurisconsultes nous manque, il faut avoir recours aux lumières que la raison naturelle nous donne sur cette matière.

L'on peut d'abord, pour ôter l'équivoque de certaines expressions, distinguer deux significations différentes que les lois donnent à ce mot *état.*

Quelquefois il y a une grande étendue, et il se prend généralement pour toutes sortes de caractères passagers ou perpétuels, pour toutes sortes de qualités qui établissent quelque distinction entre les hommes. C'est ainsi que les lois disent qu'il y a un état de dignité, de magistrature, un état même de réputation, d'honneur, d'opinion publique.

La loi 5, §. 2, ff. *de extraord. cognit.* se sert expressément du terme de *statu dignitatis.*

La même loi définit la réputation qu'elle appelle *existimatio, dignitatis illæsæ status, legibus ac moribus comprobatus, qui ex delicto nostro, authoritate legum, aut minuitur aut consumitur.*

C'est encore dans le même sens que la loi 20, ff. *de stat. homin.* dit qu'un furieux *retinet statum et dignitatem, imò et magistratum et potestatem retinere videtur, sicuti rei suæ dominium retinet.*

C'est-à-dire qu'il ne perd point cette espèce d'état

général qui le fait considérer comme magistrat, comme père de famille, mais il perd l'exercice du droit que lui donnoient ces qualités, et, en ce sens, il est vrai de dire qu'il souffre un changement d'état, comme la suite le fera voir.

Cette première notion de l'état est fort imparfaite, et ce n'est point celle que l'on en a vue, quand on dit qu'il s'agit de juger une question d'état.

Il faut donc convenir que ce terme a une seconde signification moins étendue que la première, et qui fait, à proprement parler, la moitié de ce titre.

Pour l'expliquer, on doit supposer d'abord, suivant l'idée que nous en donnent tous les jurisconsultes, que le droit a deux parties.

La première regarde l'intérêt public ; et, pour se servir des termes des lois, *statum rei publicæ* (1).

La seconde n'a pour but que l'utilité des particuliers dans l'ordre de la société civile.

Ce n'est pas ici le lieu d'étendre et d'expliquer cette division.

Mais il faut nécessairement ajouter, suivant la pensée de M. Domat, que toutes les lois civiles qui règlent le droit particulier n'ont pour objet que les engagemens et les successions ; que toutes leurs dispositions roulent sur ces deux points principaux, qui comprennent tout ce qui se passe et dans le temps de la vie et dans le moment de la mort.

Ces principes supposés, si l'on examine les différentes qualités qui font la matière des questions d'état, on trouvera qu'elles ont un rapport nécessaire et essentiel avec le droit public ou particulier, et qu'elles sont appelées *qualités d'état*, *distinction d'état*, etc., parce qu'elles rendent ceux qui les ont capables ou incapables de participer à l'état public ou à l'état particulier.

Pour commencer par le droit public, c'est, par exemple, une question d'état de savoir si un homme

(1) Loi 1, §. 1, ff. *de just. et jur.*

est libre ou s'il est esclave, s'il est citoyen ou étranger, parce que, s'il est libre ou citoyen, il est capable de rendre service à sa patrie dans toutes les charges publiques; et si, au contraire, il est esclave ou étranger, il est exclu par l'une ou l'autre de ces qualités, de toutes les fonctions qui regardent le droit public, et de tous les avantages qui n'appartiennent qu'à ceux qui en ont la participation.

Mais ce n'est point une question d'état, que de savoir si un homme aura une telle charge ou s'il ne l'aura pas; car, quoiqu'il ait une incapacité particulière qui le rende indigne de la posséder, il n'en est pas néanmoins absolument incapable, dès le moment qu'il a les qualités extérieures de libre et de citoyen.

Il en est de même à l'égard du droit particulier. Comme il se réduit uniquement à régler les engagemens et les successions, il faut aussi que les qualités qui déterminent l'état particulier aient un rapport certain avec les engagemens et les successions, et qu'elles rendent les hommes capables ou incapables de certains engagemens en général, et de certaines successions en général, ou même de toutes sortes d'engagemens et de successions.

Ainsi, pour commencer par les engagemens, la qualité de majeur rend un homme capable de toutes sortes d'obligations; celle de mineur, au contraire, le rend incapable d'en contracter plusieurs, et surtout les engagemens qui ne tournent pas à son avantage. Cette qualité peut donc être mise au nombre de celles qui forment et qui déterminent l'état.

Pendant qu'un homme est impubère, la nature et la loi le déclarent incapable de contracter aucun mariage. Aussitôt qu'il devient pubère, l'une et l'autre lui accordent cette faculté. Il est donc vrai de dire que cette qualité de pubère et d'impubère affecte l'état, puisque c'est d'elle que dépend la capacité ou l'incapacité de contracter tous les engagemens qui sont d'une certaine nature.

A l'égard des successions, et surtout des successions qui se défèrent par la loi, un bâtard en est incapable ; et, au contraire, elles peuvent être recueillies par ceux qui sont légitimes. La même différence se trouve entre les citoyens et les étrangers. Elle a donc le caractère d'une qualité constitutive de l'état, puisqu'elle rend ceux qui l'ont capables ou incapables de toutes successions, ou de certaines successions en général.

Mais, au contraire, la qualité de vassal, celle de débiteur, de donataire, etc., ne peuvent former ce qui s'appelle un état, quand même la condition de l'engagement seroit telle que celui qui l'auroit acceptée, fût obligé de s'abstenir de certaines conventions, parce que ces sortes de conditions ont toujours un effet limité qui ne regarde que les personnes des contractans, et qui ne les empêche point de participer au droit civil, en tout ou en partie.

D'ailleurs c'est une seconde réflexion que l'on peut faire pour découvrir la nature des qualités qui constituent l'état ; il y a toujours une différence essentielle entre les engagemens particuliers que chacun peut contracter, et ces caractères personnels qui font la matière de cette dissertation.

Les uns sont des suites d'une convention libre et volontaire, réelle ou personnelle, au lieu que les autres sont tellement attachées à la personne, qu'elles ne peuvent en être séparées sans qu'il arrive un changement en son état. Elles ne sont pas absolument dépendantes de son choix ; la nature et la loi impriment ces qualités, et ceux qui en sont revêtus les conservent souvent contre leur inclination.

M. Domat, qui a traité cette matière avec plus de justesse et de solidité que tous les jurisconsultes, remarque que ces qualités sont de telle nature que chacune en a toujours une qui lui est opposée ; en sorte qu'elles forment, pour ainsi dire, deux lignes parallèles qui comprennent toutes les conditions des hommes ; car il faut nécessairement se trouver dans l'une ou dans l'autre. Il n'y a point d'homme qui ne soit libre ou esclave, majeur ou mineur, pubère ou impubère, etc. ; et c'est peut-être pour cela qu'on leur donne le nom de qualités d'état, parce que l'état des hommes est toujours renfermé dans l'un ou l'autre de ces caractères.

Ce dernier caractère, qui comprend ce que les hommes sont par leurs conventions, peut paroître, avec beaucoup de fondement, moins solide et moins infaillible que les deux premiers qui expriment ce que les hommes sont par la nature ou par la loi.

Il est vrai que les qualités constitutives de l'état sont tellement opposées entr'elles, que tout homme a l'une ou l'autre; mais si cette propriété leur est commune avec plusieurs autres qualités qui ne déterminent point l'état, il faut convenir qu'il ne doit plus être considéré comme un caractère de distinction, puisque rien n'est plus opposé à cette idée, que de convenir à des choses qui sont absolument différentes.

Or, il est facile de trouver plusieurs autres qualités opposées, qui auront toutes cette propriété, que tous les hommes seront compris dans l'une ou dans l'autre de celles qui sont en parallèle.

Ainsi l'on peut dire que tout homme est personne publique ou personne privée; qu'il est artisan ou qu'il vit libéralement; qu'il est soumis aux charges publiques ou qu'il en est exempt, etc.

Cependant ces qualités peuvent bien former une profession, un genre de vie, une condition; mais elles ne formeront jamais ce que l'on entend par le terme d'état.

Il faut donc retrancher ce troisième caractère de distinction, puisque c'est au contraire une propriété commune, et qui convient à plusieurs qualités qui ne sont point constitutives de l'état.

Ainsi, en supposant les principes, les divisions et les distinctions qui viennent d'être établis, on peut proposer en ces termes les définitions d'état public et d'état particulier.

L'état public consiste dans une capacité ou une incapacité fondée sur la nature ou sur la loi, ou sur toutes les deux, de participer aux charges, aux honneurs et aux autres prérogatives qui sont accordés à ceux que l'on considère comme membres de la république.

De même, l'état particulier peut être défini, par une qualité que la convention seule, réelle ou personnelle, ne peut établir, mais qui doit être imprimée ou par le droit naturel, ou par le droit civil, ou par tous les deux, et qui rend ceux qui en sont revêtus, capables ou incapables de tous les engagemens d'une certaine espèce, ou même de toutes sortes d'engagemens; ou qui les rend capables ou incapables de recueillir certaines successions, ou même toutes sortes de successions, de quelque nature qu'elles puissent être.

VII.

Si l'on applique ces définitions à toutes les qualités que l'on comprend d'ordinaire sous les qualités d'état, l'on trouvera qu'elles leur conviennent parfaitement.

Il n'y a que trois états dans lesquels il semble d'abord que l'on a de la peine à découvrir ces caractères :

Le premier, celui du mariage;

Le second, l'ordre ecclésiastique;

Et le troisième est la profession religieuse.

On prétendra d'abord que ces trois états sont l'effet d'un choix absolument libre, d'un engagement purement volontaire, et que par conséquent ils ne peuvent jamais être mis au nombre des qualités constitutives de l'état, puisqu'une des principales propriétés des ces caractères est d'être imprimée nécessairement par la nature ou par la loi.

On joindra à cette observation générale une réflexion particulière sur l'état du mariage, dans lequel il semble qu'il est difficile de trouver le fondement d'une capacité ou d'une incapacité personnelle, par rapport à certains engagemens ou à certaines successions.

Pour répondre à la première objection générale, ils est nécessaire de distinguer deux choses dans les trois états que nous examinons.

La première est l'engagement que les parties contractent, soit entr'elles, soit à l'égard de Dieu et de l'église.

La seconde est l'autorité, le caractère et les effets que la loi donne à cet engagement, qui est absolument volontaire, car il est libre à celui qui s'engage de contracter ou de ne pas contracter.

Mais, aussitôt qu'il a donné son consentement, il se soumet à toutes les suites de cette obligation, et pour lors la loi lui imprime un caractère indépendant des changemens de sa volonté.

Ainsi, l'état du mariage, l'état ecclésiastique et l'état religieux sont volontaires dans leur principe, mais absolument nécessaires dans leur suite, et par là ils peuvent être justement comparés avec les autres qualités qui forment l'état, puisqu'ils n'affectent pas moins la personne, et qu'ils en sont également inséparables.

L'on peut appliquer à la profession ecclésiastique et religieuse ce que Sinesius a dit (1) du mariage dans le cinquième siècle. Il écrit à son frère qu'il ne peut se résoudre à quitter sa femme, parce qu'il l'a reçue de Dieu et de la loi par les mains d'un ministre sacré.

Ces qualités sont donc un ouvrage de la loi et de Dieu même, qui ne peut plus être détruit; ce qui paroît suffisant pour établir une distinction d'état.

La seconde objection ne peut être proposée que contre l'état du mariage, puisqu'à l'égard de l'ordre ecclésiastique et de l'état religieux, il est certain que ceux qui s'y engagent deviennent incapables de contracter certains engagemens, et particulièrement celui du mariage.

Il est plus difficile de trouver dans celui-ci une pareille incapacité.

(1) Epître 105.

On pourroit se dispenser d'entrer dans cet examen, en soutenant que les jurisconsultes romains n'ont jamais considéré le nom de mari et de femme comme un nom et une qualité d'état. On allégueroit le silence des lois dans les titres *de statu hominum, de jure personarum*. L'on n'y trouve aucune division des hommes mariés et non mariés ; enfin, on ajouteroit que, s'il est parlé du mariage dans le premier livre des instituts, qui est destiné au Traité de l'état des personnes, ce n'est point parce que l'on considère le mariage comme un état en lui-même, mais plutôt parce qu'il est le fondement de plusieurs états, comme de celui de père de famille, de fils de famille, de fils légitime. C'est uniquement par rapport à la puissance paternelle que le titre *de nuptiis*, aussi bien que celui *de adoptionibus*, sont placés dans le premier livre. Dans l'un, c'est la nature, et dans l'autre, la loi, qui donne aux pères des enfans légitimes soumis à leur autorité.

Mais, sans examiner si les jurisconsultes ont compris l'état des gens mariés dans les titres qui concernent le droit des personnes, il suffit de faire voir que l'idée qu'on a donnée de l'état en général convient à celui du mariage, et que ceux qui sont dans cet état contractent une capacité ou une incapacité personnelle de contracter certains engagemens, qui est le véritable caractère des qualités d'état.

On ne s'arrêtera point à expliquer ici cette espèce d'interdiction que la loi prononce contre la femme, et qui la rend incapable d'agir sans l'autorisation de son mari. On opposeroit avec raison que cette incapacité n'a pas tous les caractères qui sont essentiels pour former l'état du mariage, puisqu'elle n'en est point une suite nécessaire, ni commune à toutes les nations, et que d'ailleurs elle n'est point réciproque.

On n'alléguera pas non plus la prohibition respective des donations entre mari et femme : outre qu'elle n'est pas d'un droit général, elle a des effets trop limités pour pouvoir constituer un état.

Il faut donc se réduire uniquement à dire que le

mari et la femme perdent également le droit qu'ils avoient sur leur personne, qu'ils deviennent incapables de faire des vœux, d'embrasser l'état ecclésiastique ; en un mot, que l'indissolubilité du lien, l'incapacité d'en pouvoir contracter d'une autre nature, ou avec une autre personne, paroissent suffisans pour mettre la qualité de mari et de femme au nombre des caractères qui méritent le nom d'état.

On peut ajouter encore que, comme les nœuds de la parenté se contractent par la naissance, ceux de l'affinité se forment dans le mariage ; et de même que les premiers établissent une incapacité de prendre certains engagemens, comme ceux du mariage ; ainsi les seconds forment les mêmes empêchemens, et établissent la même incapacité.

VIII.

Il paroît, par tout ce qui a été proposé jusqu'à présent, que l'on pourroit suivre deux idées et deux divisions différentes dans le Traité de l'état des personnes.

On peut ou les considérer par rapport au droit public et par rapport au droit particulier, ou les examiner dans l'état de la nature et dans l'état de la loi.

Quoique la première de ces divisions soit celle des jurisconsultes qui ne connoissent que deux sortes d'état, *statum publicum*, *statum privatum*, il semble néanmoins que la seconde division soit plus juste et plus naturelle, parce qu'il y a plusieurs qualités qui sont communes à l'état public et à l'état particulier, comme celles de pubère et d'impubère, d'homme et de femme, de majeur et de mineur.

Le droit public les considère, lorsqu'il exclut des charges et des fonctions publiques les impubères, les femmes et les mineurs.

Et ils ont aussi un rapport nécessaire au droit particulier, puisque ces trois états sont incapables de certains engagemens.

Ainsi, pour éviter les répétitions, il sera plus à propos de suivre, dans ce Traité, la distinction de la la nature et de la loi, en marquant dans chaque partie le rapport que les qualités naturelles et civiles ont avec l'un et l'autre droit, c'est-à-dire, avec le droit public et le droit particulier.

Quoique le mariage soit la première et la plus importante des questions qui regardent l'état, cependant il est assez indifférent de lui donner le premier ou le dernier rang dans l'ordre des matières.

Ceux qui voudront lui donner la première place diront que c'est le fondement de tous les états; que, sans le mariage, la plupart des différences qui sont entre les hommes ne subsisteroient plus.

Ceux qui soutiendront l'opinion contraire diront qu'il faut être avant que de pouvoir être marié; qu'il est nécessaire d'avoir été fils avant que de pouvoir être père, et que le bon ordre veut que l'on considère les hommes, même avant le temps de leur naissance; que l'on suive un enfant dans ses différens états, pour le conduire enfin à celui du mariage, qui demande un homme parfait.

Pour placer toutes les autres questions dans l'ordre qui leur convient, on peut considérer les hommes dans deux différentes vues qui comprennent toutes les distinctions que la nature a faites entr'eux.

Les lois ont pour objet ou ceux qui ne sont pas encore nés ou ceux qui sont au nombre des hommes.

A l'égard de ceux qui ne sont pas encore nés, on peut distinguer deux sortes de maximes établies par les lois. Les unes sont générales, et conviennent indistinctement à tout le temps pendant lequel l'enfant est dans le ventre de sa mère. Les autres sont plus limitées; elles ne regardent que deux momens en particulier, celui de la conception et celui de la formation. On examinera d'abord ce qu'il y a de singulier dans ces deux temps, et l'on expliquera ensuite toutes les règles générales qui comprennent tout le temps de la grossesse.

Ceux qui sont nés reçoivent beaucoup plus de distinctions différentes.

L'on considère :

1.° Le temps de la naissance ;

2.° La manière de naître ;

3.° La disposition du corps ;

4.° L'âge ;

5.° Les différentes relations naturelles que celui qui est né peut avoir avec les autres hommes.

Dans la première distinction l'on peut examiner :

1.° Ceux qui sont nés dans le temps légitime ou hors du temps légitime ;

2.° Ceux qui sont nés pendant la vie ou après la mort de leur père ;

Dans la seconde distinction, qui regarde la manière de naître, on ne trouve qu'une seule division :

De ceux qui sont nés par la voie ordinaire et naturelle, et de ceux qui sont nés *ex secto matris utero, atque inde cæsones dicti.*

Dans la troisième distinction on peut considérer plusieurs états différens :

1.° De ceux qui naissent vivans, et de ceux qu'on appelle morts-nés ;

2.° De ceux qui naissent parfaits et de ceux qui naissent imparfaits. (Les imparfaits renferment deux espèces différentes : les monstres, les eunuques);

3.° Des hommes, des femmes et des hermaphrodites ;

4.° Des pubères et des impubères.

La quatrième distinction, par rapport à l'âge, ne comprend qu'une division des hommes, en mineurs, et *qui his comparantur*, et en majeurs.

Dans la dernière distinction, qui comprend les différentes relations naturelles que les hommes ont les uns avec les autres, on peut considérer quatre classes différentes :

La première, de ceux qui vivent dans le célibat, et de ceux qui vivent dans le mariage ;

La seconde, de ceux qui sont légitimes, et de ceux qui ne le sont pas ;

La troisième, des pères de famille et des fils de famille ;

La quatrième, de ceux qui sont unis par les liens de la parenté, et de ceux qui ne le sont pas.

On peut renfermer toutes les dispositions des lois sur cette matière dans trois principes généraux :

Le premier est que les lois veillent à la conservation du *part*, qu'elles assurent sa naissance, son état et sa condition ;

Le second, que toutes les fois qu'il s'agit de l'intérêt de l'enfant qui est dans le ventre de sa mère, il est considéré comme s'il étoit né ; et la loi lui accorde par avance les droits qu'il ne pourroit espérer qu'en naissant dans l'ordre de la nature ;

Le troisième, que lorsque celui qui *in utero est* est sans intérêt, il est regardé par les jurisconsultes, non comme un animal distinct et séparé, mais comme une portion de sa mère qui ne peut nuire ni profiter aux autres.

Ces trois principes sont féconds en conséquences différentes, qu'il est nécessaire d'examiner séparément.

Premier principe.

Tout le public a intérêt à empêcher, d'un côté, la supposition de part ; et de l'autre, à conserver ceux qui sont encore dans le ventre de leur mère. La loi les prend, dès ce moment, sous sa protection, et les considère dès-lors comme membres de la république. Mais ce seroit altérer les expressions des lois, que de vouloir les traduire ; il vaut mieux les rapporter ici en leur entier.

Sicuti liberorum eorum qui jam in rebus humanis curam prætor habuit,ità etiam eos qui nondum nati sunt, propter spem nascendi, non neglexit. Loi 1, in pr. ff. *de ventr. in poss. mittend.*

Publicè enim interest partus non subjici, ut ordinem dignitas familiarumque salva sit. Loi 1, §. 13, ff. *de insp. ventr.*

Favorabilior est causa partûs quam pueri : puero enim in hoc favetur, ut in familiam inducatur : partui, ut in lucem producatur ; adeoque partus omni modo alendus est, qui non tantùm parenti cujus esse dicitur, verum etiam reipublicæ nascitur. Loi 1, §. 15, ff. *de ventr. in poss. mittend. Et benigniorem esse in hâc parte prætorem oportet, ne qui speratur, ante vitam necetur. Dicta* l. 1, §. 9, ff. *de ventr. in poss. mittend.*

On peut distinguer deux motifs différens, dans le soin que la loi prend de ceux qui sont encore dans le ventre de leur mère :

Le premier est de prévenir les suppositions, et d'assurer par là l'état des enfans légitimes ;

Le second, de donner des alimens à celui qui doit être un jour le maître de tous les biens, ou d'une partie : *Ne fortè eï qui natus bonorum possessor futurus est denegasse alimenta videamur.* Ce sont les termes de la loi 6, ff. *de ventr. in poss. mittend.*

Ces deux vues sont clairement marquées dans la rubrique du titre du ff. *de agn. et alend. liberis.*

Ce titre contient deux parties : l'assurance de l'état des enfans, la nourriture et l'éducation des enfans.

On trouve dans le droit civil quatre lois différentes qui ont réglé tout ce qui peut regarder l'un et l'autre de ces deux chefs.

La première, et la plus ancienne, est le sénatus-consulte Plancien ou Plautien, car on lui donne ces deux noms.

La date de ce sénatus-consulte est certaine ; il paroît seulement qu'il est antérieur au temps d'Adrien. Loi 3, §. 1, ff. *de lib. agnosc.* Antoine-Augustin, qui a marqué assez exactement le temps dans lequel les lois romaines ont été faites, ne rapporte aucune conjecture qui puisse servir à découvrir la date de ce sénatus-consulte.

Senatus-consultum hoc, dit Ulpien, loi 1, ff. *de agn.* lib. *duas species complectitur : unam eorum qui agnoscunt ; alteram eorum quæ falsum partum subjiciunt.*

Mais, toutes les précautions qu'il ordonnoit que l'on prît ne regardoient que le cas du divorce ; et c'est pour suppléer à l'imperfection de cette loi que le sénat fit un autre réglement dans le temps de l'empereur Adrien, qui permit aux pères et aux mères d'observer les mêmes formalités, pour assurer l'état des enfans nés pendant le mariage. Loi 3, §. 1, ff. *de lib. agnosc.*

Ces deux lois avoient cela de commun, qu'elles ne prévoyoient qu'une seule espèce, c'est-à-dire, celle dans laquelle une femme, après le divorce et pendant le mariage, dénonce à son mari qu'elle est enceinte, pour assurer l'état de l'enfant. Et, soit que les femmes n'eussent point encore appris l'art de dissimuler leur grossesse, soit qu'il n'en fût arrivé jusque-là aucun inconvénient, il ne paroît pas jusqu'au temps de Marc-Aurèle et de Lucius-Verus, qu'aucun mari eût dénoncé la grossesse de sa femme, et demandé à en faire la preuve par une visite régulière.

C'est ce qui paroît par les termes dont Ulpien se sert dans le titre *de lib. agnosc.*, et dans le titre *de insp. vent. custodiendoque part.*

Illud notandum est quòd denunciatio à marito non incipit, sed à muliere. Ce sont les paroles du jurisconsulte dans la loi 1, §. 5, ff. *de agnosc. lib.*

Et dans la loi 1, *in pr. ff. de insp. ventr.*, il rapporte les termes du rescrit des empereurs Marc-Antoine et Lucius-Verus, par lesquels il paroît que la nouveauté de l'espèce a mérité qu'on établît une nouvelle jurisprudence.

Novam rem desiderare Rutilius Severus videtur, ut uxori quæ ab eo diverterit, et se non esse prægnantem profiteatur, custodem apponat, et ideò nemo mirabitur si nos quoque novum consilium et remedium suggeramus, etc.

Ulpien, qui rapporte ce rescrit, en tire en même temps cette conséquence, qu'il explique mieux que nous ne pourrions faire :

Ex hoc rescripto evidentissimè apparet senatus-

consulta de liberis agnoscendis locum non habuisse; si mulier dissimularet se prægnantem, vel etiam negaret: nec immeritò; partus enim antequam edatur, mulieris portio est vel viscerum; post editum planè partum, jam potest maritus jure suo filium desiderare aut exhiberi sibi, aut, etc. Loi 1, §. 1, ff. *de insp. ventr.*

C'est donc apparemment cette distinction subtile de la puissance des mères qui dure jusqu'à la naissance de celle des pères, qui ne commence qu'au moment de la nativité, qui avoit empêché le sénat et les jurisconsultes de recevoir la dénonciation du père aussi bien que celle de la mère.

Le rescrit des empereurs a fait enfin cesser cette différence; mais il manquoit encore un quatrième degré de perfection à ces trois lois. Lorsqu'elles ordonnoient la dénonciation, elles n'avoient en vue que la personne de la femme, ou celle du mari, ou tout au plus du père du mari, s'il étoit encore soumis à la puissance paternelle.

Illud tenendum est, dit Ulpien dans le dernier paragraphe qui vient d'être cité (1), *hæc senatusconsulta post mortem parentis cessare, si is supersit in cujus potestatem liberi recasuri non sunt...... Imò et si, vivo patre, redditum sit præjudicium, et antequam sententia feratur, pater decesserit, transeundum est ad Carbonianum edictum.*

C'est-à-dire que, comme les sénatus-consultes se servoient du terme *de liberis agnoscendis*, qui ne peut convenir qu'au père et à l'aïeul, *in cujus potestate est*, ils perdoient toute leur force aussitôt que le père ou l'aïeul n'y avoient plus d'intérêt.

L'édit du préteur, qui est la quatrième loi que l'on peut examiner sur cette matière, est beaucoup plus général; il comprend tous les cas, il envisage toutes les personnes qui peuvent avoir intérêt à la naissance de l'enfant (2).

(1) Loi 1, §. 1; loi 3, §§. 2 et 5, ff. *de agnosc. lib.*

(2) Loi 1, §. 10, ff. *de insp. ventr.*

Ainsi, pour expliquer en deux mots ce progrès du droit,

Le premier sénatus-consulte étoit le plus imparfait de tous ; il n'avoit prévu que le cas du divorce ;

Le second étoit moins défectueux, puisqu'il ajoutoit le cas de la naissance d'un enfant pendant le mariage ;

La troisième loi considéroit l'intérêt du père, qui avoit échappé par inadvertance ou par subtilité aux premiers législateurs ;

La quatrième achève de perfectionner cette disposition, en suppléant un cas important qui avoit été omis dans toutes les autres ; et c'est celui de la dénonciation qui se fait, non pas à la femme, au mari ou à son père, mais aux héritiers du mari, et à tous tous ceux généralement qui peuvent avoir intérêt à la naissance de l'enfant.

Après avoir expliqué séparément les dispositions et les motifs particuliers de ces différentes lois, on peut maintenant entrer dans le détail des sages précautions qu'elles ont prescrites, pour prévenir la supposition du part, et pour conserver à la république ceux qu'elle commence dès-lors à mettre au rang des citoyens.

On peut rapporter à certains chefs toutes les réflexions que l'on doit faire sur cette matière.

L'ordre veut que l'on examine :

1.° Dans quels cas la dénonciation doit être faite ;

2.° Par qui elle doit et peut être faite ;

3.° A quelles personnes il faut dénoncer la grossesse ;

4.° Dans quel temps ;

5.° En quel lieu cette signification doit se faire ;

6.° Ce qu'il faut dénoncer ;

7.° Quels sont les effets de la dénonciation.

Les trois premières questions ont été décidées par avance dans l'histoire qui vient d'être faite des lois qui ont réglé cette matière.

On a pu y remarquer :

1.° Que la première loi ne faisoit mention que du

cas du divorce; que la seconde a ajouté celui du mariage, et que la quatrième a enfin suppléé le cas de la mort du mari, qu'elle n'a pas négligé, et l'intérêt de ses héritiers (1);

2.° Qu'autrefois la dénonciation devoit être faite par la femme, *à marito incipit, non à muliere;* mais que le rescrit des empereurs a donné le même pouvoir au mari.

Si la femme n'a pas soin de dénoncer son état, le père de famille, dans la puissance duquel elle est, peut suppléer à la négligence de sa fille, et faire lui-même la dénonciation. C'est ce qui est écrit expressément dans la loi 1, §. 1, ff. *de lib. agnosc.*

Il semble que, par une juste interprétation de la loi, on doive aussi accorder au père du mari la faculté de demander que sa belle-fille soit visitée, pour assurer la vérité de la grossesse et l'état de son fils; et, quoique les jurisconsultes n'aient pas marqué ce cas expressément, on peut dire que c'est une suite si naturelle des principes qu'ils ont établis, qu'elle ne peut jamais recevoir aucune difficulté.

Suivant l'édit du préteur, la femme doit dénoncer sa grossesse à tous ceux qui peuvent y avoir intérêt; et, suivant l'interprétation de cet édit, un substitué qui demande qu'on donne des gardes à la femme, doit être écouté (2).

La dénonciation doit être faite par la femme à tous ceux qui sont intéressés à la naissance de l'enfant. Aussi tous ceux qui y ont quelque intérêt peuvent demander que la femme soit visitée, et que la vérité de sa grossesse soit assurée.

Mais, une seconde conséquence de ces lois est que, dans nos mœurs, on ne doit point admettre la distinction que les jurisconsultes établissent entre la

(1) Loi 3, §§. 1 et 5, ff. *de lib. agnosc.*; loi 1, §. 10, ff. *de insp. ventr.*; loi 1, §. 5, ff. *de lib. agnosc.*; loi 1, ff. *de insp. ventr.*

(2) Loi 3, ff. *de insp. ventr.*

femme émancipée et celle qui est dans la puissance de son père.

Dans le premier cas, le père ne pouvoit dénoncer la grossesse de sa fille ;

Dans le second cas, cette faculté lui étoit accordée.

Cette distinction est contraire non-seulement à la nature, mais même aux principes que les jurisconsultes ont établis.

Si la dénonciation doit être faite et par ceux qui ont intérêt à la conservation du part, et à ceux qui y ont intérêt, peut-on refuser ce droit à un aïeul? Et y a-t-il quelqu'un qui soit plus intéressé que lui à exclure de sa famille des étrangers qui veulent y entrer par la voie de la supposition, et d'y conserver au contraire ceux que la nature y a fait naître?

Telles sont les réflexions que l'on peut faire sur les personnes qui ont le pouvoir de dénoncer la grossesse. Elles se réduisent à cette distinction :

Ou la dénonciation se fait au mari ou à la femme.

Si c'est au mari, la femme seule ou son père peuvent s'acquitter de ce devoir, mais avec cette différence que le droit romain ne la permet qu'au père de famille, et que l'équité naturelle accorde ce droit à tous les pères indistinctement.

Si la dénonciation se fait à la femme, elle peut être faite par le mari, par le père du mari dans la puissance duquel il est, et par les héritiers et les autres personnes qui ont droit de contester l'état de l'enfant. Et la même raison d'équité veut qu'on ajoute à ce nombre le père du mari émancipé, puisqu'il y a toujours une loi naturelle qui parle en sa faveur, et qui ne permet pas que l'on décide de la fortune de son petit-fils, sans qu'il y soit appelé.

La troisième question n'est pas plus susceptible de difficulté.

Il faut suivre la même distinction qui a été proposée touchant les personnes qui peuvent dénoncer la grossesse.

Si la dénonciation vient du côté du mari, c'est à la femme qu'elle doit être faite, parce que c'est elle seule qu'il faut observer, par rapport à la naissance de l'enfant dont elle prétend être enceinte (1).

Si, au contraire, la dénonciation commence du côté de la femme, il faut distinguer l'ordre des temps.

Les premiers sénatus-consultes ne parloient que du mari et du père du mari dans la puissance duquel il étoit encore.

L'édit du préteur, plus général et plus équitable, veut que la dénonciation soit faite à tous ceux *quorum interest partum non subjici, his scilicet quos proxima spes successionis contingit, sive totam hæreditati habituri sint, sive partem ejus, sive ab intestato, sive ex testamento* (2).

Et cette maxime est si favorable, qu'elle doit avoir lieu, lors même que c'est un esclave qui a été institué, en cas que la femme du testateur ne lui donne aucun héritier légitime.

Les expressions dont le jurisconsulte se sert méritent d'être insérées ici dans leur entier.

Si servus hæres institutus sit, si nemo natus fuerit, Aristo scribit hìc quoque servo, quamvis non omnia quædam tamen circà partum custodiendum arbitrio prætoris esse concedenda : quam sententiam puto veram; publicè enim interest partus non subjici, ut ordinum dignitas familiarumque salva sit. Ideòque etiàm servus iste, cùm sit in spe successionis constitutus, qualis qualis sit, audiri debet, rem et publicam et suam gerens (3).

Le temps dans lequel la femme doit dénoncer sa grossesse a été marqué par le sénatus-consulte Plancien.

Il prescrit à la femme le terme de trente jours,

(1) Loi 1, *in pr. ff. de insp. ventr.*

(1) Loi 1, §§. 10, 12, 14; loi 4, ff. *de insp. ventr.*

(3) Loi 1, §. 13, ff. *de insp. ventr.*

parce que la loi présume que ce temps est suffisant pour l'instruire de son état.

Ces trente jours sont continus et ne sont pas utiles (1).

Quoique ce terme ait été préfini par le décret du sénat, le préteur recevoit souvent, même après les trente jours, la dénonciation d'une femme; mais il la recevoit avec connoissance de cause.

A l'égard du mari, les lois ne lui prescrivent aucun temps certain pour demander que l'on donne des gardes à sa femme; cependant il semble que les jurisconsultes aient voulu lui marquer le terme de trente jours, à l'exemple du sénatus-consulte Plancien, puisqu'ils disent qu'après ce temps expiré, on ne doit plus l'écouter qu'avec connoissance de cause (2).

Le lieu dans lequel la dénonciation doit être faite est le lieu du domicile du mari, de son père, de la femme ou de tous ceux qui peuvent y avoir intérêt. On peut remarquer seulement en cet endroit que les jurisconsultes disent que *domum accipere debemus hospitium, si in civitate maneat; quod si non sit, sed in villâ vel municipio, illic ubi larem matrimonia collocaverant* (3), ce qui marque une espèce de domicile du mariage.

La dénonciation faite par la femme ne devoit contenir autre chose, sinon que la femme est enceinte des œuvres de son mari (4).

Mais celle qui étoit faite par le mari devoit contenir une sommation à la femme, de déclarer si elle est grosse ou si elle ne l'est pas, et de venir faire sa déclaration devant le préteur (5).

Les effets de la dénonciation sont en grand nombre.

(1) Loi 1, §§. 7 et 9, ff. *de agnosc. lib.*

(2) Loi 1, §. 9, ff. *de insp. ventr.*

(3) Loi 1, §. 2, ff. *de agnosc. lib.*

(4) Loi 1, §. 3, ff. *eod.*

(5) Loi 1, *in pr.* et §. 2, ff. *de insp. ventr.*

1.° Si elle est faite par la femme, elle met le mari dans la nécessité de prendre l'une ou l'autre de ces précautions, c'est-à-dire, qu'il doit ou dénoncer à la femme qu'il ne croit pas qu'elle soit enceinte, ou que, si elle l'est, ce n'est point de son fait. Voilà la première précaution.

La seconde est d'envoyer des gardes pour prévenir les fraudes et les suppositions (1);

2.° Si c'est le mari qui veut rendre publique la grossesse de sa femme, il peut l'obliger à comparoître devant le préteur, à déclarer la vérité de son état (2). La déclaration qu'elle fait est d'un si grand poids, qu'elle est considérée comme absolument décisive, lorsque le serment lui a été déféré (3).

Si elle refuse de venir ou de répondre devant lui, le juge peut l'y contraindre, *captis pignoribus vel mulctâ irrogatâ*;

3.° Soit que la dénonciation vienne du côté du mari ou de celui de la femme, l'un ou l'autre peut demander que la femme soit visitée par des sages-femmes *probatæ artis et fidei*. Le nombre de trois étoit marqué par le rescrit de Marc-Aurèle et de Lucins-Verus. L'édit du préteur permet d'en admettre jusqu'à cinq, qu'il ne dépend pas du mari ou de la femme de nommer. Ce choix est réservé au préteur, et il doit suivre le jugement qu'elles auront porté sur l'état de la femme à la pluralité des voix (4).

C'est encore à lui qu'il appartient de nommer la maison dans laquelle la femme sera vue et visitée. Les autres formalités de cette visite sont marquées dans les §§. 7 et 10 de la loi 1, ff. *de insp. ventr.*;

4.° De même dans l'un et dans l'autre cas, soit

(1) Loi 1, §. 3, ff. *de agnosc. lib.*

(2) Loi 1, ff. *Si mulier ventr. nom. in possess.*, etc.

(3) Loi 1, §§. 2 et 3, ff. *de insp. ventr.*

(4) Deuxième loi, §. 5, ff. *eod.*

que le mari agisse, soit que ce soit la femme, dès le moment que l'état de l'enfant peut être contesté, l'édit du préteur veut que l'on donne des gardes à la mère, dont les fonctions, et pendant la grossesse et dans le temps de l'accouchement, sont exactement prescrites dans le §. 10 de la loi 1, ff. *de insp. ventr.*

5.° C'est une suite naturelle de la dénonciation, que les questions d'état, que les lois appellent *præjudiciales, in quibus quæritur an uxor fuerit; an in matrimonio, an post divortium conceptus sit partus* (1);

6.° Cependant, une observation très-importante à faire sur cette matière, est que l'omission de la dénonciation et de toutes les formalités qui la suivent, ne doivent jamais faire aucun préjudice à la vérité, ni à l'état du père, ni a celui de la mère, ni à celui de l'enfant.

Ainsi, quand la mère, par ignorance *imperitiâ non malitiâ*, a négligé de demander des gardes et de se faire visiter, elle peut néanmoins soutenir sa qualité de mère légitime (2). La loi dit, *imperitiâ non malitiâ*; je crois que cela ne doit être rapporté qu'aux autres peines que l'on prononce contre les femmes qui ont célé leur grossesse. Car, quand même elle l'auroit dissimulée par malice, pourquoi cesseroit-elle d'être mère légitime, d'autant plus que l'état du fils, en ce cas, est inséparable de celui de la mère?

Ainsi, le mari peut toujours, ou reconnoître l'enfant, ou le désavouer, soit qu'il ait déféré à la dénonciation de sa femme, soit qu'il n'y ait eu aucun égard, non-seulement quand il a fait des protestations, mais même quand il est demeuré dans le silence.

Ulpien examine, dans les paragraphes cités (3), toutes les espèces qui peuvent se présenter sur cette matière, et conclut toujours que le mari et la femme

(1) Loi 3, §§. 3 et 4, ff. *de lib. agnosc.*

(2) Loi 2, §. 1, ff. *de insp. ventr.*

(3) Loi 1, §§. 11, 12, 13, 14 et 15, ff. *de agnosc. lib.*

peuvent reconnoître ou désavouer l'enfant, malgré l'omission ou l'observation des formalités prescrites par les lois.

Enfin, l'état de l'enfant ne peut jamais recevoir aucune atteinte par la négligence de ses parens. C'est la conclusion d'Ulpien dans les lois qui viennent d'être citées : *Sive uxor omiserit quæ eam ex senatûs-consulto observare oportuit nihil præjudicare filio; sive maritus neglexerit facere quæ ex senatus-consulto debet, filium poterit recusare.*

7.° L'on peut demander à quoi servent donc ces formalités si rigoureuses ?

1.° Elles assurent la vérité du fait, de la naissance et de l'existence de l'enfant.

2.° Elles mettent la présomption en sa faveur, et au contraire elles font présumer la supposition et la fausseté de la grossesse.

Car, si le mari ne défère point à la dénonciation de la femme, s'il n'envoie point des gardes, s'il ne fait aucune protestation, *interim tenetur partum agnoscere, et nisi agnoverit contra ordinem coercetur, imò et alimenta ei præstare.* Il est vrai, comme on l'a déjà fait voir, qu'il peut toujours contester, et la grossesse de sa femme, et la qualité de son fils; mais jusqu'à ce qu'il ait prouvé clairement, ou que la grossesse étoit un songe, ou qu'il n'en étoit pas l'auteur, l'enfant est toujours présumé légitime, et le père lui doit des alimens. C'est du moins le sens le plus favorable et le plus naturel que l'on puisse donner à ces paragraphes cités (1).

Si au contraire le mari a envoyé des gardes à sa femme, et qu'elle n'ait pas voulu les recevoir, s'il a demandé qu'elle fût visitée, et qu'elle n'y ait pas consenti, il ne peut pas reconnoître l'enfant; et la présomption sera contre le dernier, jusqu'à ce qu'il ait prouvé la vérité de son état (2).

(1) Loi 1, §§. 6, 11, 12, 13, 14 et 15, *de agnosc. lib.*

(2) Loi 1, §§. 6 et 11, *et seq.* ff. *de agnosc. lib.*; loi 1, §. 3, ff. *de insp. ventr.*

8.° Enfin, les lois ont prescrit des peines, et contre le mari et contre la femme qui abusent du pouvoir qu'elles leur donnent pour intenter une action calomnieuse; et c'est le dernier état de la dénonciation.

1.° Si la femme a dénoncé faussement qu'elle étoit grosse, il faut distinguer :

Ou elle l'a fait de bonne foi, surprise elle-même par des apparences trompeuses, ou au contraire elle s'est dite grosse par fraude et par malice.

Dans le premier cas, elle ne peut jamais être condamnée à aucune peine, non pas même à la restitution des alimens : *Quamvis sine causâ altâ sit sub prætextu ventris.*

Dans le second cas, la femme est punie :

1.° Par la restitution de tout ce qu'elle a reçu *ventris nomine* (1);

2.° Par la condamnation aux dommages et intérêts, qui peuvent quelquefois être très-considérables;

3.° Par l'infamie, *l. unic. ff. si mul. ventr. nom. in poss. cal. caus. esse dicatur. l.* 15, 16, 17, 18, 19, *ff. de his qui not. infamiâ.*

Le père de la femme qui a faussement dénoncé sa grossesse, ou qui a été complice de ses fraudes, est soumis aux mêmes peines, comme il paroît par les lois qui viennent d'être citées.

2.° Si le mari s'est trompé quand il a demandé que sa femme fût vue et visitée, la loi distingue encore entre celui *qui injuriæ faciendæ animo id desideravit*, de celui qui, trompé par les artifices de sa femme, ou engagé par le trop grand désir d'avoir des enfans, a cru trop légèrement qu'elle étoit grosse.

Les juriconsultes soumettent l'un à la peine arbitraire, qui étoit la suite de l'action qu'on appeloit *injuriarum* (2), et ils excusoient l'ignorance de l'autre; et en

(1) Loi un. §. 7, ff. *simul. ventr. nom. in poss. cal. caus.*

(2) Loi 1, §. 8, ff. *de insp. ventr.*

un mot, les empereurs donnent cet avis au mari (1) : *Sciat maritus ad invidiam existimationemque suam pertinere si enixa non fuerit, ut non marito possit videri captasse hoc ad aliquam mulieris injuriam.*

L'on peut reconnoître dans l'explication de ces différentes règles, la vérité de ce que nous avons dit au commencement, que les lois, dans ces dispositions, ont eu deux vues différentes. La première, de prévenir les suppositions pour assurer l'état de l'enfant; la seconde, de lui donner des alimens, et de veiller à sa conservation.

Nous aurons encore occasion de parler de cette seconde partie, lorsque nous expliquerons ce qui regarde la possession des biens que le préteur accorde au ventre.

Second principe.

Le second principe général que les lois ont établi en faveur de ceux qui *in utero sunt*, est que toutes les fois qu'il s'agit de leur intérêt, ils sont réputés au nombre de ceux qui sont déjà nés.

Qui in utero est, perinde ac si in rebus humanis esset, custoditur, quoties de commodis ipsius partûs quæritur (2).

Les juriconsultes ont tiré plusieurs conséquences importantes de ce principe, que l'on peut distinguer par rapport aux trois intérêts différens que peut avoir un enfant dans le ventre de sa mère; c'est-à-dire,

1.° L'intérêt de sa vie et de sa conservation;

2.° Celui de son honneur, de sa dignité, de la noblesse de son origine;

3.° Celui de ses biens, etc.

On peut observer quatre effets différens de la fiction, par laquelle la loi met l'enfant qui est encore

(1) Loi 1, *in pr. ff. eod.*

(2) Loi 7, ff. *de stat. hominum. Adde* loi 26, ff. *eod.*; loi 2, §. 6, ff. *de recusat.*; loi 231, ff. *de verb. signif.*; loi 30, §. 1, ff. *de acq. vel. omit. hæred.*

dans le ventre de sa mère, au nombre de ceux qui sont nés, par rapport à la conservation de sa vie naturelle.

1.° C'est dans cette vue qu'elle accorde des alimens à sa mère pendant tout le temps qu'elle le porte dans son sein, comme on l'expliquera plus en détail dans la suite.

2.° La même prévoyance des lois a fait établir que si une femme grosse est condamnée à la mort, à la question, ou à quelqu'autre peine corporelle, qu'elle ne puisse souffrir sans exposer la vie de son enfant, son supplice soit différé jusqu'à ce qu'elle soit accouchée, et que l'on puisse punir le coupable sans être obligé de punir l'innocent. C'est la disposition de la loi 18, *ff. de stat. hominum. l. prægnatis* 3, *ff. de pœnis. Paul.* 1, *tit.* 12, §. *prægnatas.* M. Cujas rapporte plusieurs autorités de Clément d'Alexandrie, de Plutarque, d'Elien, de Diodore de Sicile, par lesquelles il paroît que cet usage est une espèce de droit des gens, observé par toutes les nations. *Vid. Bernard. Selectarum antiq.*, *lib.* 2, *cap.* 20.

3.° C'est encore un effet de la même attention, que ce qui est écrit dans la loi 2, *ff. de mort. inf.*, que l'on ne doit point enterrer une femme grosse sans lui ouvrir le côté, pour tâcher de sauver la vie à son enfant. *Negat lex regia mulierem quæ prægnans mortua sit humari antequam partus ei excidatur, qui contra fecerit spem animantis cum gravida peremisse videtur.*

Par le nom de *lex regia*, Godefroy, dans la première édition de ses notes, entend la loi *imperator* 18, *ff. de statu hom.* qui est l'empereur Adrien : mais dans l'édition de Hollande, il reconnoît, avec raison, que ce passage ne peut être entendu de la loi *de Numa*, que Pline, *lib.* 14, *cap.* 12, appelle *Legem posthumiam*, et qui comprenoit plusieurs dispositions touchant les cérémonies funèbres, et entr'autres celle dont il est parlé dans cette loi. Juste Lipse, dans son recueil des lois royales, *de Legibus Regiis*, met cette loi au nombre de celles de Numa. Il cite Denis d'Halicarnasse. *Vid. Festum in verbo res parsum.*

Valere-Maxime, *liv.* 1, *ch.* 8, *exempl.* 15, raconte un événement singulier, qui sert à faire connoître l'équité de cette disposition du droit.

Gorgias in funere matris suæ utero elapsus, inopinato vagitu suo lectum ferentes consistere coegit, novumque spectaculum patriæ præbuit, non tantùm ex ipso genitricis rogo lucem sed etiam cunas assecutus. Eodem enim momento temporis altera jam fato functa perit, alter ante elatus quàm natus est.

4.° Enfin, la dernière suite, et la principale de la fiction par laquelle un enfant dans le ventre de sa mère, est réputé né, lorsque l'intérêt de sa vie et de sa conservation le demande, est la sévérité, avec laquelle la loi punit les avortemens. Elle considère comme un homicide, le meurtre de celui qui n'est encore que l'espérance d'un homme.

L'on peut dire que c'est encore une espèce de droit des gens que cette maxime. Il n'y en a guère qui soit plus autorisée par le consentement de toutes les nations.

Les poëtes et les orateurs en ont fait le sujet de leurs déclamations, qui font voir combien ce crime est ancien, et quelle est l'horreur que l'on en a eue dans tous les siècles.

Hippocrate, dans le serment qui est à la tête de ses ouvrages, promet solennellement de ne jamais donner à une femme grosse aucun médicament qui puisse la faire avorter. Son serment est suivi d'imprécations qui marquent que le crime étoit considéré comme un des plus grands crimes qu'un médecin pût commettre.

Aristote, dans le livre 7 de ses politiques, chap. 16, défend l'avortement, mais avec une restriction qui sera expliquée dans la suite.

Cicéron, dans l'oraison *pro Cluentio*, rapporte que pendant qu'il étoit en Asie, une femme de Milet fut condamnée à mort, parce qu'elle avoit procuré, par des médicamens, la perte de son fruit : *Nec injuriâ; quæ spem parentis, memoriam nominis, subsidium generis, hæredem familiæ, designatum Reipublicæ civere sustulisset.* Il ajoute que ce crime est d'autant plus atroce, que ceux qui le commettent, font plusieurs homicides en ôtant la vie à une seule personne : *Cæteri non videntur in singulis hominibus multa parricidia suscipere posse; oppianicus inventus est qui in uno corpore plures necaret.*

Il seroit inutile d'inférer ici la disposition de toutes les lois qui condamnent comme homicides ceux qui procurent un avortement.

C'est un principe si constant, qu'il n'a pas besoin de preuves; et d'ailleurs, ces lois seront suffisamment expliquées par rapport aux peines qu'elles ont prescrites contre ce crime.

Pour expliquer ces peines, il faut supposer ici plusieurs distinctions, qui ont toutes leur fondement dans les lois, ou dans les canons, ou dans les sentimens des docteurs.

Voici quelles sont ces distinctions :

1.° On peut examiner l'état de l'avorton, et considérer s'il étoit animé ou s'il ne l'étoit pas;

2.° On distingue dans la personne du coupable, si c'est le père, la mère, ou un étranger;

3.° On cherche quel a été le motif de ce crime; et il peut y en avoir plusieurs, plus ou moins criminels, qui seront expliqués dans la suite;

4.° On envisage les effets plus ou moins fâcheux que cette action a produits.

Il seroit difficile de trouver dans les lois aucun vestige de la première distinction qui a été proposée.

Que l'on examine tous les textes de droit qui ont parlé des avortemens, on n'en trouvera aucun qui condamne plus sévèrement celui qui donne la mort à un enfant déjà formé et animé, que celui qui se hâte de commettre un homicide en prévenant le temps de l'animation.

Ainsi, cette première différence seroit inutile, s'il s'agissoit d'expliquer ici simplement la disposition des lois romaines.

Mais parce que cette distinction paroît fondée sur l'équité naturelle, et que les anciens philosophes, les théologiens, les pères, et les interprètes du droit civil et canonique l'ont suivie en quelques endroits, il est nécessaire d'examiner ici si elle a un fondement solide et légitime.

Si on la considère par rapport à la nature, cette question dépend d'une autre difficulté, qui consiste à savoir dans quel temps l'ame raisonnable est unie au corps humain; si c'est dans le moment de la conception ou dans celui de la formation.

Ceux qui prétendront que l'ame est créée dans le temps que le corps est conçu, rejetteront absolument la distinction que nous examinons, parce que dans quelque temps qu'arrive l'avortement, il est toujours vrai de dire que c'est un véritable homicide.

Mais comme cette opinion pourroit avoir peu de sectateurs, il semble qu'on ne doit examiner cette question que par rapport à ceux qui suivent le sentiment commun des médecins et des philosophes, que l'ame n'est unie au corps que quand il est organisé et en état de pouvoir répondre, par ses mouvemens, aux pensées et aux désirs de l'ame.

Or, quand on supposeroit le principe, il ne paroît pas que la peine de celui qui procure un avortement avant le temps de la formation, doive être plus légère que la peine de ceux qui donnent la mort à un enfant déjà formé.

Les desseins des uns et des autres sont également criminels.

Ils éteignent également l'espérance d'un père, la mémoire de son nom, l'appui de sa famille, l'héritier de ses biens.

Ils privent également la nature d'un homme, et la république d'un citoyen.

L'un fait mourir un homme déjà formé, l'autre l'empêche de se former.

L'action du premier est un véritable homicide, le crime du second est un homicide avancé.

C'est ce que Tertulien a bien exprimé dans ces

paroles fameuses qui ont été citées tant de fois : *Nobis homicidio semel interdicto, etiam conceptum utero, dum adhuc sanguis in hominem delibatur, dissolvere non licet, homicidii festinatio est prohibere nasci, nec refert natum quis eripiat animam, an nascentem disturbet, homo est, et qui futurus est, et fructus hominis jam in semine est.*

Le crime, selon Minutius Fœlix, consiste à éteindre *futuri hominis originem*, et ce crime se commet également avant et après l'animation.

Saint-Augustin réunit ces deux actions, et paroît les égaler lorsqu'il dit dans son livre *de Nuptiis et Concupiscent. : ALIQUANDO eò usque pervenit libidinosa crudelitas et libido crudelis, ut sterilitatis venena procuret, et si nihil valuerit conceptos fœtus aliquo modo intra viscera extinguat et fundat, volendo priùs interire quam vivere, aut si in utero jam vivebat, occidi antequam nasci.*

Priùs interire quam vivere, regarde les avortemens qui arrivent avant l'animation; et ceux qui arrivent après ce temps, sont marqués par les termes *occidi antequam nasci;* les uns et les autres sont également condamnés.

Cependant on peut répondre, d'un autre côté, que quand on conviendroit que la malice est égale dans celui qui détruit l'espérance d'un homme, et dans celui qui fait mourir un homme déjà formé, il faut néanmoins reconnoître que dans les principes de la foi catholique, il y a toujours une extrême différence entre ces deux crimes, et que s'ils sont égaux par rapport à la politique, l'un est beaucoup plus atroce que l'autre par rapport à la religion.

Celui qui empêche la formation et l'animation d'un homme, prive à la vérité la république, autant qu'il est en lui, d'un citoyen : mais ce qu'il détruit n'est encore qu'une masse informe, incapable de sentiment, et par conséquent de bonheur ou de malheur. Il ne fait tort qu'à la mère, dont il expose la vie, et à l'état, auquel il ôte un de ses membres; mais il ne fait aucun tort à l'enfant, puisqu'il n'est pas encore formé, et que l'on peut dire de lui, ce que Job souhaitoit qu'on eût pu dire de lui-même : *Fuit quasi non fuisset, de utero translatus ad tumulum.*

Après avoir expliqué ce que les lumières naturelles peuvent dicter sur cette matière, il faut maintenant consulter l'autorité, et comparer ceux qui ont établi cette distinction avec ceux qui l'ont rejetée.

La première, la plus ancienne, et la plus grande de toutes les autorités dont on puisse se servir pour appuyer la distinction dont il s'agit, est celle que l'on tire de l'Exode (1) ; et ce qu'il y a de singulier dans cette autorité, c'est qu'elle favorise également le sentiment de ceux qui approuvent cette distinction, et de ceux qui la rejettent.

Si on suit la Vulgate, on ne trouvera rien dans ce passage qui établisse une différence dans ce crime, par rapport à l'état de l'enfant. Voici quels en sont les termes :

Si rixati fuerint viri et percusserit quis mulierem prægnantem, et abortivum quidem fecerit, sed ipsa vixerit, subjacebit damno quantùm maritus mulieris expetiverit, et arbitri judicaverint.

Sin autem mors ejus fuerit subsecuta, reddet animam pro animâ, etc.

Si au contraire, on s'attache à la version des Septante, la distinction du fœtus informe et du fœtus formé y est clairement établie.

Les termes sont rapportés par Saint-Augustin, dans ses questions sur l'Exode, *page* 448, et ils sont assez conformes au Grec.

Si litigabunt duo viri et percusserint mulierem prægnantem et exierit infans ejus nondum formatus, detrimentum patietur quantùm indixerit vir mulieris et dabit cum postulatione. (Il y dans le grec *cum æstimatione*, qui est beaucoup plus intelligible que *postulatione.*)

Ceux qui savent l'Hébreu, assurent que la Vulgate

(1) Chapitre 1, ℣. 20 et 23.

est entièrement conforme au texte, tel que nous l'avons aujourd'hui; mais les critiques prétendent que les Septante ont lu différemment un mot de ce verset, et qu'en changeant une lettre, on change entièrement le sens.

Quoi qu'il en soit, il est certain que la différence des versions a produit la diversité des sentimens que l'on trouve sur cette matière.

Saint Augustin, *loc. citat.* a suivi la décision des Septante, et s'est attaché à la distinction proposée par le verset. Il a cru même que la loi marquoit, par cette disposition, que l'on ne pouvoit pas regarder comme un homicide, la perte d'un fœtus qui n'étoit pas encore formé.

Ideò lex noluit ad homicidium pertinere, quia nondùm dici potest anima viva in eo corpore quod sensu caret.

Théodoret, dans sa question 48, sur l'exode, a suivi la fin du même texte, et s'est attaché à la même distinction.

On peut joindre à ces autorités celle de Gratien, qui a rapporté le passage de saint Augustin, et celui d'Hilaire, diacre, qu'il attribue faussement au même auteur. L'un, est le canon *quod verò*, et l'autre, le canon *Moïses, caus.* 32. *quæst.* 2. Dans ces deux canons, il est fait mention de la loi de Moïse, telle qu'elle avoit été expliquée par les Septante; et puisque Gratien les a insérées dans sa compilation, il y a lieu de croire qu'il étoit dans le même sentiment.

Au contraire, Athénagoras, dans l'église grecque; Tertullien, dans celle d'Afrique; Minutius Félix, dans celle de Rome, n'établissent aucune distinction. On peut dire même qu'ils l'excluent entièrement par les paroles dont ils se servent. Le premier s'explique, à la vérité, en termes généraux; mais Tertullien marque précisément que ce crime est un homicide, même avant la formation : *Conceptum in utero dùm adhuc sanguis in hominem delibatur occidere non licet, etc.*; et Minutius Félix ne se sert que d'une seule expression, pour désigner tous les crimes qu'on peut commettre en cette matière : *Originem futuri hominis extinguunt.*

L'autorité de saint Basile est encore plus forte. Il exclut positivement la distinction du part informe et du part formé. Il prescrit, dans l'un et dans l'autre cas, la même pénitence. C'est dans la première lettre canonique qu'il a écrite à Amphilocius; on sait que l'autorité de cette lettre est comparée à celle des conciles, parce qu'elle a été insérée dans le corps des canons de l'église grecque.

Quæ de industriâ fœtum corrupit, cædis pœna luat, formati autem vel informis subtilitas à nobis non attenditur : hic enim non solùm quòd nascendum est vindicatur, verumetiam ipsa quæ insidias paravit, quoniam ut plurimum ejusmodi incæptis unà quoque mulieres intereunt. Si autem accedit alia cædes, fœtus nimirum interitus, eorum quidem certè qui talia audent existimatione (1).

Ces dernières paroles sont très-considérables; elles contiennent le motif et la raison de cette loi. Si elle ne fait aucune distinction entre ceux qui préviennent le temps de la formation, et ceux qui font mourir le le part déjà formé, c'est parce que l'intention des uns et des autres est également criminelle, et qu'il est vrai de dire, qu'autant qu'il est en eux, ils donnent la mort à ceux dont la vie seroit une preuve continuelle de leurs déréglemens.

Nous pouvons joindre à saint Basile l'autorité de tous les canons des conciles qui l'ont précédé et qui l'ont suivi, et dont les dispositions seront expliquées dans la suite.

Ils ne font aucune mention de cette prétendue distinction, et ils prononcent en général les mêmes peines contre tous ceux qui procurent un avortement, sans examiner quel étoit l'état de l'enfant.

Le même partage et la même contrariété qui se

(1) *Epist. ad Amphil. Can.* 2.

trouvent entre les auteurs ecclésiastiques sur cette matière, sè rencontrent pareillement entre les philosophes et les jurisconsultes.

D'un côté, il semble qu'Hippocrate entre dans la distinction qui a été proposée.

Pour en être convaincu, il suffit de comparer le serment qu'il fait au commencement de ses ouvrages, avec ce qu'il dit dans son traité, *de naturâ pueri*, page 236.

Dans le premier de ces passages, il s'engage par un vœu solennel, à ne jamais donner aux femmes aucun médicament qui puisse les faire avorter.

Dans l'autre, il raconte qu'une femme qui craignoit d'être grosse, étant venu le trouver, il apprit qu'elle n'étoit encore qu'au sixième jour, et que, par le moyen d'un exercice violent qu'il lui fit faire, il l'a délivra du sujet de sa crainte.

Il est peu croyable que si Hyppocrate eût cru cette conduite contraire au serment qu'il avoit fait, il eût voulu instruire le public et toute la postérité d'une prévarication qu'il auroit commise.

Il est plus naturel de dire, qu'il a cru que les avortemens qui ne s'appellent pas proprement *abortiones*, mais *effluxiones*, n'étoient pas défendus.

Aristote décide formellement dans le septième livre de ses politiques, *chap.* 16, *page* 447, que lorsque le nombre des citoyens est trop grand dans une république, et qu'une femme a conçu, au préjudice des défenses faites par les magistrats, elle peut se faire avorter. Il dit même qu'elle le doit, avant que le part soit animé, qu'il ait de la vie et du sentiment.

Ces dernières paroles établissent nettement que ce philosophe a cru que la vie et le sentiment étoient ce qui déterminoit la qualité de l'action à être innocente ou criminelle. Mais qui pourra approuver la bizarrerie de toute la pensée de ce prince des philosophes?

L'autorité de ces auteurs ne paroît pas avoir fait

aucune impression sur les juriconsultes romains, qui ont négligé absolument cette distinction.

La glose seul l'a remarquée sur la loi *divus 4. ff. de extraord. crim.* Cette loi ne punit l'avortement que par un bannissement à temps, au lieu que plusieurs autres lois prononcent la peine de mort. Pour concilier cette contrariété, Accurse dit que, dans l'espèce de cette loi, l'avortement étoit arrivé avant le temps de la formation, et que dans les autres, il faut supposer que l'enfant étoit déjà formé, lorsque le crime a été commis.

Il cite la loi de Moïse, et se détermine par son autorité.

Nous verrons dans la suite que cette prétendue conciliation des lois doit sa naissance à l'imagination d'Accurse, ainsi que beaucoup d'autres.

Il suffit à présent d'avoir expliqué quel est son sentiment.

Mais si les lois romaines ne contiennent aucun vestige de cette distinction, on en découvre, au contraire, de grandes preuves dans les lois des peuples septentrionaux qui ont inondé la France et l'Espagne.

Dans le recueil de *Lindembrock*, on trouve trois lois différentes qui en ont parlé;

La première, est celle des Visigohts, *liv.* 6. *tit.* 3. §. 2. Elle s'explique en ces termes :

Si formatum infantem extinxit, CCL. solidos reddat; si verò informem, centum solidos pro facto restituat.

Cette distinction est particulière à l'homme; et ces lois, à l'exactitude desquelles rien n'est échappé de ce qui regarde le détail des crimes, ne l'ont point répétée dans le livre 8. tit. 4. §. 5. où il est fait mention des avortemens des autres animaux.

La loi des Allemands, *num.* 77, ne parle que de ceux qui font périr l'enfant déjà formé.

Celle des Bavarois est conforme à celle des Visigohts.

Si autem partus tantùm extinguitur, si adhuc partus vivens non fuit, XX. solidos componat.

Si autem jam vivens fuit Weregildum (hoc est emendam) persolvat LIII. solid. et tremissem (hoc est IV. denarios). Leg. Bajuvariorum, tit. 7. §. 19.

On peut ajouter encore ici l'autorité des capitulaires de Charlemagne, *lib.* 6. §. 12. Ils ne contiennent aucune nouvelle disposition; mais celle de la loi de Moïse y est insérée suivant la version des Septante.

L'on peut conclure de tout ce qui vient d'être dit sur cette matière;

1.° Qu'il y a des raisons de part et d'autre pour établir ou pour détruire cette distinction; que, cependant s'il s'agissoit de faire une ordonnance sur cette matière, il semble qu'il y auroit lieu de la suivre, et d'imposer des peines plus sévères à ceux qui tuent un enfant déjà formé, qu'à ceux qui préviennent le temps de l'animation.

La loi a eu également en vue, et la personne de la mère, et celle de l'enfant; et ces deux considérations sont bien plus fortes après la formation, puisque la vie de la mère est en plus grand danger, et que, suivant les principes de la foi, l'enfant déjà formé est privé, par une mort avancée, de l'espérance du bonheur éternel.

2.° Que si l'on consulte l'autorité, celle de l'écriture sainte est douteuse, puisqu'elle dépend de la fidélité des versions; que celle des pères n'est pas plus certaine, puisqu'elle n'a que ce fondement; mais que celle des canons et celle des lois romaines condamnent entièrement cette distinction par leur silence; et, quoique la glose ait voulu la suppléer, quoique les lois particulières de quelques provinces l'aient autorisée, il seroit peut-être difficile de l'établir, sans une nouvelle ordonnance qui en fît une loi à l'avenir; d'autant plus, que l'ordonnance de Henri II, pour les femmes qui ont célé leur grossesse, est si sévère sur cet article, qu'elle rend toute distinction inutile. Car, si la seule dissimulation de la grossesse, si la seule intention de commettre le crime est punie de mort, sa peine pourra-t-elle être plus douce quand ce crime aura été consommé, en quelque temps qu'il ait été commis?

La seconde distinction, que l'on peut examiner sur cette matière, a été proposée par Cicéron, dans l'oraison *pro Cluentio*. Il compare le crime d'Oppianicus, que l'on accusoit d'avoir donné des breuvages à une femme, pour la faire avorter, avec celui d'une femme de Milet, qui fut condamnée à mort pour s'être fait avorter elle-même.

Quanto est Oppianicus in eâdem injuriâ, majore supplicio dignus, si quidem illa cùm suo corpori vim intulisset, se ipsam cruciavit, hic autem idem illud effecit per alieni corporis mortem atque cruciatum.

Ce raisonnement est plus digne d'un orateur, que d'un jurisconsulte. Les lois punissent également ceux qui font mourir les autres, et ceux qui se donnent la mort à eux-mêmes.

Il semble, au contraire, que quoique les jurisconsultes n'aient pas proposé cette distinction en termes formels, elle peut néanmoins être considérée comme une suite des principes qu'ils ont établis, et qu'il y a lieu, suivant les maximes du droit romain (1), de prononcer une peine plus sévère contre le père ou la mère qui donnent la mort à leurs propres enfans, que contre un étranger qui procure un avortement.

Pour en être convaincu, il suffit de reprendre en peu de mots les principes des lois sur cette matière.

Un enfant, dans le ventre de sa mère, est réputé né, toutes les fois que l'intérêt de sa vie et de sa conservation le demandent.

(1) L'auteur ne parle ici que des maximes du nouveau droit romain; car, par celle de l'ancien droit romain, et de la loi des douze tables, le père avoit droit de vie et de mort sur ses enfans.

Celui qui lui donne la mort, est considéré comme un homicide, quoiqu'il ne détruise, à proprement parler, que l'espérance d'un homme.

Mais ce qui, dans la personne d'un étranger, n'est appelé qu'un homicide, mérite le nom de parricide dans la personne d'un père ou d'une mère.

Donc, un père et une mère qui font mourir leur fils, avant sa naissance, doivent être punis comme parricides; et, par conséquent, leur supplice doit être beaucoup plus grand que celui des autres coupables.

La troisième distinction qui a été proposée, est écrite dans les lois.

Elles considèrent les motifs différens que peut avoir une femme, qui se fait avorter, ou toute autre personne coupable du même crime.

L'on peut examiner deux questions différentes par rapport à cette distinction.

La première, regarde la femme qui a commis ce crime volontairement, *datâ operâ.*

La seconde, a pour objet ceux qui *non malo animo, sed malo exemplo poculum abortionis dederunt.*

A l'égard de la première question, les jurisconsultes distinguent :

Si la femme se fait avorter, *acceptâ à secundis hæredibus pecuniâ,* ou par quelqu'autre motif d'intérêt, elle doit être condamnée au dernier supplice; si, au contraire, *post divortium, visceribus suis, quod prægnans fuit, vim intulerit, ne jam inimico marito filium procrearet,* sa peine ne sera qu'un exil, et même un exil à temps. C'est la distinction qui est marquée dans la loi *Cicero* 39. ff. *de pœnis,* et qui avoit été suivie par les empereurs Sévère et Antonin.

Les interprètes sont fort partagés sur la conciliation de cette loi, avec la loi *Divus* 4. ff. *de extraord. crim.* et la loi 8. ff. *ad leg. Cornel. de sicariis.*

Dans l'une, la peine de l'avortement est la mort; dans les autres, c'est l'exil, et un exil à temps.

La glose d'Accurse, sur la loi *Divus*, dit qu'il faut

supposer que, dans l'espèce de cette loi, *partus nondum erat vitalis;* mais il devine, en cette occasion, comme en plusieurs autres.

Godefroy, sur la loi 39. ff. *de pœnis*, approuve cette opinion sans en rapporter aucune raison. Il en propose une autre qui paroît meilleure. Elle est prise de la loi même qui condamne une femme à des peines différentes, suivant les différens motifs qui l'ont portée à commettre ce crime; et il suppose avec assez de fondement, que dans les lois qui ne parlent que de l'exil, la femme s'étoit fait avorter en haine de son mari, et dans les autres *pecuniâ acceptâ.*

Cette solution est très-juste et très-véritable à l'égard de la loi *Divus*, ff. *de extraord. crim.*; et quand on compare cette loi avec la loi 39. ff. *de pœnis*, on trouve précisément la même chose.

Tryphonin rapporte dans la dernière, un rescrit des empereurs Sévère et Antonin, qui a condamné une femme coupable de ce crime à un exil à temps, parce qu'elle l'avoit commis seulement *in odium mariti.* Et la loi 4. *de extraord. crimin.* n'est autre chose que ce rescrit même rapporté par le jurisconsulte Martien.

Le premier de ces jurisconsultes s'explique en ces termes : *Si quæ visceribus suis......... vim intulerit...., ut temporali exilio coerceatur ab optimis imperatoribus nostris rescriptum est.*

Le second dit : *Divus Severus et Antoninus rescripserunt eam quæ datâ operâ partum abegit à Præside in temporale exilium dandam.*

On ne peut entendre par le terme *optimi Imp.*, qui est dans la loi de Tryphonin, que les empereurs Sévère et Antonin, sous lesquels il a vécu; et par conséquent, on doit présumer que c'est précisément le même rescrit dont il est parlé dans ces deux lois; mais avec cette différence, que Tryphonin a marqué la véritable espèce dans laquelle le jugement avoit été prononcé, au lieu que Martien a fait une règle générale de ce qui n'avoit été décidé que pour un cas particulier.

L'exemple de Martien a été beaucoup plus imité par les compilateurs d'arrêts, que celui de Tryphonin.

A l'égard de la loi 8, ff. *ad L. Cornel. de Sicariis*, elle peut recevoir la même interprétation. Elle est générale ; elle ne prononce que la peine de l'exil, mais elle doit être restreinte à l'espèce singulière de la loi 39. ff. *de pœnis* ; et l'on peut croire qu'Ulpien a été trompé, comme Martien, par une fausse conséquence que l'on a tirée des rescrits des empereurs Sévère et Antonin.

Quoique cette distinction soit fondée sur l'autorité des lois, elle ne doit néanmoins recevoir aucune application dans notre usage, parce qu'elle résiste également à la raison et à l'humanité. Elle justifie un crime par un autre ; la cruauté d'une mère envers son propre sang, par le désir qu'elle a de se venger de son mari ; et, dans le temps que les lois condamnent à la mort ceux qui, *non malo animo, sed malo exemplo*, donnent à une femme un breuvage qui la fait mourir, elles excusent une haine aussi cruelle que celle d'une femme *quæ visceribus suis vim infert, ne inimico marito filium procreet.*

Il est permis à un poète de proposer une pareille excuse, et Ovide a pu dire impunément, en parlant de Médée et de Progné :

Utraque sæva parens, sed tristibus utraque causis,
Jacturâ socii sanguinis, ulta virum est.

Mais il est honteux à la jurisprudence romaine, que des jurisconsultes éclairés aient pu suivre une distinction si contraire à la nature, et qu'il ne faut remarquer dans le droit civil, que pour l'éviter dans les jugemens.

La seconde différence que les lois font, par rapport aux motifs de ceux qui procurent un avortement, est plus conforme à la raison et à la nature.

Elles distinguent celui qui, par erreur, par imprudence, sans aucun mauvais dessein, a donné un breuvage capable de faire avorter une femme, de celui qui a joint l'intention à l'effet.

Le premier, *et si dolo non fecerit, tamen quia mali exempli res est, humilior in metallum, honestior in insulam relegatur, amissâ parte bonorum.*

Le second doit être condamné au dernier supplice. l. 38, § 5, L. 39, ff. *de Pœnis.*

Enfin, la dernière distinction que l'on peut faire, par rapport aux peines de ce crime, regarde les différentes suites qu'il a eues.

Quoique les lois considèrent dans les crimes beaucoup plus la volonté que l'effet : *In maleficiis voluntas spectatur non exitus; concilium enim uniuscujusque non factum puniendum est;* cependant elles envisagent aussi l'événement et les suites qu'il a eus.

Plus les conséquences en sont grandes, plus il est important de faire un exemple éclatant, capable de contenir le reste des hommes dans leur devoir, par la crainte des peines.

Omnis enim pœna (dit M. Cujas sur le tit. Cod. *de Pœnis*), *non tàm ad delictum quam ad exemplum pertinet.*

Et lorsque les suites du crime ont été plus considérables, le public demande une plus grande satisfaction, parce que la vengeance doit être proportionnée à l'injure et la réparation à la perte qui a été soufferte.

C'est pour cela que la loi 16, § 8, ff. *de Pœnis*, dit : *Eventus spectetur.* Le reste de cette loi est fort obscur; le texte paroît corrompu; le sens que lui donnent les basiliques, est que l'événement doit être considéré dans les actions qui sont commises par des personnes non suspectes; c'est-à-dire, suivant que l'expliquent les interprètes grecs, que *si vir clemens nec seditiosus arma sumat, quasi occidendi causâ non punitur ut homicida, nisi eventus sequatur; at in seditiosis aliter, qui non tantùm, si occiderint, puniuntur, sed etsi non occiderint; ob id solùm quòd armati processerint.*

Quoiqu'il en soit, il seroit facile de prouver par une longue induction, que les crimes qui ont eu des suites plus fâcheuses, sont punis plus sévèrement que les autres, encore que l'intention des coupables soit la même.

Suivant ces principes, la loi 38, § 5, ff. *de pœnis*, décide que celui *qui non quidem malo animo, sed malo exemplo abortionis poculum dedit*, doit être condamné à la mort *si mulier eo perierit;* et qu'au contraire, sa peine ne sera que l'exil, si la mort de l'enfant n'a point été suivie de celle de la mère.

Mais parce que l'on pourroit donner un autre sens à cette loi, il n'est pas inutile d'en proposer ici les termes, avec l'explication que quelques auteurs lui donnent :

Qui abortionis aut amatorium poculum dant, et si dolo non faciant, tamen quia mali exempli res est, humiliores in metallum, honestiores in insulam amissâ parte bonorum, relegantur. Quòd si eo mulier aut homo *perierit, summo supplicio afficiuntur.*

Toute la difficulté tombe sur ces termes : *si homo perierit.* Il y a des docteurs qui croient trouver dans cette expression la première distinction qui a été expliquée entre le part animé et inanimé; comme si la loi vouloit dire que quand celui qui périt par un breuvage donné à sa mère, est homme, le coupable doit être condamné à la mort.

Cette explication est suspecte,

1.° Parce qu'elle paroît trop recherchée, et qu'il n'est pas vraisemblable que si les jurisconsultes eussent suivi cette distinction, on n'en trouvât aucun vestige dans les lois, et qu'elle ne fût établie que sur l'autorité obscure et incertaine d'un seul passage;

2.° Il suffit de lire tout le paragraphe dont il s'agit, depuis le commencement jusqu'à la fin, pour être convaincu que le terme *homo* ne doit pas être rapporté à l'enfant qui périt par un breuvage donné à sa mère, mais à un homme auquel on auroit donné ce que les lois appellent *amatorium poculum.*

Cette loi punit deux sortes de coupables; c'est-à-dire, ceux qui donnent des breuvages, ou pour procurer un avortement, ou pour inspirer de l'amour.

Le premier de ces crimes ne peut, à la vérité, s'exécuter qu'en la personne d'une femme; le second peut être commis à l'égard d'un homme. C'est pourquoi le jurisconsulte ajoute que si ces breuvages ont donné la mort à un homme, le supplice est capital. Ces dernières paroles ne regardent plus la peine de l'avortement, mais celle des philtres et des autres artifices, par lesquels les anciens se flattoient de pouvoir changer les cœurs, et leur inspirer ou la haine ou l'amour.

Hæc se carminibus promittit solvere mentes.
Quas velit, ast aliis duras immittere curas, etc.
Virgil. Æneïd. 4.

Les basiliques déterminent précisément le sens de ce passage de la manière qu'il vient d'être expliqué; car, c'est ainsi que le § 5. de la loi 38. ff. *de pœnis* y est traduit:

Qui abortionis, aut amatorium poculum dat, etsi dolo careat, humilior in metallum damnatur, honestior verò relegatur, publicatâ parte bonorum; quod si eo, is qui bibit, perierit, ultimo supplicio afficitur.

On voit par là que le terme *homo* doit être rapporté à tous ceux qui peuvent avoir pris un breuvage dangereux, et que l'on ne peut, sans faire violence au texte, l'expliquer de l'enfant qui périt par l'avortement.

Après avoir expliqué le sens de cette loi, la conséquence que l'on doit en tirer est naturelle à la distinction que nous examinons; et puisque les lois punissent de mort ceux qui, par imprudence, ont été cause d'un avortement et de la mort de la mère, on doit conclure, avec encore plus de raison, que ceux qui ont commis ce crime volontairement, doivent être punis de la même peine, ou même d'une peine encore plus rigoureuse.

On reconnoît, par toutes les distinctions qui viennent d'être proposées;

1.° Que l'on doit rejeter, dans l'usage, la différence que quelques auteurs font de l'avortement arrivé avant ou après l'animation du part; parce que, quoique cette distinction puisse paroître vraisemblable, les lois romaines, les canons de l'église, et les ordonnances de nos rois ne l'ont jamais suivie;

2.° Que l'on ne doit pas non plus s'arrêter à la distinction contraire à la nature, que les jurisconsultes ont faite entre une femme qui cherche à se venger de son mari, en le privant de l'espérance d'un fils et d'un héritier, et celle qui commet ce crime par intérêt ou par avarice;

3.° Qu'il faut donc se réduire uniquement aux trois distinctions qui paroissent seules légitimes, et qui sont fondées sur la différence de la personne, des motifs et des suites que l'action a eus.

Ou le crime a été commis par le père ou la mère, ou par des étrangers.

Dans le premier cas, il doit être comparé au parricide.

Dans le second, à un simple homicide.

Ou ceux qui ont donné un breuvage capable de faire avorter, l'ont fait à dessein, et dans l'intention de commettre ce crime, ou ils l'ont fait innocemment, par imprudence, *malo exemplo, non animo*.

Les premiers sont punis de mort;

Les autres sont condamnés aux mines ou à l'exil, suivant la différence de leur condition; car on sait, en passant cette remarque importante, que les lois romaines ont toujours proportionné les peines, non-seulement à la qualité des crimes, mais encore à la qualité des personnes (1) : *Majores nostri in omni*

(1) Loi 28, §. *fin.*; loi *et dicta*; loi 38, §. 5, ff. *de pœnis.*

supplicio, severiùs servos quàm liberos, famosos quàm integræ famæ homines punierunt.

Ou enfin le crime s'est terminé par la mort de l'enfant; et, pour lors, on suit les deux premières distinctions qui viennent d'être proposées; ou au contraire, il a été suivi de la mort de la mère, et pour lors, sans distinction du motif, la peine du coupable est la mort; et cette décision qui paroît dure dans certains cas, est conforme à celle de la loi de Moïse, qui a été déjà citée plusieurs fois, et qui punit de mort celui qui aura été cause, même involontairement, de l'avortement d'une femme (1) : *Si rixati fuerint duo viri, et percusserit quis mulierem prægnantem, et mors fuerit subsecuta, etc.* Ce sont les termes de la loi de Moïse, dans lesquels il paroît que l'avortement est l'effet d'un malheur purement involontaire.

Il ne sera pas inutile d'ajouter ici deux réflexions, pour achever l'explication de cette matière, par rapport au droit civil.

La première, que pour prévenir ce crime, les lois ont cru qu'il étoit nécessaire de punir sévèrement tout ce qui pouvoit y avoir rapport. C'est pour cela qu'elles défendent de vendre publiquement des médicamens pour faciliter la conception, et la loi 3, § 2, ff. *ad L. Cornel. de sicariis* fait mention d'un senatus-consulte, qui avoit condamné à l'exil une femme *quæ non quidem malo animo, sed malo exemplo medicamentum ad conceptionem dedit, ex quo ea quæ acceperat, decesserat.*

C'est par la différence des motifs, qu'il faut concilier cette loi avec la loi 38, § 5, ff. *de pœnis*, qui punit de mort ceux qui donnent des philtres et d'autres breuvages pour inspirer de l'amour, lorsque ceux qui en ont pris en sont morts.

La fin de ceux qui *medicamenta ad conceptionem*

(1) Exod. *chap.* 21.

dedere, n'est point criminelle : on en craint les conséquences, et on cherche plutôt à faire un exemple, qu'à prononcer un châtiment.

Mais le but que se proposent ceux qui donnent *amatorium poculum*, ne peut être innocent ; et l'intention jointe avec les suites fâcheuses qu'elle a eues, les fait condamner à la mort.

On peut douter, avec beaucoup de raison, si l'on doit suivre l'exemple de ce senatus-consulte, dont parle la loi 3, *ad leg. Cornel. de sicariis* ; mais c'est une question qui dépend absolument des circonstances, et dans laquelle il seroit dangereux de faire une décision générale.

La seconde réflexion, que l'on peut ajouter ici, est que, quand même la femme ne seroit pas poursuivie criminellement pour s'être fait avorter, le mari peut toujours *privatum dolorem ulcisci*, en se séparant d'une femme qui le prive de l'espérance déjà certaine d'un fils et d'un successeur.

C'est une des causes légitimes de faire un véritable divorce, que Justinien a ajoutées à celles que Théodose le jeune avoit proposées.

Après avoir fait le dénombrement des dernières, il s'explique en ces termes :

Has itaque causas nobis Theodosius explanavit, nos autem ex veteribus sumentes et alias adjecimus tres, si enim mulier tantâ teneatur nequitiâ, ut etiàm ex studio abortum faciat, virumque contristet et privet spe filiorum.... licentia datur à nobis viro mittere ei repudia, et lucrari dotes et antenuptiales habere donationes, utpote etiam his causis rationabiliter solvere valentibus matrimonium. Novell. 22. cap. 16. § 1.

Le même empereur, dans la novelle 117, cinq ans après la novelle 22, a abrogé tacitement cette cause de divorce. Il s'est proposé, par cette loi, de diminuer encore le nombre des causes de divorce. Il déclare que l'on ne pourra proposer à l'avenir que celles dont il fait l'énumération dans le chap. 8

de cette novelle : *Perspeximus ex his abscindere aliquas quæ nobis indignæ ad solvendas nuptias visæ sunt, et eas solummodò nominatim præsenti inserere legi, pro quibus rationabiliter potest sive vir, sive mulier, repudium mittere.*

Or, dans toutes les causes que Justinien explique, dans la suite de cette novelle, il n'est fait aucune mention de celle qui a pour fondement l'avortement criminel de la femme. On ne peut donc pas douter que cette cause ne soit abrogée.

C'est le sens que Léon le philosophe a donné à ces deux novelles. Il a préféré la disposition de la première à celle de la dernière, *nos legi divortium suadenti assentientes, illi* (quæ divortium non permittit) *ut multò utiliori autoritatem attribuimus... Nam si quæ solùm extrà ædes mansit... hanc lex à nexu matrimoniali separat (cùm tamen hic in maritum odii nullum tàm evidens testimonium sit), cujus rationis erit eam quæ tantùm in maritum et naturam odium conceperit non disjungere, si ità marito videatur, et jubere ipsum uxorem habere quæ ipsius vitæ insidietur.* Novell. Leonis 31.

Quoique ces lois parlent d'un véritable divorce, cependant parmi nous ces maximes ne pourroient avoir lieu que par rapport à une demande en séparation de corps et d'habitation ; mais cette question regarde plus la matière du mariage que celle dont il s'agit.

Telles sont toutes les peines que le droit civil avoit établies contre ceux qui procurent un avortement ; soit par rapport à l'intérêt public, soit par rapport à l'intérêt particulier du mari.

Nous avons déjà vu que les lois des Visigohts, des Allemands, des Bavarois, ne prononçoient que des peines pécuniaires.

Nous suivons, dans notre usage, l'ordonnance de Henri II, de l'année 1556, contre les femmes qui auront célé leur grossesse.

Cette loi est plus sage et plus sévère que toutes les lois romaines :

Plus sage, en ce qu'elle oblige les femmes à déclarer leur grossesse et leur enfantement, afin que les officiers de police puissent veiller à la conservation de l'enfant ;

Plus sévère, en ce qu'elle ordonne toujours, sans aucune autre preuve, que toute femme, dont l'enfant se trouve avoir été privé de baptême et de sépulture publique, faute par elle d'avoir déclaré son état, *soit réputée avoir homicidé son enfant, et pour réparation, punie de mort et dernier supplice.*

Cette ordonnance a été suivie d'un réglement de 1586, qui enjoint aux curés de publier cette ordonnance à leurs prônes de trois mois en trois mois.

Et, parce que cette publication ne se fait plus, il y a plusieurs personnes qui croient que cette ordonnance ne doit plus être exécutée à la rigueur.

Cependant ceux qui ont servi à la Tournelle savent qu'elle y est étroitement observée toutes les fois que le fait est certain ; mais il est rare qu'il le soit, parce que le temps de la conception et celui de l'enfantement étant incertains, il est fort aisé de faire dire aux chirurgiens et aux sages-femmes que l'accusée n'étoit pas encore à l'extrémité de sa grossesse, et pour lors on présume favorablement qu'elle l'auroit déclarée avant que d'accoucher.

Après avoir expliqué la disposition des lois civiles et de nos ordonnances sur cette matière, il ne nous reste plus qu'à exposer les décisions de quelques canons des conciles, par rapport aux peines ecclésiastiques.

Le plus ancien de tous les conciles, qu'on peut citer sur cette matière, est celui d'Elvire, tenu vers l'année 305. Il distingue entre les catéchumènes et ceux qui ont reçu le baptême.

Catechumena, si per adulterium conceperit, et conceptum necaverit, placuit in fine baptisari. Canon. 68. concil. Elib.

Si qua mulier per adulterium, absente marito, conceperit, idque post facinus occiderit, placuit nec in fine dandam esse communionem, eò quòd geminaverit scelus. Can. 64. cod. concil.

Ce concile ne parle pas des femmes qui ne sont point engagées dans le mariage ; il semble que la peine doive être moins sévère à leur égard.

C'est une grande question de savoir comment il faut lire ce dernier canon du concile d'Elvire. Plusieurs compilateurs le citent différemment (1), et au lieu de lire *nec in fine*, ils lisent *vix in fine;* ce qui fait une grande différence dans le sens.

On peut consulter Fr. Mendosa dans ses notes sur le concile d'Elvire ; et, sans rapporter ici tout ce que l'on peut dire sur cette question, on se contentera de proposer deux raisons qui prouvent qu'il faut suivre la leçon ordinaire du concile, et lire *nec in fine dandam eis esse communionem.*

1.° Ce concile, dans le canon 68, n'accorde le baptême aux cathécumènes qui auront commis le même crime, qu'à la fin de la vie. Or, il doit y avoir de la différence entre la peine d'une cathécumène et celle d'une baptisée, suivant les règles de la discipline ecclésiastique.

2.° Le même concile (*can.* 64.) veut que l'on refuse la communion, même à la mort, à une femme adultère qui aura, après ce crime, fait mourir l'enfant qui en est le fruit et qu'elle porte dans son sein. Or, la peine doit être au moins aussi grande contre celles qui, pour se servir des expressions du concile, *geminaverunt scelus.*

Cette question regarde plus la critique des conciles que la matière que nous examinons.

Tout ce que l'on peut observer ici, c'est que, supposé que les pères du concile d'Elvire aient voulu refuser la communion, même à la mort ; en ce cas,

(1) Buchardus, *lib.* 17.

leur disposition est unique, et n'a jamais été suivie par celle d'aucun autre concile.

Celui d'Ancyre, tenu en l'année 314, a réduit le temps de la pénitence à dix années.

De mulieribus quæ fornicantur, et partus suos interimunt, et medicamentis abortionis faciendis student, prior quidem definitio usque ad vitæ exitum prohibebat, et ei quidam assentiuntur; humanius autem agentes definimus ut decennium per gradus præfinitos impleant.

Saint Basile, *epist. ad Amphil.* dans le canon 8, qui a déjà été cité, est conforme à la discipline du concile d'Ancyre.

Même décision dans le canon 3.e d'un concile d'Arles, cité par Burchard, *l.* 17. *cap.* 53. Je ne le trouve point dans les conciles du père Labbe.

Item, dans le pénitential romain.

Le concile de Lérida, de l'année 524, ne demande que sept années de pénitence canonique; *ita tamen ut omni tempore vitæ suæ fletibus et humilitati insistant.* Can. 2. 3.

Le concile, *in Trullo, can.* 91, prononce les mêmes peines que contre les homicides.

Telle est encore la disposition d'un concile de Wormes, tenu en l'année 868. *Can.* 35.

Enfin, on peut insérer ici les termes d'un concile de Mâcon, cité par Burchard, *l.* 3. *cap.* 200, dont je ne sais point la date, qui doit être considéré comme un réglement général sur cette matière, que les lois civiles et canoniques ont également imité.

In hoc sancto concilio decretum est ut unusquisque presbiter in suâ plebe publicè annuntiet, ut si aliqua fœmina clanculo corrupta conceperit, et pepererit, nequaquam, diabolo cohortante, filium aut filiam suam interficiat, sed quocumque prævalet ingenio ante januas ecclesiæ partum deportari, ibique poni faciat, ut coram sacerdote in crastinum delatus, ab aliquo fideli suscipiatur et nutriatur, et tali ex causâ homicidii reatum, et quod majus est, parricidium evadat.

On peut reconnoître, par les canons qui viennent d'être cités, la vérité de ce qui a été dit ci-dessus, que la distinction de quelques auteurs *inter partum informem et formatum* a été inconnue aux conciles, et qu'elle ne se trouve que dans une décrétale d'un pape moderne, c'est-à-dire, d'Innocent III. *cap sicut 2.° x. de homicid. val. et casual. vid. Gloss. ad hoc cap.*

Si le part est réputé né, par rapport à sa vie et à sa conservation, il ne l'est pas moins toutes les fois que l'intérêt de son honneur le demande.

Or, il le demande en trois occasions différentes :

1.° Lorsqu'il s'agit de la liberté ;

2.° Par rapport à l'ingénuité ;

3.° Par rapport à la dignité.

. . . .

. . . .

DISSERTATION

SUR L'ERREUR DE DROIT.

I.

L'HOMME peut être considéré ou par rapport à l'ordre public, ou par rapport aux engagemens particuliers qu'il contracte avec les autres hommes : c'est de cette double idée que naît la distinction que les jurisconsultes romains semblent avoir établie entre l'état public et l'état privé.

II.

Dans la première de ces deux vues, l'homme est commis, si l'on peut parler ainsi, avec la loi même; c'est avec la loi seule qu'il contracte, qu'il s'engage, qu'il se lie par rapport à tout ce qui regarde la police générale et l'ordre extérieur de la société; c'est à la loi seule qu'il doit rendre compte des infractions de la loi même.

III.

Dans la seconde vue, au contraire, l'homme ne craint que celui avec lequel il a contracté; la loi ne punit point les ignorances qui ne regardent que le droit privé; quoiqu'elle établisse ce droit comme le droit public, elle ne le régle que par rapport à l'intérêt des particuliers; et la perte des droits qui auroient pu leur appartenir, est la seule peine que la loi puisse faire souffrir à ceux qui n'ont blessé, par leur imprudence, que les maximes de l'ordre privé.

IV.

Comme l'ordre public regarde directement l'utilité

publique, au lieu que l'ordre ou le droit privé ne la regarde qu'indirectement, le premier doit toujours être considéré comme plus important et plus inviolable que le dernier.

V.

Le droit public ne réglant que les actions les plus extérieures des hommes, est beaucoup plus facile à concevoir et beaucoup plus aisé à observer que le droit privé.

De cinquante livres, dont le digeste est composé, il y en a plus de quarante qui sont entièrement consacrés à l'explication des règles du droit des particuliers; il en est presque de même à proportion du code de Justinien.

VI.

De toutes ces différences, qui se trouvent entre le droit public et le droit privé, on peut tirer cette conséquence générale, que, quoique l'ignorance du droit soit toujours vicieuse, elle est pourtant beaucoup plus criminelle lorsqu'elle viole les maximes de l'ordre public, que lorsqu'elle donne atteinte à quelque règle du *droit des particuliers*:

1.° Parce que la loi a toujours raison, et comme dans ce qui regarde l'ordre public, l'homme ne traite qu'avec la loi, on n'y trouve jamais cette compensation de fautes mutuelles, qui sert souvent d'excuse à ceux qui traitent avec d'autres hommes, dans tout ce qui est du ressort de l'ordre privé.

2.° Parce que celui qui contrevient par erreur à une loi privée, si l'on peut parler ainsi, ne fait tort qu'à lui-même, au lieu que celui qui viole par ignorance une loi publique, ou plutôt une loi de l'ordre public, attaque, autant qu'il est en lui, toute la société civile, et pèche directement contre l'utilité commune de tous les citoyens.

3.° Parce que le droit public (j'entends par ce nom celui qui doit être pratiqué par tous les citoyens), étant beaucoup plus simple ; celui qui l'ignore est beaucoup plus inexcusable.

VII.

Donc, par une suite nécessaire de ce principe, l'ignorance de l'ordre public, doit presque toujours être punie, quoique la qualité des personnes, la nature des lois et la variété des circonstances, puissent beaucoup augmenter ou diminuer la peine.

VIII.

Donc, ce que l'on a perdu par l'ignorance du droit public, est perdu sans ressource ; puisque cette ignorance, bien loin de servir d'excuse, en a besoin elle-même.

IX.

Donc, à plus forte raison, l'ignorance de l'ordre public ne peut faire recouvrer un bien que l'on a manqué d'acquérir ; car, comment pourroit-elle être jamais récompensée, puisqu'elle doit toujours s'estimer heureuse lorsqu'elle n'est pas punie ?

Mais, comme ces maximes rigoureuses ne peuvent pas toujours s'observer exactement dans ce qui regarde le droit privé, il est nécessaire de supposer ici quelques notions générales qui doivent servir à découvrir les véritables principes de cette matière.

I.

« Jure naturæ æquum est, neminem cum alterius » detrimento et injuriâ fieri locupletiorem ». Loi 206. ff. *de reg. jur.* Loi 14. ff. *de cond. indeb.*

II.

« Id quod nostrum est, sine nostro facto ad alterum » transferri non potest ». Loi 11. ff. *de reg. jur.*

« Facti autem nomine, vel consensus, vel etiam » delictum intelligitur ». *Vid. Jacob. Gothof. ad hancce regulam.*

III.

Nulle obligation sans cause; suite du principe précédent.

« Hæc condictio ex bono et æquo introducta, quod » alterius apud alterum sine causâ deprehenditur, » revocare consuevit ». Loi 66. ff. *de condict. indeb.*

IV.

« Quod nullum est, nullum producit effectum : » *donc*, si ab initio non constitit obligatio, quia sine » causâ promissum est, ante solutionem, ipsa obli- » gatio, post solutionem, quantitas soluta condi- » cetur ». Loi 1. ff. *de condict. sine caus.*

« Hinc condictio indebiti, hinc condictio sine » causâ : *Toto tit. ff. et cod. de cond. indeb. et de* » *condict. sine causâ.* Hinc etiam condictio causâ » datâ, causâ non secutâ, et condictio ob turpem » vel injustam causam ». Tot. t. ff. *et cod.*

V.

« Idem est, aut nullam ab initio, aut injustam, » aut non secutam causam fuisse, propter quam obli- » gatio intervenit.

» Sive ab initio sine causâ promissum est, sive » fuit causa promittendi, quæ finita est, vel secuta » non est, dicendum est condictioni locum fore ». Loi 1. §. 2. ff. *de condict. sine causâ.*

« Constat id demum condici posse aliquis, quod » vel non ex justâ causâ ad eum pervenit, vel redit » ad non justam causam ». *Dict. leg.* § 3. *ibid.*

« Ex his omnibus causis, quæ jure non valuerunt, » vel non habuerunt effectum, secutâ per errorem » solutione, condictioni locus erit ». Loi 54. ff. *de condict. indeb.*

VI.

Il importe peu que toute l'obligation soit sans cause ou qu'il n'y en ait qu'une partie; *utile per inutile non vitiatur, nec inutile per utile confirmari potest; sed scinditur obligatio. En ipsa Juliani verba*, in lege 3. ff. *de cond. sin caus.*

« Nec refert omnem quis obligationem sine causâ » suscipiat, an majorem, quam suscipere eum opor- » tuerit, nisi quod aliàs condictione id agitur ut » omni obligatione liberetur, aliàs, ut exoneretur, » veluti qui decem promisit. Nam, si quidem nullam » causam promittendi habuit, incerti condictione con- » sequitur, ut tota stipulatio accepta fiat : at si, cum » quinque promittere deberet, decem promisit, in- » certi condictione consequetur, ut in quinque libe- » retur ».

VII.

« Nihil prohibet, ex pluribus causis eamdem obli- » gationem coalescere, quarum unâ deficiente, al- » tera salva maneat : quamdiu autem aliqua vel » minima causa subest, tamdiu sustinetur obligatio; » semper enim interpretatio fieri debet potiùs ut » actus valeat, quàm ut intercidat.

VIII.

» Indebitum pluribus modis dicitur:

» 1.° Quod nullo jure, hoc est, quod neque na- » turâ, neque civili jure debetur.

» 2.° Quod naturâ quidem debitum, hoc etiam debi- » tum jure gentium vocant jurisconsulti ». Loi 47. ff. *de cond. indeb.* « Jure autem civili indebitum sit ». V. Loi 64. ff. *de cond. indeb.*

« 3.° Quod non naturâ, sed civili jure debetur.

» 4.° Indebitum dicitur quod et naturâ et civili » jure debetur; sed ita tamen ut debitor ad solven-

» dum cogi non possit, videlicet quia exceptione » tutus es.

» Duplicis autem generis exceptiones hâc in parte » distingui possunt; differunt enim vel tempore, vel » effectu.

» Si tempus inspicias, vel sunt temporariæ vel per- » petuæ, vel ambiguæ, id est dubitatur an tem- » porariæ sint an perpetuæ, idque plerumque ex » incerto eventu pendet; puta tibi debeo certam pe- » cuniam; pactus sum ne peteres, donec Titius » consul fieret : si Titius morietur, perpetuam; si » Titius consulatum inierit, temporariam ab initio » fuisse obligationem ex post-facto apparebit ». *Vid. Cujac. ad l.* 66 *et l.* 46. ff. *de cond. indeb.*

» Si verò effectum consideres, vel aliæ sunt ex- » ceptiones quæ tollunt naturalem omninò obliga- » tionem, aliæ quæ naturalem non tollunt, civilem » duntaxat impediunt.

» Prioris generis exemplum habetur in exceptione » pacti perpetui, quo cautum est ne omninò petatur, » in exceptione doli mali, senatûs-consulti Velleiani, » jurisjurandi, etc.

» Alterius verò generis est exceptio senatûs-consulti » macedoniani, exceptio rei judicatæ, etc. Exceptio, » seu retentio quæ per legem falcidiam induci- » tur, etc.

» Addi etiam potest altera distinctio ex legibus ipsis » deprompta. *Nimirum l.* 40. *ff. de cond. indeb.*

» Aut enim exceptio ejus causâ datur cum quo » agitur, ut accidit in senatûs-consulto de interces- » sionibus : et hujus generis exceptiones à Glossâ, » aliisque favorabiles vocantur.

» Aut in odium ejus cui debetur, exceptio datur, » cujus exceptionis exemplum à lege ponitur in se- » natûs-consulto macedoniano, eaque ab iisdem in- » terpretibus dicitur odiosa ».

IX.

L'erreur de droit ne doit être à personne un moyen

d'acquérir autrement un titre d'acquisition : la raison en est évidente, et M. Cujas l'a touchée en un mot dans sa répétition *sur la loi* 8 *ff. de jur. et fact. ignor. alioqui erranti lucro esset ignorantia juris.* L'erreur auroit plus de priviléges que la connoissance, et l'ignorance seroit récompensée, pendant que la science ne le seroit pas.

« Hinc solemnes illæ legum definitiones. Juris » ignorantia non prodest acquirere volentibus. *L.* 71 » *ff. de jur. et fact. ignor.*

» Juris error nec fœminis in compendiis prodest. » *L.* 8. *ff. eod.*

» Juris ignorantiam in usucapione negatur pro- » desse. *L.* 4. *ff. eod. l.* 31, *in ff. de usurpat. et* » *usucap. l.* 2. § 15. *ff. pro empt. et alibi passim.* »

Mais cette maxime semble n'avoir été envisagée que par une de ses faces : la plupart de ceux qui l'ont expliquée, ne l'ont considérée que dans la personne de celui qui tombe dans une erreur de droit, auquel il est certain que son ignorance ne peut jamais être avantageuse ; mais cette règle ne paroît pas moins certaine, par rapport à ceux avec lesquels nous pouvons nous engager par une pure erreur de droit ; je veux dire, qu'il n'est guère moins évident que l'erreur de droit ne peut pas être pour eux un titre et une voie d'acquérir. Je suppose que l'erreur de droit soit l'unique cause, et le seul fondement du contrat ou de l'obligation, en un mot, de l'acte qui se passe ; et dans cette supposition, je dis que, comme l'erreur ne peut profiter à celui qui s'oblige, elle ne peut servir non plus à celui avec lequel il s'oblige.

Autrement tous les principes que nous venons de supposer véritables seroient absolument faux ; et cependant on a pu remarquer qu'il n'y en a pas un qui ne soit un premier principe du droit naturel.

Il seroit faux de dire que l'équité ne permet pas qu'un homme devienne riche aux dépens d'un autre homme, et que ce qui nous appartient ne puisse être acquis par un autre, *sine nostro consensu aut delicto,* si ce n'est que l'on veuille dire, ou que celui qui est dans l'erreur, donne un consentement véritable, ou que la loi regarde l'erreur de droit comme un délit qu'elle punit par la perte du bien qui en a été la matière et l'occasion. Mais le premier n'est pas soutenable ; et comment prouvera-t-on le second ? Quand même celui qui erre dans le droit mériteroit de perdre son bien, comment pourra-t-on montrer que l'autre mérite de l'acquérir ? Et cela, par cette seule raison, que celui qui erre ne connoît pas son droit. En un mot, qui osera soutenir que par cette erreur ils aient mérité, l'un d'être dépouillé de ce qui lui appartient, et l'autre d'être revêtu de ce qui ne lui appartient pas ?

Ce n'est pas tout, il faudra encore soutenir qu'une obligation sans cause, ou fondée sur une cause fausse, injuste et illégitime, pourra être valable; que ce qui est nul, pourra produire des effets; que le droit n'a pu établir ce remède favorable, auquel il a donné le nom de *condictio sine causâ*, ou de *condictio indebiti;* et convertissant ainsi toutes les obligations sans cause en donations forcées, on fera passer tous les contractans qui errent dans le droit pour de véritables donateurs.

Pour éviter tous ces inconvéniens, il n'y a rien de plus simple, que de donner à la règle de droit toute l'étendue qu'elle peut avoir. *Error juris in compendiis non prodest*, donc, *neque reo neque stipulanti prodest;* à l'un, parce qu'il n'est pas juste que sa faute lui serve, et qu'il profite de l'erreur dont il est coupable; à l'autre, parce qu'il ne sauroit trouver dans tout le droit une seule loi qui nous apprenne, que l'erreur d'autrui soit, par elle-même, et destituée de toute autre cause, un titre légitime, et une juste voie pour acquérir

Tous ces principes supposés, il paroît facile de décider des suites que doit avoir l'ignorance du droit;

Car, 1.° ou il s'agit d'acquérir, ou il s'agit de perdre.

S'il s'agit d'acquérir, l'erreur du droit n'est ni une excuse ni un titre, *nisi minoribus, aliisque quibus etiam in lucro succurritur.* Loi 7. §. 6 et seqq. ff. de minorib.

Et c'est en cela principalement que consiste la différence de l'erreur du droit et de l'erreur du fait. *In errore facti*, (dit M. Cujas), *ad* loi 8. ff. *de jur. et fact. ignor*). *Non distinguuntur damna à compendiis; in errore juris distinguuntur.* Vid. l. 1. 4. 8. ff. de jur. et fact. ignor.

S'il s'agit de conserver ou de ne pas perdre, alors *vix ac ne vix quidem pugnantes interpretum sententiæ in concordiam reduci posse videntur; ac, ne novos interpretes solos accuses, ecce tibi, Basilicôn ipsi interpretes qui eâ de re mirum in modum dissidia exercent.*

« Sic enim exponunt hæc verba, loi 7. ff. *de jur.* » *et fact. ignor. juris ignorantia suum petentibus* » *non nocet.*

» Verbi gratiâ, quidam servum dignum aureis » vigenti, sibi dari stipulatus est; servo autem moram » mortuo, cùm promissor existimaret se teneri adhuc » actione ex stipulatu, viginti aureos solvit stipula» tori. Subvenitur ei quia damno aureorum viginti » sollicitus est, eosque repetere potest.

» Est juris manifestus error. Videlicet tritam hanc » et pervulgatam juris regulam ignorabat promis» sor, debitorem speciei ejus interitu liberari : si » modò in eâ tradendâ nullam moram fecerit.

» Tamen quia igitur de damno vitando, juris » error non nocet; imò, etiamsi soluta fuerit per » errorem pecunia, condici potest, quod summoperè » notari convenit, ut infrà dicemus.

» Verùm, sequenti articulo Basilicôn interpretes » contrariam omninò opinionem tueri videntur; hæc » nempè verba subjiciunt :

» *Excipe eos qui jus ignorantes indebitum solve*» *runt. Ut, l. 1. cod. t. 18, Anatolius ait : Qui per* » *errorem juris indebitam pecuniam solvit, non* » *repetit; sin autem per ignorantiam facti, re*» *petit.*

» *Quo teneam vultus mutantem Protea nodo?*

» Sed quis miretur tantam inter legum interpretes
» discordiam ? Ipsæ etiam leges inter se discordare
» videntur.

» Hanc enim juris regulam, Dioclet. et Maximia-
» nus tradunt in leg. *Cùm quis*, 10. cod. de jur. et
» fact. ignor.

» *Cùm quis jus ignorans indebitam pecuniam sol-*
» *verit, cessat repetitio : per ignorantiam enim facti*
» *repetitionem tantùm indebiti soluti competere, tibi*
» *notum est.* Hìc variæ indebiti soluti species non
» distinguuntur, sed quodcumque indebitum per
» errorem juris solutum est, id omne repeti non
» posse, constare videtur ; quod verò per ignoran-
» tiam facti solutum est, id solummodò condici
» posse.

» Contrarium enim satis ostendit ipse *tit.* ff. *et*
» *cod. de cond. sine caus.* quidquid autem, vel sine
» causâ, vel ob non justam causam promissum est,
» hâc actione repeti indubitati juris est. *V. suprà*
» *num.* 6.

» Adde leg. 40, ff. de cond. indeb.

» *Qui exceptionem perpetuam habet, solutum per*
» *errorem repetere potest. Sed hoc non est perpe-*
» *tuum : nam si quidem ejus causâ exceptio datur*
» *cum quo agitur, solutum repetere potest, ut*
» *accidit in senatûs-consulto (nempe Velleiano) de*
» *intercessionibus ; ubi verò in odium ejus, cui de-*
» *betur, exceptio datur, perperam ilias solutum non*
» *repetitur, veluti si filiusfamilia contra Macedo-*
» *nianum mutuam pecuniam acceperit, et paterfa-*
» *milias factus solverit, non repetit.*

» In hâc lege agi de errore juris facile intelliget,
» qui notabit.

» 1.° Hìc ex ipso tenore verborum, evidenter col-
» ligi, eum qui solvit ignorasse, se exceptione per-
» petuâ tutum esse ; sic enim ait lex : *qui excep-*
» *tionem perpetuam habet, solutum per errorem*
» *repetere potest.* Ergò solutum per errorem, sive
» per ignorantiam exceptionis, repetitur, in sensus,
» quem verba ipsa præ se ferre videntur ; at qui

» ignorat sibi juris exceptionem competere, quid » aliud quàm jus ignorat?

» 2.° Non ex verbis solùm, sed ex ipsâ ratione » legis idem etiam manifestò sequi; quâ enim dis- » tinctione utitur jurisconsultus, ut explicet, quarum » exceptionum ignorantia noceat, quarum verò non » noceat? num errorem ejus ab errore facti separat? » imò apertè conjungit, dum docet, hujus quæstionis » nodum in variâ exceptionum naturâ positum esse, » alias nimirum esse favorabiles, quæ ut vult Cuja- » cius, naturalem ipsam obligationem perimunt; » alias verò odiosas, quæ magis creditoribus nocent, » quàm debitoribus prosunt, non in horum gratiam, » sed in illorum odium introductæ, quæque adeò » actionem civilem duntaxat, non etiam obligatio- » nem naturalem tollunt.

» Atqui ab hâc distinctione, sive regulâ omnis » prorsùs exulat distinctio juris et facti; imò satis » apparet famosam illam distinctionem nullum sibi » locum in hâc regulâ vindicare posse, cum aliis » principiis, aliis omninò fundamentis nitatur.

» Ergò etiam ad errorem juris hæc lex porrigi po- » test. Idque non obscurè colligi posse videtur ex » Cujacio, ad l. 66. ff. *de cond. indeb*..... Quem » consule.

» Hùc accedit, quod conditio indebiti, ut egre- » giè notat ibid. Cujac. causam habet naturalem, » non lege aliquâ certâ, non Prætoris edicto, sed ex » jure gentium, ex æquitate naturali, ex bono et » æquo, interpretatione prudentûm, et usu fori » introductam; nihil autem magis æquitati repugnat, » quàm quod omninò indebitum per errorem juris » solutum est, repeti non posse. Et cum hæc condi- » tio, ut ait Papinianus, quòd alterius apud alterum » sine causâ deprehenditur, revocare consueverit, quo- » modo, quod errore datum est non revocabit? Error » enim, etiam juris, pro causâ haberi non potest.

» Denique Papinianus, romanæ jurisprudentiæ » viva vox et oraculum, totam rem unicâ distinctione

» confecisse sibi visus est, tam *l.* 7., quàm *l.* 8 *de*
» *Jur. et fact. ignor.*

» *Juris ignorantia non prodest acquirere volenti-*
» *bus, suum verò petentibus non nocet.* l. 7.

» *Omnibus juris error in damnis amittendæ rei*
» *suæ non nocet.* l. 8.

» Ergò, quoties de damno vitando, aut resarciendo
» agitur, toties non nocet juris ignorantia.

» Quæ cùm ita sint, quis ferat, hinc Diocletia-
» num et Maximianum apertè statuere, indebitam
» pecuniam, per errorem juris solutam repeti non
» posse, indè autem jurisconsultos, ipsamque adeò
» æquitatem clamare, juris errorem suum petentibus
» non nocere, aut quod idem est, in damnis non
» nocere.

» Glossa quidem, et doctores ejus asseclæ, quales
» ferè omnes antè Cujacium fuerunt, ab hâc se
» antinomiâ ità expedit, ut *indebiti* nomen non ge-
» neraliter, sed strictè accipiendum esse doceat in
» lege, *Cum quis C. de cond. indeb.*

» Distinctio agitur adhibenda est juxta glossas
» communemque interpretum sententiam.

» Aut igitur de pecuniâ civiliter cuidam indebitâ,
» sed naturaliter debitâ, et tunc solutum per erro-
» rem facti repetitur, solutum per errorem juris non
» repetitur.

» Aut contrà agitur de debito civili, quod tamen
» est naturaliter indebitum, et eo casu indistinctè
» solutum condici potest.

» Vel neutro jure debitum, solutum est, et pariter
» indistinctè repetitioni locus est.

» Vel denique utroque jure debebatur quod solu-
» tum est, sed tamen ope exceptionis erat quasi in-
» debitum, et tunc vel exceptio erat dilatoria, vel
» perpetua, vel dubia inter utramque.

» Si dilatoria, error juris obstat repetitioni, error
» facti non nocet.

» Si perpetua, rursùs subdistingue, vel favorabilis,
» et revocatur quod solutum est, sive per errorem
» juris, sive per errorem facti solutum; talis est

» Velleiani exceptio. Vel odiosa, et pecunia soluta » repeti potest, si error in facto versetur; si in jure, » non potest. Talis est Macedoniani exceptio.

» Si denique exceptio dubia pendeat inter dilato- » riam et perpetuam, indistinctè locum habet con- » dictio.

» In hâc distinctione glossæ, quæ, suo more, » luculenta fluit, multa sunt quæ spernere, multa » etiam quæ tollere possis.

» Quod enim negat Diocletiani lege id genus in- « debiti contineri, quod neutro jure, hoc est, neque » naturâ neque lege debetur, id sanè etiam atque » etiam animadvertendum est, ut mox dicimus.

» Quod autem affirmat repeti posse quod solutum » est, licet naturâ debeatur, cùm per errorem facti » solutum est, ut si filiusfamilias solverit pecuniam, » in facto errans, quam senatûs-consulti Macedoniani » auctoritate retinere poterat, id verò omnibus juris » principiis apertè evidenterque resisti, ut infrà » probabitur.

» Quod verò subjicit, civile debitum quod non » sit naturale, repeti posse sive per errorem juris, » sive per errorem facti solutum, id omninò dubium » et obscurum, ne dicam falsum, videri debet; sed » de hoc etiam infrà.

» Si glossam tam immaniter errantem sequi piget, » jam Cujacii excutienda distinctio est, et diligenter » pertractanda.

» Extat autem in lege 8. ff. *de jur. et fact. ignor.* » *lib.* 1. *definit. Papin.*

» Extat etiam, et quidem accuratiùs in *lege* 7. » *eod. ex lib.* 19. *Quæst. Papin.* ubi secum ipse » Cujacius consentire non videtur.

» Ubi postquam solemnem et decantatam juris et » facti, itemque lucri et damni distinctionem expo- » suit, sic denique concludit.

» *Item condicentibus indebita soluta juris error* » *nocet : nam neque mas, neque fæmina potest* » *condicere quod indebitum per juris ignorantiam*

» *solvit : ut in lege* Regula, §. *penult. et ult. ff. de Jur. et fact. ignor. legis* Cùm quis (1) *Cod. eod. leg.* » error *C. ad legem Falcidiam; quia qui condicit* » *quod solvit, id agit ut acquirat quod amisit, non* » *ut quod suum est, non amittat; denique sollicitus* » *est de lucro, non de damno. Erranti in jure sub-* » *venitur ne suum amittat, non etiam ne amiserit,* » *ne damnum faciat, non etiam, ne fecerit : damna* » *facta qui infecta facere studet, lucrum captat,* » *non damnum futurum amolitur.*

» Hùc igitur recidit Cujacii distinctio, si ut error » juris appareat antè solutionem, retentioni locus sit, » adeoque error non noceat; si verò solutio jam per- » fecta fuerit, si damnum contigerit, si non id agatur » ut, quod suum est, errans in jure servare possit, » sed ut, id quod jam alterius factum est, recuperet, » tunc serò sibi subveniri postulet, qui de se tantùm » queri potest, à semetipso deceptus et quasi circum- » ventus.

» Quæ distinctio, licet primâ fronte probabilis esse » videatur, tamen altiùs inspicientibus, et dura, et » iniqua, nec minus legum auctoritati, quàm æquo » et bono contraria meritò videri potest.

» Repugnat enim,

» 1.° Legi ipsimet quam Cujacius interpretatur. » Quid enim ait Papinianus ? *Omnibus juris error in* » *damnis amittendæ rei suæ non nocet ?* Ibi apertè » omnis cessat distinctio. Quicumque de damno vi- » tando certat, ei juris error non nocet : subtilior » enim videtur hìc Cujacii argumentatio, quàm ut » cuiquam illudere possit; distinguit eum qui dam- » num futurum amolitur, et eum qui damnum jam » factum, infectum facere studet; quasi verò is qui » amisit quod suum est, agat de lucro captando, cùm » illud recuperare studet; aut quasi jurisconsultus,

(1) *In iis omnibus legibus, sola lege* cùm quis *exceptâ, de eo tantùm agitur qui solida legata præstitit, quorum quartam ope legis falcidiæ delibare potuisset.*

» quoties de damno quæstio est, damnum impendens » à damno præterito separet.

» Quod si cui Papiniani verba Cujacii opinioni » favere videntur (ait enim, juris errorem non no- » cere in *damnis amittendæ rei suæ*, quæ verba » futurum tempus quodammodo tacitè includere vi- » dentur, non etiam præteritum, is legat eamdem » legem in Basilicis, ubi hæc eadem verba sic ver- » tuntur, *juris ignorantia in damno nemini nocet* » *suum petere volenti*, aut ut in græco habetur το » ιδιον απαιτησαι *proprium repetere*; hæc est enim ge- » nuina significatio του απαιτησαι.

» Verùm instat Cujacius, et negat id quod jam » alteri per errorem solutum est, meum dici posse. » Jam enim alterius factum est; ergo, cum illud » repeto, non meam, sed alienam rem repeto.

» Inanis planè subtilitas, ut facilè cuivis atten- » denti patet. Ut autem accuratiùs dissolvatur tota » ista cavillatio, diligentiùs investigandum est, quâ- » nam juris ratione introducta sit condictio indebiti; » aut quia pecunia indebita, etiam post solutionem, » remanet solventis; an quia etiamsi juris subtilitate » accipientis facta dicatur, æquitas tamen non ferat » quemquam alienis spoliis ditescere, et cum alterius » detrimento fieri locupletiorem.

» Si prior ratio etiam potior habetur, valet sanè Cu- » jacii argumentum. quis enim dubitat, summo jure, » solutam, quamvis per errorem pecuniam, statim » fieri accipientis? Sed si hoc ita est, evanescet pror- » sùs, in quocumque casu, condictio indebiti; sive » enim per errorem facti, sive per ignorantiam juris » indebitum solvitur, idem juris obtinet; nam utro- » bique constat, rem non jam meam, sed alienam » videri. Nec longè petenda sunt argumenta quibus » id demonstretur : ipsum enim condictionis nomen » hoc satis per se ostendit. Nemo enim rem suam » concidit, sed vindicat; nec, nisi in actione furti, » contingit, ut dominus condictione utatur; quod » odio furtum receptum est, quo pluribus actionibus » tenerentur, ut ait Justinianus, *Instit. de action.*,

» §. 14. Si igitur hoc indistinctè cujuslibet indebiti » condictioni convenit, ut rem jam alterius factam » repetat; aut abolenda prorsùs est condictio inde- » biti, aut fatendum est eam non rectè denegari ei » qui in jure erravit, hoc colore scilicet, quia rem » non suam sed alienam persequitur.

» Alteri igitur sententiæ inhærendum, et dicendum » potius videtur, hoc uno principio hanc actionem » contineri, quòd naturâ æquum non sit, rem alterius » apud alterum sine causâ deprehendi : quæ ratio cùm » ex æquo suffragetur et ei qui in facto, et ei qui in » jure erravit, cur alteri denegetur condictio, alteri » concedatur, explicari facilè non potest. Certè Cu- » jacius non explicat, dùm subtiliter contendit, » pecuniam solutam non jam solventis esse, sed ac- » cipientis.

» Quod autem subjicit ideò, erranti in jure con- » dictionem non dari, quia lucrum captat, qui rem » alienam persequitur, id, vereor ne non satis probari » possit iis, qui æquum et bonum potiùs quàm sub- » tilitatem juris sectantur.

» Quamvis enim subtili quâdam ratione dici possit, » cum, qui rem, quam amisit, repetit, lucrum cap- » tare, tamen reverà damnum quod patitur, tàn- » tummodò resarcire cupit; id agit, ne perdiderit, » non ut lucretur : quid autem interest, si solam » æquitatem spectes inter damnum futurum et dam- » num præteritum, ut, qui damno jam præterito » medetur, lucrum facere, qui verò damnum non- » dùm factum amolitur, damnum tantùm vitare » dicendus sit? uterque nihil acquirit, uterque non » fit locupletior; hic ne amittat, laborat, hic ne ami- » serit, hic quod sine causâ amissurus erat, damno » jam impendente servat; hic, quod sine causâ ami- » sit, damno jam inflicto, recuperat : uterque eodem » legum oraculo se tuetur, nimirum, in damnis » nemini juris ignorantiam nocere.

» Sensit hoc etiam ipse Cujacius, qui hujusce dis- » tinctionis auctor idem ac subversor meritò dici » potest.

» Cùm enim agitur de muliere, quæ, ignara juris,
» et nesciens dotis causam esse præcipuam, anti-
» quioribus creditoribus satisfieri permiserit, Cuja-
» cius ab eâdem leg. 8 de Jur. et fact. ign. apertè
» ingenuèque fatetur, *ab eis creditoribus mulierem*,
» *dotem suam revocaturam, ne in damno amittendæ*
» *dotis suæ error ei noceat.*

» At ibi constat :

» 1.° Agi de damno præterito ; id ex ipsis Cujacii
» verbis luce clariùs apparet.

» 2.° In hâc parte inter viros et fœminas nullum
» esse discrimen : nam juris error nec fœminis in
» compendiis prodest, nec maribus in damnis nocet.

» Ergo rectè, vel Cujacio ipso judice, ex hoc
» exemplo colligitur,

» 1.° Eum qui damnum *sine causâ* acceptum re-
» sarcire studet, lucrum facere non videri : nam, si
» reverà lucrum captaret, mulieri dotem suam rèpe-
» tenti non succureretur, ne error juris ei prodesset ;

» 2.° Frustra igitur hic inter damna futura et
» damna præterita distingui, cùm Cujacius ipse
» agnoscat mulieri damnum non metuenti, sed jam
» expertæ, dari actionem revocatoriam.

» Et certè satis apparet nunquam Cujacium hancce
» distinctionem inter damna futura et damna præ-
» terita excogitaturum fuisse, nisi legis *cum quis*
» præfactam decisionem reformidasset. Cùm enim
» hæc lex apertè diceret, indebitum per errorem
» juris solutum non repeti, Papinianus autem ex
» alterâ parte responderet, juris errorem nemini in
» damnis nocere, primâ autem facie videretur,
» eum, qui indebitum solvit, reverà damnum fa-
» cere, adeòque errore juris non gravari, haud aliter
» sese ab hoc lubrico et difficili passu expedire posse
» Cujacius arbitratus est, quàm si diceret, reclamante
» ipsâ naturæ æquitate, eum qui damnum resarcire
» studet lucrum captare.

» En totius distinctionis commentitiæ originem,
» quam ipse Cujacius vix ac ne vix quidem constan-
» ter tenuit.

» Idem enim qui hanc distinctionem excogitavit » ad leges 7 et 8, ff. *de jur. et fact. ignor. idem* » ad legem 66 *de condict. indebiti*, naturæ æquitate » quasi victus fatetur, eum qui id quod natura non » debuit, solvit, repetere solutum posse, etiamsi » ipso jure debuit; *qui tutus eâ exceptione* (quæ » tollit naturalem obligationem), *per errorem solvit,* » *repetit; quia non debuit naturâ.*

» Quin etiam multò apertiùs secum ipse pugnat in » eâdem repetitione, nempè ad legem 7, ff. *de jur. et* » *fact. ignor.*

» Hujus enim disputationis initio, rectè distinguit » inter delicta in quibus juris error nocet, et alia » negotia, *ubi*, inquit, *nemini nocet, ut si indebi-* » *tum solvero per juris ignorantiam, non ideò mihi* » *deneganda est condictio, puta, si id nec natura-* » *liter nec civiliter debui.*

» Et tamen, paulòpost, cùm semel legem *cum* » *quis* aspexit, metu antinomiæ, in gravissimam ipse » contradictionem incidit; sic enim totam fermè dis- » putationem concludit ».

In hâc quæstione de condictione indebiti, inde-bitum dicitur, quod nullo jure debetur, id est, in hoc tantùm indebiti genere, valet differentia inter errorem facti et errorem juris: puta, quod nullo jure debui, nec civili, nec naturali, si per errorem facti solvi, repetam; si, per errorem juris, non re-petam.

« Quis igitur legum conciliatorem, secum ipsum reconciliare possit?

» 2.° Cujacii distinctio non modò legi quam in- » terpretatur, repugnat, verùm etiam aliis benè » multis legibus: paucas hìc subjicere libet.

» Et primo quidem, omnes, quotquot de condic- » tione sine causâ loquuntur, leges Cujacii distinc- » tioni adversantur, donec probatum fuerit errorem » juris justæ et legitimæ causæ instar haberi.

» Deindè afferri possunt etiam suprà laudatæ leges » quibus exponuntur indebiti condictionis principia, » et in quibus sæpè notatur idcircò hanc actionem

» ex æquo et bono fuisse introductam, ut quod alterius apud alterum sine causâ deprehenderet id revocaret.....

» Sed ut apertiùs aliquid proferatur, imprimis notandæ sunt lege 46, ff. *de jur. dot.*, lex 64, ff. *de condict. indeb.* et lex 29, §. 5, ff. *de mandatis.*

» In lege 46, §. 2, *de jur. dot.*, hæc verba habentur, *pater etiamsi falsò existimans se filiæ debitorem esse, dotem promisisset, obligabitur.*

» Hìc, ipse Cujacius notat, et rectè quidem, agi de filiâ in potestate patris constitutâ : aliàs enim non rectè affirmaret Julianus, dotem deberi; cùm idcircò tantùm obligetur in hâc specie errans pater, quia naturâ dotis debitor est, et pietatis causâ sufficit, ut quamvis errans, doti tamen obligetur : at cessaret hæc ratio in filiâ emancipatâ ; ergo omninò tenendum est, de filiâfamilias speciem esse in dictâ lege.

» Sed si hoc semel admittimus, jàm profectò consequens est ut etiam fateamur hìc agi de errore juris ;cùm enim inter patrem et filiam in potestate constitutam nulla obligatio, nulla actio stare possit, non potuit pater, qui se existimabat filiæ debitorem esse, nisi in jure errare : quamvis enim factum etiam dubium esset, tamen ex jure tota res pendebat; debebat enim pater et factum ipsum cognoscere, et etiamsi de facto sibi certus videretur, debebat non ignorare, obligationem quæ de facto inter patrem et filiam inita fuerat, jure irritam esse ; ergo sive error facti admixtus fuerit, sive non, parùm refert, cùm semper utroque casu res in errorem juris recidat.

» Nec est quod cuiquam videatur fingi posse patrem filiæ debitorem fuisse, salvo patriæ potestatis jure, puta, quia bona adventitia possideret : nam Juliani tempore, qui hujus legis auctor est, peculii adventitii nomen in jure civili penitùs ignorabatur, et, ut verbis Justiniani utar *in* § 1. *instit. quib. alien. licet vel non, olim quidquid ad filios pervenerat,*

» *exceptis videlicet castrensibus peculiis, hoc pa-
» rentibus suis acquirebant sive ullâ distinctione,
» et hoc ita parentum fiebat; ut etiam esset ei li-
» centia.......... aliï filio vel extraneo, donare
» vel vendere vel quocumque modo voluerant, appli-
» care.* Primus enim Constantinus bona materna
» excedit, quorum usumfructum duntaxat patribus-
» familiâ, acquiri jussit, etc. Alia deindè sequentes
» imperatores addidere, quæ hìc recensere longum
» esset. Constat certè, ante Constantinum, solum cas-
» trense peculium à patriâ potestate exemptum fuisse:
» castrense autem peculium in filiamfamilias cadere
» non potest.

» Igitur ut ad rem redeamus, agitur in dictâ lege
» de filiâfamilias; ergo pater errore juris laboravit.
» Quânam igitur ratione obligatur? An quia erravit
» in jure? minimè; sed quia naturale debitum per-
» solvit : hæc est enim vera legis ratio, quam ipse
» Cujacius amplectitur, quæque vel ex ipsâ rubricâ
» sub quâ lex collocata est colligitur, vel eo potissi-
» mùm probatur, quod si idcircò pater obligationi
» remaneret obnoxius, quia scilicet in jure erravit,
» idem etiam statuendum esset in patre qui filiam
» emancipaverat : atqui id specialiter obtinet in pa-
» trefamilias; ergo parum hic juris error attenditur,
» nec idcircò pater obligatur, quia erravit, sed quia
» naturâ debuit.

» Longè fortius, in re penè simili, argumentum
» duci potest ex lege 64 ff. *de cond. indebit.*

» Verba legis sunt :

» *Si quod dominus servo debuit, manumisso solvit,
» quamvis existimans ei se aliquâ teneri actione, ta-
» men repetere non poterit, quia naturale agnovit
» debitum : ut enim libertas naturali jure continetur,
» et dominatio ex gentium jure introducta est, ità
» debiti vel non debiti ratio in condictione natu-
» raliter intelligenda est.*

» Egregia certè lex, et quæ omnem omnino hu-
» jusce quæstionis ambiguitatem resolvere videtur.

» In eâ manifestum juris errorem versari nemini

» dubium esse potest. Existimabat enim dominus se
» aliquâ actione servo teneri, quæ opinio, et solutæ,
» et crassæ, et supinæ ignorantiæ prolata ab ipsis
» legibus nomina, procul dubio meretur. An eam
» tamen Tryphoninus legis auctor domino imputat?
» nequaquam; non enim idcircò cessare condictionem
» pronuntiat quia dominus in jure erravit, et quia
» non stultis solet succurri, sed errantibus; sed ideo
» tantùm, *quia dominus naturale agnovit debitum.*

» Ergo à contrario sensu licet concludere, si na-
» tura debitum non esset, si nullo jure teneretur
» dominus, solutum repetere potuisse.

» Quis enim in animam inducere possit, tam aper-
» tam, tam expeditam decidendi rationem Tryphoni-
» num prætermisisse, si reverà constaret, indebitum
» cujuscumque tandem generis sit, semel per erro-
» rem juris solutum, repeti non posse?

» Cæterùm non modò propositam quæstionem
» solvit jurisconsultus, sed novam quamdam et gene-
» ralem juris regulam demonstrat, cujus ope, omnes
» quæ in hâc materiâ exoriri possunt, quæstiones
» facilè decidi possint.

» Hæc autem regula elegantissimâ comparatione
» explicatur; *libertas*, inquit, *naturali jure conti-*
» *netur*, hoc est omnes homines naturâ sunt liberi;
» omnes igitur naturali obligationis vinculo teneri
» possè dicendum est; contraverò servitus, sive
» *dominatio ex jure gentium introducta est;* quo
» solo jure, commercio cum servis interdictum est,
» adeò ut nec aliis obligentur, nec alios sibi obligare
» possint : duplex ergo obligationum genus distingui
» potest; aliæ sunt merè naturales, aliæ juris gen-
» tium, aut juris civilis; harum servi incapaces, illa-
» rum non item; sed eo exemplo quæri potest, an
» pariter indebiti nomen duplici sensu accipi possit,
» nimirùm naturaliter et civiliter, et hoc etiam sup-
» ponit Tryphoninus : quibus omnibus expensis, tan-
» dem generaliter definit, indebiti nomen, quoties
» de hâc condictione agitur, naturaliter intelligendum
» esse. *Debiti vel non debiti ratio in condictione*

» *naturaliter intelligenda est.* Porro ex hoc sequitur, » quod initio legis jurisconsultus responderat, nempè, » toties cessare pecuniæ solutæ repetitionem, quoties » subest naturalis obligatio; toties autem locum esse » repetitioni, quoties nulla subsit ne naturalis qui- » dem obligatio, idque rejectâ omni subtilitate juris : » nomina enim hìc, non civiliter, sed naturaliter » intelliguntur; et quoties de indebito simpliciter » loquuntur jurisconsulti, illud indebiti genus intel- » ligendum est, quod nec naturaliter debetur : vide- » licet cùm illud repeti posse affirmant, quia tunc » condictio locum habet : cùm verò negant, sæpiùs » indebiti nomen pro eo accipitur, quod jure civili » tantùm non etiam naturâ indebitum est, ut infrà » pluribus dicetur.

» Haud absimile argumentum etiam præbet, *lex* 40 » *de cond. indebiti*, quæ jàm suprà exposita est; » ab hac enim exulat omnis distinctio juris et facti; » et condictio ex eo solum pendere dicitur, an qui » solvit naturâ debuerit, necne.

» Tertium argumentum præbet *lex* 29, § 1 *et* 5, » *ff. mandati.*

» In § 1. quæritur an fidejussor, qui ignorabat » se inutiliter obligatum, habeat mandati actionem » adversùs principalem reum, et distinguit juriscon- » sultus, *si quidem factum ignoravit, recipi igno-* » *rantia ejus potest, si verò jus, aliùd dici debet;* » rectè quidem; nam absurdum foret errore juris » acquiri actionem adversùs reum, qui hujus erroris » ignarus, huic locum dare non potuit.

» Verùm in § 5. cùm varias species et initio legis » et sequentibus §§. proposuisset jurisconsultus, eas » omnes generaliter complecti videtur, ut quod om- » nibus casibus ex æquo convenit, simul explicet; » sic enim loquitur :

» In omnibus autem visionibus, seu quæstionibus » quæ propositæ sunt, ubi creditor vel non numeratam » pecuniam accepit, vel numeratam iterum accepit;

(1) *Vide sup.*, *p.* 477.

» repetitio contra eum competit, nisi ex condemna-» tione fuerit ei pecunia soluta : tunc enim, propter » auctoritatem rei judicatæ, repetitio quidem cessat; » ipse autem stellionatûs crimine propter suam cal-» liditatem plectitur.

» Ergo, infert glossa, cum inter alias visiones » quæ præcedunt, fidejussoris in jure errantis species » proposita fuerit, meritò statuendum est, quod sine » causâ solutum est, etiam ab eo qui in jure erravit, » repeti posse, etiamsi fidejussor actionem mandati » adversùs reum non acquirat.

» Hoc tamen argumentum leviùs efficitur duabus » potissimùm rationibus.

» 1.° Quidem, licet jurisconsulti verba omnino » generalia esse videantur, et omnibus quæ jam dixit » æqualiter congruere, tamen, hæc, ut ita dicam, » verborum generalitas, sequentibus verbis restringi » videtur. Non enim simpliciter tantùm pronuntiat » in omnibus visionibus, etc. sed statim subjicit, » sive creditor non numeratam pecuniam accepit, » sive bis accepit, quæ certè verba prioribus quo-» dammodò derogare videntur, et ita responsum » Ulpiani limitare, ut non ultrà duplicem hunc » casum protrahatur, alterum scilicet, cùm creditor » pecuniam non numeratam accipit, alterum verò » cùm numeratam bis accipit.

» 2.° Hæc verba quibus potissimùm innititur glossæ » interpretatio, absunt à basilicis; at si tanti pon-» deris visa fuissent, quanti ea æstimat glossa, nun-» quam basilicon conditores ea detrahere voluisse » utcumque colligi potest.

» Quidquid sit, certè Cujacius ad *d. l. ff. de jur.* » *et fact. ignor.* glossæ interpretationem damnat.

» 3.° Cujacii interpretatio ipsi etiam æquitati » repugnare videtur : quod quoniam suprà pluribus » locis, dùm aliud ageremus demonstratum est, hìc » fusiùs explicari otiosum foret.

» 4.° Denique omnibus fermè juris interpretibus, » qui glossam hâc in parte secuti sunt, adversatur

» Cujacius, saltem si hanc unicam quæstionem ins-
» picimus, in quâ id agitur, utrùm indebitum etiam
» naturaliter, per errorem juris solutum repeti possit,
» nec ne.

» Et hæc quidem sunt quæ Cujacianæ distinctioni
» opponi possunt argumenta; sed quì hæc, si palàm
» et apertè lex penè conceptis verbis definiat, nullâ
» adhibitâ distinctione, nullo casu excepto, *eum*,
« *qui jus ignorans indebitam pecuniam solverit*,
» condictione non uti? lex *Cum quis* 10. *C. de jur.*
» *et fact. ignor.* ».

« Frustrà igitur doctores, frustrà æquitas, frustrà
» pugnantes legum sententiæ, frustrà ipsa Papiniani
» regula Cujacio opponitur, cùm ipse se clarâ et evi-
» denti legis decisione tueatur.

» Ergò aut Cujacio adhærendum, aut evertenda
» est legis hujusce auctoritas, aut certè commodior
» ei interpretatio subjici debet, ut ejus acerbitas
» leniore quodam æquitatis temperamento mitigari
» possit.

» Vidit hoc Joann. Robertus, *sentent. jur. lib.*
» 1.° *cap.* 6 *et seq.* hujusque dissidii placandi
» rectam viam inire cœpit, dùm hanc distinctionem
» proponit:

» *Aut simpliciter juris ignorantiam spectamus il-*
» *liusque causam omni æquitatis auxilio et favore*
» *destitutam dijudicamus, et tunc ejus prætextu*
» *repetitionem dari nunquam existimabimus* : neque
» enim summo jure fevendus est qui se legum igno-
» rantiâ lapsum allegat.

» *Aut verò ipsam naturæ æquitatem inspicimus,*
» *quâ scilicet tota condictio indebiti continetur, et*
» *tunc, repetitionem pecuniæ naturaliter indebitæ,*
» *quamvis errore juris solutæ, dari agnoscimus*,
» non hujusce ignorantiæ prætextu aut excusatione,
» nec quia cuiquam prodesse debeat, sed æqui et
» boni contemplatione; cùm naturâ iniquum sit,
» alterum alterius jacturâ sine causâ locupletiorem
» fieri; quò fit, ut illi injuriæ obsistens condictio,
» naturalis à jurisconsultis dicatur.

» Quod si hæc distinctio probetur, jàm proclivis » erit legis oppositæ solutio.

» Vel enim dicendum est, in eâ lege agi de eo » quod summo jure obtinet, solo errore juris inspecto, » non etiam ex æquitate, et servatâ Juris regulâ, quæ » id quod nostrum est ad alterum transferri sine » nostro consensu aut delicto prohibet.

» Vel indebiti nomen per se æquivocum aut am» biguum, ut apud omnes constat, de eo indebito » in dictâ lege esse intelligendum quod naturaliter » quidem debetur, cæterùm jure civili peti non » potest; hoc enim si per errorem juris solutum fuerit, » non repetitur, tùm quia semper causa solutioni » subest, quæ condictioni obstat, tùm quia debitor » solvendo naturale debitum videtur agnovisse.

» Sed huic ultimæ interpretationi opponi potest, » quod si res ità se haberet, indebiti nomen duplici » sensu, eoque planè diverso in eâdem lege sumere» tur : in primâ enim parte legis pro eo indebito » acciperetur, quod naturâ non jure debetur, at in » secundâ parte, ubi dicitur, *per ignorantiam facti* » *tantùm, indebiti soluti repetitionem competere*; » eadem *indebiti vox*, illud indebiti genus designa» ret, quod ne naturâ quidem debetur; nam, si » naturâ deberetur, vix est ut stare possit, quod in » illâ lege respondent imperatores, per ignorantiam » facti solutum repeti posse : sive enim in facto, sive » in jure errans debitum naturale agnovi, cessare con» dictionem juris esse explorati videtur.

» Si igitur secunda hæc solutio minùs arrideat, » tertia erit adhibenda, et liberè fatendum erit, non » præfactè hanc legem accipiendam esse, quasi omne » omnino indebiti genus in eâ excutere voluerint im» peratores (neque enim de indebito agebatur, saltem » directò) sed generalem juris regulam circà errorem » facti et juris proponere voluisse Dioclenianum et » Maximianum; nimirùm indebitum solutum repeti, » si per errorem facti solutum sit; secùs, si per » errorem juris; quodnam verò indebiti genus in eâ

» regulâ contineretur, id indefinitum, cùm de eo » quæstio non esset, reliquisse.

» At, inquies, quænam remanebit distinctio in » condictione indebiti, inter errorem juris et errorem » facti, ut meritò dici possit cum imperatoribus, so- » lutum per errorem juris non repeti, solutum verò » per errorem facti condici posse.

» Nam aut res vel pecunia debebatur naturaliter, » aut non debebatur, ne naturaliter quidem; si na- » turâ debitum erat, frustrà distinguitur inter erro- » rem facti et errorem juris; utroque enim casu » cessare debet repetitio; quod si ne naturale qui- » dem fuit debitum, utroque casu debet admitti con- » dictio.

» Ut huic quæstioni fiat satis, antè omnia fatendum » est, si reverà constaret, debitum naturale nullo » casu semel solutum repeti posse, inutilem prorsùs » et supervacaneam juris et facti distinctionem futu- » ram esse, saltem in condictione indebiti.

» Verùm longè aliter se res habet; sæpiùs enim in » jure hoc evenit, ut etiam id quod naturaliter de- » betur, solutum condici possit.

» Duo hic hujusce rei exempla adnotasse sufficiet.

» Primum est in lege Falcidiâ : quâ naturalis » debiti retentionem ipso jure introduci meritò notat » *Robertus dicto loc. cap.* 7.° ergò si hæres integra » semel et solida legata præstiterit, repetitioni nullus » jam locus superesset, si debitum naturale nunquam » revocari posset, cùm semel solutum est; id tamen » negat. *L. error* 9. *Cod. ad legem Falcid.* falsum » est igitur, quod supponitur, solam distinctionem » naturalis et civilis debiti in hâc quæstione locum » sibi vindicare : imò contrarium satis apparet; hic » enim, licet debitum naturale antè oculos versetur, » tamen aliquid prætereà requirimus, ut sciri possit » an condictioni locus sit, vel non : quid autem illud » est quod desideramus, nisi famosa illa juris et facti » distinctio, cujus ope decidit Gordianus imperator, » an hæres repetere possit quod ultrà dodrantem bo- » norum legatariis persolvit : sic enim ait *in lege*

» *error. ad legem Falcid. error facti, quartâ ex causâ*
» *fideicommissi non retentâ repetitionem non impe-*
» *dit : is autem qui sciens se posse retinere, universum*
» *restituit, condictionem non habet ; qui etiam, si jus*
» *ignoraverit, cessat repetitio.*

» Ergo juris et facti distinctio non est cur cuiquam
» otiosa esse videatur.

» Illud etiam ad hanc legem obiter notare conve-
» nit, ex ea magnam lucem lege. *Cùm quis de jur. et*
» *fact. ignor.* afferri posse; quid enim hæc lex juris
» nomine designat? nempè legem Falcidiam, aliaquin
» id genus beneficia, quorum auxilio, qui naturaliter
» debet, sese jure civili tueri potest; hoc autem jus
» si ignoraverit debitor, eum repetere non posse
» iniquum videri non potest, cùm naturâ semper
» debitor remaneat; ergò pariter cùm lege *Cùm quis,*
» *de jur. et fact. ign.* eodem juris nomine utitur,
» illuc profectò jus intelligendum est, quo jure,
» exceptionis aut retentionis beneficium debitori con-
» ceditur, quodque adeò obligationem naturalem
» semper præsupponit.

» Secundum exemplum repetiti potest ex lege *qui*
» *exceptionem* 40. ff. *de cond. indeb.* ubi quæritur
» an debitor qui exceptionem perpetuam habet, so-
» lutum per errorem repetere possit; et distinguit
» jurisconsultus an exceptio introducta sit in favorem
» ejus qui debet, an in odium ejus cui debetur;
» 1.° casu locum habet condictio; 2.° casu non item,
» at ibi naturalis et civilis debiti nulla distinctio, imò
» hæc distinctio prorsus damnatur : nam si hoc dun-
» taxat quæreretur, utrùm debitum naturale subsit,
» necne, indistinctè respondendum foret, cessare
» condictionem; sive enim exceptio in gratiam debi-
» toris, sive in odium creditoris introducta sit, certè,
» utroque casu, naturale debitum manet, quando-
» quidem exceptione opus est; ergò prædicta dis-
» tinctio naturalis et civilis debiti non sufficit, cùm
» sæpiùs aliarum distinctionum ope, debitum natu-
» rale, licet solutum, repeti possit.

» Sed ex his omnibus manifestò etiam sequitur,

» quod suprà secundæ solutioni legis. *Cùm quis*, ad» versari videbatur, facillimè posse dissolvi.

» Diximus enim 1.° indebiti nomen de eo indebito » esse intelligendum quod naturaliter non civiliter » debetur; deinde verò, hanc solutionem, sive inter» pretationem dicere mavis, dubiam videri posse, eâ » scilicet ratione, quod si ita esset, indebiti nomen » in eâdem lege diverso planè sensu sumeretur; cùm » enim in secundâ parte legis decidatur illud dun» taxat indebitum, quod per errorem facti solutum » est, repeti posse, ibi certè indebiti nomen de eo » quod naturaliter debetur intelligi non posse videtur; » nam illud indebitum etiamsi in facto errans » debitor solverit, condicere non potest. Ergò, in» debiti nomen in primâ legis parte, de indebito » civiliter tantùm, in secundâ verò, de indebito » etiam naturaliter intelligeretur.

» Verùm hanc conclusionem falso omnino principio » inniti jam satis apparet; supponit enim indebitum » civiliter sed naturaliter debitum nunquam repeti; » quod pluribus modis falsum et iniquum esse suprà » demonstravimus; sed si hoc semel admittimus, jàm » indebiti nomen eodem planè sensu in lege *cùm quis* » usurpabitur. Ita ut sensus sit, quod naturâ debetur, » si per errorem juris solutum fuerit, non condici, » secus si per errorem facti, cujus decisionis egregium » exemplum præbet, suprà jàm laudata lex *error* » *Cod. ad legem Falcid.*

» Ergo nihil obstat quominus triplex legis *cùm* » *quis*, solutio superiùs allata stare possit.

» Stare autem debere, tribus potissimum ratio» nibus præter ea quæ jam supra disputata sunt, ad» ducor ut credam.

» Prima deducitur ex rubricâ ipsâ, sub quâ lex » *cùm quis* posita est, nimirùm sub titulo *de jure et* » *fact. ign.* in quo nulla de indebito quæstio est; nec » id agitur, ut variæ hujusce vocis interpretationes » exponantur, aut ut definiatur, quibus casibus ces» set, quibus verò locum habeat indebiti condictio; » sed illud tantùm ut distinguatur inter errorem

» juris et errorem facti; porrò certum est præter alia » in quibus differunt; hoc maximè eminere discrimen, » quod generaliter loquendo, et abstractè, ut ita dicam, « ab omni indebiti specie, error facti non noceat in » condictione, error verò juris noceat. Igitur sen» tentiæ legis, et legislatoris intentioni abundè sa» tisfactum est, cùm legi *cùm quis* ea interpretatio » tribuitur, quæ discrimen erroris in jure, et erroris » in facto, apertè planèque demonstrat; quod verò » lex non attigit, nimirum quænam sint indebiti spe» cies, id intactum relinquit.

» Altera autem ratio longè firmior. Constat enim ex » his quæ suprà diximus, alterutram legem, hoc est » vel legem *cùm quis*, vel leges 7. *et* 8. ff. *de jur.* » *et fact, ignor.* interpretatione imò et distinctione » indigere.

» Si enim lege *cùm quis* præfractè intelligas, quo» modò stare poterit quod ait Papinianus, *in dd. ll.* » 7 *et* 8. *de jure et fac. ignor.* juris errorem nemini » in damnis nocere? Igitur eo casu, damni futuri et » damni præteriti distinctio in Papinianeis responsis » ex mente Cujacii erit supplenda.

» Si autem Papiniani verba in dictis legibus sim» pliciter nullâque distinctione adhibitâ, intelligas, » absurda planè videbitur Gordiani sententia in lege » *cùm quis*, nisi eam ita temperes, ut aut summo » jure locum habeat, non etiam ex æquitate, aut de » eo quod naturâ debetur accipienda sit, aut denique » definitionem quamdam generalem contineat à quâ » multi casus excipi possint.

» Ergò, quoniam necessariè et interpretatio et dis» tinctio in alterutrâ lege adhibenda est, illuc nunc » quærendum superest, utra tandem interpretatio, » utra distinctio æquior, et justior esse videatur : an, » quæ hoc uno fundamento nititur, scilicet eum, qui » suum repetit, lucrum captare, et, quod apud » omnes peræque homines damni nomine appellatur, » id solummodò damnum dici, cùm futurum est, et » adhuc caveri potest; cùm verò semel præteriit, nec

» jàm ampliùs caveri, sed revocari tantùm aut resarciri potest, id lucri instar videri; an, inquam, hæc distinctio potior habenda sit, quæ plurimas leges, quæ æquitatem ipsam subvertit, quæ alterum jubet alterius jactura sine causâ locupletari, quæ denique titulos. ff. *et cod. de condict. sine causâ*, magnâ ex parte abolet et antiquat.

» An verò illius loco substituenda sit longè favorabilior distinctio, cui naturalis ratio, cui æquitas, cui omnes leges favent, unâ exceptâ quæ ambigua potiùs quàm contraria meritò dici possit : an denique amplectenda sit illa distinctio quæ nihil supponit, nisi quod apud omnes constat, nimirum sæpiùs jurisconsultos aliud summo jure, aliud ex æquo et bono obtinere; plures esse indebiti species; sed quantùm ad errorem juris et facti pertinet, illud tantùm perpendi an id quod naturaliter debebatur, fuerit solutum per errorem juris, an per errorem facti; denique omnem definitionem in jure esse periculosam; nullamque, ut vulgò dicitur, tam longè latèque patere regulam, ut non aliquandò exceptionem patiatur; quæ omnia si certa, si manifesta, si omnibus nota et probata meritò dici possunt, distinctionem quæ his principiis continetur, jure alteri distinctioni anteferri dicendum est, quâ positâ, multa ex his quæ certa sunt, subverti necesse sit (1).

» Adde, quod ab omnibus certatim juris auctoribus definitur, benigniùs leges interpretandas esse, quod voluntas earum conservetur; in ambiguâ voce legis eam potiùs accipiendam esse quæ vitio caret, præsertim cùm etiam voluntas legis ex hoc colligi possit. In re dubiâ benigniorem interpretationem sequi, non minùs justius esse, quam tutius (2). Quæ omnia et Cujacianæ distinctioni adversantur, et

(1) Loi 18, ff. *de legib.*

(2) Loi 19, ff. *de legib.*

» contrariam distinctionem mirum in modum videntur » commendare (1).

» Tertia denique ratio, quæ tres modò allatas solu» tiones tuetur, desumi potest ex Basilicon interpre» tibus, *ad tit. de jur. et fact. ignor.*

» Diximus suprà non minori eos quam alios inter» pretes discordiâ laborare; verùm ea est dissentio » quæ facillimè componi possit, si modò distingua» mus inter id quod naturaliter non civiliter debe» tur, et id quod nec naturaliter, nec civiliter debi» tum est.

» Quod ut apertiùs intelligatur, repetenda est illa » quam suprà notavimus, græcorum interpretum » observatio ad hæc Papiniani verba, *juris error suum* » *petentibus nocet.*

» Verbi gratiâ, (inquiunt græci interpretes) quidam » servum dignum aureis vigenti sibi dari stipulatus » est : servo autem antè moram mortuo, cùm promis» sor existimaret se adhuc teneri actione ex stipulatu, » viginti aureos solvit stipulatori. Subvenitur ei, » aut, ut in græco textu habetur, ignoscitur ei » quia de damno viginti aureorum certat, eosque » repetere potest.

» Jam suprà demonstravimus hìc juris manifestum » errorem notari, tum ex mente interpretum, qui » speciem fingere voluerunt, de eo qui in jure erraret » tum etiam ex ipsâ facti specie, in quâ ignoravit » debitor solemne illud jurisprudentiæ effatum, de» bitorem speciei ejus interitu liberari.

» Ergò ex sententiâ græcorum interpretum, qui » indebitum per errorem juris solvit, potest con» dicere.

» Verùm, inquies, et hìc et alibi passim iidem in» terpretes dictitant eos qui jus ignorantes indebitum » solverunt, repetere non posse.

» Mira sanè contrarietas, sed quæ et facilè solvi » queat, et soluta, distinctionem Cujacii funditus » evertat, oppositamque stabiliat.

(1) Lex 3, ff. *de his quæ in test. delend. induicunt.*

» Neque enim non modò diversa, sed planè contraria eodem temporis momento sensisse doctos » interpretes credibile est, debet igitur aliquâ latere » viâ, quâ secum ipsi in gratiam redire possint. » Quænam autem illa est? Constat certè eam Cujacium non detexisse, dùm damna præterita à futuris distinguit : in primâ enim parte græcæ interpretationis, agitur de damno præterito, soluta enim » fuerat per errorem juris pecunia, nimirum viginti » aurei, quos promissor sese debere arbitrabatur, » pretium videlicet servi antè moram extincti, et » tamen condictio tribuitur. Ergò frustrà damnum » futurum à damno præterito in hâc condictione distinguere tentat Cujacius. Neque enim hâc distinctione græcorum interpretum pugnantes in specie » sententias conciliare potest.

» Quid igitur restat, nisi ad sæpiùs laudatam distinctionem confugere, et fateri, juris errorem non » nocere cum nullo jure nec civili, nec naturali tenebatur is qui indebitum solvit; contrà si jure naturali alligatus fuisset, et errore juris solvisset, » merito ei condictionem denegari; adeò ut hæc » sit certa et constans regula ei qui naturâ debet, » tunc tantùm repetitionem indulgeri, cùm in facto » errans pecuniam civiliter indebitam solvit?

» Duo nempe hujusce distinctionis commoda.

» 1.° Quidem græcorum interpretum dissidium » facilè componit : in primâ enim observatione agitur » de eo et qui naturaliter et civiliter fuerat liberatus » servi promissi interitu, adeòque error juris ei nocere non potest, nec condictio denegari; in secundâ » autem observatione de iis debitoribus agitur, qui » cùm naturâ deberent, juris civilis ignari quo sese » tueri poterant, solverunt, quique ideò de lucro » certare meritò dicendi sunt, quod nemo damnum » facere intelligitur, cùm debitum naturale persolvit.

» 2.° Non solum hæc distinctio omnem prorsùs » contradictionis notam eluit, sed sola omninò id » præstare potest; neque probabilis modo, verum » etiam unicè necessaria est. Undè merito conclu-

» dendum est, Basilicon interpretes, quasi mutuo, » et ab hâc distinctione juvari, et eam vicissim tueri : » ut enim hæc distinctio illos explicat, ita etiam ab » illis probatur ; nam falsa videri non potest illa dis- » tinctio, sine qua, perpetuum inter eos foret dissi- » dium, quos ne momento quidem temporis diversa » imo contraria sensisse, existimandum est.

» Igitur ut summa hujusce disputationis capita » brevi quadam anacephalæosi ad certos fines re- » digamus, sic in totâ hæc quæstione distinguendum » videtur :

» Qui indebitum ignorans solvit, vel in facto, vel » in jure erravit.

» Si in facto erravit, indistinctè videtur repetere » posse, etiamsi naturà deberet ; cùm error facti ne » maribus quidem in damnis vel compendiis obsit. » *l.* 8. *ff. de jur. et fact. ignor. vid. tamen Joann.* » *Robert. sentent. lib.* 1. *cap.* 8.

» Quod si in jure erraverit, vel de lucro agitur, » vel de damno.

» Si de lucro quæstio versatur, errorem juris nun- » quam prodesse, non ambigitur. *d. l.* 7. *ff. de jur.* » *et fact. ignor.*

» Si de damno, omissâ distinctione damni futuri » et damni præteriti, errorem juris non obesse di- » cendum videtur ; ut autem facilius dignosci possit, » quidnam hìc damni nomine intelligatur, adhi- » benda est sequens distinctio.

» Vel naturâ tantùm debebat is qui indebitum sol- » vit, et tunc in jure errans non auditur ; certat enim » potiùs de lucro captando, is qui quod natura de- » buit, solutum repetere tentat. Posset enim tentari, » hìc etiam, in jure erranti subveniri, idque aucto- » ritate *legis* 40. *ff. de cond. indeb.* ubi qui excep- » tionem perpetuam habet, solutum repetere potest, » si modò exceptio sit favorabilis, et in gratiam de- » bitoris, non in odium creditoris introducta, qualis » est Velleiani exceptio ; at eo casu mulier tamen » videtur naturaliter obligata, nisi cum Cujacio di- » cere mavis, eam esse vim senatûs-consulti Vel-

» leiani, ut non civilem modò, sed etiam naturalem » obligationem tollat; quod tamen ipsum intellectu » difficile est. Tutiùs forsitan esset, quamvis suprà » aliter senserimus, dictam legem de errore facti in- » terpretari, ut tunc tantùm solutam pecuniam mu- » lier repetere possit, cùm errore facti solverit. » Tamen nescio quid aliud lex innuere videtur; » vetus quidam interpres sensit id speciale esse in » muliere, ut quamvis naturâ deberet, solùm tamen » per errorem juris posset repetere.

» Vel jure tantum debebat non etiam naturâ, putà » iniquâ sententiâ damnatus, à quâ cùm provocare » posset, ipse eam justam esse ratus, judicatum sol- » vit; et tunc, cùm res judicata pro veritate habeatur, » repetitionem cessare libenter crediderim; sed de » hoc diligentiùs inquirendum. *V. l.* 29. § 5. *ff.* » *mandati.*

» Vel utroque jure debebat, perpetuâ tamen excep- » tione tutus, quam ignorans solvit; et cùm is qui » naturâ tantùm debuit, solutum repetere non possit, » à fortiori dicendum est eum qui utroque jure de- » buit, non condicere; nisi tamen ejus modi sit » exceptio quæ naturalem obligationem tollat.

» Vel denique neutro jure tenebatur, et tunc so- » lutum quamvis per errorem juris repeti suprà, ut- » cumque probatum est, nisi, quod hìc postremò » loco adjiciendum est, pietatis causâ solutum est; » *sublatâ enim falsâ opinione, reliquitur pietatis* » *causa ex quâ solutum repeti non potest. L.* 32. » § 2. *ff. de condict. indebit.* Igitur hìc pietas obli- » gationis vicem sustinet, et vinculi naturalis instar » habetur; quamdiu autem, ut supra diximus, aliqua » vel minima remanet obligationis causa, tamdiu » cessare indebiti condictionem æquius est. »

FIN DU TOME NEUVIÈME.

www.ingramcontent.com/pod-product-compliance
Lightning Source LLC
Chambersburg PA
CBHW031446210326
41599CB00016B/2129

* 9 7 8 2 0 1 9 5 4 0 1 3 5 *